● 法律人核心素养丛书 ●

民法典
合同编及通则解释
查学用指引

孙政　卫欣园／编著

中国法制出版社
CHINA LEGAL PUBLISHING HOUSE

序

"指引"即指示、引导。《民法典合同编及通则解释查学用指引》是就合同法律问题提供指示与引导的实务工具书。之所以编写这本书，在于多年的司法实务经历一再告诉我们，一本实用、便捷的工具书不仅可以助力法律同仁更好、更便捷的理解问题、寻找答案，同时在一定程度上也可以助力搭建起一个清晰的法律结构脉络。可以说，无论是从微观的具体法律解决，还是宏观的法律知识框架，一本体例科学、方便实用的法律工具书是十分必要的。

萌发于便利自己的初衷，后延伸至助力同仁的想法，受鼓舞于中国法制出版社的肯定与支持，于是决定参与编写"指引类"的法律实务系列图书，而《民法典合同编及通则解释查学用指引》便是这套系列图书的重要一本。

包括本书在内的指引书系列，其指引至少体现在三个维度：

一是对照指引，即主法条与关联规定的条文对照指引。

二是解读指引，即对主法条的理解和适用中需要注意的问题作精炼的解读指引。

三是案例指引，即基于相关权威参考案例及其核心要旨而作的案例参考指引。

这三个维度的指引在页面排版上并非逐一列举的叙述，而是通过科学的设计将三者"巧妙"地融于表格之中，清晰直观、查学方便。最重要的是，这种表格式的设计经过法律专业人士的检验，颇受大家欢迎，普遍反映直观、科学、便捷。

就本书而言，其当然也有着上述三个维度的指引特色。此外，基于最高人民法院刚刚出台了《最高人民法院关于适用〈中华人民共和国民法典〉合同编通则若干问题的解释》（以下简称《民法典合同编通则解释》），为更好地方便大家及时学习了解该解释，该书不仅以《中华人民共和国民法典》（以下简称《民法典》）合同编526个条文（《民法典》第463条至第988条）为基础展开三个维度的指引，也以《民法典合同编通则解释》的条文规定为基础，通过表格展开两个维度的指引，即关联对照指引与解读指引。

实际上，就合同相关法律实务而言主要以《民法典》合同编及《民法典合同编通则解释》为常用条文，当然，也包括与合同领域密切相关的其他的法律、条例、司法解释、纪要等规定。由于《民法典》合同编以及《民法典合同编通则解释》是合同领域的基础性规定，故本书以其为基础（表格左栏）。而对于合同领域相关的其他规定，我们尽可能以关联对照指引的形式列出（表格右栏），在直观显示的同时以保持合同法律制度的基础架构。

需说明的是，为便于大家更好学习了解新出台的《民法典合同编通则解释》，特将《民法典合同编通则解释》的逐条指引作为该书"上篇"，将《民法典》合同编526个条文的逐条指引作为该书"下篇"。如此设计，方便读者既能以《民法典合同编通则解释》为主检索，又能以《民法典》合同编为主检索，逐条查找关联规定、学习条文要点、适用的典型案例。

值得一提的是，指引只是提示和引导，并非代替大家作出最终的定论。因此，我们在编写本书过程中尽可能以梳理整合客观材料为主，而不作过多的主观性臆测。当然，指引材料的选择过程以及解读指引，必然离不开编者的个人理解与选择，但我们仍尽力秉持客观理性标准，对照条文规定，严格案例选取，尽可能以与基础规定关联性较大的内容为主，解读部分也在参考专业资料、文献的基础上以通说观点为主。

本书虽有上述优势与特点，但由于时间仓促，该书可能存在疏漏之处。如有不当或错误之处，敬请指正。另，对本书编写过程中给予支持与帮助的诸位朋友，深表谢意。

编者
2023 年 12 月

凡　例

为行文方便，本书中提及的规范性文件使用简称，具体对应示例如下：

全　称	简　称
《中华人民共和国民法典》	《民法典》
《中华人民共和国合同法》①	《合同法》
《中华人民共和国公司法》	《公司法》
《中华人民共和国民法通则》	《民法通则》
《中华人民共和国民法总则》	《民法总则》
《中华人民共和国企业破产法》	《破产法》
《中华人民共和国民事诉讼法》	《民事诉讼法》
《中华人民共和国产品质量法》	《产品质量法》
《中华人民共和国保险法》	《保险法》
《中华人民共和国电子签名法》	《电子签名法》
《中华人民共和国电子商务法》	《电子商务法》
《中华人民共和国招标投标法》	《招投标法》
《中华人民共和国证券法》	《证券法》
《中华人民共和国拍卖法》	《拍卖法》
《中华人民共和国海商法》	《海商法》

---

① 本书为了方便条文对照，展示部分已失效的或者修改前的法律法规条文，下文对此不再提示。

全　　称	简　　称
《中华人民共和国消费者权益保护法》	《消保法》
《中华人民共和国反不正当竞争法》	《反不正当竞争法》
《中华人民共和国商业银行法》	《商业银行法》
《中华人民共和国仲裁法》	《仲裁法》
《中华人民共和国价格法》	《价格法》
《中华人民共和国旅游法》	《旅游法》
《中华人民共和国税收征收管理法》	《税收征收管理法》
《中华人民共和国合伙企业法》	《合伙企业法》
《中华人民共和国城市房地产管理法》	《城市房地产管理法》
《中华人民共和国农村土地承包法》	《农村土地承包法》
《中华人民共和国劳动合同法》	《劳动合同法》
《中华人民共和国证券投资基金法》	《证券投资基金法》
《中华人民共和国信托法》	《信托法》
《中华人民共和国建筑法》	《建筑法》
《中华人民共和国邮政法》	《邮政法》
《中华人民共和国铁路法》	《铁路法》
《中华人民共和国野生动物保护法》	《野生动物保护法》
《中华人民共和国文物保护法》	《文物保护法》
《中华人民共和国草原法》	《草原法》
《中华人民共和国矿产资源法》	《矿产资源法》
《中华人民共和国著作权法》	《著作权法》
《中华人民共和国固体废物污染环境防治法》	《固体废物防治法》
《中华人民共和国电力法》	《电力法》
《中华人民共和国慈善法》	《慈善法》

全　　称	简　　称
《中华人民共和国公益事业捐赠法》	《公益事业捐赠法》
《中华人民共和国土地管理法》	《土地管理法》
《中华人民共和国民用航空法》	《民用航空法》
《中华人民共和国政府采购法》	《政府采购法》
《中华人民共和国城乡规划法》	《城乡规划法》
《中华人民共和国动物防疫法》	《动物防疫法》
《中华人民共和国海关法》	《海关法》
《中华人民共和国公证法》	《公证法》
《中华人民共和国专利法》	《专利法》
《中华人民共和国促进科技成果转化法》	《促进科技成果转化法》
《中华人民共和国对外贸易法》	《对外贸易法》
《中华人民共和国律师法》	《律师法》
《中华人民共和国消防法》	《消防法》
《中华人民共和国进出口商品检验法》	《进出口商品检验法》
《最高人民法院关于适用〈中华人民共和国民法典〉合同编通则若干问题的解释》	《民法典合同编通则解释》
《最高人民法院关于适用〈中华人民共和国合同法〉若干问题的解释（一）》	《合同法解释一》
《最高人民法院关于适用〈中华人民共和国合同法〉若干问题的解释（二）》	《合同法解释二》
《最高人民法院关于民事诉讼证据的若干规定》	《民事诉讼证据规定》
《全国法院民商事审判工作会议纪要》	《九民会纪要》
《全国法院贯彻实施民法典工作会议纪要》	《民法典会议纪要》
《最高人民法院关于审理商品房买卖合同纠纷案件适用法律若干问题的解释》	《商品房买卖合同解释》

全　　称	简　　称
《最高人民法院关于适用〈中华人民共和国民法典〉总则编若干问题的解释》	《民法典总则编解释》
《最高人民法院关于贯彻执行〈中华人民共和国民法通则〉若干问题的意见（试行）》	《民通意见》
《最高人民法院关于适用〈中华人民共和国民法典〉时间效力的若干规定》	《民法典时间效力规定》
《最高人民法院关于适用〈中华人民共和国民法典〉有关担保制度的解释》	《民法典担保制度解释》
《最高人民法院关于审理买卖合同纠纷案件适用法律问题的解释》	《买卖合同解释》
《最高人民法院关于审理民间借贷案件适用法律若干问题的规定》	《民间借贷解释》
《最高人民法院关于审理民事案件适用诉讼时效制度若干问题的规定》	《诉讼时效规定》
《最高人民法院关于适用〈中华人民共和国民事诉讼法〉的解释》	《民事诉讼法解释》
《最高人民法院关于适用〈中华人民共和国担保法〉若干问题的解释》	《担保法解释》
《最高人民法院关于适用〈中华人民共和国公司法〉若干问题的规定（三）》	《公司法解释三》
《最高人民法院关于审理银行卡民事纠纷案件若干问题的规定》	《银行卡民事纠纷规定》
《最高人民法院关于适用〈中华人民共和国保险法〉若干问题的解释（一）》	《保险法解释一》
《最高人民法院关于适用〈中华人民共和国保险法〉若干问题的解释（二）》	《保险法解释二》
《最高人民法院关于适用〈中华人民共和国保险法〉若干问题的解释（四）》	《保险法解释四》

全　　称	简　　称
《最高人民法院关于审理著作权民事纠纷案件适用法律若干问题的解释》	《著作权纠纷解释》
《最高人民法院关于适用《中华人民共和国涉外民事关系法律适用法》若干问题的解释（一）》	《涉外民事关系法律适用法解释一》
《机动车交通事故责任强制保险条例》	《交强险条例》
《最高人民法院关于审理食品药品纠纷案件适用法律若干问题的规定》	《食品药品解释》
《最高人民法院关于审理旅游纠纷案件适用法律若干问题的规定》	《旅游纠纷解释》
《最高人民法院关于审理使用人脸识别技术处理个人信息相关民事案件适用法律若干问题的规定》	《人脸识别处理个人信息相关案件规定》
《最高人民法院关于审理网络消费纠纷案件适用法律若干问题的规定（一）》	《网络消费纠纷解释一》
《最高人民法院关于审理期货纠纷案件若干问题的规定》	《期货纠纷解释》
《最高人民法院关于审理涉及国有土地使用权合同纠纷案件适用法律问题的解释》	《国有土地使用权合同纠纷解释》
《最高人民法院关于审理涉及农村土地承包纠纷案件适用法律问题的解释》	《农村土地承包纠纷解释》
《最高人民法院关于审理外商投资企业纠纷案件若干问题的规定一》	《外商投资企业纠纷解释一》
《最高人民法院关于审理与企业改制相关的民事纠纷案件若干问题的规定》	《企业改制纠纷解释》
《最高人民法院关于审理技术合同纠纷案件适用法律若干问题的解释》	《技术合同纠纷解释》

全　　称	简　　称
《最高人民法院关于适用〈中华人民共和国外商投资法〉若干问题的解释》	《外商投资法解释》
《最高人民法院关于适用〈中华人民共和国仲裁法〉若干问题的解释》	《仲裁法解释》
《最高人民法院关于审理人身损害赔偿案件适用法律若干问题的解释》	《人损解释》
《最高人民法院关于审理海上货运代理纠纷案件若干问题的规定》	《海上货运代理纠纷解释》
《最高人民法院关于审理矿业权纠纷案件适用法律若干问题的解释》	《矿业权纠纷解释》
《最高人民法院关于审理建设工程施工合同纠纷案件适用法律问题的解释一》	《建工合同解释一》
《最高人民法院关于适用〈中华人民共和国企业破产法〉若干问题的规定（二）》	《破产法解释二》
《最高人民法院关于适用〈中华人民共和国企业破产法〉若干问题的规定（三）》	《破产法解释三》
《最高人民法院关于依法制裁规避执行行为的若干意见》	《制裁规执行为意见》
《最高人民法院关于审理物业服务纠纷案件适用法律若干问题的解释》	《物业服务纠纷解释》
《最高人民法院关于审理融资租赁合同纠纷案件适用法律问题的解释》	《融资租赁合同解释》
《最高人民法院关于审理城镇房屋租赁合同纠纷案件具体应用法律若干问题的解释》	《城镇房屋租赁合同解释》
《最高人民法院关于人民法院办理执行异议和复议案件若干问题的规定》	《执行异议复议规定》
《最高人民法院关于执行和解若干问题的规定》	《执行和解规定》

全　　称	简　　称
《最高人民法院关于审理无正本提单交付货物案件适用法律若干问题的规定》	《无正本提单交付规定》
《最高人民法院关于审理企业破产案件若干问题的规定》	《企业破产规定》
《最高人民法院关于适用〈中华人民共和国民法典〉婚姻家庭编的解释（一）》	《民法典婚家编解释一》
《最高人民法院关于执行程序中计算迟延履行期间的债务利息适用法律若干问题的解释》	《执行程序迟延履行利息解释》
《最高人民法院、最高人民检察院、公安部、司法部关于办理非法放贷刑事案件若干问题的意见》	《非法放贷意见》
《最高人民法院关于审理票据纠纷案件若干问题的规定》	《票据纠纷解释》
《最高人民法院关于审理独立保函纠纷案件若干问题的规定》	《独立保函规定》
《最高人民法院关于审理信用证纠纷案件若干问题的规定》	《信用证纠纷解释》
《最高人民法院关于审理铁路运输损害赔偿案件若干问题的解释》	《铁路运输损害赔偿解释》
《最高人民法院关于审理铁路运输人身损害赔偿纠纷案件适用法律若干问题的解释》	《铁路人身损害赔偿解释》
《最高人民法院关于国内水路货物运输纠纷案件法律问题的指导意见》	《国内水路货运纠纷意见》
《全国法院知识产权审判工作会议关于审理技术合同纠纷案件若干问题的纪要》	《技术合同纠纷纪要》
《最高人民法院关于审理建筑物区分所有权纠纷案件适用法律若干问题的解释》	《建筑物区分所有权解释》

目　录

上编　《民法典合同编通则解释》

下编　《民法典》合同编

案例指引目录

上编 《民法典合同编通则解释》

下编 《民法典》合同编

上编

《民法典合同编通则解释》

《民法典合同编通则解释》	关联规定
一、一般规定	

第一条【合同条款的解释规则】　人民法院依据民法典第一百四十二条第一款、第四百六十六条第一款的规定解释合同条款时，应当以词句的通常含义为基础，结合相关条款、合同的性质和目的、习惯以及诚信原则，参考缔约背景、磋商过程、履行行为等因素确定争议条款的含义。 　　有证据证明当事人之间对合同条款有不同于词句的通常含义的其他共同理解，一方主张按照词句的通常含义理解合同条款的，人民法院不予支持。 　　对合同条款有两种以上解释，可能影响该条款效力的，人民法院应当选择有利于该条款有效的解释；属于无偿合同的，应当选择对债务人负担较轻的解释。 　　**指引**:①　就合同条款的解释而言，基于条款通常或字面含义的文义解释具有优先性与基础性。根据词句不能无法确定争议条款含义的，应采用整体、目的、习惯及诚信等方法解释，缔约背景、磋商过程、履行行为等作为参考因素。需注意的是，文义解释虽具有基础性，但一般针对的是可以用来印证合同目的的解释结果的情况，在其与目的解释不一致时，应以后者为准，典型如"误载不害真意"，本条第2款有相应体现。此外，在有多种解	**《民法典》** **第142条【意思表示的解释】**　有相对人的意思表示的解释，应当按照所使用的词句，结合相关条款、行为的性质和目的、习惯以及诚信原则，确定意思表示的含义。 　　无相对人的意思表示的解释，不能完全拘泥于所使用的词句，而应当结合相关条款、行为的性质和目的、习惯以及诚信原则，确定行为人的真实意思。 **第466条【合同条款解释】**　当事人对合同条款的理解有争议的，应当依据本法第一百四十二条第一款的规定，确定争议条款的含义。 　　合同文本采用两种以上文字订立并约定具有同等效力的，对各文本使用的词句推定具有相同含义。各文本使用的词句不一致的，应当根据合同的相关条款、性质、目的以及诚信原则等予以解释。 **第143条【民事法律行为的有效要件】**　具备下列条件的民事法律行为有效： 　　（一）行为人具有相应的民事行为能力； 　　（二）意思表示真实； 　　（三）不违反法律、行政法规的强制性规定，不违背公序良俗。 **第146条【虚假表示行为无效】**　行为人与相对人以虚假的意思表示实施

---

①　左栏指引、案例要旨中法律规定不加书名号，以下不再标注。

《民法典合同编通则解释》	关联规定
释的情况下，本条第3款明确了采用鼓励交易解释与负担较轻解释规则。鼓励交易规则，意味着合同或合同条款可以被解释为有效、无效、可撤销或者不成立时，应按照合同有效来解释。实际上，有效解释是可以从目的解释中推导出来的。负担较轻规则，多适用在无偿合同场合，本质上体现的是民法的公平原则。 　　**案例指引**：《李占江、朱丽敏与贝洪峰、沈阳东昊地产有限公司民间借贷纠纷案》【《最高人民法院公报》2015年第9期】 　　**案例要旨**：当事人对合同条款理解有争议的，应运用目的解释确定条款的真实意思。该案中，双方当事人签订的合同为《担保借款合同》，具体到该合同第四条第一款约定的目的，是为了保证款项的出借方对款项使用情况的知情权、监督权，以便在发现借款人擅自改变款项用途或发生其他可能影响出借人权利的情况时，及时采取措施、收回款项及利息。由目的解释的原理可以得知，提供不真实的材料和报表固然会影响出借方对借款人使用款项的监督，而不提供相关材料和报表却会使得出借人无从了解案涉款项的使用情况，不利于其及时行使自己的权利。因此，借款人在借款的两年多时间内，从未向出借人提供相关材料和报表，属于违约。	的民事法律行为无效。 　　以虚假的意思表示隐藏的民事法律行为的效力，依照有关法律规定处理。 **第153条【违反强制性规定及违背公序良俗的民事法律行为的效力】**　　违反法律、行政法规的强制性规定的民事法律行为无效。但是，该强制性规定不导致该民事法律行为无效的除外。 　　违背公序良俗的民事法律行为无效。 **第154条【恶意串通的民事法律行为的效力】**　　行为人与相对人恶意串通，损害他人合法权益的民事法律行为无效。 **《合同法》**（已废止） **第125条**　　当事人对合同条款的理解有争议的，应当按照合同所使用的词句、合同的有关条款、合同的目的、交易习惯以及诚实信用原则，确定该条款的真实意思。 　　合同文本采用两种以上文字订立并约定具有同等效力的，对各文本使用的词句推定具有相同含义。各文本使用的词句不一致的，应当根据合同的目的予以解释。

《民法典合同编通则解释》	关联规定
第二条【交易习惯的认定】 下列情形，不违反法律、行政法规的强制性规定且不违背公序良俗的，人民法院可以认定为民法典所称的"交易习惯"： （一）当事人之间在交易活动中的惯常做法； （二）在交易行为当地或者某一领域、某一行业通常采用并为交易对方订立合同时所知道或者应当知道的做法。 对于交易习惯，由提出主张的当事人一方承担举证责任。 **指引：** 由于民法典第 153 条明确了违反法律、行政法规的强制性规定的民事法律行为、违背公序良俗的民事法律行为无效。因此，民法典合同编所称可作为依据的交易习惯的前提便是"不违反法律、行政法规的强制性规定"且"不违背公序良俗"的，以维护社会公共利益和公共道德。解释通过本条规定明确了两种可被认定为交易习惯的情形。第 1 种的"当事人之间在交易活动中的惯常做法"可以和某一领域、某一行业长期采用、普遍遵守的惯常做法一致，也可以不一致。在一致的情况下，当事人可直接主张属于符合后者情形下的交易习惯；在不一致的情况下，只能证明属于前者情形下的交易习惯。第 2 种情形下交易习惯的成立要求交易对方所知道或者应当知道的做法时间限定在"订立合同时"而非"合同成立后"。	**《民法典》** **第 153 条【违反强制性规定及违背公序良俗的民事法律行为的效力】** 违反法律、行政法规的强制性规定的民事法律行为无效。但是，该强制性规定不导致该民事法律行为无效的除外。 违背公序良俗的民事法律行为无效。 **第 509 条第 2 款【合同履行原则】** 当事人应当遵循诚信原则，根据合同的性质、目的和交易习惯履行通知、协助、保密等义务。 **第 510 条【合同无约定或约定不明的补救】** 合同生效后，当事人就质量、价款或者报酬、履行地点等内容没有约定或者约定不明确的，可以协议补充；不能达成补充协议的，按照合同相关条款或者交易习惯确定。 **第 515 条第 1 款【选择之债中选择权归属】** 标的有多项而债务人只需履行其中一项的，债务人享有选择权；但是，法律另有规定、当事人另有约定或者另有交易习惯的除外。 **第 558 条【后合同义务】** 债权债务终止后，当事人应当遵循诚信等原则，根据交易习惯履行通知、协助、保密、旧物回收等义务。 **《合同法解释二》（已失效）** **第 7 条** 下列情形，不违反法律、行政法规强制性规定的，人民法院可以认定为合同法所称"交易习惯"： （一）在交易行为当地或者某一领域、某一行业通常采用并为交易对方

《民法典合同编通则解释》	关联规定
	订立合同时所知道或者应当知道的做法; （二）当事人双方经常使用的习惯做法。 对于交易习惯，由提出主张的一方当事人承担举证责任。
二、合同的订立	
第三条【合同成立与合同内容】　当事人对合同是否成立存在争议，人民法院能够确定当事人姓名或者名称、标的和数量的，一般应当认定合同成立。但是，法律另有规定或者当事人另有约定的除外。 　　根据前款规定能够认定合同已经成立的，对合同欠缺的内容，人民法院应当依据民法典第五百一十条、第五百一十一条等规定予以确定。 　　当事人主张合同无效或者请求撤销、解除合同等，人民法院认为合同不成立的，应当依据《最高人民法院关于民事诉讼证据的若干规定》第五十三条的规定将合同是否成立作为焦点问题进行审理，并可以根据案件的具体情况重新指定举证期限。 　　**指引：** 双方民事法律行为成立需要双方的意思表示一致，仅凭一方的意思表示而没有经过对方的认可或者同意不能成立，其典型代表便是合同行为。合同的主要条款即决定合同成立的必备条款，解释本条第1款明确了合同必备条款为当事人主体（姓名或名称）、标的、数量三项。当然，这	《民法典》 **第134条第1款【民事法律行为的成立】**　民事法律行为可以基于双方或者多方的意思表示一致成立，也可以基于单方的意思表示成立。 **第136条【民事法律行为的生效时间】**　民事法律行为自成立时生效，但是法律另有规定或者当事人另有约定的除外。 　　行为人非依法律规定或者未经对方同意，不得擅自变更或者解除民事法律行为。 **第466条【合同条款的解释】**　当事人对合同条款的理解有争议的，应当依据本法第一百四十二条第一款的规定，确定争议条款的含义。 　　合同文本采用两种以上文字订立并约定具有同等效力的，对各文本使用的词句推定具有相同含义。各文本使用的词句不一致的，应当根据合同的相关条款、性质、目的以及诚信原则等予以解释。 **第470条【合同主要内容】**　合同的内容由当事人约定，一般包括下列条款：

《民法典合同编通则解释》	关联规定
三项只是常见而非绝对事项。就合同必备条款而言，虽然不同合同对当事人权利义务有实质性影响的内容并不完全一样，但主要集中在质量、价款或者报酬、履行期限、履行地点和方式、违约责任和解决争议方法等方面。若无法认定双方已对相关实质性内容已经协商达成一致的，将无法明确当事人具体的权利义务，而上述内容又属于对当事人权利义务有实质性影响的内容。在此种情况下，虽然对上述内容已进行协商但未达成一致的，或者当事人明确约定就上述内容另行协商但事后仍无法达成协议的，此时应认定合同不成立。另，就欠缺的合同非必备条款而言，即在依据前述规定能认定合同成立的情况下，但当事人不能就合同欠缺的其他内容达成补充协议时，按照意思自治原则的要求，应首先由当事人协议补充确定。当不能达成补充协议的，则应按照民法典第 510 条、第 511 条等有关合同解释与补充的规定进行确定。	（一）当事人的姓名或者名称和住所； （二）标的； （三）数量； （四）质量； （五）价款或者报酬； （六）履行期限、地点和方式； （七）违约责任； （八）解决争议的方法。 　当事人可以参照各类合同的示范文本订立合同。 **第 510 条【合同没有约定或者约定不明的补救措施】**　合同生效后，当事人就质量、价款或者报酬、履行地点等内容没有约定或者约定不明确的，可以协议补充；不能达成补充协议的，按照合同相关条款或者交易习惯确定。 **第 511 条【合同约定不明确时的履行】**　当事人就有关合同内容约定不明确，依据前条规定仍不能确定的，适用下列规定： 　（一）质量要求不明确的，按照强制性国家标准履行；没有强制性国家标准的，按照推荐性国家标准履行；没有推荐性国家标准的，按照行业标准履行；没有国家标准、行业标准的，按照通常标准或者符合合同目的的特定标准履行。 　（二）价款或者报酬不明确的，按照订立合同时履行地的市场价格履行；依法应当执行政府定价或者政府指导价的，依照规定履行。

《民法典合同编通则解释》	关联规定
	（三）履行地点不明确，给付货币的，在接受货币一方所在地履行；交付不动产的，在不动产所在地履行；其他标的，在履行义务一方所在地履行。
	（四）履行期限不明确的，债务人可以随时履行，债权人也可以随时请求履行，但是应当给对方必要的准备时间。
	（五）履行方式不明确的，按照有利于实现合同目的的方式履行。
	（六）履行费用的负担不明确的，由履行义务一方负担；因债权人原因增加的履行费用，由债权人负担。
	《民事诉讼证据规定》（2019 年修正）
	第 53 条　诉讼过程中，当事人主张的法律关系性质或者民事行为效力与人民法院根据案件事实作出的认定不一致的，人民法院应当将法律关系性质或者民事行为效力作为焦点问题进行审理。但法律关系性质对裁判理由及结果没有影响，或者有关问题已经当事人充分辩论的除外。
	存在前款情形，当事人根据法庭审理情况变更诉讼请求的，人民法院应当准许并可以根据案件的具体情况重新指定举证期限。
	《合同法解释二》（已失效）
	第 1 条　当事人对合同是否成立存在争议，人民法院能够确定当事人名称或者姓名、标的和数量的，一般应当认定合同成立。但法律另有规定或者当事人另有约定的除外。

《民法典合同编通则解释》	关联规定
	对合同欠缺的前款规定以外的其他内容，当事人达不成协议的，人民法院依照合同法第六十一条、第六十二条、第一百二十五条等有关规定予以确定。
第四条【以竞价方式订立合同】 采取招标方式订立合同，当事人请求确认合同自中标通知书到达中标人时成立的，人民法院应予支持。合同成立后，当事人拒绝签订书面合同的，人民法院应当依据招标文件、投标文件和中标通知书等确定合同内容。 　　采取现场拍卖、网络拍卖等公开竞价方式订立合同，当事人请求确认合同自拍卖师落槌、电子交易系统确认成交时成立的，人民法院应予支持。合同成立后，当事人拒绝签订成交确认书的，人民法院应当依据拍卖公告、竞买人的报价等确定合同内容。 　　产权交易所等机构主持拍卖、挂牌交易，其公布的拍卖公告、交易规则等文件公开确定了合同成立需要具备的条件，当事人请求确认合同自该条件具备时成立的，人民法院应予支持。 　　**指引：** 一般而言，招投标、拍卖等公开竞价方式订立的合同成立并生效后，后续签订的书面合同、成交确认书或另行签订的其他书面合同等文件是对招投标、拍卖等活动结果的确认，因此招投标应以中标通知书到达中标人的时间确定合同成立时间，现	**《民法典》** **第471条【合同订立方式】** 当事人订立合同，可以采取要约、承诺方式或者其他方式。 **第483条【合同成立时间】** 承诺生效时合同成立，但是法律另有规定或者当事人另有约定的除外。 **第490条【书面形式订立的合同成立时间】** 当事人采用合同书形式订立合同的，自当事人均签名、盖章或者按指印时合同成立。在签名、盖章或者按指印之前，当事人一方已经履行主要义务，对方接受时，该合同成立。 　　法律、行政法规规定或者当事人约定合同应当采用书面形式订立，当事人未采用书面形式但一方已经履行主要义务，对方接受时，该合同成立。 **《招投标法》**（2017年修正） **第45条** 中标人确定后，招标人应当向中标人发出中标通知书，并同时将中标结果通知所有未中标的投标人。 　　中标通知书对招标人和中标人具有法律效力。中标通知书发出后，招标人改变中标结果的，或者中标人放弃中标项目的，应当依法承担法律责任。

《民法典合同编通则解释》	关联规定
场拍卖、网络拍卖中应以拍卖师落槌、电子交易系统确认成交时间确定合同成立时间。就产权交易所等机构主持的拍卖、挂牌交易活动而言，其所公布拍卖公告、拍卖规程、交易规则等文件已经公开，这确定了合同成立需要具备的条件。在此情况下，当事人请求确认在产权交易所等机构主持的拍卖、挂牌交易合同自拍卖公告、拍卖规程、交易规则等文件确定的条件具备时成立的，应予支持。另，实践中，可能会出现后续签订的书面合同、成交确认书与前述时间不一致的情形。因书面合同、成交确认书或另行签订的其他书面合同在后，故应认定属于双方当事人对合同的变更。但需注意的是，合同变更效力的认定，仍要遵循合同效力的一般规则判定。 　　**案例指引：**《某物业管理有限公司与某研究所房屋租赁合同纠纷案》【最高人民法院发布民法典合同编通则司法解释相关典型案例，案例一】 　　**案例要旨：**招投标程序中，中标通知书送达后，一方当事人不履行订立书面合同的义务，相对方请求确认合同自中标通知书到达中标人时成立的，人民法院应予支持。	《**拍卖法**》（2015 年修正） **第 51 条**　竞买人的最高应价经拍卖师落槌或者以其他公开表示买定的方式确认后，拍卖成交。
第五条【合同订立中的第三人责任】 　　第三人实施欺诈、胁迫行为，使当事人在违背真实意思的情况下订立合同，受到损失的当事人请求第三人承担赔偿责任的，人民法院依法予以支	《**民法典**》 **第 149 条【受第三人欺诈的民事法律行为的效力】**　第三人实施欺诈行为，使一方在违背真实意思的情况下实施的民事法律行为，对方知道或者应当

《民法典合同编通则解释》	关联规定
持；当事人亦有违背诚信原则的行为的，人民法院应当根据各自的过错确定相应的责任。但是，法律、司法解释对当事人与第三人的民事责任另有规定的，依照其规定。 　　**指引**：第三人并非当事人，在未明确规定的情况下，不能要求其承担合同责任，也不宜直接要求其承担缔约过失责任。为此，解释通过本条明确了处理方式，即根据自身过错承担相应责任。	知道该欺诈行为的，受欺诈方有权请求人民法院或者仲裁机构予以撤销。 **第 150 条　【以胁迫手段实施的民事法律行为的效力】**　　一方或者第三人以胁迫手段，使对方在违背真实意思的情况下实施的民事法律行为，受胁迫方有权请求人民法院或者仲裁机构予以撤销。 **第 157 条　【民事法律行为无效、被撤销或确定不发生效力的法律后果】** 民事法律行为无效、被撤销或者确定不发生效力后，行为人因该行为取得的财产，应当予以返还；不能返还或者没有必要返还的，应当折价补偿。有过错的一方应当赔偿对方由此所受到的损失；各方都有过错的，应当各自承担相应的责任。法律另有规定的，依照其规定。 **《民法典总则编解释》** **第 21 条**　　故意告知虚假情况，或者负有告知义务的人故意隐瞒真实情况，致使当事人基于错误认识作出意思表示的，人民法院可以认定为民法典第一百四十八条、第一百四十九条规定的欺诈。 **第 22 条**　　以给自然人及其近亲属等的人身权利、财产权利以及其他合法权益造成损害或者以给法人、非法人组织的名誉、荣誉、财产权益等造成损害为要挟，迫使其基于恐惧心理作出意思表示的，人民法院可以认定为民法典第一百五十条规定的胁迫。

《民法典合同编通则解释》	关联规定
第六条【预约合同的认定】　当事人以认购书、订购书、预订书等形式约定在将来一定期限内订立合同，或者为担保在将来一定期限内订立合同交付了定金，能够确定将来所要订立合同的主体、标的等内容的，人民法院应当认定预约合同成立。 　　当事人通过签订意向书或者备忘录等方式，仅表达交易的意向，未约定在将来一定期限内订立合同，或者虽然有约定但是难以确定将来所要订立合同的主体、标的等内容，一方主张预约合同成立的，人民法院不予支持。 　　当事人订立的认购书、订购书、预订书等已就合同标的、数量、价款或者报酬等主要内容达成合意，符合本解释第三条第一款规定的合同成立条件，未明确约定在将来一定期限内另行订立合同，或者虽然有约定但是当事人一方已实施履行行为且对方接受的，人民法院应当认定本约合同成立。 　　**指引**：预约合同与本约合同的区分：（1）根据合同的文本内容判断当事人订立合同是为了履行具体的权利义务进而完成交易行为（此为本约合同），还是单纯地为了锁定交易机会，未来还需要签订其他合同以实现权利义务的履行（此为预约合同）。在当事人未明确约定将来一定期限内另行订立合同的情形下，由于不符合预约合	《民法典》 **第 495 条【预约合同】**　当事人约定在将来一定期限内订立合同的认购书、订购书、预订书等，构成预约合同。 　　当事人一方不履行预约合同约定的订立合同义务的，对方可以请求其承担预约合同的违约责任。 **第 490 条【合同成立时间】**　当事人采用合同书形式订立合同的，自当事人均签名、盖章或者按指印时合同成立。在签名、盖章或者按指印之前，当事人一方已经履行主要义务，对方接受时，该合同成立。 　　法律、行政法规规定或者当事人约定合同应当采用书面形式订立，当事人未采用书面形式但是一方已经履行主要义务，对方接受时，该合同成立。 **《商品房买卖合同解释》（2020 年修正）** **第 5 条**　商品房的认购、订购、预订等协议具备《商品房销售管理办法》第十六条规定的商品房买卖合同的主要内容，并且出卖人已经按照约定收受购房款的，该协议应当认定为商品房买卖合同。

《民法典合同编通则解释》	关联规定
同的预备性、期限性特征，此时不应认定成立预约合同。若已经具备了合同成立的条件，应认定成立本约合同。（2）考察合同内容是否完备。预约合同在合同规范上的完备性要明显比本约合同低得多。除订立本约合同外，预约合同不能形成其他具体的债权债务关系。而本约合同的条款一般来说较为完备，当事人可直接根据本约合同履行权利、承担义务。（3）已具备将来所要订立合同的主体、标的及其数量的，一般应认定预约合同成立，除非当事人明确表示不受意思表示约束，否则将有违预约合同约束性特征及意思表示真实有效的原则。 **案例指引：**《某通讯公司与某实业公司房屋买卖合同纠纷案》【最高人民法院发布民法典合同编通则司法解释相关典型案例，案例二】 **案例要旨：** 判断当事人之间订立的合同是本约还是预约的根本标准应当是当事人是否有意在将来另行订立一个新的合同，以最终明确双方之间的权利义务关系。即使当事人对标的、数量以及价款等内容进行了约定，但如果约定将来一定期间仍须另行订立合同，就应认定该约定是预约而非本约。当事人在签订预约合同后，已经实施交付标的物或者支付价款等履行行为，应当认定当事人以行为的方式订立了本约合同。	

《民法典合同编通则解释》	关联规定
案例指引：《张某某诉徐州市同力创展房地产有限公司商品房预售合同纠纷案》【《最高人民法院公报》2012年第11期】 **案例要旨**：判断商品房买卖中的认购、订购、预订等协议究竟是预约合同还是本约合同，最主要的是看此类协议是否具备《商品房销售管理办法》第十六条规定的商品房买卖合同的主要内容，即只要具备了双方当事人的姓名或名称，商品房的基本情况（包括房号、建筑面积）、总价或单价、付款时间、方式、交付条件及日期，同时出卖人已经按照约定收受购房款的，就可以认定此类协议已经具备了商品房买卖合同本约的条件；反之，则应认定为预约合同。如果双方当事人在协议中明确约定在具备商品房预售条件时还需重新签订商品房买卖合同的，该协议应认定为预约合同。	
第七条 【违反预约合同的认定】 预约合同生效后，当事人一方拒绝订立本约合同或者在磋商订立本约合同时违背诚信原则导致未能订立本约合同的，人民法院应当认定该当事人不履行预约合同约定的义务。 人民法院认定当事人一方在磋商订立本约合同时是否违背诚信原则，应当综合考虑该当事人在磋商时提出的条件是否明显背离预约合同约定的内容以及是否已尽合理努力进行协商等因素。	《民法典》 **第495条 【预约合同】** 当事人约定在将来一定期限内订立合同的认购书、订购书、预订书等，构成预约合同。 当事人一方不履行预约合同约定的订立合同义务的，对方可以请求其承担预约合同的违约责任。

《民法典合同编通则解释》	关联规定
指引：不履行预约合同约定的订立合同义务，常见的情形主要包括两种，即解释本条第 1 款规定的当事人一方拒绝订立本约合同，或者在磋商订立本约合同时违背诚信原则导致未能订立本约合同的。前者中的拒绝订立又包括明示拒绝订立和以行动表明拒绝订立两种情形。后者也被称为恶意磋商，又包括对未决条款恶意磋商（这里包括没有已决条款的情形）、对已决条款重启磋商两类情形。 **案例指引**：《戴某某诉华新公司商品房订购协议定金纠纷案》【最高人民法院公报 2006 年第 8 期】 **案例要旨**：对于双方在公平、诚信原则下进行了磋商，由于各自利益考虑，无法就其他条款达成一致致使正式合同不能订立的，则属于不可归责于双方的原因，不构成预约合同所指的违约情形，预约合同应当解除，已付定金应当返还。购房者对开发商的样板房表示满意，与开发商签订订购协议并向其交付了定金，约定双方于某日订立商品房预售合同。后由于开发商提供的商品房预售格式合同中有样板房仅供参考等不利于购房者的条款，购房者对该格式条款提出异议要求删除，开发商不能立即给予答复。以致商品房预售合同没有在订购协议约定的日期订立的，属于"不可归责于当事人双方的事由"，开发商应当将收取的定金返还给购房者。	

《民法典合同编通则解释》	关联规定
第八条【违反预约合同的违约责任】　预约合同生效后，当事人一方不履行订立本约合同的义务，对方请求其赔偿因此造成的损失的，人民法院依法予以支持。 　　前款规定的损失赔偿，当事人有约定的，按照约定；没有约定的，人民法院应当综合考虑预约合同在内容上的完备程度以及订立本约合同的条件的成就程度等因素酌定。 　　**指引：**就预约合同违约责任下损害赔偿责任而言，有约定从约定，但在没有约定的情况下，预约合同的订立及履行使整个交易所达到的成熟度，或者说预约合同在内容上的完备程度以及订立本约合同的条件成就程度等因素，应在计算预约合同违约损害赔偿范围中予以体现。一方面，当事人的最终目的不在于预约合同的履行，而在于本约合同的订立及履行。本约合同的履行利益可作为预约合同违约损害赔偿的上限（若当事人在预约阶段就对整个交易的主要内容通过谈判达成一致，相当于预约合同的订立及预约合同的履行就完成了整个交易的绝大部分，本约合同义务的履行在整个交易环节中只是占有非常小的分量，预约合同的违约损害赔偿范围就可以非常接近于甚至等同于本约合同的违约损害赔偿范围）。另一方面，由于预约合同所处的阶段，实际上是本约合同的缔约阶段，故缔约过失责任的范围可看作预约合同违约责任范围的下	《民法典》 **第495条【预约合同】**　当事人约定在将来一定期限内订立合同的认购书、订购书、预订书等，构成预约合同。 　　当事人一方不履行预约合同约定的订立合同义务的，对方可以请求其承担预约合同的违约责任。 **第510条【合同没有约定或者约定不明的补救措施】**　合同生效后，当事人就质量、价款或者报酬、履行地点等内容没有约定或者约定不明确的，可以协议补充；不能达成补充协议的，按照合同相关条款或者交易习惯确定。 **第511条【合同约定不明确时的履行】**　当事人就有关合同内容约定不明确，依据前条规定仍不能确定的，适用下列规定： 　　（一）质量要求不明确的，按照强制性国家标准履行；没有强制性国家标准的，按照推荐性国家标准履行；没有推荐性国家标准的，按照行业标准履行；没有国家标准、行业标准的，按照通常标准或者符合合同目的的特定标准履行。 　　（二）价款或者报酬不明确的，按照订立合同时履行地的市场价格履行；依法应当执行政府定价或者政府指导价的，依照规定履行。 　　（三）履行地点不明确，给付货币的，在接受货币一方所在地履行；交付不动产的，在不动产所在地履行；其他标的，在履行义务一方所在地履行。

《民法典合同编通则解释》	关联规定
限标准。在上下限范围内，即可根据本条规定的综合考虑预约合同在内容上的完备程度以及订立本约合同的条件的成就程度等因素酌定一定数额。此为征求意见稿观点，本条虽未保留，但亦有参考价值。此外，预约的赔偿责任也适用减轻损害规则、损益相抵规则。 　　**案例指引**：《房地产公司与资产经营管理公司长岭分公司、资产经营管理公司合资、合作开发房地产合同纠纷案》① 　　**案例要旨**：对于建设工程中的招标投标合同，在中标人确定后，招标人应当向中标人发出中标通知书。此时投标行为的性质为要约，中标通知书性质为承诺，至此双方合同已经成立。双方构成本约合同关系，并非预约合同关系，当事人承担的是违约责任，而非缔约过失责任。	（四）履行期限不明确的，债务人可以随时履行，债权人也可以随时请求履行，但是应当给对方必要的准备时间。 　　（五）履行方式不明确的，按照有利于实现合同目的的方式履行。 　　（六）履行费用的负担不明确的，由履行义务一方负担；因债权人原因增加的履行费用，由债权人负担。 　　**第 470 条【合同主要条款与示范文本】**　　合同的内容由当事人约定，一般包括下列条款： 　　（一）当事人的姓名或者名称和住所； 　　（二）标的； 　　（三）数量； 　　（四）质量； 　　（五）价款或者报酬； 　　（六）履行期限、地点和方式； 　　（七）违约责任； 　　（八）解决争议的方法。 　　当事人可以参照各类合同的示范文本订立合同。 　　**第 577 条【违约责任】**　　当事人一方不履行合同义务或者履行合同义务不符合约定的，应当承担继续履行、采取补救措施或者赔偿损失等违约责任。 　　**第 584 条【损害赔偿范围】**　　当事人一方不履行合同义务或者履行合同义务不符合约定，造成对方损失的，损失赔偿额应当相当于因违约所造成的

---

　　① 最高人民法院中国应用法学研究所编：《人民法院案例选》，人民法院出版社 2020 年版，第 113 页。

《民法典合同编通则解释》	关联规定
	损失，包括合同履行后可以获得的利益；但是，不得超过违约一方订立合同时预见到或者应当预见到的因违约可能造成的损失。
	第 585 条【违约金】　当事人可以约定一方违约时应当根据违约情况向对方支付一定数额的违约金，也可以约定因违约产生的损失赔偿额的计算方法。
	约定的违约金低于造成的损失的，人民法院或者仲裁机构可以根据当事人的请求予以增加；约定的违约金过分高于造成的损失的，人民法院或者仲裁机构可以根据当事人的请求予以适当减少。
	当事人就迟延履行约定违约金的，违约方支付违约金后，还应当履行债务。
	第 586 条【定金担保】　当事人可以约定一方向对方给付定金作为债权的担保。定金合同自实际交付定金时成立。
	定金的数额由当事人约定；但是，不得超过主合同标的额的百分之二十，超过部分不产生定金的效力。实际交付的定金数额多于或者少于约定数额的，视为变更约定的定金数额。
	第 587 条【定金罚则】　债务人履行债务的，定金应当抵作价款或者收回。给付定金的一方不履行债务或者履行债务不符合约定，致使不能实现合同目的的，无权请求返还定金；收受定金的一方不履行债务或者履行债务不符合约定，致使不能实现合同目的的，

《民法典合同编通则解释》	关联规定
	应当双倍返还定金。 **第 588 条【违约金与定金竞合时的责任】** 当事人既约定违约金，又约定定金的，一方违约时，对方可以选择适用违约金或者定金条款。 定金不足以弥补一方违约造成的损失的，对方可以请求赔偿超过定金数额的损失。
第九条【格式条款的认定】 合同条款符合民法典第四百九十六条第一款规定的情形，当事人仅以合同系依据合同示范文本制作或者双方已经明确约定合同条款不属于格式条款为由主张该条款不是格式条款的，人民法院不予支持。 从事经营活动的当事人一方仅以未实际重复使用为由主张其预先拟定且未与对方协商的合同条款不是格式条款的，人民法院不予支持。但是，有证据证明该条款不是为了重复使用而预先拟定的除外。 **指引**：格式条款的主要特点包括：一是由一方为了重复使用的目的而预先制订的，二是相对人一方通常是不特定的，三是内容具有定型化的特点。实际上，"未与对方协商"是格式条款最本质的特征。需注意的是，格式条款与是否参考示范文本并无直接的关系，只要合同条款符合民法典第 496 条第 1 款规定的"为了重复使用而预先拟定，并在订立合同时未与对方协商"	《民法典》 **第 496 条【格式条款】** 格式条款是当事人为了重复使用而预先拟定，并在订立合同时未与对方协商的条款。 采用格式条款订立合同的，提供格式条款的一方应当遵循公平原则确定当事人之间的权利和义务，并采取合理的方式提示对方注意免除或者减轻其责任等与对方有重大利害关系的条款，按照对方的要求，对该条款予以说明。提供格式条款的一方未履行提示或者说明义务，致使对方没有注意或者理解与其有重大利害关系的条款，对方可以主张该条款不成为合同的内容。 **第 497 条【格式条款无效情形】** 有下列情形之一的，该格式条款无效： （一）具有本法第一编第六章第三节和本法第五百零六条规定的无效情形； （二）提供格式条款一方不合理地免除或者减轻其责任、加重对方责任、限制对方主要权利；

《民法典合同编通则解释》	关联规定
的格式条款核心特征，依据示范文本订立并不能作为排除格式条款的理由。这里的重复使用是指预先拟定的目的在于重复使用，并不要求该条款实际上被多次使用。此外，一般不认为当事人可以通过约定来排除对格式条款的认定。 **案例指引：**《周显治、俞美芳与余姚众安房地产开发有限公司商品房销售合同纠纷案》【《最高人民法院公报》2016 年第 11 期】 **案例要旨：**在商品房买卖中，开发商的交房义务不仅仅局限于交钥匙，还需出示相应的证明文件，并签署房屋交接单等。合同中分别约定了逾期交房与逾期办证的违约责任，但同时又约定开发商承担了逾期交房的责任之后，逾期办证的违约责任不予承担的，应认定该约定属于免除开发商按时办证义务的无效格式条款，开发商仍应按照合同约定承担逾期交房、逾期办证的多项违约之责。	（三）提供格式条款一方排除对方主要权利。 **第 498 条【格式条款解释】**　对格式条款的理解发生争议的，应当按照通常理解予以解释。对格式条款有两种以上解释的，应当作出不利于提供格式条款一方的解释。格式条款和非格式条款不一致的，应当采用非格式条款。
第十条【格式条款订入合同】　提供格式条款的一方在合同订立时采用通常足以引起对方注意的文字、符号、字体等明显标识，提示对方注意免除或者减轻其责任、排除或者限制对方权利等与对方有重大利害关系的异常条款的，人民法院可以认定其已经履行民法典第四百九十六条第二款规定的提示义务。 提供格式条款的一方按照对方的要求，就与对方有重大利害关系的异	《民法典》 **第 496 条【格式条款】**　格式条款是当事人为了重复使用而预先拟定，并在订立合同时未与对方协商的条款。 采用格式条款订立合同的，提供格式条款的一方应当遵循公平原则确定当事人之间的权利和义务，并采取合理的方式提示对方注意免除或者减轻其责任等与对方有重大利害关系的条款，按照对方的要求，对该条款予以说明。提供格式条款的一方未履行

《民法典合同编通则解释》	关联规定
常条款的概念、内容及其法律后果以书面或者口头形式向对方作出通常能够理解的解释说明的，人民法院可以认定其已经履行民法典第四百九十六条第二款规定的说明义务。 　　提供格式条款的一方对其已经尽到提示义务或者说明义务承担举证责任。对于通过互联网等信息网络订立的电子合同，提供格式条款的一方仅以采取了设置勾选、弹窗等方式为由主张其已经履行提示义务或者说明义务的，人民法院不予支持，但是其举证符合前两款规定的除外。 　　**指引**：实践中，格式条款的提供者是否履行了提示和说明义务常常成为案件的争议焦点。就提示义务而言，所谓合理方式，主要是指能引起注意、提请强调和吸引对方注意的方式。解释本条第 1 款对此要求所采用的足以引起对方注意的文字、符号、字体等明显标识，从一般人角度来看应是明显的。此外，明确提示的范围，并不限于免除或减轻己方责任、排除或限制对方权利的条款，与对方有重大利害关系的异常条款亦应进行合理提示。就说明义务而言，解释本条第 2 款对与对方有重大利害关系的条款的说明义务的履行（包括说明内容、说明程度）作了明确规定。说明的程度要求为常人能够理解的程度。另值得注意的是，本条第 3 款对电子合同下仅通过设置勾选、弹窗等方式来完成提示义务或说明义务的主张，一般不予支持。	提示或者说明义务，致使对方没有注意或者理解与其有重大利害关系的条款的，对方可以主张该条款不成为合同的内容。 **《民法典会议纪要》** 7. 提供格式条款的一方对格式条款中免除或者减轻其责任等与对方有重大利害关系的内容，在合同订立时采用足以引起对方注意的文字、符号、字体等特别标识，并按照对方的要求以常人能够理解的方式对该格式条款予以说明的，人民法院应当认定符合民法典第四百九十六条所称"采取合理的方式"。提供格式条款一方对已尽合理提示及说明义务承担举证责任。 **《合同法解释二》（已失效）** **第 6 条**　提供格式条款的一方对格式条款中免除或者限制其责任的内容，在合同订立时采用足以引起对方注意的文字、符号、字体等特别标识，并按照对方的要求对该格式条款予以说明的，人民法院应当认定符合合同法第三十九条所称"采取合理的方式"。 　　提供格式条款一方对已尽合理提示及说明义务承担举证责任。

《民法典合同编通则解释》	关联规定
三、合同的效力	
第十一条【缺乏判断能力的认定】　当事人一方是自然人，根据该当事人的年龄、智力、知识、经验并结合交易的复杂程度，能够认定其对合同的性质、合同订立的法律后果或者交易中存在的特定风险缺乏应有的认知能力的，人民法院可以认定该情形构成民法典第一百五十一条规定的"缺乏判断能力"。 　　**指引：**所谓缺乏判断能力，学理上一般是指行为人明显缺乏理智考虑而实施民事法律行为或正确评判双方对待给付与民事法律行为经济后果之能力。其特点在于，一方对所从事的交易的有关知识储备不足，另一方利用了一方的这一缺点，结果导致交易时利益"显著"失衡，"极"不公平。如金融机构人员向文化程度较低的老年人出售名义利率较高但实际利率较低且风险较大的理财产品。判断能力的缺乏，多体现在合同当事人对合同性质、后果、风险等对当事人权利义务有着较大影响方面的判断不准确、出入较大甚至大相径庭，而这大多源于当事人在知识或者经验上存在不足。	**《民法典》** **第 508 条【合同效力援引】**　本编对合同的效力没有规定的，适用本法第一编第六章的有关规定。 **第 151 条【显失公平的民事法律行为的效力】**　一方利用对方处于危困状态、缺乏判断能力等情形，致使民事法律行为成立时显失公平的，受损害方有权请求人民法院或者仲裁机构予以撤销。 **《民法典总则编解释》** **第 5 条**　限制民事行为能力人实施的民事法律行为是否与其年龄、智力、精神健康状况相适应，人民法院可以从行为与本人生活相关联的程度，本人的智力、精神健康状况能否理解其行为并预见相应的后果，以及标的、数量、价款或者报酬等方面认定。
第十二条【批准生效合同的法律适用】　合同依法成立后，负有报批义务的当事人不履行报批义务或者履行报批义务不符合合同的约定或者法律、行政法规的规定，对方请求其继续履行报批义务的，人民法院应予支持；对	**《民法典》** **第 502 条【合同生效时间】**　依法成立的合同，自成立时生效，但是法律另有规定或者当事人另有约定的除外。 　　依照法律、行政法规的规定，合同应当办理批准等手续的，依照其规

《民法典合同编通则解释》	关联规定
方主张解除合同并请求其承担违反报批义务的赔偿责任的，人民法院应予支持。 人民法院判决当事人一方履行报批义务后，其仍不履行，对方主张解除合同并参照违反合同的违约责任请求其承担赔偿责任的，人民法院应予支持。 合同获得批准前，当事人一方起诉请求对方履行合同约定的主要义务，经释明后拒绝变更诉讼请求的，人民法院应当判决驳回其诉讼请求，但是不影响其另行提起诉讼。 负有报批义务的当事人已经办理申请批准等手续或者已经履行生效判决确定的报批义务，批准机关决定不予批准，对方请求其承担赔偿责任的，人民法院不予支持。但是，因迟延履行报批义务等可归责于当事人的原因导致合同未获批准，对方请求赔偿因此受到的损失的，人民法院应当依据民法典第一百五十七条的规定处理。 **指引**：一般情况下，合同的生效与合同的成立是一致的，合同一般成立就产生效力。但在法律对合同生效时间另有规定或者当事人对此另有约定的情况下，依照法律规定或者当事人约定。法律另有规定的情形，主要是指合同成立与生效相分离的情形。如应当依法办理批准等手续的合同，即使合同成立也不发生效力。当事人另有约定的情形，则主要是指附条件和附期限的合同。需注意的是，未生效合	定。未办理批准等手续影响合同生效的，不影响合同中履行报批等义务条款以及相关条款的效力。应当办理申请批准等手续的当事人未履行义务的，对方可以请求其承担违反该义务的责任。 依照法律、行政法规的规定，合同的变更、转让、解除等情形应当办理批准等手续的，适用前款规定。 **《九民会纪要》** **37.【未经批准合同的效力】** 法律、行政法规规定某类合同应当办理批准手续生效的，如商业银行法、证券法、保险法等法律规定购买商业银行、证券公司、保险公司5%以上股权须经相关主管部门批准，依据《合同法》第44条第2款的规定，批准是合同的法定生效条件，未经批准的合同因欠缺法律规定的特别生效条件而未生效。实践中的一个突出问题是，把未生效合同认定为无效合同，或者虽认定为未生效，却按无效合同处理。无效合同从本质上来说是欠缺合同的有效要件，或者具有合同无效的法定事由，自始不发生法律效力。而未生效合同已具备合同的有效要件，对双方具有一定的拘束力，任何一方不得擅自撤回、解除、变更，但因欠缺法律、行政法规规定或当事人约定的特别生效条件，在该生效条件成就前，不能产生请求对方履行合同主要权利义务的法律效力。

《民法典合同编通则解释》	关联规定
同是一个特定的概念，并非为合同无效。对于未生效合同而言，一旦弥补了程序上的瑕疵，就可以认定该合同生效。另需注意，本条第1、2款分别规定了两种违约责任。前一种为当事人直接请求解除合同并请求负有报批义务的人承担违反报批义务的赔偿责任的情形。后一种为在法院判决负有报批义务的人继续履行报批义务之后，在其仍拒绝履行报批义务的情况下，当事人另行起诉要求解除合同并请求其承担参照违反合同的违约责任。后一种的违反合同的违约责任，不仅在赔偿范围上要大于违反报批义务的赔偿责任，且不要求合同明确约定，合同没有约定时可依照法律规定来承担。 **案例指引：**《大宗集团有限公司、宗锡晋与淮北圣火矿业有限公司、淮北圣火房地产开发有限责任公司等股权转让纠纷案》【《最高人民法院公报》2016年第6期】 **案例要旨：**矿业权与股权是两种不同的民事权利，如果仅转让公司股权而不导致矿业权主体的变更，则不属于矿业权转让，转让合同无须地质矿产主管部门审批，在不违反法律、行政法规强制性规定的情况下，应认定合同合法有效。迟延履行生效合同约定义务的当事人以迟延履行期间国家政策变化为由主张情势变更的，不予支持。	**《合同法解释二》（已失效）** **第8条**　依照法律、行政法规的规定经批准或者登记才能生效的合同成立后，有义务办理申请批准或者申请登记等手续的一方当事人未按照法律规定或者合同约定办理申请批准或者未申请登记的，属于合同法第四十二条第（三）项规定的"其他违背诚实信用原则的行为"，人民法院可以根据案件的具体情况和相对人的请求，判决相对人自己办理有关手续；对方当事人对由此产生的费用和给相对人造成的实际损失，应当承担损害赔偿责任。 **《合同法解释一》（已失效）** **第9条**　依照合同法第四十四条第二款的规定，法律、行政法规规定合同应当办理批准手续，或者办理批准、登记等手续才生效，在一审法庭辩论终结前当事人仍未办理批准手续的，或者仍未办理批准、登记等手续的，人民法院应当认定该合同未生效；法律、行政法规规定合同应当办理登记手续，但未规定登记后生效的，当事人未办理登记手续不影响合同的效力，合同标的物所有权及其他物权不能转移。 　　合同法第七十七条第二款、第八十七条、第九十六条第二款所列合同变更、转让、解除等情形，依照前款规定处理。

续表

《民法典合同编通则解释》	关联规定
案例指引：《陈允斗与宽甸满族自治县虎山镇老边墙村民委员会采矿权转让合同纠纷案》【《最高人民法院公报》2012 年第 3 期】 **案例要旨**：（1）租赁采矿权属于一种特殊的矿业权转让方式，采矿权转让合同属于批准后才生效的合同。根据国务院《探矿权采矿权转让管理办法》①的规定，出租采矿权须经有权批准的机关审批，批准转让的，转让合同自批准之日起生效。（2）诉讼中，采矿权租赁合同未经批准，人民法院应认定该合同未生效。采矿权合同虽未生效，但合同约定的报批条款依然有效。如果一方当事人据此请求对方继续履行报批义务，人民法院经审查认为客观条件允许的，对其请求应予支持；继续报批缺乏客观条件的，依法驳回其请求。	
第十三条【备案合同或者已批准合同的效力】 合同存在无效或者可撤销的情形，当事人以该合同已在有关行政管理部门办理备案、已经批准机关批准或者已依据该合同办理财产权利的变更登记、移转登记等为由主张合同有效的，人民法院不予支持。 　**指引**：备案、批准、财产权利变更登记、移转登记等手续与合同效力是相互分离的，未进行备案、批准、财产权利变更或移转的登记，一般不影	《民法典》 **第 502 条第 1 款【合同生效时间】** 依法成立的合同，自成立时生效，但是法律另有规定或者当事人另有约定的除外。 **第 508 条【合同效力援引规定】** 本编对合同的效力没有规定的，适用本法第一编第六章的有关规定。 **第 143 条【民事法律行为有效条件】** 　具备下列条件的民事法律行为有效： 　（一）行为人具有相应的民事行为

---

① 本书"案例指引"部分引用的法律法规均为案件裁判当时有效，下文对此不再提示。

《民法典合同编通则解释》	关联规定
响合同效力。反过来看，也不能以已经进行了备案、批准或者财产权利变更、移转的登记，而倒推合同必然有效。合同是否有效的判断，应当依据法律行为有效要件进行判断，其基本依据或者说最重要的依据为《民法典》合同编第三章（合同的效力）以及总则编第六章第三节（民事法律行为的效力）。这里除了《民法典》第502条涉及批准等手续外，其他条文均不涉及备案、批准、权利变更登记、移转登记。因此可以说，备案、批准、权利变更或移转登记不应作为判断合同效力的要件，既不能以未办理备案、批准、权利变更或移转登记手续认定合同无效或者未生效，也不能以已经办理备案、批准、权利变更登记或移转手续倒推合同有效。尤其针对存在无效或者可撤销情形的合同而言，并不能以"已在有关行政管理部门办理备案、已经批准机关批准或者已依据该合同办理财产权利的变更登记、移转登记等"为由超越合同无效或可撤销的规定，而认定有效。	能力； （二）意思表示真实； （三）不违反法律、行政法规的强制性规定，不违背公序良俗 **第144条【无民事行为能力人实施的民事法律行为的效力】** 无民事行为能力人实施的民事法律行为无效。 **第146条【虚假表示与隐藏行为的效力】** 行为人与相对人以虚假的意思表示实施的民事法律行为无效。 以虚假的意思表示隐藏的民事法律行为的效力，依照有关法律规定处理。 **第147条【基于重大误解实施的民事法律行为的效力】** 基于重大误解实施的民事法律行为，行为人有权请求人民法院或者仲裁机构予以撤销。 **第148条【以欺诈手段实施的民事法律行为的效力】** 一方以欺诈手段，使对方在违背真实意思的情况下实施的民事法律行为，受欺诈方有权请求人民法院或者仲裁机构予以撤销。 **第149条【受第三人欺诈的民事法律行为的效力】** 第三人实施欺诈行为，使一方在违背真实意思的情况下实施的民事法律行为，对方知道或者应当知道该欺诈行为的，受欺诈方有权请求人民法院或者仲裁机构予以撤销。 **第150条【以胁迫手段实施的民事法律行为的效力】** 一方或者第三人以胁迫手段，使对方在违背真实意思的情况下实施的民事法律行为，受胁迫

《民法典合同编通则解释》	关联规定
	方有权请求人民法院或者仲裁机构予以撤销。 **第 151 条【显失公平的民事法律行为的效力】**　一方利用对方处于危困状态、缺乏判断能力等情形，致使民事法律行为成立时显失公平的，受损害方有权请求人民法院或者仲裁机构予以撤销。 **第 153 条【违反强制性规定及违背公序良俗的民事法律行为的效力】**　违反法律、行政法规的强制性规定的民事法律行为无效。但是，该强制性规定不导致该民事法律行为无效的除外。 　　违背公序良俗的民事法律行为无效。 **第 154 条【恶意串通的民事法律行为的效力】**　行为人与相对人恶意串通，损害他人合法权益的民事法律行为无效。 **第 215 条【合同效力与物权变动区分】**　当事人之间订立有关设立、变更、转让和消灭不动产物权的合同，除法律另有规定或者当事人另有约定外，自合同成立时生效；未办理物权登记的，不影响合同效力。
第十四条【多份合同的效力认定】 当事人之间就同一交易订立多份合同，人民法院应当认定其中以虚假意思表示订立的合同无效。当事人为规避法律、行政法规的强制性规定，以虚假意思表示隐藏真实意思表示的，人民法院应当依据民法典第一百五十三条	《民法典》 **第 508 条【合同效力援引】**　本编对合同的效力没有规定的，适用本法第一编第六章的有关规定。 **第 146 条【虚假表示与隐藏行为的效力】**　行为人与相对人以虚假的意思表示实施的民事法律行为无效。

《民法典合同编通则解释》	关联规定
第一款的规定认定被隐藏合同的效力；当事人为规避法律、行政法规关于合同应当办理批准等手续的规定，以虚假意思表示隐藏真实意思表示的，人民法院应当依据民法典第五百零二条第二款的规定认定被隐藏合同的效力。 　　依据前款规定认定被隐藏合同无效或者确定不发生效力的，人民法院应当以被隐藏合同为事实基础，依据民法典第一百五十七条的规定确定当事人的民事责任。但是，法律另有规定的除外。 　　当事人就同一交易订立的多份合同均系真实意思表示，且不存在其他影响合同效力情形的，人民法院应当在查明各合同成立先后顺序和实际履行情况的基础上，认定合同内容是否发生变更。法律、行政法规禁止变更合同内容的，人民法院应当认定合同的相应变更无效。 　　**指引**：针对同一交易而订立多份合同，难免会存在虚假意思表示的合同。而对其中的通过虚假意思表示的合同效力予以否定，在于这一"意思表示"所指向的法律效果并非双方当事人的内心真意，且此种情形多属于违反公共秩序的行为。而隐藏法律行为的效力，则依据有关法律的规定处理。一般而言，当事人出于规避法律行政法规强制性规定等为目的而以虚假的意思表示订立的合同为"阳合同"，属于民法典第 146 条第 1 款规定	以虚假的意思表示隐藏的民事法律行为的效力，依照有关法律规定处理。 **第 502 条【合同生效时间】**　依法成立的合同，自成立时生效，但是法律另有规定或者当事人另有约定的除外。 　　依照法律、行政法规的规定，合同应当办理批准等手续的，依照其规定。未办理批准等手续影响合同生效的，不影响合同中履行报批等义务条款以及相关条款的效力。应当办理申请批准等手续的当事人未履行义务的，对方可以请求其承担违反该义务的责任。 　　依照法律、行政法规的规定，合同的变更、转让、解除等情形应当办理批准等手续的，适用前款规定。 **第 143 条【民事法律行为有效的条件】**　具备下列条件的民事法律行为有效： 　　（一）行为人具有相应的民事行为能力； 　　（二）意思表示真实； 　　（三）不违反法律、行政法规的强制性规定，不违背公序良俗。 **第 153 条【违反强制性规定及违背公序良俗的民事法律行为的效力】**　违反法律、行政法规的强制性规定的民事法律行为无效。但是，该强制性规定不导致该民事法律行为无效的除外。 　　违背公序良俗的民事法律行为无效。 **第 157 条【民事法律行为无效、被撤销或确定不发生效力的法律后果】**　民事法律行为无效、被撤销或者确定

《民法典合同编通则解释》	关联规定
的虚假意思表示行为，应直接依据该款认定该"阳合同"无效。当事人虚假的意思表示背后隐藏的合同为"阴合同"，应依据有关法律的规定处理。若被隐藏的合同本身符合该行为的生效要件（行为人具有相应的民事行为能力，意思表示真实，不违反法律行政法规的强制性规定、不违背公序良俗），那么有效；反之，则应按照民法典第 153 条第 1 款之规定认定无效。另需注意，由于民法典第 502 条第 2 款单独就报批义务对合同效力的影响作了规定。因此，为规避报批义务而被隐藏的合同效力的判断应据此进行。当然，针对同一交易而订立多份合同，也不排除均为真实意思表示的情况。在这种情况下，则需按照时间先后顺序并结合实际履行情况等认定是否构成合同的变更。本条第 3 款对此作了明确。	不发生效力后，行为人因该行为取得的财产，应当予以返还；不能返还或者没有必要返还的，应当折价补偿。有过错的一方应当赔偿对方由此所受到的损失；各方都有过错的，应当各自承担相应的责任。法律另有规定的，依照其规定。 **第 543 条【协议变更合同】** 当事人协商一致，可以变更合同。 **《招标投标法》**（2017 年修正） **第 46 条** 招标人和中标人应当自中标通知书发出之日起三十日内，按照招标文件和中标人的投标文件订立书面合同。招标人和中标人不得再行订立背离合同实质性内容的其他协议。 招标文件要求中标人提交履约保证金的，中标人应当提交。 **《建工合同解释一》** **第 2 条** 招标人和中标人另行签订的建设工程施工合同约定的工程范围、建设工期、工程质量、工程价款等实质性内容，与中标合同不一致，一方当事人请求按照中标合同确定权利义务的，人民法院应予支持。 招标人和中标人在中标合同之外就明显高于市场价格购买承建房产、无偿建设住房配套设施、让利、向建设单位捐赠财物等另行签订合同，变相降低工程价款，一方当事人以该合同背离中标合同实质性内容为由请求确认无效的，人民法院应予支持。

《民法典合同编通则解释》	关联规定
第十五条【名实不符与合同效力】 人民法院认定当事人之间的权利义务关系，不应当拘泥于合同使用的名称，而应当根据合同约定的内容。当事人主张的权利义务关系与根据合同内容认定的权利义务关系不一致的，人民法院应当结合缔约背景、交易目的、交易结构、履行行为以及当事人是否存在虚构交易标的等事实认定当事人之间的实际民事法律关系。 　　**指引：**在合同名称与合同内容不一致的情况下，应以合同约定的内容来认定当事人之间的权利义务关系，即在合同名实不符的情况下，应以"实"为准。而在当事人主张的权利义务关系与根据合同内容确立的权利义务关系不一致的情况下，应结合缔约背景、交易目的、交易结构、履行行为以及当事人是否存在虚构交易标的等事实认定当事人之间真实的法律关系，并据此认定合同效力。实际上这是在全面考量交易整个过程的基础上认定合同关系与合同效力而不直接以当事人主张的权利义务关系进行认定的体现，这也适当彰显了法院对合同关系的适当干预与调整。若直接以当事人在诉讼中主张的权利义务关系来确定合同效力，则相当于赋予了当事人通过诉讼方式确立、变更合同效力或者说影响合同权利义务关系的权利，有悖于合同稳定性与民法的意思自治原则，同时也属违反诚信原则的行为。	**《民法典》** **第 143 条【民事法律行为有效条件】** 　　具备下列条件的民事法律行为有效： 　　（一）行为人具有相应的民事行为能力； 　　（二）意思表示真实； 　　（三）不违反法律、行政法规的强制性规定，不违背公序良俗。 **146 条【虚假表示与隐藏行为的效力】** 　　行为人与相对人以虚假的意思表示实施的民事法律行为无效。 　　以虚假的意思表示隐藏的民事法律行为的效力，依照有关法律规定处理。 **《民法典担保制度解释》** **第 68 条**　债务人或者第三人与债权人约定将财产形式上转移至债权人名下，债务人不履行到期债务，债权人有权对财产折价或者以拍卖、变卖该财产所得价款偿还债务的，人民法院应当认定该约定有效。当事人已经完成财产权利变动的公示，债务人不履行到期债务，债权人请求参照民法典关于担保物权的有关规定就该财产优先受偿的，人民法院应予支持。 　　债务人或者第三人与债权人约定将财产形式上转移至债权人名下，债务人不履行到期债务，财产归债权人所有的，人民法院应当认定该约定无效，但是不影响当事人有关提供担保的意思表示的效力。当事人已经完成财产权利变动的公示，债务人不履行

《民法典合同编通则解释》	关联规定
案例指引：《某甲银行和某乙银行合同纠纷案》【最高人民法院发布民法典合同编通则司法解释相关典型案例，案例三】 **案例要旨**：案涉交易符合以票据贴现为手段的多链条融资交易的基本特征。案涉《回购协议》是双方虚假意思表示，目的是借用银行承兑汇票买入返售的形式为某甲银行向实际用资人提供资金通道，真实合意是资金通道合同。在资金通道合同项下，各方当事人的权利义务是，过桥银行提供资金通道服务，由出资银行提供所需划转的资金并支付相应的服务费，过桥银行无交付票据的义务，但应根据其过错对出资银行的损失承担相应的赔偿责任。	到期债务，债权人请求对该财产享有所有权的，人民法院不予支持；债权人请求参照民法典关于担保物权的规定对财产折价或者以拍卖、变卖该财产所得的价款优先受偿的，人民法院应予支持；债务人履行债务后请求返还财产，或者请求对财产折价或者以拍卖、变卖所得的价款清偿债务的，人民法院应予支持。 债务人与债权人约定将财产转移至债权人名下，在一定期间后再由债务人或者其指定的第三人以交易本金加上溢价款回购，债务人到期不履行回购义务，财产归债权人所有的，人民法院应当参照第二款规定处理。回购对象自始不存在的，人民法院应当依照民法典第一百四十六条第二款的规定，按照其实际构成的法律关系处理。 **《九民会纪要》** **92.【保底或者刚兑条款无效】** 信托公司、商业银行等金融机构作为资产管理产品的受托人与受益人订立的含有保证本息固定回报、保证本金不受损失等保底或者刚兑条款的合同，人民法院应当认定该条款无效。受益人请求受托人对其损失承担与其过错相适应的赔偿责任的，人民法院依法予以支持。 实践中，保底或者刚兑条款通常不在资产管理产品合同中明确约定，而是以"抽屉协议"或者其他方式约定，不管形式如何，均应认定无效。

《民法典合同编通则解释》	关联规定
第十六条【民法典第 153 条第 1 款但书的适用】　合同违反法律、行政法规的强制性规定，有下列情形之一，由行为人承担行政责任或者刑事责任能够实现强制性规定的立法目的的，人民法院可以依据民法典第一百五十三条第一款关于"该强制性规定不导致该民事法律行为无效的除外"的规定认定该合同不因违反强制性规定无效： （一）强制性规定虽然旨在维护社会公共秩序，但是合同的实际履行对社会公共秩序造成的影响显著轻微，认定合同无效将导致案件处理结果有失公平公正； （二）强制性规定旨在维护政府的税收、土地出让金等国家利益或者其他民事主体的合法利益而非合同当事人的民事权益，认定合同有效不会影响该规范目的的实现； （三）强制性规定旨在要求当事人一方加强风险控制、内部管理等，对方无能力或者无义务审查合同是否违反强制性规定，认定合同无效将使其承担不利后果； （四）当事人一方虽然在订立合同时违反强制性规定，但是在合同订立后其已经具备补正违反强制性规定的条件却违背诚信原则不予补正； （五）法律、司法解释规定的其他情形。 法律、行政法规的强制性规定旨	《民法典》 第 153 条第 1 款【违反强制性规定的民事法律行为效力】　违反法律、行政法规的强制性规定的民事法律行为无效。但是，该强制性规定不导致该民事法律行为无效的除外。 第 132 条【不得滥用民事权利】　民事主体不得滥用民事权利损害国家利益、社会公共利益或者他人合法权益。 第 508 条【合同效力援引】　本编对合同的效力没有规定的，适用本法第一编第六章的有关规定。 第 502 条【合同生效时间】　依法成立的合同，自成立时生效，但是法律另有规定或者当事人另有约定的除外。 依照法律、行政法规的规定，合同应当办理批准等手续的，依照其规定。未办理批准等手续影响合同生效的，不影响合同中履行报批等义务条款以及相关条款的效力。应当办理申请批准等手续的当事人未履行义务的，对方可以请求其承担违反该义务的责任。 依照法律、行政法规的规定，合同的变更、转让、解除等情形应当办理批准等手续的，适用前款规定。 《九民会纪要》 30.【强制性规定的识别】　合同法施行后，针对一些人民法院动辄以违反法律、行政法规的强制性规定为由认定合同无效，不当扩大无效合同范围的情形，合同法司法解释（二）第 14

《民法典合同编通则解释》	关联规定

在规制合同订立后的履行行为，当事人以合同违反强制性规定为由请求认定合同无效的，人民法院不予支持。但是，合同履行必然导致违反强制性规定或者法律、司法解释另有规定的除外。
 	
  依据前两款认定合同有效，但是当事人的违法行为未经处理的，人民法院应当向有关行政管理部门提出司法建议。当事人的行为涉嫌犯罪的，应当将案件线索移送刑事侦查机关；属于刑事自诉案件的，应当告知当事人可以向有管辖权的人民法院另行提起诉讼。
 	
  指引：民法典第 153 条第 1 款规定，违反法律、行政法规的强制性规定的民事法律行为无效。但是，该强制性规定不导致该民事法律行为无效的除外。关于该款"但书"部分中的不导致民事法律行为无效的"强制性规定"，如何识别与判断，以往未有明确的规定，实践中也并未形成统一有效的规则。解释本条并未沿用效力性强制性规定的说法，而是创设性通过第 1 款就相应情形下该"但书"条款的识别与判断作了较为明确的列举：一是合同履行对公共秩序影响轻微型，这主要基于比例原则的考量；二是强制性规定目的非调整合同当事人利益型，主要包括政府财税利益；三是对方当事人无能力或无义务审查型；四是合同订立后具备补正条件不予补正
	条将《合同法》第 52 条第 5 项规定的"强制性规定"明确限于"效力性强制性规定"。此后，《最高人民法院关于当前形势下审理民商事合同纠纷案件若干问题的指导意见》进一步提出了"管理性强制性规定"的概念，指出违反管理性强制性规定的，人民法院应当根据具体情形认定合同效力。随着这一概念的提出，审判实践中又出现了另一种倾向，有的人民法院认为凡是行政管理性质的强制性规定都属于"管理性强制性规定"，不影响合同效力。这种望文生义的认定方法，应予纠正。
	
	  人民法院在审理合同纠纷案件时，要依据《民法总则》第 153 条第 1 款和合同法司法解释（二）第 14 条的规定慎重判断"强制性规定"的性质，特别是要在考量强制性规定所保护的法益类型、违法行为的法律后果以及交易安全保护等因素的基础上认定其性质，并在裁判文书中充分说明理由。下列强制性规定，应当认定为"效力性强制性规定"：强制性规定涉及金融安全、市场秩序、国家宏观政策等公序良俗的；交易标的禁止买卖的，如禁止人体器官、毒品、枪支等买卖；违反特许经营规定的，如场外配资合同；交易方式严重违法的，如违反招投标等竞争性缔约方式订立的合同；交易场所违法的，如在批准的交易场所之外进行期货交易。关于经营范围、

《民法典合同编通则解释》	关联规定
型，典型如开发商未取得预售许可而出售房屋，后取得许可但遇价格上涨而主张合同无效；五是兜底型。需注意的是，上述情形在适用时还需满足一个共同的前提，即"由行为人承担行政责任或者刑事责任能够实现强制性规定的立法目的"。即在上述情形下，通过行政或刑事责任，法律的规范目的在一定程度上已实现，故否认合同效力已无必要。此外，若强制性规定的目的在于规制合同订立后的履行行为而非订立合同，则一般不以违反强制性规定而认定合同无效，解释本条第 2 款对此作了明确。	交易时间、交易数量等行政管理性质的强制性规定，一般应当认定为"管理性强制性规定"。 **《合同法解释二》（已失效）** **第 14 条** 合同法第五十二条第（五）项规定的"强制性规定"，是指效力性强制性规定。 **《合同法解释一》（已失效）** **第 10 条** 当事人超越经营范围订立合同，人民法院不因此认定合同无效。但违反国家限制经营、特许经营以及法律、行政法规禁止经营规定的除外。
第十七条 【民法典第 153 条第 2 款的适用】 合同虽然不违反法律、行政法规的强制性规定，但是有下列情形之一，人民法院应当依据民法典第一百五十三条第二款的规定认定合同无效： （一）合同影响政治安全、经济安全、军事安全等国家安全的； （二）合同影响社会稳定、公平竞争秩序或者损害社会公共利益等违背社会公共秩序的； （三）合同背离社会公德、家庭伦理或者有损人格尊严等违背善良风俗的。 人民法院在认定合同是否违背公序良俗时，应当以社会主义核心价值观为导向，综合考虑当事人的主观动机和交易目的、政府部门的监管强度、	**《民法典》** **第 153 条第 2 款 【违背公序良俗的民事法律行为效力】** 违背公序良俗的民事法律行为无效。 **第 1 条 【立法目的】** 为了保护民事主体的合法权益，调整民事关系，维护社会和经济秩序，适应中国特色社会主义发展要求，弘扬社会主义核心价值观，根据宪法，制定本法。 **第 8 条 【守法与公序良俗原则】** 民事主体从事民事活动，不得违反法律，不得违背公序良俗。 **第 132 条 【不得滥用民事权利】** 民事主体不得滥用民事权利损害国家利益、社会公共利益或者他人合法权益。 **第 143 条 【民事法律行为有效的条件】** 具备下列条件的民事法律行为有效： （一）行为人具有相应的民事行为

《民法典合同编通则解释》	关联规定
一定期限内当事人从事类似交易的频次、行为的社会后果等因素，并在裁判文书中充分说明。当事人确因生活需要进行交易，未给社会公共秩序造成重大影响，且不影响国家安全，也不违背善良风俗的，人民法院不应当认定合同无效。 　　**指引**：公序良俗是公共秩序和善良习俗的简称，属于不确定概念。同强制性规定一样，公序良俗也体现了国家对民事领域意思自治的一种限制。因此，对公序良俗的违背也构成民事法律行为无效的理由。民法典第153条第2款虽然规定了违背公序良俗的民事法律行为无效，但实践中如何判断哪些合同或者说民事法律行为是否违背公序良俗，则并未有较为明确的规则。民法学说一般采取类型化研究的方式，将裁判实务中依据公序良俗裁判的典型案件，区别为若干公序良俗违反的行为类型。解释本条在借鉴相关观点基础上，立足核心价值观，按照国家、社会、个人三大层面，分类确立了危害国家安全型、违背社会公共秩序刑、违背善良风俗型三大类违背公序良俗行为。此外，本条第2款还就认定合同是否违背公序良俗时应坚持的导向、考量的因素作了明确，将社会主义核心价值观明确为导向，将当事人的主观动机和交易目的、政府部门的监管强度、一定期限内当事人从事类似交易的频次、行为的社会	能力； 　　（二）意思表示真实； 　　（三）不违反法律、行政法规的强制性规定，不违背公序良俗。 **《九民会纪要》** 30.**【强制性规定的识别】**　合同法施行后，针对一些人民法院动辄以违反法律、行政法规的强制性规定为由认定合同无效，不当扩大无效合同范围的情形，合同法司法解释（二）第14条将《合同法》第52条第5项规定的"强制性规定"明确限于"效力性强制性规定"。此后，《最高人民法院关于当前形势下审理民商事合同纠纷案件若干问题的指导意见》进一步提出了"管理性强制性规定"的概念，指出违反管理性强制性规定的，人民法院应当根据具体情形认定合同效力。随着这一概念的提出，审判实践中又出现了另一种倾向，有的人民法院认为凡是行政管理性质的强制性规定都属于"管理性强制性规定"，不影响合同效力。这种望文生义的认定方法，应予纠正。 　　人民法院在审理合同纠纷案件时，要依据《民法总则》第153条第1款和合同法司法解释（二）第14条的规定慎重判断"强制性规定"的性质，特别是要在考量强制性规定所保护的法益类型、违法行为的法律后果以及交易安全保护等因素的基础上认定其性质，并在裁判文书中充分说明理由。

《民法典合同编通则解释》	关联规定
后果等因素作为重要考量因素。且坚持以人为本，基于保障民生需要，明确因生活需要的交易，未给社会公共秩序造成重大影响且不影响国家安全也不违背善良风俗的，不应认定合同无效。	下列强制性规定，应当认定为"效力性强制性规定"：强制性规定涉及金融安全、市场秩序、国家宏观政策等公序良俗的；交易标的禁止买卖的，如禁止人体器官、毒品、枪支等买卖；违反特许经营规定的，如场外配资合同；交易方式严重违法的，如违反招投标等竞争性缔约方式订立的合同；交易场所违法的，如在批准的交易场所之外进行期货交易。关于经营范围、交易时间、交易数量等行政管理性质的强制性规定，一般应当认定为"管理性强制性规定"。 **31.【违反规章的合同效力】**　违反规章一般情况下不影响合同效力，但该规章的内容涉及金融安全、市场秩序、国家宏观政策等公序良俗的，应当认定合同无效。人民法院在认定规章是否涉及公序良俗时，要在考察规范对象基础上，兼顾监管强度、交易安全保护以及社会影响等方面进行慎重考量，并在裁判文书中进行充分说理。 **《合同法解释二》（已失效）** **第14条**　合同法第五十二条第（五）项规定的"强制性规定"，是指效力性强制性规定。 **《合同法解释一》（已失效）** **第10条**　当事人超越经营范围订立合同，人民法院不因此认定合同无效。但违反国家限制经营、特许经营以及法律、行政法规禁止经营规定的除外。

《民法典合同编通则解释》	关联规定
第十八条【违反强制性规定但应适用具体规定的情形】 法律、行政法规的规定虽然有"应当""必须"或者"不得"等表述，但是该规定旨在限制或者赋予民事权利，行为人违反该规定将构成无权处分、无权代理、越权代表等，或者导致合同相对人、第三人因此获得撤销权、解除权等民事权利的，人民法院应当依据法律、行政法规规定的关于违反该规定的民事法律后果认定合同效力。 **指引**：并非所有属于《民法典》第153条"强制性规定"的内容，均可作为直接认定合同无效的依据。除本解释第16条规定的情形外，也存在违反强制性规定但应适用具体规定的情形。换而言之，在某些情况下，虽然民法典其他规定或者其他法律、行政法规的规定属于《民法典》第153条第1款规定的强制性规定，但不应按照第153条第1款前半部分规定认定民事法律行为无效，而是按照民法典或者其他法律、行政法规的相应规定认定民事法律行为的效力。解释本条即对明确了相应的两类情形，一是旨在赋予或者限制民事权利，行为人违反该规定将构成无权处分、无权代理、越权代表等。这种情形主要在于限制特定民事主体的民事权利及其行使，而非对相应背后指向的行为的限制或禁止。二是导致合同相对人、第三人因此获得撤销权、解除权等民事权利的情形。因撤销权、解除权的前提是	**《民法典》** **第153条第1款【违反强制性规定的民事法律行为效力】** 违反法律、行政法规的强制性规定的民事法律行为无效。但是，该强制性规定不导致该民事法律行为无效的除外 **第508条【合同效力援引】** 本编对合同的效力没有规定的，适用本法第一编第六章的有关规定。 **第597条【无权处分效力】** 因出卖人未取得处分权致使标的物所有权不能转移的，买受人可以解除合同并请求出卖人承担违约责任。 法律、行政法规禁止或者限制转让的标的物，依照其规定。 **第171条【无权代理】** 行为人没有代理权、超越代理权或者代理权终止后，仍然实施代理行为，未经被代理人追认的，对被代理人不发生效力。 相对人可以催告被代理人自收到通知之日起三十日内予以追认。被代理人未作表示的，视为拒绝追认。行为人实施的行为被追认前，善意相对人有撤销的权利。撤销应当以通知的方式作出。 行为人实施的行为未被追认的，善意相对人有权请求行为人履行债务或者就其受到的损害请求行为人赔偿。但是，赔偿的范围不得超过被代理人追认时相对人所能获得的利益。 相对人知道或者应当知道行为人无权代理的，相对人和行为人按照各自的过错承担责任。

《民法典合同编通则解释》	关联规定
合同是有效的。若合同等本身是无效的，则并无赋予撤销权、解除权的必要。	**第 504 条【越权订立的合同效力】** 法人的法定代表人或者非法人组织的负责人超越权限订立的合同，除相对人知道或者应当知道其超越权限外，该代表行为有效，订立的合同对法人或者非法人组织发生效力。 **第 538 条【无偿处分时的债权人撤销权行使】** 债务人以放弃其债权、放弃债权担保、无偿转让财产等方式无偿处分财产权益，或者恶意延长其到期债权的履行期限，影响债权人的债权实现的，债权人可以请求人民法院撤销债务人的行为。 **第 539 条【不合理价格交易时的债权人撤销权行使】** 债务人以明显不合理的低价转让财产、以明显不合理的高价受让他人财产或者为他人的债务提供担保，影响债权人的债权实现，债务人的相对人知道或者应当知道该情形的，债权人可以请求人民法院撤销债务人的行为。 **第 562 条【合同约定解除】** 当事人协商一致，可以解除合同。 当事人可以约定一方解除合同的事由。解除合同的事由发生时，解除权人可以解除合同。 **第 563 条【合同法定解除】** 有下列情形之一的，当事人可以解除合同： （一）因不可抗力致使不能实现合同目的； （二）在履行期限届满前，当事人一方明确表示或者以自己的行为表明不履行主要债务；

续表

《民法典合同编通则解释》	关联规定
	（三）当事人一方迟延履行主要债务，经催告后在合理期限内仍未履行； （四）当事人一方迟延履行债务或者有其他违约行为致使不能实现合同目的； （五）法律规定的其他情形。 以持续履行的债务为内容的不定期合同，当事人可以随时解除合同，但是应当在合理期限之前通知对方。 **《九民会纪要》** 30.【强制性规定的识别】 合同法施行后，针对一些人民法院动辄以违反法律、行政法规的强制性规定为由认定合同无效，不当扩大无效合同范围的情形，合同法司法解释（二）第14条将《合同法》第52条第5项规定的"强制性规定"明确限于"效力性强制性规定"。此后，《最高人民法院关于当前形势下审理民商事合同纠纷案件若干问题的指导意见》进一步提出了"管理性强制性规定"的概念，指出违反管理性强制性规定的，人民法院应当根据具体情形认定合同效力。随着这一概念的提出，审判实践中又出现了另一种倾向，有的人民法院认为凡是行政管理性质的强制性规定都属于"管理性强制性规定"，不影响合同效力。这种望文生义的认定方法，应予纠正。 人民法院在审理合同纠纷案件时，要依据《民法总则》第153条第1款和合同法司法解释（二）第14条的规

《民法典合同编通则解释》	关联规定
	定慎重判断"强制性规定"的性质，特别是要在考量强制性规定所保护的法益类型、违法行为的法律后果以及交易安全保护等因素的基础上认定其性质，并在裁判文书中充分说明理由。下列强制性规定，应当认定为"效力性强制性规定"：强制性规定涉及金融安全、市场秩序、国家宏观政策等公序良俗的；交易标的禁止买卖的，如禁止人体器官、毒品、枪支等买卖；违反特许经营规定的，如场外配资合同；交易方式严重违法的，如违反招投标等竞争性缔约方式订立的合同；交易场所违法的，如在批准的交易场所之外进行期货交易。关于经营范围、交易时间、交易数量等行政管理性质的强制性规定，一般应当认定为"管理性强制性规定"。 **《合同法解释二》（已失效）** **第 14 条**　合同法第五十二条第（五）项规定的"强制性规定"，是指效力性强制性规定。 **《合同法解释一》（已失效）** **第 10 条**　当事人超越经营范围订立合同，人民法院不因此认定合同无效。但违反国家限制经营、特许经营以及法律、行政法规禁止经营规定的除外。
第十九条【无权处分的合同效力】 以转让或者设定财产权利为目的订立的合同，当事人或者真正权利人仅以让与人在订立合同时对标的物没有所有权或者处分权为由主张合同无效的，	**《民法典》** **第 597 条【无权处分效力】**　因出卖人未取得处分权致使标的物所有权不能转移的，买受人可以解除合同并请求出卖人承担违约责任。

《民法典合同编通则解释》	关联规定
人民法院不予支持；因未取得真正权利人事后同意或者让与人事后未取得处分权导致合同不能履行，受让人主张解除合同并请求让与人承担违反合同的赔偿责任的，人民法院依法予以支持。 　　前款规定的合同被认定有效，且让与人已经将财产交付或者移转登记至受让人，真正权利人请求认定财产权利未发生变动或者请求返还财产的，人民法院应予支持。但是，受让人依据民法典第三百一十一条等规定善意取得财产权利的除外。 　　**指引**：就无权处分他人之物所订立的合同效力而言，民法典第597条尽管没有明确出卖人处分他人之物所订立的合同是否为有效合同，但通过条文是可推知合同应是有效的。而民法典第215条亦从另一侧面显示出卖人对标的物没有所有权或者处分权时所订立的合同，原则上从合同的成立时生效。在无权处分情形下，虽然合同可被认定有效，但由于出卖人因未取得所有权或者处分权，标的物所有权一般不能转移。因此，在这种情况下，受让人即使依据有效的合同请求让与人履行合同，一般不应获得支持。此时，买受人可根据实际情况，因履行不能无法达到合同目的，要求解除买卖合同并请求行为人赔偿损失。当然，并非所有的无权处分下的合同均不能得到履行，一种例外为真正权利	法律、行政法规禁止或者限制转让的标的物，依照其规定。 **第646条【买卖合同准用于有偿合同】** 　　法律对其他有偿合同有规定的，依照其规定；没有规定的，参照适用买卖合同的有关规定。 **第215条【合同效力与物权变动区分】** 　　当事人之间订立有关设立、变更、转让和消灭不动产物权的合同，除法律另有规定或者当事人另有约定外，自合同成立时生效；未办理物权登记的，不影响合同效力。 **第209条【不动产物权登记的效力】** 　　不动产物权的设立、变更、转让和消灭，经依法登记，发生效力；未经登记，不发生效力，但是法律另有规定的除外。 　　依法属于国家所有的自然资源，所有权可以不登记。 **第224条【动产交付的效力】**　　动产物权的设立和转让，自交付时发生效力，但是法律另有规定的除外。 **第311条【善意取得】**　　无处分权人将不动产或者动产转让给受让人的，所有权人有权追回；除法律另有规定外，符合下列情形的，受让人取得该不动产或者动产的所有权： 　　（一）受让人受让该不动产或者动产时是善意； 　　（二）以合理的价格转让； 　　（三）转让的不动产或者动产依照法律规定应当登记的已经登记，不需

《民法典合同编通则解释》	关联规定
人予以追认或让与人事后取得处分权的情况下，受让人即可请求让与人履行合同。但此种情况实际上已基于追认等行为将原来的"无权处分"变为"有权处分"。另一种例外则为受让人符合善意取得情形的要求。 　　**案例指引：**《中信银行股份有限公司东莞分行诉陈志华等金融借款合同纠纷案》【最高人民法院指导案例 168 号】 　　**案例要旨：**以不动产提供抵押担保，抵押人未依抵押合同约定办理抵押登记的，不影响抵押合同的效力。债权人依据抵押合同主张抵押人在抵押物的价值范围内承担违约赔偿责任的，人民法院应予支持。抵押权人对未能办理抵押登记有过错的，相应减轻抵押人的赔偿责任。 　　**案例指引：**《刘志兵诉卢志成财产权属纠纷案》【《最高人民法院公报》2008 年第 2 期】 　　**案例要旨：**善意取得是指无处分权人将不动产或者动产转让给受让人，受让人是善意的且付出合理的价格，依法取得该不动产或者动产的所有权。因此，善意取得应当符合以下三个条件：（1）受让人受让该动产时是善意的；（2）以合理的价格受让；（3）受让的动产依照法律规定应当登记的已经登记，不需要登记的已经交付给受让人。机动车虽然属于动产，但存在一些严格的管理措施使机动车不同于其他无须登记的动产。行为人未在二手机动	要登记的已经交付给受让人。 　　受让人依据前款规定取得不动产或者动产的所有权的，原所有权人有权向无处分权人请求损害赔偿。 　　当事人善意取得其他物权的，参照适用前两款规定。 **《民法典担保制度解释》** **第 37 条**　当事人以所有权、使用权不明或者有争议的财产抵押，经审查构成无权处分的，人民法院应当依照民法典第三百一十一条的规定处理。 　　当事人以依法被查封或者扣押的财产抵押，抵押权人请求行使抵押权，经审查查封或者扣押措施已经解除的，人民法院应予支持。抵押人以抵押权设立时财产被查封或者扣押为由主张抵押合同无效的，人民法院不予支持。 　　以依法被监管的财产抵押的，适用前款规定。 **《合同法解释二》（已失效）** **第 15 条**　出卖人就同一标的物订立多重买卖合同，合同均不具有合同法第五十二条规定的无效情形，买受人因不能按照合同约定取得标的物所有权，请求追究出卖人违约责任的，人民法院应予支持。 **《买卖合同解释》** **第 3 条（该条在该解释 2020 年修正时被删除）**　当事人一方以出卖人在缔约时对标的物没有所有权或者处分权为由主张合同无效的，人民法院不予支持。

《民法典合同编通则解释》	关联规定
车交易市场内交易取得他人合法所有的机动车，不能证明自己为善意并付出相应合理价格的，对其主张善意取得机动车所有权的请求，人民法院不予支持。	出卖人因未取得所有权或者处分权致使标的物所有权不能转移，买受人要求出卖人承担违约责任或者要求解除合同并主张损害赔偿的，人民法院应予支持。
第二十条【越权代表的合同效力】法律、行政法规为限制法人的法定代表人或者非法人组织的负责人的代表权，规定合同所涉事项应当由法人、非法人组织的权力机构或者决策机构决议，或者应当由法人、非法人组织的执行机构决定，法定代表人、负责人未取得授权而以法人、非法人组织的名义订立合同，未尽到合理审查义务的相对人主张该合同对法人、非法人组织发生效力并由其承担违约责任的，人民法院不予支持，但是法人、非法人组织有过错的，可以参照民法典第一百五十七条的规定判决其承担相应的赔偿责任。相对人已尽到合理审查义务，构成表见代表的，人民法院应当依据民法典第五百零四条的规定处理。 合同所涉事项未超越法律、行政法规规定的法定代表人或者负责人的代表权限，但是超越法人、非法人组织的章程或者权力机构等对代表权的限制，相对人主张该合同对法人、非法人组织发生效力并由其承担违约责任的，人民法院依法予以支持。但是，法人、非法人组织举证证明相对人知道或者应当知道该限制的除外。	**《民法典》** **第 504 条【越权订立的合同效力】**法人的法定代表人或者非法人组织的负责人超越权限订立的合同，除相对人知道或者应当知道其超越权限外，该代表行为有效，订立的合同对法人或者非法人组织发生效力。 **第 61 条【法定代表人】**　依照法律或者法人章程的规定，代表法人从事民事活动的负责人，为法人的法定代表人。 　　法定代表人以法人名义从事的民事活动，其法律后果由法人承受。 　　法人章程或者法人权力机构对法定代表人代表权的限制，不得对抗善意相对人。 **第 157 条【民事法律行为无效、被撤销或确定不发生效力的法律后果】**民事法律行为无效、被撤销或者确定不发生效力后，行为人因该行为取得的财产，应当予以返还；不能返还或者没有必要返还的，应当折价补偿。有过错的一方应当赔偿对方由此所受到的损失；各方都有过错的，应当各自承担相应的责任。法律另有规定的，依照其规定。

《民法典合同编通则解释》	关联规定
法人、非法人组织承担民事责任后，向有过错的法定代表人、负责人追偿因越权代表行为造成的损失的，人民法院依法予以支持。法律、司法解释对法定代表人、负责人的民事责任另有规定的，依照其规定。 　　**指引**：法人的法定代表人或者其他组织的负责人超越权限订立合同的，一般情况下代表行为有效，即所谓的"表见代表"。但在法律、行政法规为限制法人的法定代表人或者非法人组织的负责人的代表权，规定合同所涉事项应当由法人、非法人组织的权力机构或者决策机构决议，或者应当由法人、非法人组织的执行机构决定的情况下，相对人不能证明其已尽到合理审查义务的，而仍与之订立合同，则应认为存在"恶意"，此时没有对合同相对人加以保护的必要。但若法人、非法人组织有过错的，虽然不保护合同效力，但基于利益平衡角度，可参照民法典第157条判决法人、非法人组织赔偿一定损失。对法人的法定代表人、非法人组织的负责人的代表权的限制主要包括两种情形：一是意定限制，包括公司章程对代表权事先所作的一般性限制，以及股东会、股东大会等公司权力机构对代表权所作的个别限制。二是法定限制，即法律、行政法规对代表权所作的限制。需注意，意定限制仅具有内部效力，不得对抗善意相对人。换言之，在相对人	《**公司法**》（2018 年修正） 　　**第 16 条**　公司向其他企业投资或者为他人提供担保，依照公司章程的规定，由董事会或者股东会、股东大会决议；公司章程对投资或者担保的总额及单项投资或者担保的数额有限额规定的，不得超过规定的限额。 　　公司为公司股东或者实际控制人提供担保的，必须经股东会或者股东大会决议。 　　前款规定的股东或者受前款规定的实际控制人支配的股东，不得参加前款规定事项的表决。该项表决由出席会议的其他股东所持表决权的过半数通过。 《**民法典担保制度解释**》 　　**第 7 条**　公司的法定代表人违反公司法关于公司对外担保决议程序的规定，超越权限代表公司与相对人订立担保合同，人民法院应当依照民法典第六十一条和第五百零四条等规定处理： 　　（一）相对人善意的，担保合同对公司发生效力；相对人请求公司承担担保责任的，人民法院应予支持。 　　（二）相对人非善意的，担保合同对公司不发生效力；相对人请求公司承担赔偿责任的，参照适用本解释第十七条的有关规定。 　　法定代表人超越权限提供担保造成公司损失，公司请求法定代表人承担赔偿责任的，人民法院应予支持。 　　第一款所称善意，是指相对人在

《民法典合同编通则解释》	关联规定
善意的情况下，仍有构成表见代表的可能。与意定限制不同的是，法律、行政法规一经公布，推定所有人都应当知晓并遵守。因此，存在对代表权的法定限制的情形下，相对人一般不能以不知道该法定限制为由主张其属于善意而构成表见代表。值得注意的是，虽然合同涉及的事项并未超过法定代表人或者非法人组织负责人的代表权限，但是超越法人、非法人组织章程或者权力机构对法定代表人、负责人代表权进行的限制，此种情形应认为属于学理上的意定限制。该种情形下法定代表人、负责人的代表权的限制来源于组织体内部，其效力具有相对性，一般不能对抗善意第三人，但确有证据证明相对人知道或者应当知道该限制的除外。 　　**案例指引：**《招商银行股份有限公司大连东港支行与大连振邦氟涂料股份有限公司、大连振邦集团有限公司借款合同纠纷案》【《最高人民法院公报》2015年第2期】 　　**案例要旨：**《公司法》第十六条第二款规定，公司为公司股东或者实际控制人提供担保的，必须经股东会或者股东大会决议。该条款是关于公司内部控制管理的规定，不应以此作为评价合同效力的依据。担保人抗辩认为其法定代表人订立抵押合同的行为超越代表权，债权人以其对相关股东会决议履行了形式审查义务，主张担	订立担保合同时不知道且不应当知道法定代表人超越权限。相对人有证据证明已对公司决议进行了合理审查，人民法院应当认定其构成善意，但是公司有证据证明相对人知道或者应当知道决议系伪造、变造的除外。 　　**《九民会纪要》** 　　17. 为防止法定代表人随意代表公司为他人提供担保给公司造成损失，损害中小股东利益，《公司法》第16条对法定代表人的代表权进行了限制。根据该条规定，担保行为不是法定代表人所能单独决定的事项，而必须以公司股东（大）会、董事会等公司机关的决议作为授权的基础和来源。法定代表人未经授权擅自为他人提供担保的，构成越权代表，人民法院应当根据《合同法》第50条关于法定代表人越权代表的规定，区分订立合同时债权人是否善意分别认定合同效力：债权人善意的，合同有效；反之，合同无效。 　　18. 前条所称的善意，是指债权人不知道或者不应当知道法定代表人超越权限订立担保合同。《公司法》第16条对关联担保和非关联担保的决议机关作出了区别规定，相应地，在善意的判断标准上也应当有所区别。一种情形，为公司股东或者实际控制人提供关联担保，《公司法》第16条明确规定必须由股东（大）会决议，未经股东（大）会决议，构成越权代表。

《民法典合同编通则解释》	关联规定
保人的法定代表人构成表见代表的，人民法院应予支持。	在此情况下，债权人主张担保合同有效，应当提供证据证明其在订立合同时对股东（大）会决议进行了审查，决议的表决程序符合《公司法》第16条的规定，即在排除被担保股东表决权的情况下，该项表决由出席会议的其他股东所持表决权的过半数通过，签字人员也符合公司章程的规定。另一种情形是，公司为公司股东或者实际控制人以外的人提供非关联担保，根据《公司法》第16条的规定，此时由公司章程规定是由董事会决议还是股东（大）会决议。无论章程是否对决议机关作出规定，也无论章程规定决议机关为董事会还是股东（大）会，根据《民法总则》第61条第3款关于"法人章程或者法人权力机构对法定代表人代表权的限制，不得对抗善意相对人"的规定，只要债权人能够证明其在订立担保合同时对董事会决议或者股东（大）会决议进行了审查，同意决议的人数及签字人员符合公司章程的规定，就应当认定其构成善意，但公司能够证明债权人明知公司章程对决议机关有明确规定的除外。 债权人对公司机关决议内容的审查一般限于形式审查，只要求尽到必要的注意义务即可，标准不宜太过严苛。公司以机关决议系法定代表人伪造或者变造、决议程序违法、签章（名）不实、担保金额超过法定限额等事由抗辩债权人非善意的，人民法院

《民法典合同编通则解释》	关联规定
	一般不予支持。但是，公司有证据证明债权人明知决议系伪造或者变造的除外。
	20. 依据前述 3 条规定，担保合同有效，债权人请求公司承担担保责任的，人民法院依法予以支持；担保合同无效，债权人请求公司承担担保责任的，人民法院不予支持，但可以按照担保法及有关司法解释关于担保无效的规定处理。公司举证证明债权人明知法定代表人超越权限或者机关决议系伪造或者变造，债权人请求公司承担合同无效后的民事责任的，人民法院不予支持。
	21. 法定代表人的越权担保行为给公司造成损失，公司请求法定代表人承担赔偿责任的，人民法院依法予以支持。公司没有提起诉讼，股东依据《公司法》第 151 条的规定请求法定代表人承担赔偿责任的，人民法院依法予以支持。
	《合同法》（已废止） **第 50 条** 法人或者其他组织的法定代表人、负责人超越权限订立的合同，除相对人知道或者应当知道其超越权限的以外，该代表行为有效。 **《担保法解释》**（已失效） **第 11 条** 法人或者其他组织的法定代表人、负责人超越权限订立的担保合同，除相对人知道或者应当知道其超越权限的以外，该代表行为有效。

《民法典合同编通则解释》	关联规定
第二十一条【职务代理与合同效力】 法人、非法人组织的工作人员就超越其职权范围的事项以法人、非法人组织的名义订立合同，相对人主张该合同对法人、非法人组织发生效力并由其承担违约责任的，人民法院不予支持。但是，法人、非法人组织有过错的，人民法院可以参照民法典第一百五十七条的规定判决其承担相应的赔偿责任。前述情形，构成表见代理的，人民法院应当依据民法典第一百七十二条的规定处理。 合同所涉事项有下列情形之一的，人民法院应当认定法人、非法人组织的工作人员在订立合同时超越其职权范围： （一）依法应当由法人、非法人组织的权力机构或者决策机构决议的事项； （二）依法应当由法人、非法人组织的执行机构决定的事项； （三）依法应当由法定代表人、负责人代表法人、非法人组织实施的事项； （四）不属于通常情形下依其职权可以处理的事项。 合同所涉事项未超越依据前款确定的职权范围，但是超越法人、非法人组织对工作人员职权范围的限制，相对人主张该合同对法人、非法人组织发生效力并由其承担违约责任的，人民法院应予支持。但是，法人、非法	**《民法典》** **第170条【职务代理】** 执行法人或者非法人组织工作任务的人员，就其职权范围内的事项，以法人或者非法人组织的名义实施的民事法律行为，对法人或者非法人组织发生效力。 法人或者非法人组织对执行其工作任务的人员职权范围的限制，不得对抗善意相对人。 **第171条【无权代理】** 行为人没有代理权、超越代理权或者代理权终止后，仍然实施代理行为，未经被代理人追认的，对被代理人不发生效力。 相对人可以催告被代理人自收到通知之日起三十日内予以追认。被代理人未作表示的，视为拒绝追认。行为人实施的行为被追认前，善意相对人有撤销的权利。撤销应当以通知的方式作出。 行为人实施的行为未被追认的，善意相对人有权请求行为人履行债务或者就其受到的损害请求行为人赔偿。但是，赔偿的范围不得超过被代理人追认时相对人所能获得的利益。 相对人知道或者应当知道行为人无权代理的，相对人和行为人按照各自的过错承担责任。 **第172条【表见代理】** 行为人没有代理权、超越代理权或者代理权终止后，仍然实施代理行为，相对人有理由相信行为人有代理权的，代理行为有效。

《民法典合同编通则解释》	关联规定
法人组织举证证明相对人知道或者应当知道该限制的除外。 　　法人、非法人组织承担民事责任后，向故意或者有重大过失的工作人员追偿的，人民法院依法予以支持。 　　**指引**：法人、非法人组织的意志不但可以通过代表制度表达，亦可以通过代理制度表达，即法人或非法人组织的员工基于其职务而享有职务范围的代理权，其实施的相关行为法律效果归属其所在的法人或者非法人组织承受。而超越职权范围限制的代理，需看相对人是否善意，进而认定代理行为是否有效。若职务代理人无代理权而作出代理行为，应适用民法典第171条规定的无权代理规则。而在相对人有理由相信行为人有代理权，因而为善意的情形中，表见代理成立，适用民法典第172条，由作为被代理人的法人或非法人组织承担代理行为的后果，以保护相对人的利益。民法典第170条第2款仅规定了表见代理中超越代理权类型中的一种，实际上其属于表见代理的特殊规定。之所以通过民法典第170条第2款作出特殊规定，原因在于职务代理情形下表见代理构成的特殊性，即只要职务代理人无代理权且相对人为善意，表见代理就会成立，不会让表见代理的其他可能构成要件阻碍表见代理的成立。针对职务代理中超越职权范围的常见情形，本条第2款作了明确。此外，与前	**第503条【被代理人对无权代理合同的追认】**　无权代理人以被代理人的名义订立合同，被代理人已经开始履行合同义务或者接受相对人履行的，视为对合同的追认。 **第61条【法定代表人】**　依照法律或者法人章程的规定，代表法人从事民事活动的负责人，为法人的法定代表人。 　　法定代表人以法人名义从事的民事活动，其法律后果由法人承受。 　　法人章程或者法人权力机构对法定代表人代表权的限制，不得对抗善意相对人。 **《民法典总则编解释》** **第27条**　无权代理行为未被追认，相对人请求行为人履行债务或者赔偿损失的，由行为人就相对人知道或者应当知道行为人无权代理承担举证责任。行为人不能证明的，人民法院依法支持相对人的相应诉讼请求；行为人能够证明的，人民法院应当按照各自的过错认定行为人与相对人的责任。 **《合同法解释二》（已失效）** **第13条**　被代理人依照合同法第四十九条的规定承担有效代理行为所产生的责任后，可以向无权代理人追偿因代理行为而遭受的损失。

续表

《民法典合同编通则解释》	关联规定
条类似，同样基于利益平衡角度，在否认合同效力的情况下，可参照考民法典第 157 条判决有过错的法人、非法人组织赔偿一定损失。 　　**案例指引**：《工程公司诉实业公司建设工程施工合同纠纷案》① 　　**案例要旨**：职务代理是依照劳动或雇用关系取得的代理权，依据职权对外执行法人工作任务，其自然享有相应的代理权，无须法人再次单独授权；承包方的项目经理作为其公司负责人以承包方的名义与发包方签订施工合同后，按约履行义务，项目经理应视为执行承包方工作任务的人员；项目经理与发包人签订的工程造价结算凭证属职务代理行为，民事责任应由承包方承担。	
第二十二条【印章与合同效力】　法定代表人、负责人或者工作人员以法人、非法人组织的名义订立合同且未超越权限，法人、非法人组织仅以合同加盖的印章不是备案印章或者系伪造的印章为由主张该合同对其不发生效力的，人民法院不予支持。 　　合同系以法人、非法人组织的名义订立，但是仅有法定代表人、负责人或者工作人员签名或者按指印而未加盖法人、非法人组织的印章，相对人能够证明法定代表人、负责人或者工作人员在订立合同时未超越权限的，	《民法典》 **第 61 条【法定代表人的定义及行为的法律后果】**　依照法律或者法人章程的规定，代表法人从事民事活动的负责人，为法人的法定代表人。 　　法定代表人以法人名义从事的民事活动，其法律后果由法人承受。 　　法人章程或者法人权力机构对法定代表人代表权的限制，不得对抗善意相对人。 **第 105 条【非法人组织的代表人】**非法人组织可以确定一人或者数人代表该组织从事民事活动。

---

① 《工程公司诉实业公司建设工程施工合同纠纷案》，载《人民司法·案例》2020 年第 23 期。

《民法典合同编通则解释》	关联规定
人民法院应当认定合同对法人、非法人组织发生效力。但是，当事人约定以加盖印章作为合同成立条件的除外。 　　合同仅加盖法人、非法人组织的印章而无人员签名或者按指印，相对人能够证明合同系法定代表人、负责人或者工作人员在其权限范围内订立的，人民法院应当认定该合同对法人、非法人组织发生效力。 　　在前三款规定的情形下，法定代表人、负责人或者工作人员在订立合同时虽然超越代表或者代理权限，但是依据民法典第五百零四条的规定构成表见代表，或者依据民法典第一百七十二条的规定构成表见代理的，人民法院应当认定合同对法人、非法人组织发生效力。 　　**指引**：以法人、非法人组织的名义订立合同的相关主体的权利来源划分，主要分两种：一是基于代表行为；二是基于代理行为。但无论哪一种情形，自然人在合同书上加盖印章的行为表明，该行为是职务行为而非个人行为，应由法人、非法人承担法律后果。既然盖章行为的本质在于表明行为人从事的是职务行为，而从事职务行为的前提是，该自然人要么享有代表权，要么享有代理权。只要享有代表权或享有代理权的自然人订立合同的行为属于权限内范围的行为，一般而言，无论是签名（按指印）与加盖印章有其一即可认定合同效力。本条	**第 165 条【授权委托书】**　　委托代理授权采用书面形式的，授权委托书应当载明代理人的姓名或者名称、代理事项、权限和期限，并由被代理人签名或者盖章。 **第 170 条【职务代理】**　　执行法人或者非法人组织工作任务的人员，就其职权范围内的事项，以法人或者非法人组织的名义实施的民事法律行为，对法人或者非法人组织发生效力。 　　法人或者非法人组织对执行其工作任务的人员职权范围的限制，不得对抗善意相对人。 **第 172 条【表见代理】**　　行为人没有代理权、超越代理权或者代理权终止后，仍然实施代理行为，相对人有理由相信行为人有代理权的，代理行为有效。 **第 490 条【合同成立时间】**　　当事人采用合同书形式订立合同的，自当事人均签名、盖章或者按指印时合同成立。在签名、盖章或者按指印之前，当事人一方已经履行主要义务，对方接受时，该合同成立。 　　法律、行政法规规定或者当事人约定合同应当采用书面形式订立，当事人未采用书面形式但是一方已经履行主要义务，对方接受时，该合同成立。 **第 504 条【越权订立的合同效力】**　　法人的法定代表人或者非法人组织的负责人超越权限订立的合同，除相对

续表

《民法典合同编通则解释》	关联规定
第2、3款的规定即是如此。实际上，有代表权或代理权的人盖章确认的合同，自然对法人、非法人组织具有约束力。而无代表权或代理权人加盖的印章，即便是真印章，也不能产生合同有效的预期效果。对合同相对人来说，有合同书加盖印章的情况下，其可以信赖印章显示的主体为合同当事人，并推定合同记载的条款系该主体作出的意思表示。至于该意思表示是否自愿真实，盖章之人有无代表权或代理权等问题，均不能通过盖章行为本身直接得到确认。可见，印章之于合同的效力，关键不在公章的真假，而在盖章之人有无代表权或代理权。盖章之人为法定代表人、非法人组织负责人或工作人员等有权代理人的，即便其未在合同上盖印章或者加盖的为非备案印章甚至为假印章，只要其在合同书上的签字是真实的，或能够证明该假章是其自己加盖或同意他人加盖的，仍应作为法人、非法人组织行为，由法人、非法人组织承担法律后果。当然，对约定以"加盖印章为合同成立条件的"，未加盖公章则将影响合同成立。反之，盖章之人如无代表权或超越代理权的，则即便加盖的是真印章，该合同仍然可能会因为无权代表或无权代理而最终归于无效。但也存在例外情况，即相对人为善意的情形。	人知道或者应当知道其超越权限外，该代表行为有效，订立的合同对法人或者非法人组织发生效力。 《九民会纪要》 41.【盖章行为的法律效力】　司法实践中，有些公司有意刻制两套甚至多套公章，有的法定代表人或者代理人甚至私刻公章，订立合同时恶意加盖非备案的公章或者假公章，发生纠纷后法人以加盖的是假公章为由否定合同效力的情形并不鲜见。人民法院在审理案件时，应当主要审查签约人于盖章之时有无代表权或者代理权，从而根据代表或者代理的相关规则来确定合同的效力。 　　法定代表人或者其授权之人在合同上加盖法人公章的行为，表明其是以法人名义签订合同，除《公司法》第16条等法律对其职权有特别规定的情形外，应当由法人承担相应的法律后果。法人以法定代表人事后已无代表权、加盖的是假章、所盖之章与备案公章不一致等为由否定合同效力的，人民法院不予支持。 　　代理人以被代理人名义签订合同，要取得合法授权。代理人取得合法授权后，以被代理人名义签订的合同，应当由被代理人承担责任。被代理人以代理人事后已无代理权、加盖的是假章、所盖之章与备案公章不一致等为由否定合同效力的，人民法院不予支持。

续表

《民法典合同编通则解释》	关联规定
	《合同法解释二》（已失效） **第5条** 当事人采用合同书形式订立合同的，应当签字或者盖章。当事人在合同书上摁手印的，人民法院应当认定其具有与签字或者盖章同等的法律效力。 《合同法解释一》（已失效） **第10条** 当事人超越经营范围订立合同，人民法院不因此认定合同无效。但违反国家限制经营、特许经营以及法律、行政法规禁止经营规定的除外。
第二十三条【代表人或者代理人与相对人恶意串通】 法定代表人、负责人或者代理人与相对人恶意串通，以法人、非法人组织的名义订立合同，损害法人、非法人组织的合法权益，法人、非法人组织主张不承担民事责任的，人民法院应予支持。法人、非法人组织请求法定代表人、负责人或者代理人与相对人对因此受到的损失承担连带赔偿责任的，人民法院应予支持。 　　根据法人、非法人组织的举证，综合考虑当事人之间的交易习惯、合同在订立时是否显失公平、相关人员是否获取了不正当利益、合同的履行情况等因素，人民法院能够认定法定代表人、负责人或者代理人与相对人存在恶意串通的高度可能性的，可以要求前述人员就合同订立、履行的过程等相关事实作出陈述或者提供相应的证据。其无正当理由拒绝作出陈述，	《民法典》 **第154条【恶意串通的民事法律行为的效力】** 行为人与相对人恶意串通，损害他人合法权益的民事法律行为无效。 **第164条【代理人不当行为的法律后果】** 代理人不履行或者不完全履行职责，造成被代理人损害的，应当承担民事责任。 　　代理人和相对人恶意串通，损害被代理人合法权益的，代理人和相对人应当承担连带责任。 **第157条【民事法律行为无效、被撤销或确定不发生效力的法律后果】** 民事法律行为无效、被撤销或者确定不发生效力后，行为人因该行为取得的财产，应当予以返还；不能返还或者没有必要返还的，应当折价补偿。有过错的一方应当赔偿对方由此所受到的损失；各方都有过错的，应当各自承担相应的责任。法律另有规定的，依照其规定。

《民法典合同编通则解释》	关联规定

或者所作陈述不具合理性又不能提供相应证据的，人民法院可以认定恶意串通的事实成立。
 	
  指引：无论是法定代表人或负责人的代表行为，还是执行工作任务的人员的代理行为，背后的合同主体均是法人、非法人组织。而法人、非法人组织的法定代表人或负责人、执行工作任务的人员在订立合同时与相对人恶意串通损害的正是法人、非法人组织的合法权益。在这种情况下订立的合同显然应认为不符合法人、非法人组织的真实意思，认定法人、非法人组织不因此而承担民事责任，相较以民法典第 154 条为依据直接认定无效，更有利于保护各相关方的合法利益，更为合适。此外，针对该恶意串通行为给法人、非法人组织造成的损失，由于串通是指双方在主观上有共同的意思联络；恶意是指双方都明知或者应知其实施的行为会造成被代理人合法权益的损害还故意为之；恶意串通就是双方串通在一起，共同实施某种行为来损害被代理人的合法权益。故双方应为连带责任。
	第 84 条 【限制不当利用关联关系】
	营利法人的控股出资人、实际控制人、董事、监事、高级管理人员不得利用其关联关系损害法人的利益；利用关联关系造成法人损失的，应当承担赔偿责任。
	
	《公司法》（2018 年修正）
	第 21 条 公司的控股股东、实际控制人、董事、监事、高级管理人员不得利用其关联关系损害公司利益。
	  违反前款规定，给公司造成损失的，应当承担赔偿责任。
	第 149 条 董事、监事、高级管理人员执行公司职务时违反法律、行政法规或者公司章程的规定，给公司造成损失的，应当承担赔偿责任。

第二十四条 【合同不成立、无效、被撤销或者确定不发生效力的法律后果】 合同不成立、无效、被撤销或者确定不发生效力，当事人请求返还财产，经审查财产能够返还的，人民法院应当根据案件具体情况，单独或者合并适用返还占有的标的物、更正登记簿	**《民法典》** **第 508 条 【合同效力援引】** 本编对合同的效力没有规定的，适用本法第一编第六章的有关规定。 **第 157 条 【民事法律行为无效、被撤销或确定不发生效力的法律后果】** 民事法律行为无效、被撤销或者确定

《民法典合同编通则解释》	关联规定
册记载等方式；经审查财产不能返还或者没有必要返还的，人民法院应当以认定合同不成立、无效、被撤销或者确定不发生效力之日该财产的市场价值或者以其他合理方式计算的价值为基准判决折价补偿。 　　除前款规定的情形外，当事人还请求赔偿损失的，人民法院应当结合财产返还或者折价补偿的情况，综合考虑财产增值收益和贬值损失、交易成本的支出等事实，按照双方当事人的过错程度及原因力大小，根据诚信原则和公平原则，合理确定损失赔偿额。 　　合同不成立、无效、被撤销或者确定不发生效力，当事人的行为涉嫌违法且未经处理，可能导致一方或者双方通过违法行为获得不当利益的，人民法院应当向有关行政管理部门提出司法建议。当事人的行为涉嫌犯罪的，应当将案件线索移送刑事侦查机关；属于刑事自诉案件的，应当告知当事人可以向有管辖权的人民法院另行提起诉讼。 　　**指引**：本条法律后果针对情形包括合同不成立、无效、被撤销或者确定不生效的情形。所谓确定不生效力，是指合同虽已成立，但由于生效条件确定无法具备而不能生效的情况。主要包括两种：一是法律、行政法规规定须经批准生效的，因未经批准而无法生效；二是附条件生效的，生效条	不发生效力后，行为人因该行为取得的财产，应当予以返还；不能返还或者没有必要返还的，应当折价补偿。有过错的一方应当赔偿对方由此所受到的损失；各方都有过错的，应当各自承担相应的责任。法律另有规定的，依照其规定。 **《民法典总则编解释》** **第 23 条**　民事法律行为不成立，当事人请求返还财产、折价补偿或者赔偿损失的，参照适用民法典第一百五十七条的规定。 **《九民会纪要》** **32.【合同不成立、无效或者被撤销的法律后果】**　《合同法》第 58 条就合同无效或者被撤销时的财产返还责任和损害赔偿责任作了规定，但未规定合同不成立的法律后果。考虑到合同不成立时也可能发生财产返还和损害赔偿责任问题，故应当参照适用该条的规定。 　　在确定合同不成立、无效或者被撤销后财产返还或者折价补偿范围时，要根据诚实信用原则的要求，在当事人之间合理分配，不能使不诚信的当事人因合同不成立、无效或者被撤销而获益。合同不成立、无效或者被撤销情况下，当事人所承担的缔约过失责任不应超过合同履行利益。比如，依据《最高人民法院关于审理建设工程施工合同纠纷案件适用法律问题的解释》第 2 条规定，建设工程施工合

《民法典合同编通则解释》	关联规定
件确定无法具备。在合同不成立、无效、被撤销或者确定不生效的情形下，将产生返还财产、折价补偿、赔偿损失等法律后果。解释本条在参考九民会纪要相关规定的基础上，对合同不成立、无效、被撤销或者确定不生效后的返还财产、折价补偿、赔偿损失责任的确定作了相对明确的规定。另，合同不成立、无效、被撤销或者确定不生效的法律后果并非仅限于返还财产、折价补偿以及损失赔偿等民事责任。针对特定情形下的合同不成立、无效、被撤销或者确定不生效情形，如涉及批准生效的合同、阴阳合同、名实不符的合同、违反强制性规定的合同、需承担公法责任的合同、违反地方性法规或行政规章的合同，还多会涉及行政审批、行政处罚等行政行为。法院在民事案件审理中发现当事人的违法行为未经行政管理部门处理的，人民法院应践行能动司法理念，主动向相关行政主管部门发出司法建议，以避免出现当事人的违法行为既未受到合同效力的否定评价也未受到行政主管部门处理的不合理现象。此外，若合同相关行为涉嫌犯罪的，法院亦应将案件线索移送至刑事侦查机关，属于刑事自诉案件的，告知当事人可向有管辖权的法院另行提起诉讼。	同无效，在建设工程经竣工验收合格情况下，可以参照合同约定支付工程款，但除非增加了合同约定之外新的工程项目，一般不应超出合同约定支付工程款。 **33.【财产返还与折价补偿】**　合同不成立、无效或者被撤销后，在确定财产返还时，要充分考虑财产增值或者贬值的因素。双务合同不成立、无效或者被撤销后，双方因该合同取得财产的，应当相互返还。应予返还的股权、房屋等财产相对于合同约定价款出现增值或者贬值的，人民法院要综合考虑市场因素、受让人的经营或者添附等行为与财产增值或者贬值之间的关联性，在当事人之间合理分配或者分担，避免一方因合同不成立、无效或者被撤销而获益。在标的物已经灭失、转售他人或者其他无法返还的情况下，当事人主张返还原物的，人民法院不予支持，但其主张折价补偿的，人民法院依法予以支持。折价时，应当以当事人交易时约定的价款为基础，同时考虑当事人在标的物灭失或者转售时的获益情况综合确定补偿标准。标的物灭失时当事人获得的保险金或者其他赔偿金，转售时取得的对价，均属于当事人因标的物而获得的利益。对获益高于或者低于价款的部分，也应当在当事人之间合理分配或者分担。 **34.【价款返还】**　双务合同不成立、无效或者被撤销时，标的物返还与价

《民法典合同编通则解释》	关联规定
	款返还互为对待给付，双方应当同时返还。关于应否支付利息问题，只要一方对标的物有使用情形的，一般应当支付使用费，该费用可与占有价款一方应当支付的资金占用费相互抵销，故在一方返还原物前，另一方仅须支付本金，而无须支付利息。 35.【损害赔偿】 合同不成立、无效或者被撤销时，仅返还财产或者折价补偿不足以弥补损失，一方还可以向有过错的另一方请求损害赔偿。在确定损害赔偿范围时，既要根据当事人的过错程度合理确定责任，又要考虑在确定财产返还范围时已经考虑过的财产增值或者贬值因素，避免双重获利或者双重受损的现象发生。 **《合同法》（已废止）** **第 58 条** 合同无效或者被撤销后，因该合同取得的财产，应当予以返还；不能返还或者没有必要返还的，应当折价补偿。有过错的一方应当赔偿对方因此所受到的损失，双方都有过错的，应当各自承担相应的责任。
第二十五条 【价款返还及其利息计算】 合同不成立、无效、被撤销或者确定不发生效力，有权请求返还价款或者报酬的当事人一方请求对方支付资金占用费的，人民法院应当在当事人请求的范围内按照中国人民银行授权全国银行间同业拆借中心公布的一年期贷款市场报价利率（LPR）计算。但是，占用资金的当事人对于合同不	**《民法典》** **第 157 条 【民事法律行为无效、被撤销或确定不发生效力的法律后果】** 民事法律行为无效、被撤销或者确定不发生效力后，行为人因该行为取得的财产，应当予以返还；不能返还或者没有必要返还的，应当折价补偿。有过错的一方应当赔偿对方由此所受到的损失；各方都有过错的，应当各

《民法典合同编通则解释》	关联规定
成立、无效、被撤销或者确定不发生效力没有过错的，应当以中国人民银行公布的同期同类存款基准利率计算。 　　双方互负返还义务，当事人主张同时履行的，人民法院应予支持；占有标的物的一方对标的物存在使用或者依法可以使用的情形，对方请求将其应支付的资金占用费与应收取的标的物使用费相互抵销的，人民法院应予支持，但是法律另有规定的除外。 　　**指引：** 解释前条涉及的是合同不成立、无效、被撤销或者确定不生效情形下的返还财产、折价补偿、损害赔偿责任，本条则是另一种责任形态，即价款返还。就价款、报酬的资金占用费应否返还而言，除借款合同体现为利息之外，买卖、租赁等合同中一方当事人支付的价款，亦往往是以对价的形式出现的，对其的资金占用费，本条认定应予返还。资金占用费的标准，商事活动中，原则上应参照贷款利率确定资金占用损失。故本条明确在当事人请求范围内按照一年期贷款市场报价利率（LPR）计算资金占用费。但以利率计算资金占用费并非绝对，除了当事人另有约定外，还有一种例外情形：占用资金的当事人对于合同不成立、无效、被撤销或者确定不生效没有过错的，则以中国人民银行公布的同期同类存款基准利率计算，以体现公平原则。此外，在双务合同下，价款或报酬的支付与标的物的交	自承担相应的责任。法律另有规定的，依照其规定。 **第 568 条【债务法定抵销】**　　当事人互负债务，该债务的标的物种类、品质相同的，任何一方可以将自己的债务与对方的到期债务抵销；但是，根据债务性质、按照当事人约定或者依照法律规定不得抵销的除外。 　　当事人主张抵销的，应当通知对方。通知自到达对方时生效。抵销不得附条件或附期限。 **第 569 条【债务约定抵销】**　　当事人互负债务，标的物种类、品质不相同的，经协商一致，也可以抵销。 **第 579 条【金钱债务实际履行责任】**　　当事人一方未支付价款、报酬、租金、利息，或者不履行其他金钱债务的，对方可以请求其支付。 **第 561 条【费用、利息、主债务抵充顺序】**　　债务人在履行主债务外还应当支付利息和实现债权的有关费用，其给付不足以清偿全部债务的，除当事人另有约定外，应当按照下列顺序履行： 　　（一）实现债权的有关费用； 　　（二）利息； 　　（三）主债务。 **《民法典总则编解释》** **第 23 条**　　民事法律行为不成立，当事人请求返还财产、折价补偿或者赔偿损失的，参照适用民法典第一百五十七条的规定。

《民法典合同编通则解释》	关联规定
付构成对待给付。即便在合同无效、被撤销、不成立以及被确定不生效的情况下，双方负有的返还义务仍然构成对待给付。虽然二者返还的请求权基础并不一致，但在当事人未就返还事宜作出特别约定的情况下，仍应同时履行。当然，在占有标的物一方使用标的物或依法可以使用的情况下，资金占用费与标的物使用费亦可抵销。	《九民会纪要》 34.【价款返还】　双务合同不成立、无效或者被撤销时，标的物返还与价款返还互为对待给付，双方应当同时返还。关于应否支付利息问题，只要一方对标的物有使用情形的，一般应当支付使用费，该费用可与占有价款一方应当支付的资金占用费相互抵销，故在一方返还原物前，另一方仅须支付本金，而无须支付利息。 43.【抵销】　抵销权既可以通知的方式行使，也可以提出抗辩或者提起反诉的方式行使。抵销的意思表示到达对方时生效，抵销一经生效，其效力溯及自抵销条件成就之时，双方互负的债务在同等数额内消灭。双方互负的债务数额，是截至抵销条件成就之时各自负有的包括主债务、利息、违约金、赔偿金等在内的全部债务数额。行使抵销权一方享有的债权不足以抵销全部债务数额，当事人对抵销顺序又没有特别约定的，应当根据实现债权的费用、利息、主债务的顺序进行抵销。 《民间借贷解释》（2020年12月修正） 第25条　出借人请求借款人按照合同约定利率支付利息的，人民法院应予支持，但是双方约定的利率超过合同成立时一年期贷款市场报价利率四倍的除外。 　　前款所称"一年期贷款市场报价利率"，是指中国人民银行授权全国银行间同业拆借中心自2019年8月20日起每月发布的一年期贷款市场报价利率。

《民法典合同编通则解释》	关联规定
四、合同的履行	
第二十六条【从给付义务的履行与救济】　当事人一方未根据法律规定或者合同约定履行开具发票、提供证明文件等非主要债务，对方请求继续履行该债务并赔偿因怠于履行该债务造成的损失的，人民法院依法予以支持；对方请求解除合同的，人民法院不予支持，但是不履行该债务致使不能实现合同目的或者当事人另有约定的除外。 　　**指引**：给付义务分为主给付义务和从给付义务等类型。主给付义务，是决定合同性质和类型的依据，因此是决定合同成立的必备内容，合同未约定主给付义务或者约定不明且难以通过补充方法予以明确的，合同不成立。从给付义务系补助主给付义务，保障合同目的圆满实现。按照全面履行原则的要求，当事人应当履行的义务不限于合同的主要义务，对于当事人约定的其他义务，当事人也应当按照约定履行。民法典第599条规定了出卖人在买卖合同中的从义务，即除交付标的物、转移所有权外，出卖人还应按照约定或者交易习惯，向买受人交付提取标的物的单证以外的有关单证和资料。买卖合同作为常见的典型合同，法律对其他合同没有规定的，参照适用买卖合同规定。违反从给付义务也构成违约，责任形式包括继续	《民法典》 **第509条【合同履行的原则】**　当事人应当按照约定全面履行自己的义务。 　　当事人应当遵循诚信原则，根据合同的性质、目的和交易习惯履行通知、协助、保密等义务。 　　当事人在履行合同过程中，应当避免浪费资源、污染环境和破坏生态。 **第599条【出卖人从给付义务】**　出卖人应当按照约定或者交易习惯向买受人交付提取标的物单证以外的有关单证和资料。 **第598条【出卖人主给付义务】**　出卖人应当履行向买受人交付标的物或者交付提取标的物的单证，并转移标的物所有权的义务。 **第646条【买卖合同准用于有偿合同】**　法律对其他有偿合同有规定的，依照其规定；没有规定的，参照适用买卖合同的有关规定。 **第577条【违约责任】**　当事人一方不履行合同义务或者履行合同义务不符合约定的，应当承担继续履行、采取补救措施或者赔偿损失等违约责任。 **第563条第1款【合同法定解除】**　有下列情形之一的，当事人可以解除合同： 　　……（四）当事人一方迟延履行债务或者有其他违约行为致使不能实现合同目的；……

《民法典合同编通则解释》	关联规定
履行、采取补救措施或者赔偿损失等，但主要还是继续履行、赔偿损失。就违反从给付义务能否解除合同的问题。一般而言，违反从给付义务不认为属于根本违约，但也存在特殊情况。只要违反从给付义务导致守约方根据合同有权获得的东西完全落空，合同目的无法实现（根本违约），则合同继续存续的基础已经不复存在，应允许买受人通过合同解除制度早日从合同关系中解放出来。 　　案例指引：《纺织公司诉织造厂买卖合同纠纷案》① 　　案例要旨：买卖合同中，销售方有开具增值税发票的法定义务，但如因销售方原因，导致增值税发票未能有效交付至买受方手中，致使买受方无法申报抵扣，造成损失的，买受方可要求销售方赔偿其损失。	《买卖合同解释》（2020 年修正） **第 4 条**　民法典第五百九十九条规定的"提取标的物单证以外的有关单证和资料"，主要应当包括保险单、保修单、普通发票、增值税专用发票、产品合格证、质量保证书、质量鉴定书、品质检验证书、产品进出口检疫书、原产地证明书、使用说明书、装箱单等。 **第 19 条**　出卖人没有履行或者不当履行从给付义务，致使买受人不能实现合同目的，买受人主张解除合同的，人民法院应当根据民法典第五百六十三条第一款第四项的规定，予以支持。
第二十七条【清偿型以物抵债的法律适用】　债务人或者第三人与债权人在债务履行期限届满后达成以物抵债协议，不存在影响合同效力情形的，人民法院应当认定该协议自当事人意思表示一致时生效。 　　债务人或者第三人履行以物抵债协议后，人民法院应当认定相应的原债务同时消灭；债务人或者第三人未按照约定履行以物抵债协议，经催告	《民法典》 **第 410 条【抵押权的实现】**　债务人不履行到期债务或者发生当事人约定的实现抵押权的情形，抵押权人可以与抵押人协议以抵押财产折价或者以拍卖、变卖该抵押财产所得的价款优先受偿。协议损害其他债权人利益的，其他债权人可以请求人民法院撤销该协议。 　　抵押权人与抵押人未就抵押权实

① 最高人民法院中国应用法学研究所编：《人民法院案例选》，人民法院出版社 2012 年版，第 101 页。

《民法典合同编通则解释》	关联规定
后在合理期限内仍不履行，债权人选择请求履行原债务或者以物抵债协议的，人民法院应予支持，但是法律另有规定或者当事人另有约定的除外。 　　前款规定的以物抵债协议经人民法院确认或者人民法院根据当事人达成的以物抵债协议制作成调解书，债权人主张财产权利自确认书、调解书生效时发生变动或者具有对抗善意第三人效力的，人民法院不予支持。 　　债务人或者第三人以自己不享有所有权或者处分权的财产权利订立以物抵债协议的，依据本解释第十九条的规定处理。 　　指引：代物清偿，是指债权人受领他种给付以代原定给付而使合同关系消灭的现象。其是传统民法上的概念，实践中常以"以物抵债"的形式出现。本条所谓债务履行期限届满后达成的以物抵债协议，也称清偿型以物抵债，此种以物抵债一般出于清偿债务的目的而订立，不同于为担保债务履行订立的担保型以物抵债。担保型以物抵债，债务人或者第三人与债权人在债务履行期届满前达成的以物抵债协议。此种以物抵债规定在解释下条（第28条）。民法典施行后，无论履行期届满之前还是之后的以物抵债协议都不能依据禁止流质而判定无效，当事人在债务履行期限届满后达成的以物抵债协议的效力不应被否定。而从清偿行为说的视角将代物清偿协	现方式达成协议的，抵押权人可以请求人民法院拍卖、变卖抵押财产。 　　抵押财产折价或者变卖的，应当参照市场价格。 **第428条【流质】**　质权人在债务履行期限届满前，与出质人约定债务人不履行到期债务时质押财产归债权人所有的，只能依法就质押财产优先受偿。 **第515条【选择之债中选择权归属与移转】**　标的有多项而债务人只需履行其中一项的，债务人享有选择权；但是，法律另有规定、当事人另有约定或者另有交易习惯的除外。 　　享有选择权的当事人在约定期限内或者履行期限届满未作选择，经催告后在合理期限内仍未选择的，选择权转移至对方。 **《九民会纪要》** **44.【履行期届满后达成的以物抵债协议】**　当事人在债务履行期限届满后达成以物抵债协议，抵债物尚未交付债权人，债权人请求债务人交付的，人民法院要着重审查以物抵债协议是否存在恶意损害第三人合法权益等情形，避免虚假诉讼的发生。经审查，不存在以上情况，且无其他无效事由的，人民法院依法予以支持。 　　当事人在一审程序中因达成以物抵债协议申请撤回起诉的，人民法院可予准许。当事人在二审程序中申请撤回上诉的，人民法院应当告知其申请

续表

《民法典合同编通则解释》	关联规定
议理解为诺成合同，是比较符合当事人真实意思表示的做法。解释本条第1款即明确了代物清偿协议的诺成型。同时，该条第2款也明确了代物清偿协议具有选择之债的特性，即代物清偿下债权人可选择请求债务人履行原债务，也可选择履行以物抵债协议。另，对清偿型以物抵债协议而言，有时会经法院确认或者法院根据协议制作成调解书。因调解书只是对当事人之间以物抵债协议的确认，并非对物权权属的变动。负有履行义务一方的当事人未履行交付或登记过户的义务，另一方当事人可以申请法院强制执行。但并不能直接主张财产权利自确认书或者调解书生效时移转至债权人。另，在债务人或者第三人以自己不享有所有权或者处分权的财产权利订立的以物抵债协议应认定有效，至于债权人能否取得抵债物的所有权，则需结合其是否善意。若为善意，则可基于善意取得制度取得；若非善意，除非真正权利人事后同意或者处分人事后取得处分权，否则债权人请求处分人履行抵债协议的，不予支持。 　　**案例指引：**《通州建总集团有限公司与内蒙古兴华房地产有限责任公司建设工程施工合同纠纷案》【《最高人民法院公报》2017年第9期】 　　**案例要旨：**一、对以物抵债协议的效力、履行等问题的认定，应以尊重当事人的意思自治为基本原则。一	撤回起诉。当事人申请撤回起诉，经审查不损害国家利益、社会公共利益、他人合法权益的，人民法院可予准许。当事人不申请撤回起诉，请求人民法院出具调解书对以物抵债协议予以确认的，因债务人完全可以立即履行该协议，没有必要由人民法院出具调解书，故人民法院不应准许，同时应当继续对原债权债务关系进行审理。

《民法典合同编通则解释》	关联规定
般而言，除当事人有明确约定外，当事人于债务清偿期届满后签订的以物抵债协议，并不以债权人现实地受领抵债物，或取得抵债物所有权、使用权等财产权利，为成立或生效要件。只要双方当事人的意思表示真实，合同内容不违反法律、行政法规的强制性规定，合同即为有效。二、当事人于债务清偿期届满后达成的以物抵债协议，可能构成债的更改，即成立新债务，同时消灭旧债务；亦可能属于新债清偿，即成立新债务，与旧债务并存。基于保护债权的理念，债的更改一般需有当事人明确消灭旧债的合意，否则，当事人于债务清偿期届满后达成的以物抵债协议，性质一般应为新债清偿。三、在新债清偿情形下，旧债务于新债务履行之前不消灭，旧债务和新债务处于衔接并存的状态；在新债务合法有效并得以履行完毕后，因完成了债务清偿义务，旧债务才归于消灭。四、在债权人与债务人达成以物抵债协议、新债务与旧债务并存时，确定债权是否得以实现，应以债务人是否按照约定全面履行自己义务为依据。若新债务届期不履行，致使以物抵债协议目的不能实现的，债权人有权请求债务人履行旧债务，且该请求权的行使，并不以物抵债协议无效、被撤销或者被解除为前提。	

《民法典合同编通则解释》	关联规定
第二十八条【债务履行期限届满前达成的以物抵债协议】 债务人或者第三人与债权人在债务履行期限届满前达成以物抵债协议的，人民法院应当在审理债权债务关系的基础上认定该协议的效力。 当事人约定债务人到期没有清偿债务，债权人可以对抵债财产拍卖、变卖、折价以实现债权的，人民法院应当认定该约定有效。当事人约定债务人到期没有清偿债务，抵债财产归债权人所有的，人民法院应当认定该约定无效，但是不影响其他部分的效力；债权人请求对抵债财产拍卖、变卖、折价以实现债权的，人民法院应予支持。 当事人订立前款规定的以物抵债协议后，债务人或者第三人未将财产权利转移至债权人名下，债权人主张优先受偿的，人民法院不予支持；债务人或者第三人已将财产权利转移至债权人名下的，依据《最高人民法院关于适用〈中华人民共和国民法典〉有关担保制度的解释》第六十八条的规定处理。 **指引：**如前条指引所言，本条规定的债务人或者第三人与债权人在债务履行期届满前达成的以物抵债协议，为担保债务履行订立的目的而订立担保型以物抵债，也称担保型以物抵债。究其本质言，此种情况下当事人是出于担保目的而非代替目的而订立协议的，不宜认定属于严格意义上的选择之债而是接近于一种担保。解释本条	**《民法典》** **第388条【担保合同与主合同的关系】** 设立担保物权，应当依照本法和其他法律的规定订立担保合同。担保合同包括抵押合同、质押合同和其他具有担保功能的合同。担保合同是主债权债务合同的从合同。主债权债务合同无效的，担保合同无效，但是法律另有规定的除外。 担保合同被确认无效后，债务人、担保人、债权人有过错的，应当根据其过错各自承担相应的民事责任。 **第410条【抵押权的实现】** 债务人不履行到期债务或者发生当事人约定的实现抵押权的情形，抵押权人可以与抵押人协议以抵押财产折价或者以拍卖、变卖该抵押财产所得的价款优先受偿。协议损害其他债权人利益的，其他债权人可以请求人民法院撤销该协议。 抵押权人与抵押人未就抵押权实现方式达成协议的，抵押权人可以请求人民法院拍卖、变卖抵押财产。 抵押财产折价或者变卖的，应当参照市场价格。 **第428条【流质】** 质权人在债务履行期限届满前，与出质人约定债务人不履行到期债务时质押财产归债权人所有的，只能依法就质押财产优先受偿。 **《民法典担保制度解释》** **第68条** 债务人或者第三人与债权人约定将财产形式上转移至债权人名下，债务人不履行到期债务，债权人有权

续表

《民法典合同编通则解释》	关联规定
第 1 款亦明确在按照原债权债务关系审理的基础上认定协议效力。按照第 2 款，协议不同情形的效力是不同的，若约定到期没有清偿债务，债权人可对抵债财产拍卖、变卖、折价以实现债权的，这并不违法法律、行政法规强制性规定，应认可其效力。若约定到期没有清偿债务，抵债财产归债权人所有的，则有违法律强制性规定，应认定该内容无效，但不影响其他部分的效力。 　　**案例指引**：《太阳能科技公司诉姚某某抵押合同纠纷案》① 　　**案例要旨**：当事人在债务履行期届满前达成以物抵债协议，若抵债物已经交付债权人，则此种以物抵债转化为让与担保，债权人对抵债物的折价款享有优先受偿权，债权人和债务人均可向人民法院请求参照法律关于担保物权实现的有关规定，对抵债物拍卖、变卖、折价优先偿还债权人的债权。在债权未获清偿的情况下，如抵债物的原所有权人要求收回抵债物，人民法院不予支持。	对财产折价或者以拍卖、变卖该财产所得价款偿还债务的，人民法院应当认定该约定有效。当事人已经完成财产权利变动的公示，债务人不履行到期债务，债权人请求参照民法典关于担保物权的有关规定就该财产优先受偿的，人民法院应予支持。 　　债务人或者第三人与债权人约定将财产形式上转移至债权人名下，债务人不履行到期债务，财产归债权人所有的，人民法院应当认定该约定无效，但是不影响当事人有关提供担保的意思表示的效力。当事人已经完成财产权利变动的公示，债务人不履行到期债务，债权人请求对该财产享有所有权的，人民法院不予支持；债权人请求参照民法典关于担保物权的规定对财产折价或者以拍卖、变卖该财产所得的价款优先受偿的，人民法院应予支持；债务人履行债务后请求返还财产，或者请求对财产折价或者以债务人与债权人约定将财产转移至债权人名下，在一定期间后再由债务人或者其指定的第三人以交易本金加上溢价款回购，债务人到期不履行回购义务，财产归债权人所有的，人民法院应当参照第二款规定处理。回购对象自始不存在的，人民法院应当依照民拍卖、变卖所得的价款清偿债务的，人民法院应予支持。

---

　　①　最高人民法院中国应用法学研究所编：《人民法院案例选》，人民法院出版社 2020 年版，第 98 页。

《民法典合同编通则解释》	关联规定
	法典第一百四十六条第二款的规定，按照其实际构成的法律关系处理。 **《九民会纪要》** 45.【履行期届满前达成的以物抵债协议】　当事人在债务履行期届满前达成以物抵债协议，抵债物尚未交付债权人，债权人请求债务人交付的，因此种情况不同于本纪要第71条规定的让与担保，人民法院应当向其释明，其应当根据原债权债务关系提起诉讼。经释明后当事人仍拒绝变更诉讼请求的，应当驳回其诉讼请求，但不影响其根据原债权债务关系另行提起诉讼。 　71.【让与担保】　债务人或者第三人与债权人订立合同，约定将财产形式上转让至债权人名下，债务人到期清偿债务，债权人将该财产返还给债务人或第三人，债务人到期没有清偿债务，债权人可以对财产拍卖、变卖、折价偿还债权的，人民法院应当认定合同有效。合同如果约定债务人到期没有清偿债务，财产归债权人所有的，人民法院应当认定该部分约定无效，但不影响合同其他部分的效力。 　当事人根据上述合同约定，已经完成财产权利变动的公示方式转让至债权人名下，债务人到期没有清偿债务，债权人请求确认财产归其所有的，人民法院不予支持，但债权人请求参照法律关于担保物权的规定对财产拍卖、变卖、折价优先偿还其债权的，人民法院依法予以支持。债务人因到

《民法典合同编通则解释》	关联规定
	期没有清偿债务，请求对该财产拍卖、变卖、折价偿还所欠债权人合同项下债务的，人民法院亦应依法予以支持。
第二十九条【向第三人履行的合同】 　民法典第五百二十二条第二款规定的第三人请求债务人向自己履行债务的，人民法院应予支持；请求行使撤销权、解除权等民事权利的，人民法院不予支持，但是法律另有规定的除外。 　合同依法被撤销或者被解除，债务人请求债权人返还财产的，人民法院应予支持。 　债务人按照约定向第三人履行债务，第三人拒绝受领，债权人请求债务人向自己履行债务的，人民法院应予支持，但是债务人已经采取提存等方式消灭债务的除外。第三人拒绝受领或者受领迟延，债务人请求债权人赔偿因此造成的损失的，人民法院依法予以支持。 　**指引**：向第三人履行的合同，又称利益第三人合同、利他合同。利益第三人合同可进一步分为真正利益第三人合同、不真正利益第三人合同。不真正利益第三人合同中的第三人仅可以接受债务人的履行，不享有对债务人的履行请求权。而真正的利益第三人合同的第三人取得对债务人的履行请求权，第三人可以直接向债务人请求履行债务，债务人应当向其履行。第三人也可请求债务人承担违约责任，	《民法典》 **第522条【向第三人履行的合同】** 当事人约定由债务人向第三人履行债务，债务人未向第三人履行债务或者履行债务不符合约定的，应当向债权人承担违约责任。 　法律规定或者当事人约定第三人可以直接请求债务人向其履行债务，第三人未在合理期限内明确拒绝，债务人未向第三人履行债务或者履行债务不符合约定的，第三人可以请求债务人承担违约责任；债务人对债权人的抗辩，可以向第三人主张。 《合同法》（已废止） **第64条**　当事人约定由债务人向第三人履行债务的，债务人未向第三人履行债务或者履行债务不符合约定的，应当向债权人承担违约责任。 《合同法解释二》（已失效） **第16条**　人民法院根据具体案情可以将合同法第六十四条、第六十五条规定的第三人列为无独立请求权的第三人，但不得依职权将其列为该合同诉讼案件的被告或者有独立请求权的第三人。

《民法典合同编通则解释》	关联规定
具体包括继续履行、赔偿损失等。当然，在合同依法被撤销或者被解除的情况下，债务人可请求债权人返还财产。此外，由于撤销权、解除权存在权利主体的特定性要求，因此，就解除权、撤销权等民事权利而言，除法律另有规定外，第三人不得行使。	
第三十条【第三人代为清偿规则的适用】 下列民事主体，人民法院可以认定为民法典第五百二十四条第一款规定的对履行债务具有合法利益的第三人： （一）保证人或者提供物的担保的第三人； （二）担保财产的受让人、用益物权人、合法占有人； （三）担保财产上的后顺位担保权人； （四）对债务人的财产享有合法权益且该权益将因财产被强制执行而丧失的第三人； （五）债务人为法人或者非法人组织的，其出资人或者设立人； （六）债务人为自然人的，其近亲属； （七）其他对履行债务具有合法利益的第三人。 第三人在其已经代为履行的范围内取得对债务人的债权，但是不得损害债权人的利益。 担保人代为履行债务取得债权后，向其他担保人主张担保权利的，依据	**《民法典》** **第 524 条【第三人代为履行】** 债务人不履行债务，第三人对履行该债务具有合法利益的，第三人有权向债权人代为履行；但是，根据债务性质、按照当事人约定或者依照法律规定只能由债务人履行的除外。 债权人接受第三人履行后，其对债务人的债权转让给第三人，但是债务人和第三人另有约定的除外。 **第 523 条【由第三人履行的合同】** 当事人约定由第三人向债权人履行债务，第三人不履行债务或者履行债务不符合约定的，债务人应当向债权人承担违约责任。 **第 551 条【债务转移】** 债务人将债务的全部或者部分转移给第三人的，应当经债权人同意。 债务人或者第三人可以催告债权人在合理期限内予以同意，债权人未作表示的，视为不同意。 **第 552 条【并存的债务承担】** 第三人与债务人约定加入债务并通知债权人，或者第三人向债权人表示愿意加入债务，债权人未在合理期限内明确

《民法典合同编通则解释》	关联规定
《最高人民法院关于适用〈中华人民共和国民法典〉有关担保制度的解释》第十三条、第十四条、第十八条第二款等规定处理。 　　**指引**：民法典第 524 条规定的第三人代替履行（第三人代为清偿）与第 523 条规定的由第三人履行，二者较为接近且容易混淆。就二者不同点而言：1. 性质不同。第 523 条规定的"由第三人履行"，是指以担保第三人的履行为合同标的的合同。债务人的这种担保责任体现在，当第三人没有按债务人与债权人合意的方式行为时，由债务人负赔偿责任。而"第三人代替履行"则并非一种合同类型，而是一个事实行为。2. 构成要件不同。由第三人履行的合同需以债权人和债务人对第三人履行债务作出明确约定为前提，但第三人代替履行则无此要求，其之所以会对合同债务进行履行一般是因为其对债务具有一定的利害关系。这也是二者最重要的差异。而"第三人对履行该债务具有合法利益"这一法定条件。解释通过本条明确了常见情形是否属于此类作了明确。3. 法律效果不同。由第三人履行的合同中，债权人不得拒绝受领；第三人代替履行的情形下，债权人可以拒绝受领。由第三人履行的合同，债务人无权拒绝第三人向债权人的履行；第三人代替履行的，债务人事先提出异议的，第三人不得代为履行。另，第三人单方代为履行后，自动发生债权转让的	拒绝的，债权人可以请求第三人在其愿意承担的债务范围内和债务人承担连带债务。 **《民法典担保制度解释》** **第 13 条**　同一债务有两个以上第三人提供担保，担保人之间约定相互追偿及分担份额，承担了担保责任的担保人请求其他担保人按照约定分担份额的，人民法院应予支持；担保人之间约定承担连带共同担保，或者约定相互追偿但是未约定分担份额的，各担保人按照比例分担向债务人不能追偿的部分。 　　同一债务有两个以上第三人提供担保，担保人之间未对相互追偿作出约定且未约定承担连带共同担保，但是各担保人在同一份合同书上签字、盖章或者按指印，承担了担保责任的担保人请求其他担保人按照比例分担向债务人不能追偿部分的，人民法院应予支持。 　　除前两款规定的情形外，承担了担保责任的担保人请求其他担保人分担向债务人不能追偿部分的，人民法院不予支持。 **第 14 条**　同一债务有两个以上第三人提供担保，担保人受让债权的，人民法院应当认定该行为系承担担保责任。受让债权的担保人作为债权人请求其他担保人承担担保责任的，人民法院不予支持；该担保人请求其他担保人分担相应份额的，依照本解释第十三条的规定处理。

《民法典合同编通则解释》	关联规定
法律效果；而由第三人履行的合同中，并不自动发生债权转让的效果。此外，民法典第 524 条第 1 款规定的对履行债务具有合法利益的第三人的常见情形，解释本条第 1 款进行了列举。 　　**案例指引：**《某物流有限公司诉吴某运输合同纠纷案》① 　　**案例要旨：**某物流公司与委托人存在运输合同关系，在委托人未及时向货物承运司机结清费用，致使货物被扣留时，某物流公司对履行该债务具有合法利益，有权代委托人向承运司机履行，某物流公司代为履行后有权要求委托人支付剩余运费。	**第 18 条**　承担了担保责任或者赔偿责任的担保人，在其承担责任的范围内向债务人追偿的，人民法院应予支持。 　　同一债权既有债务人自己提供的物的担保，又有第三人提供的担保，承担了担保责任或者赔偿责任的第三人，主张行使债权人对债务人享有的担保物权的，人民法院应予支持。
第三十一条【同时履行抗辩权与先履行抗辩权】　当事人互负债务，一方以对方没有履行非主要债务为由拒绝履行自己的主要债务的，人民法院不予支持。但是，对方不履行非主要债务致使不能实现合同目的或者当事人另有约定的除外。 　　当事人一方起诉请求对方履行债务，被告依据民法典第五百二十五条的规定主张双方同时履行的抗辩且抗辩成立，被告未提起反诉的，人民法院应当判决被告在原告履行债务的同时履行自己的债务，并在判项中明确原告申请强制执行的，人民法院应当在原告履行自己的债务后对被告采取	**《民法典》** **第 525 条【同时履行抗辩权】**　当事人互负债务，没有先后履行顺序的，应当同时履行。一方在对方履行之前有权拒绝其履行请求。一方在对方履行债务不符合约定时，有权拒绝其相应的履行请求。 **第 526 条【先履行抗辩权】**　当事人互负债务，有先后履行顺序，应当先履行债务一方未履行的，后履行一方有权拒绝其履行请求。先履行一方履行债务不符合约定的，后履行一方有权拒绝其相应的履行请求。 **第 527 条【不安抗辩权】**　应当先履行债务的当事人，有确切证据证明对

《民法典合同编通则解释》	关联规定
执行行为；被告提起反诉的，人民法院应当判决双方同时履行自己的债务，并在判项中明确任何一方申请强制执行的，人民法院应当在该当事人履行自己的债务后对方采取执行行为。 　　当事人一方起诉请求对方履行债务，被告依据民法典第五百二十六条的规定主张原告应先履行的抗辩且抗辩成立的，人民法院应当驳回原告的诉讼请求，但是不影响原告履行债务后另行提起诉讼。 　　**指引**：双务合同中狭义的履行抗辩权即民法典第525条规定的"同时履行抗辩权"、第526条规定的"先履行抗辩权"以及第527条规定的"不安抗辩权"。一般而言，一方当事人不能在对方已经履行合同主要义务的情况下以对方没有履行非主要债务为由拒绝履行自己的主要债务的。但也存在例外：一是不履行非主要债务将导致不能实现的情况；二是当事人对此另有约定。解释本条第1款对此作了明确。需注意，此种情形不仅适用同时履行抗辩，也适用先履行抗辩。另需注意抗辩与反诉的区别，提出抗辩只是反驳原告，而反诉才意味着要求原告履行相应义务。因此，针对同时履行抗辩权成立的情形，法院虽然可以直接判决双方同时履行，但这只有在被告明确提出反诉请求的情况下才能采用。为从本质上解决矛盾纠纷、便利当事人，对于只提出抗辩未提出	方有下列情形之一的，可以中止履行： 　　（一）经营状况严重恶化； 　　（二）转移财产、抽逃资金，以逃避债务； 　　（三）丧失商业信誉； 　　（四）有丧失或者可能丧失履行债务能力的其他情形。 　　当事人没有确切证据中止履行的，应当承担违约责任。 **《合同法》（已废止）** **第66条**　当事人互负债务，没有先后履行顺序的，应当同时履行。一方在对方履行之前有权拒绝其履行要求。一方在对方履行债务不符合约定时，有权拒绝其相应的履行要求。 **第67条**　当事人互负债务，有先后履行顺序，先履行一方未履行的，后履行一方有权拒绝其履行要求。先履行一方履行债务不符合约定的，后履行一方有权拒绝其相应的履行要求。 **第68条**　应当先履行债务的当事人，有确切证据证明对方有下列情形之一的，可以中止履行： 　　（一）经营状况严重恶化； 　　（二）转移财产、抽逃资金，以逃避债务； 　　（三）丧失商业信誉； 　　（四）有丧失或者可能丧失履行债务能力的其他情形。 　　当事人没有确切证据中止履行的，应当承担违约责任。

《民法典合同编通则解释》	关联规定
反诉的,解释本条第 2 款在判令被告承担履行义务的同时限定了条件,即"被告在原告履行债务的同时履行自己的债务"且在判项中明确"原告申请强制执行的,人民法院应当在原告履行自己的债务后对被告采取执行行为"。另,先履行抗辩权属延期的抗辩权,只是暂时阻止对方当事人请求权的行使,非永久的抗辩权。在对方当事人履行了合同义务之后,后履行的一方当事人应履行自己的义务。此外,后履行一方当事人行使先履行抗辩权致使合同迟延履行的,该当事人一般无需承担违约责任,迟延履行的责任应由对方承担。 **案例指引**:《俞财新与福建华辰房地产有限公司、魏传瑞商品房买卖(预约)合同纠纷案》【《最高人民法院公报》2011 年第 8 期】 **案例要旨**:根据合同的相对性原则,涉案合同一方当事人以案外人违约为由,主张在涉案合同履行中行使不安抗辩权的,人民法院不予支持。	
第三十二条【情势变更制度的适用】 合同成立后,因政策调整或者市场供求关系异常变动等原因导致价格发生当事人在订立合同时无法预见的、不属于商业风险的涨跌,继续履行合同对于当事人一方明显不公平的,人民法院应当认定合同的基础条件发生了民法典第五百三十三条第一款规定的"重大变化"。但是,合同涉及市场	《民法典》 **第 180 条【不可抗力】** 因不可抗力不能履行民事义务的,不承担民事责任。法律另有规定的,依照其规定。 不可抗力是不能预见、不能避免且不能克服的客观情况。 **第 533 条【情势变更】** 合同成立后,合同的基础条件发生了当事人在订立合同时无法预见的、不属于商业风险

《民法典合同编通则解释》	关联规定
属性活跃、长期以来价格波动较大的大宗商品以及股票、期货等风险投资型金融产品的除外。 　　合同的基础条件发生了民法典第五百三十三条第一款规定的重大变化，当事人请求变更合同的，人民法院不得解除合同；当事人一方请求变更合同，对方请求解除合同的，或者当事人一方请求解除合同，对方请求变更合同的，人民法院应当结合案件的实际情况，根据公平原则判决变更或者解除合同。 　　人民法院依据民法典第五百三十三条的规定判决变更或者解除合同的，应当综合考虑合同基础条件发生重大变化的时间、当事人重新协商的情况以及因合同变更或者解除给当事人造成的损失等因素，在判项中明确合同变更或者解除的时间。 　　当事人事先约定排除民法典第五百三十三条适用的，人民法院应当认定该约定无效。 　　**指引**：适用情势变更将产生两种结果：一是当事人重新协商达成协议的，按照协商达成的协议确定双方当事人的权利义务关系。二是再次协商达不成协议的，可变更或解除合同。需注意，民法典之后，不可抗力与情势变更并非互相排斥的两个概念。发生适用情势变更的客观事由，可能是不可抗力，也可能是非不可抗力。简言之，情势变更的事由范围广于不可	的重大变化，继续履行合同对于当事人一方明显不公平的，受不利影响的当事人可以与对方重新协商；在合理期限内协商不成的，当事人可以请求人民法院或者仲裁机构变更或者解除合同。 　　人民法院或者仲裁机构应当结合案件的实际情况，根据公平原则变更或者解除合同。 **第 563 条【合同法定解除】**　有下列情形之一的，当事人可以解除合同： 　　（一）因不可抗力致使不能实现合同目的； 　　（二）在履行期限届满前，当事人一方明确表示或者以自己的行为表明不履行主要债务； 　　（三）当事人一方迟延履行主要债务，经催告后在合理期限内仍未履行； 　　（四）当事人一方迟延履行债务或者有其他违约行为致使不能实现合同目的； 　　（五）法律规定的其他情形。 　　以持续履行的债务为内容的不定期合同，当事人可以随时解除合同，但是应当在合理期限之前通知对方。 **《合同法解释二》（已失效）** **第 26 条**　合同成立以后客观情况发生了当事人在订立合同时无法预见的、非不可抗力造成的不属于商业风险的重大变化，继续履行合同对于一方当事人明显不公平或者不能实现合同目的，当事人请求人民法院变更或者解

续表

《民法典合同编通则解释》	关联规定
抗力。在法律后果方面两者虽有交叉但也存在不同。不可抗力导致合同目的不能实现的情况下，一方有法定解除权。而情势变更下，则是重新协商变更合同或通过诉讼、仲裁变更或解除合同。市场经济下，商品价格变动较为常见。若价格涨落符合市场供求调整范围或者价格波动较大，但其本身属于市场属性活跃、长期以来价格波动较大的大宗商品以及股票、期货等风险投资型金融产品，市场对其应有较大的预见性，不认为属于情势变更的情况。只有那些因政策调整或市场供求关系异常变动导致的价格异常涨落才认为属于情势变更之事由。这里的异常，应理解为当事人订立合同时无法预见、不属于商业风险的涨跌。此外，就情势变更规则能否由当事人约定排除而言，若允许当事人约定排除情势变更规则，实际上是排除了诚实信用原则、公平原则的适用，不符合民法精神，故不应允许。另值得注意的是，情势变更的时间要件要求合同基础条件发生重大变化的事实应发生在合同成立后、合同义务履行完毕前。若发生在合同义务履行完毕后，则该客观情势的变化并不影响合同的履行，不会导致当事人之间权利失衡。**案例指引：《齐某与某房产公司商品房预售合同纠纷案》①**	除合同的，人民法院应当根据公平原则，并结合案件的实际情况确定是否变更或者解除。

① 《齐某与某房产公司商品房预售合同纠纷案》，载《人民法院报》2017年9月7日第7版。

《民法典合同编通则解释》	关联规定
案例要旨：情势变更的事项只能发生于合同成立后履行完毕前。如在订立合同前就已发生了该事项，表明相关当事人已认识到合同订立时的条件包括了该事项。合同仍被签订的，说明当事方对该事项对合同履行产生的影响自愿负担风险，不属情势变更适用范围。 　　**案例指引**：《某旅游管理公司与某村村民委员会等合同纠纷案》【最高人民法院发布民法典合同编通则司法解释相关典型案例，案例四】 　　**案例要旨**：当事人签订具有合作性质的长期性合同，因政策变化对当事人履行合同产生影响，但该变化不属于订立合同时无法预见的重大变化，按照变化后的政策要求予以调整亦不影响合同继续履行，且继续履行不会对当事人一方明显不公平，该当事人不能依据《中华人民共和国民法典》第五百三十三条请求变更或者解除合同。该当事人请求终止合同权利义务关系，守约方不同意终止合同，但双方当事人丧失合作可能性导致合同目的不能实现的，属于《中华人民共和国民法典》第五百八十条第一款第二项规定的"债务的标的不适于强制履行"，应根据违约方的请求判令终止合同权利义务关系并判决违约方承担相应的违约责任。	

《民法典合同编通则解释》	关联规定
五、合同的保全	
第三十三条【怠于行使权利影响到期债权实现的认定】 债务人不履行其对债权人的到期债务，又不以诉讼或者仲裁方式向相对人主张其享有的债权或者与该债权有关的从权利，致使债权人的到期债权未能实现的，人民法院可以认定为民法典第五百三十五条规定的"债务人怠于行使其债权或者与该债权有关的从权利，影响债权人的到期债权实现"。 **指引**：该条在原《合同法解释一》第13条的基础上，将怠于行使权利的方式解释为不履行到期债务，又不以诉讼方式或仲裁方式向债务人的相对人主张债权。实践中，债务人怠于行使权利的具体情形千差万别，应以解释本条规定为基础，同时结合主观、客观、行为等方面综合判断"怠于行使行为"。其一，债务人的主观状态须为故意或过失，即将不可抗力等合理事由排除在外。其二，债务人通过诉讼或仲裁的方式履行权利，客观上达到一般债权人的勤勉程度，但是不宜将债务人积极增加责任财产的行为限制于是否提起诉讼或仲裁，还应兼顾是否真正利用诉讼和仲裁程序求得次债务人清偿的结果。若债务人以要求次债务人偿还债权诉至法院，而后又申请撤诉或未缴纳诉讼费用按照撤诉处理的，该行为自然不能视为怠于履行行为的例外，反而应认定为利用司法救济手段行为规避债权人行使代位	**《民法典》** **第535条【债权人代位权】** 因债务人怠于行使其债权或者与该债权有关的从权利，影响债权人的到期债权实现的，债权人可以向人民法院请求以自己的名义代位行使债务人对相对人的权利，但是该权利专属于债务人自身的除外。 代位权的行使范围以债权人的到期债权为限。债权人行使代位权的必要费用，由债务人负担。 相对人对债务人的抗辩，可以向债权人主张。 **《合同法解释一》（已失效）** **第13条** 合同法第七十三条规定的"债务人怠于行使其到期债权，对债权人造成损害的"，是指债务人不履行其对债权人的到期债务，又不以诉讼方式或者仲裁方式向其债务人主张其享有的具有金钱给付内容的到期债权，致使债权人的到期债权未能实现。 次债务人（即债务人的债务人）不认为债务人有怠于行使其到期债权情况的，应当承担举证责任。

《民法典合同编通则解释》	关联规定
权之实。其三，债务人主张债权的行为须在合理期限及时作出。 　　**案例指引**：《张家港涤纶厂代位权纠纷案》【《最高人民法院公报》2004年第4期】 　　**案例要旨**：*债务人在债务到期后，没有以诉讼或者仲裁方式向次债务人主张债权，而是与次债务人签订协议延长履行债务期限，损害债权人债权的，属于《合同法》第73条规定的怠于行使到期债权的行为，债权人可以以自己的名义代位行使债务人的债权。债务人与次债务人之间的具体债务数额是否确定，不影响债权人行使代位权。*	
第三十四条【专属于债务人自身的权利】　　下列权利，人民法院可以认定为民法典第五百三十五条第一款规定的专属于债务人自身的权利： 　　（一）抚养费、赡养费或者扶养费请求权； 　　（二）人身损害赔偿请求权； 　　（三）劳动报酬请求权，但是超过债务人及其所扶养家属的生活必需费用的部分除外； 　　（四）请求支付基本养老保险金、失业保险金、最低生活保障金等保障当事人基本生活的权利； 　　（五）其他专属于债务人自身的权利。 　　**指引**：民法典第535条并未对专属于债务人自身的权利作出明确的规	**《民法典》** **第535条第1款【债权人代位权】** 因债务人怠于行使其债权或者与该债权有关的从权利，影响债权人的到期债权实现的，债权人可以向人民法院请求以自己的名义代位行使债务人对相对人的权利，但是该权利专属于债务人自身的除外。 　　代位权的行使范围以债权人的到期债权为限。债权人行使代位权的必要费用，由债务人负担。 　　相对人对债务人的抗辩，可以向债权人主张。 **《合同法》** **第73条（已废止）**　　因债务人怠于行使其到期债权，对债权人造成损害的，债权人可以向人民法院请求以自己的

续表

《民法典合同编通则解释》	关联规定
定。解释本条分类列举了几种常见的债务人专属权：一是抚养、赡养、扶养费给付请求权的财产权，此类权利主要为保护权利人的无形利益；二是人身损害赔偿请求权，属于具有人身性的非财产性权利；三是劳务为内容劳动报酬请求权，但由于存在过高报酬的可能，因此限定在债务人及其所扶养家属的生活必需费用之内；四是基本养老保险金、失业保险金、最低生活保障金请求权等保障权利人基本生活的权利；五是兜底性规定，即其他专属于债务人自身的权利。以上权利的行使虽会间接对债务人的责任财产产生影响，但基于利益位阶的考量，为保障债务人及其家人基本生活需要，仍须禁止债权人于此种权利进行代位行使。	名义代位行使债务人的债权，但该债权专属于债务人自身的除外。 　　代位权的行使范围以债权人的债权为限。债权人行使代位权的必要费用，由债务人负担。 **《合同法解释一》（已失效）** **第 12 条**　合同法第七十三条第一款规定的专属于债务人自身的债权，是指基于扶养关系、抚养关系、赡养关系、继承关系产生的给付请求权和劳动报酬、退休金、养老金、抚恤金、安置费、人寿保险、人身伤害赔偿请求权等权利。
第三十五条【代位权诉讼的管辖】 债权人依据民法典第五百三十五条的规定对债务人的相对人提起代位权诉讼的，由被告住所地人民法院管辖，但是依法应当适用专属管辖规定的除外。 　　债务人或者相对人以双方之间的债权债务关系订有管辖协议为由提出异议，人民法院不予支持。 　　**指引**：解释本条规定以被告住所地为依据确定代位权诉讼的一般管辖法院。一方面与民事诉讼法原告就被告的一般原则以及合同纠纷的管辖原则保持一致。另一方面在于可操作性	**《民法典》** **第 535 条第 1 款【债权人代位权】** 因债务人怠于行使其债权或者与该债权有关的从权利，影响债权人的到期债权实现的，债权人可以向人民法院请求以自己的名义代位行使债务人对相对人的权利，但是该权利专属于债务人自身的除外。 **《民事诉讼法》（2023 年修正）** **第 24 条第 1 款**　因合同纠纷提起的诉讼，由被告住所地或者合同履行地人民法院管辖。 **第 34 条**　下列案件，由本条规定的人民法院专属管辖：

《民法典合同编通则解释》	关联规定
强，可有效避免或减少管辖争议和管辖异议。其例外情形只有专属管辖这一种。而之所以不将协议管辖规定为例外情形，在于代位权诉讼中，至少存在两个合同，而不管债权人与债务人之间，还是债务人与次债务人之间的合同是否约定管辖，均不能形成协议管辖对两个以上合同有效的效力。	（一）因不动产纠纷提起的诉讼，由不动产所在地人民法院管辖； （二）因港口作业中发生纠纷提起的诉讼，由港口所在地人民法院管辖； （三）因继承遗产纠纷提起的诉讼，由被继承人死亡时住所地或者主要遗产所在地人民法院管辖。 **第35条**　合同或者其他财产权益纠纷的当事人可以书面协议选择被告住所地、合同履行地、合同签订地、原告住所地、标的物所在地等与争议有实际联系的地点的人民法院管辖，但不得违反本法对级别管辖和专属管辖的规定。 **第276条**　因涉外民事纠纷，对在中华人民共和国领域内没有住所的被告提起除身份关系以外的诉讼，如果合同签订地、合同履行地、诉讼标的物所在地、可供扣押财产所在地、侵权行为地、代表机构住所地位于中华人民共和国领域内的，可以由合同签订地、合同履行地、诉讼标的物所在地、可供扣押财产所在地、侵权行为地、代表机构住所地人民法院管辖。 　　除前款规定外，涉外民事纠纷与中华人民共和国存在其他适当联系的，可以由人民法院管辖。 **《合同法解释一》（已失效）** **第14条**　债权人依照合同法第七十三条的规定提起代位权诉讼的，由被告住所地人民法院管辖。 **《合同法解释二》（已失效）** **第17条**　债权人以境外当事人为被告

《民法典合同编通则解释》	关联规定
	提起的代位权诉讼，人民法院根据《中华人民共和国民事诉讼法》第二百四十一条的规定确定管辖。
第三十六条【代位权诉讼与仲裁协议】 债权人提起代位权诉讼后，债务人或者相对人以双方之间的债权债务关系订有仲裁协议为由对法院主管提出异议的，人民法院不予支持。但是，债务人或者相对人在首次开庭前就债务人与相对人之间的债权债务关系申请仲裁的，人民法院可以依法中止代位权诉讼。 **指引**：根据现有法律及相关司法解释的规定，代位权的行使应通过诉讼方式进行，即代位权纠纷受限于法院司法管辖权。与此同时，实务中通常存在债务人与次债务人（相对人）之间订有有效仲裁条款或仲裁协议的情形，意味着债务人与次债务人之间的纠纷排除了法院司法管辖。由于债权人提起代位权诉讼以次债务人为被告，并以债务人与次债务人之间的债权债务关系为基础之一，从而在一定程度上引发代位权诉讼司法管辖与后者仲裁管辖之间的冲突。为此，解释通过本条明确了提起代位权诉讼后，债务人与相对人之间仲裁协议不构成对法院主管提出异议的事由。但也存在特殊情况的处理，即债务人或者相对人在首次开庭前就债务人与相对人之间的债权债务关系申请仲裁的，法院可依法中止代位权诉讼。	**《民法典》** **第535条第1款【债权人代位权】** 因债务人怠于行使其债权或者与该债权有关的从权利，影响债权人的到期债权实现的，债权人可以向人民法院请求以自己的名义代位行使债务人对相对人的权利，但是该权利专属于债务人自身的除外。 **第537条【债权人代位权行使效果】** 人民法院认定代位权成立的，由债务人的相对人向债权人履行义务，债权人接受履行后，债权人与债务人、债务人与相对人之间相应的权利义务终止。债务人对相对人的债权或者与该债权有关的从权利被采取保全、执行措施，或者债务人破产的，依照相关法律的规定处理。 **《民事诉讼法》**（2023年修正） **第288条第2款**　当事人在合同中没有订有仲裁条款或者事后没有达成书面仲裁协议的，可以向人民法院起诉。 **《合同法解释一》**（已废止） **第14条**　债权人依照合同法第七十三条的规定提起代位权诉讼的，由被告住所地人民法院管辖。

《民法典合同编通则解释》	关联规定
案例指引：《某控股株式会社与某利公司等债权人代位权纠纷案》【最高人民法院发布民法典合同编通则司法解释相关典型案例，案例五】 **案例要旨**：在代位权诉讼中，相对人以其与债务人之间的债权债务关系约定了仲裁条款为由，主张案件不属于人民法院受理案件范围的，人民法院不予支持。	
第三十七条【代位权诉讼中债务人、相对人的诉讼地位及合并审理】 债权人以债务人的相对人为被告向人民法院提起代位权诉讼，未将债务人列为第三人的，人民法院应当追加债务人为第三人。 两个以上债权人以债务人的同一相对人为被告提起代位权诉讼的，人民法院可以合并审理。债务人对相对人享有的债权不足以清偿其对两个以上债权人负担的债务的，人民法院应当按照债权人享有的债权比例确定相对人的履行份额，但是法律另有规定的除外。 **指引**：就债务人来讲，解释本条规定"应当"追加为第三人，这就意味着债务人参加债权人提起的代位权诉讼属于强制性要求。一般而言，债务人以第三人名义参加债权人代位诉讼，其诉讼地位应为无独立请求权的第三人。此外，在多个债权人提起的代位权诉讼中，被告为同一债务人的相对人，诉讼主体虽不完全相同，但	**《民法典》** **第 535 条第 1 款【债权人代位权】** 因债务人怠于行使其债权或者与该债权有关的从权利，影响债权人的到期债权实现的，债权人可以向人民法院请求以自己的名义代位行使债务人对相对人的权利，但是该权利专属于债务人自身的除外。 **《民事诉讼法》**（2023 年修正） **第 55 条第 1 款** 当事人一方或者双方为二人以上，其诉讼标的是共同的，或者诉讼标的是同一种类、人民法院认为可以合并审理并经当事人同意的，为共同诉讼。 **《合同法解释一》**（已失效） **第 16 条** 债权人以次债务人为被告向人民法院提起代位权诉讼，未将债务人列为第三人的，人民法院可以追加债务人为第三人。 两个或者两个以上债权人以同一次债务人为被告提起代位权诉讼的，人民法院可以合并审理。

《民法典合同编通则解释》	关联规定
诉讼标的相同。因此，基于普通共同诉讼的原理，法院可以合并审理。当然，也可以不合并审理。此种制度安排有利于查清债务人与债权人、债务人与债务人的相对人之间的权利义务关系，有利于简化诉讼程序和节约司法资源。	
第三十八条【起诉债务人后又提起代位权诉讼】 债权人向人民法院起诉债务人后，又向同一人民法院对债务人的相对人提起代位权诉讼，属于该人民法院管辖的，可以合并审理。不属于该人民法院管辖的，应当告知其向有管辖权的人民法院另行起诉；在起诉债务人的诉讼终结前，代位权诉讼应当中止。 　　**指引**：基于禁止二重诉讼精神及司法资源的节约，在债权人提起代位权诉讼后，又向同一法院或不同法院以债务人为被告提起诉讼的场合，人民法院应予受理，两诉均为同一法院管辖的，可以合并审理。不属于该法院管辖的，应告知向有管辖权的法院另行起诉。此外，在普通诉讼和代位权诉讼并存的情形下，无论哪一个诉讼先行提起，都要贯彻普通诉讼优先进行的原则，受理代位权诉讼的人民法院应当中止代位权诉讼案件的审理。因为在以债务人为被告的普通诉讼裁判发生法律效力之前，债权人对债务人享有的债权和真实数额是否确定尚未可知，而这些内容直接决定着代位	**《民法典》** **第535条【债权人代位权】** 因债务人怠于行使其债权或者与该债权有关的从权利，影响债权人的到期债权实现的，债权人可以向人民法院请求以自己的名义代位行使债务人对相对人的权利，但是该权利专属于债务人自身的除外。 **《民事诉讼法》**（2023年修正） **第122条** 起诉必须符合下列条件： 　　（一）原告是与本案有直接利害关系的公民、法人和其他组织； 　　（二）有明确的被告； 　　（三）有具体的诉讼请求和事实、理由； 　　（四）属于人民法院受理民事诉讼的范围和受诉人民法院管辖。 **第153条** 有下列情形之一的，中止诉讼： 　　（一）一方当事人死亡，需要等待继承人表明是否参加诉讼的； 　　（二）一方当事人丧失诉讼行为能力，尚未确定法定代理人的； 　　（三）作为一方当事人的法人或者其他组织终止，尚未确定权利义务承

《民法典合同编通则解释》	关联规定
权诉讼的结果，故受理代位权诉讼的人民法院无法认定该代位权是否成立。在起诉债务人的诉讼终结前，代位权诉讼应当中止。	受人的； （四）一方当事人因不可抗拒的事由，不能参加诉讼的； （五）本案必须以另一案的审理结果为依据，而另一案尚未审结的； （六）其他应当中止诉讼的情形。 **《合同法解释一》（已废止）** **第 14 条**　债权人依照合同法第七十三条的规定提起代位权诉讼的，由被告住所地人民法院管辖。 **第 15 条**　债权人向人民法院起诉债务人以后，又向同一人民法院对次债务人提起代位权诉讼，符合本解释第十四条的规定和《中华人民共和国民事诉讼法》第一百零八条规定的起诉条件的，应当立案受理；不符合本解释第十四条规定的，告知债权人向次债务人住所地人民法院另行起诉。 　　受理代位权诉讼的人民法院在债权人起诉债务人的诉讼裁决发生法律效力以前，应当依照《中华人民共和国民事诉讼法》第一百三十六条第（五）项的规定中止代位权诉讼。
第三十九条【代位权诉讼中债务人起诉相对人】　在代位权诉讼中，债务人对超过债权人代位请求数额的债权部分起诉相对人，属于同一人民法院管辖的，可以合并审理。不属于同一人民法院管辖的，应当告知其向有管辖权的人民法院另行起诉；在代位权诉讼终结前，债务人对相对人的诉讼应当中止。	**《民法典》** **第 535 条第 1 款【债权人代位权】** 因债务人怠于行使其债权或者与该债权有关的从权利，影响债权人的到期债权实现的，债权人可以向人民法院请求以自己的名义代位行使债务人对相对人的权利，但是该权利专属于债务人自身的除外。

《民法典合同编通则解释》	关联规定
指引：解释本条确定了对超过债权人代位请求数额的债务人对次债务人的诉讼与债权人代位权诉讼可合并审理（前提条件是属同一人民法院管辖），同前条一样，主要基于合并审理有助于事实查明，也可节约司法资源。"超额"，即债务人对次债务人债权数额中超出债权人在代位权诉讼中请求数额的部分。在不属于同一法院管辖的情形下，由于无法合并审理。而债务人就超额部分对次债务人的诉讼应以债权人代位权诉讼的审结结果为基础与前提条件。因此，受理债务人起诉的人民法院在代位权诉讼终结前，应当依法中止审理。	**第 537 条【债权人代位权行使效果】** 　　人民法院认定代位权成立的，由债务人的相对人向债权人履行义务，债权人接受履行后，债权人与债务人、债务人与相对人之间相应的权利义务终止。债务人对相对人的债权或者与该债权有关的从权利被采取保全、执行措施，或者债务人破产的，依照相关法律的规定处理。 **《民事诉讼法》**（2023 年修正） **第 22 条** 对公民提起的民事诉讼，由被告住所地人民法院管辖；被告住所地与经常居住地不一致的，由经常居住地人民法院管辖。 　　对法人或者其他组织提起的民事诉讼，由被告住所地人民法院管辖。 　　同一诉讼的几个被告住所地、经常居住地在两个以上人民法院辖区的，各该人民法院都有管辖权。 **第 122 条** 起诉必须符合下列条件： 　　（一）原告是与本案有直接利害关系的公民、法人和其他组织； 　　（二）有明确的被告； 　　（三）有具体的诉讼请求和事实、理由； 　　（四）属于人民法院受理民事诉讼的范围和受诉人民法院管辖。 **第 153 条** 有下列情形之一的，中止诉讼： 　　（一）一方当事人死亡，需要等待继承人表明是否参加诉讼的； 　　（二）一方当事人丧失诉讼行为能力，尚未确定法定代理人的；

《民法典合同编通则解释》	关联规定
	（三）作为一方当事人的法人或者其他组织终止，尚未确定权利义务承受人的； （四）一方当事人因不可抗拒的事由，不能参加诉讼的； （五）本案必须以另一案的审理结果为依据，而另一案尚未审结的； （六）其他应当中止诉讼的情形。 中止诉讼的原因消除后，恢复诉讼。 **《合同法解释一》（已失效）** **第 22 条**　债务人在代位权诉讼中，对超过债权人代位请求数额的债权部分起诉次债务人的，人民法院应当告知其向有管辖权的人民法院另行起诉。 债务人的起诉符合法定条件的，人民法院应当受理；受理债务人起诉的人民法院在代位权诉讼裁决发生法律效力以前，应当依法中止。
第四十条【代位权不成立的处理】 代位权诉讼中，人民法院经审理认为债权人的主张不符合代位权行使条件的，应当驳回诉讼请求，但是不影响债权人根据新的事实再次起诉。 债务人的相对人仅以债权人提起代位诉讼时债权人与债务人之间的债权债务关系未经生效法律文书确认为由，主张债权人提起的诉讼不符合代位权行使条件的，人民法院不予支持。 **指引：**代位权诉讼使得债权人对次债务人的直接追索权突破了程序上	**《民法典》** **第 535 条第 1 款【债权人代位权】** 因债务人怠于行使其债权或者与该债权有关的从权利，影响债权人的到期债权实现的，债权人可以向人民法院请求以自己的名义代位行使债务人对相对人的权利，但是该权利专属于债务人自身的除外。 **《合同法解释一》（已失效）** **第 18 条**　在代位权诉讼中，次债务人对债务人的抗辩，可以向债权人主张。 债务人在代位权诉讼中对债权人的债权提出异议，经审查异议成立

《民法典合同编通则解释》	关联规定
的意义，具备了实体意义。这种情况下，不应忽略对债务人权利的保护。在债权人代位权诉讼中，代位权的行使条件是代位权的构成要件，应认为属于实体性判断要件，而不同于代位权诉讼中程序性的起诉条件。故，若债权人提起代位权主张不符合代位权行使要件的，应判决驳回原告的诉讼请求。但是，基于在判决驳回起诉后一般不得再次起诉的规定，为平衡债权人合法权益，解释本条还规定，先前驳回诉讼请求的判决并不影响后续发生新的事实，债权人可根据新的事实再次提起代位权诉讼。而之所以如此规定，一是发生了符合代位权行使条件的事实，该事实使得债权人具备再次提起代位权诉讼并获得支持的条件。这本来就是代位权诉讼能否获得支持的基础性条件。二是实现代位权的功能。债权人代位权的规范目的，是为避免债务人消极行使债权及其从权利而导致债务人的责任财产不当减少的后果。若债权人的代位主张被判决驳回诉讼请求后，其无法再行通过提起诉讼行使代位权，又因为代位权法定行使方式的规定，彻底断绝了债权人行使代位权的渠道和机会，那么代位权制度的功能将荡然无存。	的，人民法院应当裁定驳回债权人的起诉。
第四十一条【代位权诉讼中债务人处分行为的限制】　债权人提起代位权诉讼后，债务人无正当理由减免相对人的债务或者延长相对人的履行期限，	《民法典》 **第535条【债权人代位权】**　因债务人怠于行使其债权或者与该债权有关的从权利，影响债权人的到期债权实

《民法典合同编通则解释》	关联规定
相对人以此向债权人抗辩的，人民法院不予支持。 　　**指引**：从债权人代位权诉讼制度的目的而言，系为防止债务人怠于行使其到期债权，损害债权人利益和交易安全，而突破合同相对性原则创设的制度。基于此，且债权人提起代位权诉讼有着严格的法律程序，因此在债权人行使代位权后，债务人对债权的不良处分行为，主要为无正当理由减免相对人的债务或者延长相对人的履行期限，不构成对抗债权人的事由，本条对此进行了明确。	现的，债权人可以向人民法院请求以自己的名义代位行使债务人对相对人的权利，但是该权利专属于债务人自身的除外。 **《合同法解释一》（已失效）** **第 18 条**　在代位权诉讼中，次债务人对债务人的抗辩，可以向债权人主张。 　　债务人在代位权诉讼中对债权人的债权提出异议，经审查异议成立的，人民法院应当裁定驳回债权人的起诉。
第四十二条【债权人撤销权诉讼中明显不合理低价或者高价的认定】　对于民法典第五百三十九条规定的"明显不合理"的低价或者高价，人民法院应当按照交易当地一般经营者的判断，并参考交易时交易地的市场交易价或者物价部门指导价予以认定。 　　转让价格未达到交易时交易地的市场交易价或者指导价百分之七十的，一般可以认定为"明显不合理的低价"；受让价格高于交易时交易地的市场交易价或者指导价百分之三十的，一般可以认定为"明显不合理的高价"。 　　债务人与相对人存在亲属关系、关联关系的，不受前款规定的百分之七十、百分之三十的限制。 　　**指引**：解释本条规定了撤销权诉讼中债务人有偿不当处分财产下两种	**《民法典》** **第 539 条【不合理价格交易时的债权人撤销权行使】**　债务人以明显不合理的低价转让财产、以明显不合理的高价受让他人财产或者为他人的债务提供担保，影响债权人的债权实现，债务人的相对人知道或者应当知道该情形的，债权人可以请求人民法院撤销债务人的行为。 **《民法典会议纪要》** 9. 对于民法典第五百三十九条规定的明显不合理的低价或者高价，人民法院应当以交易当地一般经营者的判断，并参考交易当时交易地的物价部门指导价或者市场交易价，结合其他相关因素综合考虑予以认定。 　　转让价格达不到交易时交易地的指导价或者市场交易价百分之七十的，一般可以视为明显不合理的低价；对

《民法典合同编通则解释》	关联规定
不合理价格交易的判断：一是债务人以明显不合理的低价（未达到70%）转让财产，二是以明显不合理的高价（高于30%）受让财产。两种情形下判断参考的时间基准均为"交易当时"、地点基准均为交易地、价格为市场交易价或者物价部门指导价。这个一般的判断标准并非绝对标准。另需注意，第2款"一般可以认定为明显不合理的低价（高价）"的"一般"意味着并不包括特殊情形，如前述的换季或保质期前回笼资金的甩卖。此外，由于亲属关系、关联交易等相较正常交易，损害债权人利益的可能性更大一些，故对此不合理价格的认定应当更为宽泛，解释本条第3款对此作了明确。 **案例指引：《史某豪诉陈某坊等债权人撤销权案》**① **案例要旨：**债务人为逃避债务，以明显不合理低价处理房产的，债权人有权向法院申请撤销该行为。税务机关认为房屋的成交价格明显偏低，有权进行重新评估并征税。法院在处理债权人的撤销申请时，可将税务机关的评估作为认定明显不合理低价的重要参考标准。	转让价格高于当地指导价或者市场交易价百分之三十的，一般可以视为明显不合理的高价。当事人对于其所主张的交易时交易地的指导价或者市场交易价承担举证责任。 **《合同法解释二》（已失效）** **第19条** 对于合同法第七十四条规定的"明显不合理的低价"，人民法院应当以交易当地一般经营者的判断，并参考交易当时交易地的物价部门指导价或者市场交易价，结合其他相关因素综合考虑予以确认。 　　转让价格达不到交易时交易地的指导价或者市场交易价百分之七十的，一般可以视为明显不合理的低价；对转让价格高于当地指导价或者市场交易价百分之三十的，一般可以视为明显不合理的高价。 　　债务人以明显不合理的高价收购他人财产，人民法院可以根据债权人的申请，参照合同法第七十四条的规定予以撤销。

---

① 国家法官学院、中国人民大学法学院编：《中国审判要览（2013年商事审判案例卷）》，中国人民大学出版社2015年版，第31页。

《民法典合同编通则解释》	关联规定
第四十三条【其他不合理交易行为的认定】 债务人以明显不合理的价格，实施互易财产、以物抵债、出租或者承租财产、知识产权许可使用等行为，影响债权人的债权实现，债务人的相对人知道或者应当知道该情形，债权人请求撤销债务人的行为的，人民法院应当依据民法典第五百三十九条的规定予以支持。 **指引**：解释本条以"等"字兜底，意味着除列举的不合理交易行为之外，其他影响债权人实现债权实现的不合理交易行为，若债务人相对人知道或应当知道的，也属于债权人可得撤销的范围。需注意，债务人上述不合理交易的行为，债权人行使撤销权的，属于有偿行为的，还应满足关于有偿交易行为标准的认定，即本解释前条关于转让价格未达到交易时交易地的指导价或者市场交易价百分之七十、转让价格高于交易时交易地指导价或者市场交易价百分之三十的规定。	**《民法典》** **第 539 条【不合理价格交易时的债权人撤销权行使】** 债务人以明显不合理的低价转让财产、以明显不合理的高价受让他人财产或者为他人的债务提供担保，影响债权人的债权实现，债务人的相对人知道或者应当知道该情形的，债权人可以请求人民法院撤销债务人的行为。 **第 538 条【无偿处分时的债权人撤销权行使】** 债务人以放弃其债权、放弃债权担保、无偿转让财产等方式无偿处分财产权益，或者恶意延长其到期债权的履行期限，影响债权人的债权实现的，债权人可以请求人民法院撤销债务人的行为。 **《民法典会议纪要》** 9. 对于民法典第五百三十九条规定的明显不合理的低价或者高价，人民法院应当以交易当地一般经营者的判断，并参考交易当时交易地的物价部门指导价或者市场交易价，结合其他相关因素综合考虑予以认定。 　　转让价格达不到交易时交易地的指导价或者市场交易价百分之七十的，一般可以视为明显不合理的低价；对转让价格高于当地指导价或者市场交易价百分之三十的，一般可以视为明显不合理的高价。当事人对于其所主张的交易时交易地的指导价或者市场交易价承担举证责任。

《民法典合同编通则解释》	关联规定
	《合同法解释二》（已失效） **第 19 条**　对于合同法第七十四条规定的"明显不合理的低价"，人民法院应当以交易当地一般经营者的判断，并参考交易当时交易地的物价部门指导价或者市场交易价，结合其他相关因素综合考虑予以确认。 　　转让价格达不到交易时交易地的指导价或者市场交易价百分之七十的，一般可以视为明显不合理的低价；对转让价格高于当地指导价或者市场交易价百分之三十的，一般可以视为明显不合理的高价。 　　债务人以明显不合理的高价收购他人财产，人民法院可以根据债权人的申请，参照合同法第七十四条的规定予以撤销。
第四十四条【债权人撤销权诉讼的当事人、管辖和合并审理】　债权人依据民法典第五百三十八条、第五百三十九条的规定提起撤销权诉讼的，应当以债务人和债务人的相对人为共同被告，由债务人或者相对人的住所地人民法院管辖，但是依法应当适用专属管辖规定的除外。 　　两个以上债权人就债务人的同一行为提起撤销权诉讼的，人民法院可以合并审理。 　　**指引：**解释本条第 1 款明确债务人的相对人应与债务人共同作为撤销权诉讼的被告，改变了原来的相对人应作为第三人的立场。且，在以债务	《民法典》 **第 538 条【无偿处分时的债权人撤销权行使】**　债务人以放弃其债权、放弃债权担保、无偿转让财产等方式无偿处分财产权益，或者恶意延长其到期债权的履行期限，影响债权人的债权实现的，债权人可以请求人民法院撤销债务人的行为。 **第 539 条【不合理价格交易时的债权人撤销权行使】**　债务人以明显不合理的低价转让财产、以明显不合理的高价受让他人财产或者为他人的债务提供担保，影响债权人的债权实现，债务人的相对人知道或者应当知道该情形的，债权人可以请求人民法院撤

《民法典合同编通则解释》	关联规定
人和债务人的相对人为共同被告的情况下除债务人住所地法院外，第 1 款还规定相对人的住所地法院亦有管辖权。当然，专属管辖属例外情况。另，第 2 款规定的以"债务人的同一行为"为标准作为多个债权人提起诉讼时合并审理的情形，改变了合同法解释一第 25 规定的以债务人为标准合并审理的做法。实际上，民诉法第 55 条规定的是以诉讼标的共同和相同作为合并审理的条件，而撤销权诉讼的诉讼标的是被撤销行为，故将合并审理的条件明确为"同一行为"符合民事诉讼法规定关于合并审理的内在逻辑。若某债权人提起撤销之诉，其他债权人提起请求债务人清偿债务或承担违约责任的其他诉讼，尽管被告相同，亦不能合并审理。	销债务人的行为。 **《民事诉讼法》（2023 年修正）** **第 55 条第 1 款** 当事人一方或者双方为二人以上，其诉讼标的是共同的，或者诉讼标的是同一种类、人民法院认为可以合并审理并经当事人同意的，为共同诉讼。 **《合同法解释一》（已失效）** **第 23 条** 债权人依照合同法第七十四条的规定提起撤销权诉讼的，由被告住所地人民法院管辖。 **第 24 条** 债权人依照合同法第七十四条的规定提起撤销权诉讼时只以债务人为被告，未将受益人或者受让人列为第三人的，人民法院可以追加该受益人或者受让人为第三人。 **第 25 条** 债权人依照合同法第七十四条的规定提起撤销权诉讼，请求人民法院撤销债务人放弃债权或转让财产的行为，人民法院应当就债权人主张的部分进行审理，依法撤销的，该行为自始无效。 　　两个或者两个以上债权人以同一债务人为被告，就同一标的提起撤销权诉讼的，人民法院可以合并审理。
第四十五条【债权人撤销权的效力范围及"必要费用"认定】 在债权人撤销权诉讼中，被撤销行为的标的可分，当事人主张在受影响的债权范围内撤销债务人的行为的，人民法院应予支持；被撤销行为的标的不可分，债权人主张将债务人的行为全部撤销	**《民法典》** **第 156 条【民事法律行为部分无效】** 　　民事法律行为部分无效，不影响其他部分效力的，其他部分仍然有效。 **第 540 条【债权人撤销权行使范围以及必要费用承担】** 撤销权的行使范围以债权人的债权为限。债权人行使

续表

《民法典合同编通则解释》	关联规定
的，人民法院应予支持。 　　债权人行使撤销权所支付的合理的律师代理费、差旅费等费用，可以认定为民法典第五百四十条规定的"必要费用"。 　　**指引**：基于债权保护和债务人处分自由的平衡，债权人行使撤销权的债权数额应当是债权人的债权可能不能清偿部分的数额。且无论从债权人撤销权性质的实体性还是程序性上讲，均应由作为权利人的债权人独立行使，其他债权人或法院均不能替代。因此，没有提起撤销权之诉的其他债权人的债权不应纳入撤销权之诉的审查范围。解释本条对此明确：第一，无论是有偿还是无偿行为场合，只要被撤销行为的标的是可分的，那么，就须严格遵循相对无效的理论，仅应在债权人所享有的债权额的范围内撤销债务人的部分行为。第二，如果被撤销行为的标的不可分，那么为了实现撤销权制度的目的，保护债权人的债权，则应当认定被撤销行为全部无效。当然，在债务人分别从事了几项处分其财产的民事法律行为时，仅仅是债权人所主张撤销的债务人行为全部无效，而债务人的其他的处分财产行为特别是交易行为仍然有效。	撤销权的必要费用，由债务人负担。 **《合同法解释一》（已废止）** **第 25 条**　债权人依照合同法第七十四条的规定提起撤销权诉讼，请求人民法院撤销债务人放弃债权或转让财产的行为，人民法院应当就债权人主张的部分进行审理，依法撤销的，该行为自始无效。 　　两个或者两个以上债权人以同一债务人为被告，就同一标的提起撤销权诉讼的，人民法院可以合并审理。
第四十六条【撤销权行使的法律效果】 　　债权人在撤销权诉讼中同时请求债务人的相对人向债务人承担返还财产、折价补偿、履行到期债务等法律后果	**《民法典》** **第 538 条【无偿处分时的债权人撤销权行使】**　债务人以放弃其债权、放弃债权担保、无偿转让财产等方式无

《民法典合同编通则解释》	关联规定
的，人民法院依法予以支持。 　　债权人请求受理撤销权诉讼的人民法院一并审理其与债务人之间的债权债务关系，属于该人民法院管辖的，可以合并审理。不属于该人民法院管辖的，应当告知其向有管辖权的人民法院另行起诉。 　　债权人依据其与债务人的诉讼、撤销权诉讼产生的生效法律文书申请强制执行的，人民法院可以就债务人对相对人享有的权利采取强制执行措施以实现债权人的债权。债权人在撤销权诉讼中，申请对相对人的财产采取保全措施的，人民法院依法予以准许。 　　**指引**：解释本条规定了撤销权的效力，并在《民法典》第542条规定的基础上，明确债权人可以在撤销权诉讼中请求相对人向债务返还财产等的立场。且通过第3款，就相关执行权利作了明确，对债权人合法权益的最终兑现具有现实意义。此外，与代位权类似，本条第2款还明确了受理撤销权诉讼、债权人与债务人之间的债权债务关系，均属同一法院管辖的，可合并审理。不属于同一法院管辖的，告知向有管辖权的法院另行起诉。 　　**案例指引**：《东北电气发展股份有限公司与国家开发银行股份有限公司、沈阳高压开关有限责任公司等执行复议案》【最高人民法院指导案例118号】 　　**案例要旨**：1. 债权人撤销权诉讼	偿处分财产权益，或者恶意延长其到期债权的履行期限，影响债权人的债权实现的，债权人可以请求人民法院撤销债务人的行为。 **第539条【不合理价格交易时的债权人撤销权行使】**　债务人以明显不合理的低价转让财产、以明显不合理的高价受让他人财产或者为他人的债务提供担保，影响债权人的债权实现，债务人的相对人知道或者应当知道该情形的，债权人可以请求人民法院撤销债务人的行为。 **第542条【债权人撤销权行使效果】**　债务人影响债权人的债权实现的行为被撤销的，自始没有法律约束力。 **第157条【民事法律行为无效、被撤销或确定不发生效力的法律后果】**　民事法律行为无效、被撤销或者确定不发生效力后，行为人因该行为取得的财产，应当予以返还；不能返还或者没有必要返还的，应当折价补偿。有过错的一方应当赔偿对方由此所受到的损失；各方都有过错的，应当各自承担相应的责任。法律另有规定的，依照其规定。 **《合同法解释一》（已失效）** **第25条**　债权人依照合同法第七十四条的规定提起撤销权诉讼，请求人民法院撤销债务人放弃债权或转让财产的行为，人民法院应当就债权人主张的部分进行审理，依法撤销的，该行为自始无效。

《民法典合同编通则解释》	关联规定
的生效判决撤销了债务人与受让人的财产转让合同,并判令受让人向债务人返还财产,受让人未履行返还义务的,债权人可以债务人、受让人为被执行人申请强制执行。2. 受让人未通知债权人,自行向债务人返还财产,债务人将返还的财产立即转移,致使债权人丧失申请法院采取查封、冻结等措施的机会,撤销权诉讼目的无法实现的,不能认定生效判决已经得到有效履行。债权人申请对受让人执行生效判决确定的财产返还义务的,人民法院应予支持。 　　**案例指引**:《周某与丁某、薛某债权人撤销权纠纷案》【最高人民法院发布民法典合同编通则司法解释相关典型案例,案例六】 　　**案例要旨**:在债权人撤销权诉讼中,债权人请求撤销债务人与相对人的行为并主张相对人向债务人返还财产的,人民法院依法予以支持。	两个或者两个以上债权人以同一债务人为被告,就同一标的提起撤销权诉讼的,人民法院可以合并审理。
六、合同的变更和转让	
第四十七条【债权债务转让纠纷的诉讼第三人】 债权转让后,债务人向受让人主张其对让与人的抗辩的,人民法院可以追加让与人为第三人。 　　债务转移后,新债务人主张原债务人对债权人的抗辩的,人民法院可以追加原债务人为第三人。 　　当事人一方将合同权利义务一并转让后,对方就合同权利义务向受让	**《民法典》** **第545条【债权转让】** 债权人可以将债权的全部或者部分转让给第三人,但是有下列情形之一的除外: 　　(一)根据债权性质不得转让; 　　(二)按照当事人约定不得转让; 　　(三)依照法律规定不得转让。 　　当事人约定非金钱债权不得转让的,不得对抗善意第三人。当事人约

《民法典合同编通则解释》	关联规定
人主张抗辩或者受让人就合同权利义务向对方主张抗辩的，人民法院可以追加让与人为第三人。 　　指引：债权转让、债务转让和债权债务一并转让在民法理论上，统称为债的移转。在债的移转中，原债权人或原债务人也往往会退出原合同法律关系。按照合同相对性原理，若债务人、债权人与受让人发生纠纷的，因原债务人或原债权人此时已非合同的相对方，一般无需参加到诉讼中来。但在相关抗辩涉及其时，为有效查清事实并明确责任承担，法院可将其列为第三人。	定金钱债权不得转让的，不得对抗第三人。 **第548条【债权转让时债务人抗辩权】**　债务人接到债权转让通知后，债务人对让与人的抗辩，可以向受让人主张。 **第553条【债务转移时新债务人抗辩权】**　债务人转移债务的，新债务人可以主张原债务人对债权人的抗辩；原债务人对债权人享有债权的，新债务人不得向债权人主张抵销。 **第556条【合同权利义务一并转让的法律适用】**　合同的权利和义务一并转让的，适用债权转让、债务转移的有关规定。 《合同法解释一》（已失效） **第27条**　债权人转让合同权利后，债务人与受让人之间因履行合同发生纠纷诉至人民法院，债务人对债权人的权利提出抗辩的，可以将债权人列为第三人。 **第28条**　经债权人同意，债务人转移合同义务后，受让人与债权人之间因履行合同发生纠纷诉至人民法院，受让人就债务人对债权人的权利提出抗辩的，可以将债务人列为第三人。 **第29条**　合同当事人一方经对方同意将其在合同中的权利义务一并转让给受让人，对方与受让人因履行合同发生纠纷诉至人民法院，对方就合同权利义务提出抗辩的，可以将出让方列为第三人。

《民法典合同编通则解释》	关联规定
第四十八条【债权转让通知】 债务人在接到债权转让通知前已经向让与人履行，受让人请求债务人履行的，人民法院不予支持；债务人接到债权转让通知后仍然向让与人履行，受让人请求债务人履行的，人民法院应予支持。 　　让与人未通知债务人，受让人直接起诉债务人请求履行债务，人民法院经审理确认债权转让事实的，应当认定债权转让自起诉状副本送达时对债务人发生效力。债务人主张因未通知而给其增加的费用或者造成的损失从认定的债权数额中扣除的，人民法院依法予以支持。 　　**指引**：解释本条对债权转让通知做了细化。第 1 款规定了债权转让通知的效力，未通知债务人的，不对债务人发生效力，债务人仍然依据原合同的约定向债务人履行义务；通知债务人后，债务人不向受让人履行的，受让人可以向债务人主张权利。第 2 款将债权转让通知的主体扩展至受让人，规定直接起诉方式具有通知的效力，且明确经审理确认债权转让事实的，债权转让自起诉状副本送达时对债务人发生效力。但需注意的是，此种情形下，债务人可主张因未通知增加的费用或者造成的损失从认定的债权数额中扣除。	**《民法典》** **第 546 条【债权转让通知】** 债权人转让债权，未通知债务人的，该转让对债务人不发生效力。 　　债权转让的通知不得撤销，但是经受让人同意的除外。 **第 550 条【债权转让增加的履行费用的负担】** 因债权转让增加的履行费用，由让与人负担。

《民法典合同编通则解释》	关联规定
第四十九条【表见让与、债务人确认债权存在】　债务人接到债权转让通知后，让与人以债权转让合同不成立、无效、被撤销或者确定不发生效力为由请求债务人向其履行的，人民法院不予支持。但是，该债权转让通知被依法撤销的除外。 　　受让人基于债务人对债权真实存在的确认受让债权后，债务人又以该债权不存在为由拒绝向受让人履行的，人民法院不予支持。但是，受让人知道或者应当知道该债权不存在的除外。 　　**指引：**当债权人将债权让与第三人的事项通知债务人后，即使让与并未发生或者该让与无效，债务人基于对让与通知的信赖而向该第三人所为的履行仍然有效。学说上依据表见代理的原则，将其称为表见让与。该制度对于维护让与通知的效力以及保护债务人的利益具有重要意义。债务人作为债务履行的主体，却非债权让与合同的当事人，难以对债权是否让与、让与何人、该让与是否有效等事实明确查知。债权让与通知作为债务人了解权利转移事实和确定履行对象的最主要依据，足以产生合理信赖的基础。对于这种信赖利益，法律应予保护。本条第 1 款作了明确。同样，在债务人对债权真实存在的确认后而受让债权的情况下，受让人亦享有信赖利益。本条第 2 款对此作了规定。	**《民法典》第 546 条【债权转让通知】** 　　债权人转让债权，未通知债务人的，该转让对债务人不发生效力。 　　债权转让的通知不得撤销，但是经受让人同意的除外。

续表

《民法典合同编通则解释》	关联规定
第五十条【债权的多重转让】 让与人将同一债权转让给两个以上受让人，债务人以已经向最先通知的受让人履行为由主张其不再履行债务的，人民法院应予支持。债务人明知接受履行的受让人不是最先通知的受让人，最先通知的受让人请求债务人继续履行债务或者依据债权转让协议请求让与人承担违约责任的，人民法院应予支持；最先通知的受让人请求接受履行的受让人返还其接受的财产的，人民法院不予支持，但是接受履行的受让人明知该债权在其受让前已经转让给其他受让人的除外。 前款所称最先通知的受让人，是指最先到达债务人的转让通知中载明的受让人。当事人之间对通知到达时间有争议的，人民法院应当结合通知的方式等因素综合判断，而不能仅根据债务人认可的通知时间或者通知记载的时间予以认定。当事人采用邮寄、通讯电子系统等方式发出通知的，人民法院应当以邮戳时间或者通讯电子系统记载的时间等作为认定通知到达时间的依据。 **指引**：在债权多重转让的场合下，债权转让涉及受让人和让与人之间的关系。解释本条明确了在债权多重转让且债务人均未履行的场合下，法院应支持最先通知的受让人提出的履行情形。但在债务人已经向其他受让人履行的情况下，最先通知的受让人不	**《民法典》** **第 546 条【债权转让通知】** 债权人转让债权，未通知债务人的，该转让对债务人不发生效力。 债权转让的通知不得撤销，但是经受让人同意的除外。 **第 768 条【多重保理的清偿顺序】** 应收账款债权人就同一应收账款订立多个保理合同，致使多个保理人主张权利的，已经登记的先于未登记的取得应收账款；均已经登记的，按照登记时间的先后顺序取得应收账款；均未登记的，由最先到达应收账款债务人的转让通知中载明的保理人取得应收账款；既未登记也未通知的，按照保理融资款或者服务报酬的比例取得应收账款。 **《诉讼时效规定》（2020 年修正）** **第 17 条第 1 款** 债权转让的，应当认定诉讼时效从债权转让通知到达债务人之日起中断。可直接向接收履行的受让人请求返还，只能请求债务人继续履行债务或者依据债权转让协议请求让与人承担违约责任。但接收履行的受让人恶意的除外，即其明知该债权在其受让前已经转让给其他受让人的除外。此外需注意，债权多重转让下债权转让协议均应认为有效，无论是否为最先通知的受让人，只要未获履行的，受让债权的受让人均可以债权转让协议要求出让人承担违约责任。

《民法典合同编通则解释》	关联规定
第五十一条【债务加入人的追偿权及其他权利】　第三人加入债务并与债务人约定了追偿权，其履行债务后主张向债务人追偿的，人民法院应予支持；没有约定追偿权，第三人依照民法典关于不当得利等的规定，在其已经向债权人履行债务的范围内请求债务人向其履行的，人民法院应予支持，但是第三人知道或者应当知道加入债务会损害债务人利益的除外。 　债务人就其对债权人享有的抗辩向加入债务的第三人主张的，人民法院应予支持。 　指引：本条明确了加入债务的第三人与债务人约定了追偿相关事项（如是否有追偿权、追偿比例等）情形，此时则按照约定处理，若未约定追偿权，则可依照有关不当得利等规则处理。关于约定的时间，可以在债务加入前，第三人、债务人和债权人的三方约定，也可以在第三人履行债务人后，第三人与原债务人达成的新约定，此时约定应仅约束债务人和第三人。	《民法典》 **第552条【并存的债务承担】**　第三人与债务人约定加入债务并通知债权人，或者第三人向债权人表示愿意加入债务，债权人未在合理期限内明确拒绝的，债权人可以请求第三人在其愿意承担的债务范围内和债务人承担连带债务。 **第553条【债务转移时新债务人抗辩权】**　债务人转移债务的，新债务人可以主张原债务人对债权人的抗辩；原债务人对债权人享有债权的，新债务人不得向债权人主张抵销。 **第985条【不当得利定义】**　得利人没有法律根据取得不当利益的，受损失的人可以请求得利人返还取得的利益，但是有下列情形之一的除外： 　（一）为履行道德义务进行的给付； 　（二）债务到期之前的清偿； 　（三）明知无给付义务而进行的债务清偿。
七、合同的权利义务终止	
第五十二条【协商解除的法律适用】　当事人就解除合同协商一致时未对合同解除后的违约责任、结算和清理等问题作出处理，一方主张合同已经解除的，人民法院应予支持。但是，当事人另有约定的除外。	《民法典》 **第562条【合同约定解除】**　当事人协商一致，可以解除合同。 　当事人可以约定一方解除合同的事由。解除合同的事由发生时，解除权人可以解除合同。

续表

《民法典合同编通则解释》	关联规定
有下列情形之一的，除当事人一方另有意思表示外，人民法院可以认定合同解除： 　　（一）当事人一方主张行使法律规定或者合同约定的解除权，经审理认为不符合解除权行使条件但是对方同意解除； 　　（二）双方当事人均不符合解除权行使的条件但是均主张解除合同。 　　前两款情形下的违约责任、结算和清理等问题，人民法院应当依据民法典第五百六十六条、第五百六十七条和有关违约责任的规定处理。 　　**指引**：解释本条就合意（协商）解除合同情形下的相关法律问题进行规定。合意解除应按照合同有效的要件判断是否产生合同解除的法律效果，而在所不问是否约定了解除后果，解释本条第 1 款另明确了合意解除并不排除违约责任、清理和结算条款的适用。第 2 款基于尊重当事人意思自治原则，就不符合法定解除但对方或双方均同意解除的情形，明确认定发生解除合同的后果，进一步完善了实践中出现的合同解除情形。此外需注意，广义上的合同的约定解除可分为合意解除与约定解除权两种情形，约定解除权与合意解除共同构成合同约定解除的完整内容，民法典第 562 条分两款分别进行了规定。实际上，合意解除是合同成立并生效后，在未履行或者未完全履行之前，合同当事人通过	**第 566 条【合同解除的效力】**　合同解除后，尚未履行的，终止履行；已经履行的，根据履行情况和合同性质，当事人可以请求恢复原状或者采取其他补救措施，并有权请求赔偿损失。 　　合同因违约解除的，解除权人可以请求违约方承担违约责任，但是当事人另有约定的除外。 　　主合同解除后，担保人对债务人应当承担的民事责任仍应当承担担保责任，但是担保合同另有约定的除外。 **第 567 条【合同终止后有关结算和清理条款效力】**　合同的权利义务关系终止，不影响合同中结算和清理条款的效力。 **《买卖合同解释》**（2020 年修正） **第 20 条**　买卖合同因违约而解除后，守约方主张继续适用违约金条款的，人民法院应予支持；但约定的违约金过分高于造成的损失的，人民法院可以参照民法典第五百八十五条第二款的规定处理。 **《九民会纪要》** **49.【合同解除的法律后果】**　合同解除时，一方依据合同中有关违约金、约定损害赔偿的计算方法、定金责任等违约责任条款的约定，请求另一方承担违约责任的，人民法院依法予以支持。 　　双务合同解除时人民法院的释明问题，参照本纪要第 36 条的相关规定处理。

《民法典合同编通则解释》	关联规定
协商解除合同，使合同效力归于消灭。而约定解除是指当事人通过在合同中约定某种事由，当该事由发生时，一方当事人即享有单方面解除合同的权利。	
第五十三条【通知解除合同的审查】　当事人一方以通知方式解除合同，并以对方未在约定的异议期限或者其他合理期限内提出异议为由主张合同已经解除的，人民法院应当对其是否享有法律规定或者合同约定的解除权进行审查。经审查，享有解除权的，合同自通知到达对方时解除；不享有解除权的，不发生合同解除的效力。 　　**指引**：解释本条是在《九民会纪要》第46条规定基础上转化而言，再次明确了以通知方式行使合同解除权的，应是享有合同解除权（包括法定解除权、约定解除权）的主体。否则，即使被通知合同解除的另一方当事人未提出异议的，也不能发生合同解除的法律效果。此外，解除权属形成权，享有合同解除权的主体发出的解除合同的通知，因意思表示生效而生解除效果。同时，基于对相对人合理信赖的保护，一般具有不可撤销性。在解除条件已经成就，解除权人将解除通知送达对方，对方收悉后未予答复的情况下，即使解除权人又重新发出一份更改后的解除通知，此时对方主张合同已被前一份通知解除的，应认定合同自第一次通知到达对方时解除。	**《民法典》** **第562条【合同约定解除】**　当事人协商一致，可以解除合同。 　　当事人可以约定一方解除合同的事由。解除合同的事由发生时，解除权人可以解除合同。 **第563条【合同法定解除】**　有下列情形之一的，当事人可以解除合同： 　　（一）因不可抗力致使不能实现合同目的； 　　（二）在履行期限届满前，当事人一方明确表示或者以自己的行为表明不履行主要债务； 　　（三）当事人一方迟延履行主要债务，经催告后在合理期限内仍未履行； 　　（四）当事人一方迟延履行债务或者有其他违约行为致使不能实现合同目的； 　　（五）法律规定的其他情形。 　　以持续履行的债务为内容的不定期合同，当事人可以随时解除合同，但是应当在合理期限之前通知对方。 **第565条【合同解除程序】**　当事人一方依法主张解除合同的，应当通知对方。合同自通知到达对方时解除；通知载明债务人在一定期限内不履行债务则合同自动解除，债务人在该期

《民法典合同编通则解释》	关联规定
案例指引：《孙某与某房地产公司合资、合作开发房地产合同纠纷案》【最高人民法院发布民法典合同编通则司法解释相关典型案例，案例七】 　　**案例要旨**：合同一方当事人以通知形式行使合同解除权的，须以享有法定或者约定解除权为前提。不享有解除权的一方向另一方发出解除通知，另一方即便未在合理期限内提出异议，也不发生合同解除的效。	限内未履行债务的，合同自通知载明的期限届满时解除。对方对解除合同有异议的，任何一方当事人均可以请求人民法院或者仲裁机构确认解除行为的效力。 　　当事人一方未通知对方，直接以提起诉讼或者申请仲裁的方式依法主张解除合同，人民法院或者仲裁机构确认该主张的，合同自起诉状副本或者仲裁申请书副本送达对方时解除。 **《民法典时间效力规定》** **第 10 条**　民法典施行前，当事人一方未通知对方而直接以提起诉讼方式依法主张解除合同的，适用民法典第五百六十五条第二款的规定。 **《九民会纪要》** 46.【**通知解除的条件**】　审判实践中，部分人民法院对合同法司法解释（二）第 24 条的理解存在偏差，认为不论发出解除通知的一方有无解除权，只要另一方未在异议期限内以起诉方式提出异议，就判令解除合同，这不符合合同法关于合同解除权行使的有关规定。对该条的准确理解是，只有享有法定或者约定解除权的当事人才能以通知方式解除合同。不享有解除权的一方向另一方发出解除通知，另一方即便未在异议期限内提起诉讼，也不发生合同解除的效果。人民法院在审理案件时，应当审查发出解除通知的一方是否享有约定或者法定的解除权来决定合同应否解除，不能仅以

《民法典合同编通则解释》	关联规定
	受通知一方在约定或者法定的异议期限届满内未起诉这一事实就认定合同已经解除。 **《合同法解释二》（已失效）** **第 24 条**　当事人对合同法第九十六条、第九十九条规定的合同解除或者债务抵销虽有异议，但在约定的异议期限届满后才提出异议并向人民法院起诉的，人民法院不予支持；当事人没有约定异议期间，在解除合同或者债务抵销通知到达之日起三个月以后才向人民法院起诉的，人民法院不予支持。
第五十四条【撤诉后再次起诉解除时合同解除时间的认定】　当事人一方未通知对方，直接以提起诉讼的方式主张解除合同，撤诉后再次起诉主张解除合同，人民法院经审理支持该主张的，合同自再次起诉的起诉状副本送达对方时解除。但是，当事人一方撤诉后又通知对方解除合同且该通知已经到达对方的除外。 　　**指引：**约定或法定的解除条件已成就的情形下，以通知方式行使解除权的，合同自通知到达对方时解除；以提起诉讼或申请仲裁的方式行使解除权的，合同自起诉状副本或者仲裁申请书副本送达对方时解除。实际上，以诉讼方式解除合同的仍是通过通知方式加以解除。只不过是通过法院转送解除权人的通知而已。需注意，原告起诉解除合同后被准许撤诉的，撤	**《民法典》** **第 565 条【合同解除程序】**　当事人一方依法主张解除合同的，应当通知对方。合同自通知到达对方时解除；通知载明债务人在一定期限内不履行债务则合同自动解除，债务人在该期限内未履行债务的，合同自通知载明的期限届满时解除。对方对解除合同有异议的，任何一方当事人均可以请求人民法院或者仲裁机构确认解除行为的效力。 　　当事人一方未通知对方，直接以提起诉讼或者申请仲裁的方式依法主张解除合同，人民法院或者仲裁机构确认该主张的，合同自起诉状副本或者仲裁申请书副本送达对方时解除。 **《民事诉讼法》（2023 年修正）** **第 148 条第 1 款**　宣判前，原告申请撤诉的，是否准许，由人民法院裁定。

《民法典合同编通则解释》	关联规定
诉的法律后果等同于未起诉，当时送达过的起诉状副本并不发生合同解除的法律效果。而撤诉后再次就合同解除起诉的，经法院审理确认合同解除的，合同解除的时间节点为本次起诉状副本送达当事人时。此外，在撤诉后再起诉解除合同的，若当事人在撤诉后又以通知的方式向对方要求解除合同的，而基于解除权的形成权性质，自然能够发生解除合同的效果，此时应以解除权人的解除合同通知到达对方时为准。	**《民法典时间效力规定》** **第 10 条** 民法典施行前，当事人一方未通知对方而直接以提起诉讼方式依法主张解除合同的，适用民法典第五百六十五条第二款的规定。
第五十五条【抵销权行使的效力】 当事人一方依据民法典第五百六十八条的规定主张抵销，人民法院经审理认为抵销权成立的，应当认定通知到达对方时双方互负的主债务、利息、违约金或者损害赔偿金等债务在同等数额内消灭。 　　**指引**：本条明确抵销发生效力应以抵销通知到达时为标准确定，并明确了双方互负的债务（主债务、利息、违约金或者损害赔偿金等）在同等数额内消灭的抵销后果。由于抵销权行使的效果主要是使当事人之间的债权、债务关系按照双方能够相互抵销的同等数额而消灭，因此，对对未被抵销的部分，债权人仍然有权向债务人请求清偿。	**《民法典》** **第 568 条【债务法定抵销】** 当事人互负债务，该债务的标的物种类、品质相同的，任何一方可以将自己的债务与对方的到期债务抵销；但是，根据债务性质、按照当事人约定或者依照法律规定不得抵销的除外。 　　当事人主张抵销的，应当通知对方。通知自到达对方时生效。抵销不得附条件或者附期限。 **《诉讼时效规定》**（2020 年修正） **第 11 条** 下列事项之一，人民法院应当认定与提起诉讼具有同等诉讼时效中断的效力： 　　（七）在诉讼中主张抵销…… **《九民会纪要》** 43.【抵销】 抵销权既可以通知的方式行使，也可以提出抗辩或者提起反诉的方式行使。抵销的意思表示自到达对方时生效，抵销一经生效，其效

《民法典合同编通则解释》	关联规定
	力溯及自抵销条件成就之时，双方互负的债务在同等数额内消灭。双方互负的债务数额，是截至抵销条件成就之时各自负有的包括主债务、利息、违约金、赔偿金等在内的全部债务数额。行使抵销权一方享有的债权不足以抵销全部债务数额，当事人对抵销顺序又没有特别约定的，应当根据实现债权的费用、利息、主债务的顺序进行抵销。
第五十六条【抵销参照适用抵充规则】 　　行使抵销权的一方负担的数项债务种类相同，但是享有的债权不足以抵销全部债务，当事人因抵销的顺序发生争议的，人民法院可以参照民法典第五百六十条的规定处理。 　　行使抵销权的一方享有的债权不足以抵销其负担的包括主债务、利息、实现债权的有关费用在内的全部债务，当事人因抵销的顺序发生争议的，人民法院可以参照民法典第五百六十一条的规定处理。 　　**指引：**解释本条在吸收《九民会纪要》相关内容的基础上，并结合了《民法典》第560、561条等规定，明确了抵销参照适用抵充规则。需注意，抵销和抵充存在不同。第一，构成要件不完全相同。抵充权的行使要求债务人对于同一债权人负担数宗债务，而抵销权则要求当事人互负债务、互负债权。抵销权要求双方债务均届清偿期，而抵充权则无此要求。第二，	**《民法典》** **第549条【债权转让时债务人抵销权】** 　　有下列情形之一的，债务人可以向受让人主张抵销： 　　（一）债务人接到债权转让通知时，债务人对让与人享有债权，且债务人的债权先于转让的债权到期或者同时到期； 　　（二）债务人的债权与转让的债权是基于同一合同产生。 **第560条【债的清偿抵充顺序】**　债务人对同一债权人负担的数项债务种类相同，债务人的给付不足以清偿全部债务的，除当事人另有约定外，由债务人在清偿时指定其履行的债务。 　　债务人未作指定的，应当优先履行已经到期的债务；数项债务均到期的，优先履行对债权人缺乏担保或者担保最少的债务；均无担保或者担保相等的，优先履行债务人负担较重的债务；负担相同的，按照债务到期的先后顺序履行；到期时间相同的，按

《民法典合同编通则解释》	关联规定
法律效果不完全相同。抵销可以使二人互负债务在同等数额内消灭，即其消灭的是两方、对向的债权债务。抵充仅消灭债务人的债务，其终结的是单方的债务，而非双方债务。但实际上，这两种制度也有很多相同或相似之处，包括权利性质相同、行使方式相同、功能相同、所处体系相同，这也使得二者存在借鉴适用的基础和前提。就多笔种类债务需要抵销但不足以全部抵销的情形而言，抵销顺序的确定可参照适用民法典第561条的规定；而就单笔债务的抵销而言，则按照实现债权的有关费用、利息、主债务的先后确定抵销顺序。 　　**案例指引：**《某实业发展公司与某棉纺织品公司委托合同纠纷案》【**最高人民法院发布民法典合同编通则司法解释相关典型案例，案例八**】 　　**案例要旨：**据以行使抵销权的债权不足以抵销其全部债务，应当按照实现债权的有关费用、利息、主债务的顺序进行抵销。	照债务比例履行。 **第561条【费用、利息和主债务的抵充顺序】** 债务人在履行主债务外还应当支付利息和实现债权的有关费用，其给付不足以清偿全部债务的，除当事人另有约定外，应当按照下列顺序履行： 　　（一）实现债权的有关费用； 　　（二）利息； 　　（三）主债务。 **第568条【债务法定抵销】** 当事人互负债务，该债务的标的物种类、品质相同的，任何一方可以将自己的债务与对方的到期债务抵销；但是，根据债务性质、按照当事人约定或者依照法律规定不得抵销的除外。 　　当事人主张抵销的，应当通知对方。通知自到达对方时生效。抵销不得附条件或者附期限。 **《九民会纪要》** 43.**【抵销】** 抵销权既可以通知的方式行使，也可以提出抗辩或者提起反诉的方式行使。抵销的意思表示自到达对方时生效，抵销一经生效，其效力溯及自抵销条件成就之时，双方互负的债务在同等数额内消灭。双方互负的债务数额，是截至抵销条件成就之时各自负有的包括主债务、利息、违约金、赔偿金等在内的全部债务数额。行使抵销权一方享有的债权不足以抵销全部债务数额，当事人对抵销顺序又没有特别约定的，应当根据实

《民法典合同编通则解释》	关联规定
	现债权的费用、利息、主债务的顺序进行抵销。 **《合同法解释二》（已失效）** **第20条**　债务人的给付不足以清偿其对同一债权人所负的数笔相同种类的全部债务，应当优先抵充已到期的债务；几项债务均到期的，优先抵充对债权人缺乏担保或者担保数额最少的债务；担保数额相同的，优先抵充债务负担较重的债务；负担相同的，按照债务到期的先后顺序抵充；到期时间相同的，按比例抵充。但是，债权人与债务人对清偿的债务或者清偿抵充顺序有约定的除外。 **第21条**　债务人除主债务之外还应当支付利息和费用，当其给付不足以清偿全部债务时，并且当事人没有约定的，人民法院应当按照下列顺序抵充： （一）实现债权的有关费用； （二）利息； （三）主债务。
第五十七条【侵权行为人不得主张抵销的情形】　因侵害自然人人身权益，或者故意、重大过失侵害他人财产权益产生的损害赔偿债务，侵权人主张抵销的，人民法院不予支持。 　　**指引：**解释本条明确了因侵害自然人人身权益，或者故意、重大过失侵害他人财产权益产生的损害赔偿债务，侵权行为人不得主张抵销。这主要在于因此类侵权而产生的债务，对被侵权人利益保障意义较一般的合同	**《民法典》** **第568条【债务法定抵销】**　当事人互负债务，该债务的标的物种类、品质相同的，任何一方可以将自己的债务与对方的到期债务抵销；但是，根据债务性质、按照当事人约定或者依照法律规定不得抵销的除外。 　　当事人主张抵销的，应当通知对方。通知自到达对方时生效。抵销不得附条件或者附期限。

《民法典合同编通则解释》	关联规定
债务，其重要性以及对损害的弥补性更重，若允许抵销，则利益保障方面难免出现失衡，为此，本条明确了此种情形侵权人不得主张抵销。如此有利于加强对自然人人身权益的保护，减少故意或重大过失侵权行为。但需注意，本条只限制了侵权人不得主张，并未禁止被侵权人主张抵销。 　　**案例指引**：《黄某与陈某玲、陈某峰、环保集团公司民间借贷纠纷案》【（2019）最高法民终218号】 　　**案例要旨**：抵销权的行使不得损害第三人的合法权益。当债权人同时为多个执行案件的被执行人且无实际财产可供清偿他人债务时，债务人以受让申请执行人对债权人享有的执行债权，主张抵销债权人债权的，人民法院应对主动债权的取得情况进行审查，防止主动债权变相获得优先受偿，进而损害其他债权人的利益。债务人受让的执行债权仍应当在债权人作为被执行人的执行案件中以参与分配的方式实现，以遏制恶意抵销和维护债权公平受偿的私法秩序。	**《证券投资基金法》**（2015年修正） **第6条**　基金财产的债权，不得与基金管理人、基金托管人固有财产的债务相抵销；不同基金财产的债权债务，不得相互抵销。 **《企业破产法》** **第40条**　债权人在破产申请受理前对债务人负有债务的，可以向管理人主张抵销。但是，有下列情形之一的，不得抵销： 　　（一）债务人的债务人在破产申请受理后取得他人对债务人的债权的； 　　（二）债权人已知债务人有不能清偿到期债务或者破产申请的事实，对债务人负担债务的；但是，债权人因为法律规定或者有破产申请一年前所发生的原因而负担债务的除外； 　　（三）债务人的债务人已知债务人有不能清偿到期债务或者破产申请的事实，对债务人取得债权的；但是，债务人的债务人因为法律规定或者有破产申请一年前所发生的原因而取得债权的除外。 **《合伙企业法》**（2006年修订） **第41条**　合伙人发生与合伙企业无关的债务，相关债权人不得以其债权抵销其对合伙企业的债务；也不得代位行使合伙人在合伙企业中的权利。 **《信托法》** **第18条**　受托人管理运用、处分信托财产所产生的债权，不得与其固有财产产生的债务相抵销。

《民法典合同编通则解释》	关联规定
	受托人管理运用、处分不同委托人的信托财产所产生的债权债务，不得相互抵销。 **《执行异议复议规定》**（2020 年修正） **第 19 条**　当事人互负到期债务，被执行人请求抵销，请求抵销的债务符合下列情形的，除依照法律规定或者按照债务性质不得抵销的以外，人民法院应予支持： （一）已经生效法律文书确定或者经申请执行人认可； （二）与被执行人所负债务的标的物种类、品质相同。 **《合同法解释二》**（已失效） **第 23 条**　对于依照合同法第九十九条的规定可以抵销的到期债权，当事人约定不得抵销的，人民法院可以认定该约定有效。
第五十八条【已过诉讼时效债务的抵销】　当事人互负债务，一方以其诉讼时效期间已经届满的债权通知对方主张抵销，对方提出诉讼时效抗辩的，人民法院对该抗辩应予支持。一方的债权诉讼时效期间已经届满，对方主张抵销的，人民法院应予支持。 **指引：**抵销人的债权即债务人的债权，称为抵销债权或主动债权。被抵销的债权，即债权人的债权，叫做被动债权。已过诉讼时效的债务可以抵销，只是其不得作为主动债权主张抵销，但可以作为被动债权抵销。	**《民法典》** **第 188 条【普通诉讼时效、最长权利保护期间】**　向人民法院请求保护民事权利的诉讼时效期间为三年。法律另有规定的，依照其规定。 诉讼时效期间自权利人知道或者应当知道权利受到损害以及义务人之日起计算。法律另有规定的，依照其规定。但是，自权利受到损害之日起超过二十年的，人民法院不予保护，有特殊情况的，人民法院可以根据权利人的申请决定延长。 **第 192 条【诉讼时效期间届满的法律效果】**　诉讼时效期间届满的，义务

《民法典合同编通则解释》	关联规定
案例指引：《厦门源昌房地产开发有限公司与海南悦信集团有限公司委托合同纠纷案》【《最高人民法院公报》2019 年第 4 期】 **案例要旨**：（1）双方债务均已到期属于法定抵销权形成的积极条件之一。该条件不仅意味着双方债务均已届至履行期，同时还要求双方债务各自从履行期届至诉讼时效期间届满的时间段，应当存在重合的部分。在上述时间段的重合部分，双方债权均处于没有时效等抗辩的可履行状态，"双方债务均已到期"之条件即已成就，即使此后抵销权行使之时主动债权已经超过诉讼时效，亦不影响该条件的成立。（2）因被动债权诉讼时效的抗辩可由当事人自主放弃，故在审查抵销权形成的积极条件时，当重点考察主动债权的诉讼时效，即主动债权的诉讼时效届满之前，被动债权进入履行期的，应当认为满足双方债务均已到期之条件；反之则不得认定该条件已经成就。（3）抵销权的行使不同于抵销权的形成。作为形成权，抵销权的行使不受诉讼时效的限制。我国法律并未对法定抵销权的行使设置除斥期间。在法定抵销权已经有效成立的情况下，如抵销权的行使不存在不合理迟延之情形，综合实体公平及抵销权的担保功能等因素，人民法院应认可抵销的效力。	人可以提出不履行义务的抗辩。 　诉讼时效期间届满后，义务人同意履行的，不得以诉讼时效期间届满为由抗辩；义务人已经自愿履行的，不得请求返还。 **第 568 条【债务法定抵销】**　当事人互负债务，该债务的标的物种类、品质相同的，任何一方可以将自己的债务与对方的到期债务抵销；但是，根据债务性质、按照当事人约定或者依照法律规定不得抵销的除外。 　当事人主张抵销的，应当通知对方。通知自到达对方时生效。抵销不得附条件或者附期限。

《民法典合同编通则解释》	关联规定
八、违约责任	

《民法典合同编通则解释》	关联规定
第五十九条【合同终止的时间】　当事人一方依据民法典第五百八十条第二款的规定请求终止合同权利义务关系的，人民法院一般应当以起诉状副本送达对方的时间作为合同权利义务关系终止的时间。根据案件的具体情况，以其他时间作为合同权利义务关系终止的时间更加符合公平原则和诚信原则的，人民法院可以以该时间作为合同权利义务关系终止的时间，但是应当在裁判文书中充分说明理由。 　　**指引**：民法典第 580 条就非金钱债务违约享有请求终止合同做了规定。解释本条在此基础上对合同终止的时间节点进行了明确，法院判决终止合同权利义务关系的，一般以起诉状副本送达对方的时间为合同权利义务关系终止的基准时。解释本条之所以将起诉状副本送达对方的作为此种情况下合同终止的一般时间节点，在于：1. 请求司法终止合同的是借助司法的力量使合同归于消灭，则合同消灭的时间节点必然处于司法程序中，不能脱离诉讼程序而单独消灭合同。2. 司法终止合同的，依然须以通知当事人为要件。请求终止合同权利义务的，必须要通知当事人，让对方知晓其意欲终止合同的意思表示，使对方产生合同可能终止的心理准备，从而不再为履行合同继续付出时间和精力。3. 起诉状副本送达时，违约方终止合同的意思表示被对方知晓，并对合同	《民法典》 **第 565 条【合同解除程序】**　当事人一方依法主张解除合同的，应当通知对方。合同自通知到达对方时解除；通知载明债务人在一定期限内不履行债务则合同自动解除，债务人在该期限内未履行债务的，合同自通知载明的期限届满时解除。对方对解除合同有异议的，任何一方当事人均可以请求人民法院或者仲裁机构确认解除行为的效力。 　　当事人一方未通知对方，直接以提起诉讼或者申请仲裁的方式依法主张解除合同，人民法院或者仲裁机构确认该主张的，合同自起诉状副本或者仲裁申请书副本送达对方时解除。 **第 580 条【非金钱债务实际履行责任及违约责任】**　当事人一方不履行非金钱债务或者履行非金钱债务不符合约定的，对方可以请求履行，但是有下列情形之一的除外： 　　（一）法律上或者事实上不能履行； 　　（二）债务的标的不适于强制履行或者履行费用过高； 　　（三）债权人在合理期限内未请求履行。 　　有前款规定的除外情形之一，致使不能实现合同目的的，人民法院或者仲裁机构可以根据当事人的请求终止合同权利义务关系，但是不影响违约责任的承担。

《民法典合同编通则解释》	关联规定
可能归于消灭产生一定心理准备和心理预期，作为一个理智人，其应不再继续对合同投入更多。有助于最大程序减少合同双方的损失，亦是对合同自由原则最大化尊重。4. 起诉状的内容能充分反映原告请求终止合同的意思表示，法院送达起诉状副本的行为方式受程序法的严格限制，可以有效保障将有权解除合同的当事人一方将要解除合同的单方意思表示有效传达给另一方。当然，以将起诉状副本送达对方作为合同终止时间只是一般情况，本条另明确了法院可根据案件的具体情况，以其他时间作为合同权利义务关系终止的时间。但此时间为准，需更加符合公平原则和诚信原则，且应在裁判文书中充分说明理由。	《民事诉讼法》（2023 年修正） **第 128 条**　人民法院应当在立案之日起五日内将起诉状副本发送被告，被告应当在收到之日起十五日内提出答辩状。答辩状应当记明被告的姓名、性别、年龄、民族、职业、工作单位、住所、联系方式；法人或者其他组织的名称、住所和法定代表人或者主要负责人的姓名、职务、联系方式。人民法院应当在收到答辩状之日起五日内将答辩状副本发送原告。
第六十条【可得利益的计算】　人民法院依据民法典第五百八十四条的规定确定合同履行后可以获得的利益时，可以在扣除非违约方为订立、履行合同支出的费用等合理成本后，按照非违约方能够获得的生产利润、经营利润或者转售利润等计算。 　　非违约方依法行使合同解除权并实施了替代交易，主张按照替代交易价格与合同价格的差额确定合同履行后可以获得的利益的，人民法院依法予以支持；替代交易价格明显偏离替代交易发生时当地的市场价格，违约方主张按照市场价格与合同价格的差额确定合同履行后可以获得的利益的，	《民法典》 **第 584 条【损害赔偿范围】**　当事人一方不履行合同义务或者履行合同义务不符合约定，造成对方损失的，损失赔偿额应当相当于因违约所造成的损失，包括合同履行后可以获得的利益；但是，不得超过违约一方订立合同时预见到或者应当预见到的因违约可能造成的损失。 **第 591 条【减损规则】**　当事人一方违约后，对方应当采取适当措施防止损失的扩大；没有采取适当措施致使损失扩大的，不得就扩大的损失请求赔偿。 　　当事人因防止损失扩大而支出的合理费用，由违约方负担。

《民法典合同编通则解释》	关联规定
人民法院应予支持。 　　非违约方依法行使合同解除权但是未实施替代交易，主张按照违约行为发生后合理期间内合同履行地的市场价格与合同价格的差额确定合同履行后可以获得的利益的，人民法院应予支持。 　　指引：本条就可得利益损失的计算规定了可采利润法、替代交易法、市场价格法等方法。可得利益是指因当事人一方违反合同所造成的债权人本来可以得到的利益。根据民法典第584条，可确定违约损失计算的加项为实际损失和履行利益损失，同时要求该加项以可预见性为限制范围。就可得利益赔偿计算中的"减项"而言，解释本条第1款明确了可得利益应当扣除非违约方为订立、履行合同而支出的费用等合理成本，再按照非违约方能够获得的生产利润、经营利润或者转售利润等计算。简而言之即先刨除履约成本，这也符合违约金填补损失的价值目标。当然这些履约成本仅包括为订立、履行合同支出的合理费用，而不包含合同解除后寻找替代交易所支出的费用。而在非违约方行使合同解除权并实施替代交易的情况下，可得利益损失计算可采差额法，即将替代交易价格与合同约定价格的差额认定为可得利益。当然，为寻找替代性交易而额外支出的费用亦可包含在损失之中。若守约方的替代交易价格	《买卖合同解释》（2020年修正） 第23条　买卖合同当事人一方因对方违约而获有利益，违约方主张从损失赔偿额中扣除该部分利益的，人民法院应予支持。 第22条　买卖合同当事人一方违约造成对方损失，对方主张赔偿可得利益损失的，人民法院在确定违约责任范围时，应当根据当事人的主张，依据民法典第五百八十四条、第五百九十一条、第五百九十二条、本解释第二十三条等规定进行认定。 《九民会纪要》 35.【损害赔偿】　合同不成立、无效或者被撤销时，仅返还财产或者折价补偿不足以弥补损失，一方还可以向有过错的另一方请求损害赔偿。在确定损害赔偿范围时，既要根据当事人的过错程度合理确定责任，又要考虑在确定财产返还范围时已经考虑过的财产增值或者贬值因素，避免双重获利或者双重受损的现象发生。

《民法典合同编通则解释》	关联规定
明显偏离替代交易发生时当地的市场价格的，则有悖于损益相抵原则。因此，若违约方有证据能够证明替代交易的价格明显偏离的，此时则应按照市场价格和原合同交易价格的差额确定可得利益损失。本条第 2 款对此作了明确。另，若守约方未采取替代交易，此时可按照市场价格与合同价格的差额确定合同履行后可以获得的利益。在适用市场交易价格时，应注意时间和空间要素。时间上应以违约行为发生时作为市场价格确定的时间节点，而不是以合同解除的时间为节点。空间上应以合同履行地为限。本条第 3 款对此作了规定。 　　**案例指引**：《中信银行股份有限公司东莞分行诉陈志华等金融借款合同纠纷案》【最高人民法院指导案例 168 号】 　　**案例要旨**：以不动产提供抵押担保，抵押人未依抵押合同约定办理抵押登记的，不影响抵押合同的效力。债权人依据抵押合同主张抵押人在抵押物的价值范围内承担违约赔偿责任的，人民法院应予支持。抵押权人对未能办理抵押登记有过错的，相应减轻抵押人的赔偿责任。 　　**案例指引**：《某石材公司与某采石公司买卖合同纠纷案》【最高人民法院发布民法典合同编通则司法解释相关典型案例，案例九】	

《民法典合同编通则解释》	关联规定
案例要旨：非违约方主张按照违约行为发生后合理期间内合同履行地的市场价格与合同价格的差额确定合同履行后可以获得的利益的，人民法院依法予以支持。	

第六十一条【持续性定期合同可得利益的赔偿】   在以持续履行的债务为内容的定期合同中，一方不履行支付价款、租金等金钱债务，对方请求解除合同，人民法院经审理认为合同应当依法解除的，可以根据当事人的主张，参考合同主体、交易类型、市场价格变化、剩余履行期限等因素确定非违约方寻找替代交易的合理期限，并按照该期限对应的价款、租金等扣除非违约方应当支付的相应履约成本确定合同履行后可以获得的利益。
 	
    非违约方主张按照合同解除后剩余履行期限相应的价款、租金等扣除履约成本确定合同履行后可以获得的利益的，人民法院不予支持。但是，剩余履行期限少于寻找替代交易的合理期限的除外。
 	
    指引：按照解释前条的规定，可得利益的计算方式为替代交易的价格和原合同价款的差额，并扣除非违约方的履约成本。但是，当金钱给付一方在持续履行的定期合同中违约，可得利益的计算方式则有所不同。在持续性定期合同解除后，非违约方要求
	《民法典》
	第584条【损害赔偿范围】 当事人一方不履行合同义务或者履行合同义务不符合约定，造成对方损失的，损失赔偿额应当相当于因违约所造成的损失，包括合同履行后可以获得的利益；但是，不得超过违约一方订立合同时预见到或者应当预见到的因违约可能造成的损失。
	《买卖合同解释》（2020年修正）
	第22条 买卖合同当事人一方违约造成对方损失，对方主张赔偿可得利益损失的，人民法院在确定违约责任范围时，应当根据当事人的主张，依据民法典第五百八十四条、第五百九十一条、第五百九十二条、本解释第二十三条等规定进行认定。
	《九民会纪要》
	35.【损害赔偿】 合同不成立、无效或者被撤销时，仅返还财产或者折价补偿不足以弥补损失，一方还可以向有过错的另一方请求损害赔偿。在确定损害赔偿范围时，既要根据当事人的过错程度合理确定责任，又要考虑在确定财产返还范围时已经考虑过的财产增值或者贬值因素，避免双重获

续表

《民法典合同编通则解释》	关联规定
违约方赔偿损失的，其中可得利益的计算方式不能按照剩余履行期限相应的租金、价款或者报酬等进行确定。这是因为可得利益是"净利益"，剩余履行期限所对应的金钱价款往往还可能包含着为订立合同等付出的履约成本，超出了"净利益"的范畴。为此，解释本条明确了持续性定期合同中非违约方寻找替代交易的合理期限的判断方式，并明确了此种情形下可得利益的计算方法，即在参考合同主体、交易类型、市场价格变化、剩余履行期限等因素情况下，按照该期限对应的租金、价款或者报酬等扣除非违约方应当支付的相应履约成本。实际上，解释本条还涉及了计算可得利益赔偿金额时的一个重要的限定规则，即减轻损失规则。在解释本条规定的语境下，判断非违约方是否履行减损义务，需考量其是否在合适的期限内为寻找交易进行积极的努力，但并不要求其一定要订立新的合同。	利或者双重受损的现象发生。 **《民法典会议纪要》** 11. 民法典第五百八十五条第二款规定的损失范围应当按照民法典第五百八十四条规定确定，包括合同履行后可以获得的利益，但不得超过违约一方订立合同时预见到或者应当预见到的因违约可能造成的损失。 　　当事人请求人民法院增加违约金的，增加后的违约金数额以不超过民法典第五百八十四条规定的损失为限。增加违约金以后，当事人又请求对方赔偿损失的，人民法院不予支持。 　　当事人请求人民法院减少违约金的，人民法院应当以民法典第五百八十四条规定的损失为基础，兼顾合同的履行情况、当事人的过错程度等综合因素，根据公平原则和诚信原则予以衡量，并作出裁判。约定的违约金超过根据民法典第五百八十四条规定确定的损失的百分之三十的，一般可以认定为民法典第五百八十五条第二款规定的"过分高于造成的损失"。当事人主张约定的违约金过高请求予以适当减少的，应当承担举证责任；相对人主张违约金约定合理的，也应提供相应的证据……

《民法典合同编通则解释》	关联规定
第六十二条【无法确定可得利益时的赔偿】　非违约方在合同履行后可以获得的利益难以根据本解释第六十条、第六十一条的规定予以确定的，人民法院可以综合考虑违约方因违约获得的利益、违约方的过错程度、其他违约情节等因素，遵循公平原则和诚信原则确定。 　　**指引：**解释本条明确引入了获益赔偿规则，将获益赔偿规定为一种独立的赔偿客体，进一步完善了可得利益赔偿制度。需注意，适用本条的前提是无法按照解释第60条和第61条规定的可得利益计算方法确定可得利益，且数额的最终确定并非单纯依据可得利益数额直接确定，需综合考虑违约方因违约获得的利益、违约方的过错程度、其他违约情节等因素，遵循公平原则和诚信原则。	《民法典》 **第584条【损害赔偿范围】**　当事人一方不履行合同义务或者履行合同义务不符合约定，造成对方损失的，损失赔偿额应当相当于因违约所造成的损失，包括合同履行后可以获得的利益；但是，不得超过违约一方订立合同时预见到或者应当预见到的因违约可能造成的损失。
第六十三条【金钱债务中违约损失的计算】　在认定民法典第五百八十四条规定的"违约一方订立合同时预见到或者应当预见到的因违约可能造成的损失"时，人民法院应当根据当事人订立合同的目的，综合考虑合同主体、合同内容、交易类型、交易习惯、磋商过程等因素，按照与违约方处于相同或者类似情况的民事主体在订立合同时预见到或者应当预见到的损失予以确定。 　　除合同履行后可以获得的利益外，非违约方主张还有其向第三人承担违	《民法典》 **第584条【损害赔偿范围】**　当事人一方不履行合同义务或者履行合同义务不符合约定，造成对方损失的，损失赔偿额应当相当于因违约所造成的损失，包括合同履行后可以获得的利益；但是，不得超过违约一方订立合同时预见到或者应当预见到的因违约可能造成的损失。 **第585条【违约金】**　当事人可以约定一方违约时应当根据违约情况向对方支付一定数额的违约金，也可以约定因违约产生的损失赔偿额的计算方法。

《民法典合同编通则解释》	关联规定
约责任应当支出的额外费用等其他因违约所造成的损失，并请求违约方赔偿，经审理认为该损失系违约一方订立合同时预见到或者应当预见到的，人民法院应予支持。 　　在确定违约损失赔偿额时，违约方主张扣除非违约方未采取适当措施导致的扩大损失、非违约方也有过错造成的相应损失、非违约方因违约获得的额外利益或者减少的必要支出的，人民法院依法予以支持。 　　指引：本解释第 60 条就可得利益损失的确定明确了可采取利润法、替代交易法、市场价格法等方法进行计算。解释本条第 2 款则进一步明确在可得利益损失之外还有其他因违约造成的损失的，法院经审理认为该损失属于违约一方订立合同时预见到或者应当预见到的，也应予赔偿。此外，就可预见性而言，本条第 1 款对可预见性规则作了进一步细化，明确应根据合同目的，综合考虑主体、内容、交易类型、交易习惯、磋商过程等因素，采类比法，按照与违约方处于相同情况的民事主体在订立合同时所能预见到的损失类型最终确定可得利益。民法典第 584 条中"不得超过违约一方订立合同时预见到或者应当预见到的因违约可能造成的损失"，即损失赔偿的可预见性标准，以此限制违约损害赔偿范围。需注意，这里的可预见性的主体应为违约方；确定可预见性	约定的违约金低于造成的损失的，人民法院或者仲裁机构可以根据当事人的请求予以增加；约定的违约金过分高于造成的损失的，人民法院或者仲裁机构可以根据当事人的请求予以适当减少。 　　当事人就迟延履行约定违约金的，违约方支付违约金后，还应当履行债务。 **《民法典会议纪要》** 11. 民法典第五百八十五条第二款规定的损失范围应当按照民法典第五百八十四条规定确定，包括合同履行后可以获得的利益，但不得超过违约一方订立合同时预见到或者应当预见到的因违约可能造成的损失。 　　当事人请求人民法院增加违约金的，增加后的违约金数额以不超过民法典第五百八十四条规定的损失为限。增加违约金以后，当事人又请求对方赔偿损失的，人民法院不予支持。 　　当事人请求人民法院减少违约金的，人民法院应当以民法典第五百八十四条规定的损失为基础，兼顾合同的履行情况、当事人的过错程度等综合因素，根据公平原则和诚信原则予以衡量，并作出裁判。约定的违约金超过根据民法典第五百八十四条规定确定的损失的百分之三十的，一般可以认定为民法典第五百八十五条第二款规定的"过分高于造成的损失"。当事人主张约定的违约金过高请求予以

《民法典合同编通则解释》	关联规定
的时间节点应为订立合同时而非违约时；预见的内容指在合同订立时违约方预见或应当预见的损失；预见的判断标准应以抽象的理性标准，即站在一个理性人的角度。对违约损害赔偿金额的确定，本条第 3 款进一步规定综合运用相抵规则、与有过失规则、防止损失扩大规则等确定违约方最终应承担的数额。 **案例指引**：《新疆亚坤商贸有限公司与新疆精河县康瑞棉花加工有限公司买卖合同纠纷案》【《最高人民法院公报》2006 年第 11 期】 **案例要旨**：在审理合同纠纷案件中，确认违约方的赔偿责任应当遵循"可预见性原则"，即违约方仅就其违约行为给对方造成的损失承担赔偿责任，对由于市场风险等因素造成的、双方当事人均不能预见的损失，因非违约方过错所致，与违约行为之间亦没有因果关系，违约方对此不承担赔偿责任。 **案例指引**：《柴某与某管理公司房屋租赁合同纠纷案》【最高人民法院发布民法典合同编通则司法解释相关典型案例，案例十】 **案例要旨**：当事人一方违约后，对方没有采取适当措施致使损失扩大的，不得就扩大的损失请求赔偿。承租人已经通过多种途径向出租人作出了解除合同的意思表示，而出租人一直拒绝接收房屋，造成涉案房屋的长期空置，不得向承租人主张全部空置期内的租金。	适当减少的，应当承担举证责任；相对人主张违约金约定合理的，也应提供相应的证据。

《民法典合同编通则解释》	关联规定
第六十四条【请求调整违约金的方式和举证责任】　当事人一方通过反诉或者抗辩的方式，请求调整违约金的，人民法院依法予以支持。 　　违约方主张约定的违约金过分高于违约造成的损失，请求予以适当减少的，应当承担举证责任。非违约方主张约定的违约金合理的，也应当提供相应的证据。 　　当事人仅以合同约定不得对违约金进行调整为由主张不予调整违约金的，人民法院不予支持。 　　**指引**：就违约金调整而言，通常采当事人申请主义，以谨守司法干预保持克制尺度的原则，并克服民事诉讼立法中超越职权主义的流弊。解释本条明确了违约债务人可以反诉或抗辩的方式请求调整违约金。实际上，很多案件中当事人明显因为法律知识、诉讼技巧或表达能力等方面的欠缺而无法明确提出调整违约金的申请，对此法院可以行使释明权，合理引导当事人正确适用违约金调整的法律规定提出明确的申请。就相关举证责任的而言，解释明确了违约金调整"谁主张，谁举证"原则，即违约方请求调低违约金时，应对"违约金过分高于实际损失"这一法律要件存在的事实承担证明责任；守约方主张不予调整违约金的，应对"违约金数额的合理性"承担证明责任。此外，由于"合同约定不得对违约金进行调整的约定"	《民法典》 **第585条【违约金】**　当事人可以约定一方违约时应当根据违约情况向对方支付一定数额的违约金，也可以约定因违约产生的损失赔偿额的计算方法。 　　约定的违约金低于造成的损失的，人民法院或者仲裁机构可以根据当事人的请求予以增加；约定的违约金过分高于造成的损失的，人民法院或者仲裁机构可以根据当事人的请求予以适当减少。 　　当事人就迟延履行约定违约金的，违约方支付违约金后，还应当履行债务。 **第583条【违约损害赔偿责任】**　当事人一方不履行合同义务或者履行合同义务不符合约定的，在履行义务或者采取补救措施后，对方还有其他损失的，应当赔偿损失。 **第584条【损害赔偿范围】**　当事人一方不履行合同义务或者履行合同义务不符合约定，造成对方损失的，损失赔偿额应当相当于因违约所造成的损失，包括合同履行后可以获得的利益；但是，不得超过违约一方订立合同时预见到或者应当预见到的因违约可能造成的损失。 《民事诉讼法》（2023年修正） **第67条**　当事人对自己提出的主张，有责任提供证据。 　　当事人及其诉讼代理人因客观原

《民法典合同编通则解释》	关联规定
限制了当事人合法权利的行使，且不调整过高或过低的违约金将导致显失公平，因此当事人仅以该约定主张不予调整的，不应支持。 　　**案例指引：**《昆明国资局、滇池管委会诉仁泽公司建设用地使用权出让合同纠纷案》【《法律适用》2018 第 16 期】 　　**案例要旨：**受让方迟延支付土地出让金所承担的违约责任，源于行政规范性文件的规定，法院在审理该类案件时可将其作为裁判说理的依据，对违约金计算标准不予调整。但由于个案中合同履行情况、当事人过错程度、出让方所受损失、受让方经营状况等方面存在差别，根据公平原则，在对违约金标准不予调整的前提下，可通过限定违约金计算期间的方式，对违约金总额予以适当控制，避免违约方承担超出合同订立时应当预见到因违约造成的损失。	因不能自行收集的证据，或者人民法院认为审理案件需要的证据，人民法院应当调查收集。 　　人民法院应当按照法定程序，全面地、客观地审查核实证据。 **《民事诉讼法解释》**（2022 年修正） **第 90 条**　当事人对自己提出的诉讼请求所依据的事实或者反驳对方诉讼请求所依据的事实，应当提供证据加以证明，但法律另有规定的除外。 　　在作出判决前，当事人未能提供证据或者证据不足以证明其事实主张的，由负有举证证明责任的当事人承担不利的后果。 **第 91 条**　人民法院应当依照下列原则确定举证证明责任的承担，但法律另有规定的除外： 　　（一）主张法律关系存在的当事人，应当对产生该法律关系的基本事实承担举证证明责任； 　　（二）主张法律关系变更、消灭或者权利受到妨害的当事人，应当对该法律关系变更、消灭或者权利受到妨害的基本事实承担举证证明责任。 **《买卖合同解释》**（2020 年修正） **第 21 条**　买卖合同当事人一方以对方违约为由主张支付违约金，对方以合同不成立、合同未生效、合同无效或者不构成违约等为由进行免责抗辩而未主张调整过高的违约金的，人民法院应当就法院若不支持免责抗辩，当事人是否需要主张调整违约金进行释明。

《民法典合同编通则解释》	关联规定
	一审法院认为免责抗辩成立且未予释明，二审法院认为应当判决支付违约金的，可以直接释明并改判。 **第 20 条** 买卖合同因违约而解除后，守约方主张继续适用违约金条款的，人民法院应予支持；但约定的违约金过分高于造成的损失的，人民法院可以参照民法典第五百八十五条第二款的规定处理。 **《民法典会议纪要》** 11. 民法典第五百八十五条第二款规定的损失范围应当按照民法典第五百八十四条规定确定，包括合同履行后可以获得的利益，但不得超过违约一方订立合同时预见到或者应当预见到的因违约可能造成的损失。 当事人请求人民法院增加违约金的，增加后的违约金数额以不超过民法典第五百八十四条规定的损失为限。增加违约金以后，当事人又请求对方赔偿损失的，人民法院不予支持。 当事人请求人民法院减少违约金的，人民法院应当以民法典第五百八十四条规定的损失为基础，兼顾合同的履行情况、当事人的过错程度等综合因素，根据公平原则和诚信原则予以衡量，并作出裁判。约定的违约金超过根据民法典第五百八十四条规定确定的损失的百分之三十的，一般可以认定为民法典第五百八十五条第二款规定的"过分高于造成的损失"。当事人主张约定的违约金过高请求予以

《民法典合同编通则解释》	关联规定
	适当减少的，应当承担举证责任；相对人主张违约金约定合理的，也应提供相应的证据。 **《合同法解释二》（已失效）** **第 27 条**　当事人通过反诉或者抗辩的方式，请求人民法院依照合同法第一百一十四条第二款的规定调整违约金的，人民法院应予支持。
第六十五条【违约金的司法酌减】 当事人主张约定的违约金过分高于违约造成的损失，请求予以适当减少的，人民法院应当以民法典第五百八十四条规定的损失为基础，兼顾合同主体、交易类型、合同的履行情况、当事人的过错程度、履约背景等因素，遵循公平原则和诚信原则进行衡量，并作出裁判。 　　约定的违约金超过造成损失的百分之三十的，人民法院一般可以认定为过分高于造成的损失。 　　恶意违约的当事人一方请求减少违约金的，人民法院一般不予支持。 　　**指引**：解释本条确立了以损失为基数，综合合同主体、交易类型、履行情况、过错程度、履约背景等多种因素，以公平和诚信为调整原则的违约金调减模式。需注意，约定的违约金"过分高于造成的损失"一般以超出民法典第 584 条确定的损失的 30%来认定，但并非绝对。此外，在违约金调整制度中强化公平原则的同时切实强化当事人从事合同行为的诚信义	**《民法典》** **第 584 条【损害赔偿范围】**　当事人一方不履行合同义务或者履行合同义务不符合约定，造成对方损失的，损失赔偿额应当相当于因违约所造成的损失，包括合同履行后可以获得的利益；但是，不得超过违约一方订立合同时预见到或者应当预见到的因违约可能造成的损失。 **第 585 条【违约金】**　当事人可以约定一方违约时应当根据违约情况向对方支付一定数额的违约金，也可以约定因违约产生的损失赔偿额的计算方法。 　　约定的违约金低于造成的损失的，人民法院或者仲裁机构可以根据当事人的请求予以增加；约定的违约金过分高于造成的损失的，人民法院或者仲裁机构可以根据当事人的请求予以适当减少。 　　当事人就迟延履行约定违约金的，违约方支付违约金后，还应当履行债务。

续表

《民法典合同编通则解释》	关联规定
务，这也是是合同自由原则的应有之义，是合同公平正义的基本要义。况且，严重违反诚信原则的行为，意味着违约方的过错严重，侵害守约方利益较大。而按照解释本条第 1 款确定的违约金调整规则，当事人的过错程度是进行违约金调整以及如何调整的考虑因素之一。因此，在恶意违约的情形下，不应支持违约方要求调减违约金的请求。解释本条第 3 款对此作了明确。 　　**案例指引：**《周杰帅诉余姚绿城房地产有限公司商品房预售合同纠纷案》【《最高人民法院公报》2019 年第 12 期】 　　**案例要旨：**当事人约定的违约金超过损失的百分之三十的，一般可以认定为《合同法》第 114 条（《民法典》第 585 条）规定的"过分高于造成的损失"的规定，当事人主张约定的违约金过高请求予以适当减少的，人民法院应当以实际损失为基础，兼顾合同的约定、履行情况、当事人的过错程度以及预期利益等综合因素，根据公平原则和诚实信用原则进行考量，作出认定。	**《民法典会议纪要》** 　　11. 民法典第五百八十五条第二款规定的损失范围应当按照民法典第五百八十四条规定确定，包括合同履行后可以获得的利益，但不得超过违约一方订立合同时预见到或者应当预见到的因违约可能造成的损失。 　　当事人请求人民法院增加违约金的，增加后的违约金数额以不超过民法典第五百八十四条规定的损失为限。增加违约金以后，当事人又请求对方赔偿损失的，人民法院不予支持。 　　当事人请求人民法院减少违约金的，人民法院应当以民法典第五百八十四条规定的损失为基础，兼顾合同的履行情况、当事人的过错程度等综合因素，根据公平原则和诚信原则予以衡量，并作出裁判。约定的违约金超过根据民法典第五百八十四条规定确定的损失的百分之三十的，一般可以认定为民法典第五百八十五条第二款规定的"过分高于造成的损失"。当事人主张约定的违约金过高请求予以适当减少的，应当承担举证责任；相对人主张违约金约定合理的，也应提供相应的证据。 　　**《九民会纪要》** 　　**50.【违约金过高标准及举证责任】** 　　认定约定违约金是否过高，一般应当以《合同法》第 113 条规定的损失为基础进行判断，这里的损失包括合同履行后可以获得的利益。除借款合同

《民法典合同编通则解释》	关联规定
	外的双务合同，作为对价的价款或者报酬给付之债，并非借款合同项下的还款义务，不能以受法律保护的民间借贷利率上限作为判断违约金是否过高的标准，而应当兼顾合同履行情况、当事人过错程度以及预期利益等因素综合确定。主张违约金过高的违约方应当对违约金是否过高承担举证责任。 **《合同法解释二》（已失效）** **第 29 条**　当事人主张约定的违约金过高请求予以适当减少的，人民法院应当以实际损失为基础，兼顾合同的履行情况、当事人的过错程度以及预期利益等综合因素，根据公平原则和诚实信用原则予以衡量，并作出裁决。 　　当事人约定的违约金超过造成损失的百分之三十的，一般可以认定为合同法第一百一十四条第二款规定的"过分高于造成的损失"。
第六十六条【违约金调整的释明与改判】　当事人一方请求对方支付违约金，对方以合同不成立、无效、被撤销、确定不发生效力、不构成违约或者非违约方不存在损失等为由抗辩，未主张调整过高的违约金的，人民法院应当就若不支持该抗辩，当事人是否请求调整违约金进行释明。第一审人民法院认为抗辩成立且未予释明，第二审人民法院认为应当判决支付违约金的，可以直接释明，并根据当事人的请求，在当事人就是否应当调整违约金充分举证、质证、辩论后，依	**《民法典》** **第 585 条【违约金】**　当事人可以约定一方违约时应当根据违约情况向对方支付一定数额的违约金，也可以约定因违约产生的损失赔偿额的计算方法。 　　约定的违约金低于造成的损失的，人民法院或者仲裁机构可以根据当事人的请求予以增加；约定的违约金过分高于造成的损失的，人民法院或者仲裁机构可以根据当事人的请求予以适当减少。

续表

《民法典合同编通则解释》	关联规定
法判决适当减少违约金。 　　被告因客观原因在第一审程序中未到庭参加诉讼，但是在第二审程序中到庭参加诉讼并请求减少违约金的，第二审人民法院可以在当事人就是否应当调整违约金充分举证、质证、辩论后，依法判决适当减少违约金。 　　**指引**：针对违约金调整，我国以当事人申请主义为一般模式。实践中，当事人往往将诉讼焦点集中在是否违约方面，并以没有违约、合同未成立、合同未生效、合同无效等为抗辩理由而主张免责，而避免涉及违约金数额过高问题。为避免增加不必要的诉累和司法成本。解释本条规定了若不支持该抗辩，法院应就当事人是否请求调整违约金进行释明。需注意，对违约金进行调整向当事人进行释明，并不意味着打破了当事人申请启动违约金调整机制的原则。对违约金调整进行释明后，当事人同意申请调整的，法官才进行调整；若当事人在释明后仍坚持不同意调整，则法官不能径行对违约金进行调整。实质上是否启动对违约金的调整最终决定权仍在当事人，法官的释明仅仅是程序性设计，有提醒、督促之意，但是绝无替代当事人启动违约金调整之功能。 　　**案例指引**：《北京利多亚科技有限公司诉紫衡阳光低碳技术（北京）有限公司建设工程合同纠纷案》【北京法院参阅案例第40号】	当事人就迟延履行约定违约金的，违约方支付违约金后，还应当履行债务。 **《买卖合同解释》**（2020年修正） **第21条**　买卖合同当事人一方以对方违约为由主张支付违约金，对方以合同不成立、合同未生效、合同无效或者不构成违约等为由进行免责抗辩而未主张调整过高的违约金的，人民法院应当就法院若不支持免责抗辩，当事人是否需要主张调整违约金进行释明。 　　一审法院认为免责抗辩成立且未予释明，二审法院认为应当判决支付违约金的，可以直接释明并改判。

《民法典合同编通则解释》	关联规定
案例要旨：违约方在一审中经法院释明后明确表示不要求调整违约金，但宣判后又以违约金过高为由提起上诉的，二审法院一般不予支持。	
第六十七条【定金规则】 当事人交付留置金、担保金、保证金、订约金、押金或者订金等，但是没有约定定金性质，一方主张适用民法典第五百八十七条规定的定金罚则的，人民法院不予支持。当事人约定了定金性质，但是未约定定金类型或者约定不明，一方主张为违约定金的，人民法院应予支持。 　　当事人约定以交付定金作为订立合同的担保，一方拒绝订立合同或者在磋商订立合同时违背诚信原则导致未能订立合同，对方主张适用民法典第五百八十七条规定的定金罚则的，人民法院应予支持。 　　当事人约定以交付定金作为合同成立或者生效条件，应当交付定金的一方未交付定金，但是合同主要义务已经履行完毕并为对方所接受的，人民法院应当认定合同在对方接受履行时已经成立或者生效。 　　当事人约定定金性质为解约定金，交付定金的一方主张以丧失定金为代价解除合同的，或者收受定金的一方主张以双倍返还定金为代价解除合同的，人民法院应予支持。 　　**指引**：无法判断是属于定金或是其他性质的金钱时，可从下述方面着	**《民法典》** **第586条【定金担保】** 当事人可以约定一方向对方给付定金作为债权的担保。定金合同自实际交付定金时成立。 　　定金的数额由当事人约定；但是，不得超过主合同标的额的百分之二十，超过部分不产生定金的效力。实际交付的定金数额多于或者少于约定数额的，视为变更约定的定金数额。 **第587条【定金罚则】** 债务人履行债务的，定金应当抵作价款或者收回。给付定金的一方不履行债务或者履行债务不符合约定，致使不能实现合同目的的，无权请求返还定金；收受定金的一方不履行债务或者履行债务不符合约定，致使不能实现合同目的的，应当双倍返还定金。 **《商品房买卖合同解释》**（2020年修正） **第4条** 出卖人通过认购、订购、预订等方式向买受人收受定金作为订立商品房买卖合同担保的，如果因当事人一方原因未能订立商品房买卖合同，应当按照法律关于定金的规定处理；因不可归责于当事人双方的事由，导致商品房买卖合同未能订立的，出卖人应当将定金返还买受人。

《民法典合同编通则解释》	关联规定
手：1. 交付的金钱是否属于合同的实际履行，若交付的款项属于提前履行部分债务，则不属定金。2. 交付的款项是否构成一个独立的合同。若款项的交付仅属于履行主合同的一部分，不构成一个独立的合同，亦不应认定为定金。3. 考察款项交付的方式。在实践中，定金往往采用一次性交付的方式，若款项的交付是分期支付的，则一般不属于定金。4. 有无定金罚则的约定。无对定金条款的约定，一般不属定金。若无法通过上述思路进行判断，应结合交易习惯、合同性质等综合判断。此外，就立约定金而言，其法律效力的发生与其担保订立的合同是否发生法律效力并没有关系，立约定金在该合同订立之前就已成立。凡在意向书一类的协议书中设立了立约定金，其法律效力自当事人实际交付定金时就应当认定为已存在。就成约定金而言，交付定金与否将作为判断合同成立或生效与否的关键要件，但并非绝对。以实际履行行为作为判断合同成立的标准更能体现尊重意思自治原则。实际上，成约定金与合同履行无必然关系。成约定金独立于合同而存在，成约定金一旦支付，成约定金成立且生效，在单方解除合同时，可以适用成约定金。成约定金未支付，即使发生单方解除合同的情形，也不适用成约定金。反而是合同部分履行或全部履行的，支付的成约定金也不	**《担保法解释》（已失效）** **第115条** 当事人约定以交付定金作为订立主合同担保的，给付定金的一方拒绝订立主合同的，无权要求返还定金；收受定金的一方拒绝订立合同的，应当双倍返还定金。 **第116条** 当事人约定以交付定金作为主合同成立或者生效要件的，给付定金的一方未支付定金，但主合同已经履行或者已经履行主要部分的，不影响主合同的成立或者生效。 **第117条** 定金交付后，交付定金的一方可以按照合同的约定以丧失定金为代价而解除主合同，收受定金的一方可以双倍返还定金为代价而解除主合同。对解除主合同后责任的处理，适用《中华人民共和国合同法》的规定。 **第118条** 当事人交付留置金、担保金、保证金、订约金、押金或者订金等，但没有约定定金性质的，当事人主张定金权利的，人民法院不予支持。

《民法典合同编通则解释》	关联规定
对已履行的部分或者全部发生效力。另，解释本条第 3 款使用了"合同主要义务"的表述，将履行行为限制在合同主要义务的条件下，意味着只有履行合同主要义务的，才可以越过成约定金，视为合同生效或成立。就解约定金而言，因解约定金赋予了当事人单方解除主合同的权利，所以设定解约定金原则上应当采取书面方式由当事人在合同中明确约定。另，解约定金与违约金不同，解约定金并不担保合同的履行，只是为将来不解除合同进行的担保，即解除合同是定金罚则的触发条件，无论任何一方解除合同的，解约定金适用的条件就已经成就，可适用定金罚则。 　　**案例指引**：《能源公司与能源股份公司定金合同纠纷案》① 　　**案例要旨**：当事人之间签订的合同是具有预约性质的合同，定金为订约定金，只要本约未能订立不是由于出让方的原因，则该定金就不再退回。当事人在是否对债务提供担保及担保方式问题上影响了其进场交易的意愿，无正当理由导致未能正式签订合同的，应当承担违约责任。	
第六十八条 【定金罚则的法律适用】 　　双方当事人均具有致使不能实现合同目的的违约行为，其中一方请求适用定金罚则的，人民法院不予支持。	《民法典》 **第 587 条 【定金罚则】**　　债务人履行债务的，定金应当抵作价款或者收回。给付定金的一方不履行债务或者履行

---

　　①　《最高法民二庭发布 2022 年度全国法院十大商事案件》，载最高人民法院网站，https：//www.court.gov.cn/zixun/xiangqing/387081.html，2024 年 1 月 3 日访问。

《民法典合同编通则解释》	关联规定
当事人一方仅有轻微违约，对方具有致使不能实现合同目的的违约行为，轻微违约方主张适用定金罚则，对方以轻微违约方也构成违约为由抗辩的，人民法院对该抗辩不予支持。 　　当事人一方已经部分履行合同，对方接受并主张按照未履行部分所占比例适用定金罚则的，人民法院应予支持。对方主张按合同整体适用定金罚则的，人民法院不予支持，但是部分未履行致使不能实现合同目的的除外。 　　因不可抗力致使合同不能履行，非违约方主张适用定金罚则的，人民法院不予支持。 　　**指引：**不能实现合同目的即出现一方的根本违约是定金罚则适用的前提条件之一，但在双方均具有致使不能实现合同目的的违约行为的情况下，一方并不具有请求适用定金罚则的合理性，否则对另一方将不公平。若允许双方同时适用定金罚则，也并无实际意义。可以说，定金罚则此种情况下并无适用的必要与空间。但其中一方仅轻微违约，而另一方具有致使不能实现合同目的的违约行为，此时轻微违约方主张适用定金罚则。解释本条第1款对此作了明确。所谓轻微的违约是指债务人在履约中存在缺陷和瑕疵，但债权人仍然可以从中得到该项交易的主要利益，实现其缔约的目的。解释第2款明确了在合同未完全履行的情形下，一般按比例适用定金	债务不符合约定，致使不能实现合同目的的，无权请求返还定金；收受定金的一方不履行债务或者履行债务不符合约定，致使不能实现合同目的的，应当双倍返还定金。 **第590条【不可抗力】**　当事人一方因不可抗力不能履行合同的，根据不可抗力的影响，部分或者全部免除责任，但是法律另有规定的除外。因不可抗力不能履行合同的，应当及时通知对方，以减轻可能给对方造成的损失，并应当在合理期限内提供证明。 　　当事人迟延履行后发生不可抗力的，不免除其违约责任。 **《担保法解释》（已失效）** **第115条**　当事人约定以交付定金作为订立主合同担保的，给付定金的一方拒绝订立主合同的，无权要求返还定金；收受定金的一方拒绝订立合同的，应当双倍返还定金。 **第120条**　因当事人一方迟延履行或者其他违约行为，致使合同目的不能实现，可以适用定金罚则。但法律另有规定或者当事人另有约定的除外。 　　当事人一方不完全履行合同的，应当按照未履行部分所占合同约定内容的比例，适用定金罚则。 **第122条**　因不可抗力、意外事件致使主合同不能履行的，不适用定金罚则。因合同关系以外第三人的过错，致使主合同不能履行的，适用定金罚则。受定金处罚的一方当事人，可以依法向第三人追偿。

《民法典合同编通则解释》	关联规定
罚则。这主要是基于比例原则的考量，实质上也符合公平原则的要求。第 3 款明确了不可抗力排除定金罚则适用的立场。但需注意，只有不可抗力是造成合同目的无法实现的唯一理由时，才能排除定金罚则的适用。若违约方的根本违约行为造成守约方无法实现合同目的，与不可抗力无关的，仍适用定金罚则。若不可抗力和违约行为的共同作用造成合同目的落空的，则需基于原因力等因素综合判断。 　　**案例指引**：《吴某某诉服务外包产业公司商品房预售合同纠纷案》① 　　**案例要旨**：商品房预售合同中的定金只是合同双方在一定期限内继续就商品房买卖进行诚信谈判的一种担保义务。商品房预售合同签订后，只要当事人为签订商品房买卖合同进行了诚信磋商，未能订立商品房买卖合同的原因是双方当事人磋商不成，并非一方当事人对认购协议无故反悔，应认定双方均已履行了认购书约定的义务，对未能签订商品房买卖合同均无过错，定金罚则不应适用，卖方应向买方返还定金。	
附　　则	
第六十九条【司法解释生效时间】 本解释自 2023 年 12 月 5 日起施行。 　　民法典施行后的法律事实引起的民事案件，本解释施行后尚未终审的，	《民法典》 **第 1260 条【施行日期及旧法废止】** 本法自 2021 年 1 月 1 日起施行。《中华人民共和国婚姻法》、《中华人民共

① 最高人民法院中国应用法学研究所编：《人民法院案例选》，人民法院出版社 2013 年版，第 67 页。

《民法典合同编通则解释》	关联规定
适用本解释；本解释施行前已经终审，当事人申请再审或者按照审判监督程序决定再审的，不适用本解释。 **指引**：民法典已于 2021 年 1 月 1 日起正式施行。为适应民法典之后合同体系与内容的变化，本解释根据民法典施行以来的实践需要，系统性地对民法典合同编通则中亟需解释的问题作了明确。为确保与诉讼程序的高效衔接，本解释施行的时间确定在 2023 年 12 月 5 日。另，作为民法典的配套司法解释，整体来说，溯及力应当与民法典保持一致。故本条第 2 款明确规定民法典施行后的法律事实引起的民事案件，本解释施行后尚未终审的，适用本解释。但需注意，基于法律的稳定性，对本解释施行前已经终审的案件，即使当事人申请再审或者按照审判监督程序决定再审的，也不能适用本解释。	和国继承法》、《中华人民共和国民法通则》、《中华人民共和国收养法》、《中华人民共和国担保法》、《中华人民共和国合同法》、《中华人民共和国物权法》、《中华人民共和国侵权责任法》、《中华人民共和国民法总则》同时废止。

下编

《民法典》合同编

《民法典》合同编	关联规定
第一分编　通则	
第一章　一般规定	
第四百六十三条【调整范围】　本编调整因合同产生的民事关系。 　**指引**：《民法典》合同编所谓"合同"属广义合同。无特别规定的，平等民事主体间一切旨在设立、变更、终止民商事法律关系的协议皆受合同编调整。	
第四百六十四条【合同定义与身份关系协议适用】　合同是民事主体之间设立、变更、终止民事法律关系的协议。 　婚姻、收养、监护等有关身份关系的协议，适用有关该身份关系的法律规定；没有规定的，可以根据其性质参照适用本编规定。 　**指引**：根据总则编规定，民事主体包括自然人、法人、非法人组织等。关于身份关系协议的法律适用，是在没有其他法律规定的情况下，才可根据其性质参照适用合同编规定，而非直接适用。 　**案例指引**：《大庆市振富房地产开发有限公司与大庆市人民政府债建设工程施工合同纠纷案》【《最高人民法院公报》2007年第4期】 　**案例要旨**：根据《合同法》第2条（《民法典》第2条）的规定，合同是平等主体的自然人、法人、其他组织之间设立、变更、终止民事权利义务关系的协议。法人响应政府号召，以向政府书面请示报告并经政府审批同意的形式介入市政建设，政府在不通	

《民法典》合同编	关联规定
知法人参加的情况下单方就法人介入市政建设而享有的优惠政策作出决定，法人只能按照政府决定执行，法人与政府之间并非民法意义上的平等主体关系，双方亦没有就此形成民事合同关系。因此发生纠纷的，尽管双方之间的纠纷具有一定的民事因素，亦不属于人民法院受理民事案件的范围。	
第四百六十五条【合同效力与合同相对性】　依法成立的合同，受法律保护。 　　依法成立的合同，仅对当事人具有法律约束力，但是法律另有规定的除外。 　　**指引：**合同相对性原则的例外，主要体现在涉他合同、合同保全、买卖不破租赁等内容中。 　　**案例指引：**《洪秀凤诉昆明安钡佳房地产开发有限公司房屋买卖合同纠纷案》【《最高人民法院公报》2016年第1期】 　　**裁判要旨：**透过解释确定争议法律关系的性质，应当秉持使争议法律关系项下之权利义务更加清楚，而不是更加模糊的基本价值取向。在没有充分证据佐证当事人之间存在隐藏法律关系且该隐藏法律关系真实并终局地对当事人产生约束力的场合，不宜简单否定既存外化法律关系对当事人真实意思的体现和反映，避免当事人一方不当摆脱既定权利义务约束的结果出现。	**《产品质量法》**（2018年修正） **第43条**　因产品存在缺陷造成人身、他人财产损害的，受害人可以向产品的生产者要求赔偿，也可以向产品的销售者要求赔偿。属于产品的生产者的责任，产品的销售者赔偿的，产品的销售者有权向产品的生产者追偿。属于产品的销售者的责任，产品的生产者赔偿的，产品的生产者有权向产品的销售者追偿。 **《保险法》**（2015年修正） **第2条**　本法所称保险，是指投保人根据合同约定，向保险人支付保险费，保险人对于合同约定的可能发生的事故因其发生所造成的财产损失承担赔偿保险金责任，或者当被保险人死亡、伤残、疾病或者达到合同约定的年龄、期限等条件时承担给付保险金责任的商业保险行为。 **《公司法解释三》**（2020年修正） **第2条**　发起人为设立公司以自己名义对外签订合同，合同相对人请求该发起人承担合同责任的，人民法院应予支持；公司成立后合同相对人请求公

《民法典》合同编	关联规定
	司承担合同责任的，人民法院应予支持。 **第 3 条** 发起人以设立中公司名义对外签订合同，公司成立后合同相对人请求公司承担合同责任的，人民法院应予支持。 公司成立后有证据证明发起人利用设立中公司的名义为自己的利益与相对人签订合同，公司以此为由主张不承担合同责任的，人民法院应予支持，但相对人为善意的除外。
第四百六十六条【合同条款解释】 当事人对合同条款的理解有争议的，应当依据本法第一百四十二条第一款的规定，确定争议条款的含义。 合同文本采用两种以上文字订立并约定具有同等效力的，对各文本使用的词句推定具有相同含义。各文本使用的词句不一致的，应当根据合同的相关条款、性质、目的以及诚信原则等予以解释。 **指引**：文义解释具有次序上的优先性。诚信解释方法的使用需以其他解释方法无法探明当事人真意或依据其他解释所得出的结论有悖于一般公平正义的观念为前提。 **案例指引**：《李占江、朱丽敏与贝洪峰、沈阳东昊地产有限公司民间借贷纠纷案》【《最高人民法院公报》2015 年第 9 期】 **案例要旨**：《合同法》第 125 条第 1 款（《民法典》第 142 条）规定："当事人对合同条款的理解有争议的，应当	**《民法典》** **第 142 条第 1 款** 有相对人的意思表示的解释，应当按照所使用的词句，结合相关条款、行为的性质和目的、习惯以及诚信原则，确定意思表示的含义。 **《民法典合同编通则解释》** **第 1 条** 人民法院依据民法典第一百四十二条第一款、第四百六十六条第一款的规定解释合同条款时，应当以词句的通常含义为基础，结合相关条款、合同的性质和目的、习惯以及诚信原则，参考缔约背景、磋商过程、履行行为等因素确定争议条款的含义。 有证据证明当事人之间对合同条款有不同于词句的通常含义的其他共同理解，一方主张按照词句的通常含义理解合同条款的，人民法院不予支持。 对合同条款有两种以上解释，可能影响该条款效力的，人民法院应当选择有利于该条款有效的解释；属于

《民法典》合同编	关联规定
按照合同所使用的词句、合同的有关条款、合同的目的、交易习惯以及诚实信用原则，确定该条款的真实意思。"双方当事人签订的合同为《担保借款合同》，具体到该合同第 4 条第 1 款约定的目的，是为了保证款项的出借方对款项使用情况的知情权、监督权，以便在发现借款人擅自改变款项用途或发生其他可能影响出借人权利的情况时，及时采取措施、收回款项及利息。用目的解释的原理可以得知，提供不真实的材料和报表固然会影响出借方对借款人使用款项的监督，而不提供相关材料和报表却会使得出借人无从了解案涉款项的使用情况，不利于其及时行使自己的权利。因此，借款人在借款的两年多的时间内，从未向出借人提供相关材料和报表，属于违约。	无偿合同的，应当选择对债务人负担较轻的解释。 **《民法典会议纪要》** 6. 当事人对于合同是否成立发生争议，人民法院应当本着尊重合同自由，鼓励和促进交易的精神依法处理。能够确定当事人名称或者姓名、标的和数量的，人民法院一般应当认定合同成立，但法律另有规定或者当事人另有约定的除外。 　　对合同欠缺的当事人名称或者姓名、标的和数量以外的其他内容，当事人达不成协议的，人民法院依照民法典第四百六十六条、第五百一十条、第五百一十一条等规定予以确定。
第四百六十七条【无名合同及特定涉外合同法律适用】　本法或者其他法律没有明文规定的合同，适用本编通则的规定，并可以参照适用本编或者其他法律最相类似合同的规定。 　　在中华人民共和国境内履行的中外合资经营企业合同、中外合作经营企业合同、中外合作勘探开发自然资源合同，适用中华人民共和国法律。 　　**指引**：合同编第二分编规定了 19 种典型合同，但仍有合同未在其中，且其他法律也未作规定。对此，一方面可适用合同编通则内容，另一方面	**《买卖合同解释》**（2020 年修正） **第 32 条**　法律或者行政法规对债权转让、股权转让等权利转让合同有规定的，依照其规定；没有规定的，人民法院可以根据民法典第四百六十七条和第六百四十六条的规定，参照适用买卖合同的有关规定。 　　权利转让或者其他有偿合同参照适用买卖合同的有关规定的，人民法院应当首先引用民法典第六百四十六条的规定，再引用买卖合同的有关规定。

《民法典》合同编	关联规定
可参照适用最相类似的典型合同规定。 　　**案例指引**：《文化传媒公司诉周某鑫劳务合同纠纷案》① 　　**案例要旨**：演艺公司与"网红主播"签订的《合作协议》，属于劳务合同，当事人违反合同约定时，可以适用《合同法》（民法典合同编）相关法律条文。	
第四百六十八条【非合同之债的法律适用】　非因合同产生的债权债务关系，适用有关该债权债务关系的法律规定；没有规定的，适用本编通则的有关规定，但是根据其性质不能适用的除外。 　　**指引**：《民法典》未设债法总则，为更好地规范各类债权债务关系，合同编通则增加了本条规定，使"合同通则"在一定承担上起到了"债法总则"的作用。另需注意的是，该条规定的是"适用"而非"参照适用"。	
第二章　合同的订立	
第四百六十九条【合同订立形式】 当事人订立合同，可以采用书面形式、口头形式或者其他形式。 　　书面形式是合同书、信件、电报、电传、传真等可以有形地表现所载内容的形式。 　　以电子数据交换、电子邮件等方式能够有形地表现所载内容，并可以	《电子签名法》（2019 年修正） **第 3 条**　民事活动中的合同或者其他文件、单证等文书，当事人可以约定使用或者不使用电子签名、数据电文。 　　当事人约定使用电子签名、数据电文的文书，不得仅因为其采用电子签名、数据电文的形式而否定其法律效力。前款规定不适用下列文书：

---

　　①　最高人民法院中国应用法学研究所编：《人民法院案例选》，人民法院出版社 2018 年版，第 56 页。

《民法典》合同编	关联规定
随时调取查用的数据电文，视为书面形式。 　　**指引**：书面、口头为订立合同的常见形式，但只要法律没有特别规定或当事人没有特别约定的，也可采用之外的其他形式。另，数据电文视为书面形式需满足两个条件：一是能够有形地表现所载内容；二是可随时调取查用。 　　**案例指引**：《沈某星诉安某云房屋买卖合同纠纷案》① 　　**案例要旨**：当事人订立合同，有书面形式、口头形式和其他形式。而其中的书面形式既包括传统的有形的合同书、信件，也包括无形的数据电文，如电报、电传、传真、电子数据交换和电子邮件，只要其可以明确地表现合同的内容即可。因此，网签形式符合合同的成立要件。房屋买卖双方虽然尚未签订书面的购房合同，但已在房屋权属登记中心签字确认了《存量房自行成交网上签约申请表》《存量房买卖合同信息表（自行成交）》（"网签"），且已明确了合同的价款、房屋信息的，应认定双方的买卖合同已经成立。	（一）涉及婚姻、收养、继承等人身关系的； 　　（二）涉及停止供水、供热、供气等公用事业服务的； 　　（三）法律、行政法规规定的不适用电子文书的其他情形。 **第 4 条**　能够有形地表现所载内容，并可以随时调取查用的数据电文，视为符合法律、法规要求的书面形式。 **第 5 条**　符合下列条件的数据电文，视为满足法律、法规规定的原件形式要求： 　　（一）能够有效地表现所载内容并可供随时调取查用； 　　（二）能够可靠地保证自最终形成时起，内容保持完整、未被更改。但是，在数据电文上增加背书以及数据交换、储存和显示过程中发生的形式变化不影响数据电文的完整性。 **第 6 条**　符合下列条件的数据电文，视为满足法律、法规规定的文件保存要求： 　　（一）能够有效地表现所载内容并可供随时调取查用； 　　（二）数据电文的格式与其生成、发送或者接收时的格式相同，或者格式不相同但是能够准确表现原来生成、发送或者接收的内容； 　　（三）能够识别数据电文的发件人、收件人以及发送、接收的时间。

---

　　①　最高人民法院中国应用法学研究所编：《人民法院案例选》，人民法院出版社 2012 年版，第 78 页。

《民法典》合同编	关联规定
	《买卖合同解释》（2020 年修正） **第 1 条** 当事人之间没有书面合同，一方以送货单、收货单、结算单、发票等主张存在买卖合同关系的，人民法院应当结合当事人之间的交易方式、交易习惯以及其他相关证据，对买卖合同是否成立作出认定。 　　对账确认函、债权确认书等函件、凭证没有记载债权人名称，买卖合同当事人一方以此证明存在买卖合同关系的，人民法院应予支持，但有相反证据足以推翻的除外。
第四百七十条【合同主要内容】 合同的内容由当事人约定，一般包括下列条款： 　　（一）当事人的姓名或者名称和住所； 　　（二）标的； 　　（三）数量； 　　（四）质量； 　　（五）价款或者报酬； 　　（六）履行期限、地点和方式； 　　（七）违约责任； 　　（八）解决争议的方法。 　　当事人可以参照各类合同的示范文本订立合同。 　　**指引**：本条规定的合同主要条款，只具有提示与示范性，具体合同中缺了其中的某项并不意味着合同必然不成立或无效。	**《民法典合同编通则解释》** **第 3 条** 当事人对合同是否成立存在争议，人民法院能够确定当事人姓名或者名称、标的和数量的，一般应当认定合同成立。但是，法律另有规定或者当事人另有约定的除外。 　　根据前款规定能够认定合同已经成立的，对合同欠缺的内容，人民法院应当依据民法典第五百一十条、第五百一十一条等规定予以确定。 　　当事人主张合同无效或者请求撤销、解除合同等，人民法院认为合同不成立的，应当依据《最高人民法院关于民事诉讼证据的若干规定》第五十三条的规定将合同是否成立作为焦点问题进行审理，并可以根据案件的具体情况重新指定举证期限。 **第 8 条** 预约合同生效后，当事人一方不履行订立本约合同的义务，对方请求其赔偿因此造成的损失的，人民

《民法典》合同编	关联规定
案例指引：《安某华诉饮食公司餐饮服务合同案》① 　　**案例要旨**：餐饮服务者具有提供清洁餐具供顾客使用的义务，但对消费餐具收取费用则系双方当事人之间自行约定的范畴。在双方对于消毒餐具费收取与否及收取标准没有明确认知，且未达成合意时，服务提供者无权向顾客收取该项费用。	法院依法予以支持。 　　前款规定的损失赔偿，当事人有约定的，按照约定；没有约定的，人民法院应当综合考虑预约合同在内容上的完备程度以及订立本约合同的条件的成就程度等因素酌定。 **《民法典会议纪要》** 6. 当事人对于合同是否成立发生争议，人民法院应当本着尊重合同自由，鼓励和促进交易的精神依法处理。能够确定当事人名称或者姓名、标的和数量的，人民法院一般应当认定合同成立，但法律另有规定或者当事人另有约定的除外。 　　对合同欠缺的当事人名称或者姓名、标的和数量以外的其他内容，当事人达不成协议的，人民法院依照民法典第四百六十六条、第五百一十条、第五百一十一条等规定予以确定。
第四百七十一条【合同订立方式】 当事人订立合同，可以采取要约、承诺方式或者其他方式。 　　**指引**：合同订立方式，即当事人达成合意的方式。要约、承诺是最典型的合同订立方式，有观点认为，意思实现也是一种合同订立方式。意思实现，是指根据交易习惯或要约人的预先声明，受要约人无须向要约人表示承诺意思合同即可成立的情形。	**《民法典合同编通则解释》** **第4条**　采取招标方式订立合同，当事人请求确认合同自中标通知书到达中标人时成立的，人民法院应予支持。合同成立后，当事人拒绝签订书面合同的，人民法院应当依据招标文件、投标文件和中标通知书等确定合同内容。 　　采取现场拍卖、网络拍卖等公开竞价方式订立合同，当事人请求确认

---

① 国家法官学院、中国人民大学法学院编：《中国审判要览（2010 年民事审判案例卷）》，中国人民大学出版社 2011 年版，第 102 页。

《民法典》合同编	关联规定
案例指引：《陈某荣诉水库招标投标押金案》【（2000）金中经终字第283号】 　　**案例要旨**：订立合同的一方当事人采取招标通知或广告的形式，向不特定主体发出的，以吸引或邀请相对方发出要约为目的意思表示为招标。投标人根据招标人所公布的标准和条件向招标人发出以订立合同为目的的意思表示，在投标人投标以后必须要有招标人的承诺，合同才能成立。投标前招标人已将欲签订合同的有关内容告知投标者，投标者未提出异议，视为承诺中标后按合同文书与被告订立合同，投标人中标后提出的有关要求属于合同条款规定以外的内容，不足以影响合同的成立，故不属于招标人在招标前应该说明而未说明的合同内容，因此投标人中标后应按承诺与招标人订立承包合同。	合同自拍卖师落槌、电子交易系统确认成交时成立的，人民法院应予支持。合同成立后，当事人拒绝签订成交确认书的，人民法院应当依据拍卖公告、竞买人的报价等确定合同内容。 　　产权交易所等机构主持拍卖、挂牌交易，其公布的拍卖公告、交易规则等文件公开确定了合同成立需要具备的条件，当事人请求确认合同自该条件具备时成立的，人民法院应予支持。 **《电子商务法》** **第49条**　电子商务经营者发布的商品或者服务信息符合要约条件的，用户选择该商品或者服务并提交订单成功，合同成立。当事人另有约定的，从其约定。 　　电子商务经营者不得以格式条款等方式约定消费者支付价款后合同不成立；格式条款等含有该内容的，其内容无效。 **《招投标法》**（2017年修正） **第10条**　招标分为公开招标和邀请招标。 　　公开招标，是指招标人以招标公告的方式邀请不特定的法人或者其他组织投标。 　　邀请招标，是指招标人以投标邀请书的方式邀请特定的法人或者其他组织投标。

《民法典》合同编	关联规定
第四百七十二条【要约及其条件】 要约是希望与他人订立合同的意思表示，该意思表示应当符合下列条件： 　　（一）内容具体确定； 　　（二）表明经受要约人承诺，要约人即受该意思表示约束。 　　**指引**：多数情况下，要约须向特定人发出，但在某些特殊场合则有例外，如悬赏广告、构成要约的商业广告等情形。 　　**案例指引**：《企业管理公司诉科技公司合同纠纷案》① 　　**案例要旨**：商业广告必须具备明确的当事人、标的、数量等具体内容，且表明一经受要约人承诺即受该广告约束的意思表示的，方能构成要约。否则只能视为要约邀请，不具有合同约束力。	**《银行卡民事纠纷规定》** **第10条**　发卡行或者非银行支付机构向持卡人提供的宣传资料载明其承担网络盗刷先行赔付责任，该允诺具体明确，应认定为合同的内容。持卡人据此请求发卡行或者非银行支付机构承担先行赔付责任的，人民法院应予支持。 　　因非银行支付机构相关网络支付业务系统、设施和技术不符合安全要求导致网络盗刷，持卡人请求判令该机构承担先行赔付责任的，人民法院应予支持。
第四百七十三条【要约邀请】　要约邀请是希望他人向自己发出要约的表示。拍卖公告、招标公告、招股说明书、债券募集办法、基金招募说明书、商业广告和宣传、寄送的价目表等为要约邀请。 　　商业广告和宣传的内容符合要约条件的，构成要约。 　　**指引**：要约邀请与要约不同，要约是一个一经承诺就成立合同的意思表示，而要约邀请只是邀请他人向自	**《商品房买卖合同解释》**（2020年修正） **第3条**　商品房的销售广告和宣传资料为要约邀请，但是出卖人就商品房开发规划范围内的房屋及相关设施所作的说明和允诺具体确定，并对商品房买卖合同的订立以及房屋价格的确定有重大影响的，构成要约。该说明和允诺即使未载入商品房买卖合同，亦应当为合同内容，当事人违反的，应当承担违约责任。

① 最高人民法院中国应用法学研究所编：《人民法院案例选》，人民法院出版社2018年版，第106页。

续表

《民法典》合同编	关联规定
己发出要约的意思表示，处于合同的准备阶段。 **案例指引**：《成都鹏伟实业有限公司与江西省永修县人民政府、永修县鄱阳湖采砂管理工作领导小组办公室采矿权纠纷案》【《最高人民法院公报》2010 年第 4 期】 **案例要旨**：行政机关在网站发布的拍卖信息可以视为其就公开拍卖采砂权事宜向社会不特定对象发出的要约邀请，在受要约人与之建立合同关系，且双方对合同约定的内容产生争议时，该要约邀请对合同的解释可以产生证据的效力。	
第四百七十四条【要约生效时间】要约生效的时间适用本法第一百三十七条的规定。 **指引**：要约本质上是意思表示的一种，且一般情况下属有相对人的意思表示，故适用《民法典》第 137 条关于有相对人的意思表示生效时间的规定。	**《民法典》** **第 137 条【有相对人的意思表示生效时间】** 以对话方式作出的意思表示，相对人知道其内容时生效。 　以非对话方式作出的意思表示，到达相对人时生效。以非对话方式作出的采用数据电文形式的意思表示，相对人指定特定系统接收数据电文的，该数据电文进入该特定系统时生效；未指定特定系统的，相对人知道或者应当知道该数据电文进入其系统时生效。当事人对采用数据电文形式的意思表示的生效时间另有约定的，按照其约定。 **《电子签名法》**（2019 年修正） **第 9 条** 数据电文有下列情形之一的，视为发件人发送： 　（一）经发件人授权发送的；

《民法典》合同编	关联规定
	（二）发件人的信息系统自动发送的； （三）收件人按照发件人认可的方法对数据电文进行验证后结果相符的。 当事人对前款规定的事项另有约定的，从其约定。 **第 10 条**　法律、行政法规规定或者当事人约定数据电文需要确认收讫的，应当确认收讫。发件人收到收件人的收讫确认时，数据电文视为已经收到。 **第 11 条**　数据电文进入发件人控制之外的某个信息系统的时间，视为该数据电文的发送时间。 收件人指定特定系统接收数据电文的，数据电文进入该特定系统的时间，视为该数据电文的接收时间；未指定特定系统的，数据电文进入收件人的任何系统的首次时间，视为该数据电文的接收时间。 当事人对数据电文的发送时间、接收时间另有约定的，从其约定。
第四百七十五条【要约撤回】　要约可以撤回。要约的撤回适用本法第一百四十一条的规定。 **指引**：要约的撤回也是意思表示的一种，故适用《民法典》第 141 条关于意思表示的撤回的规定。	**《民法典》** **第 475 条【要约撤回】**　要约可以撤回。要约的撤回适用本法第一百四十一条的规定。
第四百七十六条【要约不得撤销情形】 要约可以撤销，但是有下列情形之一的除外： （一）要约人以确定承诺期限或者其他形式明示要约不可撤销；	

《民法典》合同编	关联规定
（二）受要约人有理由认为要约是不可撤销的，并已经为履行合同做了合理准备工作。 　**指引**：第 2 项规定的受要约人的合理信赖既可以源于要约人的行为如受要约人对要约人以前在商业上就有来往，也可源于要约本身性质如对某一项要约的承诺需要受要约人进行了合理但昂贵的调查或某一要约的发出意在允许受要约人继续向第三方发出要约。	
第四百七十七条【要约撤销】　撤销要约的意思表示以对话方式作出的，该意思表示的内容应当在受要约人作出承诺之前为受要约人所知道；撤销要约的意思表示以非对话方式作出的，应当在受要约人作出承诺之前到达受要约人。 　**指引**："受要约人作出承诺之前"既包括受要约人发出承诺通知前，也包括受要约人根据交易习惯或要约要求作出承诺的行为前。	**《证券法》**（2019 年修订） 　**第 68 条**　在收购要约确定的承诺期限内，收购人不得撤销其收购要约。收购人需要变更收购要约的，应当及时公告，载明具体变更事项，且不得存在下列情形： 　（一）降低收购价格； 　（二）减少预定收购股份数额； 　（三）缩短收购期限； 　（四）国务院证券监督管理机构规定的其他情形。
第四百七十八条【要约失效】　有下列情形之一的，要约失效： 　（一）要约被拒绝； 　（二）要约被依法撤销； 　（三）承诺期限届满，受要约人未作出承诺； 　（四）受要约人对要约的内容作出实质性变更。 　**指引**：受要约人没有作出承诺但提出了一些条件，要约人在规定期限	

《民法典》合同编	关联规定
内未作答复，应视为要约被拒绝。 　　**案例指引**：《申请再审人曾某英与被申请人张某坚、张某、俱乐部公司企业出售合同纠纷案》① 　　**案例要旨**：在合同中，受要约人未在协议上签字，要约人就收回了协议原件，表明该签订协议的要约已经撤回，该要约已经失效。之后，承诺人在协议的复印件上签名这一举动，表示向对方发出了一个新要约，未得到对方的认可，故双方未就协议内容达成一致，此协议无效。	
第四百七十九条【承诺的定义】　承诺是受要约人同意要约的意思表示。 　　**指引**：承诺的内容与要约保持实质上的一致是承诺最核心的要件。仅为表述形式不同而非实质不一致的，不应否定承诺的效力。若承诺提出了新条件，需分析是否从实质上改变了要约内容。	
第四百八十条【承诺的方式】　承诺应当以通知的方式作出；但是，根据交易习惯或者要约表明可以通过行为作出承诺的除外。 　　**指引**：该条只是对承诺方式的一般性规定，承诺一般通过通知或行为的方式作出，但并没有排除通过沉默方式（本质上也是一种行为）作出承诺的可能。	**《民法典》** **第140条【意思表示的方式】**　行为人可以明示或者默示作出意思表示。 　　沉默只有在有法律规定、当事人约定或者符合当事人之间的交易习惯时，才可以视为意思表示。

---

①　最高人民法院民事审判第二庭编：《商事审判指导》，人民法院出版社2012年版，第105页。

《民法典》合同编	关联规定
第四百八十一条【承诺的期限】　承诺应当在要约确定的期限内到达要约人。 　　要约没有确定承诺期限的，承诺应当依照下列规定到达： 　　（一）要约以对话方式作出的，应当即时作出承诺； 　　（二）要约以非对话方式作出的，承诺应当在合理期限内到达。 　　**指引**：超过确定期限到达的承诺属承诺迟到或逾期承诺，一般被视为一项新的要约；对话方式的要约包括双方面谈提出的要约和在电话、视频交谈中提出的要约。	
第四百八十二条【承诺期限的起算】　要约以信件或者电报作出的，承诺期限自信件载明的日期或者电报交发之日开始计算。信件未载明日期的，自投寄该信件的邮戳日期开始计算。要约以电话、传真、电子邮件等快速通讯方式作出的，承诺期限自要约到达受要约人时开始计算。 　　**指引**：信件或电报，延迟性较长，而电话、传真、电子邮件等快速通信方式，迟延性较短，故分开规定。	
第四百八十三条【合同成立时间】　承诺生效时合同成立，但是法律另有规定或者当事人另有约定的除外。 　　**指引**：需注意的是，增加的但书规定不仅包括"法律另有规定的"，也包括"当事人另有约定的"。《民法典》	**《民法典合同编通则解释》** **第4条**　采取招标方式订立合同，当事人请求确认合同自中标通知书到达中标人时成立的，人民法院应予支持。合同成立后，当事人拒绝签订书面合同的，人民法院应当依据招标文件、

续表

《民法典》合同编	关联规定
中属于法律另有规定的情形主要包括：第586条第1款规定的定金合同自实际交付定金时成立；第679条规定的自然人间借款合同自贷款人提供借款时成立；第685条第2款规定的第三人单方以书面形式向债权人作出保证的保证合同自债权人接收且未提出异议时成立；第814条规定的客运合同自承运人向旅客出具客票时成立（当事人另有约定或另有交易习惯除外）；第890条规定的保管合同自保管物交付时成立（当事人另有约定除外）；第905条规定的仓储合同自保管人和存货人意思表示一致时成立。 **案例指引：**《青海红鼎房地产有限公司与青海省国有资产投资管理有限公司、青海省产权交易市场确认合同有效纠纷案》【《最高人民法院公报》2017年第3期】 **案例要旨：**（1）网络竞价交易具有即时性和公开性的特点，产权人、竞买人、竞买组织方均应严格遵守相关交易规则。虽然网络竞价系统自动生成《竞价结果通知单》，但因违反交易规则，不能形成有效承诺的，交易依法不能成立。（2）网络竞拍是拍卖的一种特殊形式，在其有特别规定时依其规定，在无特别规定时，可以适用《拍卖法》的一般规定。	投标文件和中标通知书等确定合同内容。 　　采取现场拍卖、网络拍卖等公开竞价方式订立合同，当事人请求确认合同自拍卖师落槌、电子交易系统确认成交时成立的，人民法院应予支持。合同成立后，当事人拒绝签订成交确认书的，人民法院应当依据拍卖公告、竞买人的报价等确定合同内容。 　　产权交易所等机构主持拍卖、挂牌交易，其公布的拍卖公告、交易规则等文件公开确定了合同成立需要具备的条件，当事人请求确认合同自该条件具备时成立的，人民法院应予支持。 **《电子商务法》** **第49条**　电子商务经营者发布的商品或者服务信息符合要约条件的，用户选择该商品或者服务并提交订单成功，合同成立。当事人另有约定的，从其约定。 　　电子商务经营者不得以格式条款等方式约定消费者支付价款后合同不成立；格式条款等含有该内容的，其内容无效。

《民法典》合同编	关联规定
第四百八十四条【承诺生效时间】以通知方式作出的承诺，生效的时间适用本法第一百三十七条的规定。 　　承诺不需要通知的，根据交易习惯或者要约的要求作出承诺的行为时生效。 　　**指引**：承诺也属意思表示，故其生效时间适用《民法典》关于以对话方式的意思表示生效时间的规定。当然，也存在不需要通知的承诺，其生效时间不应适用《民法典》第 137 条的规定，而是在承诺作出时生效。	《民法典》 **第 137 条【有相对人的意思表示生效时间】**　以对话方式作出的意思表示，相对人知道其内容时生效。 　　以非对话方式作出的意思表示，到达相对人时生效。以非对话方式作出的采用数据电文形式的意思表示，相对人指定特定系统接收数据电文的，该数据电文进入该特定系统时生效；未指定特定系统的，相对人知道或者应当知道该数据电文进入其系统时生效。当事人对采用数据电文形式的意思表示的生效时间另有约定的，按照其约定。
第四百八十五条【承诺的撤回】　承诺可以撤回。承诺的撤回适用本法第一百四十一条的规定。 　　**指引**：承诺撤回本身属于意思表示的撤回一类，故应适用民法典第 141 条关于意思表示撤回的规定。	《民法典》 **第 141 条【意思表示的撤回】**　行为人可以撤回意思表示。撤回意思表示的通知应当在意思表示到达相对人前或者与意思表示同时到达相对人。
第四百八十六条【迟延承诺】　受要约人超过承诺期限发出承诺，或者在承诺期限内发出承诺，按照通常情形不能及时到达要约人的，为新要约；但是，要约人及时通知受要约人该承诺有效的除外。 　　**指引**：本条所谓的"承诺期限"既包括要约中规定的承诺期限，也包括要约中没规定而根据实际情况确定的合理承诺期限。另，承诺虽已迟延到达但要约人及时通知受要约人承诺有效的，应认定为有效。	

《民法典》合同编	关联规定
第四百八十七条【未迟发而迟到的承诺】 受要约人在承诺期限内发出承诺，按照通常情形能够及时到达要约人，但是因其他原因致使承诺到达要约人时超过承诺期限的，除要约人及时通知受要约人因承诺超过期限不接受该承诺外，该承诺有效。 **指引：** "迟到承诺"不同于"延迟承诺"，延迟承诺是超过期限发出承诺，而迟到承诺是发出时并未超期，因而迟到承诺以有效为原则（特殊情形下例外），而延迟承诺以无效为原则（特殊情形下例外）。	
第四百八十八条【承诺对要约的实质性变更】 承诺的内容应当与要约的内容一致。受要约人对要约的内容作出实质性变更的，为新要约。有关合同标的、数量、质量、价款或者报酬、履行期限、履行地点和方式、违约责任和解决争议方法等的变更，是对要约内容的实质性变更。 **指引：** 本条中的"等"字表明构成实质性变更的非仅限于所列几项，如涉外合同中对法律的选择适用也属实质性变更。	
第四百八十九条【承诺对要约的非实质性变更】 承诺对要约的内容作出非实质性变更的，除要约人及时表示反对或者要约表明承诺不得对要约的内容作出任何变更外，该承诺有效，合同的内容以承诺的内容为准。 **指引：** 所谓"非实质性变更"，一	

《民法典》合同编	关联规定
般是指承诺对要约内容的补充、限制和修改，而不涉及有关合同标的、数量、质量、价款或者报酬、履行期限、履行地点和方式、违约责任和解决争议方法等事项。	
第四百九十条【合同成立时间】 当事人采用合同书形式订立合同的，自当事人均签名、盖章或者按指印时合同成立。在签名、盖章或者按指印之前，当事人一方已经履行主要义务，对方接受时，该合同成立。 　法律、行政法规规定或者当事人约定合同应当采用书面形式订立，当事人未采用书面形式但是一方已经履行主要义务，对方接受时，该合同成立。 　**指引：** 采用书面形式订立合同的，签名、盖章、按指印均可作为合同成立的标志。合同的成立，形式并非主要的，当事人间是否真正存在合同才是最主要的。若合同已得到履行，即使没有以规定或约定的书面形式订立，也是成立的。 　**案例指引：**《混凝土公司诉建设集团公司青海分公司、建设集团公司、矿业公司等民间借贷纠纷案》【（2019）最高法民终 1535 号】 　**案例要旨：**（1）合同是否成立，应当根据订立合同的签约人于盖章之时有无代表权或者代理权，或者交易相对人是否有合理理由相信签约人有权代表公司或代理公司进行相关民事	《民法典合同编通则解释》 **第 4 条** 采取招标方式订立合同，当事人请求确认合同自中标通知书到达中标人时成立的，人民法院应予支持。合同成立后，当事人拒绝签订书面合同的，人民法院应当依据招标文件、投标文件和中标通知书等确定合同内容。

《民法典》合同编	关联规定
行为来确定，不应仅以加盖的印章印文是否真实作为判断合同是否成立的标准。（2）法人分支机构未经法人授权签订的保证合同无效，其应当根据过错承担相应的民事责任，其经营管理的财产不足以承担的，由法人承担。（3）公司股东如未在公司任职亦无公司授权，仅以公司股东身份签订合同，不足以成为相对人相信其在合同中签字盖章的行为系职务行为或有权代理的合理理由。	采取现场拍卖、网络拍卖等公开竞价方式订立合同，当事人请求确认合同自拍卖师落槌、电子交易系统确认成交时成立的，人民法院应予支持。合同成立后，当事人拒绝签订成交确认书的，人民法院应当依据拍卖公告、竞买人的报价等确定合同内容。 　　产权交易所等机构主持拍卖、挂牌交易，其公布的拍卖公告、交易规则等文件公开确定了合同成立需要具备的条件，当事人请求确认合同自该条件具备时成立的，人民法院应予支持。 **第六条**　当事人以认购书、订购书、预订书等形式约定在将来一定期限内订立合同，或者为担保在将来一定期限内订立合同交付了定金，能够确定将来所要订立合同的主体、标的等内容的，人民法院应当认定预约合同成立。 　　当事人通过签订意向书或者备忘录等方式，仅表达交易的意向，未约定在将来一定期限内订立合同，或者虽然有约定但是难以确定将来所要订立合同的主体、标的等内容，一方主张预约合同成立的，人民法院不予支持。 　　当事人订立的认购书、订购书、预订书等已就合同标的、数量、价款或者报酬等主要内容达成合意，符合本解释第三条第一款规定的合同成立条件，未明确约定在将来一定期限内

续表

《民法典》合同编	关联规定
	另行订立合同，或者虽然有约定但是当事人一方已实施履行行为且对方接受的，人民法院应当认定本约合同成立。 **第二十二条**　法定代表人、负责人或者工作人员以法人、非法人组织的名义订立合同且未超越权限，法人、非法人组织仅以合同加盖的印章不是备案印章或者系伪造的印章为由主张该合同对其不发生效力的，人民法院不予支持。 　　合同系以法人、非法人组织的名义订立，但是仅有法定代表人、负责人或者工作人员签名或者按指印而未加盖法人、非法人组织的印章，相对人能够证明法定代表人、负责人或者工作人员在订立合同时未超越权限的，人民法院应当认定合同对法人、非法人组织发生效力。但是，当事人约定以加盖印章作为合同成立条件的除外。 　　合同仅加盖法人、非法人组织的印章而无人员签名或者按指印，相对人能够证明合同系法定代表人、负责人或者工作人员在其权限范围内订立的，人民法院应当认定该合同对法人、非法人组织发生效力。 　　在前三款规定的情形下，法定代表人、负责人或者工作人员在订立合同时虽然超越代表或者代理权限，但是依据民法典第五百零四条的规定构成表见代表，或者依据民法典第一百七十二条的规定构成表见代理的，人

《民法典》合同编	关联规定
	民法院应当认定合同对法人、非法人组织发生效力。 **《电子签名法》**（2019 年修正） **第 14 条**　可靠的电子签名与手写签名或者盖章具有同等的法律效力。 **《保险法解释二》**（2020 年修正） **第 3 条**　投保人或者投保人的代理人订立保险合同时没有亲自签字或者盖章，而由保险人或者保险人的代理人代为签字或者盖章的，对投保人不生效。但投保人已经交纳保险费的，视为其对代签字或者盖章行为的追认。 　　保险人或者保险人的代理人代为填写保险单证后经投保人签字或者盖章确认的，代为填写的内容视为投保人的真实意思表示。但有证据证明保险人或者保险人的代理人存在保险法第一百一十六条、第一百三十一条相关规定情形的除外。 **《著作权纠纷解释》**（2020 年修正） **第 22 条**　著作权转让合同未采取书面形式的，人民法院依据民法典第四百九十条的规定审查合同是否成立。 **《九民会纪要》** **41.【盖章行为的法律效力】**　司法实践中，有些公司有意刻制两套甚至多套公章，有的法定代表人或者代理人甚至私刻公章，订立合同时恶意加盖非备案的公章或者假公章，发生纠纷后法人以加盖的是假公章为由否定合同效力的情形并不鲜见。人民法院在审理案件时，应当主要审查签约人于

《民法典》合同编	关联规定
	盖章之时有无代表权或者代理权,从而根据代表或者代理的相关规则来确定合同的效力。 法定代表人或者其授权之人在合同上加盖法人公章的行为,表明其是以法人名义签订合同,除《公司法》第16条等法律对其职权有特别规定的情形外,应当由法人承担相应的法律后果。法人以法定代表人事后已无代表权、加盖的是假章、所盖之章与备案公章不一致等为由否定合同效力的,人民法院不予支持。 代理人以被代理人名义签订合同,要取得合法授权。代理人取得合法授权后,以被代理人名义签订的合同,应当由被代理人承担责任。被代理人以代理人事后已无代理权、加盖的是假章、所盖之章与备案公章不一致等为由否定合同效力的,人民法院不予支持。
第四百九十一条【签订确认书的合同及电子合同成立时间】 当事人采用信件、数据电文等形式订立合同要求签订确认书的,签订确认书时合同成立。 当事人一方通过互联网等信息网络发布的商品或者服务信息符合要约条件的,对方选择该商品或者服务并提交订单成功时合同成立,但是当事人另有约定的除外。 **指引**:由于承诺生效后合同即已成立,而在合同成立后,一方当事人	**《买卖合同解释》**(2020年修正) **第1条** 当事人之间没有书面合同,一方以送货单、收货单、结算单、发票等主张存在买卖合同关系的,人民法院应当结合当事人之间的交易方式、交易习惯以及其他相关证据,对买卖合同是否成立作出认定。 对账确认函、债权确认书等函件、凭证没有记载债权人名称,买卖合同当事人一方以此证明存在买卖合同关系的,人民法院应予支持,但有相反证据足以推翻的除外。

《民法典》合同编	关联规定
再提出签订确认书的要求将不再有意义。因此，可提出签订确认书的时间应限定在承诺生效前。	《电子商务法》 第49条　电子商务经营者发布的商品或者服务信息符合要约条件的，用户选择该商品或者服务并提交订单成功，合同成立。当事人另有约定的，从其约定。 　　电子商务经营者不得以格式条款等方式约定消费者支付价款后合同不成立；格式条款等含有该内容的，其内容无效。 《拍卖法》（2015年修正） 第52条　拍卖成交后，买受人和拍卖人应当签署成交确认书。
第四百九十二条【合同成立地点】 承诺生效的地点为合同成立的地点。 　　采用数据电文形式订立合同的，收件人的主营业地为合同成立的地点；没有主营业地的，其住所地为合同成立的地点。当事人另有约定的，按照其约定。 　　指引：以数据电文形式订立的合同的成立地点，本条将合同法规定的"经常居住地"改为"住所地"，以与民法典总则编规定的自然人、法人住所制度相协调。	《电子签名法》（2019年修正） 第12条　发件人的主营业地为数据电文的发送地点，收件人的主营业地为数据电文的接收地点。没有主营业地的，其经常居住地为发送或者接收地点。 　　当事人对数据电文的发送地点、接收地点另有约定的，从其约定。 《民事诉讼法》（2021年修正） 第35条　合同或者其他财产权益纠纷的当事人可以书面协议选择被告住所地、合同履行地、合同签订地、原告住所地、标的物所在地等与争议有实际联系的地点的人民法院管辖，但不得违反本法对级别管辖和专属管辖的规定。

《民法典》合同编	关联规定
第四百九十三条【书面合同成立地点】　当事人采用合同书形式订立合同的，最后签名、盖章或者按指印的地点为合同成立的地点，但是当事人另有约定的除外。 　　**指引**：合同成立前约定以合同书形式订立合同的，以最后签名、盖章或按指印的地点为合同成立地点。若当事人达成合同后又协商签订合同书，除非当事人另有约定，合同已于承诺生效时成立，承诺生效的地点为合同订立的地点，而不适用本条。	**《涉外民事关系法律适用法解释一》**（2020 年修正） **第9条**　一方当事人故意制造涉外民事关系的连结点，规避中华人民共和国法律、行政法规的强制性规定的，人民法院应认定为不发生适用外国法律的效力。
第四百九十四条【强制缔约义务】　国家根据抢险救灾、疫情防控或者其他需要下达国家订货任务、指令性任务的，有关民事主体之间应当依照有关法律、行政法规规定的权利和义务订立合同。 　　依照法律、行政法规的规定负有发出要约义务的当事人，应当及时发出合理的要约。 　　依照法律、行政法规的规定负有作出承诺义务的当事人，不得拒绝对方合理的订立合同要求。	**《民法典》** **第648条【供用电合同定义及强制缔约义务】**　供用电合同是供电人向用电人供电，用电人支付电费的合同。 　　向社会公众供电的供电人，不得拒绝用电人合理的订立合同要求。 **第810条【承运人强制缔约义务】**　从事公共运输的承运人不得拒绝旅客、托运人通常、合理的运输要求。 **《交强险条例》**（2019 年修订） **第10条第1款**　投保人在投保时应当选择从事机动车交通事故责任强制保险业务的保险公司，被选择的保险公司不得拒绝或者拖延承保。
第四百九十五条【预约合同】　当事人约定在将来一定期限内订立合同的认购书、订购书、预订书等，构成预约合同。 　　当事人一方不履行预约合同约定	**《民法典合同编通则解释》** **第6条**　当事人以认购书、订购书、预订书等形式约定在将来一定期限内订立合同，或者为担保在将来一定期限内订立合同交付了定金，能够确定

《民法典》合同编	关联规定
的订立合同义务的，对方可以请求其承担预约合同的违约责任。 　　**指引**：预约合同是独立的合同。预约合同的标的为在将来一定期限内订立本约。是否要另行订立合同，是预约合同与本约合同最显著的区别。 　　**案例指引**：《成都讯捷通讯连锁有限公司与四川蜀都实业有限责任公司、四川友利投资控股股份有限公司房屋买卖合同纠纷案》【《最高人民法院公报》2015 年第 1 期】 　　**案例要旨**：（1）判断当事人之间订立的合同系本约还是预约的根本标准应当是当事人的意思表示。对于当事人之间存在预约还是本约关系，不能孤立地以当事人之间签订的协议之约定为依据，而是应当综合审查相关协议的内容以及当事人嗣后为达成交易进行的磋商和有关的履行行为等事实，探寻当事人真实意思，并据此对当事人之间法律关系的性质作出准确界定。（2）处分行为有别于负担行为，合同解除与否不涉及物之所有权的变动，而只与当事人是否继续承担合同所约定的义务有关。	将来所要订立合同的主体、标的等内容的，人民法院应当认定预约合同成立。 　　当事人通过签订意向书或者备忘录等方式，仅表达交易的意向，未约定在将来一定期限内订立合同，或者虽然有约定但是难以确定将来所要订立合同的主体、标的等内容，一方主张预约合同成立的，人民法院不予支持。 　　当事人订立的认购书、订购书、预订书等已就合同标的、数量、价款或者报酬等主要内容达成合意，符合本解释第三条第一款规定的合同成立条件，未明确约定在将来一定期限内另行订立合同，或者虽然有约定但是当事人一方已实施履行行为且对方接受的，人民法院应当认定本约合同成立。 　　**第七条**　预约合同生效后，当事人一方拒绝订立本约合同或者在磋商订立本约合同时违背诚信原则导致未能订立本约合同的，人民法院应当认定该当事人不履行预约合同约定的义务。 　　人民法院认定当事人一方在磋商订立本约合同时是否违背诚信原则，应当综合考虑该当事人在磋商时提出的条件是否明显背离预约合同约定的内容以及是否已尽合理努力进行协商等因素。 　　**第八条**　预约合同生效后，当事人一方不履行订立本约合同的义务，对方请求其赔偿因此造成的损失的，人民

《民法典》合同编	关联规定
	法院依法予以支持。 　　前款规定的损失赔偿，当事人有约定的，按照约定；没有约定的，人民法院应当综合考虑预约合同在内容上的完备程度以及订立本约合同的条件的成就程度等因素酌定。 **《海商法》** **第 231 条【预约保险合同】**　被保险人在一定期间分批装运或者接受货物的，可以与保险人订立预约保险合同。预约保险合同应当由保险人签发预约保险单证加以确认。 **《商品房买卖合同解释》（2020 年修正）** **第 5 条**　商品房的认购、订购、预订等协议具备《商品房销售管理办法》第十六条规定的商品房买卖合同的主要内容，并且出卖人已经按照约定收受购房款的，该协议应当认定为商品房买卖合同。
第四百九十六条【格式条款】　格式条款是当事人为了重复使用而预先拟定，并在订立合同时未与对方协商的条款。 　　采用格式条款订立合同的，提供格式条款的一方应当遵循公平原则确定当事人之间的权利和义务，并采取合理的方式提示对方注意免除或者减轻其责任等与对方有重大利害关系的条款，按照对方的要求，对该条款予以说明。提供格式条款的一方未履行提示或者说明义务，致使对方没有注意或者理解与其有重大利害关系的条	**《民法典合同编通则解释》** **第 9 条**　合同条款符合民法典第四百九十六条第一款规定的情形，当事人仅以合同系依据合同示范文本制作或者双方已经明确约定合同条款不属于格式条款为由主张该条款不是格式条款的，人民法院不予支持。 　　从事经营活动的当事人一方仅以未实际重复使用为由主张其预先拟定且未与对方协商的合同条款不是格式条款的，人民法院不予支持。但是，有证据证明该条款不是为了重复使用而预先拟定的除外。

《民法典》合同编	关联规定
款的，对方可以主张该条款不成为合同的内容。 **指引：**赋予对方在订立人未履行提示或说明义务下主张相关条款不成为合同内容的权利，属民法典新增的亮点内容。 **案例指引：**《某火锅、魏某与餐饮管理公司特许经营合同纠纷案》① **案例要旨：**格式合同的认定不应简单以合同条款是否由一方提前拟写为标准，而应以合同条款的最终拟定或者合同的最终签署是否体现了合同双方的真实意思为标准。即便合同条款由一方提前拟定，只要另一方充分知情并同意，亦不应认定其构成格式合同。	**第十条**　提供格式条款的一方在合同订立时采用通常足以引起对方注意的文字、符号、字体等明显标识，提示对方注意免除或者减轻其责任、排除或者限制对方权利等与对方有重大利害关系的异常条款的，人民法院可以认定其已经履行民法典第四百九十六条第二款规定的提示义务。 　　提供格式条款的一方按照对方的要求，就与对方有重大利害关系的异常条款的概念、内容及其法律后果以书面或者口头形式向对方作出通常能够理解的解释说明的，人民法院可以认定其已经履行民法典第四百九十六条第二款规定的说明义务。 　　提供格式条款的一方对其已经尽到提示义务或者说明义务承担举证责任。对于通过互联网等信息网络订立的电子合同，提供格式条款的一方仅以采取了设置勾选、弹窗等方式为由主张其已经履行提示义务或者说明义务的，人民法院不予支持，但是其举证符合前两款规定的除外。 **《保险法解释二》**（2020年修正） **第10条**　保险人将法律、行政法规中的禁止性规定情形作为保险合同免责条款的免责事由，保险人对该条款作出提示后，投保人、被保险人或者受益人以保险人未履行明确说明义务为由主张该条款不成为合同内容的，人

①　最高人民法院民事审判第三庭编：《知识产权审判指导》，人民法院出版社2020年版，第185页。

《民法典》合同编	关联规定
	民法院不予支持。 **第12条** 通过网络、电话等方式订立的保险合同，保险人以网页、音频、视频等形式对免除保险人责任条款予以提示和明确说明的，人民法院可以认定其履行了提示和明确说明义务。 **第13条** 保险人对其履行了明确说明义务负举证责任。 　投保人对保险人履行了符合本解释第十一条第二款要求的明确说明义务在相关文书上签字、盖章或者以其他形式予以确认的，应当认定保险人履行了该项义务。但另有证据证明保险人未履行明确说明义务的除外。 **《保险法解释四》**（2020年修正） **第2条** 保险人已向投保人履行了保险法规定的提示和明确说明义务，保险标的受让人以保险标的转让后保险人未向其提示或者明确说明为由，主张免除保险人责任的条款不成为合同内容的，人民法院不予支持。 **《民法典时间效力规定》** **第9条** 民法典施行前订立的合同，提供格式条款一方未履行提示或者说明义务，涉及格式条款效力认定的，适用民法典第四百九十六条的规定。 **《银行卡民事纠纷规定》** **第2条第1款** 发卡行在与持卡人订立银行卡合同时，对收取利息、复利、费用、违约金等格式条款未履行提示或者说明义务，致使持卡人没有注意或者理解该条款，持卡人主张该条款

《民法典》合同编	关联规定
	不成为合同的内容、对其不具有约束力的，人民法院应予支持。 **《民法典会议纪要》** 7. 提供格式条款的一方对格式条款中免除或者减轻其责任等与对方有重大利害关系的内容，在合同订立时采用足以引起对方注意的文字、符号、字体等特别标识，并按照对方的要求以常人能够理解的方式对该格式条款予以说明的，人民法院应当认定符合民法典第四百九十六条所称"采取合理的方式"。提供格式条款一方对已尽合理提示及说明义务承担举证责任。
第四百九十七条【格式条款无效的情形】　有下列情形之一的，该格式条款无效： 　　（一）具有本法第一编第六章第三节和本法第五百零六条规定的无效情形； 　　（二）提供格式条款一方不合理地免除或者减轻其责任、加重对方责任、限制对方主要权利； 　　（三）提供格式条款一方排除对方主要权利。 　　**指引**：格式条款对提高交易效率、提升整体社会效益有积极意义，并非当然无效。除符合法律规定的无效情形外，格式条款与其他合同条款对合同当事人有同样的约束力。另，格式条款无效，也不意味着合同整体无效。格式条款无效不影响合同其他部分效	**《民法典》** **第506条【免责条款效力】**　合同中的下列免责条款无效： 　　（一）造成对方人身损害的； 　　（二）因故意或者重大过失造成对方财产损失的。 **第153条【违反强制性规定及违背公序良俗的民事法律行为的效力】**　违反法律、行政法规的强制性规定的民事法律行为无效。但是，该强制性规定不导致该民事法律行为无效的除外。 　　违背公序良俗的民事法律行为无效。 **《电子商务法》** **第49条第2款**　电子商务经营者不得以格式条款等方式约定消费者支付价款后合同不成立；格式条款等含有该内容的，其内容无效。

续表

《民法典》合同编	关联规定
力的，其他部分仍然有效。 　　**案例指引**：《周显治、俞美芳与余姚众安房地产开发有限公司商品房销售合同纠纷案》【《最高人民法院公报》2016 年第 11 期】 　　**案例要旨**：商品房买卖中，开发商的交房义务不仅局限于交钥匙，还需出示相应的证明文件，并签署房屋交接单等。合同中分别约定了逾期交房与逾期办证的违约责任，但同时又约定开发商承担了逾期交房的责任之后，逾期办证的违约责任就不予承担的，应认定该约定属于免除开发商按时办证义务的无效格式条款，开发商仍应按照合同约定承担逾期交房、逾期办证的多项违约之责。	**《保险法》（2015 年修正）** **第 19 条**　采用保险人提供的格式条款订立的保险合同中的下列条款无效： 　　（一）免除保险人依法应承担的义务或者加重投保人、被保险人责任的； 　　（二）排除投保人、被保险人或者受益人依法享有的权利的。 **《消保法》（2013 年修正）** **第 26 条**　经营者在经营活动中使用格式条款的，应当以显著方式提请消费者注意商品或者服务的数量和质量、价款或者费用、履行期限和方式、安全注意事项和风险警示、售后服务、民事责任等与消费者有重大利害关系的内容，并按照消费者的要求予以说明。 　　经营者不得以格式条款、通知、声明、店堂告示等方式，作出排除或者限制消费者权利、减轻或者免除经营者责任、加重消费者责任等对消费者不公平、不合理的规定，不得利用格式条款并借助技术手段强制交易。 　　格式条款、通知、声明、店堂告示等含有前款所列内容的，其内容无效。 **《海商法》** **第 126 条**　海上旅客运输合同中含有下列内容之一的条款无效： 　　（一）免除承运人对旅客应当承担的法定责任； 　　（二）降低本章规定的承运人责任限额；

《民法典》合同编	关联规定
	（三）对本章规定的举证责任作出相反的约定； （四）限制旅客提出赔偿请求的权利。 前款规定的合同条款的无效，不影响合同其他条款的效力。 **《食品药品解释》（2020 年修正）第16条** 食品、药品的生产者与销售者以格式合同、通知、声明、告示等方式作出排除或者限制消费者权利、减轻或者免除经营者责任、加重消费者责任等对消费者不公平、不合理的规定，消费者依法请求认定该内容无效的，人民法院应予支持。 **《保险法解释二》（2020 年修正）** **第9条** 保险人提供的格式合同文本中的责任免除条款、免赔额、免赔率、比例赔付或者给付等免除或者减轻保险人责任的条款，可以认定为保险法第十七条第二款规定的"免除保险人责任的条款"。 保险人因投保人、被保险人违反法定或者约定义务，享有解除合同权利的条款，不属于保险法第十七条第二款规定的"免除保险人责任的条款"。 **第10条** 保险人将法律、行政法规中的禁止性规定情形作为保险合同免责条款的免责事由，保险人对该条款作出提示后，投保人、被保险人或者受益人以保险人未履行明确说明义务为由主张该条款不成为合同内容的，人民法院不予支持。

《民法典》合同编	关联规定
	《旅游纠纷解释》（2020 年修正） **第 6 条**　旅游经营者以格式条款、通知、声明、店堂告示等方式作出排除或者限制旅游者权利、减轻或者免除旅游经营者责任、加重旅游者责任等对旅游者不公平、不合理的规定，旅游者依据消费者权益保护法第二十六条的规定请求认定该内容无效的，人民法院应予支持。 **《人脸识别处理个人信息相关案件规定》** **第 11 条**　信息处理者采用格式条款与自然人订立合同，要求自然人授予其无期限限制、不可撤销、可任意转授权等处理人脸信息的权利，该自然人依据民法典第四百九十七条请求确认格式条款无效的，人民法院依法予以支持。 **《网络消费纠纷解释一》** **第 1 条**　电子商务经营者提供的格式条款有以下内容的，人民法院应当依法认定无效： （一）收货人签收商品即视为认可商品质量符合约定； （二）电子商务平台经营者依法应承担的责任一概由平台内经营者承担； （三）电子商务经营者享有单方解释权或者最终解释权； （四）排除或者限制消费者依法投诉、举报、请求调解、申请仲裁、提起诉讼的权利； （五）其他排除或者限制消费者权利、减轻或者免除电子商务经营者责任、加重消费者责任等对消费者不公平、不合理的内容。

《民法典》合同编	关联规定
	《民事诉讼法解释》（2022 年修正） 第 31 条　经营者使用格式条款与消费者订立管辖协议，未采取合理方式提请消费者注意，消费者主张管辖协议无效的，人民法院应予支持。
第四百九十八条【格式条款的解释】 　对格式条款的理解发生争议的，应当按照通常理解予以解释。对格式条款有两种以上解释的，应当作出不利于提供格式条款一方的解释。格式条款和非格式条款不一致的，应当采用非格式条款。 　**指引：** 格式条款解释中的"通常理解"，是指既不按照格式条款提供方的理解进行解释，也不按照个别的相对方的理解进行解释，而是按照可能订立的一般人的理解进行解释。"非格式条款"，既可以是格式条款外另行约定的条款，也可以是经过协商对原格式条款修改形成的条款。 　**案例指引：**《顾善芳诉张小君、林兴钢、钟武军追偿权纠纷案》【《最高人民法院公报》2017 年第 10 期】 　**案例要旨：** 对格式条款的理解发生争议的，首先应当按照通常理解予以解释。只有按照通常理解对格式条款有两种以上解释的，才应采用不利解释原则。连带共同保证中保证人减少时，应按实际保证人人数平均分配保证份额。	《保险法》（2015 年修正） 第 30 条　采用保险人提供的格式条款订立的保险合同，保险人与投保人、被保险人或者受益人对合同条款有争议的，应当按照通常理解予以解释。对合同条款有两种以上解释的，人民法院或者仲裁机构应当作出有利于被保险人和受益人的解释。 《保险法解释二》（2020 年修正） 第 17 条　保险人在其提供的保险合同格式条款中对非保险术语所作的解释符合专业意义，或者虽不符合专业意义，但有利于投保人、被保险人或者受益人的，人民法院应予认可。

《民法典》合同编	关联规定
第四百九十九条【悬赏广告】 悬赏人以公开方式声明对完成特定行为的人支付报酬的，完成该行为的人可以请求其支付。 **指引**：所谓的公开方式可以是广播电视、报纸、互联网等媒介，也可以在公开场所发传单、宣传栏张贴等。	**《民法典》** **第 317 条第 2 款** 权利人悬赏寻找遗失物的，领取遗失物时应当按照承诺履行义务。
第五百条【缔约过失责任】 当事人在订立合同过程中有下列情形之一，造成对方损失的，应当承担赔偿责任： （一）假借订立合同，恶意进行磋商； （二）故意隐瞒与订立合同有关的重要事实或者提供虚假情况； （三）有其他违背诚信原则的行为。 **指引**：以往主流观点认为，承担缔约过失责任的一个前提条件便是"合同不成立、被确认无效或者被撤销"，但实际上缔约过失责任并不以合同未订立为要件；在合同成立的情况下也有可能承担缔约过失责任。例如，甲依约飞赴北京与乙签合同，到北京后发现乙不在北京而在新疆，甲随后飞往新疆签下合同。此时合同已成立，但甲依然可要求乙承担缔约过失责任。 **案例指引**：《深圳市标榜投资发展有限公司与鞍山市财政局股权转让纠纷案》【《最高人民法院公报》2017 年第 12 期】 **案例要旨**：（1）合同约定生效要件为报批允准，承担报批义务方不履	**《民法典合同编通则解释》** **第 6 条** 当事人以认购书、订购书、预订书等形式约定在将来一定期限内订立合同，或为担保在将来一定期限内订立合同交付了定金，能够确定将来所要订立合同的主体、标的等内容的，人民法院应当认定预约合同成立。 当事人通过签订意向书或者备忘录等方式，仅表达交易的意向，未约定在将来一定期限内订立合同，或者虽然有约定但是难以确定将来所要订立合同的主体、标的等内容，一方主张预约合同成立的，人民法院不予支持。 当事人订立的认购书、订购书、预订书等已就合同标的、数量、价款或者报酬等主要内容达成合意，符合本解释第三条第一款规定的合同成立条件，未明确约定在将来一定期限内另行订立合同，或者虽然有约定但是当事人一方已实施履行行为且对方接受的，人民法院应当认定本约合同成立。

《民法典》合同编	关联规定
行报批义务的，应当承担缔约过失责任。（2）缔约过失人获得利益以善意相对人丧失交易机会为代价，善意相对人要求缔约过失人赔偿的，人民法院应予支持。（3）除直接损失外，缔约过失人对善意相对人的交易机会损失等间接损失，应予赔偿。间接损失数额应考虑缔约过失人过错程度及获得利益情况、善意相对人成本支出及预期利益等，综合衡量确定。	《期货纠纷解释》（2020年修正） 第16条　期货公司在与客户订立期货经纪合同时，未提示客户注意《期货交易风险说明书》内容，并由客户签字或者盖章，对于客户在交易中的损失，应当依据民法典第五百条第三项的规定承担相应的赔偿责任。但是，根据以往交易结果记载，证明客户已有交易经历的，应当免除期货公司的责任。 《九民会纪要》 第32条第2款　在确定合同不成立、无效或者被撤销后财产返还或者折价补偿范围时，要根据诚实信用原则的要求，在当事人之间合理分配，不能使不诚信的当事人因合同不成立、无效或者被撤销而获益。合同不成立、无效或者被撤销情况下，当事人所承担的缔约过失责任不应超过合同履行利益。比如，依据《最高人民法院关于审理建设工程施工合同纠纷案件适用法律问题的解释》第2条规定，建设工程施工合同无效，在建设工程经竣工验收合格情况下，可以参照合同约定支付工程款，但除非增加了合同约定之外新的工程项目，一般不应超出合同约定支付工程款。
第五百零一条【合同当事人保密义务】 　当事人在订立合同过程中知悉的商业秘密或者其他应当保密的信息，无论合同是否成立，不得泄露或者不正当地使用；泄露、不正当地使用该商	《反不正当竞争法》（2019年修正） 第9条　经营者不得实施下列侵犯商业秘密的行为： 　（一）以盗窃、贿赂、欺诈、胁迫、电子侵入或者其他不正当手段获

《民法典》合同编	关联规定
业秘密或者信息，造成对方损失的，应当承担赔偿责任。 **指引**：订立合同中的保密义务是基于诚信原则而生的法定义务，其贯穿合同订立、履行的始末，与合同是否成立亦无必然联系。另，适用社会发展需要，保密义务范围不再仅限于"商业秘密"，也包括其他应保密的信息。	取权利人的商业秘密； 　（二）披露、使用或者允许他人使用以前项手段获取的权利人的商业秘密； 　（三）违反保密义务或者违反权利人有关保守商业秘密的要求，披露、使用或者允许他人使用其所掌握的商业秘密； 　（四）教唆、引诱、帮助他人违反保密义务或者违反权利人有关保守商业秘密的要求，获取、披露、使用或者允许他人使用权利人的商业秘密。 　经营者以外的其他自然人、法人和非法人组织实施前款所列违法行为的，视为侵犯商业秘密。 　第三人明知或者应知商业秘密权利人的员工、前员工或者其他单位、个人实施本条第一款所列违法行为，仍获取、披露、使用或者允许他人使用该商业秘密的，视为侵犯商业秘密。 　本法所称的商业秘密，是指不为公众所知悉、具有商业价值并经权利人采取相应保密措施的技术信息、经营信息等商业信息。 **第 17 条第 3 款**　因不正当竞争行为受到损害的经营者的赔偿数额，按照其因被侵权所受到的实际损失确定；实际损失难以计算的，按照侵权人因侵权所获得的利益确定。经营者恶意实施侵犯商业秘密行为，情节严重的，可以在按照上述方法确定数额的一倍以上五倍以下确定赔偿数额。赔偿数

《民法典》合同编	关联规定
	额还应当包括经营者为制止侵权行为所支付的合理开支。 **《民法典合同编通则解释》** **第5条**　第三人实施欺诈、胁迫行为，使当事人在违背真实意思的情况下订立合同，受到损失的当事人请求第三人承担赔偿责任的，人民法院依法予以支持；当事人亦有违背诚信原则的行为的，人民法院应当根据各自的过错确定相应的责任。但是，法律、司法解释对当事人与第三人的民事责任另有规定的，依照其规定。
第三章　合同的效力	
第五百零二条【合同生效时间】　依法成立的合同，自成立时生效，但是法律另有规定或者当事人另有约定的除外。 　　依照法律、行政法规的规定，合同应当办理批准等手续的，依照其规定。未办理批准等手续影响合同生效的，不影响合同中履行报批等义务条款以及相关条款的效力。应当办理申请批准等手续的当事人未履行义务的，对方可以请求其承担违反该义务的责任。 　　依照法律、行政法规的规定，合同的变更、转让、解除等情形应当办理批准等手续的，适用前款规定。 　　**指引**：合同成立，是事实判断，而合同生效，则是价值判断。合同生效后，当事人才可请求对方履行合同主要义务。另，本条第2款明确将履	**《民法典》** **第136条**　民事法律行为自成立时生效，但是法律另有规定或者当事人另有约定的除外。 　　行人非依法律规定或者未经对方同意，不得擅自变更或者解除民事法律行为。 **第215条**　当事人之间订立有关设立、变更、转让和消灭不动产物权的合同，除法律另有规定或者当事人另有约定外，自合同成立时生效；未办理物权登记的，不影响合同效力。 **《商业银行法》**（2015年修正） **第28条**　任何单位和个人购买商业银行股份总额百分之五以上的，应当事先经国务院银行业监督管理机构批准。 **《民法典合同编通则解释》** **第12条**　合同依法成立后，负有报批义务的当事人不履行报批义务或者履行

《民法典》合同编	关联规定
行报批等义务条款及相关条款，作为一种特殊的条款独立对待，即使合同整体因未办理批准等手续不生效，也不影响合同中履行报批等义务条款及相关条款的效力。 　　**案例指引**：《大宗集团有限公司、宗锡晋与淮北圣火矿业有限公司、淮北圣火房地产开发有限责任公司、涡阳圣火房地产开发有限公司股权转让纠纷案》【《最高人民法院公报》2016年第6期】 　　**裁判要旨**：*矿业权与股权是两种不同的民事权利，如果仅转让公司股权而不导致矿业权主体的变更，则不属于矿业权转让，转让合同无须地质矿产主管部门审批，在不违反法律、行政法规强制性规定的情况下，应认定合同合法有效。迟延履行生效合同约定义务的当事人以迟延履行期间国家政策变化为由主张情势变更的，不予支持。*	报批义务不符合合同的约定或者法律、行政法规的规定，对方请求其继续履行报批义务的，人民法院应予支持；对方主张解除合同并请求其承担违反报批义务的赔偿责任的，人民法院应予支持。 　　人民法院判决当事人一方履行报批义务后，其仍不履行，对方主张解除合同并参照违反合同的违约责任请求其承担赔偿责任的，人民法院应予支持。 　　合同获得批准前，当事人一方起诉请求对方履行合同约定的主要义务，经释明后拒绝变更诉讼请求的，人民法院应当判决驳回其诉讼请求，但是不影响其另行提起诉讼。 　　负有报批义务的当事人已经办理申请批准等手续或者已经履行生效判决确定的报批义务，批准机关决定不予批准，对方请求其承担赔偿责任的，人民法院不予支持。但是，因迟延履行报批义务等可归责于当事人的原因导致合同未获批准，对方请求赔偿因此受到的损失的，人民法院应当依据民法典第一百五十七条的规定处理。 　　**第十三条**　合同存在无效或者可撤销的情形，当事人以该合同已在有关行政管理部门办理备案、已经批准机关批准或者已依据该合同办理财产权利的变更登记、移转登记等为由主张合同有效的，人民法院不予支持。 　　**第十四条**　当事人之间就同一交易订立多份合同，人民法院应当认定其中

《民法典》合同编	关联规定
	以虚假意思表示订立的合同无效。当事人为规避法律、行政法规的强制性规定，以虚假意思表示隐藏真实意思表示的，人民法院应当依据民法典第一百五十三条第一款的规定认定被隐藏合同的效力；当事人为规避法律、行政法规关于合同应当办理批准等手续的规定，以虚假意思表示隐藏真实意思表示的，人民法院应当依据民法典第五百零二条第二款的规定认定被隐藏合同的效力。 　　依据前款规定认定被隐藏合同无效或者确定不发生效力的，人民法院应当以被隐藏合同为事实基础，依据民法典第一百五十七条的规定确定当事人的民事责任。但是，法律另有规定的除外。 　　当事人就同一交易订立的多份合同均系真实意思表示，且不存在其他影响合同效力情形的，人民法院应当在查明各合同成立先后顺序和实际履行情况的基础上，认定合同内容是否发生变更。法律、行政法规禁止变更合同内容的，人民法院应当认定合同的相应变更无效。 **第十六条**　合同违反法律、行政法规的强制性规定，有下列情形之一，由行为人承担行政责任或者刑事责任能够实现强制性规定的立法目的的，人民法院可以依据民法典第一百五十三条第一款关于"该强制性规定不导致该民事法律行为无效的除外"的规定

《民法典》合同编	关联规定
	认定该合同不因违反强制性规定无效： （一）强制性规定虽然旨在维护社会公共秩序，但是合同的实际履行对社会公共秩序造成的影响显著轻微，认定合同无效将导致案件处理结果有失公平公正； （二）强制性规定旨在维护政府的税收、土地出让金等国家利益或者其他民事主体的合法利益而非合同当事人的民事权益，认定合同有效不会影响该规范目的的实现； （三）强制性规定旨在要求当事人一方加强风险控制、内部管理等，对方无能力或者无义务审查合同是否违反强制性规定，认定合同无效将使其承担不利后果； （四）当事人一方虽然在订立合同时违反强制性规定，但是在合同订立后其已经具备补正违反强制性规定的条件却违背诚信原则不予补正； （五）法律、司法解释规定的其他情形。 法律、行政法规的强制性规定旨在规制合同订立后的履行行为，当事人以合同违反强制性规定为由请求认定合同无效的，人民法院不予支持。但是，合同履行必然导致违反强制性规定或者法律、司法解释另有规定的除外。 依据前两款认定合同有效，但是当事人的违法行为未经处理的，人民法院应当向有关行政管理部门提出司

《民法典》合同编	关联规定
	法建议。当事人的行为涉嫌犯罪的,应当将案件线索移送刑事侦查机关;属于刑事自诉案件的,应当告知当事人可以向有管辖权的人民法院另行提起诉讼。 **《民法典时间效力规定》** **第8条** 民法典施行前成立的合同,适用当时的法律、司法解释的规定合同无效而适用民法典的规定合同有效的,适用民法典的相关规定。 **《商品房买卖合同解释》(2020年修正)** **第6条** 当事人以商品房预售合同未按照法律、行政法规规定办理登记备案手续为由,请求确认合同无效的,不予支持。 　　当事人约定以办理登记备案手续为商品房预售合同生效条件的,从其约定,但当事人一方已经履行主要义务,对方接受的除外。 **《国有土地使用权合同纠纷解释》(2020年修正)** **第8条** 土地使用权人作为转让方与受让方订立土地使用权转让合同后,当事人一方以双方之间未办理土地使用权变更登记手续为由,请求确认合同无效的,不予支持。 **《农村土地承包纠纷解释》(2020年修正)** **第14条** 承包方依法采取出租、入股或者其他方式流转土地经营权,发包方仅以该土地经营权流转合同未报其备案为由,请求确认合同无效的,不予支持。

《民法典》合同编	关联规定
	《外商投资企业纠纷解释一》（2020 年修正） **第 1 条** 当事人在外商投资企业设立、变更等过程中订立的合同，依法律、行政法规的规定应当经外商投资企业审批机关批准后才生效的，自批准之日起生效；未经批准的，人民法院应当认定该合同未生效。当事人请求确认该合同无效的，人民法院不予支持。 前款所述合同因未经批准而被认定未生效的，不影响合同中当事人履行报批义务条款及因该报批义务而设定的相关条款的效力。 **第 2 条** 当事人就外商投资企业相关事项达成的补充协议对已获批准的合同不构成重大或实质性变更的，人民法院不应以未经外商投资企业审批机关批准为由认定该补充协议未生效。 前款规定的重大或实质性变更包括注册资本、公司类型、经营范围、营业期限、股东认缴的出资额、出资方式的变更以及公司合并、公司分立、股权转让等。 **第 13 条** 外商投资企业股东与债权人订立的股权质押合同，除法律、行政法规另有规定或者合同另有约定外，自成立时生效。未办理质权登记的，不影响股权质押合同的效力。 当事人仅以股权质押合同未经外商投资企业审批机关批准为由主张合同无效或未生效的，人民法院不予支持。

《民法典》合同编	关联规定
	股权质押合同依照民法典的相关规定办理了出质登记的，股权质权自登记时设立。 **第 15 条**　合同约定一方实际投资、另一方作为外商投资企业名义股东，不具有法律、行政法规规定的无效情形的，人民法院应认定该合同有效。一方当事人仅以未经外商投资企业审批机关批准为由主张该合同无效或者未生效的，人民法院不予支持。 　　实际投资者请求外商投资企业名义股东依据双方约定履行相应义务的，人民法院应予支持。 　　双方未约定利益分配，实际投资者请求外商投资企业名义股东向其交付从外商投资企业获得的收益的，人民法院应予支持。外商投资企业名义股东向实际投资者请求支付必要报酬的，人民法院应酌情予以支持。 **《全国法院知识产权审判工作会议纪要》** 22. 法律、法规规定生产产品或者提供服务须经有关部门审批手续或者领取许可证，而实际尚未办理该审批手续或者领取许可证的，不影响当事人就有关产品的生产或者服务的提供所订立的技术合同的效力。 　　当事人对办理前款所称审批手续或者许可证的义务没有约定或者约定不明确，依照合同法第六十一条的规定不能达成补充协议的，除法律、法规另有规定的以外，由实施技术的一方负责办理。

《民法典》合同编	关联规定
	《企业改制纠纷解释》（2020 年修正） **第 17 条**　以协议转让形式出售企业，企业出售合同未经有审批权的地方人民政府或其授权的职能部门审批的，人民法院在审理相关的民事纠纷案件时，应当确认该企业出售合同不生效。 **《技术合同纠纷解释》**（2020 年修正） **第 8 条**　生产产品或者提供服务依法须经有关部门审批或者取得行政许可，而未经审批或者许可的，不影响当事人订立的相关技术合同的效力。 　　当事人对办理前款所称审批或者许可的义务没有约定或者约定不明确的，人民法院应当判令由实施技术的一方负责办理，但法律、行政法规另有规定的除外。
第五百零三条【被代理人对无权代理合同的追认】　无权代理人以被代理人的名义订立合同，被代理人已经开始履行合同义务或者接受相对人履行的，视为对合同的追认。 　　**指引**：本条实际上是《民法典》总则编第 171 条无权代理规则的延伸。一般而言，无权代理下的追认多为明示方式，本条则允许被代理人以履行合同或接受履行等默示方式进行。	**《民法典》** **第 171 条**　行为人没有代理权、超越代理权或者代理权终止后，仍然实施代理行为，未经被代理人追认的，对被代理人不发生效力。 　　相对人可以催告被代理人自收到通知之日起三十日内予以追认。被代理人未作表示的，视为拒绝追认。行为人实施的行为被追认前，善意相对人有撤销的权利。撤销应当以通知的方式作出。 　　行为人实施的行为未被追认的，善意相对人有权请求行为人履行债务或者就其受到的损害请求行为人赔偿。但是，赔偿的范围不得超过被代理人追认时相对人所能获得的利益。

《民法典》合同编	关联规定
	相对人知道或者应当知道行为人无权代理的，相对人和行为人按照各自的过错承担责任。 **《民法典合同编通则解释》** **第 21 条**　法人、非法人组织的工作人员就超越其职权范围的事项以法人、非法人组织的名义订立合同，相对人主张该合同对法人、非法人组织发生效力并由其承担违约责任的，人民法院不予支持。但是，法人、非法人组织有过错的，人民法院可以参照民法典第一百五十七条的规定判决其承担相应的赔偿责任。前述情形，构成表见代理的，人民法院应当依据民法典第一百七十二条的规定处理。 　　合同所涉事项有下列情形之一的，人民法院应当认定法人、非法人组织的工作人员在订立合同时超越其职权范围： 　　（一）依法应当由法人、非法人组织的权力机构或者决策机构决议的事项； 　　（二）依法应当由法人、非法人组织的执行机构决定的事项； 　　（三）依法应当由法定代表人、负责人代表法人、非法人组织实施的事项； 　　（四）不属于通常情形下依其职权可以处理的事项。 　　合同所涉事项未超越依据前款确定的职权范围，但是超越法人、非法人组织对工作人员职权范围的限制，相

《民法典》合同编	关联规定
	对人主张该合同对法人、非法人组织发生效力并由其承担违约责任的,人民法院应予支持。但是,法人、非法人组织举证证明相对人知道或者应当知道该限制的除外。 　　法人、非法人组织承担民事责任后,向故意或者有重大过失的工作人员追偿的,人民法院依法予以支持。
第五百零四条【越权订立的合同效力】 　　法人的法定代表人或者非法人组织的负责人超越权限订立的合同,除相对人知道或者应当知道其超越权限外,该代表行为有效,订立的合同对法人或者非法人组织发生效力。 　　**指引**:合同订立中,相对人知道或应当知道法定代表人或非法人组织负责人的行为超越了权限仍与之订立的,则相对人具有恶意,合同不具有效力。 　　**案例指引**:《招商银行股份有限公司大连东港支行与大连振邦氟涂料股份有限公司、大连振邦集团有限公司借款合同纠纷案》【《最高人民法院公报》2015 年第 2 期】 　　**案例要旨**:《公司法》第 16 条第 2 款关于"公司为公司股东或者实际控制人提供担保的,必须经股东会或者股东大会决议"的规定,是关于公司内部控制管理的规定,不应以此作为评价合同效力的依据。担保人抗辩认为其法定代表人订立抵押合同的行为超越代表权,债权人以其对相关股	**《民法典》** **第 61 条【法定代表人的定义及行为的法律后果】** 依照法律或者法人章程的规定,代表法人从事民事活动的负责人,为法人的法定代表人。 　　法定代表人以法人名义从事的民事活动,其法律后果由法人承受。 　　法人章程或者法人权力机构对法定代表人代表权的限制,不得对抗善意相对人。 **《民法典合同编通则解释》** **第 18 条** 法律、行政法规的规定虽然有"应当""必须"或者"不得"等表述,但是该规定旨在限制或者赋予民事权利,行为人违反该规定将构成无权处分、无权代理、越权代表等,或者导致合同相对人、第三人因此获得撤销权、解除权等民事权利的,人民法院应当依据法律、行政法规规定的关于违反该规定的民事法律后果认定合同效力。 **第 20 条** 法律、行政法规为限制法人的法定代表人或者非法人组织的负责人的代表权,规定合同所涉事项应当

《民法典》合同编	关联规定
东会决议履行了形式审查义务，主张担保人的法定代表人构成表见代表的，人民法院应予支持。	由法人、非法人组织的权力机构或者决策机构决议，或者应当由法人、非法人组织的执行机构决定，法定代表人、负责人未取得授权而以法人、非法人组织的名义订立合同，未尽到合理审查义务的相对人主张该合同对法人、非法人组织发生效力并由其承担违约责任的，人民法院不予支持，但是法人、非法人组织有过错的，可以参照民法典第一百五十七条的规定判决其承担相应的赔偿责任。相对人已尽到合理审查义务，构成表见代表的，人民法院应当依据民法典第五百零四条的规定处理。 　　合同所涉事项未超越法律、行政法规规定的法定代表人或者负责人的代表权限，但是超越法人、非法人组织的章程或者权力机构等对代表权的限制，相对人主张该合同对法人、非法人组织发生效力并由其承担违约责任的，人民法院依法予以支持。但是，法人、非法人组织举证证明相对人知道或者应当知道该限制的除外。 　　法人、非法人组织承担民事责任后，向有过错的法定代表人、负责人追偿因越权代表行为造成的损失的，人民法院依法予以支持。法律、司法解释对法定代表人、负责人的民事责任另有规定的，依照其规定。 **第22条**　法定代表人、负责人或者工作人员以法人、非法人组织的名义订立合同且未超越权限，法人、非法人

《民法典》合同编	关联规定
	组织仅以合同加盖的印章不是备案印章或者系伪造的印章为由主张该合同对其不发生效力的，人民法院不予支持。 　　合同系以法人、非法人组织的名义订立，但是仅有法定代表人、负责人或者工作人员签名或者按指印而未加盖法人、非法人组织的印章，相对人能够证明法定代表人、负责人或者工作人员在订立合同时未超越权限的，人民法院应当认定合同对法人、非法人组织发生效力。但是，当事人约定以加盖印章作为合同成立条件的除外。 　　合同仅加盖法人、非法人组织的印章而无人员签名或者按指印，相对人能够证明合同系法定代表人、负责人或者工作人员在其权限范围内订立的，人民法院应当认定该合同对法人、非法人组织发生效力。 　　在前三款规定的情形下，法定代表人、负责人或者工作人员在订立合同时虽然超越代表或者代理权限，但是依据民法典第五百零四条的规定构成表见代表，或者依据民法典第一百七十二条的规定构成表见代理的，人民法院应当认定合同对法人、非法人组织发生效力。 **《民法典担保制度解释》** **第7条**　公司的法定代表人违反公司法关于公司对外担保决议程序的规定，超越权限代表公司与相对人订立担保合同，人民法院应当依照民法典第六

《民法典》合同编	关联规定
	十一条和第五百零四条等规定处理： 　（一）相对人善意的，担保合同对公司发生效力；相对人请求公司承担担保责任的，人民法院应予支持。 　（二）相对人非善意的，担保合同对公司不发生效力；相对人请求公司承担赔偿责任的，参照适用本解释第十七条的有关规定。 　法定代表人超越权限提供担保造成公司损失，公司请求法定代表人承担赔偿责任的，人民法院应予支持。第一款所称善意，是指相对人在订立担保合同时不知道且不应当知道法定代表人超越权限。相对人有证据证明已对公司决议进行了合理审查，人民法院应当认定其构成善意，但是公司有证据证明相对人知道或者应当知道决议系伪造、变造的除外。 **《九民会纪要》** **17.【违反《公司法》第 16 条构成越权代表】** 为防止法定代表人随意代表公司为他人提供担保给公司造成损失，损害中小股东利益，《公司法》第 16 条对法定代表人的代表权进行了限制。根据该条规定，担保行为不是法定代表人所能单独决定的事项，而必须以公司股东（大）会、董事会等公司机关的决议作为授权的基础和来源。法定代表人未经授权擅自为他人提供担保的，构成越权代表，人民法院应当根据《合同法》第 50 条关于法定代表人越权代表的规定，区分订立合同时债权人是否善意分别认定合同效力：债权人善意的，合同有效；反之，合同无效。

《民法典》合同编	关联规定
第五百零五条【超经营范围订立的合同效力】　当事人超越经营范围订立的合同的效力，应当依照本法第一编第六章第三节和本编的有关规定确定，不得仅以超越经营范围确认合同无效。 　　**指引**：合同效力一般不因超越经营范围而受到影响。合同作为民事法律行为的一种，其效力应按照《民法典》总则编第6章第3节（民事法律行为的效力）与合同编关于合同效力的规定处理。	《民法典》 **第143条至第157条** 《外商投资法解释》 **第3条**　外国投资者投资外商投资准入负面清单规定禁止投资的领域，当事人主张投资合同无效的，人民法院应予支持。 **第4条**　外国投资者投资外商投资准入负面清单规定限制投资的领域，当事人以违反限制性准入特别管理措施为由，主张投资合同无效的，人民法院应予支持。 　　人民法院作出生效裁判前，当事人采取必要措施满足准入特别管理措施的要求，当事人主张前款规定的投资合同有效的，应予支持。
第五百零六条【免责条款效力】　合同中的下列免责条款无效： 　　（一）造成对方人身损害的； 　　（二）因故意或者重大过失造成对方财产损失的。 　　**指引**：对当事人经充分协商确定的免责条款，只要是完全建立在当事人自愿的基础上，且不违反社会公共利益，应承认免责条款的效力，但严重违反诚实信用原则和社会公共利益的免责条款除外，如本条规定情形。	《民法典》 **第497条【格式条款无效的情形】** 有下列情形之一的，该格式条款无效： 　　（一）具有本法第一编第六章第三节和本法第五百零六条规定的无效情形； 　　（二）提供格式条款一方不合理地免除或者减轻其责任、加重对方责任、限制对方主要权利； 　　（三）提供格式条款一方排除对方主要权利。
第五百零七条【争议解决条款效力】　合同不生效、无效、被撤销或者终止的，不影响合同中有关解决争议方法的条款的效力。	《民事诉讼法》（2023年修正） **第35条**　合同或者其他财产权益纠纷的当事人可以书面协议选择被告住所地、合同履行地、合同签订地、原告

《民法典》合同编	关联规定
指引："合同不生效"，典型情形包括两种：一是应办理批准但未办理批准，且未报批影响合同整体效力的；二是附生效条件的合同，所附条件无法具备的。另，解决争议的条款主要包括仲裁条款、选择受诉法院条款、选择检验或鉴定机构条款、法律适用条款等。	住所地、标的物所在地等与争议有实际联系的地点的人民法院管辖，但不得违反本法对级别管辖和专属管辖的规定。 **《仲裁法》**（2017 年修正） **第 19 条【仲裁协议的独立性】**　仲裁协议独立存在，合同的变更、解除、终止或者无效，不影响仲裁协议的效力。 　仲裁庭有权确认合同的效力。 **《仲裁法解释》**（2008 年修正） **第 10 条**　合同成立后未生效或者被撤销的，仲裁协议效力的认定适用仲裁法第十九条第一款的规定。 　当事人在订立合同时就争议达成仲裁协议的，合同未成立不影响仲裁协议的效力。
第五百零八条【合同效力援引】　本编对合同的效力没有规定的，适用本法第一编第六章的有关规定。 　**指引：** 如前所述，合同作为平等民事主体之间设立、变更、终止民事法律关系的协议，是一种最为典型的民事法律行为。因总则编的编纂系按"提取公因式"方法进行的，合同编没有规定时，适用总则编有关法律行为的规定符合民法典的立法逻辑。 　**案例指引：**《瑞士嘉吉国际公司诉福建金石制油有限公司等确认合同无效纠纷案》**【最高人民法院指导案例33 号】** 　**裁判要点：**（1）债务人将主要财	**《民法典》** **第 143 条至第 157 条** **《民法典合同编通则解释》** **第 13 条**　合同存在无效或者可撤销的情形，当事人以该合同已在有关行政管理部门办理备案、已经批准机关批准或者已依据该合同办理财产权利的变更登记、移转登记等为由主张合同有效的，人民法院不予支持。 **第 14 条**　当事人之间就同一交易订立多份合同，人民法院应当认定其中以虚假意思表示订立的合同无效。当事人为规避法律、行政法规的强制性规定，以虚假意思表示隐藏真实意思表示的，人民法院应当依据民法典第一百

《民法典》合同编	关联规定
产以明显不合理低价转让给其关联公司，关联公司在明知债务人欠债的情况下，未实际支付对价的，可以认定债务人与其关联公司恶意串通、损害债权人利益，与此相关的财产转让合同应当认定为无效。（2）《合同法》第 59 条（《民法典》第 157 条）规定适用于第三人为财产所有权人的情形，在债权人对债务人享有普通债权的情况下，应当根据《合同法》第 58 条（《民法典》第 157 条）的规定，判令因无效合同取得的财产返还给原财产所有人，而不能根据第 59 条规定直接判令债务人的关联公司因"恶意串通，损害第三人利益"的合同而取得的债务人的财产返还给债权人。	五十三条第一款的规定认定被隐藏合同的效力；当事人为规避法律、行政法规关于合同应当办理批准等手续的规定，以虚假意思表示隐藏真实意思表示的，人民法院应当依据民法典第五百零二条第二款的规定认定被隐藏合同的效力。 依据前款规定认定被隐藏合同无效或者确定不发生效力的，人民法院应当以被隐藏合同为事实基础，依据民法典第一百五十七条的规定确定当事人的民事责任。但是，法律另有规定的除外。 当事人就同一交易订立的多份合同均系真实意思表示，且不存在其他影响合同效力情形的，人民法院应当在查明各合同成立先后顺序和实际履行情况的基础上，认定合同内容是否发生变更。法律、行政法规禁止变更合同内容的，人民法院应当认定合同的相应变更无效。 **第十六条**　合同违反法律、行政法规的强制性规定，有下列情形之一，由行为人承担行政责任或者刑事责任能够实现强制性规定的立法目的的，人民法院可以依据民法典第一百五十三条第一款关于"该强制性规定不导致该民事法律行为无效的除外"的规定认定该合同不因违反强制性规定无效： （一）强制性规定虽然旨在维护社会公共秩序，但是合同的实际履行对社会公共秩序造成的影响显著轻微，

《民法典》合同编	关联规定
	认定合同无效将导致案件处理结果有失公平公正； （二）强制性规定旨在维护政府的税收、土地出让金等国家利益或者其他民事主体的合法利益而非合同当事人的民事权益，认定合同有效不会影响该规范目的的实现； （三）强制性规定旨在要求当事人一方加强风险控制、内部管理等，对方无能力或者无义务审查合同是否违反强制性规定，认定合同无效将使其承担不利后果； （四）当事人一方虽然在订立合同时违反强制性规定，但是在合同订立后其已经具备补正违反强制性规定的条件却违背诚信原则不予补正； （五）法律、司法解释规定的其他情形。 法律、行政法规的强制性规定旨在规制合同订立后的履行行为，当事人以合同违反强制性规定为由请求认定合同无效的，人民法院不予支持。但是，合同履行必然导致违反强制性规定或者法律、司法解释另有规定的除外。 依据前两款认定合同有效，但是当事人的违法行为未经处理的，人民法院应当向有关行政管理部门提出司法建议。当事人的行为涉嫌犯罪的，应当将案件线索移送刑事侦查机关；属于刑事自诉案件的，应当告知当事人可以向有管辖权的人民法院另行提起诉讼。

《民法典》合同编	关联规定
	第十八条　法律、行政法规的规定虽然有"应当""必须"或者"不得"等表述，但是该规定旨在限制或者赋予民事权利，行为人违反该规定将构成无权处分、无权代理、越权代表等，或者导致合同相对人、第三人因此获得撤销权、解除权等民事权利的，人民法院应当依据法律、行政法规规定的关于违反该规定的民事法律后果认定合同效力。 **第二条**　下列情形，不违反法律、行政法规的强制性规定且不违背公序良俗的，人民法院可以认定为民法典所称的"交易习惯"： 　　（一）当事人之间在交易活动中的惯常做法； 　　（二）在交易行为当地或者某一领域、某一行业通常采用并为交易对方订立合同时所知道或者应当知道的做法。 　　对于交易习惯，由提出主张的当事人一方承担举证责任。 **第二十四条**　合同不成立、无效、被撤销或者确定不发生效力，当事人请求返还财产，经审查财产能够返还的，人民法院应当根据案件具体情况，单独或者合并适用返还占有的标的物、更正登记簿册记载等方式；经审查财产不能返还或者没有必要返还的，人民法院应当以认定合同不成立、无效、被撤销或者确定不发生效力之日该财产的市场价值或者以其他合理方式计

《民法典》合同编	关联规定
	算的价值为基准判决折价补偿。 除前款规定的情形外，当事人还请求赔偿损失的，人民法院应当结合财产返还或者折价补偿的情况，综合考虑财产增值收益和贬值损失、交易成本的支出等事实，按照双方当事人的过错程度及原因力大小，根据诚信原则和公平原则，合理确定损失赔偿额。 合同不成立、无效、被撤销或者确定不发生效力，当事人的行为涉嫌违法且未经处理，可能导致一方或者双方通过违法行为获得不当利益的，人民法院应当向有关行政管理部门提出司法建议。当事人的行为涉嫌犯罪的，应当将案件线索移送刑事侦查机关；属于刑事自诉案件的，应当告知当事人可以向有管辖权的人民法院另行提起诉讼。
第四章 合同的履行	
第五百零九条【合同履行的原则】 当事人应当按照约定全面履行自己的义务。 当事人应当遵循诚信原则，根据合同的性质、目的和交易习惯履行通知、协助、保密等义务。 当事人在履行合同过程中，应当避免浪费资源、污染环境和破坏生态。 **指引**：本条规定的合同履行原则可以概括为全面履行、诚信履行、绿色履行三大原则。	《民法典》 **第7条【诚信原则】** 民事主体从事民事活动，应当遵循诚信原则，秉持诚实，恪守承诺。 **第9条【绿色原则】** 民事主体从事民事活动，应当有利于节约资源、保护生态环境。 《民法典合同编通则解释》 **第2条** 下列情形，不违反法律、行政法规的强制性规定且不违背公序良俗的，人民法院可以认定为民法典所称的"交易习惯"：

《民法典》合同编	关联规定
	（一）当事人之间在交易活动中的惯常做法； （二）在交易行为当地或者某一领域、某一行业通常采用并为交易对方订立合同时所知道或者应当知道的做法。 对于交易习惯，由提出主张的当事人一方承担举证责任。 **第二十六条**　当事人一方未根据法律规定或者合同约定履行开具发票、提供证明文件等非主要债务，对方请求继续履行该债务并赔偿因怠于履行该债务造成的损失的，人民法院依法予以支持；对方请求解除合同的，人民法院不予支持，但是不履行该债务致使不能实现合同目的或者当事人另有约定的除外。
第五百一十条【合同无约定或约定不明的补救】　合同生效后，当事人就质量、价款或者报酬、履行地点等内容没有约定或者约定不明确的，可以协议补充；不能达成补充协议的，按照合同相关条款或者交易习惯确定。 　　**指引**：本条以及第 511 条，对合同内容的确定和合同履行具有重要意义。合同编其他规定尤其各典型合同具体规则中，经常要引用这两条以确定各有关合同的约定不明时的解决规则。 　　**案例指引**：《广州珠江铜厂有限公司与佛山市南海区中兴五金冶炼厂、李烈芬加工合同纠纷案》【《最高人民	**《民法典》** 第 582 条、第 602 条、第 603 条、第 616 条、第 619 条、第 626 条－第 628 条、第 674 条－675 条、第 709 条、第 721 条、第 730 条、第 757 条、第 782 条、第 831 条、第 833 条、第 858 条、第 875 条、第 889 条、第 902 条、第 955 条、第 963 条、第 976 条 **《民法典合同编通则解释》** **第 2 条**　下列情形，不违反法律、行政法规的强制性规定且不违背公序良俗的，人民法院可以认定为民法典所称的"交易习惯"： （一）当事人之间在交易活动中的惯常做法；

《民法典》合同编	关联规定
法院公报》2014 年第 10 期】 　　**案例要旨**：当事人对合同条款的理解有争议的，应当按照合同所使用的词句、合同的有关条款、合同的目的、交易习惯以及诚实信用原则，确定该条款的真实意思。当事人基于实际交易需要而签订合同，在特定条件下会作出特定的意思表示，只要其意思表示是真实的，且不违背法律的强制性或者禁止性规定，即应当予以保护。	（二）在交易行为当地或者某一领域、某一行业通常采用并为交易对方订立合同时所知道或者应当知道的做法。 　　对于交易习惯，由提出主张的当事人一方承担举证责任。 　　**第三条**　当事人对合同是否成立存在争议，人民法院能够确定当事人姓名或者名称、标的和数量的，一般应当认定合同成立。但是，法律另有规定或者当事人另有约定的除外。 　　根据前款规定能够认定合同已经成立的，对合同欠缺的内容，人民法院应当依据民法典第五百一十条、第五百一十一条等规定予以确定。 　　当事人主张合同无效或者请求撤销、解除合同等，人民法院认为合同不成立的，应当依据《最高人民法院关于民事诉讼证据的若干规定》第五十三条的规定将合同是否成立作为焦点问题进行审理，并可以根据案件的具体情况重新指定举证期限。 　　**《诉讼时效规定》（2020 年修正）** 　　**第 4 条**　未约定履行期限的合同，依照民法典第五百一十条、第五百一十一条的规定，可以确定履行期限的，诉讼时效期间从履行期限届满之日起计算；不能确定履行期限的，诉讼时效期间从债权人要求债务人履行义务的宽限期届满之日起计算，但债务人在债权人第一次向其主张权利之时明确表示不履行义务的,诉讼时效期间

《民法典》合同编	关联规定
	从债务人明确表示不履行义务之日起计算。 **《民法典会议纪要》** 6.当事人对于合同是否成立发生争议，人民法院应当本着尊重合同自由，鼓励和促进交易的精神依法处理。能够确定当事人名称或者姓名、标的和数量的，人民法院一般应当认定合同成立，但法律另有规定或者当事人另有约定的除外。 　　对合同欠缺的当事人名称或者姓名、标的和数量以外的其他内容，当事人达不成协议的，人民法院依照民法典第四百六十六条、第五百一十条、第五百一十一条等规定予以确定。
第五百一十一条【合同约定不明确时的履行】 当事人就有关合同内容约定不明确，依据前条规定仍不能确定的，适用下列规定： 　　（一）质量要求不明确的，按照强制性国家标准履行；没有强制性国家标准的，按照推荐性国家标准履行；没有推荐性国家标准的，按照行业标准履行；没有国家标准、行业标准的，按照通常标准或者符合合同目的的特定标准履行。 　　（二）价款或者报酬不明确的，按照订立合同时履行地的市场价格履行；依法应当执行政府定价或者政府指导价的，依照规定履行。 　　（三）履行地点不明确，给付货币的，在接受货币一方所在地履行；交	**《民法典》** 第 602 条、第 616 条、第 626 条 **《民法典合同编通则解释》** **第 3 条** 当事人对合同是否成立存在争议，人民法院能够确定当事人姓名或者名称、标的和数量的，一般应当认定合同成立。但是，法律另有规定或者当事人另有约定的除外。 　　根据前款规定能够认定合同已经成立的，对合同欠缺的内容，人民法院应当依据民法典第五百一十条、第五百一十一条等规定予以确定。 　　当事人主张合同无效或者请求撤销、解除合同等，人民法院认为合同不成立的，应当依据《最高人民法院关于民事诉讼证据的若干规定》第五十三条的规定将合同是否成立作为焦

《民法典》合同编	关联规定
付不动产的，在不动产所在地履行；其他标的，在履行义务一方所在地履行。 （四）履行期限不明确的，债务人可以随时履行，债权人也可以随时请求履行，但是应当给对方必要的准备时间。 （五）履行方式不明确的，按照有利于实现合同目的的方式履行。 （六）履行费用的负担不明确的，由履行义务一方负担；因债权人原因增加的履行费用，由债权人负担。 **指引**：对合同中质量、价款或者报酬、履行地点、履行期限、履行方式、履行费用没有约定或者约定不明确且按照第 510 条也无法确定的，才适用本条。另，质量方面将国家标准进一步分为强制性国家标准和推荐性国家标准，并确定了"强制性国家标准、推荐性国家标准、行业标准"的一般顺序。 **案例指引**：《吉林省东润房地产开发有限公司与吉林佳垒房地集团有限公司、第三人大商股份有限公司合资、合作开发房地产合同纠纷案》【《最高人民法院公报》2013 年第 4 期】 **案例要旨**：双方当事人在签订合同后、履行合同过程中，因情况变化，又签订多份补充协议修改原合同约定的，只要补充协议是当事人的真实意思表示，协议内容符合法律规定，均应认定为有效。当事人对多份补充协	点问题进行审理，并可以根据案件的具体情况重新指定举证期限。 **《诉讼时效规定》（2020 年修正）** **第 4 条** 未约定履行期限的合同，依照民法典第五百一十条、第五百一十一条的规定，可以确定履行期限的，诉讼时效期间从履行期限届满之日起计算；不能确定履行期限的，诉讼时效期间从债权人要求债务人履行义务的宽限期届满之日起计算，但债务人在债权人第一次向其主张权利之时明确表示不履行义务的，诉讼时效期间从债务人明确表示不履行义务之日起计算。 **《民法典会议纪要》** 6. 当事人对于合同是否成立发生争议，人民法院应当本着尊重合同自由，鼓励和促进交易的精神依法处理。能够确定当事人名称或者姓名、标的和数量的，人民法院一般应当认定合同成立，但法律另有规定或者当事人另有约定的除外。 　　对合同欠缺的当事人名称或者姓名、标的和数量以外的其他内容，当事人达不成协议的，人民法院依照民法典第四百六十六条、第五百一十条、第五百一十一条等规定予以确定。 **《民事诉讼法解释》（2022 年修正）** **第 18 条** 合同约定履行地点的，以约定的履行地点为合同履行地。 　　合同对履行地点没有约定或者约定不明确，争议标的为给付货币的，

续表

《民法典》合同编	关联规定
议的履行内容存在争议的，应根据协议之间的内在联系，以及协议中约定的权利义务分配的完整性，并结合补充协议签订和成立的时间顺序，根据民法的公平和诚实信用原则，确定协议的最终履行内容。	接收货币一方所在地为合同履行地；交付不动产的，不动产所在地为合同履行地；其他标的，履行义务一方所在地为合同履行地。即时结清的合同，交易行为地为合同履行地。 　　合同没有实际履行，当事人双方住所地都不在合同约定的履行地的，由被告住所地人民法院管辖。 **第 19 条**　财产租赁合同、融资租赁合同以租赁物使用地为合同履行地。合同对履行地有约定的，从其约定。 **第 20 条**　以信息网络方式订立的买卖合同，通过信息网络交付标的的，以买受人住所地为合同履行地；通过其他方式交付标的的，收货地为合同履行地。合同对履行地有约定的，从其约定。
第五百一十二条【电子合同标的交付时间】　通过互联网等信息网络订立的电子合同的标的为交付商品并采用快递物流方式交付的，收货人的签收时间为交付时间。电子合同的标的为提供服务的，生成的电子凭证或者实物凭证中载明的时间为提供服务时间；前述凭证没有载明时间或者载明时间与实际提供服务时间不一致的，以实际提供服务的时间为准。 　　电子合同的标的物为采用在线传输方式交付的，合同标的物进入对方当事人指定的特定系统且能够检索识别的时间为交付时间。	《民法典》 **第 137 条【有相对人的意思表示生效时间】**　以对话方式作出的意思表示，相对人知道其内容时生效。 　　以非对话方式作出的意思表示，到达相对人时生效。以非对话方式作出的采用数据电文形式的意思表示，相对人指定特定系统接收数据电文的，该数据电文进入该特定系统时生效；未指定特定系统的，相对人知道或者应当知道该数据电文进入其系统时生效。当事人对采用数据电文形式的意思表示的生效时间另有约定的，按照其约定。

《民法典》合同编	关联规定
电子合同当事人对交付商品或者提供服务的方式、时间另有约定的，按照其约定。 　　**指引**：电子合同采用在线运输方式交付标的物的，除需按照《民法典》第137条"进入对方当事人指定的特定系统"上，本条还要求"能够检索识别"，使得交付时间的判断标准更明确具体。当然，也允许当事人对交付商品或提供服务的方式、时间另行约定。	《电子商务法》 **第52条**　电子商务当事人可以约定采用快递物流方式交付商品。 　　快递物流服务提供者为电子商务提供快递物流服务，应当遵守法律、行政法规，并应当符合承诺的服务规范和时限。快递物流服务提供者在交付商品时，应当提示收货人当面查验；交由他人代收的，应当经收货人同意。 　　快递物流服务提供者应当按照规定使用环保包装材料，实现包装材料的减量化和再利用。 　　快递物流服务提供者在提供快递物流服务的同时，可以接受电子商务经营者的委托提供代收货款服务。 《电子签名法》（2019年修正） **第11条**　数据电文进入发件人控制之外的某个信息系统的时间，视为该数据电文的发送时间。 　　收件人指定特定系统接收数据电文的，数据电文进入该特定系统的时间，视为该数据电文的接收时间；未指定特定系统的，数据电文进入收件人的任何系统的首次时间，视为该数据电文的接收时间。 　　当事人对数据电文的发送时间、接收时间另有约定的，从其约定。
第五百一十三条【政府定价、政府指导价】　执行政府定价或者政府指导价的，在合同约定的交付期限内政府价格调整时，按照交付时的价格计价。逾期交付标的物的，遇价格上涨时，	《价格法》 **第18条**　下列商品和服务价格，政府在必要时可以实行政府指导价或者政府定价： 　　（一）与国民经济发展和人民生活

续表

《民法典》合同编	关联规定
按照原价格执行；价格下降时，按照新价格执行。逾期提取标的物或者逾期付款的，遇价格上涨时，按照新价格执行；价格下降时，按照原价格执行。 **指引**：政府指导价，是指由政府价格主管等有关部门按定价权限和范围规定基准价及浮动幅度，指导经营者定价的价格。政府定价，是指由政府主管价格部门或者其他有关部门按照定价权限和范围制定的价格。	关系重大的极少数商品价格； （二）资源稀缺的少数商品价格； （三）自然垄断经营的商品价格； （四）重要的公用事业价格； （五）重要的公益性服务价格。
第五百一十四条【币种确定】 以支付金钱为内容的债，除法律另有规定或者当事人另有约定外，债权人可以请求债务人以实际履行地的法定货币履行。 **指引**：本条明确了"以支付金钱为内容"的债原则上以实际履行地的法定货币履行。法定货币是依靠国家规定成为一定地域内合法流通的货币。我国法定货币是人民币。	《民事诉讼法解释》（2022 年修正） **第 18 条** 合同约定履行地点的，以约定的履行地点为合同履行地。 合同对履行地点没有约定或者约定不明确，争议标的为给付货币的，接收货币一方所在地为合同履行地；交付不动产的，不动产所在地为合同履行地；其他标的，履行义务一方所在地为合同履行地。即时结清的合同，交易行为地为合同履行地。 合同没有实际履行，当事人双方住所地都不在合同约定的履行地的，由被告住所地人民法院管辖。
第五百一十五条【选择之债中选择权归属与移转】 标的有多项而债务人只需履行其中一项的，债务人享有选择权；但是，法律另有规定、当事人另有约定或者另有交易习惯的除外。 享有选择权的当事人在约定期限内或者履行期限届满未作选择，经催告后在合理期限内仍未选择的，选择	《民法典》 **第 582 条【瑕疵履行违约责任】** 履行不符合约定的，应当按照当事人的约定承担违约责任。对违约责任没有约定或者约定不明确，依据本法第五百一十条的规定仍不能确定的，受损害方根据标的的性质以及损失的大小，可以合理选择请求对方承担修理、重

《民法典》合同编	关联规定
权转移至对方。 　　**指引**：一般而言，选择权归属于债务人。将选择权赋予债务人，有利于债务人根据自身情况作出最适宜履行的选择，尽可能确保交易实现。但当事人另有约定或另有交易习惯的除外。另，本条第 2 款明确了选择权的转移。需注意的是，先行催告是选择权转移的必要前提，无论当事人对选择权行使期限是否作了约定，均需向对方先行催告。	作、更换、退货、减少价款或者报酬等违约责任。 **《民法典合同编通则解释》** **第 2 条**　下列情形，不违反法律、行政法规的强制性规定且不违背公序良俗的，人民法院可以认定为民法典所称的"交易习惯"： 　　（一）当事人之间在交易活动中的惯常做法； 　　（二）在交易行为当地或者某一领域、某一行业通常采用并为交易对方订立合同时所知道或者应当知道的做法。 　　对于交易习惯，由提出主张的当事人一方承担举证责任。 **第 27 条**　债务人或者第三人与债权人在债务履行期限届满后达成以物抵债协议，不存在影响合同效力情形的，人民法院应当认定该协议自当事人意思表示一致时生效。 　　债务人或者第三人履行以物抵债协议后，人民法院应当认定相应的原债务同时消灭；债务人或者第三人未按照约定履行以物抵债协议，经催告后在合理期限内仍不履行，债权人选择请求履行原债务或者以物抵债协议的，人民法院应予支持，但是法律另有规定或者当事人另有约定的除外。 　　前款规定的以物抵债协议经人民法院确认或者人民法院根据当事人达成的以物抵债协议制作成调解书，债权人主张财产权利自确认书、调解书

《民法典》合同编	关联规定
	生效时发生变动或者具有对抗善意第三人效力的，人民法院不予支持。 债务人或者第三人以自己不享有所有权或者处分权的财产权利订立以物抵债协议的，依据本解释第十九条的规定处理。
第五百一十六条【选择权行使】 当事人行使选择权应当及时通知对方，通知到达对方时，标的确定。标的确定后不得变更，但是经对方同意的除外。 可选择的标的发生不能履行情形的，享有选择权的当事人不得选择不能履行的标的，但是该不能履行的情形是由对方造成的除外。 **指引**：选择权属形成权，一经当事人行使，债的标的得以确定。部分标的不能履行是由债务人造成的，债权人可选择该不能履行的标的，进而主张解除合同或要求债务人承担违约责任。	
第五百一十七条【按份之债】 债权人为二人以上，标的可分，按照份额各自享有债权的，为按份债权；债务人为二人以上，标的可分，按照份额各自负担债务的，为按份债务。 按份债权人或者按份债务人的份额难以确定的，视为份额相同。 **指引**：债权债务标的可分的，属于可分之债。此种分类基于主体间相互权利义务关系而进行的。按份之债不仅存在于合同情形，也广泛存在于侵权、物权等情形。	《民法典》 **第 307 条【因共同财产产生的债权债务关系的对外、对内效力】** 因共有的不动产或者动产产生的债权债务，在对外关系上，共有人享有连带债权、承担连带债务，但是法律另有规定或者第三人知道共有人不具有连带债权债务关系的除外；在共有人内部关系上，除共有人另有约定外，按份共有人按照份额享有债权、承担债务，共同共有人共同享有债权、承担债务。偿还债务超过自己应当承担份额的按

《民法典》合同编	关联规定
	份共有人，有权向其他共有人追偿。 **第 177 条【按份责任】**　二人以上依法承担按份责任，能够确定责任大小的，各自承担相应的责任；难以确定责任大小的，平均承担责任。 **第 1172 条【分别侵权承担按份责任】**　二人以上分别实施侵权行为造成同一损害，能够确定责任大小的，各自承担相应的责任；难以确定责任大小的，平均承担责任。
第五百一十八条【连带之债】　债权人为二人以上，部分或者全部债权人均可以请求债务人履行债务的，为连带债权；债务人为二人以上，债权人可以请求部分或者全部债务人履行全部债务的，为连带债务。 　　连带债权或者连带债务，由法律规定或者当事人约定。 　　**指引：**连带之债与不可分之债不同点在于：一是连带债务是法律明确规定或当事人明确约定的；不可分之债多是当事人约定的但并不以明示为必要条件。二是连带之债不以给付是否可分作为判断依据，其给付内容一般为可分债务，各债务人债务具有相对独立性；不可分之债的给付是不可分的，需一次全部给付。同样，连带之债不仅存在于合同情形，也广泛存在于侵权、物权等情形。	《民法典》 **第 307 条【因共同财产产生的债权债务关系的对外、对内效力】**　因共有的不动产或者动产产生的债权债务，在对外关系上，共有人享有连带债权、承担连带债务，但是法律另有规定或者第三人知道共有人不具有连带债权债务关系的除外；在共有人内部关系上，除共有人另有约定外，按份共有人按照份额享有债权、承担债务，共同共有人共同享有债权、承担债务。偿还债务超过自己应当承担份额的按份共有人，有权向其他共有人追偿。 **第 178 条【连带责任】**　二人以上依法承担连带责任的，权利人有权请求部分或者全部连带责任人承担责任。 　　连带责任人的责任份额根据各自责任大小确定；难以确定责任大小的，平均承担责任。实际承担责任超过自己责任份额的连带责任人，有权向其他连带责任人追偿。 　　连带责任，由法律规定或者当事人约定。

《民法典》合同编	关联规定
	第67条【法人合并、分立后权利义务的享有和承担】 法人合并的，其权利和义务由合并后的法人享有和承担。 法人分立的，其权利和义务由分立后的法人享有连带债权，承担连带债务，但是债权人和债务人另有约定的除外。 **第164条【代理人不当行为的法律后果】** 代理人不履行或者不完全履行职责，造成被代理人损害的，应当承担民事责任。 代理人和相对人恶意串通，损害被代理人合法权益的，代理人和相对人应当承担连带责任。 **第786条【共同承揽人连带责任】** 共同承揽人对定作人承担连带责任，但是当事人另有约定的除外。 **第932条【共同委托】** 两个以上的受托人共同处理委托事务的，对委托人承担连带责任。 **第1168条【共同侵权】** 二人以上共同实施侵权行为，造成他人损害的，应当承担连带责任。 **第1195条【网络服务提供者侵权补救措施与责任承担】** 网络用户利用网络服务实施侵权行为的，权利人有权通知网络服务提供者采取删除、屏蔽、断开链接等必要措施。通知应当包括构成侵权的初步证据及权利人的真实身份信息。 网络服务提供者接到通知后，应当及时将该通知转送相关网络用户，

《民法典》合同编	关联规定
	并根据构成侵权的初步证据和服务类型采取必要措施；未及时采取必要措施的，对损害的扩大部分与该网络用户承担连带责任。 　　权利人因错误通知造成网络用户或者网络服务提供者损害的，应当承担侵权责任。法律另有规定的，依照其规定。 **第 1214 条【拼装车或报废车侵权责任】**　以买卖或者其他方式转让拼装或者已经达到报废标准的机动车，发生交通事故造成损害的，由转让人和受让人承担连带责任。 **第 1241 条【遗失、抛弃高度危险物致害责任】**　遗失、抛弃高度危险物造成他人损害的，由所有人承担侵权责任。所有人将高度危险物交由他人管理的，由管理人承担侵权责任；所有人有过错的，与管理人承担连带责任。 **第 1252 条【建筑物、构筑物或者其他设施倒塌、塌陷致害责任】**　建筑物、构筑物或者其他设施倒塌、塌陷造成他人损害的，由建设单位与施工单位承担连带责任，但是建设单位与施工单位能够证明不存在质量缺陷的除外。建设单位、施工单位赔偿后，有其他责任人的，有权向其他责任人追偿。 　　因所有人、管理人、使用人或者第三人的原因，建筑物、构筑物或者其他设施倒塌、塌陷造成他人损害的，由所有人、管理人、使用人或者第三人承担侵权责任。

《民法典》合同编	关联规定
	第 1170 条【共同危险行为】 二人以上实施危及他人人身、财产安全的行为，其中一人或者数人的行为造成他人损害，能够确定具体侵权人的，由侵权人承担责任；不能确定具体侵权人的，行为人承担连带责任。 **第 1197 条【网络服务提供者的连带责任】** 网络服务提供者知道或者应当知道网络用户利用其网络服务侵害他人民事权益，未采取必要措施的，与该网络用户承担连带责任。 **第 1211 条【挂靠机动车侵权责任】** 以挂靠形式从事道路运输经营活动的机动车，发生交通事故造成损害，属于该机动车一方责任的，由挂靠人和被挂靠人承担连带责任。 **第 1242 条【非法占有高度危险物致害责任】** 非法占有高度危险物造成他人损害的，由非法占有人承担侵权责任。所有人、管理人不能证明对防止非法占有尽到高度注意义务的，与非法占有人承担连带责任。 **第 834 条【相继运输】** 两个以上承运人以同一运输方式联运的，与托运人订立合同的承运人应当对全程运输承担责任；损失发生在某一运输区段的，与托运人订立合同的承运人和该区段的承运人承担连带责任。 **第 688 条【连带责任保证】** 当事人在保证合同中约定保证人和债务人对债务承担连带责任的，为连带责任保证。

《民法典》合同编	关联规定
	连带责任保证的债务人不履行到期债务或者发生当事人约定的情形时，债权人可以请求债务人履行债务，也可以请求保证人在其保证范围内承担保证责任。 **第164条【代理人不当行为的法律后果】** 代理人不履行或者不完全履行职责，造成被代理人损害的，应当承担民事责任。 代理人和相对人恶意串通，损害被代理人合法权益的，代理人和相对人应当承担连带责任。 **第1203条【被侵权人请求损害赔偿的途径和先行赔偿人追偿权】** 因产品存在缺陷造成他人损害的，被侵权人可以向产品的生产者请求赔偿，也可以向产品的销售者请求赔偿。 产品缺陷由生产者造成的，销售者赔偿后，有权向生产者追偿。因销售者的过错使产品存在缺陷的，生产者赔偿后，有权向销售者追偿。 **第1223条【药品、消毒产品、医疗器械的缺陷，或者输入不合格血液的侵权责任】** 因药品、消毒产品、医疗器械的缺陷，或者输入不合格的血液造成患者损害的，患者可以向药品上市许可持有人、生产者、血液提供机构请求赔偿，也可以向医疗机构请求赔偿。患者向医疗机构请求赔偿的，医疗机构赔偿后，有权向负有责任的药品上市许可持有人、生产者、血液提供机构追偿。

《民法典》合同编	关联规定
	第 1233 条【因第三人的过错污染环境、破坏生态的侵权责任】　因第三人的过错污染环境、破坏生态的,被侵权人可以向侵权人请求赔偿,也可以向第三人请求赔偿。侵权人赔偿后,有权向第三人追偿。
第五百一十九条【连带债务人份额确定与追偿】　连带债务人之间的份额难以确定的,视为份额相同。 　　实际承担债务超过自己份额的连带债务人,有权就超出部分在其他连带债务人未履行的份额范围内向其追偿,并相应地享有债权人的权利,但是不得损害债权人的利益。其他连带债务人对债权人的抗辩,可以向该债务人主张。 　　被追偿的连带债务人不能履行其应分担份额的,其他连带债务人应当在相应范围内按比例分担。 　　**指引**:在追偿权行使条件上,民法典采纳了追偿人履行义务超过其自身所负份额的积极说观点,而没有采纳责任人一旦履行义务即获得追偿权的消极说观点,以有效避免循环求偿。	**《民法典》** **第 307 条【因共同财产产生的债权债务关系的对外、对内效力】**　因共有的不动产或者动产产生的债权债务,在对外关系上,共有人享有连带债权、承担连带债务,但是法律另有规定或者第三人知道共有人不具有连带债权债务关系的除外;在共有人内部关系上,除共有人另有约定外,按份共有人按照份额享有债权、承担债务,共同共有人共同享有债权、承担债务。偿还债务超过自己应当承担份额的按份共有人,有权向其他共有人追偿。 **第 178 条【连带责任】**　二人以上依法承担连带责任的,权利人有权请求部分或者全部连带责任人承担责任。 　　连带责任人的责任份额根据各自责任大小确定;难以确定责任大小的,平均承担责任。实际承担责任超过自己责任份额的连带责任人,有权向其他连带责任人追偿。 　　连带责任,由法律规定或者当事人约定。 **《民法典担保制度解释》** **第 13 条**　同一债务有两个以上第三人提供担保,担保人之间约定相互追偿

《民法典》合同编	关联规定
	及分担份额，承担了担保责任的担保人请求其他担保人按照约定分担份额的，人民法院应予支持；担保人之间约定承担连带共同担保，或者约定相互追偿但是未约定分担份额的，各担保人按照比例分担向债务人不能追偿的部分。 　同一债务有两个以上第三人提供担保，担保人之间未对相互追偿作出约定且未约定承担连带共同担保，但是各担保人在同一份合同书上签字、盖章或者按指印，承担了担保责任的担保人请求其他担保人按照比例分担向债务人不能追偿部分的，人民法院应予支持。 　除前两款规定的情形外，承担了担保责任的担保人请求其他担保人分担向债务人不能追偿部分的，人民法院不予支持。
第五百二十条【连带债务涉他效力】 　部分连带债务人履行、抵销债务或者提存标的物的，其他债务人对债权人的债务在相应范围内消灭；该债务人可以依据前条规定向其他债务人追偿。 　部分连带债务人的债务被债权人免除的，在该连带债务人应当承担的份额范围内，其他债务人对债权人的债务消灭。 　部分连带债务人的债务与债权人的债权同归于一人的，在扣除该债务人应当承担的份额后，债权人对其他	**《人损解释》**（2022 年修正） **第 2 条**　赔偿权利人起诉部分共同侵权人的，人民法院应当追加其他共同侵权人作为共同被告。赔偿权利人在诉讼中放弃对部分共同侵权人的诉讼请求的，其他共同侵权人对被放弃诉讼请求的被告应当承担的赔偿份额不承担连带责任。责任范围难以确定的，推定各共同侵权人承担同等责任。 　人民法院应当将放弃诉讼请求的法律后果告知赔偿权利人，并将放弃诉讼请求的情况在法律文书中叙明。

续表

《民法典》合同编	关联规定
债务人的债权继续存在。 　　债权人对部分连带债务人的给付受领迟延的，对其他连带债务人发生效力。 　　**指引**：第 2 款规定的债权人免除部分连带债务人债务的情形，属于债权人对自身权利的放弃，因此不存在连带债务人就此追偿的问题。第 3 款则针对"混同"采取了限制绝对效力的做法，即部分连带债务人的债务与债权人的债权同归于一人的，混同后的债权人仍可向其他连带债务人请求承担连带债务，但数额要扣除发生混同的连带债务人应承担的内部份额。	**《诉讼时效规定》**（2020 年修正） **第 15 条**　对于连带债权人中的一人发生诉讼时效中断效力的事由，应当认定对其他连带债权人也发生诉讼时效中断的效力。 　　对于连带债权人中的一人发生诉讼时效中断效力的事由，应当认定对其他连带债权人也发生诉讼时效中断的效力。
第五百二十一条【连带债权内外部关系】　连带债权人之间的份额难以确定的，视为份额相同。 　　实际受领债权的连带债权人，应当按比例向其他连带债权人返还。 　　连带债权参照适用本章连带债务的有关规定。 　　**指引**：本条第 2 款规定了超份额受领人的返还义务，返还不以自己债权获得全部清偿为前提，即不管实际受领是否超过自己的份额，都应当按比例向其他连带债权人返还。	
第五百二十二条【向第三人履行的合同】　当事人约定由债务人向第三人履行债务，债务人未向第三人履行债务或者履行债务不符合约定的，应当向债权人承担违约责任。 　　法律规定或者当事人约定第三人	**《保险法》**（2015 年修正） **第 2 条**　本法所称保险，是指投保人根据合同约定，向保险人支付保险费，保险人对于合同约定的可能发生的事故因其发生所造成的财产损失承担赔偿保险金责任，或者当被保险人死亡、

《民法典》合同编	关联规定
可以直接请求债务人向其履行债务，第三人未在合理期限内明确拒绝，债务人未向第三人履行债务或者履行债务不符合约定的，第三人可以请求债务人承担违约责任；债务人对债权人的抗辩，可以向第三人主张。 指引：第 1 款规定的不真正利益第三人合同，基于债权人与债务人之间的约定，请求债务人履行的权利并非由第三人享有，而是由债权人享有。第 2 款规定的真正利益第三人合同，第三人享有对债务人的履行请求权及违约责任请求权。该请求权的取得需有法律规定或当事人约定，且第三人在合理期限内可拒绝。	伤残、疾病或者达到合同约定的年龄、期限等条件时承担给付保险金责任的商业保险行为。 **《民法典合同编通则解释》** **第 29 条** 民法典第五百二十二条第二款规定的第三人请求债务人向自己履行债务的，人民法院应予支持；请求行使撤销权、解除权等民事权利的，人民法院不予支持，但是法律另有规定的除外。 合同依法被撤销或者被解除，债务人请求债权人返还财产的，人民法院应予支持。 债务人按照约定向第三人履行债务，第三人拒绝受领，债权人请求债务人向自己履行债务的，人民法院应予支持，但是债务人已经采取提存等方式消灭债务的除外。第三人拒绝受领或者受领迟延，债务人请求债权人赔偿因此造成的损失的，人民法院依法予以支持。
第五百二十三条【由第三人履行的合同】 当事人约定由第三人向债权人履行债务，第三人不履行债务或者履行债务不符合约定的，债务人应当向债权人承担违约责任。 指引：由第三人履行的合同并非从合同，第三人也不是债务人。第三人只负担向债权人履行，不承担合同责任。	**《旅游法》**（2018 年修正） **第 71 条** 由于地接社、履行辅助人的原因导致违约的，由组团社承担责任；组团社承担责任后可以向地接社、履行辅助人追偿。 由于地接社、履行辅助人的原因造成旅游者人身损害、财产损失的，旅游者可以要求地接社、履行辅助人承担赔偿责任，也可以要求组团社承担赔偿责任；组团社承担责任后可以向地接社、履行辅助人追偿。但是，

《民法典》合同编	关联规定
	由于公共交通经营者的原因造成旅游者人身损害、财产损失的，由公共交通经营者依法承担赔偿责任，旅行社应当协助旅游者向公共交通经营者索赔。 **《旅游纠纷解释》**（2020 年修正） **第 4 条** 因旅游辅助服务者的原因导致旅游经营者违约，旅游者仅起诉旅游经营者的，人民法院可以将旅游辅助服务者追加为第三人。
第五百二十四条【第三人代为履行】 债务人不履行债务，第三人对履行该债务具有合法利益的，第三人有权向债权人代为履行；但是，根据债务性质、按照当事人约定或者依照法律规定只能由债务人履行的除外。 债权人接受第三人履行后，其对债务人的债权转让给第三人，但是债务人和第三人另有约定的除外。 **指引**：前条系基于当事人的约定产生的"由第三人履行"，而本条则是第三人基于自己利益的代为履行，打破了债的相对性，本质上更像是赋予的第三人的一种权利。另，具有合法利益的第三人并非在所有情况下都享有代为履行的权利，根据债务性质、当事人约定或法律规定只能由债务人履行的，第三人即使有合法利益，也不能代为履行。	**《民法典合同编通则解释》** **第 30 条** 下列民事主体，人民法院可以认定为民法典第五百二十四条第一款规定的对履行债务具有合法利益的第三人： （一）保证人或者提供物的担保的第三人； （二）担保财产的受让人、用益物权人、合法占有人； （三）担保财产上的后顺位担保权人； （四）对债务人的财产享有合法权益且该权益将因财产被强制执行而丧失的第三人； （五）债务人为法人或者非法人组织的，其出资人或者设立人； （六）债务人为自然人的，其近亲属； （七）其他对履行债务具有合法利益的第三人。 第三人在其已经代为履行的范围内取得对债务人的债权，但是不得损

《民法典》合同编	关联规定
	害债权人的利益。 　　担保人代为履行债务取得债权后，向其他担保人主张担保权利的，依据《最高人民法院关于适用〈中华人民共和国民法典〉有关担保制度的解释》第十三条、第十四条、第十八条第二款等规定处理。
第五百二十五条【同时履行抗辩权】 　　当事人互负债务，没有先后履行顺序的，应当同时履行。一方在对方履行之前有权拒绝其履行请求。一方在对方履行债务不符合约定时，有权拒绝其相应的履行请求。 　　**指引：** 同时履行抗辩权属延期的抗辩权，只是暂时阻止对方当事人请求权的行使，非永久的抗辩权。对方当事人完全履行了合同义务，同时履行抗辩权消灭，当事人应履行自己的义务。 　　**案例指引：**《房地产公司诉韩某商品房销售合同纠纷案》① 　　**案例要旨：** 合同解除后互负恢复原状义务能否构成同时履行之抗辩，合同法对此未加以规定。互负恢复原状义务虽不具有对价关系，但二者之间的对立在实质上仍具有牵连性，基于类似事项、相同处理的平等原则，亦应类推适用《合同法》第66条关于同时履行抗辩权的规定。	**《民法典合同编通则解释》** **第31条**　当事人互负债务，一方以对方没有履行非主要债务为由拒绝履行自己的主要债务的，人民法院不予支持。但是，对方不履行非主要债务致使不能实现合同目的或者当事人另有约定的除外。 　　当事人一方起诉请求对方履行债务，被告依据民法典第五百二十五条的规定主张双方同时履行的抗辩且抗辩成立，被告未提起反诉的，人民法院应当判决被告在原告履行债务的同时履行自己的债务，并在判项中明确原告申请强制执行的，人民法院应当在原告履行自己的债务后对被告采取执行行为；被告提起反诉的，人民法院应当判决双方同时履行自己的债务，并在判项中明确任何一方申请强制执行的，人民法院应当在该当事人履行自己的债务后对对方采取执行行为。 　　当事人一方起诉请求对方履行债务，被告依据民法典第五百二十六条的规定主张原告应先履行的抗辩且抗

---

① 《房地产公司诉韩某商品房销售合同纠纷案》，载《人民司法·案例》2011年第22期。

《民法典》合同编	关联规定
	辩成立的，人民法院应当驳回原告的诉讼请求，但是不影响原告履行债务后另行提起诉讼。 **《海上货运代理纠纷解释》（2020 年修正）** **第 7 条** 海上货运代理合同约定货运代理企业交付处理海上货运代理事务取得的单证以委托人支付相关费用为条件，货运代理企业以委托人未支付相关费用为由拒绝交付单证的，人民法院应予支持。 　　合同未约定或约定不明确，货运代理企业以委托人未支付相关费用为由拒绝交付单证的，人民法院应予支持，但提单、海运单或者其他运输单证除外。
第五百二十六条【先履行抗辩权】 当事人互负债务，有先后履行顺序，应当先履行债务一方未履行的，后履行一方有权拒绝其履行请求。先履行一方履行债务不符合约定的，后履行一方有权拒绝其相应的履行请求。 　　**指引**：与同时履行抗辩权一样，先履行抗辩权（或者后履行抗辩权）也属延期的抗辩权，只是暂时阻止对方当事人请求权的行使，非永久的抗辩权。后履行一方当事人行使抗辩权，不影响追究应当先履行一方当事人的违约责任。 　　**案例指引**：《大庆凯明风电塔筒制造有限公司与华锐风电科技（集团）股份有限公司买卖合同纠纷案》【《最高人民法院公报》2015 年第 11 期】 　　**裁判要旨**：合同必须严格遵守。	**《民法典合同编通则解释》** **第 31 条** 当事人互负债务，一方以对方没有履行非主要债务为由拒绝履行自己的主要债务的，人民法院不予支持。但是，对方不履行非主要债务致使不能实现合同目的或者当事人另有约定的除外。 　　当事人一方起诉请求对方履行债务，被告依据民法典第五百二十五条的规定主张双方同时履行的抗辩且抗辩成立，被告未提起反诉的，人民法院应当判决被告在原告履行债务的同时履行自己的债务，并在判项中明确原告申请强制执行的，人民法院应当在原告履行自己的债务后对被告采取执行行为；被告提起反诉的，人民法院应当判决双方同时履行自己的债务，并在判项中明确任何一方申请强制执

《民法典》合同编	关联规定
如果合同义务有先后履行顺序，先履行一方怠于履行给后履行一方履行合同造成困难的，后履行一方因此取得先履行抗辩权，并有权要求对方履行全部合同。	行的，人民法院应当在该当事人履行自己的债务后对对方采取执行行为。 　　当事人一方起诉请求对方履行债务，被告依据民法典第五百二十六条的规定主张原告应先履行的抗辩且抗辩成立的，人民法院应当驳回原告的诉讼请求，但是不影响原告履行债务后另行提起诉讼。
第五百二十七条【不安抗辩权】　应当先履行债务的当事人，有确切证据证明对方有下列情形之一的，可以中止履行： 　　（一）经营状况严重恶化； 　　（二）转移财产、抽逃资金，以逃避债务； 　　（三）丧失商业信誉； 　　（四）有丧失或者可能丧失履行债务能力的其他情形。 　　当事人没有确切证据中止履行的，应当承担违约责任。 　　**指引**：先履行债务的当事人行使不安抗辩权需有确切证据证明后履行的当事人发生了丧失或可能丧失债务履行能力的情形。若应先履行债务的当事人在没有确切的证据证明的情况下而中止履行的，属违约行为，应承担违约责任。 　　**案例指引**：《市场公司、投资开发公司与实业公司租赁合同纠纷申请再审案》①	《矿业权纠纷解释》（2020 年修正） **第 9 条**　矿业权转让合同约定受让人支付全部或者部分转让款后办理报批手续，转让人在办理报批手续前请求受让人先履行付款义务的，人民法院应予支持，但受让人有确切证据证明存在转让人将同一矿业权转让给第三人、矿业权人将被兼并重组等符合民法典第五百二十七条规定情形的除外。

---

① 　最高人民法院立案庭编：《立案工作指导与参考》，人民法院出版社 2009 年版，第 121 页。

《民法典》合同编	关联规定
案例要旨：先履行义务的一方必须有确切证据证明对方有不能对待给付的法定情形，而不能根据主观臆想而断定对方不能或不会对待履行，缺乏证据证明即单方中止履行合同应承担违约责任。	
第五百二十八条【行使不安抗辩权】 当事人依据前条规定中止履行的，应当及时通知对方。对方提供适当担保的，应当恢复履行。中止履行后，对方在合理期限内未恢复履行能力且未提供适当担保的，视为以自己的行为表明不履行主要债务，中止履行的一方可以解除合同并可以请求对方承担违约责任。 **指引**：不安抗辩权的行使对对方当事人影响重大，故行使时需履行通知义务。同样，不安抗辩权也属延期抗辩权。对方当事人在合理期限内未提供适当担保且没有恢复履行能力，应视为一种默示预期违约行为，行使不安抗辩权的一方不但可解除合同，还可请求对方承担赔偿损失等违约责任。 **案例指引**：《俞财新与福建华辰房地产有限公司、原审被告魏传瑞商品房买卖（预约）合同纠纷上诉案》【《最高人民法院公报》2011年第8期】 **裁判规则**：行使不安抗辩权应具备两个条件：一是先履行债务的一方有确切证据证明对方不能履行债务，或者有不能履行债务的可能，且未提	

《民法典》合同编	关联规定
供适当担保；二是及时通知对方当事人。当符合这两个条件时，行使不安抗辩权才有效，先履行债务的一方有权中止履行。	
第五百二十九条【因债权人原因致债务履行困难时的处理】 债权人分立、合并或者变更住所没有通知债务人，致使履行债务发生困难的，债务人可以中止履行或者将标的物提存。 　　**指引：** 本条是关于因债权人原因导致债务履行困难的处理的规定。需注意的是，中止履行只是暂停履行或者延期履行，但履行义务仍然存在。	**《民法典》** **第 557 条【债权债务终止情形】** 有下列情形之一的，债权债务终止： 　　（一）债务已经履行； 　　（二）债务相互抵销； 　　（三）债务人依法将标的物提存； 　　（四）债权人免除债务； 　　（五）债权债务同归于一人； 　　（六）法律规定或者当事人约定终止的其他情形。 　　合同解除的，该合同的权利义务关系终止。 **《公司法》**（2018 年修正） **第 173 条【公司合并的程序】** 公司合并，应当由合并各方签订合并协议，并编制资产负债表及财产清单。公司应当自作出合并决议之日起十日内通知债权人，并于三十日内在报纸上公告。债权人自接到通知书之日起三十日内，未接到通知书的自公告之日起四十五日内，可以要求公司清偿债务或者提供相应的担保。 **第 175 条【公司的分立】** 公司分立，其财产作相应的分割。 　　公司分立，应当编制资产负债表及财产清单。公司应当自作出分立决议之日起十日内通知债权人，并于三十日内在报纸上公告。

续表

《民法典》合同编	关联规定
第五百三十条【提前履行】　债权人可以拒绝债务人提前履行债务，但是提前履行不损害债权人利益的除外。 　　债务人提前履行债务给债权人增加的费用，由债务人负担。 　　**指引：**一般而言，债务人应按照合同约定的期间履行债务，提前履行属违反合同约定的行为，可能会损害债权人利益。	《民法典》 **第 677 条【借款人提前返还借款】** 借款人提前返还借款的，除当事人另有约定外，应当按照实际借款的期间计算利息。
第五百三十一条【部分履行】　债权人可以拒绝债务人部分履行债务，但是部分履行不损害债权人利益的除外。 　　债务人部分履行债务给债权人增加的费用，由债务人负担。 　　**指引：**部分履行一般属违约行为，债权人当然可拒绝并请求债务人承担违约责任。债务人部分履行债务损害债权人利益的，债权人可以拒绝受领，当然也可以接受债务人部分履行的请求并保留主张违约责任的权利。	
第五百三十二条【姓名名称变化不影响合同履行】　合同生效后，当事人不得因姓名、名称的变更或者法定代表人、负责人、承办人的变动而不履行合同义务。 　　**指引：**本条规定中所涉事项的变化不同于当事人的合并和分立等。合并、分立属主体地位发生变化，权利义务也将发生相应变更或承继，对合同义务履行会有一定影响，而当事人姓名、名称等的变化一般不会带来上述影响。	

《民法典》合同编	关联规定
第五百三十三条【情势变更】 合同成立后，合同的基础条件发生了当事人在订立合同时无法预见的、不属于商业风险的重大变化，继续履行合同对于当事人一方明显不公平的，受不利影响的当事人可以与对方重新协商；在合理期限内协商不成的，当事人可以请求人民法院或者仲裁机构变更或者解除合同。 人民法院或者仲裁机构应当结合案件的实际情况，根据公平原则变更或者解除合同。 **指引**：情势变更虽是为了实现合同正义而对意思自治的调整，但这种调整需限定在非常必要的范围内。只有继续履行合同对一方当事人明显不公时，才能适用情势变更制度。情势变更制度下，当事人本身并不享有实体法意义上的合同解除权或变更权，其赋予当事人的只是在程序上向法院或仲裁机构提出解除或变更合同的请求，最终如何调整，由法院或仲裁机构确定。一般情况下，成为情势变更的事由主要包括自然灾害、社会事件、政府行为等。 **案例指引**：《齐某与某房产公司商品房预售合同纠纷案》① **案例要旨**：情势变更的事项只能发生于合同成立后履行完毕前。如在订立合同前就已发生了该事项，表明	**《旅游法》**（2018年修正） **第67条** 因不可抗力或者旅行社、履行辅助人已尽合理注意义务仍不能避免的事件，影响旅游行程的，按照下列情形处理： （一）合同不能继续履行的，旅行社和旅游者均可以解除合同。合同不能完全履行的，旅行社经向旅游者作出说明，可以在合理范围内变更合同；旅游者不同意变更的，可以解除合同。 （二）合同解除的，组团社应当在扣除已向地接社或者履行辅助人支付且不可退还的费用后，将余款退还旅游者；合同变更的，因此增加的费用由旅游者承担，减少的费用退还旅游者。 （三）危及旅游者人身、财产安全的，旅行社应当采取相应的安全措施，因此支出的费用，由旅行社与旅游者分担。 （四）造成旅游者滞留的，旅行社应当采取相应的安置措施。因此增加的食宿费用，由旅游者承担；增加的返程费用，由旅行社与旅游者分担。 **《民法典合同编通则解释》** **第32条** 合同成立后，因政策调整或者市场供求关系异常变动等原因导致价格发生当事人在订立合同时无法预见的、不属于商业风险的涨跌，继续履行合同对于当事人一方明显不公平

---

① 《齐某与某房产公司商品房预售合同纠纷案》，载《人民法院报》2017年9月7日7版。

《民法典》合同编	关联规定
相关当事人已认识到合同订立时的条件包括了该事项。合同仍被签订的，说明当事方对该事项对合同履行产生的影响自愿负担风险，不属情势变更适用范围。	的，人民法院应当认定合同的基础条件发生了民法典第五百三十三条第一款规定的"重大变化"。但是，合同涉及市场属性活跃、长期以来价格波动较大的大宗商品以及股票、期货等风险投资型金融产品的除外。 合同的基础条件发生了民法典第五百三十三条第一款规定的重大变化，当事人请求变更合同的，人民法院不得解除合同；当事人一方请求变更合同，对方请求解除合同的，或者当事人一方请求解除合同，对方请求变更合同的，人民法院应当结合案件的实际情况，根据公平原则判决变更或者解除合同。 人民法院依据民法典第五百三十三条的规定判决变更或者解除合同的，应当综合考虑合同基础条件发生重大变化的时间、当事人重新协商的情况以及因合同变更或者解除给当事人造成的损失等因素，在判项中明确合同变更或者解除的时间。 当事人事先约定排除民法典第五百三十三条适用的，人民法院应当认定该约定无效。
第五百三十四条【合同监管】 对当事人利用合同实施危害国家利益、社会公共利益行为的，市场监督管理和其他有关行政主管部门依照法律、行政法规的规定负责监督处理。 **指引：**合同监管中对象限于当事人利用合同实施危害国家利益、社会公共利益的违法行为，不得干涉当事人依法享有的合同权利。	

《民法典》合同编	关联规定
第五章　合同的保全	
第五百三十五条【代位权行使要件】　因债务人怠于行使其债权或者与该债权有关的从权利，影响债权人的到期债权实现的，债权人可以向人民法院请求以自己的名义代位行使债务人对相对人的权利，但是该权利专属于债务人自身的除外。 　　代位权的行使范围以债权人的到期债权为限。债权人行使代位权的必要费用，由债务人负担。 　　相对人对债务人的抗辩，可以向债权人主张。 　　**指引：**代位权的客体不仅包括债权本身，也包括与该债权有关的从权利，如从属于债权的担保权利等。 　　**案例指引：**《中国农业银行汇金支行诉张家港涤纶厂代位权纠纷案》【《最高人民法院公报》2004年第4期】 　　**案例要旨：**债务人在债务到期后，没有以诉讼或者仲裁方式向次债务人主张债权，而是与次债务人签订协议延长履行债务期限，损害债权人债权的，属于合同法（民法典合同编）规定的怠于行使到期债权的行为，债权人可以以自己的名义代位行使债务人的债权。债务人与次债务人之间的具体债务数额是否确定，不影响债权人行使代位权。	《税收征收管理法》（2015年修正） **第50条**　欠缴税款的纳税人因怠于行使到期债权，或者放弃到期债权，或者无偿转让财产，或者以明显不合理的低价转让财产而受让人知道该情形，对国家税收造成损害的，税务机关可以依照合同法第七十三条、第七十四条的规定行使代位权、撤销权。 　　税务机关依照前款规定行使代位权、撤销权的，不免除欠缴税款的纳税人尚未履行的纳税义务和应承担的法律责任。 《合伙企业法》（2006年修订） **第41条**　合伙人发生与合伙企业无关的债务，相关债权人不得以其债权抵销其对合伙企业的债务；也不得代位行使合伙人在合伙企业中的权利。 《民法典合同编通则解释》 **第33条**　债务人不履行其对债权人的到期债务，又不以诉讼或者仲裁方式向相对人主张其享有的债权或者与该债权有关的从权利，致使债权人的到期债权未能实现的，人民法院可以认定为民法典第五百三十五条规定的"债务人怠于行使其债权或者与该债权有关的从权利，影响债权人的到期债权实现"。 **第34条**　下列权利，人民法院可以认定为民法典第五百三十五条第一款规定的专属于债务人自身的权利： 　　（一）抚养费、赡养费或者扶养费

《民法典》合同编	关联规定
	请求权；
	（二）人身损害赔偿请求权；
	（三）劳动报酬请求权，但是超过债务人及其所扶养家属的生活必需费用的部分除外；
	（四）请求支付基本养老保险金、失业保险金、最低生活保障金等保障当事人基本生活的权利；
	（五）其他专属于债务人自身的权利。
	第三十五条 债权人依据民法典第五百三十五条的规定对债务人的相对人提起代位权诉讼的，由被告住所地人民法院管辖，但是依法应当适用专属管辖规定的除外。
	债务人或者相对人以双方之间的债权债务关系订有管辖协议为由提出异议的，人民法院不予支持。
	第三十八条 债权人向人民法院起诉债务人后，又向同一人民法院对债务人的相对人提起代位权诉讼，属于该人民法院管辖的，可以合并审理。不属于该人民法院管辖的，应当告知其向有管辖权的人民法院另行起诉；在起诉债务人的诉讼终结前，代位权诉讼应当中止。
	第三十六条 债权人提起代位权诉讼后，债务人或者相对人以双方之间的债权债务关系订有仲裁协议为由对法院主管提出异议的，人民法院不予支持。但是，债务人或者相对人在首次开庭前就债务人与相对人之间的债权

《民法典》合同编	关联规定
	债务关系申请仲裁的，人民法院可以依法中止代位权诉讼。
	第三十七条　债权人以债务人的相对人为被告向人民法院提起代位权诉讼，未将债务人列为第三人的，人民法院应当追加债务人为第三人。
	两个以上债权人以债务人的同一相对人为被告提起代位权诉讼的，人民法院可以合并审理。债务人对相对人享有的债权不足以清偿其对两个以上债权人负担的债务的，人民法院应当按照债权人享有的债权比例确定相对人的履行份额，但是法律另有规定的除外。
	第四十条　代位权诉讼中，人民法院经审理认为债权人的主张不符合代位权行使条件的，应当驳回诉讼请求，但是不影响债权人根据新的事实再次起诉。
	债务人的相对人仅以债权人提起代位权诉讼时债权人与债务人之间的债权债务关系未经生效法律文书确认为由，主张债权人提起的诉讼不符合代位权行使条件的，人民法院不予支持。
	第三十九条　在代位权诉讼中，债务人对超过债权人代位请求数额的债权部分起诉相对人，属于同一人民法院管辖的，可以合并审理。不属于同一人民法院管辖的，应当告知其向有管辖权的人民法院另行起诉；在代位权诉讼终结前，债务人对相对人的诉讼应当中止。

《民法典》合同编	关联规定
	《诉讼时效规定》（2020 年修正） **第 16 条**　债权人提起代位权诉讼的，应当认定对债权人的债权和债务人的债权均发生诉讼时效中断的效力。 **《建工合同解释一》** **第 44 条**　实际施工人依据民法典第五百三十五条规定，以转包人或者违法分包人怠于向发包人行使到期债权或者与该债权有关的从权利，影响其到期债权实现，提起代位权诉讼的，人民法院应予支持。 **《民法典会议纪要》** 8. 民法典第五百三十五条规定的"债务人怠于行使其债权或者与该债权有关的从权利，影响债权人的到期债权实现的"，是指债务人不履行其对债权人的到期债务，又不以诉讼方式或者仲裁方式向相对人主张其享有的债权或者与该债权有关的从权利，致使债权人的到期债权未能实现。相对人不认为债务人有怠于行使其债权或者与该债权有关的从权利情况的，应当承担举证责任。
第五百三十六条【代位权的提前行使】 　债权人的债权到期前，债务人的债权或者与该债权有关的从权利存在诉讼时效期间即将届满或者未及时申报破产债权等情形，影响债权人的债权实现的，债权人可以代位向债务人的相对人请求其向债务人履行、向破产管理人申报或者作出其他必要的行为。	

《民法典》合同编	关联规定
指引：本条系较合同法增加的"债权到期前的债权人代位权"，有利于在更大力度上保障债权人合法权益的实现。	
第五百三十七条【代位权行使效果】 人民法院认定代位权成立的，由债务人的相对人向债权人履行义务，债权人接受履行后，债权人与债务人、债务人与相对人之间相应的权利义务终止。债务人对相对人的债权或者与该债权有关的从权利被采取保全、执行措施，或者债务人破产的，依照相关法律的规定处理。 指引：本条规定的是"相应的"权利义务，即只就相对人向债权人履行债务的这一数额部分终止。另，债务人的相对人直接向债权人履行债务，只是产生了行使代位权的债权人先于其他债权人受清偿的实际效果，目的并不是要赋予行使代位权的债权人一种类似担保物权、建设工程价款优先受偿权这样的优先权。	《民法典合同编通则解释》 **第39条** 在代位权诉讼中，债务人对超过债权人代位请求数额的债权部分起诉相对人，属于同一人民法院管辖的，可以合并审理。不属于同一人民法院管辖的，应当告知其向有管辖权的人民法院另行起诉；在代位权诉讼终结前，债务人对相对人的诉讼应当中止。 《民事诉讼法解释》（2022年修正） **第506条** 被执行人为公民或者其他组织，在执行程序开始后，被执行人的其他已经取得执行依据的债权人发现被执行人的财产不能清偿所有债权的，可以向人民法院申请参与分配。 对人民法院查封、扣押、冻结的财产有优先权、担保物权的债权人，可以直接申请参与分配，主张优先受偿权。
第五百三十八条【无偿处分时债权人的撤销权】 债务人以放弃其债权、放弃债权担保、无偿转让财产等方式无偿处分财产权益，或者恶意延长其到期债权的履行期限，影响债权人的债权实现的，债权人可以请求人民法院撤销债务人的行为。 指引：无偿处分下债权人的撤销	《税收征收管理法》（2015年修正） **第50条** 欠缴税款的纳税人因怠于行使到期债权，或者放弃到期债权，或者无偿转让财产，或者以明显不合理的低价转让财产而受让人知道该情形，对国家税收造成损害的，税务机关可以依照合同法第七十三条、第七十四条的规定行使代位权、撤销权。

《民法典》合同编	关联规定
权行使，并不要求受让人善意，只要处分行为影响了债权人实现其债权，债权人即有权申请撤销。 　　**案例指引**：《鞍山市中小企业信用担保中心诉汪薇、鲁金英第三人撤销之诉案》【最高人民法院指导案例 152 号】 　　**案例要旨**：债权人申请强制执行后，被执行人与他人在另外的民事诉讼中达成调解协议，放弃其取回财产的权利，并大量减少债权，严重影响债权人债权实现，符合《合同法》第 74 条（《民法典》第 538 条）规定的债权人行使撤销权条件的，债权人对民事调解书具有提起第三人撤销之诉的原告主体资格。	税务机关依照前款规定行使代位权、撤销权的，不免除欠缴税款的纳税人尚未履行的纳税义务和应承担的法律责任。 **《民法典合同编通则解释》** **第 18 条**　法律、行政法规的规定虽然有"应当""必须"或者"不得"等表述，但是该规定旨在限制或者赋予民事权利，行为人违反该规定将构成无权处分、无权代理、越权代表等，或者导致合同相对人、第三人因此获得撤销权、解除权等民事权利的，人民法院应当依据法律、行政法规规定的关于违反该规定的民事法律后果认定合同效力。 **第 44 条**　债权人依据民法典第五百三十八条、第五百三十九条的规定提起撤销权诉讼的，应当以债务人和债务人的相对人为共同被告，由债务人或者相对人的住所地人民法院管辖，但是依法应当适用专属管辖规定的除外。 　　两个以上债权人就债务人的同一行为提起撤销权诉讼的，人民法院可以合并审理。 **第 45 条**　在债权人撤销权诉讼中，被撤销行为的标的可分，当事人主张在受影响的债权范围内撤销债务人的行为的，人民法院应予支持；被撤销行为的标的不可分，债权人主张将债务人的行为全部撤销的，人民法院应予支持。 　　债权人行使撤销权所支付的合理

《民法典》合同编	关联规定
	的律师代理费、差旅费等费用，可以认定为民法典第五百四十条规定的"必要费用"。 **第 46 条**　债权人在撤销权诉讼中同时请求债务人的相对人向债务人承担返还财产、折价补偿、履行到期债务等法律后果的，人民法院依法予以支持。 　　债权人请求受理撤销权诉讼的人民法院一并审理其与债务人之间的债权债务关系，属于该人民法院管辖的，可以合并审理。不属于该人民法院管辖的，应当告知其向有管辖权的人民法院另行起诉。 　　债权人依据其与债务人的诉讼、撤销权诉讼产生的生效法律文书申请强制执行的，人民法院可以就债务人对相对人享有的权利采取强制执行措施以实现债权人的债权。债权人在撤销权诉讼中，申请对相对人的财产采取保全措施的，人民法院依法予以准许。 **《破产法解释二》**（2020 年修正） **第 13 条**　破产申请受理后，管理人未依据企业破产法第三十一条的规定请求撤销债务人无偿转让财产、以明显不合理价格交易、放弃债权行为的，债权人依据民法典第五百三十八条、第五百三十九条等规定提起诉讼，请求撤销债务人上述行为并将因此追回的财产归入债务人财产的，人民法院应予受理。

《民法典》合同编	关联规定
	相对人以债权人行使撤销权的范围超出债权人的债权抗辩的，人民法院不予支持。 **《企业改制纠纷解释》**（2020年修正） **第29条** 出售企业的行为具有民法典第五百三十八条、第五百三十九条规定的情形，债权人在法定期限内行使撤销权的，人民法院应当予以支持。 **《制裁规执行为意见》** 14.引导申请执行人依法诉讼。被执行人怠于行使债权对申请执行人造成损害的，执行法院可以告知申请执行人依照《中华人民共和国合同法》第七十三条的规定，向有管辖权的人民法院提起代位权诉讼。 被执行人放弃债权、无偿转让财产或者以明显不合理的低价转让财产，对申请执行人造成损害的，执行法院可以告知申请执行人依照《中华人民共和国合同法》第七十四条的规定向有管辖权的人民法院提起撤销权诉讼。
第五百三十九条【有偿行为下债权人的撤销权】 债务人以明显不合理的低价转让财产、以明显不合理的高价受让他人财产或者为他人的债务提供担保，影响债权人的债权实现，债务人的相对人知道或者应当知道该情形的，债权人可以请求人民法院撤销债务人的行为。 **指引**：有偿处分下（不合理价格交易下）债权人的撤销权，增加了相	**《税收征收管理法》**（2015年修正） **第50条** 欠缴税款的纳税人因怠于行使到期债权，或者放弃到期债权，或者无偿转让财产，或者以明显不合理的低价转让财产而受让人知道该情形，对国家税收造成损害的，税务机关可以依照合同法第七十三条、第七十四条的规定行使代位权、撤销权。 税务机关依照前款规定行使代位权、撤销权的，不免除欠缴税款的纳

《民法典》合同编	关联规定
对人为恶意的条件，即债务人处分行为的相对人知道或应当知道债务人的行为影响债权人的债权实现。 　案例指引：《永安市燕诚房地产开发有限公司与郑耀南、远东（厦门）房地产发展有限公司及第三人高俪珍第三人撤销之诉案》【《最高人民法院公报》2020年第4期】 　案例要旨：作为普通债权人的第三人一般不具有基于债权提起第三人撤销之诉的事由，但是如果生效裁判所确认的债务人相关财产处分行为符合《合同法》第74条（《民法典》第538条、第539条、第540条）所规定的撤销权条件，则依法享有撤销权的债权人与该生效裁判案件处理结果具有法律上的利害关系，从而具备以无独立请求权第三人身份提起第三人撤销之诉的原告主体资格。	税人尚未履行的纳税义务和应承担的法律责任。 **《民法典合同编通则解释》** **第18条**　法律、行政法规的规定虽然有"应当""必须"或者"不得"等表述，但是该规定旨在限制或者赋予民事权利，行为人违反该规定将构成无权处分、无权代理、越权代表等，或者导致合同相对人、第三人因此获得撤销权、解除权等民事权利的，人民法院应当依据法律、行政法规规定的关于违反该规定的民事法律后果认定合同效力。 **第42条**　对于民法典第五百三十九条规定的"明显不合理"的低价或者高价，人民法院应当按照交易当地一般经营者的判断，并参考交易时交易地的市场交易价或者物价部门指导价予以认定。 　转让价格未达到交易时交易地的市场交易价或者指导价百分之七十的，一般可以认定为"明显不合理的低价"；受让价格高于交易时交易地的市场交易价或者指导价百分之三十的，一般可以认定为"明显不合理的高价"。 　债务人与相对人存在亲属关系、关联关系的，不受前款规定的百分之七十、百分之三十的限制。 **第43条**　债务人以明显不合理的价格，实施互易财产、以物抵债、出租或者承租财产、知识产权许可使用等

《民法典》合同编	关联规定
	行为，影响债权人的债权实现，债务人的相对人知道或者应当知道该情形，债权人请求撤销债务人的行为的，人民法院应当依据民法典第五百三十九条的规定予以支持。 **第四十四条**　债权人依据民法典第五百三十八条、第五百三十九条的规定提起撤销权诉讼的，应当以债务人和债务人的相对人为共同被告，由债务人或者相对人的住所地人民法院管辖，但是依法应当适用专属管辖规定的除外。 　两个以上债权人就债务人的同一行为提起撤销权诉讼的，人民法院可以合并审理。 **第四十五条**　在债权人撤销权诉讼中，被撤销行为的标的可分，当事人主张在受影响的债权范围内撤销债务人的行为的，人民法院应予支持；被撤销行为的标的不可分，债权人主张将债务人的行为全部撤销的，人民法院应予支持。 　债权人行使撤销权所支付的合理的律师代理费、差旅费等费用，可以认定为民法典第五百四十条规定的"必要费用"。 **第四十六条**　债权人在撤销权诉讼中同时请求债务人的相对人向债务人承担返还财产、折价补偿、履行到期债务等法律后果的，人民法院依法予以支持。 　债权人请求受理撤销权诉讼的人

《民法典》合同编	关联规定
	民法院一并审理其与债务人之间的债权债务关系，属于该人民法院管辖的，可以合并审理。不属于该人民法院管辖的，应当告知其向有管辖权的人民法院另行起诉。 　　债权人依据其与债务人的诉讼、撤销权诉讼产生的生效法律文书申请强制执行的，人民法院可以就债务人对相对人享有的权利采取强制执行措施以实现债权人的债权。债权人在撤销权诉讼中，申请对相对人的财产采取保全措施的，人民法院依法予以准许。 **《破产法解释二》（2020 年修正）** **第 13 条**　破产申请受理后，管理人未依据企业破产法第三十一条的规定请求撤销债务人无偿转让财产、以明显不合理价格交易、放弃债权行为的，债权人依据民法典第五百三十八条、第五百三十九条等规定提起诉讼，请求撤销债务人上述行为并将因此追回的财产归入债务人财产的，人民法院应予受理。 　　相对人以债权人行使撤销权的范围超出债权人的债权抗辩的，人民法院不予支持。 **《企业改制纠纷解释》（2020 年修正）** **第 29 条**　出售企业的行为具有民法典第五百三十八条、第五百三十九条规定的情形，债权人在法定期限内行使撤销权的，人民法院应当予以支持。

《民法典》合同编	关联规定
	《制裁规执行为意见》 14. 引导申请执行人依法诉讼。被执行人怠于行使债权对申请执行人造成损害的，执行法院可以告知申请执行人依照《中华人民共和国合同法》第七十三条的规定，向有管辖权的人民法院提起代位权诉讼。 　　被执行人放弃债权、无偿转让财产或者以明显不合理的低价转让财产，对申请执行人造成损害的，执行法院可以告知申请执行人依照《中华人民共和国合同法》第七十四条的规定向有管辖权的人民法院提起撤销权诉讼。 **《民法典会议纪要》** 9. 对于民法典第五百三十九条规定的明显不合理的低价或者高价，人民法院应当以交易当地一般经营者的判断，并参考交易当时交易地的物价部门指导价或者市场交易价，结合其他相关因素综合考虑予以认定。 　　转让价格达不到交易时交易地的指导价或者市场交易价百分之七十的，一般可以视为明显不合理的低价；对转让价格高于当地指导价或者市场交易价百分之三十的，一般可以视为明显不合理的高价。当事人对于其所主张的交易时交易地的指导价或者市场交易价承担举证责任。
第五百四十条【债权人撤销权行使范围与必要费用负担】　撤销权的行使范围以债权人的债权为限。债权人行使撤销权的必要费用，由债务人负担。	

《民法典》合同编	关联规定
指引：撤销权行使范围以债权人的债权为限，即债权人不能以其债权实现受到影响为由撤销债务人所有的非对价处分行为，以避免撤销权行使不当干涉债务人处分财产权益的自由。另，第 2 款的必要费用范围除律师代理费、差旅费外，还应包括评估费用、采取保全措施费用、调查取证费用等必要费用。	
第五百四十一条【债权人撤销权行使期限】　撤销权自债权人知道或者应当知道撤销事由之日起一年内行使。自债务人的行为发生之日起五年内没有行使撤销权的，该撤销权消灭。 　　**指引**：本条中的"一年""五年"均为除斥期间。未在行权期间行使的，既会消灭其撤销权的实体权利，也会消灭胜诉的程序性权利。 　　**案例指引**：《咨询公司诉饮食服务公司等债权人行使撤销权超过法定期间被驳回案》【《江苏省高级人民法院公报》2015 年第 6 辑】 　　**案例要旨**：（1）《合同法》第 75 条（《民法典》第 541 条）规定，撤销权自债权人知道或者应当知道撤销事由之日起一年内行使。自债务人的行为发生之日起五年内没有行使撤销权的，该撤销权消灭。据此，债权人行使撤销权的时间，应当同时受一年期间和五年期间的限制。换言之，即使债权人行使撤销权的时间是在其知道或者应当知道撤销事由的一年之内，	《民法典》 **第 199 条【除斥期间不适用诉讼时效制度】**　法律规定或者当事人约定的撤销权、解除权等权利的存续期间，除法律另有规定外，自权利人知道或者应当知道权利产生之日起计算，不适用有关诉讼时效中止、中断和延长的规定。存续期间届满，撤销权、解除权等权利消灭。

《民法典》合同编	关联规定
但是如果此时自债务人的处分行为发生之日已满五年的，则该撤销权依法已消灭。(2) 债权人行使撤销权撤销的是债务人不当处分财产的行为。债务人无偿转让或以不合理低价转让其不动产，对债权人造成损害的，该不当处分财产行为应当自债务人签订的不动产转让合同生效之日即视为已发生，债权人行使撤销权的五年法定期间亦应自不动产转让合同生效之日开始起算，而不是从不动产变更登记之日开始计算。因不动产变更登记仅是债务人不当处分财产行为的结果，而不是不当处分财产行为本身。债权人主张以不动产变更登记的时间起算撤销权五年期间的，人民法院不予支持。	
第五百四十二条【债权人撤销权行使效果】 债务人影响债权人的债权实现的行为被撤销的，自始没有法律约束力。 **指引**：撤销权本质上附属于债权，不具有物权的优先性，取回的财产或赔偿，属债务人一般财产，为全体债权人共同担保，应按照债权比例平等清偿。	**《民法典》** **第 155 条【民事法律行为无效或被撤销自始不发生法律约束力】** 无效的或者被撤销的民事法律行为自始没有法律约束力。 **《民法典合同编通则解释》** **第 46 条** 债权人在撤销权诉讼中同时请求债务人的相对人向债务人承担返还财产、折价补偿、履行到期债务等法律后果的，人民法院依法予以支持。 　债权人请求受理撤销权诉讼的人民法院一并审理其与债务人之间的债权债务关系，属于该人民法院管辖的，可以合并审理。不属于该人民法院管辖的，应当告知其向有管辖权的人民

续表

《民法典》合同编	关联规定
	法院另行起诉。 　　债权人依据其与债务人的诉讼、撤销权诉讼产生的生效法律文书申请强制执行的，人民法院可以就债务人对相对人享有的权利采取强制执行措施以实现债权人的债权。债权人在撤销权诉讼中，申请对相对人的财产采取保全措施的，人民法院依法予以准许。
第六章　合同的变更和转让	
第五百四十三条【协议变更合同】 当事人协商一致，可以变更合同。 　　**指引：**一方当事人未经对方当事人同意任意改变合同的内容，变更后的内容不仅对另一方没有约束力，而且这种擅自改变合同的做法也是一种违约行为，当事人应当承担违约责任。另，本条规定的合同的变更的概念，不包括合同当事人的改变。 　　**案例指引：**《建设集团公司与电器公司建设工程施工合同纠纷案》① 　　**案例要旨：**当事人在合同履行过程中，只要对合同变更协商一致，除法律、行政法规规定变更合同应当办理批准、登记等手续的外，就可以认定合同变更；当事人通过书面形式订立合同的，变更合同原则上也应采用书面形式；或者采用书面以外的如口头形式以及包括事实行为等在内的其	《民法典》 **第 409 条【抵押权及其顺位的处分】** 　　抵押权人可以放弃抵押权或者抵押权的顺位。抵押权人与抵押人可以协议变更抵押权顺位以及被担保的债权数额等内容。但是，抵押权的变更未经其他抵押权人书面同意的，不得对其他抵押权人产生不利影响。 　　债务人以自己的财产设定抵押，抵押权人放弃该抵押权、抵押权顺位或者变更抵押权的，其他担保人在抵押权人丧失优先受偿权益的范围内免除担保责任，但是其他担保人承诺仍然提供担保的除外。 《民法典合同编通则解释》 **第 14 条**　当事人之间就同一交易订立多份合同，人民法院应当认定其中以虚假意思表示订立的合同无效。当事人为规避法律、行政法规的强制性规定，

① 最高人民法院民事审判第一庭编：《民事审判指导与参考》，人民法院出版社 2011 年版，第 89 页。

《民法典》合同编	关联规定
他形式变更合同的，只要当事人没有争议，也可以认定为合同变更。如果当事人就除书面形式以外的是否变更合同的情形理解不一致引发争议，就应当适用《合同法》第78条（《民法典》第544条）的规定，视为当事人对合同变更的内容约定不明，推定为合同未变更。	以虚假意思表示隐藏真实意思表示的，人民法院应当依据民法典第一百五十三条第一款的规定认定被隐藏合同的效力；当事人为规避法律、行政法规关于合同应当办理批准等手续的规定，以虚假意思表示隐藏真实意思表示的，人民法院应当依据民法典第五百零二条第二款的规定认定被隐藏合同的效力。 依据前款规定认定被隐藏合同无效或者确定不发生效力的，人民法院应当以被隐藏合同为事实基础，依据民法典第一百五十七条的规定确定当事人的民事责任。但是，法律另有规定的除外。 当事人就同一交易订立的多份合同均系真实意思表示，且不存在其他影响合同效力情形的，人民法院应当在查明各合同成立先后顺序和实际履行情况的基础上，认定合同内容是否发生变更。法律、行政法规禁止变更合同内容的，人民法院应当认定合同的相应变更无效。
第五百四十四条【合同变更约定不明的处理】 当事人对合同变更的内容约定不明确的，推定为未变更。 **指引：**当事人对合同部分条款的变更约定明确部分不明确，若条款在内容上可分，约定明确的部分有效，约定不明确的部分推定未变更；若在内容上不可分，均推定未变更。	

《民法典》合同编	关联规定
第五百四十五条【债权转让】　债权人可以将债权的全部或者部分转让给第三人，但是有下列情形之一的除外： 　　（一）根据债权性质不得转让； 　　（二）按照当事人约定不得转让； 　　（三）依照法律规定不得转让。 　　当事人约定非金钱债权不得转让的，不得对抗善意第三人。当事人约定金钱债权不得转让的，不得对抗第三人。 　　**指引**：当事人约定债权不得转让的，债权人转让的，应承担违约责任，但受让人能否取得债权，则存在不同情形。非金钱债权不得转让的约定，不对抗善意第三人；金钱债权不得转让的约定，不对抗第三人。 　　**案例指引**：《王某君诉酒业公司买卖合同纠纷案》① 　　**案例要旨**：预付式消费卡具有代币券和现金的一些表象特征，但与货币也有着本质的区别，通常情况下不能作支付的手段流通。但如一方同意接收消费卡作支付方式，性质上属于原持有消费卡的一方将对商家享有的债权转让给了接收消费卡的一方，该行为不违反法律规定，合法有效。支付消费卡的一方仅对该债权的有效存在负有担保责任，但对债务人的清偿能力不负担保义务。	**《保险法》**（2015 年修正） **第 34 条第 2 款**　按照以死亡为给付保险金条件的合同所签发的保险单，未经被保险人书面同意，不得转让或者质押。 **《民法典合同编通则解释》** **第 47 条**　债权转让后，债务人向受让人主张其对让与人的抗辩的，人民法院可以追加让与人为第三人。 　　债务转移后，新债务人主张原债务人对债权人的抗辩的，人民法院可以追加原债务人为第三人。 　　当事人一方将合同权利义务一并转让后，对方就合同权利义务向受让人主张抗辩或者受让人就合同权利义务向对方主张抗辩的，人民法院可以追加让与人为第三人。 **《民法典担保制度解释》** **第 39 条**　主债权被分割或者部分转让，各债权人主张就其享有的债权份额行使担保物权的，人民法院应予支持，但是法律另有规定或者当事人另有约定的除外。 　　主债务被分割或者部分转移，债务人自己提供物的担保，债权人请求以该担保财产担保全部债务履行的，人民法院应予支持；第三人提供物的担保，主张对未经其书面同意转移的债务不再承担担保责任的，人民法院应予支持。

---

　　①　最高人民法院中国应用法学研究所编：《人民法院案例选》，人民法院出版社 2014 年版，第 206 页。

《民法典》合同编	关联规定
第五百四十六条【债权转让通知】 债权人转让债权，未通知债务人的，该转让对债务人不发生效力。 　　债权转让的通知不得撤销，但是经受让人同意的除外。 　　**指引**：债权人转让债权，只需通知债权人，无须征得其同意。债务人接到债权人权利转让的通知后，权利转让就生效，随之会引起合同权利和义务关系的一系列变化。 　　**案例指引**：《佛山市顺德区太保投资管理有限公司诉广东中鼎集团有限公司债权转让合同纠纷案》【《最高人民法院公报》2005年第12期】 　　**案例要旨**：债权人转让权利的，应当通知债务人。未经通知的，该转让对债务人不发生效力，债务人享有对抗受让人的抗辩权，但不影响债权转让人与受让人之间债权转让协议的效力。	**《民法典合同编通则解释》** **第48条**　债务人在接到债权转让通知前已经向让与人履行，受让人请求债务人履行的，人民法院不予支持；债务人接到债权转让通知后仍然向让与人履行，受让人请求债务人履行的，人民法院应予支持。 　　让与人未通知债务人，受让人直接起诉债务人请求履行债务，人民法院经审理确认债权转让事实的，应当认定债权转让自起诉副本送达时对债务人发生效力。债务人主张因未通知而给其增加的费用或者造成的损失从认定的债权数额中扣除的，人民法院依法予以支持。 **第50条**　让与人将同一债权转让给两个以上受让人，债务人以已经向最先通知的受让人履行为由主张其不再履行债务的，人民法院应予支持。债务人明知接受履行的受让人不是最先通知的受让人，最先通知的受让人请求债务人继续履行债务或者依据债权转让协议请求让与人承担违约责任的，人民法院应予支持；最先通知的受让人请求接受履行的受让人返还其接受的财产的，人民法院不予支持，但是接受履行的受让人明知该债权在其受让前已经转让给其他受让人的除外。 　　前款所称最先通知的受让人，是指最先到达债务人的转让通知中载明的受让人。当事人之间对通知到达时间有争议的，人民法院应当结合通知

《民法典》合同编	关联规定
	的方式等因素综合判断，而不能仅根据债务人认可的通知时间或者通知记载的时间予以认定。当事人采用邮寄、通讯电子系统等方式发出通知的，人民法院应当以邮戳时间或者通讯电子系统记载的时间等作为认定通知到达时间的依据。 《诉讼时效规定》（2020 年修正） **第 17 条**　债权转让的，应当认定诉讼时效从债权转让通知到达债务人之日起中断。 　　债务承担情形下，构成原债务人对债务承认的，应当认定诉讼时效从债务承担意思表示到达债权人之日起中断。 《企业改制纠纷解释》（2020 年修正） **第 6 条**　企业以其部分财产和相应债务与他人组建新公司，对所转移的债务债权人认可的，由新组建的公司承担民事责任；对所转移的债务未通知债权人或者虽通知债权人，而债权人不予认可的，由原企业承担民事责任。原企业无力偿还债务，债权人就此向新设公司主张债权的，新设公司在所接收的财产范围内与原企业承担连带民事责任。
第五百四十七条【债权转让时从权利一并变动】　债权人转让债权的，受让人取得与债权有关的从权利，但是该从权利专属于债权人自身的除外。 　　受让人取得从权利不因该从权利未办理转移登记手续或者未转移占有	《民法典》 **第 407 条【抵押权处分的从属性】** 抵押权不得与债权分离而单独转让或者作为其他债权的担保。债权转让的，担保该债权的抵押权一并转让，但是法律另有规定或者当事人另有约定的除外。

《民法典》合同编	关联规定
而受到影响。 **指引**：从权利是指附随于主权利的权利。担保物权中的抵押权、质权、保证以及附属于主债权的利息等，都属于从权利。另，债权受让人取得抵押权、质权等从权利是基于法律的规定而非法律行为的物权变动，故第 2 款规定受让人取得从权利不因未进行转移登记或转移占有而受影响。 **案例指引**：《陕西西岳山庄有限公司与中建三局建发工程有限公司、中建三局第三建设工程有限责任公司建设工程施工合同纠纷案》【《最高人民法院公报》2007 年第 12 期】 **案例要旨**：施工合同项下工程款债权转让的，工程价款优先受偿权随之转让，债权受让方可主张其对建设工程享有优先受偿权。	**第 421 条【最高额抵押权担保的债权转让】** 最高额抵押担保的债权确定前，部分债权转让的，最高额抵押权不得转让，但是当事人另有约定的除外。 **《民法典担保制度解释》** **第 39 条** 主债权被分割或者部分转让，各债权人主张就其享有的债权份额行使担保物权的，人民法院应予支持，但是法律另有规定或者当事人另有约定的除外。 主债务被分割或者部分转移，债务人自己提供物的担保，债权人请求以该担保财产担保全部债务履行的，人民法院应予支持；第三人提供物的担保，主张对未经其书面同意转移的债务不再承担担保责任的，人民法院应予支持。
第五百四十八条【债权转让中的债务人抗辩权】 债务人接到债权转让通知后，债务人对让与人的抗辩，可以向受让人主张。 **指引**：债务人的抗辩权并不随权利的转让而消灭，债务人行使的抗辩权包括同时履行抗辩权、先诉抗辩权、合同撤销的抗辩权、债权已履行完毕的抗辩权、债权无效的抗辩权、已过诉讼时效的抗辩权等。权利让与后，债务人还可能因某项事实产生新的抗辩权，如附解除条件的合同权利转让后，合同规定的解除条件成就时，债务人可向受让人提出终止合同	**《民法典合同编通则解释》** **第 47 条** 债权转让后，债务人向受让人主张其对让与人的抗辩的，人民法院可以追加让与人为第三人。 债务转移后，新债务人主张原债务人对债权人的抗辩的，人民法院可以追加原债务人为第三人。 当事人一方将合同权利义务一并转让后，对方就合同权利义务向受让人主张抗辩或者受让人就合同权利义务向对方主张抗辩的，人民法院可以追加让与人为第三人。 **《诉讼时效规定》**（2020 年修正） **第 17 条第 1 款** 债权转让的，应当认

《民法典》合同编	关联规定
的抗辩。 　　**案例指引**：《某银行诉电子公司债权转让合同纠纷案》【（2013）津高民四终字第 59 号】 　　**案例要旨**：让与人转让已清偿的债权，债权转让使得债的主体发生变更，但债权本身的瑕疵也随同债的变更转移给受让人，债务人接到债权转让通知后，债务人对让与人的抗辩，可以向受让人主张。	定诉讼时效从债权转让通知到达债务人之日起中断。
第五百四十九条【债权转让中的债务人抵销权】　有下列情形之一的，债务人可以向受让人主张抵销： 　　（一）债务人接到债权转让通知时，债务人对让与人享有债权，且债务人的债权先于转让的债权到期或者同时到期； 　　（二）债务人的债权与转让的债权是基于同一合同产生。 　　**指引**："债务人的债权与转让的债权基于同一合同产生"下的抵销为民法典较合同法增加的一种情形，且该情形下，没有附加条件。	
第五百五十条【债权转让增加的履行费用负担】　因债权转让增加的履行费用，由让与人负担。 　　**指引**：因债权转让而增加的债务人的履行费用，有约定的按约定；无约定的，基于保护债权让与下债务人利益的考量，由让与人负担。	

《民法典》合同编	关联规定
第五百五十一条【债务转移】 债务人将债务的全部或者部分转移给第三人的,应当经债权人同意。 　　债务人或者第三人可以催告债权人在合理期限内予以同意,债权人未作表示的,视为不同意。 　　**指引:** 本条规定的债务转移与《民法典》第524条规定的第三人代为履行不同。债务转移下,第三人作为新的债务人相应的取代债务人;第三人代为履行下,不涉及债务人的变化,第三人只是履行主体而不是债务人。另,本条增加了债务人催告权的规定。 　　**案例指引:**《中国工商银行股份有限公司三门峡车站支行与三门峡天元铝业股份有限公司、三门峡天元铝业集团有限公司借款担保合同纠纷案》【《最高人民法院公报》2008年第11期】 　　**案例要旨:**(1)根据规定,债务人将合同的义务全部或者部分转移给第三人的,应当经债权人同意。因此,债务人向债权人出具承诺书,表示将所负债务全部或者部分转移给第三人,而债权人对此未予接受,亦未在债务人与第三人签订的债务转移协议书上加盖公章的,应当认定债权人不同意债务转让,债务人与第三人之间的债务转让协议对债权人不发生法律效力。(2)借新贷还旧贷,系在贷款到期不能按时收回的情况下,作为债权人的金融机构又与债务人订立协议,向债	**《企业改制纠纷解释》**(2020年修正) **第6条** 企业以其部分财产和相应债务与他人组建新公司,对所转移的债务债权人认可的,由新组建的公司承担民事责任;对所转移的债务未通知债权人或者虽通知债权人,而债权人不予认可的,由原企业承担民事责任。原企业无力偿还债务,债权人就此向新设公司主张债权的,新设公司在所接收的财产范围内与原企业承担连带民事责任。 **《旅游纠纷解释》**(2020年修正) **第10条** 旅游经营者将旅游业务转让给其他旅游经营者,旅游者不同意转让,请求解除旅游合同、追究旅游经营者违约责任的,人民法院应予支持。 　　旅游经营者擅自将其旅游业务转让给其他旅游经营者,旅游者在旅游过程中遭受损害,请求与其签订旅游合同的旅游经营者和实际提供旅游服务的旅游经营者承担连带责任的,人民法院应予支持。

《民法典》合同编	关联规定
务人发放新的贷款用于归还旧贷款的行为。该行为与债务人用自有资金偿还贷款，从而消灭原债权债务关系的行为具有本质的区别。虽然新贷代替了旧贷，但原有的债权债务关系并未消除，客观上只是以新贷形式延长了旧贷的还款期限。	
第五百五十二条【债务加入】 第三人与债务人约定加入债务并通知债权人，或者第三人向债权人表示愿意加入债务，债权人未在合理期限内明确拒绝的，债权人可以请求第三人在其愿意承担的债务范围内和债务人承担连带债务。 **指引：** 债务加入，即第三人作为债务人在相应债务范围内与原债务人一起向债权承担连带债务，也称并存的债务承担。需注意，由于债务加入中，债务人并未被取代而摆脱债务，因而，为债务人提供的担保并不因债务加入而受影响，但该担保并不对加入的第三人发生担保效力，而是仅对债务人发生担保效力。 **案例指引：** 《广东达宝物业管理有限公司与广东中岱企业集团有限公司、广东中岱电讯产业有限公司、广州市中珊实业有限公司股权转让合作纠纷案》【《最高人民法院公报》2012年第5期】 **案例要旨：** 合同外的第三人向合同中的债权人承诺承担债务人义务的，如果没有充分的证据证明债权人同意	**《民法典合同编通则解释》** **第51条** 第三人加入债务并与债务人约定了追偿权，其履行债务后主张向债务人追偿的，人民法院应予支持；没有约定追偿权，第三人依照民法典关于不当得利等的规定，在其已经向债权人履行债务的范围内请求债务人向其履行的，人民法院应予支持，但是第三人知道或者应当知道加入债务会损害债务人利益的除外。 　　债务人就其对债权人享有的抗辩向加入债务的第三人主张的，人民法院应予支持。 **《民法典担保制度解释》** **第12条** 法定代表人依照民法典第五百五十二条的规定以公司名义加入债务的，人民法院在认定该行为的效力时，可以参照本解释关于公司为他人提供担保的有关规则处理。 **第36条** 第三人向债权人提供差额补足、流动性支持等类似承诺文件作为增信措施，具有提供担保的意思表示，债权人请求第三人承担保证责任的，人民法院应当依照保证的有关规定处理。

《民法典》合同编	关联规定
债务转移给该第三人或者债务人退出合同关系，不宜轻易认定构成债务转移，一般应认定为债务加入。第三人向债权人表明债务加入的意思后，即使债权人未明确表示同意，但只要其未明确表示反对或未以行为表示反对，仍应当认定为债务加入成立，债权人可以依照债务加入关系向该第三人主张权利。	第三人向债权人提供的承诺文件，具有加入债务或者与债务人共同承担债务等意思表示的，人民法院应当认定为民法典第五百五十二条规定的债务加入。 前两款中第三人提供的承诺文件难以确定是保证还是债务加入的，人民法院应当将其认定为保证。 第三人向债权人提供的承诺文件不符合前三款规定的情形，债权人请求第三人承担保证责任或者连带责任的，人民法院不予支持，但是不影响其依据承诺文件请求第三人履行约定的义务或者承担相应的民事责任。
第五百五十三条【债务转移中新债务人的抗辩与抵销】 债务人转移债务的，新债务人可以主张原债务人对债权人的抗辩；原债务人对债权人享有债权的，新债务人不得向债权人主张抵销。 **指引**：新债务人享有的抗辩权包括同时履行抗辩权、先诉抗辩权、合同撤销的抗辩权、债务已履行完毕的抗辩权、债权无效的抗辩权、诉讼时效已过的抗辩权等。另，在新债务人能否利用原债务人对债权人的债权主张抵销的问题上，本条明确了不得主张抵销，凸显债务转移与债权转让在抵销问题上的不同。	**《民法典合同编通则解释》** **第47条** 债权转让后，债务人向受让人主张其对让与人的抗辩的，人民法院可以追加让与人为第三人。 债务转移后，新债务人主张原债务人对债权人的抗辩的，人民法院可以追加原债务人为第三人。 当事人一方将合同权利义务一并转让后，对方就合同权利义务向受让人主张抗辩或者受让人就合同权利义务向对方主张抗辩的，人民法院可以追加让与人为第三人。 **第51条** 第三人加入债务并与债务人约定了追偿权，其履行债务后主张向债务人追偿的，人民法院应予支持；没有约定追偿权，第三人依照民法典关于不当得利等的规定，在其已经向债权人履行债务的范围内请求债务人向

《民法典》合同编	关联规定
	其履行的，人民法院应予支持，但是第三人知道或者应当知道加入债务会损害债务人利益的除外。 　　债务人就其对债权人享有的抗辩向加入债务的第三人主张的，人民法院应予支持。 **《诉讼时效规定》**（2020 年修正） **第 17 条第 2 款**　债务承担情形下，构成原债务人对债务承认的，应当认定诉讼时效从债务承担意思表示到达债权人之日起中断。
第五百五十四条【债务转移时从债务一并转移】　债务人转移债务的，新债务人应当承担与主债务有关的从债务，但是该从债务专属于原债务人自身的除外。 　　**指引**：本条仅规定了新债务人应承担与主债务有关的从债务，并未规定新债务人当然享有与转让债务有关的从权利。如第三人为原债务人提供的担保，由于涉及原债务人与新债务人之间资历与履行能力的差异，故除另有约定外，未经担保人同意，担保人不再对债务承担担保责任。	
第五百五十五条【合同权利义务一并转让】　当事人一方经对方同意，可以将自己在合同中的权利和义务一并转让给第三人。 　　**指引**：合同权利义务一并转让不同于债权转让、债务转移的是，转让的内容实际上包括但不限于权利转让与债务转移，也并非债权转让与债务	**《旅游纠纷解释》**（2020 年修正） **第 11 条**　除合同性质不宜转让或者合同另有约定之外，在旅游行程开始前的合理期间内，旅游者将其在旅游合同中的权利义务转让给第三人，请求确认转让合同效力的，人民法院应予支持。 　　因前款所述原因，旅游经营者请求

《民法典》合同编	关联规定
转移的简单组合，而是第三人成为新的当事人，与当事人地位联系在一起的撤销权、解除权等，也均转移给第三人。一般而言，合同权利义务的一并转让主要发生在双务合同中。	旅游者、第三人给付增加的费用或者旅游者请求旅游经营者退还减少的费用的，人民法院应予支持。
第五百五十六条【合同权利义务一并转让的法律适用】 合同的权利和义务一并转让的，适用债权转让、债务转移的有关规定。 　　**指引**：由于权利义务一并转让既包括了债权的转让，也包括债务的转移，故合同权利义务一并转让中有关债权转让的内容应适用债权转让的有关规定，有关债务转移的内容应适用债务转移的有关规定。	**《民法典》** 第 545 条（债权转让的限制条件）、第 547 条（从权利一并转让）、第 548 条（债权转让中债务人的抗辩权）、第 549 条（债权转让中债务人的抵销权）、第 550 条（因转让增加费用的负担）、第 502 条第 3 款（债权转让批准）；涉及债务转移的规定主要包括民法典第 553 条（债务转移中新债务人的抗辩与抵销）、第 554 条（从债务一并转移）、第 502 条第 3 款（债务转移批准） **《民法典合同编通则解释》** **第 47 条** 债权转让后，债务人向受让人主张其对让与人的抗辩的，人民法院可以追加让与人为第三人。 　　债务转移后，新债务人主张原债务人对债权人的抗辩的，人民法院可以追加原债务人为第三人。 　　当事人一方将合同权利义务一并转让后，对方就合同权利义务向受让人主张抗辩或者受让人就合同权利义务向对方主张抗辩的，人民法院可以追加让与人为第三人。 **《旅游纠纷解释》**（2020 年修正） **第 11 条** 除合同性质不宜转让或者合同另有约定之外，在旅游行程开始前的

《民法典》合同编	关联规定
	合理期间内，旅游者将其在旅游合同中的权利义务转让给第三人，请求确认转让合同效力的，人民法院应予支持。 因前款所述原因，旅游经营者请求旅游者、第三人给付增加的费用或者旅游者请求旅游经营者退还减少的费用的，人民法院应予支持。
第七章　合同的权利义务终止	
第五百五十七条【债权债务终止情形】 　　有下列情形之一的，债权债务终止： 　　（一）债务已经履行； 　　（二）债务相互抵销； 　　（三）债务人依法将标的物提存； 　　（四）债权人免除债务； 　　（五）债权债务同归于一人； 　　（六）法律规定或者当事人约定终止的其他情形。 　　合同解除的，该合同的权利义务关系终止。 　　**指引：**本条第 1 款是针对的广义的债权债务，并非限于合同之债。也正因如此，相较合同法，本条之所以将"合同解除"从并列的 7 项中拿出，单独作为债权债务终止情形的一款，主要在于解除仅能适用于合同的权利义务关系，而不能适用于其他法定的债权债务关系。	**《民法典》** **第 571 条【提存成立及提存对债务人效力】**　债务人将标的物或者将标的物依法拍卖、变卖所得价款交付提存部门时，提存成立。 　　提存成立的，视为债务人在其提存范围内已经交付标的物。 **《九民会纪要》** 43.【抵销】　抵销权既可以通知的方式行使，也可以提出抗辩或者提起反诉的方式行使。抵销的意思表示自到达对方时生效，抵销一经生效，其效力溯及自抵销条件成就之时，双方互负的债务在同等数额内消灭。双方互负的债务数额，是截至抵销条件成就之时各自负有的包括主债务、利息、违约金、赔偿金等在内的全部债务数额。行使抵销权一方享有的债权不足以抵销全部债务数额，当事人对抵销顺序又没有特别约定的，应当根据实现债权的费用、利息、主债务的顺序进行抵销。

《民法典》合同编	关联规定
第五百五十八条【后合同义务】 债权债务终止后，当事人应当遵循诚信等原则，根据交易习惯履行通知、协助、保密、旧物回收等义务。 **指引**：后合同义务，是指权利义务关系终止后，当事人依照法律规定，遵循诚信等原则，根据交易习惯履行的各项义务，主要包括通知、协助、保密、旧物回收等。后合同义务具体范围需根据具体个案判断后合同义务的具体范围、强度、地域、内容、期限等，不宜以结果倒推后合同义务范围。	**《民法典合同编通则解释》** **第2条** 下列情形，不违反法律、行政法规的强制性规定且不违背公序良俗的，人民法院可以认定为民法典所称的"交易习惯"： （一）当事人之间在交易活动中的惯常做法； （二）在交易行为当地或者某一领域、某一行业通常采用并为交易对方订立合同时所知道或者应当知道的做法。 对于交易习惯，由提出主张的当事人一方承担举证责任。 **《物业服务纠纷解释》**（2020年修正） **第3条** 物业服务合同的权利义务终止后，业主请求物业服务人退还已经预收，但尚未提供物业服务期间的物业费的，人民法院应予支持。 **《民法典会议纪要》** 10.当事人一方违反民法典第五百五十八条规定的通知、协助、保密、旧物回收等义务，给对方当事人造成损失，对方当事人请求赔偿实际损失的，人民法院应当支持。
第五百五十九条【从权利消灭】 债权债务终止时，债权的从权利同时消灭，但是法律另有规定或者当事人另有约定的除外。 **指引**：法律另有规定的例外，如企业破产法规定的"破产人的保证人和其他连带债务人，在破产程序终结后，对债权人依照破产清算程序未受清偿的债权，依法继续承担清偿责任"。	**《民法典》** **第393条【担保物权消灭事由】** 有下列情形之一的，担保物权消灭： （一）主债权消灭； （二）担保物权实现； （三）债权人放弃担保物权； （四）法律规定担保物权消灭的其他情形。

《民法典》合同编	关联规定
第五百六十条【债的清偿抵充顺序】 债务人对同一债权人负担的数项债务种类相同，债务人的给付不足以清偿全部债务的，除当事人另有约定外，由债务人在清偿时指定其履行的债务。 债务人未作指定的，应当优先履行已经到期的债务；数项债务均到期的，优先履行对债权人缺乏担保或者担保最少的债务；均无担保或者担保相等的，优先履行债务人负担较重的债务；负担相同的，按照债务到期的先后顺序履行；到期时间相同的，按照债务比例履行。 **指引**：本条规定的清偿抵充原则是：有约定从约定，无约定从指定，无指定从法定。本条第 2 款即为法定的清偿顺序。	**《民法典合同编通则解释》** **第 56 条** 行使抵销权的一方负担的数项债务种类相同，但是享有的债权不足以抵销全部债务，当事人因抵销的顺序发生争议的，人民法院可以参照民法典第五百六十条的规定处理。 行使抵销权的一方享有的债权不足以抵销其负担的包括主债务、利息、实现债权的有关费用在内的全部债务，当事人因抵销的顺序发生争议的，人民法院可以参照民法典第五百六十一条的规定处理。
第五百六十一条【费用、利息、主债务抵充顺序】 债务人在履行主债务外还应当支付利息和实现债权的有关费用，其给付不足以清偿全部债务的，除当事人另有约定外，应当按照下列顺序履行： （一）实现债权的有关费用； （二）利息； （三）主债务。 **指引**：实现债权的费用、利息、主债务抵充的顺序原则为有约定按约定，无约定按法定。法定顺序确定采取有利于债权人的立场，依次为实现债权的有关费用、利息、主债务。实现债权的有关费用包括保管费用、诉	**《民法典合同编通则解释》** **第 25 条** 合同不成立、无效、被撤销或者确定不发生效力，有权请求返还价款或者报酬的当事人一方请求对方支付资金占用费的，人民法院应当在当事人请求的范围内按照中国人民银行授权全国银行间同业拆借中心公布的一年期贷款市场报价利率（LPR）计算。但是，占用资金的当事人对于合同不成立、无效、被撤销或者确定不发生效力没有过错的，应当以中国人民银行公布的同期同类存款基准利率计算。 双方互负返还义务，当事人主张同时履行的，人民法院应予支持；占有

《民法典》合同编	关联规定
讼费用、执行费用、收取孳息的费用等。	标的物的一方对标的物存在使用或者依法可以使用的情形，对方请求将其应支付的资金占用费与应收取的标的物使用费相互抵销的，人民法院应予支持，但是法律另有规定的除外。 **第五十六条** 行使抵销权的一方负担的数项债务种类相同，但是享有的债权不足以抵销全部债务，当事人因抵销的顺序发生争议的，人民法院可以参照民法典第五百六十条的规定处理。 　　行使抵销权的一方享有的债权不足以抵销其负担的包括主债务、利息、实现债权的有关费用在内的全部债务，当事人因抵销的顺序发生争议的，人民法院可以参照民法典第五百六十一条的规定处理。 **第六十三条** 在认定民法典第五百八十四条规定的"违约一方订立合同时预见到或者应当预见到的因违约可能造成的损失"时，人民法院应当根据当事人订立合同的目的，综合考虑合同主体、合同内容、交易类型、交易习惯、磋商过程等因素，按照与违约方处于相同或者类似情况的民事主体在订立合同时预见到或者应当预见到的损失予以确定。 　　除合同履行后可以获得的利益外，非违约方主张还有其向第三人承担违约责任应当支出的额外费用等其他因违约所造成的损失，并请求违约方赔偿，经审理认为该损失系违约一方订立合同时预见到或者应当预见到的，

《民法典》合同编	关联规定
	人民法院应予支持。
	在确定违约损失赔偿额时，违约方主张扣除非违约方未采取适当措施导致的扩大损失、非违约方也有过错造成的相应损失、非违约方因违约获得的额外利益或者减少的必要支出的，人民法院依法予以支持。
	《民间借贷解释》（2020 年 12 月修正）
	第 25 条　出借人请求借款人按照合同约定利率支付利息的，人民法院应予支持，但是双方约定的利率超过合同成立时一年期贷款市场报价利率四倍的除外。
	前款所称"一年期贷款市场报价利率"，是指中国人民银行授权全国银行间同业拆借中心自 2019 年 8 月 20 日起每月发布的一年期贷款市场报价利率。
	第 28 条　借贷双方对逾期利率有约定的，从其约定，但是以不超过合同成立时一年期贷款市场报价利率四倍为限。
	未约定逾期利率或者约定不明的，人民法院可以区分不同情况处理：
	（一）既未约定借期内利率，也未约定逾期利率，出借人主张借款人自逾期还款之日起参照当时一年期贷款市场报价利率标准计算的利息承担逾期还款违约责任的，人民法院应予支持；
	（二）约定了借期内利率但是未约定逾期利率，出借人主张借款人自逾

《民法典》合同编	关联规定
	期还款之日起按照借期内利率支付资金占用期间利息的，人民法院应予支持。
第五百六十二条【合同约定解除】 当事人协商一致，可以解除合同。 　当事人可以约定一方解除合同的事由。解除合同的事由发生时，解除权人可以解除合同。 　**指引**：约定解除包括协商解除与约定解除权。协商解除，是指合同产生法律约束力后，当事人以解除合同为目的，经协商一致，订立一个解除原合同的协议。约定解除权，是指当事人在合同中约定，合同履行过程中出现某种情况，当事人一方或者双方有解除合同的权利。约定解除权有多种形式，如约定解约定金、约定解除条件等。 　**案例指引**：《孟元诉中佳旅行社旅游合同纠纷案》【《最高人民法院公报》2005年第2期】 　**案例要旨**：一方当事人提出解除合同后，在未与对方协商一致的情况下，拒绝对方提出减少其损失的建议，坚持要求对方承担解除合同的全部损失，并放弃履行合同，致使自身利益受到损害的，应自负全部责任。	**《民法典合同编通则解释》** **第18条**　法律、行政法规的规定虽然有"应当""必须"或者"不得"等表述，但是该规定旨在限制或者赋予民事权利，行为人违反该规定将构成无权处分、无权代理、越权代表等，或者导致合同相对人、第三人因此获得撤销权、解除权等民事权利的，人民法院应当依据法律、行政法规规定的关于违反该规定的民事法律后果认定合同效力。 **第52条**　当事人就解除合同协商一致时未对合同解除后的违约责任、结算和清理等问题作出处理，一方主张合同已经解除的，人民法院应予支持。但是，当事人另有约定的除外。 　有下列情形之一的，除当事人一方另有意思表示外，人民法院可以认定合同解除： 　（一）当事人一方主张行使法律规定或者合同约定的解除权，经审理认为不符合解除权行使条件但是对方同意解除； 　（二）双方当事人均不符合解除权行使的条件但是均主张解除合同。 　前两款情形下的违约责任、结算和清理等问题，人民法院应当依据民法典第五百六十六条、第五百六十七条和有关违约责任的规定处理。

《民法典》合同编	关联规定
	第 53 条　当事人一方以通知方式解除合同，并以对方未在约定的异议期限或者其他合理期限内提出异议为由主张合同已经解除的，人民法院应当对其是否享有法律规定或者合同约定的解除权进行审查。经审查，享有解除权的，合同自通知到达对方时解除；不享有解除权的，不发生合同解除的效力。 **《外商投资企业纠纷解释一》（2020 年修正）** **第 5 条**　外商投资企业股权转让合同成立后，转让方和外商投资企业不履行报批义务，经受让方催告后在合理的期限内仍未履行，受让方请求解除合同并由转让方返还其已支付的转让款、赔偿因未履行报批义务而造成的实际损失的，人民法院应予支持。 **《九民会纪要》** **47.【约定解除条件】**　合同约定的解除条件成就时，守约方以此为由请求解除合同的，人民法院应当审查违约方的违约程度是否显著轻微，是否影响守约方合同目的实现，根据诚实信用原则，确定合同应否解除。违约方的违约程度显著轻微，不影响守约方合同目的实现，守约方请求解除合同的，人民法院不予支持；反之，则依法予以支持。

《民法典》合同编	关联规定
第五百六十三条【合同法定解除】 有下列情形之一的，当事人可以解除合同： （一）因不可抗力致使不能实现合同目的； （二）在履行期限届满前，当事人一方明确表示或者以自己的行为表明不履行主要债务； （三）当事人一方迟延履行主要债务，经催告后在合理期限内仍未履行； （四）当事人一方迟延履行债务或者有其他违约行为致使不能实现合同目的； （五）法律规定的其他情形。 以持续履行的债务为内容的不定期合同，当事人可以随时解除合同，但是应当在合理期限之前通知对方。 **指引**：出现了法定解除事由的情形，并不意味着合同最终会解除，而是否行使法定解除权，由当事人决定。除上述四种法定解除情形外，《民法典》还规定了其他解除合同的情形，如第533条规定的情势变更解除合同、第787条规定的承揽合同中定作人的解除权等。另，第2款就持续履行的不定期合同中当事人的解除权作了规定。以持续履行的债务为内容的合同，又称继续性合同，如租赁合同、合伙合同、保管合同等。 **案例指引**：《张俭华、徐海英诉启东市取生置业有限公司房屋买卖合同纠纷案》【《最高人民法院公报》2017年第9期】	**《民法典》** **第180条【不可抗力】** 因不可抗力不能履行民事义务的，不承担民事责任。法律另有规定的，依照其规定。 不可抗力是不能预见、不能避免且不能克服的客观情况。 **第533条【情势变更】** 合同成立后，合同的基础条件发生了当事人在订立合同时无法预见的、不属于商业风险的重大变化，继续履行合同对于当事人一方明显不公平的，受不利影响的当事人可以与对方重新协商；在合理期限内协商不成的，当事人可以请求人民法院或者仲裁机构变更或者解除合同。 人民法院或者仲裁机构应当结合案件的实际情况，根据公平原则变更或者解除合同。 **第610条【出卖人根本违约的风险负担】** 因标的物不符合质量要求，致使不能实现合同目的的，买受人可以拒绝接受标的物或者解除合同。买受人拒绝接受标的物或者解除合同的，标的物毁损、灭失的风险由出卖人承担。 **第634条【分期付款买卖合同】** 分期付款的买受人未支付到期价款的数额达到全部价款的五分之一，经催告后在合理期限内仍未支付到期价款的，出卖人可以请求买受人支付全部价款或者解除合同。 出卖人解除合同的，可以向买受人请求支付该标的物的使用费。

《民法典》合同编	关联规定
案例要旨：当事人将特定主观目的作为合同条件或成交基础并明确约定，则该特定主观目的之客观化，属于《合同法》第 94 条第 1 款第 4 项（《民法典》第 563 条第 1 款第 4 项）的规制范围。例如，开发商交付的房屋与购房合同约定的方位布局相反，且无法调换，购房者可以合同目的不能实现解除合同。	**第 787 条【定作人任意解除权】** 定作人在承揽人完成工作前可以随时解除合同，造成承揽人损失的，应当赔偿损失。 **第 933 条【委托合同解除】** 委托人或者受托人可以随时解除委托合同。因解除合同造成对方损失的，除不可归责于该当事人的事由外，无偿委托合同的解除方应当赔偿因解除时间不当造成的直接损失，有偿委托合同的解除方应当赔偿对方的直接损失和合同履行后可以获得的利益。 **第 597 条【无权处分效力】** 因出卖人未取得处分权致使标的物所有权不能转移的，买受人可以解除合同并请求出卖人承担违约责任。 　　法律、行政法规禁止或者限制转让的标的物，依照其规定。 **《民法典合同编通则解释》** **第 18 条** 法律、行政法规的规定虽然有"应当""必须"或者"不得"等表述，但是该规定旨在限制或者赋予民事权利，行为人违反该规定将构成无权处分、无权代理、越权代表等，或者导致合同相对人、第三人因此获得撤销权、解除权等民事权利的，人民法院应当依据法律、行政法规规定的关于违反该规定的民事法律后果认定合同效力。 **第 26 条** 当事人一方未根据法律规定或者合同约定履行开具发票、提供证明文件等非主要债务，对方请求继续履

《民法典》合同编	关联规定
	行该债务并赔偿因怠于履行该债务造成的损失的，人民法院依法予以支持；对方请求解除合同的，人民法院不予支持，但是不履行该债务致使不能实现合同目的或者当事人另有约定的除外。 **第三十二条** 合同成立后，因政策调整或者市场供求关系异常变动等原因导致价格发生当事人在订立合同时无法预见的、不属于商业风险的涨跌，继续履行合同对于当事人一方明显不公平的，人民法院应当认定合同的基础条件发生了民法典第五百三十三条第一款规定的"重大变化"。但是，合同涉及市场属性活跃、长期以来价格波动较大的大宗商品以及股票、期货等风险投资型金融产品的除外。 　　合同的基础条件发生了民法典第五百三十三条第一款规定的重大变化，当事人请求变更合同的，人民法院不得解除合同；当事人一方请求变更合同，对方请求解除合同的，或者当事人一方请求解除合同，对方请求变更合同的，人民法院应当结合案件的实际情况，根据公平原则判决变更或者解除合同。 　　人民法院依据民法典第五百三十三条的规定判决变更或者解除合同的，应当综合考虑合同基础条件发生重大变化的时间、当事人重新协商的情况以及因合同变更或者解除给当事人造成的损失等因素，在判项中明确合同

《民法典》合同编	关联规定
	变更或者解除的时间。
	当事人事先约定排除民法典第五百三十三条适用的，人民法院应当认定该约定无效。
	第五十三条　当事人一方以通知方式解除合同，并以对方未在约定的异议期限或者其他合理期限内提出异议为由主张合同已经解除的，人民法院应当对其是否享有法律规定或者合同约定的解除权进行审查。经审查，享有解除权的，合同自通知到达对方时解除；不享有解除权的，不发生合同解除的效力。
	《城市房地产管理法》（2019 年修正）
	第 16 条　土地使用者必须按照出让合同约定，支付土地使用权出让金；未按照出让合同约定支付土地使用权出让金的，土地管理部门有权解除合同，并可以请求违约赔偿。
	第 17 条　土地使用者按照出让合同约定支付土地使用权出让金的，市、县人民政府土地管理部门必须按照出让合同约定，提供出让的土地；未按照出让合同约定提供出让的土地的，土地使用者有权解除合同，由土地管理部门返还土地使用权出让金，土地使用者并可以请求违约赔偿。
	《农村土地承包法》（2018 年修正）
	第 42 条　承包方不得单方解除土地经营权流转合同，但受让方有下列情形之一的除外：
	（一）擅自改变土地的农业用途；

《民法典》合同编	关联规定
	（二）弃耕抛荒连续两年以上； （三）给土地造成严重损害或者严重破坏土地生态环境； （四）其他严重违约行为。 **《旅游法》（2018 年修正）** **第63条** 旅行社招徕旅游者组团旅游，因未达到约定人数不能出团的，组团社可以解除合同。但是，境内旅游应当至少提前七日通知旅游者，出境旅游应当至少提前三十日通知旅游者。 因未达到约定人数不能出团的，组团社经征得旅游者书面同意，可以委托其他旅行社履行合同。组团社对旅游者承担责任，受委托的旅行社对组团社承担责任。旅游者不同意的，可以解除合同。 因未达到约定的成团人数解除合同的，组团社应当向旅游者退还已收取的全部费用。 **第66条** 旅游者有下列情形之一的，旅行社可以解除合同： （一）患有传染病等疾病，可能危害其他旅游者健康和安全的； （二）携带危害公共安全的物品且不同意交有关部门处理的； （三）从事违法或者违反社会公德的活动的； （四）从事严重影响其他旅游者权益的活动，且不听劝阻、不能制止的； （五）法律规定的其他情形。 因前款规定情形解除合同的，组团社应当在扣除必要的费用后，将余

《民法典》合同编	关联规定
	款退还旅游者；给旅行社造成损失的，旅游者应当依法承担赔偿责任。 **第 67 条**　因不可抗力或者旅行社、履行辅助人已尽合理注意义务仍不能避免的事件，影响旅游行程的，按照下列情形处理： 　　（一）合同不能继续履行的，旅行社和旅游者均可以解除合同。合同不能完全履行的，旅行社经向旅游者作出说明，可以在合理范围内变更合同；旅游者不同意变更的，可以解除合同…… **《保险法》**（2015 年修正） **第 15 条**　除本法另有规定或者保险合同另有约定外，保险合同成立后，投保人可以解除合同，保险人不得解除合同。 **第 16 条第 1 款、第 2 款**　订立保险合同，保险人就保险标的或者被保险人的有关情况提出询问的，投保人应当如实告知。 　　投保人故意或者因重大过失未履行前款规定的如实告知义务，足以影响保险人决定是否同意承保或者提高保险费率的，保险人有权解除合同。 **第 27 条第 1 款**　未发生保险事故，被保险人或者受益人谎称发生了保险事故，向保险人提出赔偿或者给付保险金请求的，保险人有权解除合同，并不退还保险费。 **第 32 条第 1 款**　投保人申报的被保险人年龄不真实，并且其真实年龄不符合合同约定的年龄限制的，保险人可以解除合同，并按照合同约定退还保

《民法典》合同编	关联规定
	险单的现金价值。保险人行使合同解除权，适用本法第十六条第三款、第六款的规定。 **第37条第1款** 合同效力依照本法第三十六条规定中止的，经保险人与投保人协商并达成协议，在投保人补交保险费后，合同效力恢复。但是，自合同效力中止之日起满二年双方未达成协议的，保险人有权解除合同。 **第49条第3款** 因保险标的转让导致危险程度显著增加的，保险人自收到前款规定的通知之日起三十日内，可以按照合同约定增加保险费或者解除合同。保险人解除合同的，应当将已收取的保险费，按照合同约定扣除自保险责任开始之日起至合同解除之日止应收的部分后，退还投保人。 **第51条第3款** 投保人、被保险人未按照约定履行其对保险标的的安全应尽责任的，保险人有权要求增加保险费或者解除合同。 **第52条第1款** 在合同有效期内，保险标的的危险程度显著增加的，被保险人应当按照合同约定及时通知保险人，保险人可以按照合同约定增加保险费或者解除合同。保险人解除合同的，应当将已收取的保险费，按照合同约定扣除自保险责任开始之日起至合同解除之日止应收的部分后，退还投保人。 **第58条第1款** 保险标的发生部分损失的，自保险人赔偿之日起三十日内，投保人可以解除合同；除合同另有约

《民法典》合同编	关联规定
	定外，保险人也可以解除合同，但应当提前十五日通知投保人。 **《拍卖法》**（2015 年修正） **第 43 条第 2 款**　鉴定结论与委托拍卖合同载明的拍卖标的状况不相符的，拍卖人有权要求变更或者解除合同。 **《消保法》**（2013 年修正） **第 24 条**　经营者提供的商品或者服务不符合质量要求的，消费者可以依照国家规定、当事人约定退货，或者要求经营者履行更换、修理等义务。没有国家规定和当事人约定的，消费者可以自收到商品之日起七日内退货；七日后符合法定解除合同条件的，消费者可以及时退货，不符合法定解除合同条件的，可以要求经营者履行更换、修理等义务。 　　依照前款规定进行退货、更换、修理的，经营者应当承担运输等必要费用。 **第 25 条**　经营者采用网络、电视、电话、邮购等方式销售商品，消费者有权自收到商品之日起七日内退货，且无需说明理由，但下列商品除外： 　　（一）消费者定作的； 　　（二）鲜活易腐的； 　　（三）在线下载或者消费者拆封的音像制品、计算机软件等数字化商品； 　　（四）交付的报纸、期刊。 　　除前款所列商品外，其他根据商品性质并经消费者在购买时确认不宜退货的商品，不适用无理由退货。

《民法典》合同编	关联规定
	消费者退货的商品应当完好。经营者应当自收到退回商品之日起七日内返还消费者支付的商品价款。退回商品的运费由消费者承担；经营者和消费者另有约定的，按照约定。 **《劳动合同法》**（2012 年修正） **第 37 条**　劳动者提前三十日以书面形式通知用人单位，可以解除劳动合同。劳动者在试用期内提前三日通知用人单位，可以解除劳动合同。 **《破产法》** **第 18 条**　人民法院受理破产申请后，管理人对破产申请受理前成立而债务人和对方当事人均未履行完毕的合同有权决定解除或者继续履行，并通知对方当事人。管理人自破产申请受理之日起二个月内未通知对方当事人，或者自收到对方当事人催告之日起三十日内未答复的，视为解除合同。 　　管理人决定继续履行合同的，对方当事人应当履行；但是，对方当事人有权要求管理人提供担保。管理人不提供担保的，视为解除合同。 **《期货纠纷解释》**（2020 年修正） **第 44 条**　在交割日，卖方期货公司未向期货交易所交付标准仓单，或者买方期货公司未向期货交易所账户交付足额货款，构成交割违约。 　　构成交割违约的，违约方应当承担违约责任；具有民法典第五百六十三条第一款第四项规定情形的，对方有权要求终止交割或者要求违约方继续交割。

《民法典》合同编	关联规定
	征购或者竞卖失败的，应当由违约方按照交易所有关赔偿办法的规定承担赔偿责任。 **《保险法解释二》**（2020 年修正） **第 7 条** 保险人在保险合同成立后知道或者应当知道投保人未履行如实告知义务，仍然收取保险费，又依照保险法第十六条第二款的规定主张解除合同的，人民法院不予支持。 **《旅游纠纷解释》**（2020 年修正） **第 10 条** 旅游经营者将旅游业务转让给其他旅游经营者，旅游者不同意转让，请求解除旅游合同、追究旅游经营者违约责任的，人民法院应予支持。 旅游经营者擅自将其旅游业务转让给其他旅游经营者，旅游者在旅游过程中遭受损害，请求与其签订旅游合同的旅游经营者和实际提供旅游服务的旅游经营者承担连带责任的，人民法院应予支持。 **《国有土地使用权合同纠纷解释》**（2020 年修正） **第 4 条** 土地使用权出让合同的出让方因未办理土地使用权出让批准手续而不能交付土地，受让方请求解除合同的，应予支持。 **第 6 条** 受让方擅自改变土地使用权出让合同约定的土地用途，出让方请求解除合同的，应予支持。 **《技术合同纠纷解释》**（2020 年修正） **第 15 条** 技术合同当事人一方迟延履行主要债务，经催告后在 30 日内仍未履行，另一方依据民法典第五百六十

续表

《民法典》合同编	关联规定
	三条第一款第（三）、项的规定主张解除合同的，人民法院应当予以支持。
	当事人在催告通知中附有履行期限且该期限超过 30 日的，人民法院应当认定该履行期限为民法典第五百六十三条第一款第（三）项规定的合理期限。
	第 23 条 专利申请权转让合同当事人以专利申请被驳回或者被视为撤回为由请求解除合同，该事实发生在依照专利法第十条第三款的规定办理专利申请权转让登记之前的，人民法院应当予以支持；发生在转让登记之后的，不予支持，但当事人另有约定的除外。
	专利申请因专利申请权转让合同成立时即存在尚未公开的同样发明创造的在先专利申请被驳回，当事人依据民法典第五百六十三条第一款第（四）项的规定请求解除合同的，人民法院应当予以支持。
	《融资租赁合同解释》（2020 年修正）
	第 5 条 有下列情形之一，出租人请求解除融资租赁合同的，人民法院应予支持：
	（一）承租人未按照合同约定的期限和数额支付租金，符合合同约定的解除条件，经出租人催告后在合理期限内仍不支付的；
	（二）合同对于欠付租金解除合同的情形没有明确约定，但承租人欠付租金达到两期以上，或者数额达到全部租金百分之十五以上，经出租人催告后在合理期限内仍不支付的；

《民法典》合同编	关联规定
	（三）承租人违反合同约定，致使合同目的不能实现的其他情形。 **第6条** 因出租人的原因致使承租人无法占有、使用租赁物，承租人请求解除融资租赁合同的，人民法院应予支持。 **《商品房买卖合同解释》（2020年修正）** **第9条** 因房屋主体结构质量不合格不能交付使用，或者房屋交付使用后，房屋主体结构质量经核验确属不合格，买受人请求解除合同和赔偿损失的，应予支持。 **第10条第1款** 因房屋质量问题严重影响正常居住使用，买受人请求解除合同和赔偿损失的，应予支持。 **第11条** 根据民法典第五百六十三条的规定，出卖人迟延交付房屋或者买受人迟延支付购房款，经催告后在三个月的合理期限内仍未履行，解除权人请求解除合同的，应予支持，但当事人另有约定的除外。 　　法律没有规定或者当事人没有约定，经对方当事人催告后，解除权行使的合理期限为三个月。对方当事人没有催告的，解除权人自知道或者应当知道解除事由之日起一年内行使。逾期不行使的，解除权消灭。 **第15条** 商品房买卖合同约定或者城市房地产开发经营管理条例第三十二条规定的办理不动产登记的期限届满后超过一年，由于出卖人的原因，导致买受人无法办理不动产登记，买受人请求解除合同和赔偿损失的，应予

《民法典》合同编	关联规定
	支持。
	第 19 条 商品房买卖合同约定，买受人以担保贷款方式付款、因当事人一方原因未能订立商品房担保贷款合同并导致商品房买卖合同不能继续履行的，对方当事人可以请求解除合同和赔偿损失。因不可归责于当事人双方的事由未能订立商品房担保贷款合同并导致商品房买卖合同不能继续履行的，当事人可以请求解除合同，出卖人应当将收受的购房款本金及其利息或者定金返还买受人。
	第 20 条 因商品房买卖合同被确认无效或者被撤销、解除，致使商品房担保贷款合同的目的无法实现，当事人请求解除商品房担保贷款合同的，应予支持。
	《买卖合同解释》（2020 年修正）
	第 19 条 出卖人没有履行或者不当履行从给付义务，致使买受人不能实现合同目的，买受人主张解除合同的，人民法院应当根据民法典第五百六十三条第一款第四项的规定，予以支持。
	《外商投资企业纠纷解释一》（2020 年修正）
	第 5 条 外商投资企业股权转让合同成立后，转让方和外商投资企业不履行报批义务，经受让方催告后在合理的期限内仍未履行，受让方请求解除合同并由转让方返还其已支付的转让款、赔偿因未履行报批义务而造成的实际损失的，人民法院应予支持。

《民法典》合同编	关联规定
	第8条　外商投资企业股权转让合同约定受让方支付转让款后转让方才办理报批手续，受让方未支付股权转让款，经转让方催告后在合理的期限内仍未履行，转让方请求解除合同并赔偿因迟延履行而造成的实际损失的，人民法院应予支持。 第16条　外商投资企业名义股东不履行与实际投资者之间的合同，致使实际投资者不能实现合同目的，实际投资者请求解除合同并由外商投资企业名义股东承担违约责任的，人民法院应予支持。
第五百六十四条【解除权行使期限】 　法律规定或者当事人约定解除权行使期限，期限届满当事人不行使的，该权利消灭。 　法律没有规定或者当事人没有约定解除权行使期限，自解除权人知道或者应当知道解除事由之日起一年内不行使，或者经对方催告后在合理期限内不行使的，该权利消灭。 　**指引：**本条规定的"一年"期间并非自解除权发生之日起计算，而是按照《民法典》第199条规定的"自权利人知道或应当知道权利产生之日起计算"。若解除权人有权解除合同但没有解除而是请求在合理期限内修理、重作、更换等补救措施，对方当事人置之不理的，该期限应从补救的合理期限届满时起算。 　**案例指引：**《天津市滨海商贸大世	《民法典》 **第199条【除斥期间不适用诉讼时效制度】**　法律规定或者当事人约定的撤销权、解除权等权利的存续期间，除法律另有规定外，自权利人知道或者应当知道权利产生之日起计算，不适用有关诉讼时效中止、中断和延长的规定。存续期间届满，撤销权、解除权等权利消灭。 《保险法》（2015年修正） **第16条前3款**　订立保险合同，保险人就保险标的或者被保险人的有关情况提出询问的，投保人应当如实告知。 　投保人故意或者因重大过失未履行前款规定的如实告知义务，足以影响保险人决定是否同意承保或者提高保险费率的，保险人有权解除合同。 　前款规定的合同解除权，自保险人知道有解除事由之日起，超过三十

《民法典》合同编	关联规定
界有限公司与天津市天益工贸有限公司、王锡锋财产权属纠纷申请再审案》【《最高人民法院公报》2013 年第 10 期】 　　**裁判要旨：** 最高人民法院《关于审理商品房买卖合同纠纷案件适用法律若干问题的解释》第 15 条关于解除权行使期限的规定仅适用于该解释所称的商品房买卖合同纠纷案件。对于其他房屋买卖合同解除权的行使期限，法律没有规定或者当事人没有约定的，应当根据《合同法》第 95 条（《民法典》第 564 条）的规定，在合理期限内行使。何为"合理期限"，由人民法院结合具体案情予以认定。	日不行使而消灭。自合同成立之日起超过二年的，保险人不得解除合同；发生保险事故的，保险人应当承担赔偿或者给付保险金的责任。 **《民法典合同编通则解释》** **第 59 条**　当事人一方依据民法典第五百八十条第二款的规定请求终止合同权利义务关系的，人民法院一般应当以起诉状副本送达对方的时间作为合同权利义务关系终止的时间。根据案件的具体情况，以其他时间作为合同权利义务关系终止的时间更加符合公平原则和诚信原则的，人民法院可以以该时间作为合同权利义务关系终止的时间，但是应当在裁判文书中充分说明理由。 **《保险法解释一》** **第 5 条**　保险法施行前成立的保险合同，下列情形下的期间自 2009 年 10 月 1 日起计算： 　　（一）保险法施行前，保险人收到赔偿或者给付保险金的请求，保险法施行后，适用保险法第二十三条规定的三十日的； 　　（二）保险法施行前，保险人知道解除事由，保险法施行后，按照保险法第十六条、第三十二条的规定行使解除权，适用保险法第十六条规定的三十日的； 　　（三）保险法施行后，保险人按照保险法第十六条第二款的规定请求解除合同，适用保险法第十六条规定的二年的；

《民法典》合同编	关联规定
	（四）保险法施行前，保险人收到保险标的转让通知，保险法施行后，以保险标的转让导致危险程度显著增加为由请求按照合同约定增加保险费或者解除合同，适用保险法第四十九条规定的三十日的。 **《商品房买卖合同解释》**（2020 年修正） **第 11 条**　根据民法典第五百六十三条的规定，出卖人迟延交付房屋或者买受人迟延支付购房款，经催告后在三个月的合理期限内仍未履行，解除权人请求解除合同的，应予支持，但当事人另有约定的除外。 　　法律没有规定或者当事人没有约定，经对方当事人催告后，解除权行使的合理期限为三个月。对方当事人没有催告的，解除权人自知道或者应当知道解除事由之日起一年内行使。逾期不行使的，解除权消灭。 **《民法典时间效力规定》** **第 25 条**　民法典施行前成立的合同，当时的法律、司法解释没有规定且当事人没有约定解除权行使期限，对方当事人也未催告的，解除权人在民法典施行前知道或者应当知道解除事由，自民法典施行之日起一年内不行使的，人民法院应当依法认定该解除权消灭；解除权人在民法典施行后知道或者应当知道解除事由的，适用民法典第五百六十四条第二款关于解除权行使期限的规定。

续表

《民法典》合同编	关联规定
第五百六十五条【合同解除程序】 当事人一方依法主张解除合同的，应当通知对方。合同自通知到达对方时解除；通知载明债务人在一定期限内不履行债务则合同自动解除，债务人在该期限内未履行债务的，合同自通知载明的期限届满时解除。对方对解除合同有异议的，任何一方当事人均可以请求人民法院或者仲裁机构确认解除行为的效力。 　　当事人一方未通知对方，直接以提起诉讼或者申请仲裁的方式依法主张解除合同，人民法院或者仲裁机构确认该主张的，合同自起诉状副本或者仲裁申请书副本送达对方时解除。 　　**指引**：解除权属形成权，通知到达对方时合同即解除，无须取得对方的同意。为给对方纠正违约的机会，解除权人有时会发出催要，明确在合理期限内仍不履行的合同自动解除。当然，解除权人也可在解除权产生后不向对方发出解除通知，而是直接通过提起诉讼或申请仲裁主张解除。 　　**案例指引**：《电气公司诉电气有限公司合同纠纷案》① 　　**案例要旨**：（1）合同解除效力自解除权行使时已确定，无论是否通过法院确认之诉的宣示，合同解除效力并不依当事人的请求而生变，故"反向确认之诉（是指在解除权行使后，	**《民法典合同编通则解释》** **第53条**　当事人一方以通知方式解除合同，并以对方未在约定的异议期限或者其他合理期限内提出异议为由主张合同已经解除的，人民法院应当对其是否享有法律规定或者合同约定的解除权进行审查。经审查，享有解除权的，合同自通知到达对方时解除；不享有解除权的，不发生合同解除的效力。 **第54条**　当事人一方未通知对方，直接以提起诉讼的方式主张解除合同，撤诉后再次起诉主张解除合同，人民法院经审理支持该主张的，合同自再次起诉的起诉状副本送达对方时解除。但是，当事人一方撤诉后又通知对方解除合同且该通知已经到达对方的除外。 **《民法典时间效力规定》** **第10条**　民法典施行前，当事人一方未通知对方而直接以提起诉讼方式依法主张解除合同的，适用民法典第五百六十五条第二款的规定。

---

　　①　最高人民法院中国应用法学研究所编：《人民法院案例选》，人民法院出版社2019年版，第109页。

《民法典》合同编	关联规定
要求确认行使效力的诉讼）"不受诉讼时效限制。（2）"反向确认之诉"审查应遵循一般合同解除权纠纷审查原则，应当对解除条件、解除合同意思表示效力、异议时间等问题进行实质审查，并综合举证责任分配，对合同解除效力予以确认。	
第五百六十六条【合同解除的效力】 　合同解除后，尚未履行的，终止履行；已经履行的，根据履行情况和合同性质，当事人可以请求恢复原状或者采取其他补救措施，并有权请求赔偿损失。 　合同因违约解除的，解除权人可以请求违约方承担违约责任，但是当事人另有约定的除外。 　主合同解除后，担保人对债务人应当承担的民事责任仍应当承担担保责任，但是担保合同另有约定的除外。 　**指引**：所谓根据履行情况，是指根据履行部分对债权的影响。若债权人的利益不是必须通过恢复原状才能得到保护，不一定采用恢复原状。当然，若债务人已履行的部分对债权人无意义，可请求恢复原状。根据合同性质，是指根据合同标的的属性。根据合同的属性不可能或不容易恢复原状的，不必恢复原状。 　**案例指引**：《广西桂冠电力股份有限公司与广西泳臣房地产开发有限公司房屋买卖合同纠纷上诉案》【《最高	《民法典》 **第933条【委托合同解除】**　委托人或者受托人可以随时解除委托合同。因解除合同造成对方损失的，除不可归责于该当事人的事由外，无偿委托合同的解除方应当赔偿因解除时间不当造成的直接损失，有偿委托合同的解除方应当赔偿对方的直接损失和合同履行后可以获得的利益。 《旅游法》（2018年修正） **第65条**　旅游行程结束前，旅游者解除合同的，组团社应当在扣除必要的费用后，将余款退还旅游者。 **第68条**　旅游行程中解除合同的，旅行社应当协助旅游者返回出发地或者旅游者指定的合理地点。由于旅行社或者履行辅助人的原因导致合同解除的，返程费用由旅行社承担。 《保险法》（2015年修正） **第47条**　投保人解除合同的，保险人应当自收到解除合同通知之日起三十日内，按照合同约定退还保险单的现金价值。 《民法典合同编通则解释》 **第52条**　当事人就解除合同协商一致

《民法典》合同编	关联规定
人民法院公报》2010 年第 5 期】 　　**案例要旨**：根据《合同法》第 97 条（《民法典》第 566 条）的规定，合同解除后，尚未履行的，终止履行，已经履行的，根据履行情况和合同性质，当事人可以请求恢复原状、采取其他补救措施，并有权要求赔偿损失。合同解除导致合同关系归于消灭，故合同解除的法律后果不表现为违约责任，而是返还不当得利、赔偿损失等形式的民事责任。	时未对合同解除后的违约责任、结算和清理等问题作出处理，一方主张合同已经解除的，人民法院应予支持。但是，当事人另有约定的除外。 　　有下列情形之一的，除当事人一方另有意思表示外，人民法院可以认定合同解除： 　　（一）当事人一方主张行使法律规定或者合同约定的解除权，经审理认为不符合解除权行使条件但是对方同意解除； 　　（二）双方当事人均不符合解除权行使的条件但是均主张解除合同。 　　前两款情形下的违约责任、结算和清理等问题，人民法院应当依据民法典第五百六十六条、第五百六十七条和有关违约责任的规定处理。 **《旅游纠纷解释》**（2020 年修正） **第 12 条**　旅游行程开始前或者进行中，因旅游者单方解除合同，旅游者请求旅游经营者退还尚未实际发生的费用，或者旅游经营者请求旅游者支付合理费用的，人民法院应予支持。 **《融资租赁合同解释》**（2020 年修正） **第七条**　当事人在一审诉讼中仅请求解除融资租赁合同，未对租赁物的归属及损失赔偿提出主张的，人民法院可以向当事人进行释明。 **《城镇房屋租赁合同解释》**（2020 年修正） **第 8 条**　承租人经出租人同意装饰装修，租赁期间届满或者合同解除时，除

《民法典》合同编	关联规定
	当事人另有约定外，未形成附合的装饰装修物，可由承租人拆除。因拆除造成房屋毁损的，承租人应当恢复原状。 **第9条** 承租人经出租人同意装饰装修，合同解除时，双方对已形成附合的装饰装修物的处理没有约定的，人民法院按照下列情形分别处理： （一）因出租人违约导致合同解除，承租人请求出租人赔偿剩余租赁期内装饰装修残值损失的，应予支持； （二）因承租人违约导致合同解除，承租人请求出租人赔偿剩余租赁期内装饰装修残值损失的，不予支持。但出租人同意利用的，应在利用价值范围内予以适当补偿； （三）因双方违约导致合同解除，剩余租赁期内的装饰装修残值损失，由双方根据各自的过错承担相应的责任； （四）因不可归责于双方的事由导致合同解除的，剩余租赁期内的装饰装修残值损失，由双方按照公平原则分担。法律另有规定的，适用其规定。 **第13条** 房屋租赁合同无效、履行期限届满或者解除，出租人请求负有腾房义务的次承租人支付逾期腾房占有使用费的，人民法院应予支持。 **《商品房买卖合同解释》（2020年修正）** **第19条** 商品房买卖合同约定，买受人以担保贷款方式付款、因当事人一方原因未能订立商品房担保贷款合同并导致商品房买卖合同不能继续履行

《民法典》合同编	关联规定
	的，对方当事人可以请求解除合同和赔偿损失。因不可归责于当事人双方的事由未能订立商品房担保贷款合同并导致商品房买卖合同不能继续履行的，当事人可以请求解除合同，出卖人应当将收受的购房款本金及其利息或者定金返还买受人。 **第 20 条** 因商品房买卖合同被确认无效或者被撤销、解除，致使商品房担保贷款合同的目的无法实现，当事人请求解除商品房担保贷款合同的，应予支持。 **第 21 条** 以担保贷款为付款方式的商品房买卖合同的当事人一方请求确认商品房买卖合同无效或者撤销、解除合同的，如果担保权人作为有独立请求权第三人提出诉讼请求，应当与商品房担保贷款合同纠纷合并审理；未提出诉讼请求的，仅处理商品房买卖合同纠纷。担保权人就商品房担保贷款合同纠纷另行起诉的，可以与商品房买卖合同纠纷合并审理。 商品房买卖合同被确认无效或者被撤销、解除后，商品房担保贷款合同也被解除的，出卖人应当将收受的购房贷款和购房款的本金及利息分别返还担保权人和买受人。 **《外商投资企业纠纷解释一》**（2020 年修正） **第 6 条** 外商投资企业股权转让合同成立后，转让方和外商投资企业不履行报批义务，受让方以转让方为被告、

《民法典》合同编	关联规定
	以外商投资企业为第三人提起诉讼，请求转让方与外商投资企业在一定期限内共同履行报批义务的，人民法院应予支持。受让方同时请求在转让方和外商投资企业于生效判决确定的期限内不履行报批义务时自行报批的，人民法院应予支持。 　　转让方和外商投资企业拒不根据人民法院生效判决确定的期限履行报批义务，受让方另行起诉，请求解除合同并赔偿损失的，人民法院应予支持。赔偿损失的范围可以包括股权的差价损失、股权收益及其他合理损失。 **第7条**　转让方、外商投资企业或者受让方根据本规定第六条第一款的规定就外商投资企业股权转让合同报批，未获外商投资企业审批机关批准，受让方另行起诉，请求转让方返还其已支付的转让款的，人民法院应予支持。受让方请求转让方赔偿因此造成的损失的，人民法院应根据转让方是否存在过错以及过错大小认定其是否承担赔偿责任及具体赔偿数额。 **《买卖合同解释》**（2020 年修正） **第 20 条**　买卖合同因违约而解除后，守约方主张继续适用违约金条款的，人民法院应予支持；但约定的违约金过分高于造成的损失的，人民法院可以参照民法典第五百八十五条第二款的规定处理。 **第 28 条**　分期付款买卖合同约定出卖人在解除合同时可以扣留已受领价金，

《民法典》合同编	关联规定
	出卖人扣留的金额超过标的物使用费以及标的物受损赔偿额，买受人请求返还超过部分的，人民法院应予支持。 当事人对标的物的使用费没有约定的，人民法院可以参照当地同类标的物的租金标准确定。
第五百六十七条【结算和清理条款效力】 合同的权利义务关系终止，不影响合同中结算和清理条款的效力。 **指引：**结算清理条款具有独立性，其效力不受合同终止的影响。结算是指经济活动中的货币给付行为，主要包括银行汇票结算、商业汇票结算、银行本票结算、支票结算、汇兑、委托收款等。清理指对债权债务进行清点、估价和处理。	**《民法典合同编通则解释》** **第52条** 当事人就解除合同协商一致时未对合同解除后的违约责任、结算和清理等问题作出处理，一方主张合同已经解除的，人民法院应予支持。但是，当事人另有约定的除外。 有下列情形之一的，除当事人一方另有意思表示外，人民法院可以认定合同解除： （一）当事人一方主张行使法律规定或者合同约定的解除权，经审理认为不符合解除权行使条件但是对方同意解除； （二）双方当事人均不符合解除权行使的条件但是均主张解除合同。 前两款情形下的违约责任、结算和清理等问题，人民法院应当依据民法典第五百六十六条、第五百六十七条和有关违约责任的规定处理。 **《买卖合同解释》**（2020年修正） **第20条** 买卖合同因违约而解除后，守约方主张继续适用违约金条款的，人民法院应予支持；但约定的违约金过分高于造成的损失的，人民法院可以参照民法典第五百八十五条第二款的规定处理。

续表

《民法典》合同编	关联规定
第五百六十八条【债务法定抵销】 当事人互负债务，该债务的标的物种类、品质相同的，任何一方可以将自己的债务与对方的到期债务抵销；但是，根据债务性质、按照当事人约定或者依照法律规定不得抵销的除外。 　　当事人主张抵销的，应当通知对方。通知到达对方时生效。抵销不得附条件或者附期限。 　　指引：法定抵销中用以抵销的债权，当事人需具处分权，比如，提出抵销的一方的用以抵销的债权上已设立质权，未经质权人同意，不能发生抵销效力。又如，附有抗辩权的债权，也不得作为主动债权用以抵销。种类相同，是指合同标的物本身的性质和特点一致，如都是支付金钱，或交付同样种类物。品质相同，是指标的物的质量、规格、等级无差别，如都是一级东北大米。 　　案例指引：《厦门源昌房地产开发有限公司与海南悦信集团有限公司委托合同纠纷案》【《最高人民法院公报》2019年第4期】 　　案例要旨：（1）双方债务均已到期属于法定抵销权形成的积极条件之一。该条件不仅意味着双方债务均已届至履行期，同时还要求双方债务各自从履行期至诉讼时效期间届满的时间段，应当存在重合的部分。在上述时间段的重合部分，双方债权均处于没有时效等抗辩的可履行状态，"双	**《证券投资基金法》（2015年修正）** **第6条**　基金财产的债权，不得与基金管理人、基金托管人固有财产的债务相抵销；不同基金财产的债权债务，不得相互抵销。 **《合伙企业法》（2006年修订）** **第41条**　合伙人发生与合伙企业无关的债务，相关债权人不得以其债权抵销其对合伙企业的债务；也不得代位行使合伙人在合伙企业中的权利。 **《破产法》** **第40条**　债权人在破产申请受理前对债务人负有债务的，可以向管理人主张抵销。但是，有下列情形之一的，不得抵销： 　　（一）债务人的债务人在破产申请受理后取得他人对债务人的债权的； 　　（二）债权人已知债务人有不能清偿到期债务或者破产申请的事实，对债务人负担债务的；但是，债权人因为法律规定或者有破产申请一年前所发生的原因而负担债务的除外； 　　（三）债务人的债务人已知债务人有不能清偿到期债务或者破产申请的事实，对债务人取得债权的；但是，债务人的债务人因为法律规定或者有破产申请一年前所发生的原因而取得债权的除外。 **《信托法》** **第18条**　受托人管理运用、处分信托财产所产生的债权，不得与其固有财产产生的债务相抵销。

续表

《民法典》合同编	关联规定
方债务均已到期"之条件即为成就，即使此后抵销权行使之时主动债权已经超过诉讼时效，亦不影响该条件的成立。(2)因被动债权诉讼时效的抗辩可由当事人自主放弃，故在审查抵销权形成的积极条件时，应当重点考察主动债权的诉讼时效，即主动债权的诉讼时效届满之前，被动债权进入履行期的，应当认为满足双方债务均已到期之条件；反之，则不得认定该条件已经成就。(3)抵销权的行使不同于抵销权的形成。作为形成权，抵销权的行使不受诉讼时效的限制。我国法律并未对法定抵销权的行使设置除斥期间。在法定抵销权已经有效成立的情况下，如抵销权的行使不存在不合理迟延之情形，综合实体公平及抵销权的担保功能等因素，人民法院应认可抵销的效力。	受托人管理运用、处分不同委托人的信托财产所产生的债权债务，不得相互抵销。 **《民法典合同编通则解释》** **第25条** 合同不成立、无效、被撤销或者确定不发生效力，有权请求返还价款或者报酬的当事人一方请求对方支付资金占用费的，人民法院应当在当事人请求的范围内按照中国人民银行授权全国银行间同业拆借中心公布的一年期贷款市场报价利率（LPR）计算。但是，占用资金的当事人对于合同不成立、无效、被撤销或者确定不发生效力没有过错，应当以中国人民银行公布的同期同类存款基准利率计算。 双方互负返还义务，当事人主张同时履行的，人民法院应予支持；占有标的物的一方对标的物存在使用或者依法可以使用的情形，对方请求将其应支付的资金占用费与应收取的标的物使用费相互抵销的，人民法院应予支持，但是法律另有规定的除外。 **第55条** 当事人一方依据民法典第五百六十八条的规定主张抵销，人民法院经审理认为抵销权成立的，应当认定通知到达对方时双方互负的主债务、利息、违约金或者损害赔偿金等债务在同等数额内消灭。 **第57条** 因侵害自然人人身权益，或者故意、重大过失侵害他人财产权益产生的损害赔偿债务，侵权人主张抵

《民法典》合同编	关联规定
	销的，人民法院不予支持。 **第 58 条**　当事人互负债务，一方以其诉讼时效期间已经届满的债权通知对方主张抵销，对方提出诉讼时效抗辩的，人民法院对该抗辩应予支持。一方的债权诉讼时效期间已经届满，对方主张抵销的，人民法院应予支持。 **《诉讼时效规定》（2020 年修正）** **第 11 条**　下列事项之一，人民法院应当认定与提起诉讼具有同等诉讼时效中断的效力： 　　…… 　　（七）在诉讼中主张抵销； 　　…… **《破产法解释二》（2020 年修正）** **第 41 条**　债权人依据企业破产法第四十条的规定行使抵销权，应当向管理人提出抵销主张。 　　管理人不得主动抵销债务人与债权人的互负债务，但抵销使债务人财产受益的除外。 **第 42 条**　管理人收到债权人提出的主张债务抵销的通知后，经审查无异议的，抵销自管理人收到通知之日起生效。 　　管理人对抵销主张有异议的，应当在约定的异议期限内或者自收到主张债务抵销的通知之日起三个月内向人民法院提起诉讼。无正当理由逾期提起的，人民法院不予支持。 　　人民法院判决驳回管理人提起的抵销无效诉讼请求的，该抵销自管理人收到主张债务抵销的通知之日起生效。

《民法典》合同编	关联规定
	第43条 债权人主张抵销，管理人以下列理由提出异议的，人民法院不予支持： （一）破产申请受理时，债务人对债权人负有的债务尚未到期； （二）破产申请受理时，债权人对债务人负有的债务尚未到期； （三）双方互负债务标的物种类、品质不同。 **第44条** 破产申请受理前六个月内，债务人有企业破产法第二条第一款规定的情形，债务人与个别债权人以抵销方式对个别债权人清偿，其抵销的债权债务属于企业破产法第四十条第（二）、（三）项规定的情形之一，管理人在破产申请受理之日起三个月内向人民法院提起诉讼，主张该抵销无效的，人民法院应予支持。 **第45条** 企业破产法第四十条所列不得抵销情形的债权人，主张以其对债务人特定财产享有优先受偿权的债权，与债务人对其不享有优先受偿权的债权抵销，债务人管理人以抵销存在企业破产法第四十条规定的情形提出异议的，人民法院不予支持。但是，用以抵销的债权大于债权人享有优先受偿权财产价值的除外。 **第46条** 债务人的股东主张以下列债务与债务人对其负有的债务抵销，债务人管理人提出异议的，人民法院应予支持： （一）债务人股东因欠缴债务人的出资或者抽逃出资对债务人所负的债务；

《民法典》合同编	关联规定
	（二）债务人股东滥用股东权利或者关联关系损害公司利益对债务人所负的债务。 **《执行异议复议规定》（2020年修正）** **第19条** 当事人互负到期债务，被执行人请求抵销，请求抵销的债务符合下列情形的，除依照法律规定或者按照债务性质不得抵销的以外，人民法院应予支持： （一）已经生效法律文书确定或者经申请执行人认可； （二）与被执行人所负债务的标的物种类、品质相同。 **《农村土地承包纠纷解释》（2020年修正）** **第17条** 发包方或者其他组织、个人擅自截留、扣缴承包收益或者土地经营权流转收益，承包方请求返还的，应予支持。 发包方或者其他组织、个人主张抵销的，不予支持。
第五百六十九条【债务约定抵销】 当事人互负债务，标的物种类、品质不相同的，经协商一致，也可以抵销。 　　**指引**：约定抵销作为当事人经协商一致的抵销，实际上是当事人自愿约定以抵销终止原合同的权利义务。故其不存在法定的特定程序，只要当事人双方对抵销达成了一致的意见，当事人互负的债务就抵销了。	**《民法典合同编通则解释》** **第25条** 合同不成立、无效、被撤销或者确定不发生效力，有权请求返还价款或者报酬的当事人一方请求对方支付资金占用费的，人民法院应当在当事人请求的范围内按照中国人民银行授权全国银行间同业拆借中心公布的一年期贷款市场报价利率（LPR）计算。但是，占用资金的当事人对于合同不成立、无效、被撤销或者确定不发生效力没有过错的，应当以中国人民银行公布的同期同类存款基准利率

《民法典》合同编	关联规定
	计算。 　　双方互负返还义务，当事人主张同时履行的，人民法院应予支持；占有标的物的一方对标的物存在使用或者依法可以使用的情形，对方请求将其应支付的资金占用费与应收取的标的物使用费相互抵销的，人民法院应予支持，但是法律另有规定的除外。
第五百七十条【提存条件】　　有下列情形之一，难以履行债务的，债务人可以将标的物提存： 　　（一）债权人无正当理由拒绝受领； 　　（二）债权人下落不明； 　　（三）债权人死亡未确定继承人、遗产管理人，或者丧失民事行为能力未确定监护人； 　　（四）法律规定的其他情形。 　　标的物不适于提存或者提存费用过高的，债务人依法可以拍卖或者变卖标的物，提存所得的价款。 　　**指引**：第一项所谓的"正当理由"包括债权人遇到了不可抗力、难以克服的意外情况、债务人交付的标的物存在严重质量问题、债务人迟延交付致使不能实现合同目的、合同被解除、被确认无效等。第四项作为"法律规定的其他情形"，主要是指债务人非因过失无法确切知道债权人是谁，即债权人不明的其他情形。	**《民法典》** **第390条**　担保期间，担保财产毁损、灭失或者被征收等，担保物权人可以就获得的保险金、赔偿金或者补偿金等优先受偿。被担保债权的履行期限未届满的，也可以提存该保险金、赔偿金或者补偿金等。 **第406条第2款**　抵押人转让抵押财产的，应当及时通知抵押权人。抵押权人能够证明抵押财产转让可能损害抵押权的，可以请求抵押人将转让所得的价款向抵押权人提前清偿债务或者提存。转让的价款超过债权数额的部分归抵押人所有，不足部分由债务人清偿。 **第432条第2款**　质权人的行为可能使质押财产毁损、灭失的，出质人可以请求质权人将质押财产提存，或者请求提前清偿债务并返还质押财产。 **第433条**　因不可归责于质权人的事由可能使质押财产毁损或者价值明显减少，足以危害质权人权利的，质权人有权请求出质人提供相应的担保；出质人不提供的，质权人可以拍卖、变卖质押财产，并与出质人协议将拍卖、变卖所得的价款提前清偿债务或

《民法典》合同编	关联规定
	者提存。
	第 442 条 汇票、本票、支票、债券、存款单、仓单、提单的兑现日期或者提货日期先于主债权到期的,质权人可以兑现或者提货,并与出质人协议将兑现的价款或者提取的货物提前清偿债务或者提存。
	第 443 条第 2 款 基金份额、股权出质后,不得转让,但是出质人与质权人协商同意的除外。出质人转让基金份额、股权所得的价款,应当向质权人提前清偿债务或者提存。
	第 444 条第 2 款 知识产权中的财产权出质后,出质人不得转让或者许可他人使用,但是出质人与质权人协商同意的除外。出质人转让或者许可他人使用出质的知识产权中的财产权所得的价款,应当向质权人提前清偿债务或者提存。
	第 445 条第 2 款 应收账款出质后,不得转让,但是出质人与质权人协商同意的除外。出质人转让应收账款所得的价款,应当向质权人提前清偿债务或者提存。
	第 529 条 债权人分立、合并或者变更住所没有通知债务人,致使履行债务发生困难的,债务人可以中止履行或者将标的物提存。
	《破产法》
	第 117 条 对于附生效条件或者解除条件的债权,管理人应当将其分配额提存。
	管理人依照前款规定提存的分配

《民法典》合同编	关联规定
	额,在最后分配公告日,生效条件未成就或者解除条件成就的,应当分配给其他债权人;在最后分配公告日,生效条件成就或者解除条件未成就的,应当交付给债权人。 **第118条** 债权人未受领的破产财产分配额,管理人应当提存。债权人自最后分配公告之日起满二个月仍不领取的,视为放弃受领分配的权利,管理人或者人民法院应当将提存的分配额分配给其他债权人。 **《执行和解规定》(2020年修正)** **第7条** 执行和解协议履行过程中,符合民法典第五百七十条规定情形的,债务人可以依法向有关机构申请提存;执行和解协议约定给付金钱的,债务人也可以向执行法院申请提存。
第五百七十一条【提存成立及提存对债务人效力】 债务人将标的物或者将标的物依法拍卖、变卖所得价款交付提存部门时,提存成立。 　提存成立的,视为债务人在其提存范围内已经交付标的物。 　**指引**:视为交付标的物,不意味着必然导致债务消灭。需看标的物是否存在瑕疵。若存在瑕疵或提存标的物与债的标的不符,债权人因此拒绝受领的,债务并不消灭。	**《提存公证规则》** **第16条** 提存货币的,以现金、支票交付公证处的日期或提存款划入公证处提存帐户的日期为提存日期。 　提存的物品需要验收的,以公证处验收合格的日期为提存日期。 　提存的有价证券、提单、权利证书或无需验收的物品,以实际交付公证处的日期为提存日期。 **第17条** 公证处应当从提存之日起三日内出具提存公证书。提存之债从提存之日即告清偿。

《民法典》合同编	关联规定
第五百七十二条【提存通知】　标的物提存后，债务人应当及时通知债权人或者债权人的继承人、遗产管理人、监护人、财产代管人。 　　**指引**：提存通知的义务，是法律规定的后合同义务，债务人必须履行。另，由于有了财产代管人，故没必要再就"债权人下落不明"作除外规定了。	《提存公证规则》 **第18条第1款、第2款**　提存人应将提存事实及时通知提存受领人。 　　以清偿为目的的提存或提存人通知有困难的，公证处应自提存之日起七日内，以书面形式通知提存受领人，告知其领取提存物的时间、期限、地点、方法。
第五百七十三条【提存对债权人效力】　标的物提存后，毁损、灭失的风险由债权人承担。提存期间，标的物的孳息归债权人所有。提存费用由债权人负担。 　　**指引**：提存费用主要包括提存公证费、公告费、邮费、保管费、评估鉴定费、拍卖变卖费、代管费、保险费及为保管、处理、运输提存标的物所支出的其他费用。另，债务人依据《民法典》第574条第2款依法取回标的物的，提存费用则由债务人负担。	《提存公证规则》 **第25条**　除当事人另有约定外，提存费用由提存受领人承担。 　　提存费用包括：提存公证费、公告费、邮电费、保管费、评估鉴定费、代管费、拍卖变卖费、保险费，以及为保管、处理、运输提存标的物所支出的其他费用。 　　提存受领人未支付提存费用前，公证处有权留置价值相当的提存标的物。 **第22条第1款**　提存物在提存期间所产生的孳息归提存受领人所有。提存人取回提存物的，孳息归提存人所有。
第五百七十四条【提存物的受领及受领权消灭】　债权人可以随时领取提存物。但是，债权人对债务人负有到期债务的，在债权人未履行债务或者提供担保之前，提存部门根据债务人的要求应当拒绝其领取提存物。 　　债权人领取提存物的权利，自提存之日起五年内不行使而消灭，提存物扣除提存费用后归国家所有。但是，	《提存公证规则》 **第26条**　提存人可以凭人民法院生效的判决、裁定，或提存之债已经清偿的公证证明取回提存物。 　　提存受领人以书面形式向公证处表示抛弃提存受领权的，提存人得取回提存物。 　　提存人取回提存物的，视为未提存。因此产生的费用由提存人承担。

《民法典》合同编	关联规定
债权人未履行对债务人的到期债务，或者债权人向提存部门书面表示放弃领取提存物权利的，债务人负担提存费用后有权取回提存物。 　　**指引**：为了避免先行履行可能发生的风险，保证自己债权的实现，债务人可以对提存部门交付提存物的行为附条件。第2款规定了债务人对提存物"取回权"的两种情形。另，债权人虽未领取提存物，但债务与债权已因另外的履行、抵销、免除等原因而消灭的，也应允许债务人取回提存物。	提存人未支付提存费用前，公证处有权留置价值相当的提存标的。
第五百七十五条【债务免除】　债权人免除债务人部分或者全部债务的，债权债务部分或者全部终止，但是债务人在合理期限内拒绝的除外。 　　**指引**：免除是无因行为、无偿行为、不要式行为，免除只能撤回但不可撤销。债务的免除不得损害第三人利益。另，本条的但书实际上赋予了债务人对债权人的免除在合理期限内的"拒绝权"，意味着债务免除行为不再是一个单纯的单方民事法律行为。	
第五百七十六条【债权债务混同】债权和债务同归于一人的，债权债务终止，但是损害第三人利益的除外。 　　**指引**：混同是一种事实，即因某些客观事实发生而产生的债权债务同归于一人，不必由当事人为意思表示。广义的混同，是指不能并立的两种法律关系同归于一人而使其权利义务归于消灭的现象；狭义的混同，也即债	

《民法典》合同编	关联规定
权债务的混同，仅指债权与债务同归于一人的情况。本条所指为狭义的混同。	
第八章　违约责任	
第五百七十七条【违约责任】　当事人一方不履行合同义务或者履行合同义务不符合约定的，应当承担继续履行、采取补救措施或者赔偿损失等违约责任。 　　**指引：**违约责任的前提是存在有效的合同义务，且需存在不履行合同义务或履行合同义务不符合约定的情况。不履行包括拒不履行和履行不能，拒不履行是指当事人能够履行合同却无正当理由而故意不履行，履行不能是指因不可归责于债务人的事由致使合同的履行在事实上已经不可能。另，违约责任一般构成中不考虑过错。但为妥当平衡行为人行为自由与受害人法益保护，民法典对违约责任的减、免以及具体合同类型中的违约责任特殊归责、免责事由作了规定。 　　**案例指引：**《刘超捷诉中国移动徐州分公司电信服务合同纠纷案》【最高人民法院指导案例64号】 　　**案例要旨：**经营者在格式合同中未明确规定对某项商品或服务限制条件，且未能证明在订立合同时已将该限制条件明确告知消费者并获得消费者同意的，该限制条件对消费者不产生效力。电信服务企业在订立合同时未向消费者告知某项服务设定了有效	《公司法》（2018年修正） **第28条第2款**　股东不按照前款规定缴纳出资的，除应当向公司足额缴纳外，还应当向已按期足额缴纳出资的股东承担违约责任。 **第83条第2款**　发起人不依照前款规定缴纳出资的，应当按照发起人协议承担违约责任。 《证券法》（2019年修订） **第84条第2款**　发行人及其控股股东、实际控制人、董事、监事、高级管理人员等作出公开承诺的，应当披露。不履行承诺给投资者造成损失的，应当依法承担赔偿责任。 《农村土地承包法》（2018年修正） **第59条**　当事人一方不履行合同义务或者履行义务不符合约定的，应当依法承担违约责任。 《拍卖法》（2015年修正） **第39条第1款**　买受人应当按照约定支付拍卖标的的价款，未按照约定支付价款的，应当承担违约责任，或者由拍卖人征得委托人的同意，将拍卖标的再行拍卖。 **第40条第1款**　买受人未能按照约定取得拍卖标的的，有权要求拍卖人或者委托人承担违约责任。

《民法典》合同编	关联规定
期限限制，在合同履行中又以该项服务超过有效期限为由限制或停止对消费者服务的，构成违约，应当承担违约责任。	**《合伙企业法》**（2006 年修订） **第 65 条** 有限合伙人应当按照合伙协议的约定按期足额缴纳出资；未按期足额缴纳的，应当承担补缴义务，并对其他合伙人承担违约责任。 **第 103 条第 1 款** 合伙人违反合伙协议的，应当依法承担违约责任。 **《建筑法》**（2019 年修正） **第 15 条** 建筑工程的发包单位与承包单位应当依法订立书面合同，明确双方的权利和义务。 　　发包单位和承包单位应当全面履行合同约定的义务。不按照合同约定履行义务的，依法承担违约责任。 **《民法典合同编通则解释》** **第 8 条** 预约合同生效后，当事人一方不履行订立本约合同的义务，对方请求其赔偿因此造成的损失的，人民法院依法予以支持。 　　前款规定的损失赔偿，当事人有约定的，按照约定；没有约定的，人民法院应当综合考虑预约合同在内容上的完备程度以及订立本约合同的条件的成就程度等因素酌定。 **第 26 条** 当事人一方未根据法律规定或者合同约定履行开具发票、提供证明文件等非主要债务，对方请求继续履行该债务并赔偿因怠于履行该债务造成的损失的，人民法院依法予以支持；对方请求解除合同的，人民法院不予支持，但是不履行该债务致使不能实现合同目的或者当事人另有约定的除外。

《民法典》合同编	关联规定
	《旅游纠纷解释》（2020 年修正） **第 15 条**　旅游经营者违反合同约定，有擅自改变旅游行程、遗漏旅游景点、减少旅游服务项目、降低旅游服务标准等行为，旅游者请求旅游经营者赔偿未完成约定旅游服务项目等合理费用的，人民法院应予支持。 　　旅游经营者提供服务时有欺诈行为，旅游者依据消费者权益保护法第五十五条第一款规定请求旅游经营者承担惩罚性赔偿责任的，人民法院应予支持。 **《融资租赁合同解释》**（2020 年修正） **第 3 条**　承租人拒绝受领租赁物，未及时通知出租人，或者无正当理由拒绝受领租赁物，造成出租人损失，出租人向承租人主张损害赔偿的，人民法院应予支持。 **《无证本提单交付规定》**（2020 年修正） **第 3 条**　承运人因无正本提单交付货物造成正本提单持有人损失的，正本提单持有人可以要求承运人承担违约责任，或者承担侵权责任。 　　正本提单持有人要求承运人承担无正本提单交付货物民事责任的，适用海商法规定；海商法没有规定的，适用其他法律规定。 **《矿业权纠纷解释》**（2020 年修正） **第 8 条**　矿业权转让合同依法成立后，转让人无正当理由拒不履行报批义务，受让人请求解除合同、返还已付转让

《民法典》合同编	关联规定
	款及利息，并由转让人承担违约责任的，人民法院应予支持。 **第11条** 矿业权转让合同依法成立后、自然资源主管部门批准前，矿业权人又将矿业权转让给第三人并经自然资源主管部门批准、登记，受让人请求解除转让合同、返还已付转让款及利息，并由矿业权人承担违约责任的，人民法院应予支持。 **《食品药品解释》**（2020年修正） **第5条第1款** 消费者举证证明所购买食品、药品的事实以及所购食品、药品不符合合同的约定，主张食品、药品的生产者、销售者承担违约责任的，人民法院应予支持。 **《外商投资企业纠纷解释一》**（2020年修正） **第16条** 外商投资企业名义股东不履行与实际投资者之间的合同，致使实际投资者不能实现合同目的，实际投资者请求解除合同并由外商投资企业名义股东承担违约责任的，人民法院应予支持。 **《银行卡民事纠纷规定》** **第7条第1款、第2款** 发生伪卡盗刷交易或者网络盗刷交易，借记卡持卡人基于借记卡合同法律关系请求发卡行支付被盗刷存款本息并赔偿损失的，人民法院依法予以支持。 发生伪卡盗刷交易或者网络盗刷交易，信用卡持卡人基于信用卡合同法律关系请求发卡行返还扣划的透支本息、违约金并赔偿损失的，人民

《民法典》合同编	关联规定
	法院依法予以支持；发卡行请求信用卡持卡人偿还透支款本息、违约金等的，人民法院不予支持。
第五百七十八条【预期违约责任】 当事人一方明确表示或者以自己的行为表明不履行合同义务的，对方可以在履行期限届满前请求其承担违约责任。 **指引**：预期违约包括明示预期违约和默示预期违约，"明确表示"即为明示预期违约，"以自己行为表明"即为默示预期违约。预期违约的成立，要求预期违约的一方并不是基于行使抗辩权等正当理由而不履行合同的。 **案例指引**：《沛时投资公司诉天津市金属工具公司中外合资合同纠纷上诉案》【《最高人民法院公报》2003年第4期】 **案例要旨**：合资合同一方已将作为出资的设备和房产交合资公司实际使用，只有少部分房产未办理过户手续，其履行了主要义务而不是不履行主要义务，因此不符合《合同法》第94条（《民法典》第578条）关于预期违约的规定。另一方当事人在依约投入前期投资后，不再按约投入后期资金，不属行使不安抗辩权，其主张可以免责的理由不能成立。	《执行和解规定》（2020年修正） **第11条** 申请执行人以被执行人一方不履行执行和解协议为由申请恢复执行，人民法院经审查，理由成立的，裁定恢复执行；有下列情形之一的，裁定不予恢复执行： （一）执行和解协议履行完毕后申请恢复执行的； （二）执行和解协议约定的履行期限尚未届至或者履行条件尚未成就的，但符合民法典第五百七十八条规定情形的除外； （三）被执行人一方正在按照执行和解协议约定履行义务的； （四）其他不符合恢复执行条件的情形。
第五百七十九条【金钱债务实际履行责任】 当事人一方未支付价款、报酬、租金、利息，或者不履行其他金钱债务的，对方可以请求其支付。	《民法典合同编通则解释》 **第25条** 合同不成立、无效、被撤销或者确定不发生效力，有权请求返还价款或者报酬的当事人一方请求对方支

续表

《民法典》合同编	关联规定
指引：因货币具有高度流通性与可替代性，一般不会出现履行不能、不适于强制履行、履行费用过高或因不可抗力而完全不能履行的情形，故违约方应继续履行。 **案例指引**：《商贸公司与电线电缆公司房屋租赁合同纠纷上诉案》【（2002）民一终字第 4 号；最高人民法院 2002 年公布案例】 **案例要旨**：装修作为出租房屋的添附，在解除房屋租赁合同时应随原物返还，出租人应对因添附增值部分予以补偿。由于出租房屋存在严重质量问题，导致承租人自试营业至停业期间始终不能正常经营，装修工程自完工后即不能正常、全面发挥其使用功能，对正常折旧和加速折旧的财产价值应认定为损失，由承租人和出租人按损失造成的原因分担。	付资金占用费的，人民法院应当在当事人请求的范围内按照中国人民银行授权全国银行间同业拆借中心公布的一年期贷款市场报价利率（LPR）计算。但是，占用资金的当事人对于合同不成立、无效、被撤销或者确定不发生效力没有过错的，应当以中国人民银行公布的同期同类存款基准利率计算。 双方互负返还义务，当事人主张同时履行的，人民法院应予支持；占有标的物的一方对标的物存在使用或者依法可以使用的情形，对方请求将其应支付的资金占用费与应收取的标的物使用费相互抵销的，人民法院应予支持，但是法律另有规定的除外。 **第六十三条**　在认定民法典第五百八十四条规定的"违约一方订立合同时预见到或者应当预见到的因违约可能造成的损失"时，人民法院应当根据当事人订立合同的目的，综合考虑合同主体、合同内容、交易类型、交易习惯、磋商过程等因素，按照与违约方处于相同或者类似情况的民事主体在订立合同时预见到或者应当预见到的损失予以确定。 除合同履行后可以获得的利益外，非违约方主张还有其向第三人承担违约责任应当支出的额外费用等其他因违约所造成的损失，并请求违约方赔偿，经审理认为该损失系违约一方订立合同时预见到或者应当预见到的，人民法院应予支持。

续表

《民法典》合同编	关联规定
	在确定违约损失赔偿额时，违约方主张扣除非违约方未采取适当措施导致的扩大损失、非违约方也有过错造成的相应损失、非违约方因违约获得的额外利益或者减少的必要支出的，人民法院依法予以支持。
第五百八十条【非金钱债务实际履行责任及违约责任】 当事人一方不履行非金钱债务或者履行非金钱债务不符合约定的，对方可以请求履行，但是有下列情形之一的除外： （一）法律上或者事实上不能履行； （二）债务的标的不适于强制履行或者履行费用过高； （三）债权人在合理期限内未请求履行。 有前款规定的除外情形之一，致使不能实现合同目的的，人民法院或者仲裁机构可以根据当事人的请求终止合同权利义务关系，但是不影响违约责任的承担。 **指引**：法律上不能履行，是指基于法律规定不能履行或履行将违反法律的强制性规定；事实上不能履行，是指依据自然法则已不能履行，且并非暂时的不能履行；不适于强制履行的，主要为基于高度人身依赖而生的合同如委托合同、合伙合同等，以及若强制履行将危害到债务人人身自由、人格尊严或安全属人身性质等。另，本条第二款有人也称为"违约方解除	**《民法典合同编通则解释》** **第 59 条** 当事人一方依据民法典第五百八十条第二款的规定请求终止合同权利义务关系的，人民法院一般应当以起诉状副本送达对方的时间作为合同权利义务关系终止的时间。根据案件的具体情况，以其他时间作为合同权利义务关系终止的时间更加符合公平原则和诚信原则的，人民法院可以以该时间作为合同权利义务关系终止的时间，但是应当在裁判文书中充分说明理由。 **《旅游纠纷解释》**（2020 年修正） **第 15 条** 旅游经营者违反合同约定，有擅自改变旅游行程、遗漏旅游景点、减少旅游服务项目、降低旅游服务标准等行为，旅游者请求旅游经营者赔偿未完成约定旅游服务项目等合理费用的，人民法院应予支持。 旅游经营者提供服务时有欺诈行为，旅游者依据消费者权益保护法第五十五条第一款规定请求旅游经营者承担惩罚性赔偿责任的，人民法院应予支持。 **《民法典时间效力规定》** **第 11 条** 民法典施行前成立的合同，

续表

《民法典》合同编	关联规定
权"，其构成要件包括：（1）无法请求违约方继续履行。（2）致使合同目的不能实现。（3）当事人提出请求。	当事人一方不履行非金钱债务或者履行非金钱债务不符合约定，对方可以请求履行，但是有民法典第五百八十条第一款第一项、第二项、第三项除外情形之一，致使不能实现合同目的，当事人请求终止合同权利义务关系的，适用民法典第五百八十条第二款的规定。
第五百八十一条【替代履行】　当事人一方不履行债务或者履行债务不符合约定，根据债务的性质不得强制履行的，对方可以请求其负担由第三人替代履行的费用。 　**指引**：替代履行并不要求一定要第三人先替代履行，之后才可请求债务人负担费用。实际上，债权人有时也可直接请求债务人负担第三人替代履行的费用。另，替代履行不妨碍债权人就其他损失请求债务人赔偿。	**《民法典》** **第713条【出租人不履行维修义务的法律后果】**　承租人在租赁物需要维修时可以请求出租人在合理期限内维修。出租人未履行维修义务的，承租人可以自行维修，维修费用由出租人负担。因维修租赁物影响承租人使用的，应当相应减少租金或者延长租期。 　因承租人的过错致使租赁物需要维修的，出租人不承担前款规定的维修义务。 **第1234条【生态环境修复责任】**　违反国家规定造成生态环境损害，生态环境能够修复的，国家规定的机关或者法律规定的组织有权请求侵权人在合理期限内承担修复责任。侵权人在期限内未修复的，国家规定的机关或者法律规定的组织可以自行或者委托他人进行修复，所需费用由侵权人负担。 **《民事诉讼法解释》（2022年修正）** **第501条**　被执行人不履行生效法律文书确定的行为义务，该义务可由他人完成的，人民法院可以选定代履行

《民法典》合同编	关联规定
	人；法律、行政法规对履行该行为义务有资格限制的，应当从有资格的人中选定。必要时，可以通过招标的方式确定代履行人。 申请执行人可以在符合条件的人中推荐代履行人，也可以申请自己代为履行，是否准许，由人民法院决定。 **第 502 条** 代履行费用的数额由人民法院根据案件具体情况确定，并由被执行人在指定期限内预先支付。被执行人未预付的，人民法院可以对该费用强制执行。 代履行结束后，被执行人可以查阅、复制费用清单以及主要凭证。
第五百八十二条【瑕疵履行违约责任】 履行不符合约定的，应当按照当事人的约定承担违约责任。对违约责任没有约定或者约定不明确，依据本法第五百一十条的规定仍不能确定的，受损害方根据标的的性质以及损失的大小，可以合理选择请求对方承担修理、重作、更换、退货、减少价款或者报酬等违约责任。 **指引**：债务人履行合同义务不符合约定，主要是品质、数量等不符合约定。当然，当事人对违约责任有约定的，优先按约定处理。 **案例指引**：《任某生诉汽车销售公司因汽车质量问题要求更换纠纷案》【《江苏省高级人民法院公报》2012 年第 2 辑】 **案例要旨**：根据《合同法》第 111 条	《买卖合同解释》（2020 年修正） **第 15 条** 买受人依约保留部分价款作为质量保证金，出卖人在质量保证期末及时解决质量问题而影响标的物的价值或者使用效果，出卖人主张支付该部分价款的，人民法院不予支持。 **第 16 条** 买受人在检验期限、质量保证期、合理期限内提出质量异议，出卖人未按要求予以修理或者因情况紧急，买受人自行或者通过第三人修理标的物后，主张出卖人负担因此发生的合理费用的，人民法院应予支持。 **第 17 条** 标的物质量不符合约定，买受人依照民法典第五百八十二条的规定要求减少价款的，人民法院应予支持。当事人主张以符合约定的标的物和实际交付的标的物按交付时的市场价值计算差价的，人民法院应予支持。

《民法典》合同编	关联规定
(《民法典》第 582 条) 的规定，质量不符合约定的，应当按照当事人的约定承担违约责任。对违约责任没有约定或者约定不明确，不能达成补充协议，按照合同有关条款或者交易习惯仍不能确定的，受损害方有权选择要求对方承担修理、更换、重作、退货、减少价款或者报酬等违约责任。作为汽车重要部件的变速箱反复出现质量问题，使得车辆是否达到安全技术标准、是否消除安全隐患不能认定的，购车人为实现合同目的及消除自身与他人安全隐患，可要求销售者更换车辆。原始及维修后的质量检测合格证明虽属必要，但其证明力已不如质量问题事实本身。	价款已经支付，买受人主张返还减价后多出部分价款的，人民法院应予支持。 **《商品房买卖合同解释》(2020 年修正)** **第 10 条**　因房屋质量问题严重影响正常居住使用，买受人请求解除合同和赔偿损失的，应予支持。 　　交付使用的房屋存在质量问题，在保修期内，出卖人应当承担修复责任；出卖人拒绝修复或者在合理期限内拖延修复的，买受人可以自行或者委托他人修复。修复费用及修复期间造成的其他损失由出卖人承担。
第五百八十三条【违约损害赔偿】 当事人一方不履行合同义务或者履行合同义务不符合约定的，在履行义务或者采取补救措施后，对方还有其他损失的，应当赔偿损失。 　　**指引**：本条规定的"其他损失"主要包括：(1) 债务人最初不履行合同义务或履行合同义务不符合约定造成的损失；(2) 债务人之后的不继续履行或继续履行不符合约定造成的损失；(3) 债务人继续履行或采取补救措施完毕前的迟延履行造成的损失；(4) 补救措施本身造成的损失；(5) 补救措施仍无法弥补的损失。	**《民法典合同编通则解释》** **第 64 条**　当事人一方通过反诉或者抗辩的方式，请求调整违约金的，人民法院依法予以支持。 　　违约方主张约定的违约金过分高于违约造成的损失，请求予以适当减少的，应当承担举证责任。非违约方主张约定的违约金合理的，也应当提供相应的证据。 　　当事人仅以合同约定不得对违约金进行调整为由主张不予调整违约金的，人民法院不予支持。

《民法典》合同编	关联规定
案例指引：《投资公司、曲某与建筑房地产公司股权转让合同纠纷案》① **案例要旨**：违约金的性质既具有补偿性，又具有赔偿性，在守约方不能举证证明其除利息损失外还存在其他损失，违约金能够足以涵盖其利息损失的情况下，另行主张赔偿其利息损失的，应不予支持。	
第五百八十四条【损害赔偿范围】 当事人一方不履行合同义务或者履行合同义务不符合约定，造成对方损失的，损失赔偿额应当相当于因违约所造成的损失，包括合同履行后可以获得的利益；但是，不得超过违约一方订立合同时预见到或者应当预见到的因违约可能造成的损失。 **指引**：违约损害赔偿范围可由法律直接规定或由双方约定。在法律没有特别规定和当事人没有另行约定的情况下，违约损害赔偿应按完全赔偿原则赔偿全部损失，包括直接损失和间接损失。直接损失是指财产上的直接减少。间接损失又称所失利益，是指失去的可以预期取得的利益。预期取得的利益不仅主观上是可能的，客观上还需要确定的。 **案例指引**：《李明柏诉南京金陵置业发展有限公司商品房预售合同纠纷案》【《最高人民法院公报》2016年第	**《民法典合同编通则解释》** **第8条** 预约合同生效后，当事人一方不履行订立本约合同的义务，对方请求其赔偿因此造成的损失的，人民法院依法予以支持。 前款规定的损失赔偿，当事人有约定的，按照约定；没有约定的，人民法院应当综合考虑预约合同在内容上的完备程度以及订立本约合同的条件的成就程度等因素酌定。 **第60条** 人民法院依据民法典第五百八十四条的规定确定合同履行后可以获得的利益时，可以在扣除非违约方为订立、履行合同支出的费用等合理成本后，按照非违约方能够获得的生产利润、经营利润或者转售利润等计算。 非违约方依法行使合同解除权并实施了替代交易，主张按照替代交易价格与合同价格的差额确定合同履行后可以获得的利益的，人民法院依法

---

① 最高人民法院民事审判第一庭编：《民事审判指导与参考》，人民法院出版社2017年版，第126页。

《民法典》合同编	关联规定
12 期】 　　**案例要旨**：因出卖人所售房屋存在质量问题，致购房人无法对房屋正常使用、收益，双方当事人对由此造成的实际损失如何计算未作明确约定的，人民法院可以房屋同期租金作为标准计算购房人的实际损失。	予以支持；替代交易价格明显偏离替代交易发生时当地的市场价格，违约方主张按照市场价格与合同价格的差额确定合同履行后可以获得的利益的，人民法院应予支持。 　　非违约方依法行使合同解除权但是未实施替代交易，主张按照违约行为发生后合理期间内合同履行地的市场价格与合同价格的差额确定合同履行后可以获得的利益的，人民法院应予支持。 　　**第六十一条**　在以持续履行的债务为内容的定期合同中，一方不履行支付价款、租金等金钱债务，对方请求解除合同，人民法院经审理认为合同应当依法解除的，可以根据当事人的主张，参考合同主体、交易类型、市场价格变化、剩余履行期限等因素确定非违约方寻找替代交易的合理期限，并按照该期限对应的价款、租金等扣除非违约方应当支付的相应履约成本确定合同履行后可以获得的利益。 　　非违约方主张按照合同解除后剩余履行期限相应的价款、租金等扣除履约成本确定合同履行后可以获得的利益的，人民法院不予支持。但是，剩余履行期限少于寻找替代交易的合理期限的除外。 　　**第六十二条**　非违约方在合同履行后可以获得的利益难以根据本解释第六十条、第六十一条的规定予以确定的，人民法院可以综合考虑违约方因违约

《民法典》合同编	关联规定
	获得的利益、违约方的过错程度、其他违约情节等因素，遵循公平原则和诚信原则确定。 **第六十三条**　在认定民法典第五百八十四条规定的"违约一方订立合同时预见到或者应当预见到的因违约可能造成的损失"时，人民法院应当根据当事人订立合同的目的，综合考虑合同主体、合同内容、交易类型、交易习惯、磋商过程等因素，按照与违约方处于相同或者类似情况的民事主体在订立合同时预见到或者应当预见到的损失予以确定。 　　除合同履行后可以获得的利益外，非违约方主张还有其向第三人承担违约责任应当支出的额外费用等其他因违约所造成的损失，并请求违约方赔偿，经审理认为该损失系违约一方订立合同时预见到或者应当预见到的，人民法院应予支持。 　　在确定违约损失赔偿额时，违约方主张扣除非违约方未采取适当措施导致的扩大损失、非违约方也有过错造成的相应损失、非违约方因违约获得的额外利益或者减少的必要支出的，人民法院依法予以支持。 **第六十四条**　当事人一方通过反诉或者抗辩的方式，请求调整违约金的，人民法院依法予以支持。 　　违约方主张约定的违约金过分高于违约造成的损失，请求予以适当减少的，应当承担举证责任。非违约方

《民法典》合同编	关联规定
	主张约定的违约金合理的，也应当提供相应的证据。 　　当事人仅以合同约定不得对违约金进行调整为由主张不予调整违约金的，人民法院不予支持。 **第六十五条**　当事人主张约定的违约金过分高于违约造成的损失，请求予以适当减少的，人民法院应当以民法典第五百八十四条规定的损失为基础，兼顾合同主体、交易类型、合同的履行情况、当事人的过错程度、履约背景等因素，遵循公平原则和诚信原则进行衡量，并作出裁判。 　　约定的违约金超过造成损失的百分之三十的，人民法院一般可以认定为过分高于造成的损失。 　　恶意违约的当事人一方请求减少违约金的，人民法院一般不予支持。 **《买卖合同解释》**（2020年修正） **第22条**　买卖合同当事人一方违约造成对方损失，对方主张赔偿可得利益损失的，人民法院在确定违约责任范围时，应当根据当事人的主张，依据民法典第五百八十四条、第五百九十一条、第五百九十二条、本解释第二十三条等规定进行认定。 **第23条**　买卖合同当事人一方因对方违约而获有利益，违约方主张从损失赔偿额中扣除该部分利益的，人民法院应予支持。 **第24条**　买受人在缔约时知道或者应当知道标的物质量存在瑕疵，主张出

《民法典》合同编	关联规定
	卖人承担瑕疵担保责任的，人民法院不予支持，但买受人在缔约时不知道该瑕疵会导致标的物的基本效用显著降低的除外。 **《民间借贷解释》（2020 年 12 月修正）** **第 30 条** 出借人与借款人既约定了逾期利率，又约定了违约金或者其他费用，出借人可以选择主张逾期利息、违约金或者其他费用，也可以一并主张，但是总计超过合同成立时一年期贷款市场报价利率四倍的部分，人民法院不予支持。 **《民法典会议纪要》** 11. 民法典第五百八十五条第二款规定的损失范围应当按照民法典第五百八十四条规定确定，包括合同履行后可以获得的利益，但不得超过违约一方订立合同时预见到或者应当预见到的因违约可能造成的损失。 　　当事人请求人民法院增加违约金的，增加后的违约金数额以不超过民法典第五百八十四条规定的损失为限。增加违约金以后，当事人又请求对方赔偿损失的，人民法院不予支持。 　　当事人请求人民法院减少违约金的，人民法院应当以民法典第五百八十四条规定的损失为基础，兼顾合同的履行情况、当事人的过错程度等综合因素，根据公平原则和诚信原则予以衡量，并作出裁判。约定的违约金超过根据民法典第五百八十四条规定确定的损失的百分之三十的，一般可

《民法典》合同编	关联规定
	以认定为民法典第五百八十五条第二款规定的"过分高于造成的损失"。当事人主张约定的违约金过高请求予以适当减少的，应当承担举证责任；相对人主张违约金约定合理的，也应提供相应的证据。
第五百八十五条【违约金】　当事人可以约定一方违约时应当根据违约情况向对方支付一定数额的违约金，也可以约定因违约产生的损失赔偿额的计算方法。 　约定的违约金低于造成的损失的，人民法院或者仲裁机构可以根据当事人的请求予以增加；约定的违约金过分高于造成的损失的，人民法院或者仲裁机构可以根据当事人的请求予以适当减少。 　当事人就迟延履行约定违约金的，违约方支付违约金后，还应当履行债务。 　**指引**：一般而言，违约金的标的物是金钱，但当事人也可以约定违约金的标的物为金钱以外的其他财产。"过分高于造成的损失"，实践中一般以造成损失的30%的为标准认定，但也不可机械使用，需综合考虑合同履行情况、当事人过错程度、预期利益、当事人主体身份（商事主体时，违约金酌减应更审慎）等其他因素。 　**案例指引**：《北京隆昌伟业贸易有限公司诉北京城建重工有限公司合同纠纷案》【最高人民法院指导案例166号】	**《民法典合同编通则解释》** **第63条**　在认定民法典第五百八十四条规定的"违约一方订立合同时预见到或者应当预见到的因违约可能造成的损失"时，人民法院应当根据当事人订立合同的目的，综合考虑合同主体、合同内容、交易类型、交易习惯、磋商过程等因素，按照与违约方处于相同或者类似情况的民事主体在订立合同时预见到或者应当预见到的损失予以确定。 　除合同履行后可以获得的利益外，非违约方主张还有其向第三人承担违约责任应当支出的额外费用等其他因违约所造成的损失，并请求违约方赔偿，经审理认为该损失系违约一方订立合同时预见到或者应当预见到的，人民法院应予支持。 　在确定违约损失赔偿额时，违约方主张扣除非违约方未采取适当措施导致的扩大损失、非违约方也有过错造成的相应损失、非违约方因违约获得的额外利益或者减少的必要支出的，人民法院依法予以支持。 **第64条**　当事人一方通过反诉或者抗辩的方式，请求调整违约金的，人民法

《民法典》合同编	关联规定
案例要旨： 当事人双方就债务清偿达成和解协议，约定解除财产保全措施及违约责任。一方当事人依约申请人民法院解除了保全措施后，另一方当事人违反诚实信用原则不履行和解协议，并在和解协议违约金诉讼中请求减少违约金的，人民法院不予支持。	院依法予以支持。　违约方主张约定的违约金过分高于违约造成的损失，请求予以适当减少的，应当承担举证责任。非违约方主张约定的违约金合理的，也应当提供相应的证据。　当事人仅以合同约定不得对违约金进行调整为由主张不予调整违约金的，人民法院不予支持。**第六十五条**　当事人主张约定的违约金过分高于违约造成的损失，请求予以适当减少的，人民法院应当以民法典第五百八十四条规定的损失为基础，兼顾合同主体、交易类型、合同的履行情况、当事人的过错程度、履约背景等因素，遵循公平原则和诚信原则进行衡量，并作出裁判。　约定的违约金超过造成损失的百分之三十的，人民法院一般可以认定为过分高于造成的损失。　恶意违约的当事人一方请求减少违约金的，人民法院一般不予支持。**第六十六条**　当事人一方请求对方支付违约金，对方以合同不成立、无效、被撤销、确定不发生效力、不构成违约或者非违约方不存在损失等为由抗辩，未主张调整过高的违约金的，人民法院应当就若不支持该抗辩，当事人是否请求调整违约金进行释明。第一审人民法院认为抗辩成立且未予释明，第二审人民法院认为应当判决支付违约金的，可以直接释明，并根据

《民法典》合同编	关联规定
	当事人的请求，在当事人就是否应当调整违约金充分举证、质证、辩论后，依法判决适当减少违约金。　　被告因客观原因在第一审程序中未到庭参加诉讼，但是在第二审程序中到庭参加诉讼并请求减少违约金的，第二审人民法院可以在当事人就是否应当调整违约金充分举证、质证、辩论后，依法判决适当减少违约金。 《民间借贷解释》（2020 年 12 月修正） **第 29 条**　借贷双方对逾期利率有约定的，从其约定，但是以不超过合同成立时一年期贷款市场报价利率四倍为限。 　　未约定逾期利率或者约定不明的，人民法院可以区分不同情况处理： 　　（一）既未约定借期内利率，也未约定逾期利率，出借人主张借款人自逾期还款之日起参照当时一年期贷款市场报价利率标准计算的利息承担逾期还款违约责任的，人民法院应予支持； 　　（二）约定了借期内利率但是未约定逾期利率，出借人主张借款人自逾期还款之日起按照借期内利率支付资金占用期间利息的，人民法院应予支持。 **第 30 条**　出借人与借款人既约定了逾期利率，又约定了违约金或者其他费用，出借人可以选择主张逾期利息、违约金或者其他费用，也可以一并主张，但是总计超过合同成立时一年期

《民法典》合同编	关联规定
	贷款市场报价利率四倍的部分,人民法院不予支持。 **《商品房买卖合同解释》(2020 年修正)** **第 12 条**　当事人以约定的违约金过高为由请求减少的,应当以违约金超过造成的损失 30% 为标准适当减少;当事人以约定的违约金低于造成的损失为由请求增加的,应当以违约造成的损失确定违约金数额。 **《买卖合同解释》(2020 年修正)** **第 21 条**　买卖合同当事人一方以对方违约为由主张支付违约金,对方以合同不成立、合同未生效、合同无效或者不构成违约等为由进行免责抗辩而未主张调整过高的违约金的,人民法院应当就法院若不支持免责抗辩,当事人是否需要主张调整违约金进行释明。 　一审法院认为免责抗辩成立且未予释明,二审法院认为应当判决支付违约金的,可以直接释明并改判。 **第 20 条**　买卖合同因违约而解除后,守约方主张继续适用违约金条款的,人民法院应予支持;但约定的违约金过分高于造成的损失的,人民法院可以参照民法典第五百八十五条第二款的规定处理。 **第 18 条**　买卖合同对付款期限作出的变更,不影响当事人关于逾期付款违约金的约定,但该违约金的起算点应当随之变更。 　买卖合同约定逾期付款违约金,买

《民法典》合同编	关联规定
	受人以出卖人接受价款时未主张逾期付款违约金为由拒绝支付该违约金的，人民法院不予支持。 　　买卖合同约定逾期付款违约金，但对账单、还款协议等未涉及逾期付款责任，出卖人根据对账单、还款协议等主张欠款时请求买受人依约支付逾期付款违约金的，人民法院应予支持，但对账单、还款协议等明确载有本金及逾期付款利息数额或者已经变更买卖合同中关于本金、利息等约定内容的除外。 　　买卖合同没有约定逾期付款违约金或者该违约金的计算方法，出卖人以买受人违约为由主张赔偿逾期付款损失，违约行为发生在 2019 年 8 月 19 日之前的，人民法院可以中国人民银行同期同类人民币贷款基准利率为基础，参照逾期罚息利率标准计算；违约行为发生在 2019 年 8 月 20 日之后的，人民法院可以违约行为发生时中国人民银行授权全国银行间同业拆借中心公布的一年期贷款市场报价利率（LPR）标准为基础，加计 30—50% 计算逾期付款损失。 **《民法典会议纪要》** 11. 民法典第五百八十五条第二款规定的损失范围应当按照民法典第五百八十四条规定确定，包括合同履行后可以获得的利益，但不得超过违约一方订立合同时预见到或者应当预见到的因违约可能造成的损失。

《民法典》合同编	关联规定
	当事人请求人民法院增加违约金的，增加后的违约金数额以不超过民法典第五百八十四条规定的损失为限。增加违约金以后，当事人又请求对方赔偿损失的，人民法院不予支持。 　　当事人请求人民法院减少违约金的，人民法院应当以民法典第五百八十四条规定的损失为基础，兼顾合同的履行情况、当事人的过错程度等综合因素，根据公平原则和诚信原则予以衡量，并作出裁判。约定的违约金超过根据民法典第五百八十四条规定确定的损失的百分之三十的，一般可以认定为民法典第五百八十五条第二款规定的"过分高于造成的损失"。当事人主张约定的违约金过高请求予以适当减少的，应当承担举证责任；相对人主张违约金约定合理的，也应提供相应的证据。 **《九民会纪要》** **50. 【违约金过高标准及举证责任】** 认定约定违约金是否过高，一般应当以《合同法》第113条规定的损失为基础进行判断，这里的损失包括合同履行后可以获得的利益。除借款合同外的双务合同，作为对价的价款或者报酬给付之债，并非借款合同项下的还款义务，不能以受法律保护的民间借贷利率上限作为判断违约金是否过高的标准，而应当兼顾合同履行情况、当事人过错程度以及预期利益等因素综合确定。主张违约金过高的违约方应当对违约金是否过高承担举证责任。

《民法典》合同编	关联规定
第五百八十六条【定金担保】　当事人可以约定一方向对方给付定金作为债权的担保。定金合同自实际交付定金时成立。 　　定金的数额由当事人约定；但是，不得超过主合同标的额的百分之二十，超过部分不产生定金的效力。实际交付的定金数额多于或者少于约定数额的，视为变更约定的定金数额。 　　**指引**：本条规定的定金为违约定金，对于立约定金、证约定金、解约定金以及成约定金，法律并未规定，但也没有禁止，当事人可通过合同设立其他种类的定金。定金合同需明确定金的性质，若对定金性质未作约定或约定不明确，一般按违约定金处理。	**《民法典合同编通则解释》** **第 67 条**　当事人交付留置金、担保金、保证金、订约金、押金或者订金等，但是没有约定定金性质，一方主张适用民法典第五百八十七条规定的定金罚则的，人民法院不予支持。当事人约定了定金性质，但是未约定定金类型或者约定不明，一方主张为违约定金的，人民法院应予支持。 　　当事人约定以交付定金作为订立合同的担保，一方拒绝订立合同或者在磋商订立合同时违背诚信原则导致未能订立合同，对方主张适用民法典第五百八十七条规定的定金罚则的，人民法院应予支持。 　　当事人约定以交付定金作为合同成立或者生效条件，应当交付定金的一方未交付定金，但是合同主要义务已经履行完毕并为对方所接受的，人民法院应当认定合同在对方接受履行时已经成立或者生效。 　　当事人约定定金性质为解约定金，交付定金的一方主张以丧失定金为代价解除合同的，或者收受定金的一方主张以双倍返还定金为代价解除合同的，人民法院应予支持。 **《商品房买卖合同解释》**（2020 年修正） **第 4 条**　出卖人通过认购、订购、预订等方式向买受人收受定金作为订立商品房买卖合同担保的，如果因当事人一方原因未能订立商品房买卖合同，应当按照法律关于定金的规定处理；因

续表

《民法典》合同编	关联规定
	不可归责于当事人双方的事由，导致商品房买卖合同未能订立的，出卖人应当将定金返还买受人。 **第 19 条**　商品房买卖合同约定，买受人以担保贷款方式付款、因当事人一方原因未能订立商品房担保贷款合同并导致商品房买卖合同不能继续履行的，对方当事人可以请求解除合同和赔偿损失。因不可归责于当事人双方的事由未能订立商品房担保贷款合同并导致商品房买卖合同不能继续履行的，当事人可以请求解除合同，出卖人应当将收受的购房款本金及其利息或者定金返还买受人。
第五百八十七条【定金罚则】　债务人履行债务的，定金应当抵作价款或者收回。给付定金的一方不履行债务或者履行债务不符合约定，致使不能实现合同目的的，无权请求返还定金；收受定金的一方不履行债务或者履行债务不符合约定，致使不能实现合同目的的，应当双倍返还定金。 　　**指引：** 定金罚则首先应按照当事人的约定与法律的规定适用。法律对定金有特别规定时，适用该特别规定；当事人另有约定时，按照当事人约定。不存在法律另有规定且不存在当事人另有约定的，按照本条规定适用。另，在当事人一方不完全履行合同的情况下，能够区分比例的，应按照未履行部门所占合同约定内容的比例适用定金罚则。	**《民法典合同编通则解释》** **第 67 条**　当事人交付留置金、担保金、保证金、订约金、押金或者订金等，但是没有约定定金性质，一方主张适用民法典第五百八十七条规定的定金罚则的，人民法院不予支持。当事人约定了定金性质，但是未约定定金类型或者约定不明，一方主张为违约定金的，人民法院应予支持。 　　当事人约定以交付定金作为订立合同的担保，一方拒绝订立合同或者在磋商订立合同时违背诚信原则导致未能订立合同，对方主张适用民法典第五百八十七条规定的定金罚则的，人民法院应予支持。 　　当事人约定以交付定金作为合同成立或者生效条件，应当交付定金的一方未交付定金，但是合同主要义务

《民法典》合同编	关联规定
	已经履行完毕并为对方所接受的，人民法院应当认定合同在对方接受履行时已经成立或者生效。 　　当事人约定定金性质为解约定金，交付定金的一方主张以丧失定金为代价解除合同的，或者收受定金的一方主张以双倍返还定金为代价解除合同的，人民法院应予支持。 **第68条**　双方当事人均具有致使不能实现合同目的的违约行为，其中一方请求适用定金罚则的，人民法院不予支持。当事人一方仅有轻微违约，对方具有致使不能实现合同目的的违约行为，轻微违约方主张适用定金罚则，对方以轻微违约方也构成违约为由抗辩的，人民法院对该抗辩不予支持。 　　当事人一方已经部分履行合同，对方接受并主张按照未履行部分所占比例适用定金罚则的，人民法院应予支持。对方主张按照合同整体适用定金罚则的，人民法院不予支持，但是部分未履行致使不能实现合同目的的除外。 　　因不可抗力致使合同不能履行，非违约方主张适用定金罚则的，人民法院不予支持。 **《商品房买卖合同解释》（2020年修正）** **第4条**　出卖人通过认购、订购、预订等方式向买受人收受定金作为订立商品房买卖合同担保的，如果因当事人一方原因未能订立商品房买卖合同，

《民法典》合同编	关联规定
	应当按照法律关于定金的规定处理；因不可归责于当事人双方的事由，导致商品房买卖合同未能订立的，出卖人应当将定金返还买受人。 **第 19 条**　商品房买卖合同约定，买受人以担保贷款方式付款、因当事人一方原因未能订立商品房担保贷款合同并导致商品房买卖合同不能继续履行的，对方当事人可以请求解除合同和赔偿损失。因不可归责于当事人双方的事由未能订立商品房担保贷款合同并导致商品房买卖合同不能继续履行的，当事人可以请求解除合同，出卖人应当将收受的购房款本金及其利息或者定金返还买受人。
第五百八十八条【违约金与定金竞合时的责任】　当事人既约定违约金，又约定定金的，一方违约时，对方可以选择适用违约金或者定金条款。 　　定金不足以弥补一方违约造成的损失的，对方可以请求赔偿超过定金数额的损失。 　　**指引：**违约金或定金二者不能并用。赋予守约方适用选择权，能够起到保障其合同利益，补救其违约损失的作用。	
第五百八十九条【拒绝受领和受领迟延】　债务人按照约定履行债务，债权人无正当理由拒绝受领的，债务人可以请求债权人赔偿增加的费用。 　　在债权人受领迟延期间，债务人无须支付利息。	

《民法典》合同编	关联规定
指引：本条第 1 款中的拒绝受领是广义的，包括迟延受领。给债务人增加的费用，包括债务人提出给付的费用（如往返交通费用、通知费用等）、保管给付物的必要费用、对不宜保存的标的物的处理费用等其他费用。	
第五百九十条【不可抗力】 当事人一方因不可抗力不能履行合同的，根据不可抗力的影响，部分或者全部免除责任，但是法律另有规定的除外。因不可抗力不能履行合同的，应当及时通知对方，以减轻可能给对方造成的损失，并应当在合理期限内提供证明。 当事人迟延履行后发生不可抗力的，不免除其违约责任。 **指引**：不可抗力造成违约，违约方没有过错，通常是免责的，但法律另有规定的除外。另本条第 2 款规定，迟延履行后发生不可抗力的，不免除违约责任。但也有例外，债务人能证明即使其不迟延履行仍难免发生债务不能履行乃至损害的，则债务人可免责。	**《民法典》** **第 180 条【不可抗力】** 因不可抗力不能履行民事义务的，不承担民事责任。法律另有规定的，依照其规定。 不可抗力是不能预见、不能避免且不能克服的客观情况。 **第 832 条【运输过程中货物毁损、灭失的责任承担】** 承运人对运输过程中货物的毁损、灭失承担赔偿责任。但是，承运人证明货物的毁损、灭失是因不可抗力、货物本身的自然性质或者合理损耗以及托运人、收货人的过错造成的，不承担赔偿责任。 **《邮政法》**（2015 年修正） **第 48 条** 因下列原因之一造成的给据邮件损失，邮政企业不承担赔偿责任： （一）不可抗力，但因不可抗力造成的保价的给据邮件的损失除外…… **《铁路法》**（2015 年修正） **第 18 条** 由于下列原因造成的货物、包裹、行李损失的，铁路运输企业不承担赔偿责任： （一）不可抗力…… **《民法典合同编通则解释》** **第 68 条** 双方当事人均具有致使不能实现合同目的的违约行为，其中一方

《民法典》合同编	关联规定
	请求适用定金罚则的，人民法院不予支持。当事人一方仅有轻微违约，对方具有致使不能实现合同目的的违约行为，轻微违约方主张适用定金罚则，对方以轻微违约方也构成违约为由抗辩的，人民法院对该抗辩不予支持。 　　当事人一方已经部分履行合同，对方接受并主张按照未履行部分所占比例适用定金罚则的，人民法院应予支持。对方主张按照合同整体适用定金罚则的，人民法院不予支持，但是部分未履行致使不能实现合同目的的除外。 　　因不可抗力致使合同不能履行，非违约方主张适用定金罚则的，人民法院不予支持。
第五百九十一条【减损规则】　当事人一方违约后，对方应当采取适当措施防止损失的扩大；没有采取适当措施致使损失扩大的，不得就扩大的损失请求赔偿。 　　当事人因防止损失扩大而支出的合理费用，由违约方负担。 　　**指引**：减损义务是一种强度较低的义务，债权人违反减损义务的，债务人不得请求债权人承担责任，而仅发生债权人利益的减少，即其不得就因违反减损义务而扩大的损失请求债务人赔偿。 　　**案例指引**：《中信银行股份有限公司东莞分行诉陈志华等金融借款合同	**《民法典合同编通则解释》** **第60条**　人民法院依据民法典第五百八十四条的规定确定合同履行后可以获得的利益时，可以在扣除非违约方为订立、履行合同支出的费用等合理成本后，按照非违约方能够获得的生产利润、经营利润或者转售利润等计算。 　　非违约方依法行使合同解除权并实施了替代交易，主张按照替代交易价格与合同价格的差额确定合同履行后可以获得的利益的，人民法院依法予以支持；替代交易价格明显偏离替代交易发生时当地的市场价格，违约方主张按照市场价格与合同价格的差

《民法典》合同编	关联规定
纠纷案》【最高人民法院指导案例 168 号】 　　**案例要旨：**以不动产提供抵押担保，抵押人未依抵押合同约定办理抵押登记的，不影响抵押合同的效力。债权人依据抵押合同主张抵押人在抵押物的价值范围内承担违约赔偿责任的，人民法院应予支持。抵押权人对未能办理抵押登记有过错的，相应减轻抵押人的赔偿责任。	额确定合同履行后可以获得的利益的，人民法院应予支持。 　　非违约方依法行使合同解除权但是未实施替代交易，主张按照违约行为发生后合理期间内合同履行地的市场价格与合同价格的差额确定合同履行后可以获得的利益的，人民法院应予支持。 **《买卖合同解释》（2020 年修正）** **第 22 条**　买卖合同当事人一方违约造成对方损失，对方主张赔偿可得利益损失的，人民法院在确定违约责任范围时，应当根据当事人的主张，依据民法典第五百八十四条、第五百九十一条、第五百九十二条、本解释第二十三条等规定进行认定。 **《银行卡民事纠纷规定》** **第 7 条第 4 款**　持卡人未及时采取挂失等措施防止损失扩大，发卡行主张持卡人自行承担扩大损失责任的，人民法院应予支持。
第五百九十二条【双方违约和与有过失】　当事人都违反合同的，应当各自承担相应的责任。 　　当事人一方违约造成对方损失，对方对损失的发生有过错的，可以减少相应的损失赔偿额。 　　**指引：**违约责任采用无过错原则，是指不依据违约方是否具有过错使得违约方承担违约责任。而与有过错解决的则是对方的过错导致损害发生时是否能够抵减违约方损害赔偿额的问	**《民法典》** **第 823 条【旅客人身伤亡责任】**　承运人应当对运输过程中旅客的伤亡承担赔偿责任；但是，伤亡是旅客自身健康原因造成的或者承运人证明伤亡是旅客故意、重大过失造成的除外。 　　前款规定适用于按照规定免票、持优待票或者经承运人许可搭乘的无票旅客。 **第 832 条【运输过程中货物毁损、灭失的责任承担】**　承运人对运输过程

续表

《民法典》合同编	关联规定

题，二者并不矛盾。
    案例指引：《钱某飞诉某银行诸暨市支行、某银行诸暨西施支行储蓄存款合同纠纷案》【《浙江省高级人民法院案例指导》第 4 期】
    案例要旨：（1）在储蓄存款合同纠纷案件的审理中，根据存款人和银行在合同履行过程中的过错确定民事责任，既有法理和法律依据，又符合日常生活情理。（2）存款人泄露储蓄凭证的基本信息、密码等造成存款被冒领，应认定存款人存在过错。（3）针对当前银行业发展程度和技术使用手段的现状，银行的审查义务宜定位于形式审查，银行应承担一般和通常的注意义务，并严格遵守既有的行业规则和操作程序。
	中货物的毁损、灭失承担赔偿责任。但是，承运人证明货物的毁损、灭失是因不可抗力、货物本身的自然性质或者合理损耗以及托运人、收货人的过错造成的，不承担赔偿责任。
	《铁路法》（2015 年修正）
	第 18 条 由于下列原因造成的货物、包裹、行李损失的，铁路运输企业不承担赔偿责任：
	    ……（三）托运人、收货人或者旅客的过错。
	《邮政法》（2015 年修正）
	第 48 条 因下列原因之一造成的给据邮件损失，邮政企业不承担赔偿责任：
	    ……（三）寄件人、收件人的过错。
	《企业改制纠纷解释》（2020 年修正）
	第 21 条 企业出售合同约定的履行期限届满，一方当事人未完全履行合同义务，对方当事人要求继续履行合同并要求赔偿损失的，人民法院应当予以支持。双方当事人均未完全履行合同义务的，应当根据当事人的过错，确定各自应当承担的民事责任。

第五百九十三条【第三人原因造成违约时违约责任承担】 当事人一方因第三人的原因造成违约的，应当依法向对方承担违约责任。当事人一方和第三人之间的纠纷，依照法律规定或者按照约定处理。
    指引："依法向对方承担违约责任"中的"依法"，是指依据《民法
	《旅游纠纷解释》（2020 年修正）
	第 7 条 旅游经营者、旅游辅助服务者未尽到安全保障义务，造成旅游者人身损害、财产损失，旅游者请求旅游经营者、旅游辅助服务者承担责任的，人民法院应予支持。
	    因第三人的行为造成旅游者人身损害、财产损失，由第三人承担责任；

《民法典》合同编	关联规定
典》第 577 条关于违约责任的一般规定。据此，依据本条规定债务人向债权人承担违约责任的前提是债务人因第三人的原因违反了合同义务而构成违约。所谓第三人主要包括但并不限于履行辅助人、债务人的上级机关、与债务人有其他合同关系的第三人等。 　　案例指引：《宋鹏诉中国工商银行股份有限公司南京新门口支行借记卡纠纷案》【《最高人民法院公报》2017年第 12 期】 　　案例要旨：（1）银行负有保障储户存款安全的义务，应努力提高并改进银行卡防伪技术，最大限度防止储户银行卡被盗刷。（2）借记卡章程关于"凡使用密码进行的交易，发卡银行均视为持卡人本人所为"的规定，仅适用于真实的借记卡交易，并不适用于伪卡交易，银行不能据此免责。（3）在无任何证据证明持卡人自行泄露银行卡密码的情况下，不应判令持卡人承担部分损失，从而减轻银行的赔偿责任。	旅游经营者、旅游辅助服务者未尽安全保障义务，旅游者请求其承担相应补充责任的，人民法院应予支持。 **第 18 条**　因飞机、火车、班轮、城际客运班车等公共客运交通工具延误，导致合同不能按照约定履行，旅游者请求旅游经营者退还未实际发生的费用的，人民法院应予支持。合同另有约定的除外。 《银行卡民事纠纷规定》 **第 9 条**　发卡行在与持卡人订立银行卡合同或者新增网络支付业务时，未完全告知某一网络支付业务持卡人身份识别方式、交易验证方式、交易规则等足以影响持卡人决定是否使用该功能的内容，致使持卡人没有全面准确理解该功能，持卡人以其未与发卡行就相关网络支付条款达成合意为由请求不承担因使用该功能而导致网络盗刷责任的，人民法院应予支持，但持卡人对于网络盗刷具有过错的，应当承担相应过错责任。发卡行虽然未尽前述义务，但是有证据证明持卡人知道并理解该网络支付功能的，适用本规定第七条规定。 　　非银行支付机构新增网络支付业务类型时，存在前款未完全履行告知义务情形，参照前款规定处理。 **第 11 条**　在收单行与发卡行不是同一银行的情形下，因收单行未尽保障持卡人用卡安全义务或者因特约商户未尽审核持卡人签名真伪、银行卡真伪

《民法典》合同编	关联规定
	等审核义务导致发生伪卡盗刷交易，持卡人请求收单行或者特约商户承担赔偿责任的，人民法院应予支持，但持卡人对伪卡盗刷交易具有过错，可以减轻或者免除收单行或者特约商户相应责任。 持卡人请求发卡行承担责任，发卡行申请追加收单行或者特约商户作为第三人参加诉讼的，人民法院可以准许。 发卡行承担责任后，可以依法主张存在过错的收单行或者特约商户承担相应责任。 **第12条** 发卡行、非银行支付机构、收单行、特约商户承担责任后，请求盗刷者承担侵权责任的，人民法院应予支持。
第五百九十四条【国际贸易合同诉讼时效和仲裁时效】 因国际货物买卖合同和技术进出口合同争议提起诉讼或者申请仲裁的时效期间为四年。 **指引**：本条为特殊时效之规定，但时效起算点依然按照总则编有关诉讼时效起算点的规定。	《民法典》 **第188条** 向人民法院请求保护民事权利的诉讼时效期间为三年。法律另有规定的，依照其规定。 诉讼时效期间自权利人知道或者应当知道权利受到损害以及义务人之日起计算。法律另有规定的，依照其规定。但是，自权利受到损害之日起超过二十年的，人民法院不予保护，有特殊情况的，人民法院可以根据权利人的申请决定延长。 **第198条** 法律对仲裁时效有规定的，依照其规定；没有规定的，适用诉讼时效的规定。

《民法典》合同编	关联规定
第二分编 典型合同	
第九章 买卖合同	
第五百九十五条【买卖合同定义】 买卖合同是出卖人转移标的物的所有权于买受人，买受人支付价款的合同。 　　**指引：**买卖合同属双务合同、有偿合同，多数情况下为诺成合同，是非常典型的有偿合同。合同编买卖合同一章的规定是典型合同中最为完整、详细的，其中一些规定属于有偿合同的共性规则。为此，民法典第 646 条明确了其他有偿合同中没有规定的，参照适用买卖合同相关规定。 　　**案例指引：**《维奎诉云南中发石化有限公司产品销售者责任纠纷案》【《最高人民法院公报》2020 年第 12 期】 　　**案例要旨：**消费者主张因购买缺陷产品而导致财产损害，但未保留消费凭证的，人民法院应结合交易产品及金额、交易习惯、当事人的陈述、相关的物证、书证等证据，综合认定消费者与销售者之间是否存在买卖合同关系。在此基础上，依据民事诉讼证明标准和民事诉讼证据规则，合理划分消费者和销售者的举证责任。如果产品缺陷与损害结果之间在通常情形下存在关联性，可认定二者之间具有因果关系。	**《买卖合同解释》**（2020 年修正） **第 1 条** 当事人之间没有书面合同，一方以送货单、收货单、结算单、发票等主张存在买卖合同关系的，人民法院应当结合当事人之间的交易方式、交易习惯以及其他相关证据，对买卖合同是否成立作出认定。 　　对账确认函、债权确认书等函件、凭证没有记载债权人名称，买卖合同当事人一方以此证明存在买卖合同关系的，人民法院应予支持，但有相反证据足以推翻的除外。 **《商品房买卖合同解释》**（2020 年修正） **第 1 条** 本解释所称的商品房买卖合同，是指房地产开发企业（以下统称为出卖人）将尚未建成或者已竣工的房屋向社会销售并转移房屋所有权于买受人，买受人支付价款的合同。 **第 5 条** 商品房的认购、订购、预订等协议具备《商品房销售管理办法》第十六条规定的商品房买卖合同的主要内容，并且出卖人已经按照约定收受购房款的，该协议应当认定为商品房买卖合同。

《民法典》合同编	关联规定
第五百九十六条【买卖合同条款】 买卖合同的内容一般包括标的物的名称、数量、质量、价款、履行期限、履行地点和方式、包装方式、检验标准和方法、结算方式、合同使用的文字及其效力等条款。 　　**指引**：当事人姓名或名称、标的物及其数量属买卖合同必备条款。其他内容并非必备内容，可按照《民法典》第 511 条（合同约定不明确时的履行）的规定确定。	
第五百九十七条【无权处分效力】 因出卖人未取得处分权致使标的物所有权不能转移的，买受人可以解除合同并请求出卖人承担违约责任。 　　法律、行政法规禁止或者限制转让的标的物，依照其规定。 　　**指引**：本条第 1 款在吸收《买卖合同解释》第 3 条的基础上，肯定了无权处分下买卖合同的效力，明确了无权处分中买受人解除合同并主张违约责任的救济方式。但需注意：本条第二款范围内的标的物有例外，如右栏民法典及其他法律规定的情形；肯定合同效力并不意味着物权发生转移，合同效力与物权效力应区分开。 　　**案例指引**：《倪某、王某诉李某兴、吴某玲房屋买卖合同纠纷案》① 　　**案例要旨**：（1）对于涉及无权处分的买卖合同，审查物权变动要考虑	**《民法典》** **第 215 条【合同效力与物权变动区分】** 　　当事人之间订立有关设立、变更、转让和消灭不动产物权的合同，除法律另有规定或者当事人另有约定外，自合同成立时生效；未办理物权登记的，不影响合同效力。 **第 242 条【国家专属所有权】**　法律规定专属于国家所有的不动产和动产，任何组织或者个人不能取得所有权。 **第 246 条【国有财产的范围、国家所有的性质和国家所有权的行使】**　法律规定属于国家所有的财产，属于国家所有即全民所有。 　　国有财产由国务院代表国家行使所有权。法律另有规定的，依照其规定。 **第 247 条【矿藏、水流、海域的国家所有权】**　矿藏、水流、海域属于国家所有。

---

　　① 最高人民法院中国应用法学研究所编：《人民法院案例选》，人民法院出版社 2017 年版，第 178 页。

《民法典》合同编	关联规定
"基础法律关系+物权变动公示"二层次问题,并分别适用合同法(民法典合同编)规范与物权法(民法典物权编)规范。(2)买卖合同涉及无权处分的案件可以应用"三步审查法":第一步,查合同效力。以无权处分为由主张买卖合同无效不予支持,但其他涉及合同效力的问题不容回避。第二步,查无权处分。要对共有人是否知情、是否同意进行审查,重视证明责任问题。第三步,查善意取得。如果无权处分成立,则要对买受人是否构成善意取得进行审查,审查重点是买受人是否构成善意和交易价格是否合理。	**第 248 条【无居民海岛的国家所有权】**　无居民海岛属于国家所有,国务院代表国家行使无居民海岛所有权。 **第 249 条【国家所有土地的范围】**　城市的土地,属于国家所有。法律规定属于国家所有的农村和城市郊区的土地,属于国家所有。 **第 250 条【自然资源的国家所有权】**　森林、山岭、草原、荒地、滩涂等自然资源,属于国家所有,但是法律规定属于集体所有的除外。 **第 251 条【野生动植物资源的国家所有权】**　法律规定属于国家所有的野生动植物资源,属于国家所有。 **第 252 条【无线电频谱资源的国家所有权】**　无线电频谱资源属于国家所有。 **第 253 条【文物的国家所有权】**　法律规定属于国家所有的文物,属于国家所有。 **第 254 条【国防资产和基础设施的国家所有权】**　国防资产属于国家所有。 　铁路、公路、电力设施、电信设施和油气管道等基础设施,依照法律规定为国家所有的,属于国家所有。 **第 260 条【集体财产的范围】**　集体所有的不动产和动产包括: 　(一)法律规定属于集体所有的土地和森林、山岭、草原、荒地、滩涂; 　(二)集体所有的建筑物、生产设施、农田水利设施; 　(三)集体所有的教育、科学、文化、卫生、体育等设施;

《民法典》合同编	关联规定
	（四）集体所有的其他不动产和动产。
	第 111 条【个人信息受法律保护】 自然人的个人信息受法律保护。任何组织或者个人需要获取他人个人信息的，应当依法取得并确保信息安全，不得非法收集、使用、加工、传输他人个人信息，不得非法买卖、提供或者公开他人个人信息。
	《土地管理法》（2019 年修正） **第 2 条第 3 款**　任何单位和个人不得侵占、买卖或者以其他形式非法转让土地。土地使用权可以依法转让。
	《农村土地承包法》（2018 年修正） **第 4 条**　农村土地承包后，土地的所有权性质不变。承包地不得买卖。
	《野生动物保护法》（2018 年修正） **第 27 条**　禁止出售、购买、利用国家重点保护野生动物及其制品。 因科学研究、人工繁育、公众展示展演、文物保护或者其他特殊情况，需要出售、购买、利用国家重点保护野生动物及其制品的，应当经省、自治区、直辖市人民政府野生动物保护主管部门批准，并按照规定取得和使用专用标识，保证可追溯，但国务院对批准机关另有规定的除外。 实行国家重点保护野生动物及其制品专用标识的范围和管理办法，由国务院野生动物保护主管部门规定。 出售、利用非国家重点保护野生动物的，应当提供狩猎、进出口等合法来源证明。

续表

《民法典》合同编	关联规定
	出售本条第二款、第四款规定的野生动物的,还应当依法附有检疫证明。 **《文物保护法》(2017 年修正)** **第 51 条** 公民、法人和其他组织不得买卖下列文物: (一)国有文物,但是国家允许的除外; (二)非国有馆藏珍贵文物; (三)国有不可移动文物中的壁画、雕塑、建筑构件等,但是依法拆除的国有不可移动文物中的壁画、雕塑、建筑构件等不属于本法第二十条第四款规定的应由文物收藏单位收藏的除外; (四)来源不符合本法第五十条规定的文物。 **《拍卖法》(2015 年修正)** **第 7 条** 法律、行政法规禁止买卖的物品或者财产权利,不得作为拍卖标的。 **《草原法》(2013 年修正)** **第 9 条** 草原属于国家所有,由法律规定属于集体所有的除外。国家所有的草原,由国务院代表国家行使所有权。 任何单位或者个人不得侵占、买卖或者以其他形式非法转让草原。 **《矿产资源法》(2009 年修正)** **第 6 条** 除按下列规定可以转让外,探矿权、采矿权不得转让: (一)探矿权人有权在划定的勘查

《民法典》合同编	关联规定
	作业区内进行规定的勘查作业，有权优先取得勘查作业区内矿产资源的采矿权。探矿权人在完成规定的最低勘查投入后，经依法批准，可以将探矿权转让他人。 　　（二）已取得采矿权的矿山企业，因企业合并、分立，与他人合资、合作经营，或者因企业资产出售以及有其他变更企业资产产权的情形而需要变更采矿权主体的，经依法批准可以将采矿权转让他人采矿。 　　前款规定的具体办法和实施步骤由国务院规定。 　　禁止将探矿权、采矿权倒卖牟利。 **《民法典合同编通则解释》** **第 18 条**　法律、行政法规的规定虽然有"应当""必须"或者"不得"等表述，但是该规定旨在限制或者赋予民事权利，行为人违反该规定将构成无权处分、无权代理、越权代表等，或者导致合同相对人、第三人因此获得撤销权、解除权等民事权利的，人民法院应当依据法律、行政法规规定的关于违反该规定的民事法律后果认定合同效力。 **第 19 条**　以转让或者设定财产权利为目的订立的合同，当事人或者真正权利人仅以让与人在订立合同时对标的物没有所有权或者处分权为由主张合同无效的，人民法院不予支持；因未取得真正权利人事后同意或者让与人事后未取得处分权导致合同不能履行，

《民法典》合同编	关联规定
	受让人主张解除合同并请求让与人承担违反合同的赔偿责任的,人民法院依法予以支持。 前款规定的合同被认定有效,且让与人已经将财产交付或者移转登记至受让人,真正权利人请求认定财产权利未发生变动或者请求返还财产的,人民法院应予支持。但是,受让人依据民法典第三百一十一条等规定善意取得财产权利的除外。 **《民法典担保制度解释》** **第 37 条** 当事人以所有权、使用权不明或者有争议的财产抵押,经审查构成无权处分的,人民法院应当依照民法典第三百一十一条的规定处理。 当事人以依法被查封或者扣押的财产抵押,抵押权人请求行使抵押权,经审查查封或者扣押措施已经解除的,人民法院应予支持。抵押人以抵押权设立时财产被查封或者扣押为由主张抵押合同无效的,人民法院不予支持。 以依法被监管的财产抵押的,适用前款规定。
第五百九十八条【出卖人基本义务】 出卖人应当履行向买受人交付标的物或者交付提取标的物的单证,并转移标的物所有权的义务。 **指引**:标的物所有权的转移方法,除了法律另有特别规定或当事人另有约定以外,动产所有权依交付而转移,不动产以登记为权利公示的方法,其所有权的转移须办理所有权人的变更	**《买卖合同解释》**(2020 年修正) **第 5 条** 出卖人仅以增值税专用发票及税款抵扣资料证明其已履行交付标的物义务,买受人不认可的,出卖人应当提供其他证据证明交付标的物的事实。 合同约定或者当事人之间习惯以普通发票作为付款凭证,买受人以普通发票证明已经履行付款义务的,人

《民法典》合同编	关联规定
登记。无论合同是否作出约定，出卖人都应当协助买受人办理所有权的变更登记手续。	民法院应予支持，但有相反证据足以推翻的除外。
第五百九十九条 【出卖人交付有关单证和资料义务】 出卖人应当按照约定或者交易习惯向买受人交付提取标的物单证以外的有关单证和资料。 **指引**：提取标的物单证，主要是提单、仓单等。除此之外，现实生活中的买卖合同标的物尤其是国际贸易中的货物，还有其他一些单证和资料，如发票、合格证、质量保证书、使用说明书、产品检疫书、产地证明、保修单、保险单、装箱单等，也属本条规定的单证和资料。	**《民法典合同编通则解释》** **第26条** 当事人一方未根据法律规定或者合同约定履行开具发票、提供证明文件等非主要债务，对方请求继续履行该债务并赔偿因怠于履行该债务造成的损失的，人民法院依法予以支持；对方请求解除合同的，人民法院不予支持，但是不履行该债务致使不能实现合同目的或者当事人另有约定的除外。 **《买卖合同解释》**（2020 年修正） **第4条** 民法典第五百九十九条规定的"提取标的物单证以外的有关单证和资料"，主要应当包括保险单、保修单、普通发票、增值税专用发票、产品合格证、质量保证书、质量鉴定书、品质检验证书、产品进出口检疫书、原产地证明书、使用说明书、装箱单等。
第六百条 【知识产权归属】 出卖具有知识产权的标的物的，除法律另有规定或者当事人另有约定外，该标的物的知识产权不属于买受人。 **指引**：作为知识产权的载体的买卖与知识产权买卖是不同的。知识产权的买卖是权利买卖的一种，一般称为权利的转让。作为买卖对象的权利，尽管也有一定的载体，但买卖当事人看重的并非该载体本身，而是通过它表现的一定技术及对这一技术享有支	**《著作权法》**（2010 年修正） **第18条 【美术作品原件展览权例外】** 美术等作品原件所有权的转移，不视为作品著作权的转移，但美术作品原件的展览权由原件所有人享有。

《民法典》合同编	关联规定
配的权利而能带来的利益。知识产权作为一种独立的无形权利，虽需通过一定的物质载体才能表现出来，但它与标的物的所有权是可分离的，两者是同一个标的物上的两个独立权利。	
第六百零一条【标的物交付期限】 出卖人应当按照约定的时间交付标的物。约定交付期限的，出卖人可以在该交付期限内的任何时间交付。 **指引：**严格来说，早于约定的时间交付实际上也是一种违约。按照规定，买受人可以拒绝出卖人提前履行债务，但提前履行不损害买受人利益的除外。出卖人提前履行债务给债权人增加的费用，由出卖人承担。	《民法典》 **第530条【提前履行】** 债权人可以拒绝债务人提前履行债务，但是提前履行不损害债权人利益的除外。 债务人提前履行债务给债权人增加的费用，由债务人负担。
第六百零二条【标的物交付期限不明时的处理】 当事人没有约定标的物的交付期限或者约定不明确的，适用本法第五百一十条、第五百一十一条第四项的规定。 **指引：**即使法律未作明确，交付前进行通知也是出卖人按照诚实信用的合同原则应当履行的义务。至于这段准备时间应当多长，则应当根据具体的情况合理的确定。	
第六百零三条【标的物交付地点】 出卖人应当按照约定的地点交付标的物。 当事人没有约定交付地点或者约定不明确，依据本法第五百一十条的规定仍不能确定的，适用下列规定：	《买卖合同解释》（2020年修正） **第8条** 民法典第六百零三条第二款第一项规定的"标的物需要运输的"，是指标的物由出卖人负责办理托运，承运人系独立于买卖合同当事人之外的运输业者的情形。标的物毁损、灭

《民法典》合同编	关联规定
（一）标的物需要运输的，出卖人应当将标的物交付给第一承运人以交给买受人； （二）标的物不需要运输，出卖人和买受人订立合同时知道标的物在某一地点的，出卖人应当在该地点交付标的物；不知道标的物在某一地点的，应当在出卖人订立合同时的营业地交付标的物。 　　**指引**：本条规则与《民法典》第511条第3项不同，对买卖合同而言应优先适用本条。具体从三个层次把握：（1）标的物需要运输，无论运输以及运输工具是出卖人安排的，还是买受人安排的，出卖人的交付义务就是将标的物交付给第一承运人。（2）标的物不需要运输，若出卖人和买受人订立合同时知道标的物在某一地点的，出卖人应当在该地点交付标的物。（3）上述情形之外，出卖人应在订立合同时的营业地把标的物交付买受人处置。	失的风险负担，按照民法典第六百零七条第二款的规定处理。
第六百零四条【标的物毁损、灭失风险负担的基本规则】　标的物毁损、灭失的风险，在标的物交付之前由出卖人承担，交付之后由买受人承担，但是法律另有规定或者当事人另有约定的除外。 　　**指引**：本条没有把风险转移与所有权转移联系在一起，而是以标的物交付时间来确定风险转移时间。因为风险转移是一个很现实的问题，而所	《买卖合同解释》（2020年修正） **第9条**　出卖人根据合同约定将标的物运送至买受人指定地点并交付给承运人后，标的物毁损、灭失的风险由买受人负担，但当事人另有约定的除外。 **第11条**　当事人对风险负担没有约定，标的物为种类物，出卖人未以装运单据、加盖标记、通知买受人等可识别的方式清楚地将标的物特定于买

《民法典》合同编	关联规定
有权转移则是抽象的，以所有权的转移来确定风险转移的做法并不可取。	卖合同，买受人主张不负担标的物毁损、灭失的风险的，人民法院应予支持。 **《商品房买卖合同解释》**（2020 年修正）**第 8 条** 对房屋的转移占有，视为房屋的交付使用，但当事人另有约定的除外。 房屋毁损、灭失的风险，在交付使用前由出卖人承担，交付使用后由买受人承担；买受人接到出卖人的书面交房通知，无正当理由拒绝接收的，房屋毁损、灭失的风险自书面交房通知确定的交付使用之日起由买受人承担，但法律另有规定或者当事人另有约定的除外。
第六百零五条【迟延交付标的物的风险负担】 因买受人的原因致使标的物未按照约定的期限交付的，买受人应当自违反约定时起承担标的物毁损、灭失的风险。 **指引**：标的物的风险自交付时起由出卖人转移至买受人，在合同履行中发生交付迟延的，则需结合不同情况区别对待。出卖人迟延交付，逾期仍占有标的物，由其继续承担标的物毁损、灭失的风险是合理的。但在标的物迟延交付是由买受人过错造成的情况下，若仍坚持标的物的风险自交付起转移，对出卖人显然不公平。	**《商品房买卖合同解释》**（2020 年修正）**第 8 条** 对房屋的转移占有，视为房屋的交付使用，但当事人另有约定的除外。 房屋毁损、灭失的风险，在交付使用前由出卖人承担，交付使用后由买受人承担；买受人接到出卖人的书面交房通知，无正当理由拒绝接收的，房屋毁损、灭失的风险自书面交房通知确定的交付使用之日起由买受人承担，但法律另有规定或者当事人另有约定的除外。

《民法典》合同编	关联规定
第六百零六条【路货买卖中的标的物风险负担】 出卖人出卖交由承运人运输的在途标的物，除当事人另有约定外，毁损、灭失的风险自合同成立时起由买受人承担。 指引：本条适用条件包括：（1）出卖的标的物为"运输的在途标的物"；（2）当事人未对风险负担作出特别约定。另，若出卖人在订立合同时已知道或应当知道货物已灭失或损坏，而又隐瞒这一事实不告知买方，则风险由出卖人承担。	《买卖合同解释》（2020年修正） **第10条** 出卖人出卖交由承运人运输的在途标的物，在合同成立时知道或者应当知道标的物已经毁损、灭失却未告知买受人，买受人主张出卖人负担标的物毁损、灭失的风险的，人民法院应予支持。
第六百零七条【需要运输的标的物风险负担】 出卖人按照约定将标的物运送至买受人指定地点并交付给承运人后，标的物毁损、灭失的风险由买受人承担。 当事人没有约定交付地点或者约定不明确，依据本法第六百零三条第二款第一项的规定标的物需要运输的，出卖人将标的物交付给第一承运人后，标的物毁损、灭失的风险由买受人承担。 指引：需运输的标的物交承运人后风险由买方承担，在于买方所处的地位使他能在目的地及时检验货物，在发现货物受损时便于采取必要的措施。另，货物交第一承运人风险转移买受人的前提是"当事人没有约定交付地点或者约定不明确"。	《买卖合同解释》（2020年修正） **第8条** 民法典第六百零三条第二款第一项规定的"标的物需要运输的"，是指标的物由出卖人负责办理托运，承运人系独立于买卖合同当事人之外的运输业者的情形。标的物毁损、灭失的风险负担，按照民法典第六百零七条第二款的规定处理。 **第9条** 出卖人根据合同约定将标的物运送至买受人指定地点并交付给承运人后，标的物毁损、灭失的风险由买受人负担，但当事人另有约定的除外。

《民法典》合同编	关联规定
第六百零八条【买受人不收取标的物的风险负担】 出卖人按照约定或者依据本法第六百零三条第二款第二项的规定将标的物置于交付地点,买受人违反约定没有收取的,标的物毁损、灭失的风险自违反约定时起由买受人承担。 **指引**:本条与《民法典》第605条关于因买受人原因致迟延交付标的物风险负担的规定不同:本条适用交付转移风险原则,后者属交付转移风险原则的例外;本条在出卖人履行部分交付行为后,后者则在出卖人交付标的物前。	
第六百零九条【未交付单证、资料不影响风险转移】 出卖人按照约定未交付有关标的物的单证和资料的,不影响标的物毁损、灭失风险的转移。 **指引**:标的为风险转移与所有权转移并不一致。标的物的风险转移,除当事人另有约定外,以标的物交付为标准。无论出卖人不交付单证和资料是否意味着所有权的保留,都不影响风险从交付时起转移给买受人。	
第六百一十条【出卖人根本违约的风险负担】 因标的物不符合质量要求,致使不能实现合同目的的,买受人可以拒绝接受标的物或者解除合同。买受人拒绝接受标的物或者解除合同的,标的物毁损、灭失的风险由出卖人承担。 **指引**:买卖合同中,标的物不符合质量要求致使不能实现合同目的的,	**《商品房买卖合同解释》**(2020年修正) **第9条** 因房屋主体结构质量不合格不能交付使用,或者房屋交付使用后,房屋主体结构质量经核验确属不合格,买受人请求解除合同和赔偿损失的,应予支持。 **第10条** 因房屋质量问题严重影响正常居住使用,买受人请求解除合同和赔偿损失的,应予支持。

《民法典》合同编	关联规定
构成根本违约，买受人有权拒收货物或者解除买卖合同，此时标的物毁损、灭失的风险应由出卖人承担。	交付使用的房屋存在质量问题，在保修期内，出卖人应当承担修复责任；出卖人拒绝修复或者在合理期限内拖延修复的，买受人可以自行或者委托他人修复。修复费用及修复期间造成的其他损失由出卖人承担。
第六百一十一条【买受人承担风险与出卖人违约责任关系】　标的物毁损、灭失的风险由买受人承担的，不影响因出卖人履行义务不符合约定，买受人请求其承担违约责任的权利。 　　**指引**：买受人承担标的物毁损、灭失的风险与出卖人违约责任间并无直接关系。出卖人违约下，买受人虽按规定承担了标的物毁损、灭失的风险，但并不影响买受人请求其承担违约责任的权利。	
第六百一十二条【出卖人权利瑕疵担保义务】　出卖人就交付的标的物，负有保证第三人对该标的物不享有任何权利的义务，但是法律另有规定的除外。 　　**指引**：权利担保义务主要包括：(1) 出卖人对出卖的标的物享有合法的权利；(2) 保证标的物上不存在他人实际享有的权利；(3) 保证标的物没有侵犯他人的知识产权。	

《民法典》合同编	关联规定
第六百一十三条【出卖人权利瑕疵担保义务免除】 买受人订立合同时知道或者应当知道第三人对买卖的标的物享有权利的，出卖人不承担前条规定的义务。 **指引**：根据本条，出卖人不承担权利担保义务需满足两个条件：一是买受人须了解情况；二是买受人了解情况应为订立合同时。	
第六百一十四条【买受人的中止支付价款权】 买受人有确切证据证明第三人对标的物享有权利的，可以中止支付相应的价款，但是出卖人提供适当担保的除外。 **指引**：明确价款的中止支付的目的在于对买受人提供一种积极保护，使其免受可能丧失标的物权利的损害。另，本条所谓"适当担保"应是与买受人有理由证明的可能损害相适应的。	
第六百一十五条【标的物质量要求】 出卖人应当按照约定的质量要求交付标的物。出卖人提供有关标的物质量说明的，交付的标的物应当符合该说明的质量要求。 **指引**：本条规定的"质量说明"，一般是对标的物质量的具体说明，包括等级、规格、所含主要成分与含量、有效期等。	《消保法》（2013 年修正） **第 23 条【质量担保义务、瑕疵举证责任】** 经营者应当保证在正常使用商品或者接受服务的情况下其提供的商品或者服务应当具有的质量、性能、用途和有效期限；但消费者在购买该商品或者接受该服务前已经知道其存在瑕疵，且存在该瑕疵不违反法律强制性规定的除外。 经营者以广告、产品说明、实物样品或者其他方式表明商品或者服务的质量状况的，应当保证其提供的商

《民法典》合同编	关联规定
	品或者服务的实际质量与表明的质量状况相符。 　　经营者提供的机动车、计算机、电视机、电冰箱、空调器、洗衣机等耐用商品或者装饰装修等服务，消费者自接受商品或者服务之日起六个月内发现瑕疵，发生争议的，由经营者承担有关瑕疵的举证责任。 **《买卖合同解释》（2020 年修正）** **第 24 条**　买受人在缔约时知道或者应当知道标的物质量存在瑕疵，主张出卖人承担瑕疵担保责任的，人民法院不予支持，但买受人在缔约时不知道该瑕疵会导致标的物的基本效用显著降低的除外。
第六百一十六条【质量要求不明时的处理】　当事人对标的物的质量要求没有约定或者约定不明确，依据本法第五百一十条的规定仍不能确定的，适用本法第五百一十一条第一项的规定。 　　**指引**：标的物质量无约定或约定不明时如何处理，是买卖合同法中必须解决的问题，大陆法系有关的制度称为瑕疵担保制度，英美法系则称为默示担保制度。 　　**案例指引**：《杨珺诉东台市东盛房地产开发有限公司商品房销售合同纠纷案》【《最高人民法院公报》2010 年第 11 期】 　　**案例要旨**：（1）建设行政主管部门的审批文件以及建筑工程勘察、设计、施工、工程监理等单位分别签署	

续表

《民法典》合同编	关联规定
的质量合格文件，在关于房屋建筑工程质量的诉讼中仅属诉讼证据，对人民法院认定事实不具有当然的确定力和拘束力，如果存在房屋裂缝、渗漏等客观事实，并且该客观事实确系建筑施工所致，则人民法院应当依法认定房屋存在质量缺陷。（2）除有特别约定外，房屋出卖人应当保证房屋质量符合工程建设强制性标准以及合同的约定，房屋买受人因房屋存在质量缺陷为由向出卖人主张修复等民事责任的，人民法院应当予以支持。	
第六百一十七条【质量瑕疵担保责任】 　　出卖人交付的标的物不符合质量要求的，买受人可以依据本法第五百八十二条至第五百八十四条的规定请求承担违约责任。 　　**指引：**本条规定的出卖人交付的标的物不符合质量要求，既包括标的物的质量要求由合同当事人明确约定的情形，也包括无约定或约定不明时按照前条规定处理的情形。 　　**案例指引：**《捷跑电子科技有限公司诉青岛海信进出口有限公司国际货物买卖合同纠纷案》【《最高人民法院公报》2013年第11期】 　　**案例要旨：**（1）标的物瑕疵担保责任中的"质量要求"，在国际货物买卖合同中，通常包括产品出口国与进口国规定的技术标准与质量要求。在买卖双方未就质量标准和要求事先作出明确、具体约定的情况下，由于产	**《消保法》（2013年修正）** 　　**第23条**　经营者应当保证在正常使用商品或者接受服务的情况下其提供的商品或者服务应当具有的质量、性能、用途和有效期限；但消费者在购买该商品或者接受该服务前已经知道其存在瑕疵，且存在该瑕疵不违反法律强制性规定的除外。 　　经营者以广告、产品说明、实物样品或者其他方式表明商品或者服务的质量状况的，应当保证其提供的商品或者服务的实际质量与表明的质量状况相符。 　　经营者提供的机动车、计算机、电视机、电冰箱、空调器、洗衣机等耐用商品或者装饰装修等服务，消费者自接受商品或者服务之日起六个月内发现瑕疵，发生争议的，由经营者承担有关瑕疵的举证责任。

《民法典》合同编	关联规定
品交付前后两次检验在项目、技术规范方面的可比性，使得产品交付前后的检验变化更能有针对性地反映产品的质量状况。（2）产品召回制度通过召回本身防止损害的发生与扩大，并不以现实损害为前提，且召回措施的内容具有多样性。就产品召回所对应的风险防控而言，在产品已经输出的情况下谁更方便、有效地合理预防、消除风险，谁即应当及时、正确地采取相应措施。	《买卖合同解释》（2020 年修正） **第 15 条** 买受人依约保留部分价款作为质量保证金，出卖人在质量保证期未及时解决质量问题而影响标的物的价值或者使用效果，出卖人主张支付该部分价款的，人民法院不予支持。 **第 16 条** 买受人在检验期限、质量保证期、合理期限内提出质量异议，出卖人未按要求予以修理或者因情况紧急，买受人自行或者通过第三人修理标的物后，主张出卖人负担因此发生的合理费用的，人民法院应予支持。
第六百一十八条【减轻或免除瑕疵担保责任的例外】 当事人约定减轻或者免除出卖人对标的物瑕疵承担的责任，因出卖人故意或者重大过失不告知买受人标的物瑕疵的，出卖人无权主张减轻或者免除责任。 **指引**：出卖人因故意或重大过失未告知买受人标的物存在瑕疵，属欺诈行为，其不应再获得减免。另，对于减免瑕疵担保责任的形式，应以明示方式作出，不能以默示方式作出。	
第六百一十九条【标的物包装方式】 出卖人应当按照约定的包装方式交付标的物。对包装方式没有约定或者约定不明确，依据本法第五百一十条的规定仍不能确定的，应当按照通用的方式包装；没有通用方式的，应当采取足以保护标的物且有利于节约资源、保护生态环境的包装方式。 **指引**：践行绿色原则，较合同法	《民法典》 **第 9 条【绿色原则】** 民事主体从事民事活动，应当有利于节约资源、保护生态环境。 《固体废物防治法》（2020 年修订） **第 68 条第 1 款、第 2 款** 产品和包装物的设计、制造，应当遵守国家有关清洁生产的规定。国务院标准化主管部门应当根据国家经济和技术条件、

续表

《民法典》合同编	关联规定
增加"节约资源、保护生态环境"的内容。	固体废物污染环境防治状况以及产品的技术要求,组织制定有关标准,防止过度包装造成环境污染。 生产经营者应当遵守限制商品过度包装的强制性标准,避免过度包装。县级以上地方人民政府市场监督管理部门和有关部门应当按照各自职责,加强对过度包装的监督管理。
第六百二十条【买受人的检验义务】 买受人收到标的物时应当在约定的检验期限内检验。没有约定检验期限的,应当及时检验。 **指引**:对标的物检验,既是买受人的义务也是权利。及时检验标的物,有助于及时明确质量状况与责任归属。	
第六百二十一条【买受人的通知义务】 当事人约定检验期限的,买受人应当在检验期限内将标的物的数量或者质量不符合约定的情形通知出卖人。买受人怠于通知的,视为标的物的数量或者质量符合约定。 当事人没有约定检验期限的,买受人应当在发现或者应当发现标的物的数量或者质量不符合约定的合理期限内通知出卖人。买受人在合理期限内未通知或者自收到标的物之日起二年内未通知出卖人的,视为标的物的数量或者质量符合约定;但是,对标的物有质量保证期的,适用质量保证期,不适用该二年的规定。 出卖人知道或者应当知道提供的	**《建筑法》**(2019 年修正) **第 62 条** 建筑工程实行质量保修制度。 建筑工程的保修范围应当包括地基基础工程、主体结构工程、屋面防水工程和其他土建工程,以及电气管线、上下水管线的安装工程,供热、供冷系统工程等项目;保修的期限应当按照保证建筑物合理寿命年限内正常使用,维护使用者合法权益的原则确定。具体的保修范围和最低保修期限由国务院规定。 **《买卖合同解释》**(2020 年修正) **第 12 条** 人民法院具体认定民法典第六百二十一条第二款规定的"合理期限"时,应当综合当事人之间的交易

《民法典》合同编	关联规定
标的物不符合约定的，买受人不受前两款规定的通知时间的限制。 　　**指引**：未约定检验期限下提出异议的期间，不可能也不应当具体地规定出来，而需针对不同的买卖合同、不同的标的物、不同的质量违约情形具体确定。 　　**案例指引**：《东方电气集团东方汽轮机有限公司与大庆高新技术产业开发区大丰建筑安装有限公司、大庆大丰能源技术服务有限公司买卖合同纠纷案》【《最高人民法院公报》2020 年第 11 期】 　　**案例要旨**：买卖的货物交付后，买受人已经使用标的物且未在约定的质量保证期内提出质量异议，当出卖人要求买受人支付欠付货款、退还质保金时，买受人以货物存在质量问题为由主张行使先履行抗辩权拒绝付款的，不予支持。交付技术材料是卖方负有的从给付义务，卖方违反该义务，买方可以主张相应的违约责任。卖方违反从给付义务但并未影响买方对所买货物正常使用，不影响合同目的实现的，买方不能基于卖方违反从给付义务而拒绝履行给付货款的主给付义务。	性质、交易目的、交易方式、交易习惯、标的物的种类、数量、性质、安装和使用情况、瑕疵的性质、买受人应尽的合理注意义务、检验方法和难易程度、买受人或者检验人所处的具体环境、自身技能以及其他合理因素，依据诚实信用原则进行判断。 　　民法典第六百二十一条第二款规定的"二年"是最长的合理期限。该期限为不变期间，不适用诉讼时效中止、中断或者延长的规定。 **第 13 条**　买受人在合理期限内提出异议，出卖人以买受人已经支付价款、确认欠款数额、使用标的物等为由，主张买受人放弃异议的，人民法院不予支持，但当事人另有约定的除外。 **第 14 条**　民法典第六百二十一条规定的检验期限、合理期限、二年期限经过后，买受人主张标的物的数量或者质量不符合约定的，人民法院不予支持。 　　出卖人自愿承担违约责任后，又以上述期限经过为由翻悔的，人民法院不予支持。
第六百二十二条【检验期限过短时的处理】　当事人约定的检验期限过短，根据标的物的性质和交易习惯，买受人在检验期限内难以完成全面检验的，该期限仅视为买受人对标的物的外观	

《民法典》合同编	关联规定
瑕疵提出异议的期限。 约定的检验期限或者质量保证期短于法律、行政法规规定期限的，应当以法律、行政法规规定的期限为准。 **指引**：检验期是否过短，需根据标的物性质和交易习惯、买受人是否存在怠于通知的行为、买受人不能及时检验隐蔽瑕疵是否存在过失等综合判断。	
第六百二十三条【检验期限未约定时的处理】 当事人对检验期限未作约定，买受人签收的送货单、确认单等载明标的物数量、型号、规格的，推定买受人已经对数量和外观瑕疵进行检验，但是有相关证据足以推翻的除外。 **指引**：因数量和外观瑕疵直观、便于检验，故本条规定"签收载明标的物数量、型号、规格的收货单据即推定对数量和外观瑕疵进行了检验"。当然，也允许例外。	
第六百二十四条【向第三人履行情形下的检验标准】 出卖人依照买受人的指示向第三人交付标的物，出卖人和买受人约定的检验标准与买受人和第三人约定的检验标准不一致的，以出卖人和买受人约定的检验标准为准。 **指引**：检验标的物的主体并非限于买受人及其代理人，向第三人交付标的物时，若未明确约定买受人是唯一的检验人，则第三人检验时应以出卖人和买受人约定的检验标准为准。	

《民法典》合同编	关联规定
第六百二十五条【出卖人回收义务】　依照法律、行政法规的规定或者按照当事人的约定，标的物在有效使用年限届满后应予回收的，出卖人负有自行或者委托第三人对标的物予以回收的义务。 　　指引：践行绿色原则，新增"出卖人对特定标的物的回收义务"。	《民法典》 **第9条【绿色原则】**　民事主体从事民事活动，应当有利于节约资源、保护生态环境。 **第509条【合同履行的原则】**　当事人应当按照约定全面履行自己的义务。 　　当事人应当遵循诚信原则，根据合同的性质、目的和交易习惯履行通知、协助、保密等义务。 　　当事人在履行合同过程中，应当避免浪费资源、污染环境和破坏生态。 **第558条【债权债务终止后的义务】** 　　债权债务终止后，当事人应当遵循诚信等原则，根据交易习惯履行通知、协助、保密、旧物回收等义务。 《固体废物防治法》（2020年修订） **第68条第3款、第4款**　生产、销售、进口依法被列入强制回收目录的产品和包装物的企业，应当按照国家有关规定对该产品和包装物进行回收。 　　电子商务、快递、外卖等行业应当优先采用可重复使用、易回收利用的包装物，优化物品包装，减少包装物的使用，并积极回收利用包装物。县级以上地方人民政府商务、邮政等主管部门应当加强监督管理。
第六百二十六条【买受人支付价款的数额和方式】　买受人应当按照约定的数额和支付方式支付价款。对价款的数额和支付方式没有约定或者约定不明确的，适用本法第五百一十条、第五百一十一条第二项和第五项的规定。	

《民法典》合同编	关联规定
指引：借鉴《联合国国际货物销售合同公约》，价款不明确的，除了依法由政府定价的以外，按照合同订立时履行地的市场价格履行。	
第六百二十七条【买受人支付价款的地点】 　买受人应当按照约定的地点支付价款。对支付地点没有约定或者约定不明确，依据本法第五百一十条的规定仍不能确定的，买受人应当在出卖人的营业地支付；但是，约定支付价款以交付标的物或者交付提取标的物单证为条件的，在交付标的物或者交付提取标的物单证的所在地支付。 　　**指引**：依据《民法典》第 510 条规定不能确定支付地点时，若支付价款以交付标的物或者交付提取标的物单证为条件，则以交付标的物或交付提取标的物单证的所在地而非出卖人营业地为支付地点。	
第六百二十八条【买受人支付价款的时间】 　买受人应当按照约定的时间支付价款。对支付时间没有约定或者约定不明确，依据本法第五百一十条的规定仍不能确定的，买受人应当在收到标的物或者提取标的物单证的同时支付。 　　**指引**：价款支付时间蕴含着期限利益，是确定买受人是否违约的一个重要标准。支付时间无约定或约定不明确的，按如下顺序：（1）补充协议。（2）按合同有关条款或交易习惯。（3）收到标的物或提取标的物单证的同时支付。	

《民法典》合同编	关联规定
第六百二十九条【多交标的物的处理】 　出卖人多交标的物的，买受人可以接收或者拒绝接收多交的部分。买受人接收多交部分的，按照约定的价格支付价款；买受人拒绝接收多交部分的，应当及时通知出卖人。 　**指引：**多交标的物情形下，买受人选择接收的，对多交的部分应按照双方订立合同时约定的标的物价格而非交付时的价格计算。"约定的价格"代替合同法中"合同的价格"，表述更灵活合理。	《买卖合同解释》（2020 年修正） **第 3 条**　根据民法典第六百二十九条的规定，买受人拒绝接收多交部分标的物的，可以代为保管多交部分标的物。买受人主张出卖人负担代为保管期间的合理费用的，人民法院应予支持。 　买受人主张出卖人承担代为保管期间非因买受人故意或者重大过失造成的损失的，人民法院应予支持。
第六百三十条【标的物孳息的归属】 　标的物在交付之前产生的孳息，归出卖人所有；交付之后产生的孳息，归买受人所有。但是，当事人另有约定的除外。 　**指引：**孳息的产生与原物占有人的照料关系密切，故规定标的物的孳息归属也自交付时起转移，这里的孳息包括天然孳息和法定孳息。	《民法典》 **第 321 条**　天然孳息，由所有权人取得；既有所有权人又有用益物权人的，由用益物权人取得。当事人另有约定的，按照其约定。 　法定孳息，当事人有约定的，按照约定取得；没有约定或者约定不明确的，按照交易习惯取得。
第六百三十一条【从物与合同解除】 　因标的物的主物不符合约定而解除合同的，解除合同的效力及于从物。因标的物的从物不符合约定被解除的，解除的效力不及于主物。 　**指引：**涉及从物买卖的部分属主物买卖合同的组成部分，因从物不符合约定而被解除的，一般不会达到不能实现合同目的的程度，故从物的解除通常只是买卖合同的部分解除。	

《民法典》合同编	关联规定
第六百三十二条【数物同时出卖时的合同解除】 标的物为数物，其中一物不符合约定的，买受人可以就该物解除。但是，该物与他物分离使标的物的价值显受损害的，买受人可以就数物解除合同。 **指引**：本条所谓"数物"，是指主从物外的其他相互独立存在的物。另，作为买受人的一项权利，本条使用了"可以"二字，意味着买受人也可以选择不解除。	
第六百三十三条【分批交付标的物的合同解除】 出卖人分批交付标的物的，出卖人对其中一批标的物不交付或者交付不符合约定，致使该批标的物不能实现合同目的的，买受人可以就该批标的物解除。 出卖人不交付其中一批标的物或者交付不符合约定，致使之后其他各批标的物的交付不能实现合同目的的，买受人可以就该批以及之后其他各批标的物解除。 买受人如果就其中一批标的物解除，该批标的物与其他各批标的物相互依存的，可以就已经交付和未交付的各批标的物解除。 **指引**：三个层次：某一批解除；某批及之后批次解除；某批及其他各批次均解除。某批标的物与其他各批次是否相互依存，需判断不同批次标的物有着共同的使用目的且该共同使用目的是在签订合同时双方共同确定。	

续表

《民法典》合同编	关联规定
第六百三十四条【分期付款买卖合同】 　分期付款的买受人未支付到期价款的数额达到全部价款的五分之一，经催告后在合理期限内仍未支付到期价款的，出卖人可以请求买受人支付全部价款或者解除合同。 　　出卖人解除合同的，可以向买受人请求支付该标的物的使用费。 　　**指引：**买受人未支付到期价款的金额已经达到全部价款的五分之一，且经催告后在合理期限内仍未支付到期价款即合同编通则规定的"致使不能实现合同目的"在分期付款买卖合同的一个具体标准。 　　**案例指引：**《汤长龙诉周士海股权转让纠纷案》【最高人民法院指导案例67号】 　　**案例要旨：**有限责任公司的股权分期支付转让款中发生股权受让人延迟或者拒付等违约情形，股权转让人要求解除双方签订股权转让合同的，不适用《合同法》第167条（《民法典》第634条）关于分期付款买卖中出卖人在买受人未支付到期价款的金额达到合同全部价款的1/5时即可解除合同的规定。	**《买卖合同解释》**（2020年修正） **第27条**　民法典第六百三十四条第一款规定的"分期付款"，系指买受人将应付的总价款在一定期限内至少分三次向出卖人支付。 　　分期付款买卖合同的约定违反民法典第六百三十四条第一款的规定，损害买受人利益，买受人主张该约定无效的，人民法院应予支持。 **第28条**　分期付款买卖合同约定出卖人在解除合同时可以扣留已受领价金，出卖人扣留的金额超过标的物使用费以及标的物受损赔偿额，买受人请求返还超过部分的，人民法院应予支持。 　　当事人对标的物的使用费没有约定的，人民法院可以参照当地同类标的物的租金标准确定。
第六百三十五条【凭样品买卖合同】 　凭样品买卖的当事人应当封存样品，并可以对样品质量予以说明。出卖人交付的标的物应当与样品及其说明的质量相同。 　　**指引：**即使出卖人先向买受人提	**《买卖合同解释》**（2020年修正） **第29条**　合同约定的样品质量与文字说明不一致且发生纠纷时当事人不能达成合意，样品封存后外观和内在品质没有发生变化的，人民法院应当以样品为准；外观和内在品质发生变化，

续表

《民法典》合同编	关联规定
供样品，但双方订立合同时并未明确表明进行的是凭样品买卖合同，亦不属凭样品买卖。另，因《民法典》第636条专门就样品隐蔽瑕疵作了规定，故本条针对的应为非隐蔽瑕疵即外观瑕疵的情况。	或者当事人对是否发生变化有争议而又无法查明的，人民法院应当以文字说明为准。
第六百三十六条【凭样品买卖合同的隐蔽瑕疵处理】 凭样品买卖的买受人不知道样品有隐蔽瑕疵的，即使交付的标的物与样品相同，出卖人交付的标的物的质量仍然应当符合同种物的通常标准。 **指引**：瑕疵分为质量瑕疵和权利瑕疵。本条针对的是质量瑕疵，即标的物存在不符合规定或者通用质量要求的缺陷，或者影响使用效果等方面的情况。	
第六百三十七条【试用买卖的试用期限】 试用买卖的当事人可以约定标的物的试用期限。对试用期限没有约定或者约定不明确，依据本法第五百一十条的规定仍不能确定的，由出卖人确定。 **指引**：试用买卖是以买受人认可标的物为生效条件的买卖。买受人认可标的物，条件成就，买卖合同生效；买受人不认可标的物，条件不成就，买卖合同不生效。	

《民法典》合同编	关联规定
第六百三十八条【试用买卖的效力】 试用买卖的买受人在试用期内可以购买标的物，也可以拒绝购买。试用期限届满，买受人对是否购买标的物未作表示的，视为购买。 试用买卖的买受人在试用期内已经支付部分价款或者对标的物实施出卖、出租、设立担保物权等行为的，视为同意购买。 **指引**：买受人对标的物是否认可进而是否选择购买，完全取决于自己的意愿，不受其他条件的限制。	
第六百三十九条【试用买卖使用费的负担】 试用买卖的当事人对标的物使用费没有约定或者约定不明确的，出卖人无权请求买受人支付。 **指引**：一般而言，出卖人将标的物交给买受人试用，是出卖人自愿承担的义务，买受人无须为此支付使用费。	
第六百四十条【试用期间标的物灭失风险的承担】 标的物在试用期内毁损、灭失的风险由出卖人承担。 **指引**：较合同法，本条属新增内容。作为原则性内容，允许存在本条规定的例外情形。	
第六百四十一条【所有权保留】 当事人可以在买卖合同中约定买受人未履行支付价款或者其他义务的，标的物的所有权属于出卖人。 出卖人对标的物保留的所有权，未经登记，不得对抗善意第三人。	**《破产法》** **第38条** 人民法院受理破产申请后，债务人占有的不属于债务人的财产，该财产的权利人可以通过管理人取回。但是，本法另有规定的除外。

续表

《民法典》合同编	关联规定
指引：所有权保留是有利于出卖人的买卖。但基于优化营商环境、消灭隐形担保的需要，本条明确，所有权保留的买卖，未经登记不得对抗善意第三人。另，本条关于所有权保留的规定并不适于不动产。 　　**案例指引**：《电梯公司诉置业公司买卖合同案》① 　　**案例要旨**：买卖合同中所有权保留一旦成立，出卖人将动产交付于买受人，买受方获得了对该动产的占有、使用和收益一项权能，出卖人则保留处分权能，买受人全额支付价款前不得对所有权保留物行使再处分权。无处分权人将财产转让，受让人受让时是善意的、支付了合理的对价，并且依照法律规定不需要登记的，已经交付给受让人即取得财产所有权。在此情况下，第三人善意、有偿取得财产所有权的，财产所有权已发生转移。	《买卖合同解释》（2020年修正） **第25条**　买卖合同当事人主张民法典第六百四十一条关于标的物所有权保留的规定适用于不动产的，人民法院不予支持。 《企业破产规定》 **第71条**　下列财产不属于破产财产： 　　…… 　　（七）债务人在所有权保留买卖中尚未取得所有权的财产； 　　…… 《破产法解释二》（2020年修正） **第2条**　下列财产不应认定为债务人财产： 　　……（二）债务人在所有权保留买卖中尚未取得所有权的财产…… **第35条**　出卖人破产，其管理人决定继续履行所有权保留买卖合同的，买受人应当按照原买卖合同的约定支付价款或者履行其他义务。 　　买受人未依约支付价款或者履行完毕其他义务，或者将标的物出卖、出质或者作出其他不当处分，给出卖人造成损害，出卖人管理人依法主张取回标的物的，人民法院应予支持。但是，买受人已经支付标的物总价款百分之七十五以上或者第三人善意取得标的物所有权或者其他物权的除外。 　　因本条第二款规定未能取回标的物，出卖人管理人依法主张买受人继

① 国家法官学院、中国人民大学法学院编：《中国审判案例要览（2011年民事审判案例卷）》，中国人民大学出版社2013年版，第232页。

《民法典》合同编	关联规定
	续支付价款、履行完毕其他义务，以及承担相应赔偿责任的，人民法院应予支持。 **第37条** 买受人破产，其管理人决定继续履行所有权保留买卖合同的，原买卖合同中约定的买受人支付价款或者履行其他义务的期限在破产申请受理时视为到期，买受人管理人应当及时向出卖人支付价款或者履行其他义务。 买受人管理人无正当理由未及时支付价款或者履行完毕其他义务，或者将标的物出卖、出质或者作出其他不当处分，给出卖人造成损害，出卖人依据民法典第六百四十一条等规定主张取回标的物的，人民法院应予支持。但是，买受人已支付标的物总价款百分之七十五以上或者第三人善意取得标的物所有权或者其他物权的除外。 因本条第二款规定未能取回标的物，出卖人依法主张买受人继续支付价款、履行完毕其他义务，以及承担相应赔偿责任的，人民法院应予支持。对因买受人未支付价款或者未履行完毕其他义务，以及买受人管理人将标的物出卖、出质或者作出其他不当处分导致出卖人损害产生的债务，出卖人主张作为共益债务清偿的，人民法院应予支持。 **第38条** 买受人破产，其管理人决定解除所有权保留买卖合同，出卖人依据企业破产法第三十八条的规定主张取回买卖标的物的，人民法院应予支持。

《民法典》合同编	关联规定
	出卖人取回买卖标的物，买受人管理人主张出卖人返还已支付价款的，人民法院应予支持。取回的标的物价值明显减少给出卖人造成损失的，出卖人可从买受人已支付价款中优先予以抵扣后，将剩余部分返还给买受人；对买受人已支付价款不足以弥补出卖人标的物价值减损损失形成的债权，出卖人主张作为共益债务清偿的，人民法院应予支持。 **《民法典担保制度解释》** **第 67 条**　在所有权保留买卖、融资租赁等合同中，出卖人、出租人的所有权未经登记不得对抗的"善意第三人"的范围及其效力，参照本解释第五十四条的规定处理。
第六百四十二条【出卖人的取回权】 　　当事人约定出卖人保留合同标的物的所有权，在标的物所有权转移前，买受人有下列情形之一，造成出卖人损害的，除当事人另有约定外，出卖人有权取回标的物： 　　（一）未按照约定支付价款，经催告后在合理期限内仍未支付； 　　（二）未按照约定完成特定条件； 　　（三）将标的物出卖、出质或者作出其他不当处分。 　　出卖人可以与买受人协商取回标的物；协商不成的，可以参照适用担保物权的实现程序。 　　**指引**：出卖人取回权是法定的，即使没有明确约定出卖人享有取回权，	**《买卖合同解释》**（2020 年修正） **第 26 条**　买受人已经支付标的物总价款的百分之七十五以上，出卖人主张取回标的物的，人民法院不予支持。 　　在民法典第六百四十二条第一款第三项情形下，第三人依据民法典第三百一十一条的规定已经善意取得标的物所有权或者其他物权，出卖人主张取回标的物的，人民法院不予支持。 **《破产法解释二》**（2020 年修正） **第 35 条**　出卖人破产，其管理人决定继续履行所有权保留买卖合同的，买受人应当按照原买卖合同的约定支付价款或者履行其他义务。 　　买受人未依约支付价款或者履行完毕其他义务，或者将标的物出卖、

《民法典》合同编	关联规定
只要属所有权保留买卖且没有明确约定排除取回权适用，出卖人就享有取回权。另，取回权的行使并不必然导致买卖合同解除。 　　**案例指引**：《起重机械公司诉混凝土公司定作合同纠纷案》① 　　**案例要旨**：当事人约定所有权保留，在标的物所有权转移前，买受人未按约定支付价款，对出卖人造成损害，出卖人主张取回标的物的，人民法院应予支持；取回的标的物价值显著减少，出卖人要求买受人赔偿损失的，人民法院应予支持。	出质或者作出其他不当处分，给出卖人造成损害，出卖人管理人依法主张取回标的物的，人民法院应予支持。但是，买受人已经支付标的物总价款百分之七十五以上或者第三人善意取得标的物所有权或者其他物权的除外。 　　因本条第二款规定未能取回标的物，出卖人管理人依法主张买受人继续支付价款、履行完毕其他义务，以及承担相应赔偿责任的，人民法院应予支持。 　　**第37条**　买受人破产，其管理人决定继续履行所有权保留买卖合同的，原买卖合同中约定的买受人支付价款或者履行其他义务的期限在破产申请受理时视为到期，买受人管理人应当及时向出卖人支付价款或者履行其他义务。 　　买受人管理人无正当理由未及时支付价款或者履行完毕其他义务，或者将标的物出卖、出质或者作出其他不当处分，给出卖人造成损害，出卖人依据民法典第六百四十一条等规定主张取回标的物的，人民法院应予支持。但是，买受人已支付标的物总价款百分之七十五以上或者第三人善意取得标的物所有权或者其他物权的除外。 　　因本条第二款规定未能取回标的物，出卖人依法主张买受人继续支付价款、履行完毕其他义务，以及承担

　　① 《起重机械公司诉混凝土公司定作合同纠纷案》，载《人民司法·案例》2013年第20期。

《民法典》合同编	关联规定
	相应赔偿责任的，人民法院应予支持。对因买受人未支付价款或者未履行完毕其他义务，以及买受人管理人将标的物出卖、出质或者作出其他不当处分导致出卖人损害产生的债务，出卖人主张作为共益债务清偿的，人民法院应予支持。 **第38条**　买受人破产，其管理人决定解除所有权保留买卖合同，出卖人依据企业破产法第三十八条的规定主张取回买卖标的物的，人民法院应予支持。 　　出卖人取回买卖标的物，买受人管理人主张出卖人返还已支付价款的，人民法院应予支持。取回的标的物价值明显减少给出卖人造成损失的，出卖人可从买受人已支付价款中优先予以抵扣后，将剩余部分返还给买受人；对买受人已支付价款不足以弥补出卖人标的物价值减损损失形成的债权，出卖人主张作为共益债务清偿的，人民法院应予支持。 **《民法典担保制度解释》** **第64条**　在所有权保留买卖中，出卖人依法有权取回标的物，但是与买受人协商不成，当事人请求参照民事诉讼法"实现担保物权案件"的有关规定，拍卖、变卖标的物的，人民法院应予准许。 　　出卖人请求取回标的物，符合民法典第六百四十二条规定的，人民法院应予支持；买受人以抗辩或者反诉

《民法典》合同编	关联规定
	的方式主张拍卖、变卖标的物，并在扣除买受人未支付的价款以及必要费用后返还剩余款项的，人民法院应当一并处理。
第六百四十三条【买受人的回赎权】 　出卖人依据前条第一款的规定取回标的物后，买受人在双方约定或者出卖人指定的合理回赎期限内，消除出卖人取回标的物的事由的，可以请求回赎标的物。 　　买受人在回赎期限内没有回赎标的物，出卖人可以以合理价格将标的物出卖给第三人，出卖所得价款扣除买受人未支付的价款以及必要费用后仍有剩余的，应当返还买受人；不足部分由买受人清偿。 　　**指引**：回赎期包括法定期限和出卖人指定期限。出卖人单方指定的回赎期须是合理的，应根据标的物性质结合具体情况确定。	
第六百四十四条【招标投标买卖】 招标投标买卖的当事人的权利和义务以及招标投标程序等，依照有关法律、行政法规的规定。 　　**指引**：招标投标买卖是指招标人公布买卖标的物的出卖条件，投标人参加投标竞买，招标人选定中标人的买卖方式。其除可作为一种特种买卖形式外，还适用于承揽、建设工程、运输、服务等合同订立情形。	《招投标法》（2017年修正） 　大部分条文，此处略 《招标投标法实施条例》（2019年修订） 　大部分条文，此处略

《民法典》合同编	关联规定
第六百四十五条【拍卖】　拍卖的当事人的权利和义务以及拍卖程序等，依照有关法律、行政法规的规定。 　　指引：拍卖是以公开竞价的形式，将特定物品或财产权利转让给最高应价者的买卖方式。其成立一般经过出卖人出价、竞买人应价、拍定三个阶段。 　　案例指引：《曾意龙与江西金马拍卖有限公司、中国银行股份有限公司上饶市分行、徐声炬拍卖纠纷案》【《最高人民法院公报》2006年第1期】 　　案例要旨：根据《合同法》《拍卖法》的有关规定，拍卖是以公开竞价的形式，将特定物品或者财产权利转让给最高应价者的买卖方式，拍卖活动必须遵守法律规定和行业惯例，必须符合公平、公正的原则。在拍卖活动中，拍卖师的拍卖行为违反法律规定和行业习惯做法，侵害有关竞买人的合法权益的，应认定其拍卖行为无效。	《拍卖法》（2015年修正）（全文） 《民法典担保制度解释》 第45条　当事人约定当债务人不履行到期债务或者发生当事人约定的实现担保物权的情形，担保物权人有权将担保财产自行拍卖、变卖并就所得的价款优先受偿的，该约定有效。因担保人的原因导致担保物权人无法自行对担保财产进行拍卖、变卖，担保物权人请求担保人承担因此增加的费用的，人民法院应予支持。 　　当事人依照民事诉讼法有关"实现担保物权案件"的规定，申请拍卖、变卖担保财产，被申请人以担保合同约定仲裁条款为由主张驳回申请的，人民法院经审查后，应当按照以下情形分别处理： 　　（一）当事人对担保物权无实质性争议且实现担保物权条件已经成就的，应当裁定准许拍卖、变卖担保财产； 　　（二）当事人对实现担保物权有部分实质性争议的，可以就无争议的部分裁定准许拍卖、变卖担保财产，并告知可以就有争议的部分申请仲裁； 　　（三）当事人对实现担保物权有实质性争议的，裁定驳回申请，并告知可以向仲裁机构申请仲裁。 　　债权人以诉讼方式行使担保物权的，应当以债务人和担保人作为共同被告。

《民法典》合同编	关联规定
第六百四十六条【买卖合同准用于有偿合同】　法律对其他有偿合同有规定的，依照其规定；没有规定的，参照适用买卖合同的有关规定。 　　指引：其他有偿合同，若为一时性合同、财产性合同、移转财产所有权合同，参照适用买卖合同规定时，无较大变通；但若为继续性合同、劳务性合同、移转财产使用权合同，往往需结合构成要件或法律效果调整。	《买卖合同解释》（2020 年修正） 第 32 条　法律或者行政法规对债权转让、股权转让等权利转让合同有规定的，依照其规定；没有规定的，人民法院可以根据民法典第四百六十七条和第六百四十六条的规定，参照适用买卖合同的有关规定。 　　权利转让或者其他有偿合同参照适用买卖合同的有关规定的，人民法院应当首先引用民法典第六百四十六条的规定，再引用买卖合同的有关规定。 《民法典合同编通则解释》 第 19 条　以转让或者设定财产权利为目的订立的合同，当事人或者真正权利人仅以让与人在订立合同时对标的物没有所有权或者处分权为由主张合同无效的，人民法院不予支持；因未取得真正权利人事后同意或者让与人事后未取得处分权导致合同不能履行，受让人主张解除合同并请求让与人承担违反合同的赔偿责任的，人民法院依法予以支持。 　　前款规定的合同被认定有效，且让与人已经将财产交付或者移转登记至受让人，真正权利人请求认定财产权利未发生变动或者请求返还财产的，人民法院应予支持。但是，受让人依据民法典第三百一十一条等规定善意取得财产权利的除外。

《民法典》合同编	关联规定
第六百四十七条【互易合同】　当事人约定易货交易，转移标的物的所有权的，参照适用买卖合同的有关规定。 　　**指引**：互易合同是物物交换的法律形式，是早期商品交换的合同形态，目前较为少见。互易合同与买卖合同最为相似，可参照适用买卖合同的有关规定。 　　**案例指引**：《史文培与甘肃皇台酿造（集团）有限责任公司、北京皇台商贸有限责任公司互易合同纠纷案》【《最高人民法院公报》2008 年第 7 期】 　　**案例要旨**：互易合同双方当事人之间签订的两个合同涉及同一批货物的，应考虑两个合同的订立目的及约定内容各不相同，分别依照合同约定确定货物价值并转移交付，不能以一个合同关于货物价值的约定否定另一个合同的相关约定。	
第十章　供用电、水、气、热力合同	
第六百四十八条【供用电合同定义及强制缔约义务】　供用电合同是供电人向用电人供电，用电人支付电费的合同。 　　向社会公众供电的供电人，不得拒绝用电人合理的订立合同要求。 　　**指引**：供用电合同不仅关涉当事人利益，也关乎社会公共利益。供用水、气、热力合同与供用电合同类似，均属涉及社会公共利益的合同，供应	《电力法》（2018 年修正） **第 26 条**　供电营业区内的供电营业机构，对本营业区内的用户有按照国家规定供电的义务；不得违反国家规定对其营业区内申请用电的单位和个人拒绝供电。 　　申请新装用电、临时用电、增加用电容量、变更用电和终止用电，应当依照规定的程序办理手续。 　　供电企业应当在其营业场所公告

《民法典》合同编	关联规定
主体均负有强制缔约义务。 **案例指引**：《高尔夫（南京）房地产有限公司诉吴咏梅供用热力合同纠纷案》【《最高人民法院公报》2012年第12期】 **案例要旨**：非集中供热地区，开发商向业主出售的商品房含有供热设施，且约定由开发商向业主供热，开发商负有强制缔约义务，是否解除供热合同应由业主或者业主大会决定。	用电的程序、制度和收费标准，并提供用户须知资料。 **《电力供应与使用条例》（2019年修订）** **第32条** 供电企业和用户应当在供电前根据用户需要和供电企业的供电能力签订供用电合同。
第六百四十九条【供用电合同内容】 　供用电合同的内容一般包括供电的方式、质量、时间，用电容量、地址、性质，计量方式，电价、电费的结算方式，供用电设施的维护责任等条款。 　**指引**：本条为提倡性和指导性规定，并非强制性规定。供用电合同没有完全具备法律规定的内容，一般不影响合同效力。 　**案例指引**：《盐城市天孜食品有限公司诉盐城市自来水有限公司供用水合同纠纷案》【《最高人民法院公报》2020年第3期】 　**案例要旨**：在供水合同关系中，供水方自来水公司承担的安装、更换、维修水表以及供水等义务是一种公共服务。用水方系被动接受水表和计量结果。水表更换前后，在用水方生产量基本不变且无管道跑水故障的情况下，水表显示用于生产的用水量却大幅度增加，有悖常理。由此引发的争议，人民法院应当根据民事诉讼证据	**《电力法》（2018年修正）** **第31条** 用户应当安装用电计量装置。用户使用的电力电量，以计量检定机构依法认可的用电计量装置的记录为准。 　用户受电装置的设计、施工安装和运行管理，应当符合国家标准或者电力行业标准。 **第35条** 本法所称电价，是指电力生产企业的上网电价、电网间的互供电价、电网销售电价。 　电价实行统一政策，统一定价原则，分级管理。 **第43条** 任何单位不得超越电价管理权限制定电价。供电企业不得擅自变更电价。 **第44条** 禁止任何单位和个人在电费中加收其他费用；但是，法律、行政法规另有规定的，按照规定执行。 　地方集资办电在电费中加收费用的，由省、自治区、直辖市人民政府依照国务院有关规定制定办法。

《民法典》合同编	关联规定
原则和日常经验法则，对案件事实做出综合判断并公平合理地确定计算方法和损失数额。	禁止供电企业在收取电费时，代收其他费用。 **第33条**　供电企业应当按照国家核准的电价和用电计量装置的记录，向用户计收电费。 　　供电企业查电人员和抄表收费人员进入用户，进行用电安全检查或者抄表收费时，应当出示有关证件。 　　用户应当按照国家核准的电价和用电计量装置的记录，按时交纳电费；对供电企业查电人员和抄表收费人员依法履行职责，应当提供方便。 **《电力供应与使用条例》（2019年修订）** **第33条**　供用电合同应当具备以下条款： 　　（一）供电方式、供电质量和供电时间； 　　（二）用电容量和用电地址、用电性质； 　　（三）计量方式和电价、电费结算方式； 　　（四）供用电设施维护责任的划分； 　　（五）合同的有效期限； 　　（六）违约责任； 　　（七）双方共同认为应当约定的其他条款。
第六百五十条【供用电合同履行地】 　　供用电合同的履行地点，按照当事人约定；当事人没有约定或者约定不明确的，供电设施的产权分界处为履行地点。	

《民法典》合同编	关联规定
指引：供用电合同的履行地点，是指供电人将电力的所有权转移于用电人的转移点。对履行地点没有约定或约定不明确时，一般以供电设施的产权分界处为履行地点。	
第六百五十一条【安全供电义务】供电人应当按照国家规定的供电质量标准和约定安全供电。供电人未按照国家规定的供电质量标准和约定安全供电，造成用电人损失的，应当承担赔偿责任。 **指引**："承担赔偿责任"，是指供电人就其违约行为赔偿给用电人所造成的损失，包括直接损失，也包括合同履行后可获得的利益，但不得超过供电人订立合同时预见到或应当预见到的因违反合同可能造成的损失。 **案例指引**：《张玉梅诉南京港华燃气有限公司产品生产者责任纠纷案》【《最高人民法院公报》2019年第9期】 **案例要旨**：燃气经营企业仅以发放用户手册等方式进行安全风险的书面告知，而未能在发现安全隐患后作出具体、明确的警示，以保证消费者清楚认知到危险的存在从而避免危险后果发生的，应就未积极履行安保义务所导致的消费者的损害后果承担侵权责任。	《电力法》（2018年修正） **第28条**　供电企业应当保证供给用户的供电质量符合国家标准。对公用供电设施引起的供电质量问题，应当及时处理。 　　用户对供电质量有特殊要求的，供电企业应当根据其必要性和电网的可能，提供相应的电力。 **第59条**　电力企业或者用户违反供用电合同，给对方造成损失的，应当依法承担赔偿责任。 　　电力企业违反本法第二十八条、第二十九条第一款的规定，未保证供电质量或者未事先通知用户中断供电，给用户造成损失的，应当依法承担赔偿责任。 **第60条**　因电力运行事故给用户或者第三人造成损害的，电力企业应当依法承担赔偿责任。 　　电力运行事故由下列原因之一造成的，电力企业不承担赔偿责任： 　　（一）不可抗力； 　　（二）用户自身的过错。 　　因用户或者第三人的过错给电力企业或者其他用户造成损害的，该用户或者第三人应当依法承担赔偿责任。

《民法典》合同编	关联规定
	《电力供应与使用条例》（2019 年修订） **第 19 条** 用户受电端的供电质量应当符合国家标准或者电力行业标准。 **第 20 条** 供电方式应当按照安全、可靠、经济、合理和便于管理的原则，由电力供应与使用双方根据国家有关规定以及电网规划、用电需求和当地供电条件等因素协商确定。 　　在公用供电设施未到达的地区，供电企业可以委托有供电能力的单位就近供电。非经供电企业委托，任何单位不得擅自向外供电。 **第 21 条** 因抢险救灾需要紧急供电时，供电企业必须尽速安排供电。所需工程费用和应付电费由有关地方人民政府有关部门从抢险救灾经费中支出，但是抗旱用电应当由用户交付电费。 **第 22 条** 用户对供电质量有特殊要求的，供电企业应当根据其必要性和电网的可能，提供相应的电力。 **第 34 条** 供电企业应当按照合同约定的数量、质量、时间、方式，合理调度和安全供电。 　　用户应当按照合同约定的数量、条件用电，交付电费和国家规定的其他费用。
第六百五十二条【中断供电时的通知义务】 供电人因供电设施计划检修、临时检修、依法限电或者用电人违法用电等原因，需要中断供电时，应当按照国家有关规定事先通知用电人；	**《电力法》**（2018 年修正） **第 29 条** 供电企业在发电、供电系统正常的情况下，应当连续向用户供电，不得中断。因供电设施检修、依法限电或者用户违法用电等原因，需要中

《民法典》合同编	关联规定
未事先通知用电人中断供电，造成用电人损失的，应当承担赔偿责任。 　　**指引**：供用电合同是一种持续供给合同，供电人在发电、供电系统正常的情况下，应连续向用电人供电。《电力供应与使用条例》对供电人"中断供电的通知义务"作了具体规定。 　　**案例指引**：《自来水总公司诉宾馆供用水合同纠纷案》① 　　**案例要旨**：自来水公司与非公有制企业达成供用水合同后，在没有正当理由的情况下擅自停止供水，导致非公有制企业无法正常生产经营的，应当承担继续履行、采取补救措施或者赔偿损失等违约责任。	断供电时，供电企业应当按照国家有关规定事先通知用户。 　　用户对供电企业中断供电有异议的，可以向电力管理部门投诉；受理投诉的电力管理部门应当依法处理。 **《电力供应与使用条例》（2019年修订）** **第28条**　除本条例另有规定外，在发电、供电系统正常运行的情况下，供电企业应当连续向用户供电；因故需要停止供电时，应当按照下列要求事先通知用户或者进行公告： 　　（一）因供电设施计划检修需要停电时，供电企业应当提前7天通知用户或者进行公告； 　　（二）因供电设施临时检修需要停止供电时，供电企业应当提前24小时通知重要用户； 　　（三）因发电、供电系统发生故障需要停电、限电时，供电企业应当按照事先确定的限电序位进行停电或者限电。引起停电或者限电的原因消除后，供电企业应当尽快恢复供电。
第六百五十三条【供电人抢修义务】 　　因自然灾害等原因断电，供电人应当按照国家有关规定及时抢修；未及时抢修，造成用电人损失的，应当承担赔偿责任。	

---

　　① 《关于依法平等保护非公有制经济，促进非公有制经济健康发展民事商事典型案例》，载最高人民法院网站，https：//www.court.gov.cn/zixun/xiangqing/19202.html，2023年7月7日访问。

续表

《民法典》合同编	关联规定
指引：不可抗力虽一般为合同的免责事由，但当事人仍应以诚实善意的态度去克服，以最大限度地减少因不可抗力所造成的损失，这是诚信原则的要求。故在因自然灾害等原因断电后，供电人应按照国家有关规定及时抢修。	
第六百五十四条【用电人交费义务】 　用电人应当按照国家有关规定和当事人的约定及时支付电费。用电人逾期不支付电费的，应当按照约定支付违约金。经催告用电人在合理期限内仍不支付电费和违约金的，供电人可以按照国家规定的程序中止供电。 　供电人依据前款规定中止供电的，应当事先通知用电人。 　**指引**：支付电费是用电人的基本义务，经催告用电人仍不支付电费和违约金的，供电人可中止供电，但应事先通知。 　**案例指引**：《厦门水务集团有限公司诉厦门市文图花园业主委员会等供用水合同纠纷案》① 　**案例要旨**：根据《物业管理条例》的规定，水费的缴纳义务人为最终用户（业主），不是业主委员会，也不是物业管理公司。业主委员会、物业管理公司在履行水费代收代缴义务过程中与供水部门、用户分别形成了委托关系。如果用户拒绝缴纳水费或者未缴纳水费，业主委员会或物业管理公司作为受托人没有代缴的义务。	《电力法》（2018 年修正） **第 33 条**　供电企业应当按照国家核准的电价和用电计量装置的记录，向用户计收电费。 　供电企业查电人员和抄表收费人员进入用户，进行用电安全检查或者抄表收费时，应当出示有关证件。 　用户应当按照国家核准的电价和用电计量装置的记录，按时交纳电费；对供电企业查电人员和抄表收费人员依法履行职责，应当提供方便。 **第 35 条**　本法所称电价，是指电力生产企业的上网电价、电网间的互供电价、电网销售电价。 　电价实行统一政策，统一定价原则，分级管理。 《电力供应与使用条例》（2019 年修订） **第 23 条**　申请新装用电、临时用电、增加用电容量、变更用电和终止用电，均应当到当地供电企业办理手续，并按照国家有关规定交付费用；供电企业没有不予供电的合理理由的，应当供电。供电企业应当在其营业场所公告用电的程序、制度和收费标准。 **第 25 条**　供电企业应当按照国家有关

　① 最高人民法院中国应用法学研究所编：《人民法院案例选》，人民法院出版社 2006 年版，第 206 页。

《民法典》合同编	关联规定
	规定实行分类电价、分时电价。 **第 34 条**　供电企业应当按照合同约定的数量、质量、时间、方式，合理调度和安全供电。 　　用户应当按照合同约定的数量、条件用电，交付电费和国家规定的其他费用。 **第 39 条**　违反本条例第二十七条规定，逾期未交付电费的，供电企业可以从逾期之日起，每日按照电费总额的千分之一至千分之三加收违约金，具体比例由供用电双方在供用电合同中约定；自逾期之日起计算超过 30 日，经催交仍未交付电费的，供电企业可以按照国家规定的程序停止供电。
第六百五十五条【安全用电义务】 用电人应当按照国家有关规定和当事人的约定安全、节约和计划用电。用电人未按照国家有关规定和当事人的约定用电，造成供电人损失的，应当承担赔偿责任。 　　**指引：**本条彰显了"绿色原则"的要求。从合同关系考虑，违章用电属违约用电行为，用电人违章用电，应承担违约责任，包括采取补救措施、支付违约金、供电人中止供电等，造成供电人损失的，还应赔偿。	《电力法》（2018 年修正） **第 32 条**　用户用电不得危害供电、用电安全和扰乱供电、用电秩序。 　　对危害供电、用电安全和扰乱供电、用电秩序的，供电企业有权制止。 《电力供应与使用条例》（2019 年修订） **第 30 条**　用户不得有下列危害供电、用电安全，扰乱正常供电、用电秩序的行为： 　　（一）擅自改变用电类别； 　　（二）擅自超过合同约定的容量用电； 　　（三）擅自超过计划分配的用电指标的； 　　（四）擅自使用已经在供电企业办理暂停使用手续的电力设备，或者擅自启用已经被供电企业查封的电力设备； 　　（五）擅自迁移、更动或者擅自操

《民法典》合同编	关联规定
	作供电企业的用电计量装置、电力负荷控制装置、供电设施以及约定由供电企业调度的用户受电设备； （六）未经供电企业许可，擅自引入、供出电源或者将自备电源擅自并网。 **第31条**　禁止窃电行为。窃电行为包括： （一）在供电企业的供电设施上，擅自接线用电； （二）绕越供电企业的用电计量装置用电； （三）伪造或者开启法定的或者授权的计量检定机构加封的用电计量装置封印用电； （四）故意损坏供电企业用电计量装置； （五）故意使供电企业的用电计量装置计量不准或者失效； （六）采用其他方法窃电。
第六百五十六条【供用水、供用气、供用热力合同的参照适用】　供用水、供用气、供用热力合同，参照适用供用电合同的有关规定。 　　**指引**：供用水、气、热力在本质上都属于涉及能源、民生等的特殊买卖合同，与供用电合同具有很多的共同点。因此，供用水、气、热力合同可参照适用供用电合同的有关规定。	

《民法典》合同编	关联规定
第十一章　赠与合同	
第六百五十七条【赠与合同定义】 赠与合同是赠与人将自己的财产无偿给予受赠人，受赠人表示接受赠与的合同。 　**指引**：赠与合同虽为单务、无偿合同，但仍需双方一致的意思表示才能成立。赠与合同为纯获利益的合同，受赠人可以是完全民事行为能力人，也可以是限制民事行为能力人或者无民事行为能力人。 　**案例指引**：《置业投资公司诉某小区业主委员会赠与合同案》① 　**案例要旨**：开发商违反规划建造的社区服务用房，被规划部门和房地产管理部门分别依法撤销建设工程规划许可证和房产证后，开发商将该用房产权移交给小区业主委员会，并与小区业主委员会联名申请办理建设工程规划许可，同时将该用房登记在小区业主委员会名下的，因涉及行政处置行为，双方之间不存在赠与合同法律关系。	
第六百五十八条【赠与人任意撤销权】 　赠与人在赠与财产的权利转移之前可以撤销赠与。 　经过公证的赠与合同或者依法不得撤销的具有救灾、扶贫、助残等公益、道德义务性质的赠与合同，不适用前款规定。	**《慈善法》** **第41条**　捐赠人应当按照捐赠协议履行捐赠义务。捐赠人违反捐赠协议逾期未交付捐赠财产，有下列情形之一的，慈善组织或者其他接受捐赠的人可以要求交付；捐赠人拒不交付的，慈善组织和其他接受捐赠的人可以依法向人民法院申请支付令或者提起诉讼：

---

　① 最高人民法院中国应用法学研究所编：《人民法院案例选》，人民法院出版社2009年版，第187页。

《民法典》合同编	关联规定
指引：赋予赠与人在赠与财产权利转移前的撤销权，是赠与合同不同于其他有偿合同的重要区别。但赠与合同经公证或具有公益、道德性质的，不得任意撤销，以合理平衡与限制赠与人的任意撤销权。 **案例指引**：《孙某诉李某山、陈某婆、孙某赠与合同纠纷案》① **案例要旨**：赠与人死亡后，作为法定继承人不能行使任意撤销权，主张撤销赠与合同。赠与合同任意撤销权的主体仅限于赠与人本人。	（一）捐赠人通过广播、电视、报刊、互联网等媒体公开承诺捐赠的； （二）捐赠财产用在本法第三条第一项至第三项规定的慈善活动，并签订书面捐赠协议的。 捐赠人公开承诺捐赠或者签订书面捐赠协议后经济状况显著恶化，严重影响其生产经营或者家庭生活的，经向公开承诺捐赠地或者书面捐赠协议签订地的民政部门报告并向社会公开说明情况后，可以不再履行捐赠义务。 **《公益事业捐赠法》** **第3条** 本法所称公益事业是指非营利的下列事项： （一）救助灾害、救济贫困、扶助残疾人等困难的社会群体和个人的活动； （二）教育、科学、文化、卫生、体育事业； （三）环境保护、社会公共设施建设； （四）促进社会发展和进步的其他社会公共和福利事业。 **《民法典婚家编解释一》** **第32条** 婚前或者婚姻关系存续期间，当事人约定将一方所有的房产赠与另一方或者共有，赠与方在赠与房产变更登记之前撤销赠与，另一方请求判令继续履行的，人民法院可以按照民法典第六百五十八条的规定处理。

---

① 《孙某诉李某山、陈某、孙某赠与合同纠纷案》，载《人民法院报》2019 年 11 月 7 日第 3 版。

《民法典》合同编	关联规定
第六百五十九条【赠与财产手续办理】 赠与的财产依法需要办理登记或者其他手续的,应当办理有关手续。 **指引**:不动产、部分特殊动产以及股权等财产,需办理登记或其他手续。	
第六百六十条【受赠人的交付请求权以及赠与人的赔偿责任】 经过公证的赠与合同或者依法不得撤销的具有救灾、扶贫、助残等公益、道德义务性质的赠与合同,赠与人不交付赠与财产的,受赠人可以请求交付。 依据前款规定应当交付的赠与财产因赠与人故意或者重大过失致使毁损、灭失的,赠与人应当承担赔偿责任。 **指引**:一般的赠与,赠与人在转移赠与财产的权利前可撤销赠与。故对这类赠与,赠与人不给付赠与财产的,受赠人不享有交付请求权。但经公证或具有公益、道德性质的赠与,由于赠与人不得任意撤销赠与,故受赠人享有交付请求权。	**《慈善法》** **第41条** 捐赠人应当按照捐赠协议履行捐赠义务。捐赠人违反捐赠协议逾期未交付捐赠财产,有下列情形之一的,慈善组织或者其他接受捐赠的人可以要求交付;捐赠人拒不交付的,慈善组织和其他接受捐赠的人可以依法向人民法院申请支付令或者提起诉讼: (一)捐赠人通过广播、电视、报刊、互联网等媒体公开承诺捐赠的; (二)捐赠财产用于本法第三条第一项至第三项规定的慈善活动,并签订书面捐赠协议的。 捐赠人公开承诺捐赠或者签订书面捐赠协议后经济状况显著恶化,严重影响其生产经营或者家庭生活的,经向公开承诺捐赠地或者书面捐赠协议签订地的民政部门报告并向社会公开说明情况后,可以不再履行捐赠义务。
第六百六十一条【附义务赠与】 赠与可以附义务。 赠与附义务的,受赠人应当按照约定履行义务。 **指引**:一般的赠与,受赠人仅享有取得赠与财产的权利,不承担任何	

《民法典》合同编	关联规定
义务。而附义务的赠与，赠与人对其赠与附加一定的条件，受赠人履行的，赠与人有权要求受赠人履行义务或撤销赠与。	
第六百六十二条【赠与人瑕疵担保责任】　赠与的财产有瑕疵的，赠与人不承担责任。附义务的赠与，赠与的财产有瑕疵的，赠与人在附义务的限度内承担与出卖人相同的责任。 　　赠与人故意不告知瑕疵或者保证无瑕疵，造成受赠人损失的，应当承担赔偿责任。 　　**指引**：本条规定的"瑕疵"既包括质量瑕疵也包括权利瑕疵。由于赠与为无偿合同，故较有偿合同言，其瑕疵担保责任要低很多。一般的赠与，赠与人原则上不承担瑕疵担保责任；附义务赠与中，在所附义务限度内承担与出卖人相同的责任。	**《民法典》** **第 617 条【质量瑕疵担保责任】**　出卖人交付的标的物不符合质量要求的，买受人可以依据本法第五百八十二条至第五百八十四条的规定请求承担违约责任。
第六百六十三条【赠与人的法定撤销权】　受赠人有下列情形之一的，赠与人可以撤销赠与： 　　（一）严重侵害赠与人或者赠与人近亲属的合法权益； 　　（二）对赠与人有扶养义务而不履行； 　　（三）不履行赠与合同约定的义务。 　　赠与人的撤销权，自知道或者应当知道撤销事由之日起一年内行使。 　　**指引**：本条是关于赠与人法定撤销权的规定。赠与人的法定撤销权为	

《民法典》合同编	关联规定
形成权,受除斥期间的约束。不同于前面的任意撤销权,法定撤销权对经公证或具有公益、道德属性的赠与也可适用。 　　**案例指引**:《胡某某诉胡某赠与合同纠纷案》① 　　**案例要旨**:《合同法》第 192 条(《民法典》第 663 条)第 1 款第 2 项规定的有扶养义务而不履行的认定,应侧重从经济层面上审查,除审查赠与人是否有现实扶养需求外,还须审查受赠人是否有实际扶养能力。综合考虑撤销赠与是否对赠与人与受赠人的总体福利有所增益,是否会导致赠与人与受赠人之间利益明显失衡。	
第六百六十四条【赠与人继承人或法定代理人的撤销权】　因受赠人的违法行为致使赠与人死亡或者丧失民事行为能力的,赠与人的继承人或者法定代理人可以撤销赠与。 　　赠与人的继承人或者法定代理人的撤销权,自知道或者应当知道撤销事由之日起六个月内行使。 　　**指引**:只有在赠与人不能行使其撤销权时,赠与人的继承人或法定代理人才有撤销赠与的权利,即赠与人的继承人或法定代理人撤销赠与限于赠与人因受赠人的违法行为而致死亡或者丧失民事行为能力这一法定情形。	

---

　　① 最高人民法院中国应用法学研究所编:《人民法院案例选》,人民法院出版社 2018 年版,第 136 页。

《民法典》合同编	关联规定
第六百六十五条【赠与撤销的法律后果】　撤销权人撤销赠与的，可以向受赠人请求返还赠与的财产。 　　**指引**：赠与人的法定撤销权为形成权，一经撤销权人行使即发生效力，使赠与关系解除。	
第六百六十六条【赠与人穷困抗辩】　赠与人的经济状况显著恶化，严重影响其生产经营或者家庭生活的，可以不再履行赠与义务。 　　**指引**：本条主要是针对附义务的赠与、经过公证的赠与和具有公益、道德义务性质的赠与。对一般的赠与，由于赠与人享有任意撤销权，故无适用本条的必要。	**《慈善法》** **第41条第2款**　捐赠人公开承诺捐赠或者签订书面捐赠协议后经济状况显著恶化，严重影响其生产经营或者家庭生活的，经向公开承诺捐赠地或者书面捐赠协议签订地的民政部门报告并向社会公开说明情况后，可以不再履行捐赠义务。
第十二章　借款合同	
第六百六十七条【借款合同定义】 借款合同是借款人向贷款人借款，到期返还借款并支付利息的合同。 　　**指引**：借款合同主要包括两类：一是金融机构与自然人、法人和非法人组织的借款；二是非金融机构主体（自然人、法人、非法人）之间的借款。本章主要调整金融机构与自然人、法人和非法人组织之间的借款合同关系。 　　**案例指引**：《**汤龙、刘新龙、马忠太、王洪刚诉新疆鄂尔多斯彦海房地产开发有限公司商品房买卖合同纠纷案**》**【最高人民法院指导性案例第72号】** 　　**案例要旨**：借款合同双方当事人经协商一致，终止借款合同关系，建	**《民间借贷解释》**（2020年12月修正） **第10条**　法人之间、非法人组织之间以及它们相互之间为生产、经营需要订立的民间借贷合同，除存在民法典第一百四十六条、第一百五十三条、第一百五十四条以及本规定第十三条规定的情形外，当事人主张民间借贷合同有效的，人民法院应予支持。 **第11条**　法人或者非法人组织在本单位内部通过借款形式向职工筹集资金，用于本单位生产、经营，且不存在民法典第一百四十四条、第一百四十六条、第一百五十三条、第一百五十四条以及本规定第十三条规定的情形，当事人主张民间借贷合同有效的，人

《民法典》合同编	关联规定
立商品房买卖合同关系，将借款本金及利息转化为已付购房款并经对账清算的，不属于《物权法》第186条（《民法典》第401条）规定的情形，该商品房买卖合同的订立目的，亦不属于民间借贷司法解释第24条（2020年第二次修正后为第23条）规定的"作为民间借贷合同的担保"。在不存在合同法第52条（《民法典》总则编第六章第三节"民事法律行为的效力"）规定情形的情况下，该商品房买卖合同具有法律效力。但对转化为已付购房款的借款本金及利息数额，人民法院应当结合借款合同等证据予以审查，以防止当事人将超出法律规定保护限额的高额利息转化为已付购房款。	民法院应予支持。 **第12条** 借款人或者出借人的借贷行为涉嫌犯罪，或者已经生效的裁判认定构成犯罪，当事人提起民事诉讼的，民间借贷合同并不当然无效。人民法院应当依据民法典第一百四十四条、第一百四十六条、第一百五十三条、第一百五十四条以及本规定第十三条之规定，认定民间借贷合同的效力。 担保人以借款人或者出借人的借贷行为涉嫌犯罪或者已经生效的裁判认定构成犯罪为由，主张不承担民事责任的，人民法院应当依据民间借贷合同与担保合同的效力、当事人的过错程度，依法确定担保人的民事责任。 **第13条** 具有下列情形之一的，人民法院应当认定民间借贷合同无效： （一）套取金融机构贷款转贷的； （二）以向其他营利法人借贷、向本单位职工集资，或者以向公众非法吸收存款等方式取得的资金转贷的； （三）未依法取得放贷资格的出借人，以营利为目的向社会不特定对象提供借款的； （四）出借人事先知道或者应当知道借款人借款用于违法犯罪活动仍然提供借款的； （五）违反法律、行政法规强制性规定的； （六）违背公序良俗的。

续表

《民法典》合同编	关联规定
第六百六十八条【借款合同形式和内容】 借款合同应当采用书面形式，但是自然人之间借款另有约定的除外。 借款合同的内容一般包括借款种类、币种、用途、数额、利率、期限和还款方式等条款。 **指引：** 自然人之间的借款，多发且额度小、期限多，且主体之间多熟悉，故未强制要求自然人间的借款必须采用书面形式。 **案例指引：**《卢某诉林某、颜某民间借贷纠纷案》① **案例要旨：**（1）在出借借款时未在借条上载明出借人的，一般情况下基于日常经验规则，则推定持有人为出借人。但若根据具体案情，仅凭借条难以达到高度盖然性之标准的，则这种推定不能成立。（2）借款人有理由相信系借款的经办人等筹集借款而向借款经办人履行债务的，属善意履行，产生消灭债权债务的效力。	**《商业银行法》**（2015 年修正） **第 37 条** 商业银行贷款，应当与借款人订立书面合同。合同应当约定贷款种类、借款用途、金额、利率、还款期限、还款方式、违约责任和双方认为需要约定的其他事项。 **《民间借贷解释》**（2020 年 12 月修正） **第 1 条** 本规定所称的民间借贷，是指自然人、法人和非法人组织之间进行资金融通的行为。 经金融监管部门批准设立的从事贷款业务的金融机构及其分支机构，因发放贷款等相关金融业务引发的纠纷，不适用本规定。 **第 2 条** 出借人向人民法院提起民间借贷诉讼时，应当提供借据、收据、欠条等债权凭证以及其他能够证明借贷法律关系存在的证据。 当事人持有的借据、收据、欠条等债权凭证没有载明债权人，持有债权凭证的当事人提起民间借贷诉讼的，人民法院应予受理。被告对原告的债权人资格提出有事实依据的抗辩，人民法院经审查认为原告不具有债权人资格的，裁定驳回起诉。 **第 15 条** 原告仅依据借据、收据、欠条等债权凭证提起民间借贷诉讼，被告抗辩已经偿还借款的，被告应当对其主张提供证据证明。被告提供相应证据证明其主张后，原告仍应就借贷

① 最高人民法院中国应用法学研究所编：《人民法院案例选》，人民法院出版社 2013 年版，第 198 页。

《民法典》合同编	关联规定
	关系的存续承担举证责任。 　　被告抗辩借贷行为尚未实际发生并能作出合理说明的，人民法院应当结合借贷金额、款项交付、当事人的经济能力、当地或者当事人之间的交易方式、交易习惯、当事人财产变动情况以及证人证言等事实和因素，综合判断查证借贷事实是否发生。 **第 16 条**　原告仅依据金融机构的转账凭证提起民间借贷诉讼，被告抗辩转账系偿还双方之前借款或者其他债务的，被告应当对其主张提供证据证明。被告提供相应证据证明其主张后，原告仍应就借贷关系的成立承担举证责任。
第六百六十九条【借款人提供真实情况义务】　订立借款合同，借款人应当按照贷款人的要求提供与借款有关的业务活动和财务状况的真实情况。 　　**指引：**本条规定的"情况"主要包括三个方面：一是与借款人资格有关的基本情况；二是借款人财务状况的真实情况；三是与借款有关的业务活动的真实情况。	《商业银行法》（2015 年修正） **第 35 条**　商业银行贷款，应当对借款人的借款用途、偿还能力、还款方式等情况进行严格审查。 　　商业银行贷款，应当实行审贷分离、分级审批的制度。
第六百七十条【利息不得预先扣除】 　　借款的利息不得预先在本金中扣除。利息预先在本金中扣除的，应当按照实际借款数额返还借款并计算利息。 　　**指引：**预先扣除利益的做法损害了借款人的合法利益，使借款人实际上得到的借款少于合同约定的借款数额，故本条规定借款人只需按照实际借款数额返还借款并计算利息。	《民间借贷解释》（2020 年 12 月修正） **第 26 条**　借据、收据、欠条等债权凭证载明的借款金额，一般认定为本金。预先在本金中扣除利息的，人民法院应当将实际出借的金额认定为本金。

续表

《民法典》合同编	关联规定
案例指引:《小额贷款公司诉宋某权借款合同纠纷案》① **案例要旨**: (1) 贷款人从本金中预先扣除贷款手续费、调整还款日手续费等各种名义费用的,视为预先扣除利息,应当按照实际借款数额返还借款并计算利息。(2) 贷款人以利息、行政管理费等名目按期计收的,应认定为收取利息。(3) 借款合同既约定利率,又约定还款计算方式,规避法定利率限制,导致实际执行利率畸高的,对超过部分的诉求不予支持。	
第六百七十一条【未依约提供借款与未依约收取借款的后果】 贷款人未按照约定的日期、数额提供借款,造成借款人损失的,应当赔偿损失。 借款人未按照约定的日期、数额收取借款的,应当按照约定的日期、数额支付利息。 **指引**:贷款人未按照约定提供借款、借款人未按照约定收取借款均属违约,应承担违约责任。	
第六百七十二条【贷款人的监督、检查权】 贷款人按照约定可以检查、监督借款的使用情况。借款人应当按照约定向贷款人定期提供有关财务会计报表或者其他资料。 **指引**:借款人的财务状况不可能总处于订立合同时的状态,会随着市	《商业银行法》(2015 年修正) **第35条** 商业银行贷款,应当对借款人的借款用途、偿还能力、还款方式等情况进行严格审查。 商业银行贷款,应当实行审贷分离、分级审批的制度。

---

① 最高人民法院中国应用法学研究所编:《人民法院案例选》,人民法院出版社 2017 年版,第 169 页。

《民法典》合同编	关联规定
场供求等因素不断变化。为保证贷款人按照合同约定收回借款，故本条规定可在合同中约定贷款人的检查、监督权。	
第六百七十三条【未按约定用途使用借款的责任】　借款人未按照约定的借款用途使用借款的，贷款人可以停止发放借款、提前收回借款或者解除合同。 　　**指引**：借款用途是借款合同的主要内容之一，是贷款人决定是否放贷、利息、期限等的重要考量因素。借款人擅自改变借款用途，有可能增加贷款人风险，动摇借款合同成立的基础，属重大违约。	
第六百七十四条【支付利息的期限】　借款人应当按照约定的期限支付利息。对支付利息的期限没有约定或者约定不明确，依据本法第五百一十条的规定仍不能确定，借款期间不满一年的，应当在返还借款时一并支付；借款期间一年以上的，应当在每届满一年时支付，剩余期间不满一年的，应当在返还借款时一并支付。 　　**指引**：向贷款人支付利息是借款人的主要义务，借款人不仅应当按照约定的数额支付利息，而且还应当在约定的期限向贷款人支付，否则构成违约。	《商业银行法》（2015年修正） **第42条**　借款人应当按期归还贷款的本金和利息。 　　借款人到期不归还担保贷款的，商业银行依法享有要求保证人归还贷款本金和利息或者就该担保物优先受偿的权利。商业银行因行使抵押权、质权而取得的不动产或者股权，应当自取得之日起二年内予以处分。 　　借款人到期不归还信用贷款的，应当按照合同约定承担责任。

《民法典》合同编	关联规定
第六百七十五条【返还借款的期限】　借款人应当按照约定的期限返还借款。对借款期限没有约定或者约定不明确，依据本法第五百一十条的规定仍不能确定的，借款人可以随时返还；贷款人可以催告借款人在合理期限内返还。 　　**指引**："合理期限"具体为多长时间，本条没有作出明确规定，可由贷款人根据具体情况来确定。 　　**案例指引**：《中国工商银行股份有限公司三门峡车站支行与三门峡天元铝业股份有限公司、三门峡天元铝业集团有限公司借款担保合同纠纷上诉案》【《最高人民法院公报》2008年第11期】 　　**案例要旨**：借新贷还旧贷，系在贷款到期不能按时收回的情况下，作为债权人的金融机构又与债务人订立协议，向债务人发放新的贷款用于归还旧贷款的行为。该行为与债务人用自有资金偿还贷款，从而消灭原债权债务关系的行为具有本质的区别。虽然新贷代替了旧贷，但原有的债权债务关系并未消除，客观上只是以新贷形式延长了旧贷的还款期限。	
第六百七十六条【逾期返还借款的责任】　借款人未按照约定的期限返还借款的，应当按照约定或者国家有关规定支付逾期利息。 　　**指引**：收取付息是贷款人的主要获利方式。未按期返还借款的，是一	**《民间借贷解释》**（2020年12月修正）**第28条**　借贷双方对逾期利率有约定的，从其约定，但是以不超过合同成立时一年期贷款市场报价利率四倍为限。 　　未约定逾期利率或者约定不明的，人民法院可以区分不同情况处理：

《民法典》合同编	关联规定
种严重违约行为，会给债权人的合法权益造成严重损害。为此，本条明确了逾期利息。关于逾期利息的具体规则，可参考民间借贷规定相关内容。	（一）既未约定借期内利率，也未约定逾期利率，出借人主张借款人自逾期还款之日起参照当时一年期贷款市场报价利率标准计算的利息承担逾期还款违约责任的，人民法院应予支持； （二）约定了借期内利率但是未约定逾期利率，出借人主张借款人自逾期还款之日起按照借期内利率支付资金占用期间利息的，人民法院应予支持。 **第29条**　出借人与借款人既约定了逾期利率，又约定了违约金或者其他费用，出借人可以选择主张逾期利息、违约金或者其他费用，也可以一并主张，但是总计超过合同成立时一年期贷款市场报价利率四倍的部分，人民法院不予支持。 **《执行程序迟延履行利息解释》** **第1条**　根据民事诉讼法第二百五十三条规定加倍计算之后的迟延履行期间的债务利息，包括迟延履行期间的一般债务利息和加倍部分债务利息。 迟延履行期间的一般债务利息，根据生效法律文书确定的方法计算；生效法律文书未确定给付该利息的，不予计算。 加倍部分债务利息的计算方法为：加倍部分债务利息＝债务人尚未清偿的生效法律文书确定的除一般债务利息之外的金钱债务×日万分之一点七五×迟延履行期间。 **第2条**　加倍部分债务利息自生效法律文书确定的履行期间届满之日起计

《民法典》合同编	关联规定
	算；生效法律文书确定分期履行的，自每次履行期间届满之日起计算；生效法律文书未确定履行期间的，自法律文书生效之日起计算。 **第3条** 加倍部分债务利息计算至被执行人履行完毕之日；被执行人分次履行的，相应部分的加倍部分债务利息计算至每次履行完毕之日。 　　人民法院划拨、提取被执行人的存款、收入、股息、红利等财产的，相应部分的加倍部分债务利息计算至划拨、提取之日；人民法院对被执行人财产拍卖、变卖或者以物抵债的，计算至成交裁定或者抵债裁定生效之日；人民法院对被执行人财产通过其他方式变价的，计算至财产变价完成之日。 　　非因被执行人的申请，对生效法律文书审查而中止或者暂缓执行的期间及再审中止执行的期间，不计算加倍部分债务利息。
第六百七十七条【提前返还借款】 借款人提前返还借款的，除当事人另有约定外，应当按照实际借款的期间计算利息。 　　**指引**：合同未有约定时，提前还款是否需贷款人的同意，本条未明确。双方未就此约定的情况下，提前还款损害贷款人利益的，其有权拒绝提前还款；不损害其利益的，无论贷款人是否同意，借款人均可提前还款。	**《民间借贷解释》**（2020年12月修正） **第30条** 借款人可以提前偿还借款，但是当事人另有约定的除外。 　　借款人提前偿还借款并主张按照实际借款期限计算利息的，人民法院应予支持。

《民法典》合同编	关联规定
第六百七十八条【借款展期】　借款人可以在还款期限届满前向贷款人申请展期；贷款人同意的，可以展期。 　　**指引**：借款展期实际上是对原合同履行期限的变更，故应以贷款人同意为前提。	《**民间借贷解释**》（2020 年 12 月修正） **第 27 条**　借贷双方对前期借款本息结算后将利息计入后期借款本金并重新出具债权凭证，如果前期利率没有超过合同成立时一年期贷款市场报价利率四倍，重新出具的债权凭证载明的金额可认定为后期借款本金。超过部分的利息，不应认定为后期借款本金。 　　按前款计算，借款人在借款期间届满后应当支付的本息之和，超过以最初借款本金与以最初借款本金为基数、以合同成立时一年期贷款市场报价利率四倍计算的整个借款期间的利息之和的，人民法院不予支持。
第六百七十九条【自然人间借款合同的成立时间】　自然人之间的借款合同，自贷款人提供借款时成立。 　　**指引**：金融借款属诺成合同，达成书面协议时合同即成立。而自然人之间的借款属实践合同，仅有当事人合意还不行，还要有实际的交付行为。 　　**案例指引**：《赵俊诉项会敏、何雪琴民间借贷纠纷案》【《最高人民法院公报》2014 年第 12 期】 　　**案例要旨**：出借人仅提供借据佐证借贷关系的，应深入调查辅助性事实以判断借贷合意的真实性，如举债的必要性、款项用途的合理性等。出借人无法提供证据证明借款交付事实的，应综合考虑出借人的经济状况、资金来源、交付方式、在场见证人等因素判断当事人陈述的可信度。对于	《**民间借贷解释**》（2020 年 12 月修正） **第 9 条**　自然人之间的借款合同具有下列情形之一的，可以视为合同成立： 　　（一）以现金支付的，自借款人收到借款时； 　　（二）以银行转账、网上电子汇款等形式支付的，自资金到达借款人账户时； 　　（三）以票据交付的，自借款人依法取得票据权利时； 　　（四）出借人将特定资金账户支配权授权给借款人的，自借款人取得该账户实际支配权时； 　　（五）出借人以与借款人约定的其他方式提供借款并实际履行完成时。

《民法典》合同编	关联规定
大额借款仅有借据而无任何交付凭证、当事人陈述有重大疑点或矛盾之处的，应依据证据规则认定"出借人"未完成举证义务，判决驳回其诉讼请求。	
第六百八十条【高利放贷禁止与利息的确定】 禁止高利放贷，借款的利率不得违反国家有关规定。 借款合同对支付利息没有约定的，视为没有利息。 借款合同对支付利息约定不明确，当事人不能达成补充协议的，按照当地或者当事人的交易方式、交易习惯、市场利率等因素确定利息；自然人之间借款的，视为没有利息。 **指引**：较合同法增加"禁止高利放贷，借款的利率不得违反国家有关规定"。对借款利息没有约定的，统一为没有利息；而约定不明的，分类处理：自然人间的，视为无利息；其他借款，补充确定，达不成补充协议的，结合相关因素确定。 **案例指引**：《上海浦东发展银行股份有限公司深圳分行与梅州地中海酒店有限公司等借款合同纠纷案》【《最高人民法院公报》2020年第4期】 **案例要旨**：委托贷款纳入国家金融监管范围，由金融机构作为贷款人履行相应职责，另外又因其资金来源等特性与民间借贷存在相同之处，在不同方面体现出金融借款与民间借贷的特点。在现行法律及司法解释未作明确规定的情况下，可通过分析委托	《民间借贷解释》（2020年12月修正） **第13条** 具有下列情形之一的，人民法院应当认定民间借贷合同无效： （一）套取金融机构贷款转贷的； （二）以向其他营利法人借贷、向本单位职工集资，或者以向公众非法吸收存款等方式取得的资金转贷的； （三）未依法取得放贷资格的出借人，以营利为目的向社会不特定对象提供借款的； （四）出借人事先知道或者应当知道借款人借款用于违法犯罪活动仍然提供借款的； （五）违反法律、行政法规强制性规定的； （六）违背公序良俗的。 **第24条** 借贷双方没有约定利息，出借人主张支付利息的，人民法院不予支持。 自然人之间借贷对利息约定不明，出借人主张支付利息的，人民法院不予支持。除自然人之间借贷的外，借贷双方对借贷利息约定不明，出借人主张利息的，人民法院应当结合民间借贷合同的内容，并根据当地或者当事人的交易方式、交易习惯、市场报价利率等因素确定利息。 **第25条** 出借人请求借款人按照合同约定利率支付利息的，人民法院应予

《民法典》合同编	关联规定
贷款更近似金融借款还是民间借贷的特点，进而确定可参照的规则。鉴于委托贷款系根据委托人的意志确定贷款对象、金额、期限、利率等合同主要条款，且委托人享有贷款利息收益等合同主要权利，同时考虑到委托贷款与民间借贷在资金来源相同的基础上亦可推定其资金成本大致等同于人民法院确定委托贷款合同的利率上限时应参照民间借贷的相关规则。	支持，但是双方约定的利率超过合同成立时一年期贷款市场报价利率四倍的除外。 　　前款所称"一年期贷款市场报价利率"，是指中国人民银行授权全国银行间同业拆借中心自2019年8月20日起每月发布的一年期贷款市场报价利率。 **第26条**　借据、收据、欠条等债权凭证载明的借款金额，一般认定为本金。预先在本金中扣除利息的，人民法院应当将实际出借的金额认定为本金。 **第27条**　借贷双方对前期借款本息结算后将利息计入后期借款本金并重新出具债权凭证，如果前期利率没有超过合同成立时一年期贷款市场报价利率四倍，重新出具的债权凭证载明的金额可认定为后期借款本金。超过部分的利息，不应认定为后期借款本金。 　　按前款计算，借款人在借款期间届满后应当支付的本息之和，超过以最初借款本金与以最初借款本金为基数、以合同成立时一年期贷款市场报价利率四倍计算的整个借款期间的利息之和的，人民法院不予支持。 **《非法放贷意见》** 一、违反国家规定，未经监管部门批准，或者超越经营范围，以营利为目的，经常性地向社会不特定对象发放贷款，扰乱金融市场秩序，情节严重的，依照刑法第二百二十五条第（四）项的规定，以非法经营罪定罪处罚。

《民法典》合同编	关联规定
	前款规定中的"经常性地向社会不特定对象发放贷款",是指2年内向不特定多人(包括单位和个人)以借款或其他名义出借资金10次以上。 　　贷款到期后延长还款期限的,发放贷款次数按照1次计算。 **《九民会纪要》** 51.【变相利息的认定】　金融借款合同纠纷中,借款人认为金融机构以服务费、咨询费、顾问费、管理费等为名变相收取利息,金融机构或者由其指定的人收取的相关费用不合理的,人民法院可以根据提供服务的实际情况确定借款人应否支付或者酌减相关费用。 52.【高利转贷】　民间借贷中,出借人的资金必须是自有资金。出借人套取金融机构信贷资金又高利转贷给借款人的民间借贷行为,既增加了融资成本,又扰乱了信贷秩序,根据民间借贷司法解释第14条第1项的规定,应当认定此类民间借贷行为无效。人民法院在适用该条规定时,应当注意把握以下几点:一是要审查出借人的资金来源。借款人能够举证证明在签订借款合同时出借人尚欠银行贷款未还的,一般可以推定为出借人套取信贷资金,但出借人能够举反证予以推翻的除外;二是从宽认定"高利"转贷行为的标准,只要出借人通过转贷行为牟利的,就可以认定为是"高利"转贷行为;三是对该条规定的"借款人事先知道或者应当知道"要件,不宜把握过苛。实践中,只要出借人

《民法典》合同编	关联规定
	在签订借款合同时存在尚欠银行贷款未还事实的，一般可以认为满足了该条规定的"借款人事先知道或者应当知道"这一要件。

第十三章　保证合同

第一节　一般规定

《民法典》合同编	关联规定
第六百八十一条【保证合同定义】 保证合同是为保障债权的实现，保证人和债权人约定，当债务人不履行到期债务或者发生当事人约定的情形时，保证人履行债务或者承担责任的合同。 　　**指引**：保证合同是单务合同、无偿合同、诺成合同、附从性合同。保证不是用具体的财产提供担保，而是以保证人的信誉及不特定的财产为他人债务提供担保。保证人必须是主合同以外的第三人。 　　**案例指引**：《佛山市人民政府与交通银行香港分行担保纠纷案》【《最高人民法院公报》2005年第11期】 　　**案例要旨**：担保活动应当遵循平等、自愿、公平、诚实信用的原则。与借贷合同无关的第三人向合同债权人出具承诺函，但未明确表示承担保证责任或代为还款的，不能推定其出具承诺函的行为构成担保法意义上的保证。	**《民法典担保制度解释》** **第36条**　第三人向债权人提供差额补足、流动性支持等类似承诺文件作为增信措施，具有提供担保的意思表示，债权人请求第三人承担保证责任的，人民法院应当依照保证的有关规定处理。 　　第三人向债权人提供的承诺文件，具有加入债务或者与债务人共同承担债务等意思表示的，人民法院应当认定为民法典第五百五十二条规定的债务加入。 　　前两款中第三人提供的承诺文件难以确定是保证还是债务加入的，人民法院应当将其认定为保证。 　　第三人向债权人提供的承诺文件不符合前三款规定的情形，债权人请求第三人承担保证责任或者连带责任的，人民法院不予支持，但是不影响其依据承诺文件请求第三人履行约定的义务或者承担相应的民事责任。 **《票据纠纷解释》**（2020年修正） **第61条**　保证人未在票据或者粘单上记载"保证"字样而另行签订保证合同或者保证条款的，不属于票据保证，人民法院应当适用《中华人民共和国民法典》的有关规定。

《民法典》合同编	关联规定
第六百八十二条【保证合同的从属性及保证合同无效的法律后果】 保证合同是主债权债务合同的从合同。主债权债务合同无效的，保证合同无效，但是法律另有规定的除外。 保证合同被确认无效后，债务人、保证人、债权人有过错的，应当根据其过错各自承担相应的民事责任。 **指引**：保证合同从属性具体表现在：成立上的从属性；范围和强度上的从属性；移转上的从属性；变更、消灭上的从属性。 **案例指引**：《江北中行诉樊东农行等信用证垫款纠纷案》【《最高人民法院公报》2006 年第 3 期】 **案例要旨**：因主合同无效而导致担保合同无效，担保人无错的，不承担民事责任；担保人有过错的，应当依法承担民事责任。所谓担保人的过错，是指担保人明知主合同无效仍为之提供担保，或者明知主合同无效仍促使主合同成立或为主合同的签订作中介等情形。	**《民法典担保制度解释》** **第 2 条** 当事人在担保合同中约定担保合同的效力独立于主合同，或者约定担保人对主合同无效的法律后果承担担保责任，该有关担保独立性的约定无效。主合同有效的，有关担保独立性的约定无效不影响担保合同的效力；主合同无效的，人民法院应当认定担保合同无效，但是法律另有规定的除外。 因金融机构开立的独立保函发生的纠纷，适用《最高人民法院关于审理独立保函纠纷案件若干问题的规定》。 **第 17 条** 主合同有效而第三人提供的担保合同无效，人民法院应当区分不同情形确定担保人的赔偿责任： （一）债权人与担保人均有过错的，担保人承担的赔偿责任不应超过债务人不能清偿部分的二分之一； （二）担保人有过错而债权人无过错的，担保人对债务人不能清偿的部分承担赔偿责任； （三）债权人有过错而担保人无过错的，担保人不承担赔偿责任。 主合同无效导致第三人提供的担保合同无效，担保人无过错的，不承担赔偿责任；担保人有过错的，其承担的赔偿责任不应超过债务人不能清偿部分的三分之一。 **《独立保函规定》**（2020 年修正） **第 1 条** 本规定所称的独立保函，是指银行或非银行金融机构作为开立人，

《民法典》合同编	关联规定
	以书面形式向受益人出具的，同意在受益人请求付款并提交符合保函要求的单据时，向其支付特定款项或在保函最高金额内付款的承诺。 　　前款所称的单据，是指独立保函载明的受益人应提交的付款请求书、违约声明、第三方签发的文件、法院判决、仲裁裁决、汇票、发票等表明发生付款到期事件的书面文件。 　　独立保函可以依保函申请人的申请而开立，也可以依另一金融机构的指示而开立。开立人依指示开立独立保函的，可以要求指示人向其开立用以保障追偿权的独立保函。 **第 3 条**　保函具有下列情形之一，当事人主张保函性质为独立保函的，人民法院应予支持，但保函未载明据以付款的单据和最高金额的除外： 　　（一）保函载明见索即付； 　　（二）保函载明适用国际商会《见索即付保函统一规则》等独立保函交易示范规则； 　　（三）根据保函文本内容，开立人的付款义务独立于基础交易关系及保函申请法律关系，其仅承担相符交单的付款责任。 　　当事人以独立保函记载了对应的基础交易为由，主张该保函性质为一般保证或连带保证的，人民法院不予支持。 　　当事人主张独立保函适用民法典关于一般保证或连带保证规定的，人民法院不予支持。

《民法典》合同编	关联规定
	《九民会纪要》 54.【独立担保】　从属性是担保的基本属性，但由银行或者非银行金融机构开立的独立保函除外。独立保函纠纷案件依据《最高人民法院关于审理独立保函纠纷案件若干问题的规定》处理。需要进一步明确的是：凡是由银行或者非银行金融机构开立的符合该司法解释第 1 条、第 3 条规定情形的保函，无论是用于国际商事交易还是用于国内商事交易，均不影响保函的效力。银行或者非银行金融机构之外的当事人开立的独立保函，以及当事人有关排除担保从属性的约定，应当认定无效。但是，根据"无效法律行为的转换"原理，在否定其独立担保效力的同时，应当将其认定为从属性担保。此时，如果主合同有效，则担保合同有效，担保人与主债务人承担连带保证责任。主合同无效，则该所谓的独立担保也随之无效，担保人无过错的，不承担责任；担保人有过错的，其承担民事责任的部分，不应超过债务人不能清偿部分的三分之一。
第六百八十三条【不得担任保证人的主体范围】　机关法人不得为保证人，但是经国务院批准为使用外国政府或者国际经济组织贷款进行转贷的除外。 　　以公益为目的的非营利法人、非法人组织不得为保证人。 　　**指引**：机关法人原则上不得为保证人，以公益为目的的非营利法人、	《民法典担保制度解释》 **第 5 条**　机关法人提供担保的，人民法院应当认定担保合同无效，但是经国务院批准为使用外国政府或者国际经济组织贷款进行转贷的除外。 　　居民委员会、村民委员会提供担保的，人民法院应当认定担保合同无效，但是依法代行村集体经济组织职

《民法典》合同编	关联规定

非法人组织禁止为保证人。另，删除了担保法"企业法人的分支机构、职能部门不得作为保证人"的内容，符合条件的分支机构可以自己名义作保证人。
  案例指引：《长乐自来水公司与工行五四支行借款担保纠纷案》【《最高人民法院公报》2005 年第 9 期】
  案例要旨：（1）保证人领取企业法人执照，属于以营利为目的的企业法人，即使其经营活动具有一定的公共服务性质，亦不属于以公益为目的的事业单位。（2）保证人作为具有完全民事行为能力的法人，应依法对其所从事民事法律行为独立承担民事责任，其所作保证是否受合同以外第三人影响的问题不涉及合同当事人之间的权利义务关系，亦不影响保证合同的效力。
	能的村民委员会，依照村民委员会组织法规定的讨论决定程序对外提供担保的除外。
	第 6 条 以公益为目的的非营利性学校、幼儿园、医疗机构、养老机构等提供担保的，人民法院应当认定担保合同无效，但是有下列情形之一的除外：
	  （一）在购入或者融资租赁方式承租教育设施、医疗卫生设施、养老服务设施和其他公益设施时，出卖人、出租人为担保价款或者租金实现而在该公益设施上保留所有权；
	  （二）以教育设施、医疗卫生设施、养老服务设施和其他公益设施以外的不动产、动产或者财产权利设立担保物权。
	  登记为营利法人的学校、幼儿园、医疗机构、养老机构等提供担保，当事人以其不具有担保资格为由主张担保合同无效的，人民法院不予支持。

第六百八十四条【保证合同内容】 保证合同的内容一般包括被保证的主债权的种类、数额，债务人履行债务的期限，保证的方式、范围和期间等条款。 **指引**：以附件形式的保证或只有保证人的签字（盖章）的，只要具备相关内容，保证也是成立的。即只要双方当事人、被保证的主债权种类和债权数额能够确定，保证合同即成立。	《民间借贷解释》（2020 年 12 月修正） **第 20 条** 他人在借据、收据、欠条等债权凭证或者借款合同上签名或者盖章，但是未表明其保证人身份或者承担保证责任，或者通过其他事实不能推定其为保证人，出借人请求其承担保证责任的，人民法院不予支持。

《民法典》合同编	关联规定
第六百八十五条【保证合同形式】 保证合同可以是单独订立的书面合同，也可以是主债权债务合同中的保证条款。 　　第三人单方以书面形式向债权人作出保证，债权人接收且未提出异议的，保证合同成立。 　　**指引**：保证合同为要式合同，此要式为书面形式。既可以是单独订立的书面保证合同，也可以是主合同中的保证条款，还可以是第三人单方的书面形式。 　　**案例指引**：《佛山市人民政府与交通银行香港分行担保纠纷案》【《最高人民法院公报》2005年第11期】 　　**案例要旨**：担保活动应当遵循平等、自愿、公平、诚实信用的原则。与借贷合同无关的第三人向合同债权人出具承诺函，但未明确表示承担保证责任或代为还款的，不能推定其出具承诺函的行为构成担保法意义上的保证。	**《民法典担保制度解释》** **第36条**　第三人向债权人提供差额补足、流动性支持等类似承诺文件作为增信措施，具有提供担保的意思表示，债权人请求第三人承担保证责任的，人民法院应当依照保证的有关规定处理。 　　第三人向债权人提供的承诺文件，具有加入债务或者与债务人共同承担债务等意思表示的，人民法院应当认定为民法典第五百五十二条规定的债务加入。 　　前两款中第三人提供的承诺文件难以确定是保证还是债务加入的，人民法院应当将其认定为保证。 　　第三人向债权人提供的承诺文件不符合前三款规定的情形，债权人请求第三人承担保证责任或者连带责任的，人民法院不予支持，但是不影响其依据承诺文件请求第三人履行约定的义务或者承担相应的民事责任。 **《民间借贷解释》（2020年12月修正）** **第20条**　他人在借据、收据、欠条等债权凭证或者借款合同上签名或者盖章，但是未表明其保证人身份或者承担保证责任，或者通过其他事实不能推定其为保证人，出借人请求其承担保证责任的，人民法院不予支持。 **《九民会纪要》** **91.【增信文件的性质】**　信托合同之外的当事人提供第三方差额补足、代为履行到期回购义务、流动性支持等

《民法典》合同编	关联规定
	类似承诺文件作为增信措施，其内容符合法律关于保证的规定的，人民法院应当认定当事人之间成立保证合同关系。其内容不符合法律关于保证的规定的，依据承诺文件的具体内容确定相应的权利义务关系，并根据案件事实情况确定相应的民事责任。
第六百八十六条【保证方式】 保证的方式包括一般保证和连带责任保证。 当事人在保证合同中对保证方式没有约定或者约定不明确的，按照一般保证承担保证责任。 **指引**：本条第二款对《担保法》第19条进行了重大变更，未约定或约定不明时下的保证不再推定为连带责任保证，而是推定为一般保证，值得注意。	《**民间借贷解释**》（2020年12月修正） **第4条** 保证人为借款人提供连带责任保证，出借人仅起诉借款人的，人民法院可以不追加保证人为共同被告；出借人仅起诉保证人的，人民法院可以追加借款人为共同被告。 保证人为借款人提供一般保证，出借人仅起诉保证人的，人民法院应当追加借款人为共同被告；出借人仅起诉借款人的，人民法院可以不追加保证人为共同被告。 《**独立保函规定**》（2020年修正） **第3条** 保函具有下列情形之一，当事人主张保函性质为独立保函的，人民法院应予支持，但保函未载明据以付款的单据和最高金额的除外： （一）保函载明见索即付； （二）保函载明适用国际商会《见索即付保函统一规则》等独立保函交易示范规则； （三）根据保函文本内容，开立人的付款义务独立于基础交易关系及保函申请法律关系，其仅承担相符交单的付款责任。 当事人以独立保函记载了对应的

续表

《民法典》合同编	关联规定
	基础交易为由，主张该保函性质为一般保证或连带保证的，人民法院不予支持。 　　当事人主张独立保函适用民法典关于一般保证或连带保证规定的，人民法院不予支持。
第六百八十七条【一般保证人先诉抗辩权】　当事人在保证合同中约定，债务人不能履行债务时，由保证人承担保证责任的，为一般保证。 　　一般保证的保证人在主合同纠纷未经审判或者仲裁，并就债务人财产依法强制执行仍不能履行债务前，有权拒绝向债权人承担保证责任，但是有下列情形之一的除外： 　　（一）债务人下落不明，且无财产可供执行； 　　（二）人民法院已经受理债务人破产案件； 　　（三）债权人有证据证明债务人的财产不足以履行全部债务或者丧失履行债务能力； 　　（四）保证人书面表示放弃本款规定的权利。 　　**指引：**保证人是否享有先诉抗辩权是一般保证与连带责任保证之间的一个重要区别。 　　**案例指引：**《中信实业银行诉北京市京工房地产开发总公司保证合同纠纷案》【《最高人民法院公报》2002年第6期】 　　**案例要旨：**一般保证责任的保证	**《民法典担保制度解释》** 　　**第25条第1款**　当事人在保证合同中约定了保证人在债务人不能履行债务或者无力偿还债务时才承担保证责任等类似内容，具有债务人应当先承担责任的意思表示的，人民法院应当将其认定为一般保证。 　　**第26条**　一般保证中，债权人以债务人为被告提起诉讼的，人民法院应予受理。债权人未就主合同纠纷提起诉讼或者申请仲裁，仅起诉一般保证人的，人民法院应当驳回起诉。 　　一般保证中，债权人一并起诉债务人和保证人的，人民法院可以受理，但是在作出判决时，除有民法典第六百八十七条第二款但书规定的情形外，应当在判决书主文中明确，保证人仅对债务人财产依法强制执行后仍不能履行的部分承担保证责任。 　　债权人未对债务人的财产申请保全，或者保全的债务人的财产足以清偿债务，债权人申请对一般保证人的财产进行保全的，人民法院不予准许。 　　**《破产法解释三》（2020年修正）** 　　**第4条**　保证人被裁定进入破产程序的，债权人有权申报其对保证人的保

《民法典》合同编	关联规定
人，依法享有先诉抗辩权。只要主合同纠纷未经审判或仲裁，并就债务人财产依法强制执行仍不能履行债务时，一般保证的保证人都可以对债权人拒绝承担保证责任。但是，先诉抗辩权在遇到法律规定的情形时，不得行使。该案中，被保证人的住所不明、营业执照被吊销，其中方投资者的营业执照也被吊销，外方投资者的情况不明。这种情况，使债权人向被保证人请求清偿债务发生很大困难，符合《担保法》第 17 条第 3 款第 1 项规定的情形，由此保证人不得行使先诉抗辩权。	证债权。 　　主债务未到期的，保证债权在保证人破产申请受理时视为到期。一般保证的保证人主张行使先诉抗辩权的，人民法院不予支持，但债权人在一般保证人破产程序中的分配额应予提存，待一般保证人应承担的保证责任确定后再按照破产清偿比例予以分配。 　　保证人被确定应当承担保证责任的，保证人的管理人可以就保证人实际承担的清偿额向主债务人或其他债务人行使偿权。 **第 5 条**　债务人、保证人均被裁定进入破产程序的，债权人有权向债务人、保证人分别申报债权。 　　债权人向债务人、保证人均申报全部债权的，从一方破产程序中获得清偿后，其对另一方的债权额不作调整，但债权人的受偿额不得超出其债权总额。保证人履行保证责任后不再享有求偿权。 **《民事诉讼法解释》**（2022 年修正） **第 66 条**　因保证合同纠纷提起的诉讼，债权人向保证人和被保证人一并主张权利的，人民法院应当将保证人和被保证人列为共同被告。保证合同约定为一般保证，债权人仅起诉保证人的，人民法院应当通知被保证人作为共同被告参加诉讼；债权人仅起诉被保证人的，可以只列被保证人为被告。

续表

《民法典》合同编	关联规定
第六百八十八条【连带责任保证】 当事人在保证合同中约定保证人和债务人对债务承担连带责任的，为连带责任保证。 　连带责任保证的债务人不履行到期债务或者发生当事人约定的情形时，债权人可以请求债务人履行债务，也可以请求保证人在其保证范围内承担保证责任。 　**指引**：连带责任保证人无一般保证人的先诉抗辩权，即连带责任保证不具有保证的补充性。	**《民法典担保制度解释》** **第25条第2款**　当事人在保证合同中约定了保证人在债务人不履行债务或者未偿还债务时即承担保证责任、无条件承担保证责任等类似内容，不具有债务人应当先承担责任的意思表示的，人民法院应当将其认定为连带责任保证。
第六百八十九条【反担保】　保证人可以要求债务人提供反担保。 　**指引**：反担保，是指第三人作为担保人为债务人向债权人提供担保时，债务人或其他人为担保人提供的担保。其担保对象是追偿权而非主债权。无特别规定的情况下，反担保可适用有关保证合同的规定。 　**案例指引**：《新电子公司诉企业公司反担保合同案》① 　**案例要旨**：担保人承担责任之时，就是计算反担保人担保期间的起始日。如果担保人没有实际承担责任，反担保人也不存在任何责任；如果反担保人应承担的责任期间在担保人承担责任之前即已结束，则反担保就失去了法律意义，应依照《担保法解释》第	**《民法典担保制度解释》** **第19条**　担保合同无效，承担了赔偿责任的担保人按照反担保合同的约定，在其承担赔偿责任的范围内请求反担保人承担赔偿责任的，人民法院应予支持。 　反担保合同无效的，依照本解释第十七条的有关规定处理。当事人仅以担保合同无效为由主张反担保合同无效的，人民法院不予支持。

---

　①　国家法官学院、中国人民大学法学院编：《中国审判案例要览（2003年民事审判案例卷）》，中国人民大学出版社2003年版，第165页。

《民法典》合同编	关联规定
32条第1款（《民法典》第692条第2款）之规定处理。如果反担保协议约定了担保期间，就从担保人承担责任之日起计算所约定的期间。	
第六百九十条【最高额保证合同】保证人与债权人可以协商订立最高额保证的合同，约定在最高债权额限度内就一定期间连续发生的债权提供保证。 　　最高额保证除适用本章规定外，参照适用本法第二编最高额抵押权的有关规定。 　　**指引：**最高额保证具有不特定性、连续性、期间性、同质性的特征。最高额保证合同与最高额抵押权有相似之处，故可参照适用物权编最高额抵押权的有关规定。 　　**案例指引：《温州银行股份有限公司宁波分行诉浙江创菱电器有限公司等金融借款合同纠纷案》【最高人民法院指导性案例第57号】** 　　**案例要旨：**在有数份最高额担保合同情形下，具体贷款合同中选择性列明部分最高额担保合同，如债务发生在最高额担保合同约定的决算期内，且债权人未明示放弃担保权利，未列明的最高额担保合同的担保人也应当在最高债权限额内承担担保责任。	《民法典》物权编第十七章第二节（最高额抵押权，第420条-第424条） 《民法典担保制度解释》 **第15条**　最高额担保中的最高债权额，是指包括主债权及其利息、违约金、损害赔偿金、保管担保财产的费用、实现债权或者实现担保物权的费用等在内的全部债权，但是当事人另有约定的除外。 　　登记的最高债权额与当事人约定的最高债权额不一致的，人民法院应当依据登记的最高债权额确定债权人优先受偿的范围。 **第30条**　最高额保证合同对保证期间的计算方式、起算时间等有约定的，按照其约定。 　　最高额保证合同对保证期间的计算方式、起算时间等没有约定或者约定不明，被担保债权的履行期限均已届满的，保证期间自债权确定之日起开始计算；被担保债权的履行期限尚未届满的，保证期间自最后到期债权的履行期限届满之日起开始计算。 　　前款所称债权确定之日，依照民法典第四百二十三条的规定认定。

《民法典》合同编	关联规定
第二节　保证责任	
第六百九十一条【保证范围】　保证的范围包括主债权及其利息、违约金、损害赔偿金和实现债权的费用。当事人另有约定的，按照其约定。 　　**指引：**本条前半部分为法定的保证范围，而约定保证范围优先于法定保证范围。 　　**案例指引：**《中国长城资产管理股份有限公司山西省分公司与山西朔州平鲁区华美奥崇升煤业有限公司等借款合同纠纷案》【《最高人民法院公报》2020 年第 5 期】 　　**案例要旨：**在最高额保证合同关系中，如果合同明确约定所担保的最高债权额包括主债权的数额和相应的利息、违约金、损害赔偿金以及实现债权的费用，保证人即应当依照约定对利息、违约金、损害赔偿金以及实现债权的费用承担保证责任，而不受主债权数额的限制。	**《民法典担保制度解释》** 　　**第 3 条**　当事人对担保责任的承担约定专门的违约责任，或者约定的担保责任范围超出债务人应当承担的责任范围，担保人主张仅在债务人应当承担的责任范围内承担责任的，人民法院应予支持。 　　担保人承担的责任超出债务人应当承担的责任范围，担保人向债务人追偿，债务人主张仅在其应当承担的责任范围内承担责任的，人民法院应予支持；担保人请求债权人返还超出部分的，人民法院依法予以支持。 **《九民会纪要》** **55.【担保责任的范围】**　担保人承担的担保责任范围不应当大于主债务，是担保从属性的必然要求。当事人约定的担保责任的范围大于主债务的，如针对担保责任约定专门的违约责任、担保责任的数额高于主债务、担保责任约定的利息高于主债务利息、担保责任的履行期先于主债务履行期届满，等等，均应当认定大于主债务部分的约定无效，从而使担保责任缩减至主债务的范围。
第六百九十二条【保证期间】　保证期间是确定保证人承担保证责任的期间，不发生中止、中断和延长。 　　债权人与保证人可以约定保证期间，但是约定的保证期间早于主债务履行期限或者与主债务履行期限同时届满的，视为没有约定；没有约定或	**《民法典担保制度解释》第 30 条**　最高额保证合同对保证期间的计算方式、起算时间等有约定的，按照其约定。 　　最高额保证合同对保证期间的计算方式、起算时间等没有约定或者约定不明，被担保权的履行期限均已届满的，保证期间自债权确定之日起

续表

《民法典》合同编	关联规定
者约定不明确的，保证期间为主债务履行期限届满之日起六个月。 　　债权人与债务人对主债务履行期限没有约定或者约定不明确的，保证期间自债权人请求债务人履行债务的宽限期届满之日起计算。 　　**指引**：从时间上看，保证人有三次"脱逃"承担保证责任的机会：一是保证期间届满；二是主债务诉讼时效届满；三是保证债务诉讼时效届满。本条第二款将"没有约定或约定不明确"情形下保证期间统一为主债务履行期限届满之日起六个月，改变了原来的"没有约定，六个月；约定不明确，二年"。 　　**案例指引**：《某银行镇江分行诉某公司借款合同纠纷案》① 　　**案例要旨**：尽管董事会决议是公司的内部意思表示，但银行作为贷款人在收到作为担保人的公司的董事会决议、明知公司真实意思的情况下，持含有与董事会决议内容不一致的有关担保期限延长条款的保证合同至公司盖章，且未就该增加对方义务的条款重新磋商约定，违反诚实信用原则。合同虽经公司盖章，但就董事会决议与合同条款不一致的担保期限延长的内容应认定双方并未达成新的合意。	开始计算；被担保债权的履行期限尚未届满的，保证期间自最后到期债权的履行期限届满之日起开始计算。 　　前款所称债权确定之日，依照民法典第四百二十三条的规定认定。 **第32条**　保证合同约定保证人承担保证责任直至主债务本息还清时为止等类似内容的，视为约定不明，保证期间为主债务履行期限届满之日起六个月。 **《民法典时间效力规定》** **第27条**　民法典施行前成立的保证合同，当事人对保证期间约定不明确，主债务履行期限届满至民法典施行之日不满二年，当事人主张保证期间为主债务履行期限届满之日起二年的，人民法院依法予以支持；当事人对保证期间没有约定，主债务履行期限届满至民法典施行之日不满六个月，当事人主张保证期间为主债务履行期限届满之日起六个月的，人民法院依法予以支持。

---

　　①　《某银行镇江分行诉某公司借款合同纠纷案》，载《人民法院报》2010年12月30日第6版。

续表

《民法典》合同编	关联规定
第六百九十三条【保证责任免除】 一般保证的债权人未在保证期间对债务人提起诉讼或者申请仲裁的，保证人不再承担保证责任。 　　连带责任保证的债权人未在保证期间请求保证人承担保证责任的，保证人不再承担保证责任。 　　**指引**：如前所述，保证期间届满是保证人"逃脱"承担保证责任的第一次机会。保证期间内，若债权人没有向保证人或主债务人主张权利，保证责任即消灭。另，对一般保证人、连带责任保证人的主张权利方式的要求不同。	**《民法典担保制度解释》** **第27条** 一般保证的债权人取得对债务人赋予强制执行效力的公证债权文书后，在保证期间内向人民法院申请强制执行，保证人以债权人未在保证期间内对债务人提起诉讼或者申请仲裁为由主张不承担保证责任的，人民法院不予支持。 **第33条** 保证合同无效，债权人未在约定或者法定的保证期间内依法行使权利，保证人主张不承担赔偿责任的，人民法院应予支持。 **第34条** 人民法院在审理保证合同纠纷案件时，应当将保证期间是否届满、债权人是否在保证期间内依法行使权利等事实作为案件基本事实予以查明。 　　债权人在保证期间内未依法行使权利的，保证责任消灭。保证责任消灭后，债权人书面通知保证人要求承担保证责任，保证人在通知书上签字、盖章或者按指印，债权人请求保证人继续承担保证责任的，人民法院不予支持，但是债权人有证据证明成立了新的保证合同的除外。 **《最高人民法院关于债权人在保证期间以特快专递向保证人发出逾期贷款催收通知书但缺乏保证人对邮件签收或拒收的证据能否认定债权人向保证人主张权利的请示的复函》** 债权人通过邮局以特快专递的方式向保证人发出逾期贷款催收通知书，在债权人能够提供特快专递邮件存根及

《民法典》合同编	关联规定
	内容的情况下，除非保证人有相反证据推翻债权人所提供的证据，应当认定债权人向保证人主张了权利。
第六百九十四条【保证债务诉讼时效】 　　一般保证的债权人在保证期间届满前对债务人提起诉讼或者申请仲裁的，从保证人拒绝承担保证责任的权利消灭之日起，开始计算保证债务的诉讼时效。 　　连带责任保证的债权人在保证期间届满前请求保证人承担保证责任的，从债权人请求保证人承担保证责任之日起，开始计算保证债务的诉讼时效。 　　**指引：**相较担保法解释，本条第1款将一般保证诉讼时效的起算时间由"判决或仲裁裁决生效之日"改为"保证人拒绝承担保证责任的权利消灭之日"。	**《民法典担保制度解释》** **第28条**　一般保证中，债权人依据生效法律文书对债务人的财产依法申请强制执行，保证债务诉讼时效的起算时间按照下列规则确定： 　　（一）人民法院作出终结本次执行程序裁定，或者依照民事诉讼法第二百五十七条第三项、第五项的规定作出终结执行裁定的，自裁定送达债权人之日起开始计算； 　　（二）人民法院自收到申请执行书之日起一年内未作出前项裁定的，自人民法院收到申请执行书满一年之日起开始计算，但是保证人有证据证明债务人仍有财产可供执行的除外。 　　一般保证的债权人在保证期间届满前对债务人提起诉讼或者申请仲裁，债权人举证证明存在民法典第六百八十七条第二款但书规定情形的，保证债务的诉讼时效自债权人知道或者应当知道该情形之日起开始计算。 **第31条**　一般保证的债权人在保证期间内对债务人提起诉讼或者申请仲裁后，又撤回起诉或者仲裁申请，债权人在保证期间届满前未再行提起诉讼或者申请仲裁，保证人主张不再承担保证责任的，人民法院应予支持。 　　连带责任保证的债权人在保证期间内对保证人提起诉讼或者申请仲裁

《民法典》合同编	关联规定
	后，又撤回起诉或者仲裁申请，起诉状副本或者仲裁申请书副本已经送达保证人的，人民法院应当认定债权人已经在保证期间内向保证人行使了权利。
第六百九十五条【主合同变更对保证责任影响】　债权人和债务人未经保证人书面同意，协商变更主债权债务合同内容，减轻债务的，保证人仍对变更后的债务承担保证责任；加重债务的，保证人对加重的部分不承担保证责任。 　　债权人和债务人变更主债权债务合同的履行期限，未经保证人书面同意的，保证期间不受影响。 　　**指引：**未取得保证人书面同意，减轻保证人债务的，保证人对变更后的债务承担责任，加重的，保证人对加重部分不承担责任。另，变更债权债务合同的履行期间，不管是有利还是无利，保证期间均不受影响。 　　**案例指引：**《重庆市渝北区水电建设总公司诉中国银行重庆渝北支行借款合同纠纷抗诉案》【《最高人民检察院公报》2003 年第 1 号】 　　**案例要旨：**借款合同系双方的真实意思表示，该借款虽用于以贷还贷，但不违反法律；保证人知道该借款合同是用于以贷还贷，仍为其提供保证，应认定该借款合同和保证合同有效。保证人在保证合同签章处加注保证期限条款虽不规范，但不违背当事人的	**《民法典担保制度解释》** **第 16 条**　主合同当事人协议以新贷偿还旧贷，债权人请求旧贷的担保人承担担保责任的，人民法院不予支持；债权人请求新贷的担保人承担担保责任的，按照下列情形处理： 　　（一）新贷与旧贷的担保人相同的，人民法院应予支持； 　　（二）新贷与旧贷的担保人不同，或者旧贷无担保新贷有担保的，人民法院不予支持，但是债权人有证据证明新贷的担保人提供担保时对以新贷偿还旧贷的事实知道或者应当知道的除外。 　　主合同当事人协议以新贷偿还旧贷，旧贷的物的担保人在登记尚未注销的情形下同意继续为新贷提供担保，在订立新的贷款合同前又以该担保财产为其他债权人设立担保物权，其他债权人主张其担保物权顺位优先于新贷债权人的，人民法院不予支持。 **《信用证纠纷解释》**（2020 年修正） **第 17 条**　开证申请人与开证行对信用证进行修改未征得保证人同意的，保证人只在原保证合同约定的或者法律规定的期间和范围内承担保证责任。保证合同另有约定的除外。

《民法典》合同编	关联规定
真实意思表示，且该保证期限长于借款合同还款期限约定，应认定该保证期限条款有效。债权人起诉时已超过保证合同约定的保证期限，保证人的保证责任依法免除。	
第六百九十六条【债权转让对保证责任影响】　债权人转让全部或者部分债权，未通知保证人的，该转让对保证人不发生效力。 　　保证人与债权人约定禁止债权转让，债权人未经保证人书面同意转让债权的，保证人对受让人不再承担保证责任。 　　**指引**：未通知保证人的，主债权债务转让对保证人不发生效力。保证人与债权人约定仅对特定的债权人承担保证责任或者禁止债权转让的，未经保证人书面同意，保证人不再承担保证责任。	
第六百九十七条【债务承担对保证责任影响】　债权人未经保证人书面同意，允许债务人转移全部或者部分债务，保证人对未经其同意转移的债务不再承担保证责任，但是债权人和保证人另有约定的除外。 　　第三人加入债务的，保证人的保证责任不受影响。 　　**指引**：债务承担较债权让与而言，对保证人权益的影响更大，故保证人对未经其书面同意转移的债务原则上不再承担责任。另，因第三人加入债务对保证人是有利的，故此时保证人责任不受影响。	**《民法典担保制度解释》** **第36条**　第三人向债权人提供差额补足、流动性支持等类似承诺文件作为增信措施，具有提供担保的意思表示，债权人请求第三人承担保证责任的，人民法院应当依照保证的有关规定处理。 　　第三人向债权人提供的承诺文件，具有加入债务或者与债务人共同承担债务等意思表示的，人民法院应当认定为民法典第五百五十二条规定的债务加入。 　　前两款中第三人提供的承诺文件难以确定是保证还是债务加入的，人民法院应当将其认定为保证。

《民法典》合同编	关联规定
	第三人向债权人提供的承诺文件不符合前三款规定的情形，债权人请求第三人承担保证责任或者连带责任的，人民法院不予支持，但是不影响其依据承诺文件请求第三人履行约定的义务或者承担相应的民事责任。
第六百九十八条【一般保证人保证责任免除】 一般保证的保证人在主债务履行期限届满后，向债权人提供债务人可供执行财产的真实情况，债权人放弃或者怠于行使权利致使该财产不能被执行的，保证人在其提供可供执行财产的价值范围内不再承担保证责任。 **指引：**一般保证中，债权人自己放弃或怠于行使权利致使债务人相应财产执行不能，属于债权人自己的原因导致的执行不能，故保证人可在相应范围内免责。	
第六百九十九条【共同保证】 同一债务有两个以上保证人的，保证人应当按照保证合同约定的保证份额，承担保证责任；没有约定保证份额的，债权人可以请求任何一个保证人在其保证范围内承担保证责任。 **指引：**共同保证中共同保证人对同一债务承担连带保证责任，这里的"连带"仅指共同保证人间的连带，而非保证人与主债务人间的连带保证。而连带责任保证中的连带是保证人与主债务人间的连带。 **案例指引：**《英贸公司诉天元公司	**《民法典担保制度解释》** **第13条** 同一债务有两个以上第三人提供担保，担保人之间约定相互追偿及分担份额，承担了担保责任的担保人请求其他担保人按照约定分担份额的，人民法院应予支持；担保人之间约定承担连带共同担保，或者约定相互追偿但是未约定分担份额的，各担保人按照比例分担向债务人不能追偿的部分。 　　同一债务有两个以上第三人提供担保，担保人之间未对相互追偿作出约定且未约定承担连带共同担保，但

《民法典》合同编	关联规定
保证合同追偿权纠纷案》【《最高人民法院公报》2002 年第 6 期】 　　**案例要旨**：在连带共同保证中，由于保证人是作为一个整体共同对债权人承担保证责任，所以债权人向共同保证人中的任何一人主张权利，都是债权人要求保证人承担保证责任的行为，其效力自然及于所有的保证人。对那些未被选择承担责任的共同保证人来说，债权人向保证人中任何一人主张权利的行为，应当视为债权人已向其主张了权利，不能因债权人未起诉其中一保证人，就认为其保证责任得以免除，故承担了责任的保证人有权向其他未承担责任的保证人行使追偿权	是各担保人在同一份合同书上签字、盖章或者按指印，承担了担保责任的担保人请求其他担保人按照比例分担向债务人不能追偿部分的，人民法院应予支持。 　　除前两款规定的情形外，承担了担保责任的担保人请求其他担保人分担向债务人不能追偿部分的，人民法院不予支持。 **第 29 条第 1 款**　同一债务有两个以上保证人，债权人以其已经在保证期间内依法向部分保证人行使权利为由，主张已经在保证期间内向其他保证人行使权利的，人民法院不予支持。
第七百条【保证人追偿权】　保证人承担保证责任后，除当事人另有约定外，有权在其承担保证责任的范围内向债务人追偿，享有债权人对债务人的权利，但是不得损害债权人的利益。 　　**指引**：保证人追偿权，是指保证人在承担保证责任后，可向主债务人请求偿还的权利。本条所谓"享有债权人对债务人的权利"，一般来讲主要包括对债务人财产的抵押权等担保物权、迟延利息或违约金。	《破产法》 **第 51 条**　债务人的保证人或者其他连带债务人已经代替债务人清偿债务的，以其对债务人的求偿权申报债权。 　　债务人的保证人或者其他连带债务人尚未代替债务人清偿债务的，以其对债务人的将来求偿权申报债权。但是，债权人已经向管理人申报全部债权的除外。 《民法典担保制度解释》 **第 13 条**　同一债务有两个以上第三人提供担保，担保人之间约定相互追偿及分担份额，承担了担保责任的担保人请求其他担保人按照约定分担份额的，人民法院应予支持；担保人之间约定承担连带共同担保，或者约定相

《民法典》合同编	关联规定
	互追偿但是未约定分担份额的，各担保人按照比例分担向债务人不能追偿的部分。
	同一债务有两个以上第三人提供担保，担保人之间未对相互追偿作出约定且未约定承担连带共同担保，但是各担保人在同一份合同书上签字、盖章或者按指印，承担了担保责任的担保人请求其他担保人按照比例分担向债务人不能追偿部分的，人民法院应予支持。
	除前两款规定的情形外，承担了担保责任的担保人请求其他担保人分担向债务人不能追偿部分的，人民法院不予支持。
	第14条 同一债务有两个以上第三人提供担保，担保人受让债权的，人民法院应当认定该行为系承担担保责任。受让债权的担保人作为债权人请求其他担保人承担担保责任的，人民法院不予支持；该担保人请求其他担保人分担相应份额的，依照本解释第十三条的规定处理。
	第18条 承担了担保责任或者赔偿责任的担保人，在其承担责任的范围内向债务人追偿的，人民法院应予支持。
	同一债权既有债务人自己提供的物的担保，又有第三人提供的担保，承担了担保责任或者赔偿责任的第三人，主张行使债权人对债务人享有的担保物权的，人民法院应予支持。
	第24条 债权人知道或者应当知道债

《民法典》合同编	关联规定
	务人破产，既未申报债权也未通知担保人，致使担保人不能预先行使追偿权的，担保人就该债权在破产程序中可能受偿的范围内免除担保责任，但是担保人因自身过错未行使追偿权的除外。 **第35条**　保证人知道或者应当知道主债权诉讼时效期间届满仍然提供保证或者承担保证责任，又以诉讼时效期间届满为由拒绝承担保证责任或者请求返还财产的，人民法院不予支持；保证人承担保证责任后向债务人追偿的，人民法院不予支持，但是债务人放弃诉讼时效抗辩的除外。 **第29条第2款**　同一债务有两个以上保证人，保证人之间相互有追偿权，债权人未在保证期间内依法向部分保证人行使权利，导致其他保证人在承担保证责任后丧失追偿权，其他保证人主张在其不能追偿的范围内免除保证责任的，人民法院应予支持。 **《九民会纪要》** 56.【混合担保中担保人之间的追偿问题】　被担保的债权既有保证又有第三人提供的物的担保的，担保法司法解释第38条明确规定，承担了担保责任的担保人可以要求其他担保人清偿其应当分担的份额。但《物权法》第176条并未作出类似规定，根据《物权法》第178条关于"担保法与本法的规定不一致的，适用本法"的规定，承担了担保责任的担保人向其他担保人追偿的，人民法院不予支持，但担保人在担保合同中约定可以相互追偿的除外。

《民法典》合同编	关联规定
第七百零一条【保证人抗辩权】 保证人可以主张债务人对债权人的抗辩。债务人放弃抗辩的，保证人仍有权向债权人主张抗辩。 **指引：** 本条规定的抗辩主要包括：主合同未生效或无效的抗辩、主合同已终止的抗辩、主债务已过诉讼时效的抗辩、抵销抗辩，以及主债务人享有的各类抗辩权（先履行抗辩权、同时履行抗辩权、不安抗辩权）。 **案例指引：**《中国东方资产管理公司大连办事处诉辽宁华曦集团公司等借款担保纠纷上诉案》【《最高人民法院公报》2003 年第 6 期】 **案例要旨：**（1）债权人对债务人的债权已经超过诉讼时效，债务人依法取得时效届满的抗辩权，但债权人两次向债务人发出催收通知书，债务人均在通知书上加盖印章。债务人在催收通知书上加盖印章应视为对原债务的重新确认，属于对原债权已过诉讼时效期间带来的抗辩权的放弃。故该债权仍受法律保护。（2）保证人根据《担保法》第 20 条（民法典第 701 条）的规定依法取得了主债务人享有的主债权诉讼时效届满产生的抗辩权。虽然嗣后债务人在催收通知书上盖章，放弃了原债权诉讼时效届满的抗辩权，但对于债务人放弃的抗辩权，担保人仍然可以行使。债务人放弃时效届满抗辩权的行为，对保证人不发生法律效力。	《民法典担保制度解释》 **第 35 条** 保证人知道或者应当知道主债权诉讼时效期间届满仍然提供保证或者承担保证责任，又以诉讼时效期间届满为由拒绝承担保证责任或者请求返还财产的，人民法院不予支持；保证人承担保证责任后向债务人追偿的，人民法院不予支持，但是债务人放弃诉讼时效抗辩的除外。

续表

《民法典》合同编	关联规定
第七百零二条【保证人拒绝履行权】 　债务人对债权人享有抵销权或者撤销权的，保证人可以在相应范围内拒绝承担保证责任。 　**指引**：债务人基于抵销权或撤销权造成主债务减少的，保证人的保证责任也应随之减少。债务人对债权人享有的抵销权或撤销权，即使债务人放弃，保证人仍享有。	
第十四章　租赁合同	
第七百零三条【租赁合同的概念】 租赁合同是出租人将租赁物交付承租人使用、收益，承租人支付租金的合同。 　**指引**：租赁合同系移转财产使用权而非所有权的双务、有偿合同。且与其承租人占有、使用租赁物的特征紧密联系，租赁合同的标的一般为有体物、非消耗物。 　**案例指引**：《黄某诉肖某、第三人冯某1、冯某2房屋租赁合同及物权保护纠纷案》【（2019）粤03民终10220号；深圳市2019年度典型案例，唐毅】 　**案例要旨**：按民法理论对有期限使用非金钱标的物的合同类型划分，无偿使用的为借用，有偿使用的即为租赁，故而租赁合同的基本特征在于其双务有偿性，由此可知，《合同法》第212条（《民法典》第703条）中"支付租金"的表述，立法本意应非于限定仅以金钱方式给付使用对价的方为租赁合同，承租人给予出租人其	《城市房地产管理法》（2019年修正） **第53条**　房屋租赁，是指房屋所有权人作为出租人将其房屋出租给承租人使用，由承租人向出租人支付租金的行为。 《农村土地承包法》（2018年修正） **第44条**　承包方流转土地经营权的，其与发包方的承包关系不变。 《城镇房屋租赁合同解释》（2020年修正） **第2条**　出租人就未取得建设工程规划许可证或者未按照建设工程规划许可证的规定建设的房屋，与承租人订立的租赁合同无效。但在一审法庭辩论终结前取得建设工程规划许可证或者经主管部门批准建设的，人民法院应当认定有效。 **第3条**　出租人就未经批准或者未按照批准内容建设的临时建筑，与承租人订立的租赁合同无效。但在一审法庭辩论终结前经主管部门批准建设的，人民法院应当认定有效。

《民法典》合同编	关联规定
他财产性利益作为承租对价的，亦符合租赁合同的有偿性质，即可视为属前述法律规定的"支付租金"。因该案系以取得装饰装修价值的方式，获取出租房屋的对价，并非无偿使用涉案房屋，故双方存在房屋租赁合同关系。简言之，租赁合同为双务有偿合同，并非仅以给付金钱作为使用对价的才构成租赁关系，使用人给予其他财产性利益作为承租对价的，亦可成立租赁合同关系。	租赁期限超过临时建筑的使用期限，超过部分无效。但在一审法庭辩论终结前经主管部门批准延长使用期限的，人民法院应当认定延长使用期限内的租赁期间有效。
第七百零四条【租赁合同的内容】租赁合同的内容一般包括租赁物的名称、数量、用途、租赁期限、租金及其支付期限和方式、租赁物维修等条款。 　　**指引**：该条对租赁合同内容要求属提倡性和指导性，并非强制性。除上述条款外，当事人还可以根据需要订立某些条款，如违约责任、解决争议的方式以及解除合同的条件等。	**《民法典》** **第470条**　合同的内容由当事人约定，一般包括下列条款： 　　（一）当事人的姓名或者名称和住所； 　　（二）标的； 　　（三）数量； 　　（四）质量； 　　（五）价款或者报酬； 　　（六）履行期限、地点和方式； 　　（七）违约责任； 　　（八）解决争议的方法。 　　当事人可以参照各类合同的示范文本订立合同。 **《城市房地产管理法》（2019年修正）** **第54条**　房屋租赁，出租人和承租人应当签订书面租赁合同，约定租赁期限、租赁用途、租赁价格、修缮责任等条款，以及双方的其他权利和义务，并向房产管理部门登记备案。 **《海商法》** **第130条**　定期租船合同的内容，主要

《民法典》合同编	关联规定
	包括出租人和承租人的名称、船名、船籍、船级、吨位、容积、船速、燃料消耗、航区、用途、租船期间、交船和还船的时间和地点以及条件、租金及其支付，以及其他有关事项。 **第145条**　光船租赁合同的内容，主要包括出租人和承租人的名称、船名、船籍、船级、吨位、容积、航区、用途、租船期间、交船和还船的时间和地点以及条件、船舶检验、船舶的保养维修、租金及其支付、船舶保险、合同解除的时间和条件，以及其他有关事项。
第七百零五条【租赁期限的最高限制】 　　租赁期限不得超过二十年。超过二十年的，超过部分无效。 　　租赁期限届满，当事人可以续订租赁合同；但是，约定的租赁期限自续订之日起不得超过二十年。 　　指引：无论动产还是不动产租赁，租赁合同最长期限为20年。实践中，当事人在20年期满时仍希望保持租赁关系，此时承租人继续使用租赁物，出租人不提出异议的，法律规定视为原租赁合同继续有效，租赁期限为不定期，此谓"法定更新"；或者根据原合同确定的内容再续签一个新租赁合同，此谓"约定更新"。	**《城镇国有土地使用权出让和转让暂行条例》**（2020年修订） **第28条**　土地使用权出租是指土地使用者作为出租人将土地使用权随同地上建筑物、其他附着物租赁给承租人使用，由承租人向出租人支付租金的行为。 　　未按土地使用权出让合同规定的期限和条件投资开发、利用土地的，土地使用权不得出租。
第七百零六条【租赁合同登记对合同效力影响】　　当事人未依照法律、行政法规规定办理租赁合同登记备案手续的，不影响合同的效力。	**《城镇房屋租赁合同解释》**（2020年修正） **第5条**　出租人就同一房屋订立数份租赁合同，在合同均有效的情况下，承租人均主张履行合同的，人民法院

《民法典》合同编	关联规定
指引：该条是民法典中唯一直接明确登记备案不影响合同效力的条文，是立法机关以基本法的形式对实践中长久形成的合同登记备案制度功能的澄清。因此，若法律、行政法规中未明确规定未登记备案的合同不生效，则应当认为民事合同仅因未登记备案不影响合同效力。另需注意的是，登记、备案是两种形式，登记的目的可能是备案，也可能是其他目的，如不动产的登记直接与法律效力相关。"登记备案"与"备案"含义基本相同。依据民法典的规定，登记与备案相联系，即登记是备案的一个环节，登记的目的是备案，因此可以说，登记与备案构成一个整体。	按照下列顺序确定履行合同的承租人： （一）已经合法占有租赁房屋的； （二）已经办理登记备案手续的； （三）合同成立在先的。 不能取得租赁房屋的承租人请求解除合同、赔偿损失的，依照民法典的有关规定处理。 **《城市房地产管理法》**（2019 年修正） **第 54 条** 房屋租赁，出租人和承租人应当签订书面租赁合同，约定租赁期限、租赁用途、租赁价格、修缮责任等条款，以及双方的其他权利和义务，并向房产管理部门登记备案。
第七百零七条【租赁合同形式】 租赁期限六个月以上的，应当采用书面形式。当事人未采用书面形式，无法确定租赁期限的，视为不定期租赁。 **指引**：相较于原合同法规定，本条增加"无法确定租赁期限的"限制条件，即对租赁期限 6 个月以上，虽未采用书面形式，但能确定租赁期的，应当视为定期合同，进而有利于维护交易稳定性。	**《民法典》** **第 469 条** 当事人订立合同，可以采用书面形式、口头形式或者其他形式。 书面形式是合同书、信件、电报、电传、传真等可以有形地表现所载内容的形式。 以电子数据交换、电子邮件等方式能够有形地表现所载内容，并可以随时调取查用的数据电文，视为书面形式。 **《城市房地产管理法》**（2019 年修正） **第 54 条** 房屋租赁，出租人和承租人应当签订书面租赁合同，约定租赁期限、租赁用途、租赁价格、修缮责任等条款，以及双方的其他权利和义务，并向房产管理部门登记备案。

《民法典》合同编	关联规定
第七百零八条【出租人义务】　出租人应当按照约定将租赁物交付承租人，并在租赁期限内保持租赁物符合约定的用途。 　　**指引：**本条实质为出租人对租赁物的瑕疵担保责任，主要是物的效用的瑕疵担保，即出租人应在交付租赁物时和租赁期间内，保证租赁物具备应有的使用价值，符合约定的用途。 　　**案例指引：**《商贸公司与电线电缆公司房屋租赁合同纠纷上诉案》【最高人民法院（2002）民一终字第4号】 　　**案例要旨：**出租人未履行法定义务提供有严重质量问题的房屋，已违反国家法律强制性规定，且不符合租赁房屋的使用条件，应认定其违约在先，承租人拒付租金的行为是行使后履行抗辩权的行为，不构成违约，不承担违约责任，出租人应承担违约赔偿责任。	《民法典》 **第462条**　占有的不动产或者动产被侵占的，占有人有权请求返还原物；对妨害占有的行为，占有人有权请求排除妨害或者消除危险；因侵占或者妨害造成损害的，占有人有权依法请求损害赔偿。 　　占有人返还原物的请求权，自侵占发生之日起一年内未行使的，该请求权消灭。 **第712条**　出租人应当履行租赁物的维修义务，但是当事人另有约定的除外。
第七百零九条【承租人义务】　承租人应当按照约定的方法使用租赁物。对租赁物的使用方法没有约定或者约定不明确，依据本法第五百一十条的规定仍不能确定的，应当根据租赁物的性质使用。 　　**指引：**承租人有义务保证租赁物自始至终符合其本身的品质和效用。承租人履行此项义务的条件包括：（1）承租人对租赁物已实际占有，因此取得了对该租赁物的使用权。（2）出租人交付的租赁物符合约定中的质量、数量、用途的要求，没有瑕疵。（3）双方当事人能够约定租赁物的使用方法或者根据租赁物的性质可以确定其使用方法。	《民法典》 **第510条**　合同生效后，当事人就质量、价款或者报酬、履行地点等内容没有约定或者约定不明确的，可以协议补充；不能达成补充协议的，按照合同相关条款或者交易习惯确定。 **第733条**　租赁期限届满，承租人应当返还租赁物。返还的租赁物应当符合按照约定或者根据租赁物的性质使用后的状态。

《民法典》合同编	关联规定
第七百一十条【承租人合理使用租赁物的免责】 承租人按照约定的方法或者根据租赁物的性质使用租赁物，致使租赁物受到损耗的，不承担赔偿责任。 **指引**：出租人在出租他的物品时，应知道其正常损耗的情况，且约定了使用方法并认可了产生的损耗且据此将该损耗计入租金，此时承租人不应再就此承担赔偿责任。但需注意的是，"损耗"不同于"毁损、灭失"，并不包括严重损害以致灭失的情形。	
第七百一十一条【承租人未合理使用租赁物的责任】 承租人未按照约定的方法或者未根据租赁物的性质使用租赁物，致使租赁物受到损失的，出租人可以解除合同并请求赔偿损失。 **指引**：承租人没有按照约定或者租赁物的性质使用租赁物，系违约行为导致的损失，而非前条所说的损耗。出租人可自主决定是否行使解除权，但无论是否要求解除合同，都有权要求承租人赔偿租赁物所受到的损失。	**《民法典》** **第577条** 当事人一方不履行合同义务或者履行合同义务不符合约定的，应当承担继续履行、采取补救措施或者赔偿损失等违约责任。 **第709条** 承租人应当按照约定的方法使用租赁物。对租赁物的使用方法没有约定或者约定不明确，依据本法第五百一十条的规定仍不能确定的，应当根据租赁物的性质使用。 **《城镇房屋租赁合同解释》**(2020年修正) **第6条** 承租人擅自变动房屋建筑主体和承重结构或者扩建，在出租人要求的合理期限内仍不予恢复原状，出租人请求解除合同并要求赔偿损失的，人民法院依照民法典第七百一十一条的规定处理。

《民法典》合同编	关联规定
第七百一十二条【出租人的维修义务】 出租人应当履行租赁物的维修义务，但是当事人另有约定的除外。 　　**指引**：出租人的维修义务是出租人对物的瑕疵担保责任中派生的义务。但需注意的是，并非所有情况的维修都由出租人承担，以下几种情况便属例外：（1）法律、行政法规规定由承租人承担维修义务的。例如，海商法规定的光船租赁期间由承租人负责保养、维修。又如，《民法典》第750条规定的融资租赁下承租人在占有租赁物期间的维修义务。（2）双方约定由承租人负责维修的。（3）依当地习惯或商业习惯由承租人负责维修的。 　　**案例指引**：《商贸公司与电线电缆公司房屋租赁合同纠纷上诉案》【（2002）民一终字第4号；最高人民法院公布典型案例（2003）第2号】 　　**案例要旨**：当事人约定由承租人履行维修房屋的义务，因发生雪灾致房屋坍塌致使合同目的不能实现的，承租人可以不再履行维修义务并解除合同。	《民法典》 **第750条**　承租人应当妥善保管、使用租赁物。 　　承租人应当履行占有租赁物期间的维修义务。 《海商法》 **第147条**　在光船租赁期间，承租人负责船舶的保养、维修。 《买卖合同解释》（2020年修正） **第24条**　买受人在缔约时知道或者应当知道标的物质量存在瑕疵，主张出卖人承担瑕疵担保责任的，人民法院不予支持，但买受人在缔约时不知道该瑕疵会导致标的物的基本效用显著降低的除外。
第七百一十三条【租赁物的维修和维修费负担】　承租人在租赁物需要维修时可以请求出租人在合理期限内维修。出租人未履行维修义务的，承租人可以自行维修，维修费用由出租人负担。因维修租赁物影响承租人使用的，应当相应减少租金或者延长租期。	《民法典》 **第577条**　当事人一方不履行合同义务或者履行合同义务不符合约定的，应当承担继续履行、采取补救措施或者赔偿损失等违约责任。 **第584条**　当事人一方不履行合同义务或者履行合同义务不符合约定，造成对方损失的，损失赔偿额应当相当

续表

《民法典》合同编	关联规定
因承租人的过错致使租赁物需要维修的，出租人不承担前款规定的维修义务。 　　**指引**：本条所谓的"合理期限"，应根据物的损坏程度、需维修的紧迫程度及出租人维修能力等情况确定。出租人不履行维修义务，致使承租人无法实现合同目的，构成根本违约，承租人可解除合同并请求出租人承担违约责任。	于因违约所造成的损失，包括合同履行后可以获得的利益；但是，不得超过违约一方订立合同时预见到或者应当预见到的因违约可能造成的损失。 **第 591 条**　当事人一方违约后，对方应当采取适当措施防止损失的扩大；没有采取适当措施致使损失扩大的，不得就扩大的损失请求赔偿。 　　当事人因防止损失扩大而支出的合理费用，由违约方负担。
第七百一十四条【承租人的租赁物妥善保管义务】　　承租人应当妥善保管租赁物，因保管不善造成租赁物毁损、灭失的，应当承担赔偿责任。 　　**指引**：妥善保管租赁物也是承租人的主要义务之一，源自于承租人对租赁物仅享有占有和使用权，其应包括几个内容：（1）按约定方式或租赁物性质所要求的方法保管租赁物。（2）按照租赁物的使用状况进行正常的维护。（3）通知和协助。	《民法典》 **第 729 条**　因不可归责于承租人的事由，致使租赁物部分或者全部毁损、灭失的，承租人可以请求减少租金或者不支付租金；因租赁物部分或者全部毁损、灭失，致使不能实现合同目的的，承租人可以解除合同。
第七百一十五条【承租人对租赁物进行改善或增设他物】　　承租人经出租人同意，可以对租赁物进行改善或者增设他物。 　　承租人未经出租人同意，对租赁物进行改善或者增设他物的，出租人可以请求承租人恢复原状或者赔偿损失。 　　**指引**：承租人在征得出租人同意后对租赁物进行改善或者增设他物的，租赁期限届满须将租赁物返还出租人	《民法典》 **第 236 条**　妨害物权或者可能妨害物权的，权利人可以请求排除妨害或者消除危险。 《城镇房屋租赁合同解释》（2020 年修正） **第 6 条**　承租人擅自变动房屋建筑主体和承重结构或者扩建，在出租人要求的合理期限内仍不予恢复原状，出租人请求解除合同并要求赔偿损失的，人民法院依照民法典第七百一十一条的规定处理。

《民法典》合同编	关联规定
时，可要求出租人偿还由于改善或增设他物使租赁物的价值增加的那部分费用，但仅限于合同终止时租赁物增加的价值额。若可拆除且不影响租赁物原状，最好拆除且也有权拆除。若出租人表示可不拆除并愿意支付增加的费用的，也可不拆除。	**第7条**　承租人经出租人同意装饰装修，租赁合同无效时，未形成附合的装饰装修物，出租人同意利用的，可折价归出租人所有；不同意利用的，可由承租人拆除。因拆除造成房屋毁损的，承租人应当恢复原状。 　　已形成附合的装饰装修物，出租人同意利用的，可折价归出租人所有；不同意利用的，由双方各自按照导致合同无效的过错分担现值损失。 **第8条**　承租人经出租人同意装饰装修，租赁期间届满或者合同解除时，除当事人另有约定外，未形成附合的装饰装修物，可由承租人拆除。因拆除造成房屋毁损的，承租人应当恢复原状。 **第9条**　承租人经出租人同意装饰装修，合同解除时，双方对已形成附合的装饰装修物的处理没有约定的，人民法院按照下列情形分别处理： 　　（一）因出租人违约导致合同解除，承租人请求出租人赔偿剩余租赁期内装饰装修残值损失的，应予支持； 　　（二）因承租人违约导致合同解除，承租人请求出租人赔偿剩余租赁期内装饰装修残值损失的，不予支持。但出租人同意利用的，应在利用价值范围内予以适当补偿； 　　（三）因双方违约导致合同解除，剩余租赁期内的装饰装修残值损失，由双方根据各自的过错承担相应的责任； 　　（四）因不可归责于双方的事由导

《民法典》合同编	关联规定
	致合同解除的，剩余租赁期内的装饰装修残值损失，由双方按照公平原则分担。法律另有规定的，适用其规定。 **第 10 条** 承租人经出租人同意装饰装修，租赁期间届满时，承租人请求出租人补偿附合装饰装修费用的，不予支持。但当事人另有约定的除外。 **第 11 条** 承租人未经出租人同意装饰装修或者扩建发生的费用，由承租人负担。出租人请求承租人恢复原状或者赔偿损失的，人民法院应予支持。 **第 12 条** 承租人经出租人同意扩建，但双方对扩建费用的处理没有约定的，人民法院按照下列情形分别处理： （一）办理合法建设手续的，扩建造价费用由出租人负担； （二）未办理合法建设手续的，扩建造价费用由双方按照过错分担。
第七百一十六条【转租】 承租人经出租人同意，可以将租赁物转租给第三人。承租人转租的，承租人与出租人之间的租赁合同继续有效；第三人造成租赁物损失的，承租人应当赔偿损失。 承租人未经出租人同意转租的，出租人可以解除合同。 **指引**：经出租人同意的转租有效，但注意：（1）出租人与承租人之间的租赁关系继续有效，承租人仍然应向出租人承担支付租金、在租赁期限届满时返还租赁物的义务。（2）虽然次承租人与出租人之间没有合同关系，	《民法典》 **第 555 条** 当事人一方经对方同意，可以将自己在合同中的权利和义务一并转让给第三人。 **第 556 条** 合同的权利和义务一并转让的，适用债权转让、债务转移的有关规定。 **第 580 条** 当事人一方不履行非金钱债务或者履行非金钱债务不符合约定的，对方可以请求履行，但是有下列情形之一的除外： （一）法律上或者事实上不能履行； （二）债务的标的不适于强制履行

《民法典》合同编	关联规定
次承租人在特定条件下（如《民法典》第 719 条情况下）可以直接向出租人支付租金，出租人不得拒绝。（3）在租赁合同终止或者被解除时，承租人与次承租人之间的租赁关系也随之终止。	或者履行费用过高； （三）债权人在合理期限内未请求履行。 有前款规定的除外情形之一，致使不能实现合同目的的，人民法院或者仲裁机构可以根据当事人的请求终止合同权利义务关系，但是不影响违约责任的承担。
第七百一十七条【转租期限】 承租人经出租人同意将租赁物转租给第三人，转租期限超过承租人剩余租赁期限的，超过部分的约定对出租人不具有法律约束力，但是出租人与承租人另有约定的除外。 **指引：** 本条采纳的是相对无效说，即超过承租人剩余租赁期限的，只要不存在民法典规定的无效事由即有效，次承租人取得相应权利。该权利仅对出租人不产生法律约束力。	
第七百一十八条【出租人同意转租的推定】 出租人知道或者应当知道承租人转租，但是在六个月内未提出异议的，视为出租人同意转租。 **指引：** 房屋租赁关系的基础是出租人对承租人的了解和信任，故承租人转租原则上须经出租人同意或追认。但若出租人明知承租人转租却不明确表示追认或异议，将使承租人与次承租人的利益长期陷入不稳定。且租赁物在租赁期限内完全处在承租人实际控制下，出租人难以及时发现违法转租的事实。	《民法典》 **第 140 条** 行为人可以明示或者默示作出意思表示。 沉默只有在有法律规定、当事人约定或者符合当事人之间的交易习惯时，才可以视为意思表示。

《民法典》合同编	关联规定
第七百一十九条【次承租人的代为清偿权】 承租人拖欠租金的，次承租人可以代承租人支付其欠付的租金和违约金，但是转租合同对出租人不具有法律约束力的除外。 　　次承租人代为支付的租金和违约金，可以充抵次承租人应当向承租人支付的租金；超出其应付的租金数额的，可以向承租人追偿。 　　**指引**：次承租人对租赁物占有、使用、收益的权利能否得到保障，取决于承租人对出租人义务的履行，故次承租人对承租人与出租人间债务的履行具有"合法利益"，属《民法典》第524条规定的第三人，有权向出租人代为履行该金钱之债，出租人不得拒绝。但是，未经出租人同意转租的，转租合同对出租人不具法律效力，第三人对租赁物的占有属于无权占有，不再具有"合法利益"，出租人有权拒绝。	**《民法典》** **第524条** 债务人不履行债务，第三人对履行该债务具有合法利益的，第三人有权向债权人代为履行；但是，根据债务性质、按照当事人约定或者依照法律规定只能由债务人履行的除外。 　　债权人接受第三人履行后，其对债务人的债权转让给第三人，但是债务人和第三人另有约定的除外。
第七百二十条【租赁物的收益归属】 在租赁期限内因占有、使用租赁物获得的收益，归承租人所有，但是当事人另有约定的除外。 　　**指引**：本条中的收益是指承租人因占有、使用租赁物而获得的效益，包括两类：（1）因为占有租赁物而产生的收益。（2）因使用租赁物而产生的收益，如承租人从房屋租赁的转租中收取的超额租金，承租人租用汽车经营货物运输获得的收益等等。	**《民法典》** **第321条** 天然孳息，由所有权人取得；既有所有权人又有用益物权人的，由用益物权人取得。当事人另有约定的，按照其约定。 　　法定孳息，当事人有约定的，按照约定取得；没有约定或者约定不明确的，按照交易习惯取得。

《民法典》合同编	关联规定
第七百二十一条【租金支付期限】 承租人应当按照约定的期限支付租金。对支付租金的期限没有约定或者约定不明确，依据本法第五百一十条的规定仍不能确定，租赁期限不满一年的，应当在租赁期限届满时支付；租赁期限一年以上的，应当在每届满一年时支付，剩余期限不满一年的，应当在租赁期限届满时支付。 　　**指引**：租金的支付期限是合同的主要条款，关系到租金支付的时间，当事人在合同中应当尽量约定明确。实践中，未约定租金支付期限或约定不明确的情况，需要当事人进行进一步的协商，如果不能达成补充协议，且依据合同的有关条款和交易习惯也不能确定的，按本条规定处理。	**《民法典》** **第 510 条**　合同生效后，当事人就质量、价款或者报酬、履行地点等内容没有约定或者约定不明确的，可以协议补充；不能达成补充协议的，按照合同相关条款或者交易习惯确定。 **《海商法》** **第 140 条**　承租人应当按照合同约定支付租金。承租人未按照合同约定支付租金的，出租人有权解除合同，并有权要求赔偿因此遭受的损失。
第七百二十二条【承租人的租金支付义务】　承租人无正当理由未支付或者迟延支付租金的，出租人可以请求承租人在合理期限内支付；承租人逾期不支付的，出租人可以解除合同。 　　**指引**：正当理由主要是指：（1）不可抗力或意外事件，使租赁物部分或者全部毁损、灭失的。（2）因出租人没有履行义务，如交付的租赁物不符合约定的使用要求。（3）因承租人本身发生一些意外事件致使其暂时无力支付租金。租金的支付无正当理由未支付或迟延支付是一种违约行为，但出租人并不一定马上解除合同，可给承租人对违约的补救机会。该合理期	**《民法典》** **第 563 条**　有下列情形之一的，当事人可以解除合同： 　　（一）因不可抗力致使不能实现合同目的； 　　（二）在履行期限届满前，当事人一方明确表示或者以自己的行为表明不履行主要债务； 　　（三）当事人一方迟延履行主要债务，经催告后在合理期限内仍未履行； 　　（四）当事人一方迟延履行债务或者有其他违约行为致使不能实现合同目的； 　　（五）法律规定的其他情形。以持续履行的债务为内容的不定期合同，

续表

《民法典》合同编	关联规定
限应当根据到期租金的数额、承租人的支付能力以及出租人的经济状况等因素来确定。 **案例指引**：《百货中心诉周某租赁合同案》① **案例要旨**：承租人违反合同约定拒交租金，致使合同无法继续履行，出租人有权解除租赁合同，承租人应恢复财产的原状，返还财产，并依法交纳逾期租金，租赁房屋管理费和用电费等费用。	当事人可以随时解除合同，但是应当在合理期限之前通知对方。 **第577条** 当事人一方不履行合同义务或者履行合同义务不符合约定的，应当承担继续履行、采取补救措施或者赔偿损失等违约责任。 **第579条** 当事人一方未支付价款、报酬、租金、利息，或者不履行其他金钱债务的，对方可以请求其支付。
第七百二十三条【出租人的权利瑕疵担保责任】 因第三人主张权利，致使承租人不能对租赁物使用、收益的，承租人可以请求减少租金或者不支付租金。 第三人主张权利的，承租人应当及时通知出租人。 **指引**：出租人承担权利瑕疵担保责任的条件包括以下：（1）因第三人向承租人主张权利。（2）第三人主张权利妨碍承租人对租赁物的使用和收益。(3)承租人在订立合同时不知有权利瑕疵。此外，因承租人怠于通知致使出租人能够救济而未能及时救济的，出租人对承租人的损失不负赔偿责任。承租人及时通知出租人，出租人对第三人主张权利不能排除的，承租人有权请求减少租金或不支付租金。	

① 中国高级法官培训中心、中国人民大学法学院编：《中国审判案例要览（1996年民事审判卷）》，中国人民大学出版社1996年版，第363页。

《民法典》合同编	关联规定
第七百二十四条【承租人解除合同的法定情形】 有下列情形之一，非因承租人原因致使租赁物无法使用的，承租人可以解除合同： （一）租赁物被司法机关或者行政机关依法查封、扣押； （二）租赁物权属有争议； （三）租赁物具有违反法律、行政法规关于使用条件的强制性规定情形。 **指引**：出现三款规定的任一情形时，承租人的合同解除权也非任意的，还须具备一个必要前提，即该情形的出现导致"租赁物无法使用"。"无法使用"是指无法按照租赁物的约定用途使用，或者无法按照租赁物的性质使用。	**《民法典》** **第 563 条** 有下列情形之一的，当事人可以解除合同： （一）因不可抗力致使不能实现合同目的； （二）在履行期限届满前，当事人一方明确表示或者以自己的行为表明不履行主要债务； （三）当事人一方迟延履行主要债务，经催告后在合理期限内仍未履行； （四）当事人一方迟延履行债务或者有其他违约行为致使不能实现合同目的； （五）法律规定的其他情形。 以持续履行的债务为内容的不定期合同，当事人可以随时解除合同，但是应当在合理期限之前通知对方。
第七百二十五条【买卖不破租赁】 租赁物在承租人按照租赁合同占有期限内发生所有权变动的，不影响租赁合同的效力。 **指引**：本条的规定体现了租赁合同的物权化特点，即在承租人依据租赁合同占有租赁物期限内，承租人对租赁物的占有使用可以对抗第三人，即使是该租赁物所有权人或享有其他物权的人也不例外。承租人与受让人无须另行订立租赁合同，受让人在受让该租赁物所有权时就与承租人产生了租赁合同关系，继承原出租人的权利义务。另需注意的是，"买卖不破租赁"并不限于出租人出售租赁物的情	**《民法典》** **第 612 条** 出卖人就交付的标的物，负有保证第三人对该标的物不享有任何权利的义务，但是法律另有规定的除外。 **《执行异议复议规定》**（2020 年修正） **第 31 条** 承租人请求在租赁期内阻止向受让人移交占有被执行的不动产，在人民法院查封之前已签订合法有效的书面租赁合同并占有使用该不动产的，人民法院应予支持。 承租人与被执行人恶意串通，以明显不合理的低价承租被执行的不动产或者伪造交付租金证据的，对其提出的阻止移交占有的请求，人民法院不予支持。

《民法典》合同编	关联规定
形，还包括赠与、遗赠、互易甚至将租赁物作为合伙出资等情形。 　　**案例指引**：《唐学富、庞华与合肥建鑫房地产开发有限公司给付瑕疵责任担保纠纷案》【《最高人民法院公报》2020年第2期】 　　**案例要旨**：租赁期间房屋产权发生变更，除当事人有特别约定外，租金自产权变更之日起归买受人所有。买受人在产权变更后，因租金难以收取，以出卖人有缔约过失、交付房屋存在瑕疵为由，要求出卖人承担租金损失的，人民法院不予以支持。	**《城镇房屋租赁合同解释》(2020年修正)** **第14条**　租赁房屋在承租人按照租赁合同占有期限内发生所有权变动，承租人请求房屋受让人继续履行原租赁合同的，人民法院应予支持。但租赁房屋具有下列情形或者当事人另有约定的除外： 　　（一）房屋在出租前已设立抵押权，因抵押权人实现抵押权发生所有权变动的； 　　（二）房屋在出租前已被人民法院依法查封的。 **《商品房屋租赁管理办法》** **第12条**　房屋租赁期间内，因赠与、析产、继承或者买卖转让房屋的，原房屋租赁合同继续有效。 　　承租人在房屋租赁期间死亡的，与其生前共同居住的人可以按照原租赁合同租赁该房屋。
第七百二十六条【房屋承租人的优先购买权】　出租人出卖租赁房屋的，应当在出卖之前的合理期限内通知承租人，承租人享有以同等条件优先购买的权利；但是，房屋按份共有人行使优先购买权或者出租人将房屋出卖给近亲属的除外。 　　出租人履行通知义务后，承租人在十五日内未明确表示购买的，视为承租人放弃优先购买权。 　　**指引**：房屋承租人的优先购买权有如下基本特征：(1)具有法定性。(2)是承租人所享有的对出租人出卖房屋的	**《民法典》** **第305条**　按份共有人可以转让其享有的共有的不动产或者动产份额。其他共有人在同等条件下享有优先购买的权利。 **第1045条**　亲属包括配偶、血亲和姻亲。 　　配偶、父母、子女、兄弟姐妹、祖父母、外祖父母、孙子女、外孙子女为近亲属。 　　配偶、父母、子女和其他共同生活的近亲属为家庭成员。 **《城镇房屋租赁合同解释》(2020年修正)** **第15条**　出租人与抵押权人协议折

《民法典》合同编	关联规定
请求债权，不是直接对物享有权利，也不能直接对抗第三人，优先权行使前不影响出卖人与其他人进行协商。（3）是专属于承租人的权利，不能通过转让或者继承转移至他人。（4）是一种限制性的权利，以同等条件为前提。 　　**案例指引**：《杨巧丽诉中州泵业公司优先购买权侵权纠纷案》【《最高人民法院公报》2004年第5期】 　　**案例要旨**：根据《合同法》第230条（《民法典》第726条）的规定，房屋出租人出卖租赁房屋时，承租人在同等条件下享有的优先购买权，应为购买自己承租的房屋，而不是出租人出卖的其他房屋。	价、变卖租赁房屋偿还债务，应当在合理期限内通知承租人。承租人请求以同等条件优先购买房屋的，人民法院应予支持。
第七百二十七条【承租人对拍卖房屋的优先购买权】　出租人委托拍卖人拍卖租赁房屋的，应当在拍卖五日前通知承租人。承租人未参加拍卖的，视为放弃优先购买权。 　　**指引**：需注意的是，以拍卖方式出卖租赁房屋，应遵守拍卖程序。承租人也应按照拍卖通知或拍卖公告的要求进行竞买登记、交纳竞买保证金，在拍卖日到场参加竞拍。经通知，承租人未有效参加拍卖的情形，均视为放弃优先购买权。	《拍卖法》（2015年修正） **第45条**　拍卖人应当于拍卖日七日前发布拍卖公告。 **第47条**　拍卖公告应当通过报纸或者其他新闻媒介发布。
第七百二十八条【出租人妨害承租人优先购买权的法律后果】　出租人未通知承租人或者有其他妨害承租人行	

《民法典》合同编	关联规定
使优先购买权情形的，承租人可以请求出租人承担赔偿责任。但是，出租人与第三人订立的房屋买卖合同的效力不受影响。 **指引**：在出租人侵害房屋承租人优先购买权的情况下，房屋买卖合同并不因此无效，而是产生出租人对承租人的损害赔偿责任。但是，若承租人能证明买受人与出租人恶意串通，则可依据《民法典》第 154 条的规定主张房屋买卖合同无效。	
第七百二十九条【租赁物毁损、灭失的承租人的请求权】 因不可归责于承租人的事由，致使租赁物部分或者全部毁损、灭失的，承租人可以请求减少租金或者不支付租金；因租赁物部分或者全部毁损、灭失，致使不能实现合同目的的，承租人可以解除合同。 **指引**：本条规定的是在承租人已尽了善良管理人的义务的情况下，由于其他原因，造成租赁物的毁损、灭失的，承租人享有何种权利。不可归责于承租人的事由有下列几种情况： （1）因不可抗力的原因造成租赁物毁损、灭失的。不可抗力的条件是不能预见、不能避免，并且不能克服；（2）因意外事件造成租赁物毁损、灭失的；（3）因出租人不履行义务造成租赁物毁损、灭失的。	

续表

《民法典》合同编	关联规定
案例指引：《旅游汽车租赁公司诉刘某荣汽车租赁合同案》① **案例要旨**：汽车租赁合同中，汽车在使用过程中燃烧毁损，但出租人无证据证明承租人存在使用不当或保管不善的过错行为，此不可归责于承租人的事由所致租赁物毁损、灭失之损失风险应为作为租赁行业经营者的出租人的正常行业风险，出租人可以通过投保自燃及火因不明损失险来分散风险、减少损失，承租人对于租赁车辆因火因不明燃烧毁损造成的车辆损失不应承担损害赔偿责任。	
第七百三十条 【租期不明的处理】 当事人对租赁期限没有约定或者约定不明确，依据本法第五百一十条的规定仍不能确定的，视为不定期租赁；当事人可以随时解除合同，但是应当在合理期限之前通知对方。 　**指引**：根据本条，在租期不明（包括没有约定、约定不明确）时，首先按照《民法典》第510条进行协议补充，无法达成补充协议的，依照合同有关条款或交易习惯确定，均未果的，视为不定期租赁，双方都可随时解除。同时也明确了无论哪一方为解除方，均需在合理期限前通知对方。	**《民法典》** **第510条**　合同生效后，当事人就质量、价款或者报酬、履行地点等内容没有约定或者约定不明确的，可以协议补充；不能达成补充协议的，按照合同相关条款或者交易习惯确定。 **《农村土地承包纠纷解释》**（2020年修正） **第16条**　当事人对出租地流转期限没有约定或者约定不明的，参照民法典第七百三十条规定处理。除当事人另有约定或者属于林地承包经营外，承包地交回的时间应当在农作物收获期结束后或者下一耕种期开始前。 　对提高土地生产能力的投入，对方当事人请求承包方给予相应补偿的，应予支持。

<hr>

　① 国家法官学院、中国人民大学法学院编：《中国审判案例要览（2006年民事审判案例卷）》，中国人民大学出版社2006年版，第167页。

《民法典》合同编	关联规定
第七百三十一条【租赁物质量不合格时承租人的解除权】　租赁物危及承租人的安全或者健康的，即使承租人订立合同时明知该租赁物质量不合格，承租人仍然可以随时解除合同。 **指引**：在住房租赁中，出租人对于房屋的质量应负严格的产品责任，即只要房屋的质量不合格，危及承租人的人身安全或者健康时，无论承租人在订立合同时知道与否，承租人均有权随时解除合同。 **案例指引**：《刘某强诉地产开发公司租赁合同纠纷案》① **案例要旨**：虚拟式商铺的产权人无法独立经营，其主张承租人返还商铺、独立经营的法院不予支持。虚拟式商铺是指开发商将超市、百货大楼等开放式卖场进行面积概念分割，小商铺之间无墙隔离，不划分实际区域，产权登记在投资者名下，并在一定期限包租，购房者无法自行经营的商铺销售模式。该案中系争虚拟式商铺不具有空间隔离设施和独立使用功能，其产权登记所表示的只能是平面权利，产权人无法独立经营，且产权人在购买时已经接受了对商铺权利的限制，因此不应支持其返还商铺、独立经营的诉讼请求。	

---

① 最高人民法院中国应用法学研究所编：《人民法院案例选》，人民法院出版社2008年版，第168页。

《民法典》合同编	关联规定
第七百三十二条【房屋承租人死亡时租赁关系的处理】 承租人在房屋租赁期限内死亡的，与其生前共同居住的人或者共同经营人可以按照原租赁合同租赁该房屋。 **指引**：承租人死亡后，生前未与其共同生活的亲属或者法定继承人，如果确需继续租用住房的，享有优先承租权，可以与出租人另行签订房屋租赁合同。但在租赁期间，与承租人共同居住的人有在租赁的房屋内居住的权利，出租人不得干涉。	
第七百三十三条【租赁物的返还】 租赁期限届满，承租人应当返还租赁物。返还的租赁物应当符合按照约定或者根据租赁物的性质使用后的状态。 **指引**：租赁期间届满后承租人返还租赁物作为一项主要义务，包括三方面内容：（1）承租人应于租赁关系终止时向出租人返还租赁物。（2）承租人返还的租赁物应当符合按照约定或者租赁物的性质使用后的状态。（3）租赁期间届满，承租人应当及时向出租人返还租赁物。不及时返还租赁物的，应负违约责任，出租人既可以基于租赁关系要求承租人返还，也可以基于所有权要求承租人返还。承租人不仅应当支付逾期返还租赁物的租金，偿还违约金或赔偿损失，还应承担租赁物逾期返还期间意外灭失的风险。	《海商法》 **第142条** 承租人向出租人交还船舶时，该船舶应当具有与出租人交船时相同的良好状态，但是船舶本身的自然磨损除外。 　　船舶未能保持与交船时相同的良好状态的，承租人应当负责修复或者给予赔偿。

《民法典》合同编	关联规定
第七百三十四条【租赁期限届满的续租及优先承租权】 租赁期限届满，承租人继续使用租赁物，出租人没有提出异议的，原租赁合同继续有效，但是租赁期限为不定期。 租赁期限届满，房屋承租人享有以同等条件优先承租的权利。 **指引**：第 2 款明确了房屋承租人的优先承租权，该权利应理解为一种形成权，是在保护弱势群体的理念下对承租人承租权利的强化。其行使条件一般包括以下几个要件：(1) 存在合法有效的租赁关系。(2) 出租人继续出租房屋。(3) 满足同等条件。(4) 在合理期限内主张。为保障承租人在合理期限内能够主张权利，出租人应承担通知义务。 **案例指引**：《王某康等诉程某英租赁合同案》① **案例要旨**：根据《合同法》第 236 条（《民法典》第 734 条）的规定，租赁期间届满，承租人继续使用租赁物，出租人没有提出异议的，原租赁合同继续有效，但租赁期限为不定期。根据法律规定，对于不定期租赁，当事人可以随时解除合同。法院认为，租赁合同的内容包括租赁物的名称、数量、用途、租赁期限、租金及其支付期限和方式、租赁物维修等条款。	**《民法典时间效力规定》** **第 21 条** 民法典施行前租赁期限届满，当事人主张适用民法典第七百三十四条第二款规定的，人民法院不予支持；租赁期限在民法典施行后届满，当事人主张适用民法典第七百三十四条第二款规定的，人民法院依法予以支持。

---

① 国家法官学院、中国人民大学法学院编：《中国审判案例要览（2013 年民事审判案例卷）》，中国人民大学出版社 2013 年版，第 159 页。

《民法典》合同编	关联规定
第十五章　融资租赁合同	
第七百三十五条【融资租赁合同的概念】　融资租赁合同是出租人根据承租人对出卖人、租赁物的选择，向出卖人购买租赁物，提供给承租人使用，承租人支付租金的合同。 　　**指引**：融资租赁是一种贸易与信贷相结合，融资与融物为一体的综合性交易。一般来说，融资租赁要有三方当事人（出租人、承租人和出卖人）参与，通常由两个合同（融资租赁合同、买卖合同）或者两个以上合同构成，其内容是融资，表现形式是融物。	**《民法典担保制度解释》** **第1条**　因抵押、质押、留置、保证等担保发生的纠纷，适用本解释。所有权保留买卖、融资租赁、保理等涉及担保功能发生的纠纷，适用本解释的有关规定。 **《融资租赁合同解释》**（2020年修正） **第1条**　人民法院应当根据民法典第七百三十五条的规定，结合标的物的性质、价值、租金的构成以及当事人的合同权利和义务，对是否构成融资租赁法律关系作出认定。 　　对名为融资租赁合同，但实际不构成融资租赁法律关系的，人民法院应按照其实际构成的法律关系处理。 **第2条**　承租人将其自有物出卖给出租人，再通过融资租赁合同将租赁物从出租人处租回的，人民法院不应仅以承租人和出卖人系同一人为由认定不构成融资租赁法律关系。
第七百三十六条【融资租赁合同的内容】　融资租赁合同的内容一般包括租赁物的名称、数量、规格、技术性能、检验方法，租赁期限，租金构成及其支付期限和方式、币种，租赁期限届满租赁物的归属等条款。 　　融资租赁合同应当采用书面形式。 　　**指引**：由于租赁方式的不同，融资租赁合同的内容往往也不同，本条内容是对典型的融资租赁合同内容的规定。除上述条款外，融资租赁合同一般还涉及租赁物的交付、使用、保	**《民法典》** **第470条**　合同的内容由当事人约定，一般包括下列条款： 　　（一）当事人的姓名或者名称和住所； 　　（二）标的； 　　（三）数量； 　　（四）质量； 　　（五）价款或者报酬； 　　（六）履行期限、地点和方式； 　　（七）违约责任； 　　（八）解决争议的方法。

《民法典》合同编	关联规定
养、维修和保险、担保、违约责任、合同发生争议时的解决方法、合同签订日期和地点等内容。融资租赁合同法律关系较为复杂，金额一般较大，履行期一般较长，为便于合同管理与监督，方便裁决和审理，本条明确了应采用书面形式。 　　**案例指引**：《金融租赁公司与工贸公司等买卖合同纠纷申诉案》① 　　**案例要旨**：变更融资租赁合同应符合要式合同的形式要求，并经融资租赁关系中三方当事人合意才能达成。变更融资租赁合同应符合要式合同的形式要求，并经融资租赁关系中三方当事人合意，出租人出借购买租赁物发票的行为不能当然视为变更融资租赁合同的性质，承租人擅自对租赁物设立抵押后申请破产的，出租人申报债权的行为及针对租赁物的抵押权均不影响融资租赁合同的效力。	当事人可以参照各类合同的示范文本订立合同。
第七百三十七条【融资租赁通谋虚伪表示】　当事人以虚构租赁物方式订立的融资租赁合同无效。 　　**指引**：本条的虚构租赁物的融资租赁合同即《民法典》第 146 条在融资租赁合同中的具体体现。较为典型的情形是"名为融资租赁实为借贷"，法院应适用借款合同规定进行处理，依法认定借款本金与利率。	**《民法典》** **第 146 条**　行为人与相对人以虚假的意思表示实施的民事法律行为无效。 　　以虚假的意思表示隐藏的民事法律行为的效力，依照有关法律规定处理。 **《融资租赁合同解释》**（2020 年修正） **第 1 条**　人民法院应当根据民法典第七百三十五条的规定，结合标的物的

---

　　① 最高人民法院立案一庭、立案二庭编：《立案工作指导与参考》，人民法院出版社2012 年版，第 165 页。

续表

《民法典》合同编	关联规定
案例指引：《信托投资公司诉实业公司借款合同案》① **案例要旨：**双方当事人所签订的租赁合同，因租赁物不存在，且一方当事人汇给对方的款项并非用于购买租赁物，双方意思表示不真实，所签订的合同署名为融资租赁实为借款，合同应认定为无效。	性质、价值、租金的构成以及当事人的合同权利和义务，对是否构成融资租赁法律关系作出认定。 对名为融资租赁合同，但实际不构成融资租赁法律关系的，人民法院应按照其实际构成的法律关系处理。
第七百三十八条【特定租赁物经营许可对合同效力影响】 依照法律、行政法规的规定，对于租赁物的经营使用应当取得行政许可的，出租人未取得行政许可不影响融资租赁合同的效力。 **指引：**融资租赁中，出租人实质上是为承租人购买租赁物提供资金，真正的经营使用者是承租人。对出租人来说，租赁物的经营使用与其没有关系，其只需具备相应的融资租赁资质即可。	**《民法典》** **第 502 条** 依法成立的合同，自成立时生效，但是法律另有规定或者当事人另有约定的除外。 依照法律、行政法规的规定，合同应当办理批准等手续的，依照其规定。未办理批准等手续影响合同生效的，不影响合同中履行报批等义务条款以及相关条款的效力。应当办理申请批准等手续的当事人未履行义务的，对方可以请求其承担违反该义务的责任。 依照法律、行政法规的规定，合同的变更、转让、解除等情形应当办理批准等手续的，适用前款规定。 **《九民会纪要》** 37.**【未经批准合同的效力】** 法律、行政法规规定某类合同应当办理批准手续生效的，如商业银行法、证券法、保险法等法律规定购买商业银行、证券公司、保险公司 5% 以上股权须经相关主管部门批准，依据《合同法》第

---

① 国家法官学院、中国人民大学法学院编：《中国审判案例要览（1998 年民事审判案例卷）》，中国人民大学出版社 199 年版，第 189 页。

续表

《民法典》合同编	关联规定
	44 条第 2 款的规定，批准是合同的法定生效条件，未经批准的合同因欠缺法律规定的特别生效条件而未生效。实践中的一个突出问题是，把未生效合同认定为无效合同，或者虽认定为未生效，却按无效合同处理。无效合同从本质上来说是欠缺合同的有效要件，或者具有合同无效的法定事由，自始不发生法律效力。而未生效合同已具备合同的有效要件，对双方具有一定的拘束力，任何一方不得擅自撤回、解除、变更，但因欠缺法律、行政法规规定或当事人约定的特别生效条件，在该生效条件成就前，不能产生请求对方履行合同主要权利义务的法律效力。
第七百三十九条【融资租赁标的物的交付】 出租人根据承租人对出卖人、租赁物的选择订立的买卖合同，出卖人应当按照约定向承租人交付标的物，承租人享有与受领标的物有关的买受人的权利。 **指引**：融资租赁合同承租人享有与买卖合同中受领标的物有关的买受人的权利，是融资租赁与传统租赁的一个重要区别。在融资租赁关系中，融资租赁合同的租赁物即买卖合同的标的物，融资租赁合同与买卖合同直接相关。因此，虽然承租人不是买卖合同的当事人，法律也规定承租人与出卖人直接发生关系，出卖人不仅应向承租人直接交付标的物，而且应承担租赁物的瑕疵担保责任。	**《民法典》** **第 708 条** 出租人应当按照约定将租赁物交付承租人，并在租赁期限内保持租赁物符合约定的用途。

《民法典》合同编	关联规定
第七百四十条【承租人拒绝受领权】 出卖人违反向承租人交付标的物的义务，有下列情形之一的，承租人可以拒绝受领出卖人向其交付的标的物： （一）标的物严重不符合约定； （二）未按照约定交付标的物，经承租人或者出租人催告后在合理期限内仍未交付。 承租人拒绝受领标的物的，应当及时通知出租人。 **指引**：融资租赁合同中，当租赁物出现严重不符合约定的情况或租赁物未按约定交付经催告后在合理期限内仍未交付的，本条赋予承租人直接向出卖人拒绝受领瑕疵给付或迟延交付的权利，使出卖人与承租人间建立法律上的关系，突破了合同相对性的约束，属《民法典》第 465 条第 2 款"法律另有规定"的情形。	《融资租赁合同解释》（2020 年修正） **第 3 条**　承租人拒绝受领租赁物，未及时通知出租人，或者无正当理由拒绝受领租赁物，造成出租人损失，出租人向承租人主张损害赔偿的，人民法院应予支持。
第七百四十一条【承租人的索赔权】 出租人、出卖人、承租人可以约定，出卖人不履行买卖合同义务的，由承租人行使索赔的权利。承租人行使索赔权利的，出租人应当协助。 **指引**：承租人直接向出卖人行使索赔权的内容主要有以下两种：（1）出卖人交付的标的物质量不符合约定时，承租人可以要求减少价金、修理调换、支付违约金、解除合同并赔偿损失。（2）出卖人未交付或者迟延交付标的物的，承租人可以请求出卖人继续履行交付义务并请求因迟延履行导致的	《融资租赁合同解释》（2020 年修正） **第 3 条**　承租人拒绝受领租赁物，未及时通知出租人，或者无正当理由拒绝受领租赁物，造成出租人损失，出租人向承租人主张损害赔偿的，人民法院应予支持。

《民法典》合同编	关联规定
损害赔偿，构成《民法典》第 563 条第 1 款情形之一的，可解除合同并请求替代履行的损害赔偿。 　　**案例指引：**《商砼有限公司诉汽车公司、汽车销售公司追偿权纠纷案》① 　　**案例要旨：**在回购型融资租赁中，出卖人或生产商履行回购义务与其承担产品质量责任并非处于同一法律关系中，其履行回购义务后行使追偿权不以产品质量合格为前提。	
第七百四十二条【承租人行使索赔权的租金支付义务】　承租人对出卖人行使索赔权利，不影响其履行支付租金的义务。但是，承租人依赖出租人的技能确定租赁物或者出租人干预选择租赁物的，承租人可以请求减免相应租金。 　　**指引：**由于融资租赁中，租金并非融物的对价而是融资的对价，故承租人对出卖人行使索赔权，并不影响其支付租金义务的履行。但在特殊情形下，即承租人依赖出租人的技能确定租赁物或出租人干预选择租赁物时，承租人有权主张减免租金。对此，承租人负有举证证明责任。 　　**案例指引：**《租赁公司诉棉纺厂、某银行任丘市支行融资租赁合同纠纷案》② 　　**案例要旨：**租赁物存在质量瑕疵	**《融资租赁合同解释》**（2020 年修正） **第 8 条**　租赁物不符合融资租赁合同的约定且出租人实施了下列行为之一，承租人依照民法典第七百四十四条、第七百四十七条的规定，要求出租人承担相应责任的，人民法院应予支持： 　　（一）出租人在承租人选择出卖人、租赁物时，对租赁物的选定起决定作用的； 　　（二）出租人干预或者要求承租人按照出租人意愿选择出卖人或者租赁物的；

---

　　① 最高人民法院中国应用法学研究所编：《人民法院案例选》，人民法院出版社 2018 年版，第 116 页。

　　② 中国高级法官培训中心、中国人民大学法学院编：《中国审判案例要览（1994 年综合本）》，中国人民公安大学出版社 1994 年版，第 106 页。

《民法典》合同编	关联规定
时，承租人行使索赔权不影响其履行融资租赁合同项下支付租金的义务，承租人逾期未付租金的，应承担违约责任。租赁合同的双方应按照租赁合同明确约定的权利和义务，全面、适当的履行。承租人无权以租赁合同的设备质量出现瑕疵等问题拒付租金。支付租金与质量责任承担是两个独立的法律关系，尽管二者有一定联系，但不构成因果关系，这是由融资租赁合同的特点决定的。承租人即使在对外索赔不能的情况下，也应自己承担此商业风险，因为租赁设备的供应商和设备的规格是由承租人选定或认可的，出租人只是出面代其签订购货合同，处于代理人地位。	（三）出租人擅自变更承租人已经选定的出卖人或者租赁物的。 承租人主张其系依赖出租人的技能确定租赁物或者出租人干预选择租赁物的，对上述事实承担举证责任。
第七百四十三条【承租人索赔不能的违约责任承担】　出租人有下列情形之一，致使承租人对出卖人行使索赔权利失败的，承租人有权请求出租人承担相应的责任： （一）明知租赁物有质量瑕疵而不告知承租人； （二）承租人行使索赔权利时，未及时提供必要协助。 出租人怠于行使只能由其对出卖人行使的索赔权利，造成承租人损失的，承租人有权请求出租人承担赔偿责任。 **指引：**索赔不能或者说索赔失败，主要基于出租人的行为，包括出租人明知租赁物有质量瑕疵而不告知承租	《民法典》 **第509条**　当事人应当按照约定全面履行自己的义务。 　　当事人应当遵循诚信原则，根据合同的性质、目的和交易习惯履行通知、协助、保密等义务。 　　当事人在履行合同过程中，应当避免浪费资源、污染环境和破坏生态。 **第741条**　出租人、出卖人、承租人可以约定，出卖人不履行买卖合同义务的，由承租人行使索赔的权利。承租人行使索赔权利的，出租人应当协助。

《民法典》合同编	关联规定
人、承租人行使索赔权利时出租人未及时提供必要协助。必要协助主要包括帮助寻找出卖人、帮助提供证据、诉讼过程中的协助等。	
第七百四十四条【出租人不得擅自变更买卖合同内容】　出租人根据承租人对出卖人、租赁物的选择订立的买卖合同，未经承租人同意，出租人不得变更与承租人有关的合同内容。 　　**指引**：有关合同内容的变更主要涉及主体、标的物的变更，以及标的物的交付。未经承租人同意擅自变更有关的合同内容的，即构成对承租人的违约，承租人可要求出租人支付违约金。此外，承租人还可拒收租赁物，并通知出租人解除合同。因此造成损失的，承租人还有权要求出租人赔偿损失。	**《融资租赁合同解释》（2020 年修正）** **第 4 条**　出租人转让其融资租赁合同项下的部分或者全部权利，受让方以此为由请求解除或者变更融资租赁合同的，人民法院不予支持。 **第 8 条**　租赁物不符合融资租赁合同的约定且出租人实施了下列行为之一，承租人依照民法典第七百四十四条、第七百四十七条的规定，要求出租人承担相应责任的，人民法院应予支持： 　　（一）出租人在承租人选择出卖人、租赁物时，对租赁物的选定起决定作用的； 　　（二）出租人干预或者要求承租人按照出租人意愿选择出卖人或者租赁物的； 　　（三）出租人擅自变更承租人已经选定的出卖人或者租赁物的。 　　承租人主张其系依赖出租人的技能确定租赁物或者出租人干预选择租赁物的，对上述事实承担举证责任。
第七百四十五条【租赁物的登记对抗效力】　出租人对租赁物享有的所有权，未经登记，不得对抗善意第三人。 　　**指引**：本条所谓的登记对抗效力，是指出租人对租赁物的所有权未经登记，不得对抗善意第三人。无论是同一标的物上存在多个融资租赁，还是	**《民法典担保制度解释》** **第 67 条**　在所有权保留买卖、融资租赁等合同中，出卖人、出租人的所有权未经登记不得对抗的"善意第三人"的范围及其效力，参照本解释第五十四条的规定处理。 **第 54 条**　动产抵押合同订立后未办理

《民法典》合同编	关联规定
出现融资租赁与抵押权的竞存，均应适用《民法典》第414条的规定确定清偿顺序。另，2020年《国务院关于实施动产和权利担保统一登记的决定》规定，融资租赁属于统一登记的担保类型，由当事人通过中国人民银行征信中心动产融资统一登记公示系统自主办理。	抵押登记，动产抵押权的效力按照下列情形分别处理： （一）抵押人转让抵押财产，受让人占有抵押财产后，抵押权人向受让人请求行使抵押权的，人民法院不予支持，但是抵押权人能够举证证明受让人知道或者应当知道已经订立抵押合同的除外； （二）抵押人将抵押财产出租给他人并移转占有，抵押权人行使抵押权的，租赁关系不受影响，但是抵押权人能够举证证明承租人知道或者应当知道已经订立抵押合同的除外； （三）抵押人的其他债权人向人民法院申请保全或者执行抵押财产，人民法院已经作出财产保全裁定或者采取执行措施，抵押权人主张对抵押财产优先受偿的，人民法院不予支持； （四）抵押人破产，抵押权人主张对抵押财产优先受偿的，人民法院不予支持。
第七百四十六条【租金的确定规则】 融资租赁合同的租金，除当事人另有约定外，应当根据购买租赁物的大部分或者全部成本以及出租人的合理利润确定。 **指引**：承租人支付的代价并非租赁物使用收益的代价，而是融资的代价。故融资租赁中租金标准的确定与租赁合同中租金的确定不同，其一般高于传统租赁中的租金。通常情况下主要包括：（1）租赁物的成本，包括租赁物购买价金及其运输费、保险费	

《民法典》合同编	关联规定
等，也称租赁物总成本。（2）利息，按租赁业务成交时的银行贷款利率且一般以复利率来计算。（3）营业费用，是指出租人经营租赁过程中所支出的费用，包括业务人员工资、办公费、差旅费和必要的盈利。	
第七百四十七条【租赁物瑕疵担保责任】 租赁物不符合约定或者不符合使用目的的，出租人不承担责任。但是，承租人依赖出租人的技能确定租赁物或者出租人干预选择租赁物的除外。 **指引：** 此外，在以下特殊情况下，租赁物质量瑕疵担保责任也应由出租人负担：（1）出租人明知租赁物有瑕疵而未告知或者因重大过失不知有瑕疵的。（2）出租人与出卖人有密切关系的。（3）承租人无法或者不能直接向出卖人索赔的。 **案例指引：** 《商砼公司诉汽车公司、汽车销售公司追偿权纠纷案》① **案例要旨：** 在回购型融资租赁中，出卖人或生产商履行回购义务与其承担产品质量责任并非处于同一法律关系中，其履行回购义务后行使追偿权不以产品质量合格为前提。在融资租赁交易中，出租人为了确保其租金债权的实现，要求出卖人或者生产商承担回购义务，当承租人未按约定履行租金支付义务时，由回购人承担回购	**《民法典》** **第 582 条** 履行不符合约定的，应当按照当事人的约定承担违约责任。对违约责任没有约定或者约定不明确，依据本法第五百一十条的规定仍不能确定的，受损害方根据标的的性质以及损失的大小，可以合理选择请求对方承担修理、重作、更换、退货、减少价款或者报酬等违约责任。 **《融资租赁合同解释》（2020 年修正）** **第 8 条** 租赁物不符合融资租赁合同的约定且出租人实施了下列行为之一，承租人依照民法典第七百四十四条、第七百四十七条的规定，要求出租人承担相应责任的，人民法院应予支持： （一）出租人在承租人选择出卖人、租赁物时，对租赁物的选定起决定作用的； （二）出租人干预或者要求承租人按照出租人意愿选择出卖人或者租赁物的； （三）出租人擅自变更承租人已经选定的出卖人或者租赁物的。

---

① 最高人民法院中国应用法学研究所编：《人民法院案例选》，人民法院出版社 2018 年版，第 116 页。

《民法典》合同编	关联规定
义务并取得对承租人的追偿权，此种新的交易模式即回购型融资租赁。在回购型融资租赁中，出卖人或生产商履行回购义务与其承担产品质量责任并非处于同一法律关系中，其履行回购义务后行使追偿权不以产品质量合格为前提。若融资租赁合同的租赁标的存在问题，承租人可向出卖人进行索赔，或者要求出租人向出卖人或生产商行使索赔权。承租人也可以产品质量存在问题致使融资租赁合同目的无法实现为由，要求解除融资租赁合同。	承租人主张其系依赖出租人的技能确定租赁物或者出租人干预选择租赁物的，对上述事实承担举证责任。
第七百四十八条【出租人保证承租人占有和使用租赁物】　出租人应当保证承租人对租赁物的占有和使用。 　　出租人有下列情形之一的，承租人有权请求其赔偿损失： 　　（一）无正当理由收回租赁物； 　　（二）无正当理由妨碍、干扰承租人对租赁物的占有和使用； 　　（三）因出租人的原因致使第三人对租赁物主张权利； 　　（四）不当影响承租人对租赁物占有和使用的其他情形。 　　**指引**：出租人应保证承租人对租赁物的占有和使用，这是融资租赁合同中出租人的一项主要义务，具体而言：（1）出租人不得妨碍承租人依照融资租赁合同所拥有的承租权，也不得擅自变更原承租条件。（2）承租人在租赁期间内，对租赁物拥有独占使	《融资租赁合同解释》（2020年修正） **第6条**　因出租人的原因致使承租人无法占有、使用租赁物，承租人请求解除融资租赁合同的，人民法院应予支持。

《民法典》合同编	关联规定
用权。(3)出租人应保证承租人在租赁期间内对租赁物的占有和使用,不受第三人的干扰。	
第七百四十九条【租赁物致人损害的责任承担】 承租人占有租赁物期间,租赁物造成第三人人身损害或者财产损失的,出租人不承担责任。 　　**指引**:租赁物对第三人的侵权责任,是指因租赁物本身及其设置、使用、保管等造成第三人的财产损害或者人身伤害。	
第七百五十条【租赁物的保管、使用、维修】 承租人应当妥善保管、使用租赁物。 　　承租人应当履行占有租赁物期间的维修义务。 　　**指引**:融资租赁中,出租人不负标的物的瑕疵担保责任,对租赁物无维修义务,但出租人却享有于租赁物期间届满后收回标的物加以使用或者处分的期待利益。故承租人需保障出租人期待利益的实现。	
第七百五十一条【融资租赁风险负担规则】 承租人占有租赁物期间,租赁物毁损、灭失的,出租人有权请求承租人继续支付租金,但是法律另有规定或者当事人另有约定的除外。 　　**指引**:在没有约定的情况下,即使租赁物毁损、灭失,承租人仍然负有继续支付租金的义务,因出租人享有的所有权主要具有担保功能,不能因此要求其承受标的物毁损、灭失的	

《民法典》合同编	关联规定
风险。且承租人占有并实际控制了标的物，享有了相当于所有人的权益，由其承担风险符合权利义务对等原则。	
第七百五十二条【承租人支付租金的义务】 承租人应当按照约定支付租金。承租人经催告后在合理期限内仍不支付租金的，出租人可以请求支付全部租金；也可以解除合同，收回租赁物。 **指引**：全部租金，是指融资租赁合同中全部已到期而承租人未支付的租金，以及其他依约定未到期的租金。出租人对租赁物享有所有权，这一所有权具有担保其租金债权的功能，所以承租人违约，出租人解除合同时，可收回租赁物。	《民法典》第563条 有下列情形之一的，当事人可以解除合同： 　　（一）因不可抗力致使不能实现合同目的； 　　（二）在履行期限届满前，当事人一方明确表示或者以自己的行为表明不履行主要债务； 　　（三）当事人一方迟延履行主要债务，经催告后在合理期限内仍未履行； 　　（四）当事人一方迟延履行债务或者有其他违约行为致使不能实现合同目的； 　　（五）法律规定的其他情形。 　　以持续履行的债务为内容的不定期合同，当事人可以随时解除合同，但是应当在合理期限之前通知对方。 **《融资租赁合同解释》（2020年修正）** **第5条** 有下列情形之一，出租人请求解除融资租赁合同的，人民法院应予支持： 　　（一）承租人未按照合同约定的期限和数额支付租金，符合合同约定的解除条件，经出租人催告后在合理期限内仍不支付的； 　　（二）合同对于欠付租金解除合同的情形没有明确约定，但承租人欠付租金达到两期以上，或者数额达到全部租金百分之十五以上，经出租人催告后在合理期限内仍不支付的；

《民法典》合同编	关联规定
	（三）承租人违反合同约定，致使合同目的不能实现的其他情形。 **第9条**　承租人逾期履行支付租金义务或者迟延履行其他付款义务，出租人按照融资租赁合同的约定要求承租人支付逾期利息、相应违约金的，人民法院应予支持。 **第10条**　出租人既请求承租人支付合同约定的全部未付租金又请求解除融资租赁合同的，人民法院应告知其依照民法典第七百五十二条的规定作出选择。 　　出租人请求承租人支付合同约定的全部未付租金，人民法院判决后承租人未予履行，出租人再行起诉请求解除融资租赁合同、收回租赁物的，人民法院应予受理。 **第11条**　出租人依照本解释第五条的规定请求解除融资租赁合同，同时请求收回租赁物并赔偿损失的，人民法院应予支持。 　　前款规定的损失赔偿范围为承租人全部未付租金及其他费用与收回租赁物价值的差额。合同约定租赁期间届满后租赁物归出租人所有的，损失赔偿范围还应包括融资租赁合同到期后租赁物的残值。
第七百五十三条【承租人擅自处分租赁物时出租人的解除权】　承租人未经出租人同意，将租赁物转让、抵押、质押、投资入股或者以其他方式处分的，出租人可以解除融资租赁合同。	**《融资租赁合同解释》**（2020年修正） **第11条**　出租人依照本解释第五条的规定请求解除融资租赁合同，同时请求收回租赁物并赔偿损失的，人民法院应予支持。

《民法典》合同编	关联规定
指引：在融资租赁合同下，承租人无权处分租赁物的，应按照《民法典》第414条关于担保领域权利竞合的清偿顺序之规定依次实现权利：首先，租赁物上已登记的所有权及其他担保物权，按登记时间先后确定清偿顺序；其次，已登记的所有权及其他担保物权优先于未登记的受偿；最后，未登记的，按照债权比例清偿。	前款规定的损失赔偿范围为承租人全部未付租金及其他费用与收回租赁物价值的差额。合同约定租赁期间届满后租赁物归出租人所有的，损失赔偿范围还应包括融资租赁合同到期后租赁物的残值。 **第5条**　有下列情形之一，出租人请求解除融资租赁合同的，人民法院应予支持： 　（一）承租人未按照合同约定的期限和数额支付租金，符合合同约定的解除条件，经出租人催告后在合理期限内仍不支付的； 　（二）合同对于欠付租金解除合同的情形没有明确约定，但承租人欠付租金达到两期以上，或者数额达到全部租金百分之十五以上，经出租人催告后在合理期限内仍不支付的； 　（三）承租人违反合同约定，致使合同目的不能实现的其他情形。
第七百五十四条【出租人或承租人均可解除融资租赁合同情形】　有下列情形之一的，出租人或者承租人可以解除融资租赁合同： 　（一）出租人与出卖人订立的买卖合同解除、被确认无效或者被撤销，且未能重新订立买卖合同； 　（二）租赁物因不可归责于当事人的原因毁损、灭失，且不能修复或者确定替代物； 　（三）因出卖人的原因致使融资租赁合同的目的不能实现。	《民法典》 **第563条**　有下列情形之一的，当事人可以解除合同： 　（一）因不可抗力致使不能实现合同目的； 　（二）在履行期限届满前，当事人一方明确表示或者以自己的行为表明不履行主要债务； 　（三）当事人一方迟延履行主要债务，经催告后在合理期限内仍未履行； 　（四）当事人一方迟延履行债务或者有其他违约行为致使不能实现合同目的；

《民法典》合同编	关联规定
指引：融资租赁合同的一个很重要的特性就是合同的不可中途解约性，因此，合同通常约定当事人双方无正当、充分的理由，不得单方要求解约或退租。作为合同双方均可解约的情形，本条规定并未考虑出租人或承租人是否存在违约行为或主观上的过错，而是以融资租赁合同客观上的履行不能作为解除的前提。	（五）法律规定的其他情形。 以持续履行的债务为内容的不定期合同，当事人可以随时解除合同，但是应当在合理期限之前通知对方。 **《融资租赁合同解释》（2020 年修正）** **第 5 条**　有下列情形之一，出租人请求解除融资租赁合同的，人民法院应予支持： （一）承租人未按照合同约定的期限和数额支付租金，符合合同约定的解除条件，经出租人催告后在合理期限内仍不支付的； （二）合同对于欠付租金解除合同的情形没有明确约定，但承租人欠付租金达到两期以上，或者数额达到全部租金百分之十五以上，经出租人催告后在合理期限内仍不支付的； （三）承租人违反合同约定，致使合同目的不能实现的其他情形。
第七百五十五条【承租人承担出租人损失赔偿责任情形】　融资租赁合同因买卖合同解除、被确认无效或者被撤销而解除，出卖人、租赁物系由承租人选择的，出租人有权请求承租人赔偿相应损失；但是，因出租人原因致使买卖合同解除、被确认无效或者被撤销的除外。 **指引**：买卖合同被解除、被确认无效或被撤销，属融资租赁合同当事人以外的原因，承租人虽无违约行为，但若买卖合同出卖人、租赁物由承租人选择，承租人应对选择的后果负责，即对由此给出租人造成损失承担赔偿	**《融资租赁合同解释》（2020 年修正）** **第 11 条**　出租人依照本解释第五条的规定请求解除融资租赁合同，同时请求收回租赁物并赔偿损失的，人民法院应予支持。 前款规定的损失赔偿范围为承租人全部未付租金及其他费用与收回租赁物价值的差额。合同约定租赁期间出租人的损失已经在买卖合同解除、被确认无效或者被撤销时获得赔偿的，承租人不再承担相应的赔偿责任。 届满后租赁物归出租人所有的，损失赔偿范围还应包括融资租赁合同到期后租赁物的残值。

《民法典》合同编	关联规定
责任。此外，出租人存在可归责事由的情形包括：出租人不履行价款支付义务；因出租人单独或与出卖人的共同过错；出租人干预出卖人选择租赁物或承租人依赖出租人的技能确定租赁物等。	**《民法典合同编通则解释》** **第 24 条**　合同不成立、无效、被撤销或者确定不发生效力，当事人请求返还财产，经审查财产能够返还的，人民法院应当根据案件具体情况，单独或者合并适用返还占有的标的物、更正登记簿册记载等方式；经审查财产不能返还或者没有必要返还的，人民法院应当以认定合同不成立、无效、被撤销或者确定不发生效力之日该财产的市场价值或者以其他合理方式计算的价值为基准判决折价补偿。 　　除前款规定的情形外，当事人还请求赔偿损失的，人民法院应当结合财产返还或者折价补偿的情况，综合考虑财产增值收益和贬值损失、交易成本的支出等事实，按照双方当事人的过错程度及原因力大小，根据诚信原则和公平原则，合理确定损失赔偿额。 　　合同不成立、无效、被撤销或者确定不发生效力，当事人的行为涉嫌违法且未经处理，可能导致一方或者双方通过违法行为获得不当利益的，人民法院应当向有关行政管理部门提出司法建议。当事人的行为涉嫌犯罪的，应当将案件线索移送刑事侦查机关；属于刑事自诉案件的，应当告知当事人可以向有管辖权的人民法院另行提起诉讼。

《民法典》合同编	关联规定
第七百五十六条【租赁物意外毁损灭失合同解除的法律后果】 融资租赁合同因租赁物交付承租人后意外毁损、灭失等不可归责于当事人的原因解除的，出租人可以请求承租人按照租赁物折旧情况给予补偿。 **指引：**融资租赁中租赁物意外毁损、灭失，融资租赁合同可以解除时，法律赋予当事人可自由选择的两种方式：(1) 当事人不行使解除权，按风险负担规则，承租人应继续支付租金，(2) 当事人行使解除权，风险负担规则不再适用，承租人承担返还租赁物义务，并承担返还不能使的代物清偿义务，即按租赁物的价值对出租人补偿。	《民法典》 **第 566 条** 合同解除后，尚未履行的，终止履行；已经履行的，根据履行情况和合同性质，当事人可以请求恢复原状或者采取其他补救措施，并有权请求赔偿损失。 合同因违约解除的，解除权人可以请求违约方承担违约责任，但是当事人另有约定的除外。 主合同解除后，担保人对债务人应当承担的民事责任仍应当承担担保责任，但是担保合同另有约定的除外。 **第 751 条** 承租人占有租赁物期间，租赁物毁损、灭失的，出租人有权请求承租人继续支付租金，但是法律另有规定或者当事人另有约定的除外。
第七百五十七条【租赁期满租赁物的归属】 出租人和承租人可以约定租赁期限届满租赁物的归属；对租赁物的归属没有约定或者约定不明确，依据本法第五百一十条的规定仍不能确定的，租赁物的所有权归出租人。 **指引：**融资租赁中，租赁期间届满，承租人一般有三种选择权：留购、续租或退租。留购，是指租期届满，承租人支付给出租人一笔双方商定的设备残值（名义货价），取得租赁物的所有权。由于出租人更关心的是如何收回其投入以及盈利，而对租赁物的使用价值没有多大兴趣。因此，实践中很多融资租赁交易把承租人留购租赁物作为交易的必要条件。本条则是	《民法典》 **第 510 条** 合同生效后，当事人就质量、价款或者报酬、履行地点等内容没有约定或者约定不明确的，可以协议补充；不能达成补充协议的，按照合同相关条款或者交易习惯确定。

《民法典》合同编	关联规定
就当事人双方对于租赁物的归属没有约定或者约定不明确时租赁物归属的确定作的规定。	
第七百五十八条【承租人请求部分返还租赁物价值】　当事人约定租赁期限届满租赁物归承租人所有，承租人已经支付大部分租金，但是无力支付剩余租金，出租人因此解除合同收回租赁物，收回的租赁物的价值超过承租人欠付的租金以及其他费用的，承租人可以请求相应返还。 　　当事人约定租赁期限届满租赁物归出租人所有，因租赁物毁损、灭失或者附合、混合于他物致使承租人不能返还的，出租人有权请求承租人给予合理补偿。 　　**指引**：出租人对租赁物享有的权利实质为担保物权，仅在形式上表现为所有权。在承租人不能支付租金的情形下，出租人解除融资租赁合同、收回租赁物无须经过法院，但应进行强制清算。因为双方原本约定租赁期满租赁物归承租人所有，若出租人解除时收回的租赁物价格超过剩余欠款，则比合同全部履行本应得到的利益还要多，将使得出租人全力寻找解除合同的办法，不利于融资租赁合同关系的稳定。故强制清算，租赁物的价值超过剩余欠款的，出租人应当予以返还。	《民法典担保制度解释》 **第65条**　在融资租赁合同中，承租人未按照约定支付租金，经催告后在合理期限内仍不支付，出租人请求承租人支付全部剩余租金，并以拍卖、变卖租赁物所得的价款受偿的，人民法院应予支持；当事人请求参照民事诉讼法"实现担保物权案件"的有关规定，以拍卖、变卖租赁物所得价款支付租金的，人民法院应予准许。 　　出租人请求解除融资租赁合同并收回租赁物，承租人以抗辩或者反诉的方式主张返还租赁物价值超过欠付租金以及其他费用的，人民法院应当一并处理。当事人对租赁物的价值有争议的，应当按照下列规则确定租赁物的价值： 　　（一）融资租赁合同有约定的，按照其约定； 　　（二）融资租赁合同未约定或者约定不明的，根据约定的租赁物折旧以及合同到期后租赁物的残值来确定； 　　（三）根据前两项规定的方法仍然难以确定，或者当事人认为根据前两项规定的方法确定的价值严重偏离租赁物实际价值的，根据当事人的申请委托有资质的机构评估。

《民法典》合同编	关联规定
第七百五十九条【支付象征性价款后租赁物归属】 当事人约定租赁期限届满，承租人仅需向出租人支付象征性价款的，视为约定的租金义务履行完毕后租赁物的所有权归承租人。 　　**指引**：所谓的象征性费用更接近于无费用，其本质可以说是近于无对价而取得。需注意，本条适用在约定的租赁期限届满之后而非之前。	
第七百六十条【融资租赁合同无效时租赁物的归属】 融资租赁合同无效，当事人就该情形下租赁物的归属有约定的，按照其约定；没有约定或者约定不明确的，租赁物应当返还出租人。但是，因承租人原因致使合同无效，出租人不请求返还或者返还后会显著降低租赁物效用的，租赁物的所有权归承租人，由承租人给予出租人合理补偿。 　　**指引**：由于实践中，租赁物一般系承租人所选，且为其生产经营所需，租赁物在出租人处无法充分发挥效用，不利于租赁物价值实现和当事人利益最大化，为此，本条后半部分特针对因承租人原因致使合同无效的情形作出特别规定。	《民法典》 **第157条** 民事法律行为无效、被撤销或者确定不发生效力后，行为人因该行为取得的财产，应当予以返还；不能返还或者没有必要返还的，应当折价补偿。有过错的一方应当赔偿对方由此所受到的损失；各方都有过错的，应当各自承担相应的责任。法律另有规定的，依照其规定。 **第507条** 合同不生效、无效、被撤销或者终止的，不影响合同中有关解决争议方法的条款的效力。

《民法典》合同编	关联规定
第十六章　保理合同	
第七百六十一条【保理合同概念】 保理合同是应收账款债权人将现有的或者将有的应收账款转让给保理人，保理人提供资金融通、应收账款管理或者催收、应收账款债务人付款担保等服务的合同。 　　**指引**：保理法律关系中，债权人与债务人之间的基础交易合同是成立保理的前提，而债权人与保理商之间的应收账款债权转让则是保理关系的核心。实践中如果名为保理、实为借贷的，可按借款合同确定当事人之间的权利义务。另，按照《国务院关于实施动产和权利担保统一登记的决定》的规定，保理作为统一登记的担保类型之一，由当事人通过中国人民银行征信中心动产融资统一登记公示系统自主办理。	**《民法典担保制度解释》** **第1条**　因抵押、质押、留置、保证等担保发生的纠纷，适用本解释。所有权保留买卖、融资租赁、保理等涉及担保功能发生的纠纷，适用本解释的有关规定。 **《民法典时间效力规定》** **第12条**　民法典施行前订立的保理合同发生争议的，适用民法典第三编第十六章的规定。
第七百六十二条【保理合同内容与形式】　保理合同的内容一般包括业务类型、服务范围、服务期限、基础交易合同情况、应收账款信息、保理融资款或者服务报酬及其支付方式等条款。 　　保理合同应当采用书面形式。 　　**指引**：本条所谓基础交易合同，是应收账款债权人与债务人签订的据以产生应收账款的有关销售货物、提供服务或出租资产等交易合同及其全部补充或修改文件，是保理合同订立的前提，但与后者并非主从合同关系，而是独立的两个合同。	**《民法典》** **第470条**　合同的内容由当事人约定，一般包括下列条款： 　　（一）当事人的姓名或者名称和住所； 　　（二）标的； 　　（三）数量； 　　（四）质量； 　　（五）价款或者报酬； 　　（六）履行期限、地点和方式； 　　（七）违约责任； 　　（八）解决争议的方法。 　　当事人可以参照各类合同的示范文本订立合同。

《民法典》合同编	关联规定
第七百六十三条【虚构应收账款】 应收账款债权人与债务人虚构应收账款作为转让标的，与保理人订立保理合同的，应收账款债权人不得以应收账款不存在为由对抗保理人，但是保理人明知虚构的除外。 　　**指引**：本条适用的前提包括：(1) 作为转让标的的应收账款不存在，包括全部不存在，也包括部分不存在，即数额与真实债权数额不一致。(2) 应收账款不存在是因为应收账款债权人与债务人虚构。(3) 保理人因此对应收账款存在产生了合理信赖，从而签订保理合同。本条适用的法律后果是应收账款债务人不得以应收账款不存在为由对抗保理人。这意味着，在债务人虚构或确认债权的范围内，保理人仍有权请求债务人履行同债权存在时应负的义务，不得以应收账款不存在为由对保理人提出抗辩。	《民法典》 **第 146 条**　行为人与相对人以虚假的意思表示实施的民事法律行为无效。 　　以虚假的意思表示隐藏的民事法律行为的效力，依照有关法律规定处理。
第七百六十四条【保理人表明身份义务】　保理人向应收账款债务人发出应收账款转让通知的，应当表明保理人身份并附有必要凭证。 　　**指引**：保理合同的核心是应收账款债权转让，应适用关于债权转让的一般规则，即应收账款债权转让未通知债务人的，对债务人不发生效力。保理人主张已单独通知但未提供充分的必要凭证的，不发生效力，债务人可向让与人履行债务，债务人也有权要求受让人在合理期限内提供充分的必要凭证，并在此之前有权拒绝履行。	《民法典》 **第 546 条**　债权人转让债权，未通知债务人的，该转让对债务人不发生效力。 　　债权转让的通知不得撤销，但是经受让人同意的除外。

《民法典》合同编	关联规定
第七百六十五条【无正当理由变更、终止基础交易合同对保理人的效力】 　　应收账款债务人接到应收账款转让通知后，应收账款债权人与债务人无正当理由协商变更或者终止基础交易合同，对保理人产生不利影响的，对保理人不发生效力。 　　**指引**：本条适用的前提包括：（1）应收账款债权人和债务人协商作出了有关转让债权的民事法律行为。该民事法律行为若不涉及转让债权，将不对保理人发生影响。（2）该民事法律行为对保理人产生不利影响。这里意味着债权人和债务人通过协商使得应收账款债权的价值落空或者减损，而对保理人产生不利影响。（3）该民事法律行为发生在债务人接到债权转让通知后。（4）对保理人产生不利影响的民事法律行为无正当理由。	
第七百六十六条【有追索权保理】 当事人约定有追索权保理的，保理人可以向应收账款债权人主张返还保理融资款本息或者回购应收账款债权，也可以向应收账款债务人主张应收账款债权。保理人向应收账款债务人主张应收账款债权，在扣除保理融资款本息和相关费用后有剩余的，剩余部分应当返还给应收账款债权人。 　　**指引**：有追索权保理，又称回购型保理，是指保理人不承担为债务人核定信用额度和提供坏账担保的义务，仅提供包括融资在内的其他金融服务。	

《民法典》合同编	关联规定
有追索权保理中，保理人向应收账款债务人主张应收账款债权的，在获得债务人履行后，首先应扣除保理融资款本息和相关费用，包括保理融资款本息、保理商未受清偿的应收账款融资额度承诺费、保理手续费、保理首付款使用费，以及其他债权人到期未付款等。	
第七百六十七条【无追索权保理】当事人约定无追索权保理的，保理人应当向应收账款债务人主张应收账款债权，保理人取得超过保理融资款本息和相关费用的部分，无需向应收账款债权人返还。 　　**指引**：无追索权保理，又称买断型保理，指保理人根据债权人提供的债务人核准信用额度，在信用额度内承购债权人对债务人的应收账款并提供坏账担保责任，债务人因发生信用风险未按基础合同约定按时足额支付应收账款时，保理人不能向债权人追索的保理。无追索权保理并非意味着任何情形下保理人对债权人均无追索权。保理人不追索应收账款债权人是有前提的，即债务人未及时全额付款系源于其自身信用风险，而非其他原因。若债务人因不可抗力而无法支付，或债务人依法主张基础交易合同所产生的抗辩、抵销或依法解除基础交易合同而拒绝付款，则保理人仍有权对债权人追索。另，无追索权保理的余款一般归属于保理人。无追索权保理	

《民法典》合同编	关联规定
较有追索权保理，保理人风险更高，故将该部分保理余款归属于保理人，符合风险收益相一致的原理。	
第七百六十八条【多重保理的清偿顺序】　应收账款债权人就同一应收账款订立多个保理合同，致使多个保理人主张权利的，已经登记的先于未登记的取得应收账款；均已经登记的，按照登记时间的先后顺序取得应收账款；均未登记的，由最先到达应收账款债务人的转让通知中载明的保理人取得应收账款；既未登记也未通知的，按照保理融资款或者服务报酬的比例取得应收账款。 　　**指引：**同一应收账款存在多个保理合同的，本条首先采取了登记在先的方式确定多个保理人之间的优先顺位；均已登记的，按登记时间先后顺序取得应收账款；均未登记的，最先到达债务人的转让通知中载明的保理人顺位在先；既未登记也未通知债务人的，按保理融资款或服务报酬的比例取得应收账款。需注意的是，本条仅明确了应收账款债权人就同一应收账款订立多个保理合同致使多个保理人主张权利的情形，但并未明确规定应收账款多重处分的其他情形。实践中，有可能是保理人与应收账款质权人发生利益冲突，也有可能是保理人与其他受让人发生利益冲突。	《民法典》 **第414条**　同一财产向两个以上债权人抵押的，拍卖、变卖抵押财产所得的价款依照下列规定清偿： 　　（一）抵押权已经登记的，按照登记的时间先后确定清偿顺序； 　　（二）抵押权已经登记的先于未登记的受偿； 　　（三）抵押权未登记的，按照债权比例清偿。 　　其他可以登记的担保物权，清偿顺序参照适用前款规定。 **第445条**　以应收账款出质的，质权自办理出质登记时设立。 　　应收账款出质后，不得转让，但是出质人与质权人协商同意的除外。 　　出质人转让应收账款所得的价款，应当向质权人提前清偿债务或者提存。 **第546条**　债权人转让债权，未通知债务人的，该转让对债务人不发生效力。 　　债权转让的通知不得撤销，但是经受让人同意的除外。 《民法典担保制度解释》 **第66条**　同一应收账款同时存在保理、应收账款质押和债权转让，当事人主张参照民法典第七百六十八条的规定确定优先顺序的，人民法院应予支持。 　　在有追索权的保理中，保理人以

《民法典》合同编	关联规定
	应收账款债权人或者应收账款债务人为被告提起诉讼，人民法院应予受理；保理人一并起诉应收账款债权人和应收账款债务人的，人民法院可以受理。 应收账款债权人向保理人返还保理融资款本息或者回购应收账款债权后，请求应收账款债务人向其履行应收账款债务的，人民法院应予支持。 **《民法典合同编通则解释》** **第50条** 让与人将同一债权转让给两个以上受让人，债务人以已经向最先通知的受让人履行为由主张其不再履行债务的，人民法院应予支持。债务人明知接受履行的受让人不是最先通知的受让人，最先通知的受让人请求债务人继续履行债务或者依据债权转让协议请求让与人承担违约责任的，人民法院应予支持；最先通知的受让人请求接受履行的受让人返还其接受的财产的，人民法院不予支持，但是接受履行的受让人明知该债权在其受让前已经转让给其他受让人的除外。 前款所称最先通知的受让人，是指最先到达债务人的转让通知中载明的受让人。当事人之间对通知到达时间有争议的，人民法院应当结合通知的方式等因素综合判断，而不能仅根据债务人认可的通知时间或者通知记载的时间予以认定。当事人采用邮寄、通讯电子系统等方式发出通知的，人民法院应当以邮戳时间或者通讯电子系统记载的时间等作为认定通知到达时间的依据。

《民法典》合同编	关联规定
第七百六十九条【适用债权转让规定】　本章没有规定的，适用本编第六章债权转让的有关规定。 　　**指引**：应收账款是债权的一种，其转让本质上也属债权转让。因而，在保理合同一章没有特别规定的情况下，应适用《民法典》合同编第 6 章（通则部分）关于债权转让的有关规定。	**《民法典》** **第 545 条**　债权人可以将债权的全部或者部分转让给第三人，但是有下列情形之一的除外： 　　（一）根据债权性质不得转让； 　　（二）按照当事人约定不得转让； 　　（三）依照法律规定不得转让。 　　当事人约定非金钱债权不得转让的，不得对抗善意第三人。当事人约定金钱债权不得转让的，不得对抗第三人。 **第 546 条**　债权人转让债权，未通知债务人的，该转让对债务人不发生效力。 　　债权转让的通知不得撤销，但是经受让人同意的除外。 **第 547 条**　债权人转让债权的，受让人取得与债权有关的从权利，但是该从权利专属于债权人自身的除外。 　　受让人取得从权利不因该从权利未办理转移登记手续或者未转移占有而受到影响。 **第 548 条**　债务人接到债权转让通知后，债务人对让与人的抗辩，可以向受让人主张。 **第 549 条**　有下列情形之一的，债务人可以向受让人主张抵销： 　　（一）债务人接到债权转让通知时，债务人对让与人享有债权，且债务人的债权先于转让的债权到期或者同时到期； 　　（二）债务人的债权与转让的债权是基于同一合同产生。 **第 550 条**　因债权转让增加的履行费用，由让与人负担。

《民法典》合同编	关联规定
第十七章 承揽合同	

第七百七十条【承揽合同的定义及类型】 承揽合同是承揽人按照定作人的要求完成工作，交付工作成果，定作人支付报酬的合同。
 	
  承揽包括加工、定作、修理、复制、测试、检验等工作。
 	
  指引：承揽合同是一大类合同的总称，传统民法中承揽合同包括加工承揽合同和建设工程合同两大类合同。由于建设工程合同在发展中形成了许多独特的行业特点，《民法典》合同编第 18 章单独进行了规定，故合同编第 17 章所指的承揽合同主要是指加工承揽合同而不包括工程建设合同。本条第 2 款所列的几项工作也都是主要的承揽工作，但本章所调整的范围不仅仅包括所列的这几种承揽工作，任何符合本条第 1 款所定义的合同行为，如翻译、摄影、扩印、测绘、广告制作、鉴定等都属承揽合同章所调整的承揽工作。
 	
  案例指引：《王某欢诉许某大其他人身损害赔偿案》[1]
 	
  案例要旨：义务帮工关系和加工承揽关系的区别主要在于：义务帮工活动是无偿的，是助人为乐行为；加工承揽关系是有偿的，是一方按照另一方的要求完成一定的工作并交付工作成果，另一方接受该成果并给付一定报酬的合同，是一种商业行为。	

---

[1] 国家法官学院、中国人民大学法学院编：《中国审判案例要览（2011 年民事审判案例卷）》，中国人民大学出版社 2011 年版，第 69 页。

续表

《民法典》合同编	关联规定
第七百七十一条【承揽合同的主要内容】 承揽合同的内容一般包括承揽的标的、数量、质量、报酬、承揽方式，材料的提供，履行期限，验收标准和方法等条款。 **指引**：本条对承揽合同的内容属提倡性和指导性，当事人可以根据合同性质和双方的需要对上述规定的条款进行增减。 **案例指引**：《炼油厂诉化工机械厂加工承揽液化气球罐产品质量纠纷案》① **案例要旨**：订立加工承揽合同时，定作方应当明确提出定作物或项目的数量、质量及其特定要求，承揽方应当如实提供有关设备能力、技术条件、工艺水平等情况。承揽方应依据合同规定，按定作方要求的技术条件完成工作，未经定作方同意，不得擅自变更。承揽方应当对所承揽的全部工作质量负责。	
第七百七十二条【承揽人独立完成主要工作】 承揽人应当以自己的设备、技术和劳力，完成主要工作，但是当事人另有约定的除外。 　　承揽人将其承揽的主要工作交由第三人完成的，应当就该第三人完成的工作成果向定作人负责；未经定作人同意的，定作人也可以解除合同。	

---

① 中国高级法官培训中心、中国人民大学法学院编：《中国审判案例要览（1993年综合本）》，中国人民公安大学出版社1994年版，第302页。

续表

《民法典》合同编	关联规定
指引：承揽合同是建立在对承揽人的工作能力信任的基础上。若承揽人擅自将工作交第三人完成，将构成根本违约，本条第 2 款规定定作人的两种救济措施。因解除合同造成损失的，定作人也可要求承揽人承担损害赔偿责任。 　　**案例指引**：《教育科技公司诉马某龙、广告公司承揽合同纠纷上诉案》【（2019）京 02 民终 10480 号】 　　**案例要旨**：承揽人第一次工作后双方协商更改及调整费用系对原承揽合同的协商变更，承揽人此后进行的二次工作仍系履行原承揽合同约定的合同义务，双方并未因此成立新的承揽合同法律关系。承揽人未履行变更后的合同主要义务，致使定作人的合同目的不能实现，定作人依据《合同法》第 94 条（现为《民法典》563 条）之规定享有法定解除权。	
第七百七十三条【承揽人对辅助性工作的责任】　　承揽人可以将其承揽的辅助工作交由第三人完成。承揽人将其承揽的辅助工作交由第三人完成的，应当就该第三人完成的工作成果向定作人负责。 　　**指引**：本条所谓"辅助工作"，是指承揽工作中主要工作之外的部分；所谓"主要工作"，则一般是指对工作成果的质量起决定性作用的工作。当然，尊重当事人意思自治，承揽合同的当事人对辅助工作的完成也可作出与本条不同的约定。	

续表

《民法典》合同编	关联规定
第七百七十四条【承揽人提供材料时的义务】 承揽人提供材料的，应当按照约定选用材料，并接受定作人检验。 **指引：**约定由承揽人提供材料，但是未约定材料提供的时间、数量和质量，事后又未达成补充协议的，承揽人应当根据承揽工作的性质和定作人对交付工作成果的要求，及时准备材料，并应当及时通知定作人检验，如实提供发票以及数量和质量的说明文件。	
第七百七十五条【定作人提供材料时双方当事人的义务】 定作人提供材料的，应当按照约定提供材料。承揽人对定作人提供的材料应当及时检验，发现不符合约定时，应当及时通知定作人更换、补齐或者采取其他补救措施。 承揽人不得擅自更换定作人提供的材料，不得更换不需要修理的零部件。 **指引：**承揽人发现定作人提供的原材料不符合约定而未通知定作人的，视为原材料符合约定，因该原材料数量、质量原因造成承揽工作不符合约定的，由承揽人承担违约责任。 **案例指引：**《工业供销公司沙冲构件厂诉建设公司加工承揽合同纠纷案》①	

① 中国高级法官培训中心、中国人民大学法学院编：《中国审判案例要览（1992年综合本）》，中国人民公安大学出版社1992年版，第187页。

《民法典》合同编	关联规定
案例要旨：加工承揽合同定作方未按时、按质、按量向承揽方提供原材料，造成工作延期的，负责赔偿损失，超过合同约定期限付款，偿付逾期的违约金。订立加工承揽合同时，定作方应按合同约定的时间、数量、质量、规范提供原材料。未按合同约定的时间和要求向承揽方提供原材料，承揽方有权解除合同，定作方应当赔偿承揽方因此而造成的损失。	
第七百七十六条【定作人要求不合理时双方当事人的义务】 承揽人发现定作人提供的图纸或者技术要求不合理的，应当及时通知定作人。因定作人怠于答复等原因造成承揽人损失的，应当赔偿损失。 **指引**：定作人对承揽人的工作享有期待利益。定作人要求不合理，承揽人应及时通知定作人。未及时通知定作人的，怠于通知期间的误工损失由其承担，因此工期拖延给定作人造成损失的，应当赔偿。发现图纸或者技术要求不合理而未通知定作人，仍按照原图纸或技术要求工作致使成果不符合合同约定的，也由承揽人承担违约责任。 **案例指引**：《工业公司诉钢模厂加工承揽合同案》【（1993）沪中经终字第658号】 **案例要旨**：承揽方在接收定作方提供的图纸后，始终没有明确提出图纸要求不合理，也从没有要求定作方	

续表

《民法典》合同编	关联规定
修改图纸，多次送样验收，结果都未写明不符合图纸要求，说明图纸本身并不存在不合理之处。承揽方不能交付合格的定作物是由于其自身尚不具备开制技术能力，由此给定作方造成的损失应当赔偿。	
第七百七十七条【中途变更工作要求的责任】　定作人中途变更承揽工作的要求，造成承揽人损失的，应当赔偿损失。 　　**指引：**承揽期间，定作人认为按照原先的要求不能满足自己的需要，可中途变更承揽工作的要求。但由承揽人提供材料的，定作人应当支付完成该部分工作所耗费的材料的价款和保管费。按照新要求，需增加材料的，由定作人负担费用。新要求使原承揽工作质量、难度提高的，定作人应当相应增加报酬。若承揽工作已经完成只是尚未交付，原则上定作人不能再提出变更要求。 　　**案例指引：**《某电力公司诉某钢结构工程公司建设工程施工合同纠纷案》① 　　**案例要旨：**发包人未按照约定的时间和要求提供原材料、设备、场地、资金、技术资料的，承包人可以顺延工程日期，并有权要求赔偿停工、窝工等损失。发包人在履行合同过程中变更设计，造成承包人停工、缓建、返工、改建，或者因发包人的要求而增加工程量，承包人可以顺延工程日期。	《民法典》 **第 533 条**　合同成立后，合同的基础条件发生了当事人在订立合同时无法预见的、不属于商业风险的重大变化，继续履行合同对于当事人一方明显不公平的，受不利影响的当事人可以与对方重新协商；在合理期限内协商不成的，当事人可以请求人民法院或者仲裁机构变更或者解除合同。 　　人民法院或者仲裁机构应当结合案件的实际情况，根据公平原则变更或者解除合同。

　　①　《某电力公司诉某钢结构工程公司建设工程施工合同纠纷案》，载《人民法院报》2018 年 4 月 5 日第 6 版。

《民法典》合同编	关联规定
第七百七十八条【定作人的协作义务】 承揽工作需要定作人协助的，定作人有协助的义务。定作人不履行协助义务致使承揽工作不能完成的，承揽人可以催告定作人在合理期限内履行义务，并可以顺延履行期限；定作人逾期不履行的，承揽人可以解除合同。 **指引：**定作人的协助义务主要来源：（1）来源于承揽合同明确约定；（2）来源于承揽工作的性质；（3）来源于交易习惯或者诚信原则的要求。同样，定作人应负的协助义务也包括三个方面：（1）依合同约定或者交易习惯，应由定作人在合同履行期间向承揽人提供完成工作的场地、提供完成承揽工作所必需的图纸、技术信息等工作条件的，定作人应当提供。（2）依承揽合同性质，应由定作人及时向承揽人提供完成工作的材料，或者维持承揽人可供工作状态的情形下，定作人应当及时提供，否则构成违约。（3）依照诚信原则，应由定作人按照承揽人的通知，履行及时更换、补齐有瑕疵的材料或修改不合理的技术资料、图表设计等时，定作人应当及时答复并采取相应补救措施。 **案例指引：**《邓某英等诉唐某华、李某等生命权纠纷案》① **案例要旨：**承揽人上门作业时，定作人基于一般注意义务、不动产权人的注意义务和承揽合同的附随义务，	**《民法典》** **第563条** 有下列情形之一的，当事人可以解除合同： 　　（一）因不可抗力致使不能实现合同目的； 　　（二）在履行期限届满前，当事人一方明确表示或者以自己的行为表明不履行主要债务； 　　（三）当事人一方迟延履行主要债务，经催告后在合理期限内仍未履行； 　　（四）当事人一方迟延履行债务或者有其他违约行为致使不能实现合同目的； 　　（五）法律规定的其他情形。 　　以持续履行的债务为内容的不定期合同，当事人可以随时解除合同，但是应当在合理期限之前通知对方。 **第566条** 合同解除后，尚未履行的，终止履行；已经履行的，根据履行情况和合同性质，当事人可以请求恢复原状或者采取其他补救措施，并有权请求赔偿损失。 　　合同因违约解除的，解除权人可以请求违约方承担违约责任，但是当事人另有约定的除外。 　　主合同解除后，担保人对债务人应当承担的民事责任仍应当承担担保责任，但是担保合同另有约定的除外。 **第584条** 当事人一方不履行合同义务或者履行合同义务不符合约定，造成对方损失的，损失赔偿额应当相当

---

① 最高人民法院中国应用法学研究所编：《人民法院案例选》，人民法院出版社2019年版，第109页。

《民法典》合同编	关联规定
同时负有提供安全工作环境，警告、制止危险行为等义务。根据安装窗帘的交易习惯，案涉承揽人周某上门为定作人唐某华提供安装窗帘服务，无论唐某华是定作人的身份还是作为不动产物权人的身份，唐某华在周某履行窗帘的安装义务过程中负有提供便利和安全场地等协助义务，并对危险工作环境负有警告义务，对危险行为负有提醒和制止义务。	于因违约所造成的损失，包括合同履行后可以获得的利益；但是，不得超过违约一方订立合同时预见到或者应当预见到的因违约可能造成的损失。
第七百七十九条【定作人监督检验】 　　承揽人在工作期间，应当接受定作人必要的监督检验。定作人不得因监督检验妨碍承揽人的正常工作。 　　**指引**：定作人的监督检验主要是指对进度、材料的使用、是否符合图纸或者技术要求等是否符合合同约定和定作人的要求。需注意的是，定作人的监督检验应是必要的（根据合同约定或者承揽工作的具体形式），且监督检验行为不得妨碍承揽人的正常工作。	
第七百八十条【承揽人工作成果交付】 　　承揽人完成工作的，应当向定作人交付工作成果，并提交必要的技术资料和有关质量证明。定作人应当验收该工作成果。 　　**指引**：交付工作成果包括两个方面内容：一是将工作成果交给定作人；二是向定作人提交必要的技术资料和有关质量证明。验收工作成果既是定作人的权利，也是其义务，定作人应及时验收。	

《民法典》合同编	关联规定
第七百八十一条【工作成果不符合质量要求时的违约责任】 承揽人交付的工作成果不符合质量要求的，定作人可以合理选择请求承揽人承担修理、重作、减少报酬、赔偿损失等违约责任。 **指引**：承揽人所交付的工作成果不符合质量标准的，根据本条及本章规定，承揽人承担瑕疵担保责任应具备两个条件：一是承揽人交付的工作成果不符合质量要求；二是定作人在合理的期限内提出质量异议。责任形式除本条规定的修理、重作、减少报酬、赔偿损失外，定作人还可根据合同约定要求承揽人承担其他的违约责任，如违约金、定金等。	**《民法典》** **第582条** 履行不符合约定的，应当按照当事人的约定承担违约责任。对违约责任没有约定或者约定不明确，依据本法第五百一十条的规定仍不能确定的，受损害方根据标的的性质以及损失的大小，可以合理选择请求对方承担修理、重作、更换、退货、减少价款或者报酬等违约责任。
第七百八十二条【支付报酬期限】 定作人应当按照约定的期限支付报酬。对支付报酬的期限没有约定或者约定不明确，依据本法第五百一十条的规定仍不能确定的，定作人应当在承揽人交付工作成果时支付；工作成果部分交付的，定作人应当相应支付。 **指引**：承揽合同对支付报酬的期限没有约定或者约定不明确的，依照本法第510条的规定，可以协议补充约定报酬支付期限，不能达成补充协议的，按照合同有关条款或者交易习惯确定支付期限，仍不能确定的，定作人应当在承揽人交付工作成果的同时支付。	**《民法典》** **第510条** 合同生效后，当事人就质量、价款或者报酬、履行地点等内容没有约定或者约定不明确的，可以协议补充；不能达成补充协议的，按照合同相关条款或者交易习惯确定。

《民法典》合同编	关联规定
第七百八十三条【定作人未履行付款义务时承揽人权利】　定作人未向承揽人支付报酬或者材料费等价款的，承揽人对完成的工作成果享有留置权或者有权拒绝交付，但是当事人另有约定的除外。 　　**指引：**留置权中，债权人的占有必须基于合法原因而生，本条亦是如此，即基于承揽合同而生的承揽人留置权。此外，相较于合同法，本条增加了"有权拒绝交付"的规定，主要在于承揽合同中的工作成果在交付前可能较难作为"定作人的动产"由承揽人占有，并不符合行使留置权的条件，为保护承揽人的利益，增加此内容。 　　**案例指引：**《汽车修理公司诉管某飞、汽车金融公司修理合同纠纷案》① 　　**案例要旨：**承揽人的留置权受侵害时可要求侵害留置权的第三人承担侵权责任。承揽人的留置权受侵害致使债权难以实现时，承揽人可同时要求定作人承担违约责任及侵害留置权的第三人承担侵权责任，应先由被留置人向留置权人承担违约责任，如果被留置人不能清偿债权，则由第三人在不能清偿的范围内承担补充赔偿责任。	**《民法典》** **第390条**　担保期间，担保财产毁损、灭失或者被征收等，担保物权人可以就获得的保险金、赔偿金或者补偿金等优先受偿。被担保债权的履行期限未届满的，也可以提存该保险金、赔偿金或者补偿金等。 **第447条**　债务人不履行到期债务，债权人可以留置已经合法占有的债务人的动产，并有权就该动产优先受偿。 　　前款规定的债权人为留置权人，占有的动产为留置财产。 **第449条**　法律规定或者当事人约定不得留置的动产，不得留置。 **第450条**　留置财产为可分物的，留置财产的价值应当相当于债务的金额。 **第525条**　当事人互负债务，没有先后履行顺序的，应当同时履行。一方在对方履行之前有权拒绝其履行请求。一方在对方履行债务不符合约定时，有权拒绝其相应的履行请求。

　　①　最高人民法院中国应用法学研究所编：《人民法院案例选》，人民法院出版社2013年版，第116页。

续表

《民法典》合同编	关联规定
第七百八十四条【承揽人保管义务】 承揽人应当妥善保管定作人提供的材料以及完成的工作成果，因保管不善造成毁损、灭失的，应当承担赔偿责任。 **指引：** 妥善保管是指承揽人在无特别约定的情况下，按照本行业的一般要求，根据物品的性质选择合理的场地、采用适当的保管方式，防止物品毁损和灭失。材料因为不可抗力而发生毁损、灭失，承揽人已尽妥善保管责任的，不承担损害赔偿责任。 **案例指引：**《交通工程养护公司诉经贸公司加工合同纠纷案》① **案例要旨：** 定作人要求承揽人返还剩余原材料系主张物权请求权，不受诉讼时效的限制。承揽合同约定，定作人向承揽人提供待加工原材料的，原材料的所有权归定作人所有。承揽合同结束后，定作人要求承揽人返还剩余的原材料，系对原材料主张物权请求权，不受诉讼时效的限制。当原材料灭失无法返还时，为周延保护物权人的利益，可以采取债权的保护方法，即定作人的物权请求权转化为物权损害赔偿请求权。	**《民法典》** **第775条** 定作人提供材料的，应当按照约定提供材料。承揽人对定作人提供的材料应当及时检验，发现不符合约定时，应当及时通知定作人更换、补齐或者采取其他补救措施。 　　承揽人不得擅自更换定作人提供的材料，不得更换不需要修理的零部件。 **第776条** 承揽人发现定作人提供的图纸或者技术要求不合理的，应当及时通知定作人。因定作人怠于答复等原因造成承揽人损失的，应当赔偿损失。

---

① 《交通工程养护公司诉经贸公司加工合同纠纷案》，载《人民司法·案例》2018年第5期。

《民法典》合同编	关联规定
第七百八十五条【承揽人保密义务】 承揽人应当按照定作人的要求保守秘密，未经定作人许可，不得留存复制品或者技术资料。 　　**指引**：本条规定侧重于承揽合同成立后，承揽人在工作中以及工作完成后的保密义务。如果定作人已经公开秘密，承揽人可不再承担保密义务，但不能不正当地利用已公开的秘密。如果定作人已将其工作成果申请专利的，承揽人不得未经定作人许可，擅自生产与工作成果同样的产品。	《民法典》 **第 501 条**　当事人在订立合同过程中知悉的商业秘密或者其他应当保密的信息，无论合同是否成立，不得泄露或者不正当地使用；泄露、不正当地使用该商业秘密或者信息，造成对方损失的，应当承担赔偿责任。 **第 509 条**　当事人应当按照约定全面履行自己的义务。 　　当事人应当遵循诚信原则，根据合同的性质、目的和交易习惯履行通知、协助、保密等义务。 　　当事人在履行合同过程中，应当避免浪费资源、污染环境和破坏生态。
第七百八十六条【共同承揽的连带责任】　共同承揽人对定作人承担连带责任，但是当事人另有约定的除外。 　　**指引**：共同承揽可由共同承揽人共同签订承揽合同，也可根据约定由一个承揽人代表所有承揽人与定作人订立合同。另需注意的是，本条规定的共同承揽与转承担不同，转承揽是承揽人将自己承揽的部分工作交由第三人完成，第三人并非承揽合同当事人，定作人只能向承揽人主张承担责任。	
第七百八十七条【定作人任意解除权】 定作人在承揽人完成工作前可以随时解除合同，造成承揽人损失的，应当赔偿损失。 　　**指引**：为更好地保障承揽人的合法权益，相较原《合同法》第 268 条，本条将定作人任意解除合同的权利限	《民法典》 **第 563 条**　有下列情形之一的，当事人可以解除合同： 　　（一）因不可抗力致使不能实现合同目的； 　　（二）在履行期限届满前，当事人一方明确表示或者以自己的行为表明

《民法典》合同编	关联规定
定在"承揽人完成工作前"。损失赔偿主要包括承揽人已完成的工作部分所应当获得的报酬、承揽人为完成这部分工作所支出的材料费以及承揽人因合同解除而受到的其他损失。另需注意的是，由于定作人的任意解除权毕竟属于一种权利，故定作人作为权利方不应与违反合同义务的违约方一样赔偿全部履行利益损失，否则将会减损任意解除权的立法意义。实践中，对于定作人解除合同的赔偿范围，应参照合同解除的法律后果，结合合同的履行情况确定。	不履行主要债务； （三）当事人一方迟延履行主要债务，经催告后在合理期限内仍未履行； （四）当事人一方迟延履行债务或者有其他违约行为致使不能实现合同目的； （五）法律规定的其他情形。 以持续履行的债务为内容的不定期合同，当事人可以随时解除合同，但是应当在合理期限之前通知对方。 **第 566 条**　合同解除后，尚未履行的，终止履行；已经履行的，根据履行情况和合同性质，当事人可以请求恢复原状或者采取其他补救措施，并有权请求赔偿损失。 合同因违约解除的，解除权人可以请求违约方承担违约责任，但是当事人另有约定的除外。 主合同解除后，担保人对债务人应当承担的民事责任仍应当承担担保责任，但是担保合同另有约定的除外。 **第 584 条**　当事人一方不履行合同义务或者履行合同义务不符合约定，造成对方损失的，损失赔偿额应当相当于因违约所造成的损失，包括合同履行后可以获得的利益；但是，不得超过违约一方订立合同时预见到或者应当预见到的因违约可能造成的损失。
第十八章　建设工程合同	
第七百八十八条【建设工程合同定义和种类】　建设工程合同是承包人进行工程建设，发包人支付价款的合同。 　　建设工程合同包括工程勘察、设	**《建筑法》**（2019 年修正） **第 2 条**　在中华人民共和国境内从事建筑活动，实施对建筑活动的监督管理，应当遵守本法。

《民法典》合同编	关联规定
计、施工合同。 　　**指引**：勘察合同，是指发包人与勘察人就完成建设工程地理、地质状况的调查研究工作而达成的协议。设计合同包括初步设计合同和施工设计合同。施工合同，主要包括建筑和安装两个方面内容，前者是指对工程进行营造的行为，后者是指与工程有关的线路、管道、设备等设施的装配。 　　**案例指引**：《钢构公司与建筑工程公司建设工程分包合同纠纷上诉案》① 　　**案例要旨**：承揽合同与建设工程合同的区别在于所承揽工作内容的不同。建设工程合同本质上属于承揽合同，两者的区别仅在于所承揽工作内容的不同，即承揽建设工程的为建设工程合同，承揽其他工作的为承揽合同。由此，区分建设工程合同和承揽合同的问题可转化为界定建设工程的问题。在界定建设工程时，必须以建设工程合同法律制度的立法目的为指导，并结合相关行政管理性法规的规定加以分析。	本法所称建筑活动，是指各类房屋建筑及其附属设施的建造和与其配套的线路、管道、设备的安装活动。 **第81条**　本法关于施工许可、建筑施工企业资质审查和建筑工程发包、承包、禁止转包，以及建筑工程监理、建筑工程安全和质量管理的规定，适用于其他专业建筑工程的建筑活动，具体办法由国务院规定。 《民诉法解释》（2022年修正） **第28条**　民事诉讼法第三十四条第一项规定的不动产纠纷是指因不动产的权利确认、分割、相邻关系等引起的物权纠纷。 　　农村土地承包经营合同纠纷、房屋租赁合同纠纷、建设工程施工合同纠纷、政策性房屋买卖合同纠纷，按照不动产纠纷确定管辖。 　　不动产已登记的，以不动产登记簿记载的所在地为不动产所在地；不动产未登记的，以不动产实际所在地为不动产所在地。
第七百八十九条【建设工程合同形式】 　　建设工程合同应当采用书面形式。 　　**指引**：一般来讲，建设工程合同标的额大、履行周期长，且履行过程情况复杂，故本条规定应当采用书面形式。实践中部分未签书面合同的，可结合《民法典》第490条第2款处	《民法典》 **第490条**　当事人采用合同书形式订立合同的，自当事人均签名、盖章或者按指印时合同成立。在签名、盖章或者按指印之前，当事人一方已经履行主要义务，对方接受时，该合同成立。 　　法律、行政法规规定或者当事人

① 《钢钩公司与建筑工程公司建设工程分包合同纠纷上诉案》，载《人民司法·案例》2011年第8期。

续表

《民法典》合同编	关联规定
理；已施工工程，认定合同已成立；如合同无效，参照当事人约定折价返还施工方；不能举证证明对工程款达成一致的，按市场造价鉴定确定工程价款或折价返还的金额。	约定合同应当采用书面形式订立，当事人未采用书面形式但是一方已经履行主要义务，对方接受时，该合同成立。 **《建筑法》**（2019 年修正） **第 15 条** 建筑工程的发包单位与承包单位应当依法订立书面合同，明确双方的权利和义务。 　　发包单位和承包单位应当全面履行合同约定的义务。不按照合同约定履行义务的，依法承担违约责任。
第七百九十条【工程招标投标】 建设工程的招标投标活动，应当依照有关法律的规定公开、公平、公正进行。 　　**指引**：就法律性质而言，招标行为属要约邀请；投标行为属要约；确定中标人行为属承诺。建设工程招标投标活动不仅应依照法律规定的招标投标程序进行，而且对法律规定的属于必须招标的工程项目，必须通过招标投标的方式订立合同。 　　**案例指引**：《建设集团公司与经济发展中心公司建设工程施工合同纠纷案》① 　　**案例要旨**：虽然并未有充分有效之证据证明工程项目系《招投标法》规定的必须进行招投标的工程项目，但双方当事人仍在合同中约定了诸多涉及招投标的条款，即双方明知该案工程需经过招投标程序确定最终的中	**《建筑法》**（2019 年修正） **第 16 条** 建筑工程发包与承包的招标投标活动，应当遵循公开、公正、平等竞争的原则，择优选择承包单位。 　　建筑工程的招标投标，本法没有规定的，适用有关招标投标法律的规定。 **第 17 条** 发包单位及其工作人员在建筑工程发包中不得收受贿赂、回扣或者索取其他好处。 　　承包单位及其工作人员不得利用向发包单位及其工作人员行贿、提供回扣或者给予其他好处等不正当手段承揽工程。 **第 19 条** 建筑工程依法实行招标发包，对不适于招标发包的可以直接发包。 **第 20 条** 建筑工程实行公开招标的，发包单位应当依照法定程序和方式，发布招标公告，提供载有招标工程的主要技术要求、主要的合同条款、评

---

① 国家法官学院、中国人民大学法学院编：《中国审判案例要览（2015 年民事审判案例卷）》，中国人民大学出版社 2017 年版，第 108 页。

《民法典》合同编	关联规定
标人，且实际上也进行了招投标程序，并通过招投标程序确定了最终的中标人，故双方仍应受《招投标法》的约束。	标的标准和方法以及开标、评标、定标的程序等内容的招标文件。 　　开标应当在招标文件规定的时间、地点公开进行。开标后应当按照招标文件规定的评标标准和程序对标书进行评价、比较，在具备相应资质条件的投标者中，择优选定中标者。 **《招投标法》（2017 年修正）** **第 3 条**　在中华人民共和国境内进行下列工程建设项目包括项目的勘察、设计、施工、监理以及与工程建设有关的重要设备、材料等的采购，必须进行招标： 　　（一）大型基础设施、公用事业等关系社会公共利益、公众安全的项目； 　　（二）全部或者部分使用国有资金投资或者国家融资的项目； 　　（三）使用国际组织或者外国政府贷款、援助资金的项目。 　　前款所列项目的具体范围和规模标准，由国务院发展计划部门会同国务院有关部门制订，报国务院批准。 　　法律或者国务院对必须进行招标的其他项目的范围有规定的，依照其规定。 **《建工合同解释一》** **第 1 条**　建设工程施工合同具有下列情形之一的，应当依据民法典第一百五十三条第一款的规定，认定无效： 　　（一）承包人未取得建筑业企业资质或者超越资质等级的； 　　（二）没有资质的实际施工人借用有资质的建筑施工企业名义的；

《民法典》合同编	关联规定
	（三）建设工程必须进行招标而未招标或者中标无效的。 承包人因转包、违法分包建设工程与他人签订的建设工程施工合同，应当依据民法典第一百五十三条第一款及第七百九十一条第二款、第三款的规定，认定无效。 **《民法典合同编通则解释》** **第4条**　采取招标方式订立合同，当事人请求确认合同自中标通知书到达中标人时成立的，人民法院应予支持。合同成立后，当事人拒绝签订书面合同的，人民法院应当依据招标文件、投标文件和中标通知书等确定合同内容。 采取现场拍卖、网络拍卖等公开竞价方式订立合同，当事人请求确认合同自拍卖师落槌、电子交易系统确认成交时成立的，人民法院应予支持。合同成立后，当事人拒绝签订成交确认书的，人民法院应当依据拍卖公告、竞买人的报价等确定合同内容。 产权交易所等机构主持拍卖、挂牌交易，其公布的拍卖公告、交易规则等文件公开确定了合同成立需要具备的条件，当事人请求确认合同自该条件具备时成立的，人民法院应予支持。
第七百九十一条【建设工程的发包、承包、分包】　发包人可以与总承包人订立建设工程合同，也可以分别与勘察人、设计人、施工人订立勘察、设计、施工承包合同。发包人不得将应当由一个承包人完成的建设工程支	**《建筑法》**（2019年修正） **第24条**　提倡对建筑工程实行总承包，禁止将建筑工程肢解发包。 建筑工程的发包单位可以将建筑工程的勘察、设计、施工、设备采购一并发包给一个工程总承包单位，也

《民法典》合同编	关联规定
解成若干部分发包给数个承包人。 　　总承包人或者勘察、设计、施工承包人经发包人同意，可以将自己承包的部分工作交由第三人完成。第三人就其完成的工作成果与总承包人或者勘察、设计、施工承包人向发包人承担连带责任。承包人不得将其承包的全部建设工程转包给第三人或者将其承包的全部建设工程支解以后以分包的名义分别转包给第三人。 　　禁止承包人将工程分包给不具备相应资质条件的单位。禁止分包单位将其承包的工程再分包。建设工程主体结构的施工必须由承包人自行完成。 　　**指引**：本条简言之，即（1）发包人不得将应由一承包人完成的工程支解后发包；（2）承包人不得将全部工程支解后转包或以分包名义转包第三人；（3）分包人不得再行分包。另，转包与分包的根本区别在于：转包行为中，原承包人自己并不实际履行合同约定的义务；而在分包行为中，承包人只是将承包工程的某一部分或几部分再分包给其他承包人，仍然要就承包合同约定的全部义务的履行向发包人负责。	可以将建筑工程勘察、设计、施工、设备采购的一项或者多项发包给一个工程总承包单位；但是，不得将应当由一个承包单位完成的建筑工程肢解成若干部分发包给几个承包单位。 **第28条**　禁止承包单位将其承包的全部建筑工程转包给他人，禁止承包单位将其承包的全部建筑工程肢解以后以分包的名义分别转包给他人。 **第29条**　建筑工程总承包单位可以将承包工程中的部分工程发包给具有相应资质条件的分包单位；但是，除总承包合同中约定的分包外，必须经建设单位认可。施工总承包的，建筑工程主体结构的施工必须由总承包单位自行完成。 　　建筑工程总承包单位按照总承包合同的约定对建设单位负责；分包单位按照分包合同的约定对总承包单位负责。总承包单位和分包单位就分包工程对建设单位承担连带责任。 　　禁止总承包单位将工程分包给不具备相应资质条件的单位。禁止分包单位将其承包的工程再分包。 **第67条**　承包单位将承包的工程转包的，或者违反本法规定进行分包的，责令改正，没收违法所得，并处罚款，可以责令停业整顿，降低资质等级；情节严重的，吊销资质证书。 　　承包单位有前款规定的违法行为的，对因转包工程或者违法分包的工程不符合规定的质量标准造成的损失，与接受转包或者分包的单位承担连

《民法典》合同编	关联规定
	带赔偿责任。 **《建工合同解释一》** **第1条**　建设工程施工合同具有下列情形之一的，应当依据民法典第一百五十三条第一款的规定，认定无效： 　　（一）承包人未取得建筑业企业资质或者超越资质等级的； 　　（二）没有资质的实际施工人借用有资质的建筑施工企业名义的； 　　（三）建设工程必须进行招标而未招标或者中标无效的。 　　承包人因转包、违法分包建设工程与他人签订的建设工程施工合同，应当依据民法典第一百五十三条第一款及第七百九十一条第二款、第三款的规定，认定无效。 **第5条**　具有劳务作业法定资质的承包人与总承包人、分包人签订的劳务分包合同，当事人请求确认无效的，人民法院依法不予支持。 **第7条**　缺乏资质的单位或者个人借用有资质的建筑施工企业名义签订建设工程施工合同，发包人请求出借方与借用方对建设工程质量不合格等因出借资质造成的损失承担连带赔偿责任的，人民法院应予支持。
第七百九十二条【国家重大建设工程合同的订立】　国家重大建设工程合同，应当按照国家规定的程序和国家批准的投资计划、可行性研究报告等文件订立。 　　**指引**：本条对国家重大建设工程	**《建筑法》**（2019年修正）**第7条**　建筑工程开工前，建设单位应当按照国家有关规定向工程所在地县级以上人民政府建设行政主管部门申请领取施工许可证；但是，国务院建设行政主管部门确定的限额以下的小型工程除外。

《民法典》合同编	关联规定
合同订立提出更严格的依据。哪些建设工程属于国家重大建设工程，法律并没有具体规定。实践中，一般列入国家重点投资计划而且投资额巨大，由中央政府全部投资或者参与投资的工程，或者未列入国家重点投资计划，投资额不算巨大，但影响很大的工程项目，均属国家重大建设工程。此外，有些虽然属于地方政府投资，但投资巨大、影响广泛的工程项目，如亚运工程建设，是主要由北京市人民政府投资的工程，其投资计划是经过国家批准，也属于国家重大建设工程项目。	按照国务院规定的权限和程序批准开工报告的建筑工程，不再领取施工许可证。 **《建工合同解释一》** **第3条** 当事人以发包人未取得建设工程规划许可证等规划审批手续为由，请求确认建设工程施工合同无效的，人民法院应予支持，但发包人在起诉前取得建设工程规划许可证等规划审批手续的除外。 发包人能够办理审批手续而未办理，并以未办理审批手续为由请求确认建设工程施工合同无效的，人民法院不予支持。
第七百九十三条【建设工程施工合同无效的处理】 建设工程施工合同无效，但是建设工程经验收合格的，可以参照合同关于工程价款的约定折价补偿承包人。 建设工程施工合同无效，且建设工程经验收不合格的，按照以下情形处理： （一）修复后的建设工程经验收合格的，发包人可以请求承包人承担修复费用； （二）修复后的建设工程经验收不合格的，承包人无权请求参照合同关于工程价款的约定折价补偿。 发包人对因建设工程不合格造成的损失有过错的，应当承担相应的责任。 **指引：** 建设工程施工合同无效，建设工程验收合格的，参照约定折价	**《民法典》** **第799条** 建设工程竣工后，发包人应当根据施工图纸及说明书、国家颁发的施工验收规范和质量检验标准及时进行验收。验收合格的，发包人应当按照约定支付价款，并接收该建设工程。 建设工程竣工经验收合格后，方可交付使用；未经验收或者验收不合格的，不得交付使用。 **《建筑法》（2019年修正）** **第61条** 交付竣工验收的建筑工程，必须符合规定的建筑工程质量标准，有完整的工程技术经济资料和经签署的工程保修书，并具备国家规定的其他竣工条件。 建筑工程竣工经验收合格后，方可交付使用；未经验收或者验收不合格的，不得交付使用。

《民法典》合同编	关联规定
补偿；验收不合格的，根据修复情况再行确定。需注意的是，发包人对建设工程验收不合格存在过错的，也应当承担责任。这一责任的承担应当在认定发包人过错程度的基础上作出判断。在法律有明确规定某方面的责任是承包人主要责任的情况下，发包人只能负次要责任，对于其承担责任的多少，由法官依据案件的实际情况及法律规定予以判决。 案例指引：《莫志华、深圳市东深工程有限公司与东莞市长富广场房地产开发有限公司建设工程合同纠纷案》【《最高人民法院公报》2013 年第 11 期】 案例要旨：鉴于建设工程的特殊性，虽然合同无效，但施工人的劳动和建筑材料已经物化在建筑工程中，依据《最高人民法院关于审理建设工程施工合同纠纷案件适用法律的解释》第 2 条的规定，建设工程合同无效，但建设工程经竣工验收合格，承包人请求参照有效合同处理的，应当参照合同约定来计算涉案工程价款，承包人不应获得比合同有效时更多的利益。	**《建工合同解释一》** **第 6 条** 建设工程施工合同无效，一方当事人请求对方赔偿损失的，应当就对方过错、损失大小、过错与损失之间的因果关系承担举证责任。 损失大小无法确定，一方当事人请求参照合同约定的质量标准、建设工期、工程价款支付时间等内容确定损失大小的，人民法院可以结合双方过错程度、过错与损失之间的因果关系等因素作出裁判。 **第 13 条** 发包人具有下列情形之一，造成建设工程质量缺陷，应当承担过错责任： （一）提供的设计有缺陷； （二）提供或者指定购买的建筑材料、建筑构配件、设备不符合强制性标准； （三）直接指定分包人分包专业工程。 承包人有过错的，也应当承担相应的过错责任。 **第 24 条** 当事人就同一建设工程订立的数份建设工程施工合同均无效，但建设工程质量合格，一方当事人请求参照实际履行的合同关于工程价款的约定折价补偿承包人的，人民法院应予支持。 实际履行的合同难以确定，当事人请求参照最后签订的合同关于工程价款的约定折价补偿承包人的，人民法院应予支持。 **第 38 条** 建设工程质量合格，承包人请求其承建工程的价款就工程折价或

续表

《民法典》合同编	关联规定
	者拍卖的价款优先受偿的，人民法院应予支持。
第七百九十四条【勘察、设计合同的内容】 勘察、设计合同的内容一般包括提交有关基础资料和概预算等文件的期限、质量要求、费用以及其他协作条件等条款。 　　**指引**：本条规定内容只是根据勘察设计合同的性质作出的一般性规定，当事人约定的勘察设计合同中不具备上述内容的，并不导致合同的无效。 　　**案例指引**：《建筑设计咨询公司诉投资公司建设工程设计合同纠纷案》① 　　**案例要旨**：当设计方缺乏相应资质时，就设计咨询合同的效力认定，应以合同约定的具体设计内容为基础，探究当事人的真实意思表示，从而认定合同性质为建设工程设计合同或装饰装修设计合同。若系建设工程设计合同，则应当依照建筑法等法律法规规定，认定合同无效。若系装饰装修合同，则需进一步审查房屋的性质与用途、设计工程的规模、合同约定的具体内容及难易程度、是否涉及公共安全等因素，综合认定合同效力。	**《建筑法》**（2019年修正） **第12条** 从事建筑活动的建筑施工企业、勘察单位、设计单位和工程监理单位，应当具备下列条件： 　　（一）有符合国家规定的注册资本； 　　（二）有与其从事的建筑活动相适应的具有法定执业资格的专业技术人员； 　　（三）有从事相关建筑活动所应有的技术装备； 　　（四）法律、行政法规规定的其他条件。 **第52条** 建筑工程勘察、设计、施工的质量必须符合国家有关建筑工程安全标准的要求，具体管理办法由国务院规定。 　　有关建筑工程安全的国家标准不能适应确保建筑安全的要求时，应当及时修订。 **第54条** 建设单位不得以任何理由，要求建筑设计单位或者建筑施工企业在工程设计或者施工作业中，违反法律、行政法规和建筑工程质量、安全标准，降低工程质量。 　　建筑设计单位和建筑施工企业对建设单位违反前款规定提出的降低工程质量的要求，应当予以拒绝。 **第56条** 建筑工程的勘察、设计单位必须对其勘察、设计的质量负责。勘

　　① 《建筑设计咨询公司诉投资公司建设工程设计合同纠纷案》，载《人民司法·案例》2019年第11期。

《民法典》合同编	关联规定
	察、设计文件应当符合有关法律、行政法规的规定和建筑工程质量、安全标准、建筑工程勘察、设计技术规范以及合同的约定。设计文件选用的建筑材料、建筑构配件和设备，应当注明其规格、型号、性能等技术指标，其质量要求必须符合国家规定的标准。 **《建设工程质量管理条例》**(2019 年修订) **第 5 条** 从事建设工程活动，必须严格执行基本建设程序，坚持先勘察、后设计、再施工的原则。 　县级以上人民政府及其有关部门不得超越权限审批建设项目或者擅自简化基本建设程序。
第七百九十五条【施工合同的内容】 　施工合同的内容一般包括工程范围、建设工期、中间交工工程的开工和竣工时间、工程质量、工程造价、技术资料交付时间、材料和设备供应责任、拨款和结算、竣工验收、质量保修范围和质量保证期、相互协作等条款。 　**指引：**"相互协作"条款一般包括双方在施工前的准备工作，施工人及时向发包人提出开工通知书、施工进度报告书、对发包人的监督检查提供必要的协助等。相互协作是施工过程的重要组成部分、工程顺利施工的重要保证。 　**案例指引：**《核工业地质大队、建筑工程公司建设工程施工合同纠纷案》**【**（2017）最高法民再 249 号**】** 　**案例要旨：**建设工程施工合同系	**《建工合同解释一》** **第 8 条** 当事人对建设工程开工日期有争议的，人民法院应当分别按照以下情形予以认定： 　（一）开工日期为发包人或者监理人发出的开工通知载明的开工日期；开工通知发出后，尚不具备开工条件的，以开工条件具备的时间为开工日期；因承包人原因导致开工时间推迟的，以开工通知载明的时间为开工日期。 　（二）承包人经发包人同意已经实际进场施工的，以实际进场施工时间为开工日期。 　（三）发包人或者监理人未发出开工通知，亦无相关证据证明实际开工日期的，应当综合考虑开工报告、合同、施工许可证、竣工验收报告或者竣工验收备案表等载明的时间，并结

《民法典》合同编	关联规定
双方当事人经过招投标程序签订并经备案登记的施工合同，依法成立并有效。双方另行签订的合作协议书及补充协议书约定的内容均涉及对工程总造价及支付方式的约定，且同招标人和中标人经备案登记的建设工程施工合同关于工程款结算的约定不同，属于对建设工程施工合同的实质性内容进行变更。因此，合同协议书和补充协议书因违反法律的强制性规定而无效。	合是否具备开工条件的事实，认定开工日期。 **第9条** 当事人对建设工程实际竣工日期有争议的，人民法院应当分别按照以下情形予以认定： （一）建设工程经竣工验收合格的，以竣工验收合格之日为竣工日期； （二）承包人已经提交竣工验收报告，发包人拖延验收的，以承包人提交验收报告之日为竣工日期； （三）建设工程未经竣工验收，发包人擅自使用的，以转移占有建设工程之日为竣工日期。 **第10条** 当事人约定顺延工期应当经发包人或者监理人签证等方式确认，承包人虽未取得工期顺延的确认，但能够证明在合同约定的期限内向发包人或者监理人申请过工期顺延且顺延事由符合合同约定，承包人以此为由主张工期顺延的，人民法院应予支持。 当事人约定承包人未在约定期限内提出工期顺延申请视为工期不顺延的，按照约定处理，但发包人在约定期限后同意工期顺延或者承包人提出合理抗辩的除外。
第七百九十六条 【建设工程监理】 建设工程实行监理的，发包人应当与监理人采用书面形式订立委托监理合同。发包人与监理人的权利和义务以及法律责任，应当依照本编委托合同以及其他有关法律、行政法规的规定。 **指引**：工程监理是发包人为了保	**《建筑法》**（2019年修正） **第30条** 国家推行建筑工程监理制度。 国务院可以规定实行强制监理的建筑工程的范围。 **第31条** 实行监理的建筑工程，由建设单位委托具有相应资质条件的工程监理单位监理。建设单位与其委托的

续表

《民法典》合同编	关联规定

证工程质量、维护自身利益而采取的措施，原则上应由发包人自行决定。但法律法规规定必须实行监理的，从其规定。此外，发包人与工程监理人之间是平等主体间的委托合同关系，因此应遵守委托合同及建筑法等法律、行政法规的相关规定。
 	
  案例指引：《工程监理公司诉燃料电池公司等破产财产分配方案异议案》①
 	
  案例要旨：监理费不能作为建设工程款的一部分享有优先受偿权。监理单位与建设单位本质上是一种委托关系，其与发包方与承包方之间的关系截然不同，监理费不属于建设工程款。因此监理费是存在于监理单位与建设单位之间的一种一般意义上的债权债务，监理单位没有优先受偿权。
	工程监理单位应当订立书面委托监理合同。
	  第 32 条 建筑工程监理应当依照法律、行政法规及有关的技术标准、设计文件和建筑工程承包合同，对承包单位在施工质量、建设工期和建设资金使用等方面，代表建设单位实施监督。
	  工程监理人员认为工程施工不符合工程设计要求、施工技术标准和合同约定的，有权要求建筑施工企业改正。
	  工程监理人员发现工程设计不符合建筑工程质量标准或者合同约定的质量要求的，应当报告建设单位要求设计单位改正。
	  第 35 条 工程监理单位不按照委托监理合同的约定履行监理义务，对应当监督检查的项目不检查或者不按照规定检查，给建设单位造成损失的，应当承担相应的赔偿责任。
	  工程监理单位与承包单位串通，为承包单位谋取非法利益，给建设单位造成损失的，应当与承包单位承担连带赔偿责任。

第七百九十七条【发包人检查权】
发包人在不妨碍承包人正常作业的情况下，可以随时对作业进度、质量进行检查。
  指引：发包人的检查行为要合理，不能因此妨碍承包人的正常作业。这
	《民法典》
	  第 779 条 承揽人在工作期间，应当接受定作人必要的监督检验。定作人不得因监督检验妨碍承揽人的正常工作。

---

  ① 国家法官学院、中国人民大学法学院编：《中国审判案例要览（2011 年商事审判案例卷）》，中国人民大学出版社 2013 年版，第 109 页。

《民法典》合同编	关联规定
也是从平等对待双方当事人，维护承包人的合法权益出发，对发包人的检查权进行的合理限制。	
第七百九十八条【隐蔽工程检查】 隐蔽工程在隐蔽以前，承包人应当通知发包人检查。发包人没有及时检查的，承包人可以顺延工程日期，并有权请求赔偿停工、窝工等损失。 **指引：**隐蔽工程，一般指工程建设过程中需覆盖、掩盖、完工后表面上无法看到的工程，包括地基与基础、电气管线、网络综合布线线缆、供水供热管线、煤气管道、雨水污水管道、保温层、隔热层、防水层等。如果承包人未通知发包人检查而自行进行隐蔽工程的，事后发包人有权要求对已隐蔽的工程进行检查，承包人应按照要求进行剥露，并在检查后重新隐蔽或者修复后隐蔽。	

第七百九十九条【竣工验收】 建设工程竣工后，发包人应当根据施工图纸及说明书、国家颁发的施工验收规范和质量检验标准及时进行验收。验收合格的，发包人应当按照约定支付价款，并接收该建设工程。
  建设工程竣工经验收合格后，方可交付使用；未经验收或者验收不合格的，不得交付使用。
  指引：验收的主要内容包括：（1）工程是否符合规定的建设工程质量标准。（2）承包人是否提供了完整的工程技术经济资料。（3）承包人是否有建
	《建筑法》（2019 年修正）
	第 60 条 建筑物在合理使用寿命内，必须确保地基基础工程和主体结构的质量。
	  建筑工程竣工时，屋顶、墙面不得留有渗漏、开裂等质量缺陷；对已发现的质量缺陷，建筑施工企业应当修复。
	第 61 条 交付竣工验收的建筑工程，必须符合规定的建筑工程质量标准，有完整的工程技术经济资料和经签署的工程保修书，并具备国家规定的其他竣工条件。
	  建筑工程竣工经验收合格后，方可交付使用；未经验收或者验收不合格的，不得交付使用。

《民法典》合同编	关联规定
设工程质量检验书等凭证。（4）工程是否具备国家规定的其他竣工条件。 　　**案例指引**：《威海市鲸园建筑有限公司与威海市福利企业服务公司、威海市盛发贸易有限公司拖欠建筑工程款纠纷再审案》【《最高人民法院公报》2013年第8期】 　　**案例要旨**：依照《合同法》第279条（《民法典》第799条）、《建设工程质量管理条例》第16条的规定，建设工程竣工后，发包人应当按照相关施工验收规定对工程及时组织验收，该验收既是发包人的义务，亦是发包人的权利。承包人未经发包人同意对工程组织验收，单方向质量监督部门办理竣工验收手续的，侵害了发包人工程验收权利。在此情况下，质检部门对该工程出具的验收报告及工程优良证书因不符合法定验收程序，不能产生相应的法律效力。	《城乡规划法》（2019年修正） **第45条**　县级以上地方人民政府城乡规划主管部门按照国务院规定对建设工程是否符合规划条件予以核实。未经核实或者经核实不符合规划条件的，建设单位不得组织竣工验收。 　　建设单位应当在竣工验收后六个月内向城乡规划主管部门报送有关竣工验收资料。 《建工合同解释一》 **第9条**　当事人对建设工程实际竣工日期有争议的，人民法院应当分别按照以下情形予以认定： 　　（一）建设工程经竣工验收合格的，以竣工验收合格之日为竣工日期； 　　（二）承包人已经提交竣工验收报告，发包人拖延验收的，以承包人提交验收报告之日为竣工日期； 　　（三）建设工程未经竣工验收，发包人擅自使用的，以转移占有建设工程之日为竣工日期。 **第10条**　当事人约定顺延工期应当经发包人或者监理人签证等方式确认，承包人虽未取得工期顺延的确认，但能够证明在合同约定的期限内向发包人或者监理人申请过工期顺延且顺延事由符合合同约定，承包人以此为由主张工期顺延的，人民法院应予支持。 　　当事人约定承包人未在约定期限内提出工期顺延申请视为工期不顺延的，按照约定处理，但发包人在约定期限后同意工期顺延或者承包人提出合理抗辩的除外。

《民法典》合同编	关联规定
	第 11 条　建设工程竣工前，当事人对工程质量发生争议，工程质量经鉴定合格的，鉴定期间为顺延工期期间。 **第 14 条**　建设工程未经竣工验收，发包人擅自使用后，又以使用部分质量不符合约定为由主张权利的，人民法院不予支持；但是承包人应当在建设工程的合理使用寿命内对地基基础工程和主体结构质量承担民事责任。 **《建设工程质量管理条例》(2019 年修订)** **第 16 条**　建设单位收到建设工程竣工报告后，应当组织设计、施工、工程监理等有关单位进行竣工验收。 　　建设工程竣工验收应当具备下列条件： 　　(一) 完成建设工程设计和合同约定的各项内容； 　　(二) 有完整的技术档案和施工管理资料； 　　(三) 有工程使用的主要建筑材料、建筑构配件和设备的进场试验报告； 　　(四) 有勘察、设计、施工、工程监理等单位分别签署的质量合格文件； 　　(五) 有施工单位签署的工程保修书。 　　建设工程经验收合格的，方可交付使用。 **第 49 条**　建设单位应当自建设工程竣工验收合格之日起 15 日内，将建设工程竣工验收报告和规划、公安消防、环保等部门出具的认可文件或者准许使用文件报建设行政主管部门或者其他有关部门备案。

续表

《民法典》合同编	关联规定
	建设行政主管部门或者其他有关部门发现建设单位在竣工验收过程中有违反国家有关建设工程质量管理规定行为的，责令停止使用，重新组织竣工验收。
第八百条【勘察、设计人质量责任】 勘察、设计的质量不符合要求或者未按照期限提交勘察、设计文件拖延工期，造成发包人损失的，勘察人、设计人应当继续完善勘察、设计，减收或者免收勘察、设计费并赔偿损失。 **指引**：勘察、设计是整个建设工程的基础，为整个建设工程质量提供保障。勘察、设计文件的提交日期决定了开始工程建设的日期，影响对工程的完工日期。因此，工程的勘察、设计应符合质量要求，勘察、设计文件应如期提交。	**《建筑法》**（2019 年修正） **第 52 条**　建筑工程勘察、设计、施工的质量必须符合国家有关建筑工程安全标准的要求，具体管理办法由国务院规定。 　　有关建筑工程安全的国家标准不能适应确保建筑安全的要求时，应当及时修订。 **第 53 条**　国家对从事建筑活动的单位推行质量体系认证制度。从事建筑活动的单位根据自愿原则可以向国务院产品质量监督管理部门或者国务院产品质量监督管理部门授权的部门认可的认证机构申请质量体系认证。经认证合格的，由认证机构颁发质量体系认证证书。 **第 56 条**　建筑工程的勘察、设计单位必须对其勘察、设计的质量负责。勘察、设计文件应当符合有关法律、行政法规的规定和建筑工程质量、安全标准、建筑工程勘察、设计技术规范以及合同的约定。设计文件选用的建筑材料、建筑构配件和设备，应当注明其规格、型号、性能等技术指标，其质量要求必须符合国家规定的标准。 **《建设工程质量管理条例》**（2019 年修订） **第 18 条**　从事建设工程勘察、设计的单位应当依法取得相应等级的资质证

《民法典》合同编	关联规定
	书，并在其资质等级许可的范围内承揽工程。 　　禁止勘察、设计单位超越其资质等级许可的范围或者以其他勘察、设计单位的名义承揽工程。禁止勘察、设计单位允许其他单位或者个人以本单位的名义承揽工程。 　　勘察、设计单位不得转包或者违法分包所承揽的工程。 **第 19 条**　勘察、设计单位必须按照工程建设强制性标准进行勘察、设计，并对其勘察、设计的质量负责。 　　注册建筑师、注册结构工程师等注册执业人员应当在设计文件上签字，对设计文件负责。 **第 20 条**　勘察单位提供的地质、测量、水文等勘察成果必须真实、准确。
第八百零一条【施工人的质量责任】 　　因施工人的原因致使建设工程质量不符合约定的，发包人有权请求施工人在合理期限内无偿修理或者返工、改建。经过修理或者返工、改建后，造成逾期交付的，施工人应当承担违约责任。 　　**指引**：在建设勘察、设计的质量没有问题的情况下，建设工程的质量状况最终取决于施工质量。这里的施工质量包括各类工程中土建工程的质量，也包括与其配套的线路、管道和设备的安装质量。本条规定的违约责任包括赔偿发包人因逾期交付受到的损失，按照约定向发包人支付违约金、减少价款、执行定金罚则等。	《民法典》 **第 582 条**　履行不符合约定的，应当按照当事人的约定承担违约责任。对违约责任没有约定或者约定不明确，依据本法第五百一十条的规定仍不能确定的，受损害方根据标的的性质以及损失的大小，可以合理选择请求对方承担修理、重作、更换、退货、减少价款或者报酬等违约责任。 **第 583 条**　当事人一方不履行合同义务或者履行合同义务不符合约定的，在履行义务或者采取补救措施后，对方还有其他损失的，应当赔偿损失。 **第 781 条**　承揽人交付的工作成果不符合质量要求的，定作人可以合理选

《民法典》合同编	关联规定
	择请求承揽人承担修理、重作、减少报酬、赔偿损失等违约责任。 **《建筑法》（2019 年修正）** **第 58 条** 建筑施工企业对工程的施工质量负责。 　　建筑施工企业必须按照工程设计图纸和施工技术标准施工，不得偷工减料。工程设计的修改由原设计单位负责，建筑施工企业不得擅自修改工程设计。 **第 60 条** 建筑物在合理使用寿命内，必须确保地基基础工程和主体结构的质量。 　　建筑工程竣工时，屋顶、墙面不得留有渗漏、开裂等质量缺陷；对已发现的质量缺陷，建筑施工企业应当修复。 **《建工合同解释一》** **第 12 条** 因承包人的原因造成建设工程质量不符合约定，承包人拒绝修理、返工或者改建，发包人请求减少支付工程价款的，人民法院应予支持。 **第 13 条** 发包人具有下列情形之一，造成建设工程质量缺陷，应当承担过错责任： 　　（一）提供的设计有缺陷； 　　（二）提供或者指定购买的建筑材料、建筑构配件、设备不符合强制性标准； 　　（三）直接指定分包人分包专业工程。 　　承包人有过错的，也应当承担相应的过错责任。

《民法典》合同编	关联规定
第八百零二条【合理使用期限内质量保证责任】 因承包人的原因致使建设工程在合理使用期限内造成人身损害和财产损失的，承包人应当承担赔偿责任。 　　**指引**：承包人对整个工程质量负责，当然也应对建设工程的在合理使用期间的质量安全承担责任。本条涉及的受损害方不仅包括发包人，也包括建设工程的最终用户以及因该建设工程而受到损害的其他人。造成发包人的人身或者财产损害，发包人可选择请求承包人承担违约责任或侵权责任。	《民法典》 **第 1252 条** 建筑物、构筑物或者其他设施倒塌、塌陷造成他人损害的，由建设单位与施工单位承担连带责任，但是建设单位与施工单位能够证明不存在质量缺陷的除外。建设单位、施工单位赔偿后，有其他责任人的，有权向其他责任人追偿。 　　因所有人、管理人、使用人或者第三人的原因，建筑物、构筑物或者其他设施倒塌、塌陷造成他人损害的，由所有人、管理人、使用人或者第三人承担侵权责任。 **第 1253 条** 建筑物、构筑物或者其他设施及其搁置物、悬挂物发生脱落、坠落造成他人损害，所有人、管理人或者使用人不能证明自己没有过错的，应当承担侵权责任。所有人、管理人或者使用人赔偿后，有其他责任人的，有权向其他责任人追偿。 《建工合同解释一》 **第 14 条** 建设工程未经竣工验收，发包人擅自使用后，又以使用部分质量不符合约定为由主张权利的，人民法院不予支持；但是承包人应当在建设工程的合理使用寿命内对地基基础工程和主体结构质量承担民事责任。 **第 15 条** 因建设工程质量发生争议的，发包人可以以总承包人、分包人和实际施工人为共同被告提起诉讼。 **第 18 条** 因保修人未及时履行保修义务，导致建筑物毁损或者造成人身损害、财产损失的，保修人应当承担赔偿责任。

《民法典》合同编	关联规定
	保修人与建筑物所有人或者发包人对建筑物毁损均有过错的，各自承担相应的责任。 **《建设工程质量管理条例》** (2019 年修订) **第 39 条** 建设工程实行质量保修制度。 建设工程承包单位在向建设单位提交工程竣工验收报告时，应当向建设单位出具质量保修书。质量保修书中应当明确建设工程的保修范围、保修期限和保修责任等。 **第 41 条** 建设工程在保修范围和保修期限内发生质量问题的，施工单位应当履行保修义务，并对造成的损失承担赔偿责任。 **第 42 条** 建设工程在超过合理使用年限后需要继续使用的，产权所有人应当委托具有相应资质等级的勘察、设计单位鉴定，并根据鉴定结果采取加固、维修等措施，重新界定使用期。
第八百零三条【发包人未依约提供物资的责任】 发包人未按照约定的时间和要求提供原材料、设备、场地、资金、技术资料的，承包人可以顺延工程日期，并有权请求赔偿停工、窝工等损失。 **指引**：若工程承包合同中约定由发包人提供原材料、设备、场地、资金、技术资料的，发包人应当按照约定的原材料、设备的种类、规格、数量、单价、质量等级和提供时间、地点的清单，向承包人提供建设所需的	**《建工合同解释一》** **第 13 条** 发包人具有下列情形之一，造成建设工程质量缺陷，应当承担过错责任： （一）提供的设计有缺陷； （二）提供或者指定购买的建筑材料、建筑构配件、设备不符合强制性标准； （三）直接指定分包人分包专业工程。 承包人有过错的，也应当承担相应的过错责任。

《民法典》合同编	关联规定
原材料、设备及其产品合格证明。资金一般指工程款，而技术资料主要包括勘察数据、设计文件、施工图纸以及说明书等。 　　**案例指引**：《河南省偃师市鑫龙建安工程有限公司与洛阳理工学院、河南省第六建筑工程公司索赔及工程欠款纠纷案》【《最高人民法院公报》2013 年第 1 期】 　　**案例要旨**：因发包人提供错误的地质报告致使建设工程停工，当事人对停工时间未作约定或未达成协议的，承包人不应盲目等待而放任停工状态的持续以及停工损失的扩大。对于计算由此导致的停工损失所依据的停工时间的确定，也不能简单地以停工状态的自然持续时间为准，而是应根据案件事实综合确定一定的合理期间作为停工时间。	
第八百零四条【发包人原因致工程停建、缓建的责任】　因发包人的原因致使工程中途停建、缓建的，发包人应当采取措施弥补或者减少损失，赔偿承包人因此造成的停工、窝工、倒运、机械设备调迁、材料和构件积压等损失和实际费用。 　　**指引**：本条所谓"因发包人的原因"，一般指：（1）发包人变更工程量；（2）发包人提供的设计文件等技术资料有错误或者发包人变更设计文件；（3）发包人未能按照约定及时提供建设材料、设备或者工程进度款；	《民法典》 **第 591 条**　当事人一方违约后，对方应当采取适当措施防止损失的扩大；没有采取适当措施致使损失扩大的，不得就扩大的损失请求赔偿。 　　当事人因防止损失扩大而支出的合理费用，由违约方负担。 **第 798 条**　隐蔽工程在隐蔽以前，承包人应当通知发包人检查。发包人没有及时检查的，承包人可以顺延工程日期，并有权请求赔偿停工、窝工等损失。 **第 803 条**　发包人未按照约定的时间和要求提供原材料、设备、场地、资

《民法典》合同编	关联规定
（4）发包人未能及时进行中间工程和隐蔽工程条件的验收并办理有关交工手续；（5）发包人不能按照合同的约定保障建设工作所需的工作条件致使工作无法正常进行等。	金、技术资料的，承包人可以顺延工程日期，并有权请求赔偿停工、窝工等损失。 **《建工合同解释一》** **第 12 条**　因承包人的原因造成建设工程质量不符合约定，承包人拒绝修理、返工或者改建，发包人请求减少支付工程价款的，人民法院应予支持。
第八百零五条【发包人原因致勘察、设计返工、停工或修改设计的责任】 　因发包人变更计划，提供的资料不准确，或者未按照期限提供必需的勘察、设计工作条件而造成勘察、设计的返工、停工或者修改设计，发包人应当按照勘察人、设计人实际消耗的工作量增付费用。 　**指引**：勘察、设计工作需要发包人的密切配合，因发包人原因导致勘察、设计增加工作量，应增付费用。因发包人未提供必要的工作条件致使勘察、设计工作无法正常进行的，勘察人、设计人有权停工、顺延工期，并要求发包人承担勘察人、设计人停工期间的损失。	**《建工合同解释一》** **第 13 条**　发包人具有下列情形之一，造成建设工程质量缺陷，应当承担过错责任： 　（一）提供的设计有缺陷； 　（二）提供或者指定购买的建筑材料、建筑构配件、设备不符合强制性标准； 　（三）直接指定分包人分包专业工程。 　承包人有过错的，也应当承担相应的过错责任。
第八百零六条【建设工程合同解除】 　承包人将建设工程转包、违法分包的，发包人可以解除合同。 　发包人提供的主要建筑材料、建筑构配件和设备不符合强制性标准或者不履行协助义务，致使承包人无法施工，经催告后在合理期限内仍未履	**《民法典》** **第 562 条**　当事人协商一致，可以解除合同。 　当事人可以约定一方解除合同的事由。解除合同的事由发生时，解除权人可以解除合同。 **第 563 条**　有下列情形之一的，当事人可以解除合同：

《民法典》合同编	关联规定
行相应义务的，承包人可以解除合同。 　　合同解除后，已经完成的建设工程质量合格的，发包人应当按照约定支付相应的工程价款；已经完成的建设工程质量不合格的，参照本法第七百九十三条的规定处理。 　　**指引：**基于建设工程施工合同的特殊性及物尽其用、节约资源的原则与价值导向，就建设工程合同解除后的价款支付，本条第 3 款作出特别规定。除本条第 3 款明确规定的情况外，对于建设工程合同解除的法律后果没有规定的，仍应根据其性质适用一般合同解除的相关规定。	（一）因不可抗力致使不能实现合同目的； 　　（二）在履行期限届满前，当事人一方明确表示或者以自己的行为表明不履行主要债务； 　　（三）当事人一方迟延履行主要债务，经催告后在合理期限内仍未履行； 　　（四）当事人一方迟延履行债务或者有其他违约行为致使不能实现合同目的； 　　（五）法律规定的其他情形。 　　以持续履行的债务为内容的不定期合同，当事人可以随时解除合同，但是应当在合理期限之前通知对方。 **第 566 条**　合同解除后，尚未履行的，终止履行；已经履行的，根据履行情况和合同性质，当事人可以请求恢复原状或者采取其他补救措施，并有权请求赔偿损失。 　　合同因违约解除的，解除权人可以请求违约方承担违约责任，但是当事人另有约定的除外。 　　主合同解除后，担保人对债务人应当承担的民事责任仍应当承担担保责任，但是担保合同另有约定的除外。
第八百零七条【发包人未支付工程价款的责任】　发包人未按照约定支付价款的，承包人可以催告发包人在合理期限内支付价款。发包人逾期不支付的，除根据建设工程的性质不宜折价、拍卖外，承包人可以与发包人协议将该工程折价，也可以请求人民法	《建工合同解释一》 **第 19 条**　当事人对建设工程的计价标准或者计价方法有约定的，按照约定结算工程价款。 　　因设计变更导致建设工程的工程量或者质量标准发生变化，当事人对该部分工程价款不能协商一致的，可

续表

《民法典》合同编	关联规定
院将该工程依法拍卖。建设工程的价款就该工程折价或者拍卖的价款优先受偿。 　　**指引**：只有发包人在承包人催告后的合理期限仍没有支付价款的，承包人才能将该工程折价或拍卖以优先受偿，否则承包人只能要求发包人担违约责任。按照建设工程的性质不宜折价、拍卖的情形，如发包方无所有权的工程、国防设施、国家重点工程、公共设施工程。另，根据最新司法解释，建设工程价款优先受偿权行使期限已修改为最长不超过18个月。 　　**案例指引**：《中铁二十二局集团第四工程有限公司与安徽瑞讯交通开发有限公司、安徽省高速公路控股集团有限公司建设工程施工合同纠纷案》【《最高人民法院公报》2016年第4期】 　　**案例要旨**：建筑工程价款包括承包人为建设工程应当支付的工作人员报酬、材料款等实际支出的费用，不包括承包人因发包人违约所造成的损失，承包人请求对因发包人违约所造成的建设工程价款行使优先受偿权的，人民法院不予支持。	以参照签订建设工程施工合同时当地建设行政主管部门发布的计价方法或者计价标准结算工程价款。 　　建设工程施工合同有效，但建设工程经竣工验收不合格的，依照民法典第五百七十七条规定处理。 　　**第21条**　当事人约定，发包人收到竣工结算文件后，在约定期限内不予答复，视为认可竣工结算文件的，按照约定处理。承包人请求按照竣工结算文件结算工程价款的，人民法院应予支持。 　　**第22条**　当事人签订的建设工程施工合同与招标文件、投标文件、中标通知书载明的工程范围、建设工期、工程质量、工程价款不一致，一方当事人请求将招标文件、投标文件、中标通知书作为结算工程价款的依据的，人民法院应予支持。 　　**第24条**　当事人就同一建设工程订立的数份建设工程施工合同均无效，但建设工程质量合格，一方当事人请求参照实际履行的合同关于工程价款的约定折价补偿承包人的，人民法院应予支持。 　　实际履行的合同难以确定，当事人请求参照最后签订的合同关于工程价款的约定折价补偿承包人的，人民法院应予支持。 　　**第26条**　当事人对欠付工程价款利息计付标准有约定的，按照约定处理。没有约定的，按照同期同类贷款利率或者同期贷款市场报价利率计息。

《民法典》合同编	关联规定
	第27条 利息从应付工程价款之日开始计付。当事人对付款时间没有约定或者约定不明的,下列时间视为应付款时间: (一)建设工程已实际交付的,为交付之日; (二)建设工程没有交付的,为提交竣工结算文件之日; (三)建设工程未交付,工程价款也未结算的,为当事人起诉之日。 **第35条** 与发包人订立建设工程施工合同的承包人,依据民法典第八百零七条的规定请求其承建工程的价款就工程折价或者拍卖的价款优先受偿的,人民法院应予支持。 **第36条** 承包人根据民法典第八百零七条规定享有的建设工程价款优先受偿权优于抵押权和其他债权。 **第37条** 装饰装修工程具备折价或者拍卖条件,装饰装修工程的承包人请求工程价款就该装饰装修工程折价或者拍卖的价款优先受偿的,人民法院应予支持。 **第38条** 建设工程质量合格,承包人请求其承建工程的价款就工程折价或者拍卖的价款优先受偿的,人民法院应予支持。 **第39条** 未竣工的建设工程质量合格,承包人请求其承建工程的价款就其承建工程部分折价或者拍卖的价款优先受偿的,人民法院应予支持。 **第40条** 承包人建设工程价款优先受偿的范围依照国务院有关行政主管部

《民法典》合同编	关联规定
	门关于建设工程价款范围的规定确定。 　　承包人就逾期支付建设工程价款的利息、违约金、损害赔偿金等主张优先受偿的，人民法院不予支持。 **第41条** 承包人应当在合理期限内行使建设工程价款优先受偿权，但最长不得超过十八个月，自发包人应当给付建设工程价款之日起算。 **第42条** 发包人与承包人约定放弃或者限制建设工程价款优先受偿权，损害建筑工人利益，发包人根据该约定主张承包人不享有建设工程价款优先受偿权的，人民法院不予支持。
第八百零八条【适用承揽合同】 本章没有规定的，适用承揽合同的有关规定。 　　**指引**：本质上说，建设工程合同是一种特殊的承揽合同。因此，本章没有规定而承揽合同一章有规定的，可根据建设工程合同的性质适用承揽合同的有关规定。	

第十九章　运输合同

第一节　一般规定

第八百零九条【运输合同的定义】 运输合同是承运人将旅客或者货物从起运地点运输到约定地点，旅客、托运人或者收货人支付票款或者运输费用的合同。 　　**指引**：《民法典》合同编有关运输合同的规定，属一般性的法律规定。现有我国的法律中，还存在一些规定	《民用航空法》（2018年修正） **第107条** 本法所称国内航空运输，是指根据当事人订立的航空运输合同，运输的出发地点、约定的经停地点和目的地点均在中华人民共和国境内的运输。 　　本法所称国际航空运输，是指根据当事人订立的航空运输合同，无论运输有无间断或者有无转运，运输的

《民法典》合同编	关联规定
运输行为的特别法,如海商法、铁路法、民用航空法等。特别法优先于普通法,故在特别法没有规定的情况下,才适用本章的一般规定。 　　**案例指引**:《杨某荣等因其亲属自备运输工具在为被告经营的石料厂拉运石料中翻车致死诉孙某荣按雇佣关系承担人身损害赔偿责任案》① 　　**案例要旨**:承运人将货物运输至指定地点,按约定向托运人收取费用,应认定承运人与托运人之间形成运输合同关系.货物运输合同是承运人将货物从起运地点运输到约定地点,托运人或收货人支付运输费用的合同。承运人生前用自己的拖拉机从采石地点1公里之外的石料厂运送石头,装车工作由采石厂人员负责,每次装车的重量由承运人自己确定,双方均对运送石头的数量作记录,按实际运送的吨位依约定的价格结算运送费用,该行为符合运输合同的法律特征。	出发地点、目的地点或者约定的经停地点之一不在中华人民共和国境内的运输。 **第108条**　航空运输合同各方认为几个连续的航空运输承运人办理的运输是一项单一业务活动的,无论其形式是以一个合同订立或者数个合同订立,应当视为一项不可分割的运输。 **《铁路法》**(2015年修正) **第11条**　铁路运输合同是明确铁路运输企业与旅客、托运人之间权利义务关系的协议。 　　旅客车票、行李票、包裹票和货物运单是合同或者合同的组成部分。 **《海商法》** **第2条**　本法所称海上运输,是指海上货物运输和海上旅客运输,包括海江之间、江海之间的直达运输。 　　本法第四章海上货物运输合同的规定,不适用于中华人民共和国港口之间的海上货物运输。 **第41条**　海上货物运输合同,是指承运人收取运费,负责将托运人托运的货物经海路由一港运至另一港的合同。 **《海上货运代理纠纷解释》**(2020年修正) **第2条**　人民法院审理海上货运代理纠纷案件,认定货运代理企业因处理海上货运代理事务与委托人之间形成代理、运输、仓储等不同法律关系的,应分别适用相关的法律规定。

---

　　①　最高人民法院中国应用法学研究所编:《人民法院案例选》,人民法院出版社2003年版,第91页。

《民法典》合同编	关联规定
第八百一十条【公共运输承运人的强制缔约义务】 从事公共运输的承运人不得拒绝旅客、托运人通常、合理的运输要求。 **指引：** 公共运输，是指面向社会公众的，由取得营运资格的营运人所从事的商业运输的行为，主要包括班轮、班机和班车运输，以及对外公布的固定路线、固定时间、固定价格进行商业性运输的运输行为。从事公共运输的承运人不得拒绝旅客、托运人通常的、合理的运输要求。但已满载或出现不可抗力导致不能正常运输的情况下，承运人可拒绝旅客的乘坐要求。此外，本条限定词为"通常、合理"条件下，该条件在不同情况下内涵不同（如一等座与二等座要求不同），需基于一般旅客或托运人角度判断，意味着从事公共运输的承运人不得对旅客或者托运人实行差别待遇。 **案例指引：**《马士基（中国）航运有限公司及其厦门分公司与厦门瀛海实业发展有限公司、中国厦门外轮代理有限公司国际海上货运代理经营权损害赔偿纠纷再审案》【《最高人民法院公报》2011 年第 10 期】 **案例要旨：** 公共运输履行着为社会公众提供运输服务的社会职能，具有公益性、垄断性等特征。为维护社会公众利益，《合同法》第 289 条（《民法典》第 810 条）规定："从事公共运输的承运人不得拒绝旅客、托运人通常、合理的运输要求。"国际海上集装	

《民法典》合同编	关联规定
箱班轮运输是服务于国际贸易的商事经营活动，不属于公用事业，不具有公益性，也不具有垄断性，故不属于公共运输。托运人或者其货运代理人请求从事国际海上集装箱班轮运输的承运人承担强制缔约义务，没有法律依据，应予驳回。	
第八百一十一条【承运人安全运输义务】 承运人应当在约定期限或者合理期限内将旅客、货物安全运输到约定地点。 **指引**：本条包含了三层意思：(1) 承运人应在约定的期间或者合理的期间内运输；(2) 承运人在运输过程中，应保证旅客或者货物的安全；(3) 承运人应将旅客、货物运到约定的地点。 **案例指引**：《宏隆实业有限公司与上海铁路分局何家湾站等铁路货物运输合同逾期货损索赔纠纷再审案》【《最高人民法院公报》2001年第1期】 **案例要旨**：铁路货物运输中，因托运人对物品包装不符合规定导致货物损失，且承运人逾期运到的，承运人不对货物损失承担赔偿责任，但是应当承担逾期运到的违约责任。	**《民用航空法》（2018年修正）** **第124条** 因发生在民用航空器上或者在旅客上、下民用航空器过程中的事件，造成旅客人身伤亡的，承运人应当承担责任；但是，旅客的人身伤亡完全是由于旅客本人的健康状况造成的，承运人不承担责任。 **第126条** 旅客、行李或者货物在航空运输中因延误造成的损失，承运人应当承担责任；但是，承运人证明本人或者其受雇人、代理人为了避免损失的发生，已经采取一切必要措施或者不可能采取此种措施的，不承担责任。 **《铁路法》（2015年修正）** **第10条** 铁路运输企业应当保证旅客和货物运输的安全，做到列车正点到达。 **第16条** 铁路运输企业应当按照合同约定的期限或者国务院铁路主管部门规定的期限，将货物、包裹、行李运到目的站；逾期运到的，铁路运输企业应当支付违约金。 　　铁路运输企业逾期三十日仍未将货物、包裹、行李交付收货人或者旅客的，托运人、收货人或者旅客有权

《民法典》合同编	关联规定
	按货物、包裹、行李灭失向铁路运输企业要求赔偿。 **《海商法》** **第46条**　承运人对集装箱装运的货物的责任期间，是指从装货港接收货物时起至卸货港交付货物时止，货物处于承运人掌管之下的全部期间。承运人对非集装箱装运的货物的责任期间，是指从货物装上船时起至卸下船时止，货物处于承运人掌管之下的全部期间。在承运人的责任期间，货物发生灭失或者损坏，除本节另有规定外，承运人应当负赔偿责任。 　　前款规定，不影响承运人就非集装箱装运的货物，在装船前和卸船后所承担的责任，达成任何协议。 **第50条**　货物未能在明确约定的时间内，在约定的卸货港交付的，为迟延交付。 　　除依照本章规定承运人不负赔偿责任的情形外，由于承运人的过失，致使货物因迟延交付而灭失或者损坏的，承运人应当负赔偿责任。 　　除依照本章规定承运人不负赔偿责任的情形外，由于承运人的过失，致使货物因迟延交付而遭受经济损失的，即使货物没有灭失或者损坏，承运人仍然应当负赔偿责任。 　　承运人未能在本条第一款规定的时间届满六十日内交付货物，有权对货物灭失提出赔偿请求的人可以认为货物已经灭失。

《民法典》合同编	关联规定
	《铁路运输损害赔偿解释》（2020 年修正） 　七、逾期交付的责任货物、包裹、行李逾期交付，如果是因铁路逾期运到造成的，由铁路运输企业支付逾期违约金；如果是因收货人或旅客逾期领取造成的，由收货人或旅客支付保管费；既因逾期运到又因收货人或旅客逾期领取造成的，由双方各自承担相应的责任。 　铁路逾期运到并且发生损失时，铁路运输企业除支付逾期违约金外，还应当赔偿损失。对收货人或者旅客逾期领取，铁路运输企业在代保管期间因保管不当造成损失的，由铁路运输企业赔偿。
第八百一十二条【承运人合理运输义务】　承运人应当按照约定的或者通常的运输路线将旅客、货物运输到约定地点。 　指引：下述情形下，承运人不按通常的运输路线运输，进行合理绕行是准许的，一般不按违约处理：（1）由于运输合同中列明的一些具体的事由出现而发生的绕行。（2）法律规定的情形下也可以绕行，如《海商法》第 49 条。（3）在运输中遇到危险，为了旅客、运输工具或货物的安全绕行，即便这种危险是运输前承运人未做到运输工具适运导致的。（4）因不可抗力的原因使不能按照通常的运输路线进行运输的绕行。	《铁路法》（2015 年修正） 第 12 条　铁路运输企业应当保证旅客按车票载明的日期、车次乘车，并到达目的站。因铁路运输企业的责任造成旅客不能按车票载明的日期、车次乘车的，铁路运输企业应当按照旅客的要求，退还全部票款或者安排改乘到达相同目的站的其他列车。 《海商法》 第 49 条　承运人应当按照约定的或者习惯的或者地理上的航线将货物运往卸货港。 　船舶在海上为救助或者企图救助人命或者财产而发生的绕航或者其他合理绕航，不属于违反前款规定的行为。

《民法典》合同编	关联规定
	《铁路运输损害赔偿解释》（2020 年修正） 二、铁路运输企业的重大过失 铁路法第十七条中的"重大过失"是指铁路运输企业或者其受雇人、代理人对承运的货物、包裹、行李明知可能造成损失而轻率地作为或者不作为。
第八百一十三条【支付票款或运输费用】 旅客、托运人或者收货人应当支付票款或者运输费用。承运人未按照约定路线或者通常路线运输增加票款或者运输费用的，旅客、托运人或者收货人可以拒绝支付增加部分的票款或者运输费用。 **指引**：支付票款是运输合同中旅客、托运人或者收货人的主要的义务。但需注意的是，在承运人没有正当理由不按照约定的路线或者合理的路线进行运输下，由于是承运人自己的过错，此时相对人可拒绝支付增加部分的票款或费用。	**《民用航空法》**（2018 年修正） **第 120 条** 除本法第一百一十九条所列情形外，收货人于货物到达目的地点，并在缴付应付款项和履行航空货运单上所列运输条件后，有权要求承运人移交航空货运单并交付货物。 除另有约定外，承运人应当在货物到达后立即通知收货人。 承运人承认货物已经遗失，或者货物在应当到达之日起七日后仍未到达的，收货人有权向承运人行使航空货物运输合同所赋予的权利。 **《铁路法》**（2015 年修正） **第 21 条** 货物、包裹、行李到站后，收货人或者旅客应当按照国务院铁路主管部门规定的期限及时领取，并支付托运人未付或者少付的运费和其他费用；逾期领取的，收货人或者旅客应当按照规定交付保管费。 **《海商法》** **第 69 条** 托运人应当按照约定向承运人支付运费。 托运人与承运人可以约定运费由收货人支付；但是，此项约定应当在运输单证中载明。

《民法典》合同编	关联规定
第二节　客运合同	
第八百一十四条【客运合同的成立】 　客运合同自承运人向旅客出具客票时成立，但是当事人另有约定或者另有交易习惯的除外。 　**指引**：《民法典》第483条规定承诺生效时合同成立，同时也作了但书规定，即"法律另有规定或者当事人另有约定的除外"。本条规定"出具客票时成立"即属法律另有规定的情形。此外，随着越来越多运输客票的电子化，旅客运输合同成立时间此时也应以承运人发出电子客票信息为准。 　**案例指引**：《杨某良、江某贤、张某福、杨某睿诉房地产开发公司公路旅客运输合同案》① 　**案例要旨**：有偿的旅客运输合同通常自承运人向旅客交付客票时成立。但是除此之外，还有一种不是以收取运输费为成立要件的旅客运输合同，如不从事公共运输的国家机关、企事业单位或其他团体，他们不以旅客运输为营业目的，也未在工商行政机关进行营业登记，但其拥有自己使用的交通工具，这些机动车在交通运输过程中，难免要许可搭载其他乘车人，由此也形成旅客运输合同关系。在该合同中，承运人依然负有在约定期间或者合理期间内将旅客安全运输到约定地点的义务。因此，购房人乘坐房	《民用航空法》（2018年修正） **第109条**　承运人运送旅客，应当出具客票。旅客乘坐民用航空器，应当交验有效客票。 **第111条**　客票是航空旅客运输合同订立和运输合同条件的初步证据。 　旅客未能出示客票、客票不符合规定或者客票遗失，不影响运输合同的存在或者有效。 　在国内航空运输中，承运人同意旅客不经其出票而乘坐民用航空器的，承运人无权援用本法第一百二十八条有关赔偿责任限制的规定。 　在国际航空运输中，承运人同意旅客不经其出票而乘坐民用航空器的，或者客票上未依照本法第一百一十条第（三）项的规定声明的，承运人无权援用本法第一百二十九条有关赔偿责任限制的规定。 《海商法》 **第110条**　旅客客票是海上旅客运输合同成立的凭证。

---

① 国家法官学院、中国人民大学法学院编：《中国审判案例要览（2006年民事审判案例卷）》，中国人民大学出版社2007年版，第129页。

《民法典》合同编	关联规定
地产开发商提供的看房班车去看房，房地产开发商与购房者已经形成了客运合同，房地产开发商即有安全送达义务。由此发生交通事故，房地产开发商应该对此承担相应的民事赔偿责任。	
第八百一十五条【旅客乘运义务的一般规定】 旅客应当按照有效客票记载的时间、班次和座位号乘坐。旅客无票乘坐、超程乘坐、越级乘坐或者持不符合减价条件的优惠客票乘坐的，应当补交票款，承运人可以按照规定加收票款；旅客不支付票款的，承运人可以拒绝运输。 　实名制客运合同的旅客丢失客票的，可以请求承运人挂失补办，承运人不得再次收取票款和其他不合理费用。 　**指引**：相较原《合同法》，本条针对"霸座"情况，明确了按照有效客票"记载的时间、班次和座位号"乘坐。对无票乘运、超程乘运、越级乘运或者持比符合减价条件的优惠客票乘运的行为，承运人可要求补足票款。至于是否按规定向乘客加收票款，则由承运人自己酌情处理。此外，本条所谓的"拒绝运输"，是指承运人有权在适当的地点令其离开运输工具，此后承运人仍有权向旅客追偿票款。 　**案例指引**：《韩某诉上海申通地铁集团有限公司运输合同纠纷案》①	**《民用航空法》**（2018 年修正） **第 109 条** 承运人运送旅客，应当出具客票。旅客乘坐民用航空器，应当交验有效客票。 **《铁路法》**（2015 年修正） **第 14 条** 旅客乘车应当持有效车票。对无票乘车或者持失效车票乘车的，应当补收票款，并按照规定加收票款；拒不交付的，铁路运输企业可以责令下车。 **《海商法》** **第 112 条** 旅客无票乘船、越级乘船或者超程乘船，应当按照规定补足票款，承运人可以按照规定加收票款；拒不交付的，船长有权在适当地点令其离船，承运人有权向其追偿。

---

① 《韩某诉上海申通地铁集团有限公司运输合同纠纷案》，载《人民法院报》2014 年 6 月 12 日第 3 版。

《民法典》合同编	关联规定
案例要旨：地铁车票"当日有效"在乘客须知中明确告知的，乘客当日未使用且未在合理时间退票导致车票无效的，其知情权及选择权并未受到侵害，地铁方面未违反公平原则。法院审理认为，原、被告之间的运输合同依法成立并生效，地铁单程票上所载"当日当站有效"明确约定了被告的合同履行期间，原告的知情权及选择权并未受到侵害，不存在显失公平的情形，相关合同条款的内容于法不悖，应予确认。原告当日购得单程车票后未使用，而使用了公交卡乘车，系其对自身权利的处分，而非违约。其主张被告在隔日之后继续履行运输合同，不符合当事人间的约定，缺乏法律依据，据此，法院依法驳回其诉讼请求。	
第八百一十六条【退票与变更】 旅客因自己的原因不能按照客票记载的时间乘坐的，应当在约定的期限内办理退票或者变更手续；逾期办理的，承运人可以不退票款，并不再承担运输义务。 **指引**：本条只适用于由于旅客自己的原因不能按照客载明的时间乘坐的情形。对因承运人原因旅客不能按照客票的时间乘坐的，旅客可要求承运人安排改乘其他班次或者退票，旅客要求退票的，应全额退还票款。 **案例指引**：《刘某诉铁路局旅客运输合同案》①	

---

① 国家法官学院、中国人民大学法学院编：《中国审判案例要览（2009年民事审判案例卷）》，中国人民大学出版社2010年版，第255页。

《民法典》合同编	关联规定
案例要旨：铁路局在春运期间调整旅客退票时间，并通过媒体等手段予以公告后，旅客购买火车票，即视为对退票时间调整的认可。旅客未按照调整后的时间办理退票手续的，应当由旅客自行承担损失。	
第八百一十七条【行李携带及托运要求】 旅客随身携带行李应当符合约定的限量和品类要求；超过限量或者违反品类要求携带行李的，应当办理托运手续。 **指引**：客运合同中，承运人主要义务是将旅客从起运地运到目的地，而不是为了专门运输行李。但基于便利旅客，一般也允许随身携带一定品种、数量、质量和重量的行李。对于旅客超过数量、品类要求的行李，应办理托运。旅客拒不办理托运手续而坚持随身携带的，承运人可拒绝运输。	
第八百一十八条【禁止旅客携带危险物品、违禁物品】 旅客不得随身携带或者在行李中夹带易燃、易爆、有毒、有腐蚀性、有放射性以及可能危及运输工具上人身和财产安全的危险物品或者违禁物品。 旅客违反前款规定的，承运人可以将危险物品或者违禁物品卸下、销毁或者送交有关部门。旅客坚持携带或者夹带危险物品或者违禁物品的，承运人应当拒绝运输。 **指引**：这是本法对旅客规定的强制性义务，旅客不得违反。如果旅客	**《铁路法》**（2015年修正） **第28条** 托运、承运货物、包裹、行李，必须遵守国家关于禁止或者限制运输物品的规定。 **《海商法》** **第113条** 旅客不得随身携带或者在行李中夹带违禁品或者易燃、易爆、有毒、有腐蚀性、有放射性以及有可能危及船上人身和财产安全的其他危险品。 承运人可以在任何时间、任何地点将旅客违反前款规定随身携带或者在行李中夹带的违禁品、危险品卸下、

《民法典》合同编	关联规定
坚持要携带或者夹带违禁物品的，承运人应当拒绝运输。需注意的是，这里用的是"应当"二字。而本法第828条作为对货物运输安全的要求，用的是"可以"拒绝运输。而这主要是在旅客运输中，对人身安全的保护要求更为严格。　　**案例指引**：《曹某栓诉某社会化车站赔偿案》①　　**案例要旨**：汽车站无权对"三品"携带者罚款。汽车站与乘客是运输服务合同关系，无权对携带易燃品、易爆品、危险品的乘客进行罚款，对于危险物品携带者，汽车站可依照《合同法》第297条（《民法典》第818条）的规定，将危险物品卸下、销毁或者移送有关部门处理，也可拒绝运输。	销毁或者使之不能为害，或者送交有关部门，而不负赔偿责任。　　旅客违反本条第一款规定，造成损害的，应当负赔偿责任。
第八百一十九条【承运人告知义务和旅客协助配合义务】 承运人应当严格履行安全运输义务，及时告知旅客安全运输应当注意的事项。旅客对承运人为安全运输所作的合理安排应当积极协助和配合。　　**指引**：本条所谓"及时"是一个弹性要求，应当视具体情况来决定承运人的告知是否及时。同时，该条一并规定了旅客在承运人告知后的协助配合义务的规定。　　**案例指引**：《杨艳辉诉南方航空公司、民惠公司客运合同纠纷案》【《最	

---

① 《曹某栓诉某县社会化车站赔偿案》，载《人民法院报》2008年10月24日第5版。

《民法典》合同编	关联规定
高人民法院公报》2003 年第 5 期】 　　**案例要旨**：在客运合同中，明白无误地向旅客通知运输事项，就是承运人应尽的附随义务。只有承运人正确履行了这一附随义务，旅客才能于约定的时间到约定的地点集合，等待乘坐约定的航空工具。承运人应当根据具体情况，以我国通用文字清晰明白地标明运输事项，或以其他足以使旅客通晓的方式作出说明。	
第八百二十条 【承运人按照约定运输的义务】　　承运人应当按照有效客票记载的时间、班次和座位号运输旅客。承运人迟延运输或者有其他不能正常运输情形的，应当及时告知和提醒旅客，采取必要的安置措施，并根据旅客的要求安排改乘其他班次或者退票；由此造成旅客损失的，承运人应当承担赔偿责任，但是不可归责于承运人的除外。 　　**指引**：客票是承运人与旅客之间订立运输合同的凭证，承运人按照客票记载的时间和班次对旅客进行运输是其义务，否则就是对运输合同的违反。在承运人迟延运输或有其他不能正常运输的情况下，承运人应履行以下义务：（1）告知与提醒义务。（2）采取必要的安置措施。（3）根据旅客要求，安排改乘其他班次或退票。（4）造成旅客损失的，承担赔偿责任，但不可归责于承运人的除外。	**《铁路法》**（2015 年修正） **第 12 条**　铁路运输企业应当保证旅客按车票载明的日期、车次乘车，并到达目的站。因铁路运输企业的责任造成旅客不能按车票载明的日期、车次乘车的，铁路运输企业应当按照旅客的要求，退还全部票款或者安排改乘到达相同目的站的其他列车。

《民法典》合同编	关联规定
第八百二十一条【承运人变更服务标准的后果】 承运人擅自降低服务标准的，应当根据旅客的请求退票或者减收票款；提高服务标准的，不得加收票款。 **指引**：承运人擅自变更运输工具降低服务标准的行为实质上是对旅客要求按合同的约定获得相应服务权利的侵害，旅客有权要求退票、减收票款。	
第八百二十二条【承运人尽力救助义务】 承运人在运输过程中，应当尽力救助患有急病、分娩、遇险的旅客。 **指引**：这既是承运人在运输过程所应承担的道德义务，也是法定义务。但需注意的是，所谓"尽力"，并不意味着救助义务是无限的，而是在自己的最大能力范围内来救助旅客，超出能力范围的，承运人可免责。 **案例指引**：《朱杭诉长阔出租汽车公司、付建启赔偿纠纷案》【《最高人民法院公报》2002年第3期】 **案例要旨**：承运人在运输过程中不履行救助的法定义务，侵犯了旅客的合法权利，给旅客的精神造成了损害，应当承担精神损害赔偿责任。	
第八百二十三条【旅客伤亡的赔偿责任】 承运人应当对运输过程中旅客的伤亡承担赔偿责任；但是，伤亡是旅客自身健康原因造成的或者承运人证明伤亡是旅客故意、重大过失造成的除外。	《民用航空法》（2018年修正） **第124条** 因发生在民用航空器上或者在旅客上、下民用航空器过程中的事件，造成旅客人身伤亡的，承运人应当承担责任；但是，旅客的人身伤亡完全是由于旅客本人的健康状况造

续表

《民法典》合同编	关联规定
前款规定适用于按照规定免票、持优待票或者经承运人许可搭乘的无票旅客。 　　**指引**：客运合同对旅客的人身伤亡实行无过错责任制度，在对旅客实行严格保护的同时，也通过本条的免责条款，即旅客自身健康原因或其故意、重大过失造成的免责，保护承运人利益。当然，特别法有不同的规定时，适用特别法。 　　**案例指引**：《刘有祥诉洛阳铁路分局洛阳列车段、长沙铁路总公司郴州车务段铁路旅客运输人身伤亡赔偿纠纷案》【《最高人民法院公报》1999年第3期】 　　**案例要旨**：根据《铁路法》第58条的规定，因铁路行车事故及其他铁路运营事故造成人身伤亡的，铁路运输企业应当承担赔偿责任，如果人身伤亡是因不可抗力或者由于受害人自身的原因造成的，铁路运输企业不承担赔偿责任。 　　**案例指引**：《杨某良、江某贤、张某福、杨某睿诉房地产开发公司公路旅客运输合同案》① 　　**案例要旨**：房地产开发公司为前来咨询房地产项目的购房人（处于看房阶段）提供免费的看房班车，购房人和开发商之间形成客运合同关系，购房人在乘坐看房班车时发生事故，	成的，承运人不承担责任。 **《铁路法》**（2015年修正） **第58条**　因铁路行车事故及其他铁路运营事故造成人身伤亡的，铁路运输企业应当承担赔偿责任；如果人身伤亡是因不可抗力或者由于受害人自身的原因造成的，铁路运输企业不承担赔偿责任。 　　违章通过平交道口或者人行过道，或者在铁路线路上行走、坐卧造成的人身伤亡，属于受害人自身的原因造成的人身伤亡。 **《海商法》** **第114条**　在本法第一百一十一条规定的旅客及其行李的运送期间，因承运人或者承运人的受雇人、代理人在受雇或者受委托的范围内的过失引起事故，造成旅客人身伤亡或者行李灭失、损坏的，承运人应当负赔偿责任。 　　请求人对承运人或者承运人的受雇人、代理人的过失，应当负举证责任；但是，本条第三款和第四款规定的情形除外。 　　旅客的人身伤亡或者自带行李的灭失、损坏，是由于船舶的沉没、碰撞、搁浅、爆炸、火灾所引起或者是由于船舶的缺陷所引起的，承运人或者承运人的受雇人、代理人除非提出反证，应当视为其有过失。

---

　　①　国家法官学院、中国人民大学法学院编：《中国案例审判要览（2006年民事审判案例卷）》，中国人民大学出版社2007年版，第129页。

《民法典》合同编	关联规定
房地产开发公司应当承担赔偿责任。法院认为，房地产开发公司为销售其在远郊区县开发的商品房而向来其设在市区的售楼处咨询的购房人提供免费购房班车，从而使房地产开发公司与购房班车的乘车人之间形成旅客运输合同，虽然该案中房地产开发公司在交通事故中不负事故责任，但是由于张某华的死亡非其自身健康原因或其故意、重大过失造成，故按照上述法律规定，房地产开发公司应当对张丽华的近亲属承担赔偿责任。	旅客自带行李以外的其他行李的灭失或者损坏，不论由于何种事故所引起，承运人或者承运人的受雇人、代理人除非提出反证，应当视为其有过失。 **《铁路人身损害赔偿解释》**（2021 年修正） **第 1 条** 人民法院审理铁路行车事故及其他铁路运营事故造成的铁路运输人身损害赔偿纠纷案件，适用本解释。 铁路运输企业在客运合同履行过程中造成旅客人身损害的赔偿纠纷案件，不适用本解释；与铁路运输企业建立劳动合同关系或者形成劳动关系的铁路职工在执行职务中发生的人身损害，依照有关调整劳动关系的法律规定及其他相关法律规定处理。
第八百二十四条【对行李的赔偿责任】 在运输过程中旅客随身携带物品毁损、灭失，承运人有过错的，应当承担赔偿责任。 旅客托运的行李毁损、灭失的，适用货物运输的有关规定。 **指引**：本条对承运人实行的是过错责任原则，即承运人对旅客自带物品的毁损、灭失有过错的，才承担责任。旅客托运的行李，从实质上讲，属于货物运输合同，毁损、灭失的，适用货物运输的有关规定。	**《民用航空法》**（2018 年修正） **第 125 条** 因发生在民用航空器上或者在旅客上、下民用航空器过程中的事件，造成旅客随身携带物品毁灭、遗失或者损坏的，承运人应当承担责任。因发生在航空运输期间的事件，造成旅客的托运行李毁灭、遗失或者损坏的，承运人应当承担责任。 旅客随身携带物品或者托运行李的毁灭、遗失或者损坏完全是由于行李本身的自然属性、质量或者缺陷造成的，承运人不承担责任。 本章所称行李，包括托运行李和旅客随身携带的物品。

《民法典》合同编	关联规定
	因发生在航空运输期间的事件，造成货物毁灭、遗失或者损坏的，承运人应当承担责任；但是，承运人证明货物的毁灭、遗失或者损坏完全是由于下列原因之一造成的，不承担责任：
	（一）货物本身的自然属性、质量或者缺陷；
	（二）承运人或者其受雇人、代理人以外的人包装货物的，货物包装不良；
	（三）战争或者武装冲突；
	（四）政府有关部门实施的与货物入境、出境或者过境有关的行为。
	本条所称航空运输期间，是指在机场内、民用航空器上或者机场外降落的任何地点，托运行李、货物处于承运人掌管之下的全部期间。
	航空运输期间，不包括机场外的任何陆路运输、海上运输、内河运输过程；但是，此种陆路运输、海上运输、内河运输是为了履行航空运输合同而装载、交付或者转运，在没有相反证据的情况下，所发生的损失视为在航空运输期间发生的损失。
	第 127 条 在旅客、行李运输中，经承运人证明，损失是由索赔人的过错造成或者促成的，应当根据造成或者促成此种损失的过错的程度，相应免除或者减轻承运人的责任。旅客以外的其他人就旅客死亡或者受伤提出赔偿请求时，经承运人证明，死亡或者

《民法典》合同编	关联规定
	受伤是旅客本人的过错造成或者促成的,同样应当根据造成或者促成此种损失的过错的程度,相应免除或者减轻承运人的责任。 　　在货物运输中,经承运人证明,损失是由索赔人或者代行权利人的过错造成或者促成的,应当根据造成或者促成此种损失的过错的程度,相应免除或者减轻承运人的责任。 **第 130 条**　任何旨在免除本法规定的承运人责任或者降低本法规定的赔偿责任限额的条款,均属无效;但是,此种条款的无效,不影响整个航空运输合同的效力。 **第 132 条**　经证明,航空运输中的损失是由于承运人或者其受雇人、代理人的故意或者明知可能造成损失而轻率地作为或者不作为造成的,承运人无权援用本法第一百二十八条、第一百二十九条有关赔偿责任限制的规定;证明承运人的受雇人、代理人有此种作为或者不作为的,还应当证明该受雇人、代理人是在受雇、代理范围内行事。 **《铁路法》**(**2015 年修正**) **第 16 条**　铁路运输企业应当按照合同约定的期限或者国务院铁路主管部门规定的期限,将货物、包裹、行李运到目的站;逾期运到的,铁路运输企业应当支付违约金。 　　铁路运输企业逾期三十日仍未将货物、包裹、行李交付收货人或者旅

《民法典》合同编	关联规定
	客的，托运人、收货人或者旅客有权按货物、包裹、行李灭失向铁路运输企业要求赔偿。 **第 17 条** 铁路运输企业应当对承运的货物、包裹、行李自接受承运时起到交付时止发生的灭失、短少、变质、污染或者损坏，承担赔偿责任： （一）托运人或者旅客根据自愿申请办理保价运输的，按照实际损失赔偿，但最高不超过保价额。 （二）未按保价运输承运的，按照实际损失赔偿，但最高不超过国务院铁路主管部门规定的赔偿限额；如果损失是由于铁路运输企业的故意或者重大过失造成的，不适用赔偿限额的规定，按照实际损失赔偿。 托运人或者旅客根据自愿可以向保险公司办理货物运输保险，保险公司按照保险合同的约定承担赔偿责任。 托运人或者旅客根据自愿，可以办理保价运输，也可以办理货物运输保险；还可以既不办理保价运输，也不办理货物运输保险。不得以任何方式强迫办理保价运输或者货物运输保险。 **第 18 条** 由于下列原因造成的货物、包裹、行李损失的，铁路运输企业不承担赔偿责任： （一）不可抗力。 （二）货物或者包裹、行李中的物品本身的自然属性，或者合理损耗。

《民法典》合同编	关联规定
	（三）托运人、收货人或者旅客的过错。 **《海商法》** **第114条** 在本法第一百一十一条规定的旅客及其行李的运送期间，因承运人或者承运人的受雇人、代理人在受雇或者受委托的范围内的过失引起事故，造成旅客人身伤亡或者行李灭失、损坏的，承运人应当负赔偿责任。 请求人对承运人或者承运人的受雇人、代理人的过失，应当负举证责任；但是，本条第三款和第四款规定的情形除外。 旅客的人身伤亡或者自带行李的灭失、损坏，是由于船舶的沉没、碰撞、搁浅、爆炸、火灾所引起或者是由于船舶的缺陷所引起的，承运人或者承运人的受雇人、代理人除非提出反证，应当视为其有过失。 旅客自带行李以外的其他行李的灭失或者损坏，不论由于何种事故所引起，承运人或者承运人的受雇人、代理人除非提出反证，应当视为其有过失。 **第115条** 经承运人证明，旅客的人身伤亡或者行李的灭失、损坏，是由于旅客本人的过失或者旅客和承运人的共同过失造成的，可以免除或者相应减轻承运人的赔偿责任。 经承运人证明，旅客的人身伤亡或者行李的灭失、损坏，是由于旅客

续表

《民法典》合同编	关联规定
	本人的故意造成的，或者旅客的人身伤亡是由于旅客本人健康状况造成的，承运人不负赔偿责任。 **第116条** 承运人对旅客的货币、金银、珠宝、有价证券或者其他贵重物品所发生的灭失、损坏，不负赔偿责任。 　　旅客与承运人约定将前款规定的物品交由承运人保管的，承运人应当依照本法第一百一十七条的规定负赔偿责任；双方以书面约定的赔偿限额高于本法第一百一十七条的规定的，承运人应当按照约定的数额负赔偿责任。 **第118条** 经证明，旅客的人身伤亡或者行李的灭失、损坏，是由于承运人的故意或者明知可能造成损害而轻率地作为或者不作为造成的，承运人不得援用本法第一百一十六条和第一百一十七条限制赔偿责任的规定。 　　经证明，旅客的人身伤亡或者行李的灭失、损坏，是由于承运人的受雇人、代理人的故意或者明知可能造成损害而轻率地作为或者不作为造成的，承运人的受雇人、代理人不得援用本法第一百一十六条和第一百一十七条限制赔偿责任的规定。
第三节 货运合同	
第八百二十五条【托运人如实申报义务】 托运人办理货物运输，应当向承运人准确表明收货人的姓名、名称	**《民法典》** **第509条** 当事人应当按照约定全面履行自己的义务。

《民法典》合同编	关联规定
或者凭指示的收货人，货物的名称、性质、重量、数量，收货地点等有关货物运输的必要情况。 　　因托运人申报不实或者遗漏重要情况，造成承运人损失的，托运人应当承担赔偿责任。 　　**指引：**向承运人准确、全面地表明运输必要的情况是托运人的义务，托运人不履行这项义务或者履行不符合合同约定给自己造成损失的，应由其自己承担损失。另，本条所谓"申报不实"是指托运人所提供的情况与实际情况不符合；"遗漏重要情况"是指托运人应当向承运人提供一些有关运输的重要情况，却没有提供。 　　**案例指引：**《运输公司诉饶某林公路货物运输合同纠纷案》① 　　**案例要旨：**托运人办理货物运输申报不实或者遗漏重要情况，承运人存在过错，托运人可免除部分责任……考虑杭运公司的损失是客观存在的，对于迟延到站的责任，双方都存在过错。运输公司在签订协议时未准确表明托运货物的重量，造成承运方饶某林在客观上不能按时到达，对此杭运公司应承担相应责任。而饶武林未及时采取措施通知托运方来人驳货转运，反而将货物从赣州市返运回金溪县，在金溪县公安局处理时，不主动将货	当事人应当遵循诚信原则，根据合同的性质、目的和交易习惯履行通知、协助、保密等义务。 　　当事人在履行合同过程中，应当避免浪费资源、污染环境和破坏生态。 **《民用航空法》**（2018 年修正） **第 117 条**　托运人应当对航空货运单上所填关于货物的说明和声明的正确性负责。 　　因航空货运单上所填的说明和声明不符合规定、不正确或者不完全，给承运人或者承运人对之负责的其他人造成损失的，托运人应当承担赔偿责任。 **《铁路法》**（2015 年修正） **第 19 条**　托运人应当如实填报托运单，铁路运输企业有权对填报的货物和包裹的品名、重量、数量进行检查。经检查，申报与实际不符的，检查费用由托运人承担；申报与实际相符的，检查费用由铁路运输企业承担，因检查对货物和包裹中的物品造成的损坏由铁路运输企业赔偿。 　　托运人因申报不实而少交的运费和其他费用应当补交，铁路运输企业按照国务院铁路主管部门的规定加收运费和其他费用。 **《海商法》** **第 66 条**　托运人托运货物，应当妥善包装，并向承运人保证，货物装船时

①　国家法官学院、中国人民大学法学院编：《中国审判案例要览（2003 年民事审判案例卷）》，中国人民大学出版社 2005 年版，第 232 页。

《民法典》合同编	关联规定
物给托运方转运，在法院采取先予执行时才将货物给托运方转运。对此饶武林应当承担相应赔偿损失的责任，酌情赔偿杭运公司的损失。综合该案案情，法院认为饶武林应赔偿杭运公司各项损失共计人民币 9000 元。	所提供的货物的品名、标志、包数或者件数、重量或者体积的正确性；由于包装不良或者上述资料不正确，对承运人造成损失的，托运人应当负赔偿责任。 承运人依照前款规定享有的受偿权利，不影响其根据货物运输合同对托运人以外的人所承担的责任。
第八百二十六条【托运人办理审批、检验等手续义务】 货物运输需要办理审批、检验等手续的，托运人应当将办理完有关手续的文件提交承运人。 **指引**：本条中仅列举了审批、检验两种，实际上托运人在货物运输前应当办理的手续不限于这两种，如申报所运输物品的详细情况、动植物检疫、港口准入等，对某些危险物品的运输，还需办理危险运输许可证等。 **案例指引**：《李某祥诉田某强公路货物运输合同纠纷案》① **案例要旨**：货物运输需办理审批、检验等手续的，托运人应当将办理完有关手续的文件交给承运人。《合同法》第 305 条（《民法典》第 826 条）规定："货物运输需办理审批、检验等手续的，托运人应当将办理完有关手续的文件交给承运人。"从该规定可看出，当运输的货物需要办理审批、检验等手续时，提交办理完审批、检验手续的文件是托运人应尽的法定义务。从这个意义上讲，承运人的运输行为	**《民用航空法》**（2018 年修正） **第 123 条** 托运人应当提供必需的资料和文件，以便在货物交付收货人前完成法律、行政法规规定的有关手续；因没有此种资料、文件，或者此种资料、文件不充足或者不符合规定造成的损失，除由于承运人或者其受雇人、代理人的过错造成的外，托运人应当对承运人承担责任。 除法律、行政法规另有规定外，承运人没有对前款规定的资料或者文件进行检查的义务。 **《动物防疫法》**（2021 年修订） **第 52 条第 1 款** 经航空、铁路、道路、水路运输动物和动物产品的，托运人托运时应当提供检疫证明；没有检疫证明的，承运人不得承运。 **《海商法》** **第 67 条** 托运人应当及时向港口、海关、检疫、检验和其他主管机关办理货物运输所需的各项手续，并将已办理各项手续的单证送交承运人；因办理各项手续的有关单证送交不及时、

① 《李某祥诉田某强公路货物运输合同纠纷案》，载《人民司法》2002 年第 5 期。

《民法典》合同编	关联规定
能否完成，必须依赖于托运人的这种协助义务。托运人不履行或不完全履行这种协助义务，违背了诚实信用原则。该案中，李某祥在得知货物将工商行政部门以无照经营、无合格证为由暂扣时，不但不积极地履行协助义务，反而在田某强向其请示处理方法时表示如被暂扣，要由田某强承担其责任。因此，货物被工商行政部门暂扣，导致田某强未能完成运输任务。货物被工商行政部门暂扣完全是李某祥不履行协助义务引起的，田某强对此无过错。在李某祥明确表示将不给付运费时，田某强留置了相应的货物抵作运费，在双方签订的合同中并未约定货物不得留置的情况下，田某强为维护自己的合法权益留置相应的货物抵作运费并无不妥。综上所述，李某祥作为托运人，在得知货物将被工商行政部门暂扣时，不遵循诚实信用原则，履行协助义务，致使货物被暂扣，其责任应由李某祥承担。现李某祥要求田某强对此承担赔偿责任，系不当地扩大了田某强在承运过程中应承担的责任，故法院不予支持。在李某祥明确表示将不给付运费的情况下，田某强留置相应货物抵作运费，符合法律规定，依法予以支持。	百一十条的规定仍不能确定不完备或者不正确，使承运人的利益受到损害的，托运人应当负赔偿责任。 **《进出口商品检验法》（2018 年修正）** **第 15 条**　本法规定必须经商检机构检验的出口商品的发货人或者其代理人，应当在商检机构规定的地点和期限内，向商检机构报检。商检机构应当在国家商检部门统一规定的期限内检验完毕，并出具检验证单。
第八百二十七条【托运人包装货物义务】　托运人应当按照约定的方式包装货物。对包装方式没有约定或者约定不明确的，适用本法第六百一十九	**《民法典》** **第 619 条**　出卖人应当按照约定的包装方式交付标的物。对包装方式没有约定或者约定不明确，依据本法第五

续表

《民法典》合同编	关联规定
条的规定。 托运人违反前款规定的，承运人可以拒绝运输。 **指引**：就运输合同而言，《民法典》第 619 条所谓"足以保护标的物的包装方式"，应指托运人根据货物的性质、重量、运输方式、距离、气候及运输工具装载条件，使用符合运输要求，便于装卸和保证货物安全的包装。 **案例指引**：《宏隆实业有限公司与上海铁路分局何家湾站等铁路货物运输合同逾期货损索赔纠纷再审案》【《最高人民法院公报》2001 年第 1 期】 **案例要旨**：托运人对物品包装不符合规定导致货物损失，托运人存在过错，承运人可以免责。最高人民法院认为……宏隆公司使用曾盛装过化学性质比己六醇更活跃的异构山梨醇的旧铁桶盛装返运的二甘醇加山梨醇（TD 甘油），既不符合泰兴市甘油厂关于二甘醇加山梨醇（TD 甘油）需使用洗干燥的涂塑或镀锌桶包装的企业标准，又不符合甘油应使用铝桶（带铁制加强框架）、涂锌或涂树脂铁制容器包装，并保证桶罐盖紧、封牢，不渗不漏、不吸潮的国家标准。该批货物从上海运至广州时，就已经存在渗漏、部分货物发酵、桶鼓胀等问题，说明返运过程中出现的包装破损渗漏和大部分桶顶鼓胀、货物发酵变质等现象，其根本原因是包装不当造成货物发生氧化反应，与逾期运到没有必然联系。《铁路法》第 19 条规定的铁路运输企	的，应当按照通用的方式包装；没有通用方式的，应当采取足以保护标的物且有利于节约资源、保护生态环境的包装方式。 **《铁路法》（2015 年修正）** **第 20 条** 托运货物需要包装的，托运人应当按照国家包装标准或者行业包装标准包装；没有国家包装标准或者行业包装标准的，应当妥善包装，使货物在运输途中不因包装原因而受损坏。 铁路运输企业对承运的容易腐烂变质的货物和活动物，应当按照国务院铁路主管部门的规定和合同的约定，采取有效的保护措施。 **《海商法》** **第 66 条** 托运人托运货物，应当妥善包装，并向承运人保证，货物装船时所提供的货物的品名、标志、包数或者件数、重量或者体积的正确性；由于包装不良或者上述资料不正确，对承运人造成损失的，托运人应当负赔偿责任。 承运人依照前款规定享有的受偿权利，不影响其根据货物运输合同对托运人以外的人所承担的责任。

《民法典》合同编	关联规定
业对货物进行检查是承运人的权利，并非义务。承运人按照运单填报内容，依据运输规章决定将该车保留，延长了运输时间，使货物的变质加剧，属货物本身的自然属性和托运人的过错造成的。依照《铁路法》第 18 条第 1 款第 2 项、第 3 项的规定，承运人不承担赔偿责任。	
第八百二十八条【托运人运送危险货物时的义务】 托运人托运易燃、易爆、有毒、有腐蚀性、有放射性等危险物品的，应当按照国家有关危险物品运输的规定对危险物品妥善包装，做出危险物品标志和标签，并将有关危险物品的名称、性质和防范措施的书面材料提交承运人。 托运人违反前款规定的，承运人可以拒绝运输，也可以采取相应措施以避免损失的发生，因此产生的费用由托运人负担。 **指引**：危险物品，本条第 1 款对托运人规定了三项义务：（1）对危险物品进行妥善包装。（2）在危险物品上做出标志和标签。（3）将有关危险物品的名称、性质和防范措施的书面材料提交承运人。另，按照本条第 2 款的规定，托运人未尽到前款规定的义务的，承运人可拒绝运输。即使托运人没有违反本条第 1 款规定的义务，承运人也知道危险物品的性质并且同意运输的，但在运输过程中该危险货物对于运输工具、人员的安全和其他	**《民用航空法》（2018 年修正）** **第 101 条** 公共航空运输企业运输危险品，应当遵守国家有关规定。 禁止以非危险品品名托运危险品。 禁止旅客随身携带危险品乘坐民用航空器。除因执行公务并按照国家规定经过批准外，禁止旅客携带枪支、管制刀具乘坐民用航空器。禁止违反国务院民用航空主管部门的规定将危险品作为行李托运。 危险品品名由国务院民用航空主管部门规定并公布。 **《铁路法》（2015 年修正）** **第 28 条** 托运、承运货物、包裹、行李，必须遵守国家关于禁止或者限制运输物品的规定。 **第 48 条** 运输危险品必须按照国务院铁路主管部门的规定办理，禁止以非危险品品名托运危险品。 禁止旅客携带危险品进站上车。铁路公安人员和国务院铁路主管部门规定的铁路职工，有权对旅客携带的物品进行运输安全检查。实施运输安全检查的铁路职工应当佩戴执勤标志。

《民法典》合同编	关联规定
货物造成危险时，承运人仍可以采取各种相应的措施以避免损失的发生。在这种情况下即使给托运人造成损失的，承运人也可以不承担损害赔偿责任。相应措施包括在任何地点、任何时间根据情况将货物卸下、销毁或者使之不能为害。 　　**案例指引**：《物流公司诉货运部公路货物运输合同纠纷上诉案》【（2017）晋71民终10号民事判决书】 　　**案例要旨**：*托运人未履行对危险物品的特别注意义务，造成了承运人的损失，应依法承担损害赔偿责任，但承运人在运输装有危险物品的货物时应当进行安全检查以确认其是否有安全隐患，承运人未尽到检查义务，应负相应的过失责任。该案中，货运部作为托运人未履行托运危险物品的注意义务，造成了物流公司的损失，应依法承担损害赔偿责任。物流公司在运输装有化工产品的货物时应对货物进行安全检查以确认其是否有安全隐患，而晋太渊公司未履行检查义务，应负相应过失责任。*	危险品的品名由国务院铁路主管部门规定并公布。 　　**《海商法》** 　　**第68条**　托运人托运危险货物，应当依照有关海上危险货物运输的规定，妥善包装，作出危险品标志和标签，并将其正式名称和性质以及应当采取的预防危害措施书面通知承运人；托运人未通知或者通知有误的，承运人可以在任何时间、任何地点根据情况需要将货物卸下、销毁或者使之不能为害，而不负赔偿责任。托运人对承运人因运输此类货物所受到的损害，应当负赔偿责任。 　　承运人知道危险货物的性质并已同意装运的，仍然可以在该项货物对于船舶、人员或者其他货物构成实际危险时，将货物卸下、销毁或者使之不能为害，而不负赔偿责任。但是，本款规定不影响共同海损的分摊。
第八百二十九条【托运人变更或解除的权利】　在承运人将货物交付收货人之前，托运人可以要求承运人中止运输、返还货物、变更到达地或者将货物交给其他收货人，但是应当赔偿承运人因此受到的损失。 　　**指引**：在承运人将货物交付收货人之前，托运人享有以下权利：（1）中	**《民法典》** 　　**第563条**　有下列情形之一的，当事人可以解除合同： 　　（一）因不可抗力致使不能实现合同目的； 　　（二）在履行期限届满前，当事人一方明确表示或者以自己的行为表明不履行主要债务；

《民法典》合同编	关联规定
止运输、返还货物。（2）变更到达地。（3）将货物交给其他收货人。而因托运人单方变更或解除合同给承运人造成损失的，托运人应当赔偿。关于本条，另需注意：（1）若托运人或提单持有人变更或解除的指示不能执行的，承运人应立即通知托运人或者提单持有人。（2）托运人或者提单持有人的这种单方变更或者解除权只能在货物交付收货人前行使。但是收货人拒绝接受货物或承运人无法同收货人联系的，托运人或提单持有人可恢复行使这种权利。（3）本条的变更或解除权只能由托运人或提单持有人享有。 　　**案例指引**：《浙江隆达不锈钢有限公司诉 A.P. 穆勒－马士基有限公司（A.P. Moller-MaerskA/S）海上货物运输合同纠纷案》【最高人民法院指导案例 108 号】 　　**案例要旨**：在海上货物运输合同中，承运人将货物交付收货人之前，托运人享有要求变更运输合同的权利，但双方当事人仍要遵循公平原则确定各方的权利和义务。托运人行使此项权利时，承运人也可相应行使一定的抗辩权。如果变更海上货物运输合同难以实现或者将严重影响承运人正常营运，承运人可以拒绝托运人改港或者退运的请求，但应当及时通知托运人不能变更的原因。	（三）当事人一方迟延履行主要债务，经催告后在合理期限内仍未履行； 　　（四）当事人一方迟延履行债务或者有其他违约行为致使不能实现合同目的； 　　（五）法律规定的其他情形。 　　以持续履行的债务为内容的不定期合同，当事人可以随时解除合同，但是应当在合理期限之前通知对方。 **《民用航空法》**（2018 年修正） **第 119 条**　托运人在履行航空货物运输合同规定的义务的条件下，有权在出发地机场或者目的地机场将货物提回，或者在途中经停时中止运输，或者在目的地点或途中要求将货物交给非航空货运单上指定的收货人，或者要求将货物运回出发地机场；但是，托运人不得因行使此种权利而使承运人或者其他托运人遭受损失，并应当偿付由此产生的费用。 　　托运人的指示不能执行的，承运人应当立即通知托运人。 　　承运人按照托运人的指示处理货物，没有要求托运人出示其所收执的航空货运单，给该航空货运单的合法持有人造成损失的，承运人应当承担责任，但是不妨碍承运人向托运人追偿。 　　收货人的权利依照本法第一百二十条规定开始时，托运人的权利即告终止；但是，收货人拒绝接受航空货运单或者货物，或者承运人无法同收货人联系的，托运人恢复其对货物的

《民法典》合同编	关联规定
	处置权。 **《海商法》** **第 89 条** 船舶在装货港开航前，托运人可以要求解除合同。但是，除合同另有约定外，托运人应当向承运人支付约定运费的一半；货物已经装船的，并应当负担装货、卸货和其他与此有关的费用。
第八百三十条【提货】 货物运输到达后，承运人知道收货人的，应当及时通知收货人，收货人应当及时提货。收货人逾期提货的，应当向承运人支付保管费等费用。 　**指引**：对承运人而言，不知收货人是谁且托运人没有及时告知的，承运人应通知托运人在合理期限内就运输的货物的处分作出指示。对收货人而言，及时提货是其主要义务。收货人逾期提货的，应向承运人支付逾期的保管费，造成损失的，应承担损失。逾期期间，货物因发生不可抗力而毁损、灭失的，承运人不负赔偿责任。	**《民用航空法》**（2018 年修正） **第 119 条**（同前条对照，此处略） **第 120 条** 除本法第一百一十九条所列情形外，收货人于货物到达目的地点，并在缴付应付款项和履行航空货运单上所列运输条件后，有权要求承运人移交航空货运单并交付货物。 　除另有约定外，承运人应当在货物到达后立即通知收货人。 　承运人承认货物已经遗失，或者货物在应当到达之日起七日后仍未到达的，收货人有权向承运人行使航空货物运输合同所赋予的权利。 **《铁路法》**（2015 年修正） **第 21 条** 货物、包裹、行李到站后，收货人或者旅客应当按照国务院铁路主管部门规定的期限及时领取，并支付托运人未付或者少付的运费和其他费用；逾期领取的，收货人或者旅客应当按照规定交付保管费。 **第 22 条** 自铁路运输企业发出领取货物通知之日起满三十日仍无人领取的货物，或者收货人书面通知铁路运输企业拒绝领取的货物，铁路运输企业应当通知托运人，托运人自接到通知

《民法典》合同编	关联规定
	之日起满三十日未作答复的，由铁路运输企业变卖；所得价款在扣除保管等费用后尚有余款的，应当退还托运人，无法退还、自变卖之日起一百八十日内托运人又未领回的，上缴国库。 　　自铁路运输企业发出领取通知之日起满九十日仍无人领取的包裹或者到站后满九十日仍无人领取的行李，铁路运输企业应当公告，公告满九十日仍无人领取的，可以变卖；所得价款在扣除保管等费用后尚有余款的，托运人、收货人或者旅客可以自变卖之日起一百八十日内领回，逾期不领回的，上缴国库。 　　对危险物品和规定限制运输的物品，应当移交公安机关或者有关部门处理，不得自行变卖。 　　对不宜长期保存的物品，可以按照国务院铁路主管部门的规定缩短处理期限。
第八百三十一条【收货人检验货物】 　　收货人提货时应当按照约定的期限检验货物。对检验货物的期限没有约定或者约定不明确，依据本法第五百一十条的规定仍不能确定的，应当在合理期限内检验货物。收货人在约定的期限或者合理期限内对货物的数量、毁损等未提出异议的，视为承运人已经按照运输单证的记载交付的初步证据。 　　**指引**：收货人在提货时应当及时对货物进行检验,这既是收货人的权	《民法典》 **第510条**　合同生效后，当事人就质量、价款或者报酬、履行地点等内容没有约定或者约定不明确的，可以协议补充；不能达成补充协议的，按照合同相关条款或者交易习惯确定。 《民用航空法》（2018年修正） **第134条**　旅客或者收货人收受托运行李或者货物而未提出异议，为托运行李或者货物已经完好交付并与运输凭证相符的初步证据。 　　托运行李或者货物发生损失的，

《民法典》合同编	关联规定
利也是其义务。所谓"合理的期限"，是一个弹性的规定，应视实际情况确定具体的时间。所谓"初步证据"，意味着收货人即使未在约定或合理的期间内提出异议，以后一旦提出相反证据，能证明货物的毁损、灭失是发生在运输期间的，承运人仍应赔偿。	旅客或者收货人应当在发现损失后向承运人提出异议。托运行李发生损失的，至迟应当自收到托运行李之日起七日内提出；货物发生损失的，至迟应当自收到货物之日起十四日内提出。托运行李或者货物发生延误的，至迟应当自托运行李或者货物交付旅客或者收货人处置之日起二十一日内提出。 　　任何异议均应当在前款规定的期间内写在运输凭证上或者另以书面提出。 　　除承运人有欺诈行为外，旅客或者收货人未在本条第二款规定的期间内提出异议的，不能向承运人提出索赔诉讼。 **《海商法》** **第81条**　承运人向收货人交付货物时，收货人未将货物灭失或者损坏的情况书面通知承运人的，此项交付视为承运人已经按照运输单证的记载交付以及货物状况良好的初步证据。 　　货物灭失或者损坏的情况非显而易见的，在货物交付的次日起连续七日内，集装箱货物交付的次日起连续十五日内，收货人未提交书面通知的，适用前款规定。 　　货物交付时，收货人已经会同承运人对货物进行联合检查或者检验的，无需就所查明的灭失或者损坏的情况提交书面通知。

《民法典》合同编	关联规定
第八百三十二条【承运人对货损的赔偿责任】　承运人对运输过程中货物的毁损、灭失承担赔偿责任。但是，承运人证明货物的毁损、灭失是因不可抗力、货物本身的自然性质或者合理损耗以及托运人、收货人的过错造成的，不承担赔偿责任。 　　**指引**：承运人应对自接收货物时起至交付货物时止所发生的货物的毁损、灭失承担损害赔偿责任。为体现公平原则，本条亦规定承运人的免责事由，但承运人对赔偿责任免除负举证责任。另，本条所谓"毁损"是指运输的货物因损坏而价值减少；"灭失"是指承运人无法将货物交付给收货人，既包括货物物质上的灭失，也包括占有的更新丧失及法律上不能回复占有的各种情形。 　　**案例指引**：《宏隆实业有限公司与上海铁路分局何家湾站等铁路货物运输合同逾期货损索赔纠纷再审案》【《最高人民法院公报》2001年第1期】 　　**案例要旨**：铁路货物运输中，因托运人对物品包装不符合规定导致货物损失，且承运人逾期运到的，承运人不对货物损失承担赔偿责任，但应当承担逾期运到的违约责任。	**《民法典》** **第180条**　因不可抗力不能履行民事义务的，不承担民事责任。法律另有规定的，依照其规定。 　　不可抗力是不能预见、不能避免且不能克服的客观情况。 **第590条**　当事人一方因不可抗力不能履行合同的，根据不可抗力的影响，部分或者全部免除责任，但是法律另有规定的除外。因不可抗力不能履行合同的，应当及时通知对方，以减轻可能给对方造成的损失，并应当在合理期限内提供证明。 　　当事人迟延履行后发生不可抗力的，不免除其违约责任。 **《民用航空法》（2018年修正）** **第125条、第127条、第130条、第132条**（同第824条对照内容，此处略） **第126条**　旅客、行李或者货物在航空运输中因延误造成的损失，承运人应当承担责任；但是，承运人证明本人或者其受雇人、代理人为了避免损失的发生，已经采取一切必要措施或者不可能采取此种措施的，不承担责任。 **《铁路法》（2015年修正）** **第16条-第18条**（同第824条对照内容，此处略） **《海商法》** **第51条**　在责任期间货物发生的灭失或者损坏是由于下列原因之一造成的，承运人不负赔偿责任： 　　（一）船长、船员、引航员或者承运人的其他受雇人在驾驶船舶或者管

《民法典》合同编	关联规定
	理船舶中的过失：
	（二）火灾，但是由于承运人本人的过失所造成的除外；
	（三）天灾，海上或者其他可航水域的危险或者意外事故；
	（四）战争或者武装冲突；
	（五）政府或者主管部门的行为、检疫限制或者司法扣押；
	（六）罢工、停工或者劳动受到限制；
	（七）在海上救助或者企图救助人命或者财产；
	（八）托运人、货物所有人或者他们的代理人的行为；
	（九）货物的自然特性或者固有缺陷；
	（十）货物包装不良或者标志欠缺、不清；
	（十一）经谨慎处理仍未发现的船舶潜在缺陷；
	（十二）非由于承运人或者承运人的受雇人、代理人的过失造成的其他原因。 　　承运人依照前款规定免除赔偿责任的，除第（二）项规定的原因外，应当负举证责任。
	第 52 条　因运输活动物的固有的特殊风险造成活动物灭失或者损害的，承运人不负赔偿责任。但是，承运人应当证明业已履行托运人关于运输活动物的特别要求，并证明根据实际情况，灭失或者损害是由于此种固有的特殊风险造成的。

《民法典》合同编	关联规定
	第 53 条 承运人在舱面上装载货物，应当同托运人达成协议，或者符合航运惯例，或者符合有关法律、行政法规的规定。 　　承运人依照前款规定将货物装载在舱面上，对由于此种装载的特殊风险造成的货物灭失或者损坏，不负赔偿责任。 　　承运人违反本条第一款规定将货物装载在舱面上，致使货物遭受灭失或者损坏的，应当负赔偿责任。
第八百三十三条【确定货物赔偿额】 　　货物的毁损、灭失的赔偿额，当事人有约定的，按照其约定；没有约定或者约定不明确，依据本法第五百一十条的规定仍不能确定的，按照交付或者应当交付时货物到达地的市场价格计算。法律、行政法规对赔偿额的计算方法和赔偿限额另有规定的，依照其规定。 　　**指引**：本条就损害赔偿额确定规定了四个规则：（1）有约定的，按约定数额进行赔偿。（2）没有约定或约定不明确的，依照《民法典》第510条的规定确定。（3）仍不能确定的，则按照交付或者应当交付时货物到达地的市场价格计算。这里的"交付时"是指货物按时到达了目的地，货物有毁损的情况下，计算市场价格的起算时间；"应当交付时"是指货物没有按时到达，而货物有毁损的或者货物根本就灭失了、不存在了的情况下，市	《民法典》 **第 510 条** 合同生效后，当事人就质量、价款或者报酬、履行地点等内容没有约定或者约定不明确的，可以协议补充；不能达成补充协议的，按照合同相关条款或者交易习惯确定。 《民用航空法》（2018 年修正） **第 128 条** 国内航空运输承运人的赔偿责任限额由国务院民用航空主管部门制定，报国务院批准后公布执行。 　　旅客或者托运人在交运托运行李或者货物时，特别声明在目的地点交付时的利益，并在必要时支付附加费的，除承运人证明旅客或者托运人声明的金额高于托运行李或者货物在目的地点交付时的实际利益外，承运人应当在声明金额范围内承担责任；本法第一百二十九条的其他规定，除赔偿责任限额外，适用于国内航空运输。 《铁路法》（2015 年修正） **第 17 条** 铁路运输企业应当对承运的货物、包裹、行李自接受承运时起到

续表

《民法典》合同编	关联规定
场价格的起算时间。（4）法律、行政法规对赔偿额的计算方法和赔偿限额另有规定的，应当依照其规定进行赔偿。另，若托运人在托运货物时自愿办理了货物运输保险的，在发生货物的毁损、灭失等保险事故时，需根据保险合同向保险人索赔。但保险人给付保险赔偿金后，可取得对承运人的赔偿金的代位求偿权。 **案例指引**：《曹某军诉速运公司公路货物运输合同纠纷案》① **案例要旨**：当事人通过网络途径下单，在无传统纸质快递单时，快递公司对易碎品保价告知条款虽未尽到充分说明义务，但可基于双方长期的交易惯例推定托运人对保价条款属于知情。如托运人在既往已发生类似贵重物品破损的情况下，仍选择该承运公司，同时在托运时包装上存在一定瑕疵，可认定托运人未尽必要注意义务，在物品毁损后，除承运人在合同约定的范围内承担赔偿责任外，托运人亦应对自己的选择行为承担责任。	交付时止发生的灭失、短少、变质、污染或者损坏，承担赔偿责任： （一）托运人或者旅客根据自愿申请办理保价运输的，按照实际损失赔偿，但最高不超过保价额。 （二）未按保价运输承运的，按照实际损失赔偿，但最高不超过国务院铁路主管部门规定的赔偿限额；如果损失是由于铁路运输企业的故意或者重大过失造成的，不适用赔偿限额的规定，按照实际损失赔偿。 托运人或者旅客根据自愿可以向保险公司办理货物运输保险，保险公司按照保险合同的约定承担赔偿责任。 托运人或者旅客根据自愿，可以办理保价运输，也可以办理货物运输保险；还可以既不办理保价运输，也不办理货物运输保险。不得以任何方式强迫办理保价运输或者货物运输保险。 **《邮政法》**（2015 年修正） **第 47 条**　邮政企业对给据邮件的损失依照下列规定赔偿： （一）保价的给据邮件丢失或者全部损毁的，按照保价额赔偿；部分损毁或者内件短少的，按照保价额与邮件全部价值的比例对邮件的实际损失予以赔偿。 （二）未保价的给据邮件丢失、损毁或者内件短少的，按照实际损失赔偿，但最高赔偿额不超过所收取资费

---

① 最高人民法院中国应用法学研究所编：《人民法院案例选》，人民法院出版社 2019 年版，第 137 页。

《民法典》合同编	关联规定
	的三倍；挂号信件丢失、损毁的，按照所收取资费的三倍予以赔偿。 　　邮政企业应当在营业场所的告示中和提供给用户的给据邮件单据上，以足以引起用户注意的方式载明前款规定。 　　邮政企业因故意或者重大过失造成给据邮件损失，或者未履行前款规定义务的，无权援用本条第一款的规定限制赔偿责任。 **《海商法》** **第 55 条**　货物灭失的赔偿额，按照货物的实际价值计算；货物损坏的赔偿额，按照货物受损前后实际价值的差额或者货物的修复费用计算。 　　货物的实际价值，按照货物装船时的价值加保险费加运费计算。 　　前款规定的货物实际价值，赔偿时应当减去因货物灭失或者损坏而少付或者免付的有关费用。 **第 56 条**　承运人对货物的灭失或者损坏的赔偿限额，按照货物件数或者其他货运单位数计算，每件或者每个其他货运单位为 666.67 计算单位，或者按照货物毛重计算，每公斤为 2 计算单位，以二者中赔偿限额较高的为准。但是，托运人在货物装运前已经申报其性质和价值，并在提单中载明的，或者承运人与托运人已经另行约定高于本条规定的赔偿限额的除外。 　　货物用集装箱、货盘或者类似装运器具集装的，提单中载明装在此类装运器具中的货物件数或者其他货运单位数，视为前款所指的货物件数或

《民法典》合同编	关联规定
	者其他货运单位数；未载明的，每一装运器具视为一件或者一个单位。 装运器具不属于承运人所有或者非由承运人提供的，装运器具本身应当视为一件或者一个单位。 **《铁路运输损害赔偿解释》**（2020 年修正） **第 1 条** 实际损失的赔偿范围 铁路法第十七条中的"实际损失"，是指因灭失、短少、变质、污染、损坏导致货物、包裹、行李实际价值的损失。 铁路运输企业按照实际损失赔偿时，对灭失、短少的货物、包裹、行李，按照其实际价值赔偿；对变质、污染、损坏降低原有价值的货物、包裹、行李，可按照其受损前后实际价值的差额或者加工、修复费用赔偿。 货物、包裹、行李的赔偿价值按照托运时的实际价值计算。实际价值中未包含已支付的铁路运杂费、包装费、保险费、短途搬运费等费用的，按照损失部分的比例加算。 **第 3 条** 保价货物损失的赔偿 铁路法第十七条第一款（一）项中规定的"按照实际损失赔偿，但最高不超过保价额。"是指保价运输的货物、包裹、行李在运输中发生损失，无论托运人在办理保价运输时，保价额是否与货物、包裹、行李的实际价值相符，均应在保价额内按照损失部分的实际价值赔偿，实际损失超过保价额的部分不予赔偿。 如果损失是因铁路运输企业的故

《民法典》合同编	关联规定
	意或者重大过失造成的，比照铁路法第十七条第一款（二）项的规定，不受保价额的限制，按照实际损失赔偿。 **《快递暂行条例》（2019 年修订）** **第 27 条**　快件延误、丢失、损毁或者内件短少的，对保价的快件，应当按照经营快递业务的企业与寄件人约定的保价规则确定赔偿责任；对未保价的快件，依照民事法律的有关规定确定赔偿责任。 　　国家鼓励保险公司开发快件损失赔偿责任险种，鼓励经营快递业务的企业投保。
第八百三十四条【相继运输的责任承担】　两个以上承运人以同一运输方式联运的，与托运人订立合同的承运人应当对全程运输承担责任；损失发生在某一运输区段的，与托运人订立合同的承运人和该区段的承运人承担连带责任。 　　**指引**：相继运输不同于多式联运，相继运输只涉及一种运输方式，其中的连带责任不是指所有承运人连带，而是与托运人订立运输合同的承运人与损失发生区段的承运人承担连带，无须其他区段的承运人担责。	**《民用航空法》（2018 年修正）** **第 136 条**　由几个航空承运人办理的连续运输，接受旅客、行李或者货物的每一个承运人应当受本法规定的约束，并就其根据合同办理的运输区段作为运输合同的订约一方。 　　对前款规定的连续运输，除合同明文约定第一承运人应当对全程运输承担责任外，旅客或者其继承人只能对发生事故或者延误的运输区段的承运人提起诉讼。 　　托运行李或者货物的毁灭、遗失、损坏或者延误，旅客或者托运人有权对第一承运人提起诉讼，旅客或者收货人有权对最后承运人提起诉讼，旅客、托运人和收货人均可以对发生毁灭、遗失、损坏或者延误的运输区段的承运人提起诉讼。上述承运人应当对旅客、托运人或者收货人承担连带责任。

《民法典》合同编	关联规定
第八百三十五条【货物因不可抗力灭失的运费处理】　货物在运输过程中因不可抗力灭失，未收取运费的，承运人不得请求支付运费；已经收取运费的，托运人可以请求返还。法律另有规定的，依照其规定。 　　**指引：**托运人已因货物的灭失而遭受了极大的损失，若其还要负担运费，意味其要承担双重损失，从公平和诚实信用的角度来考虑，法律允许托运人请求承运人返还已支付的运费、不再支付未支付的运费，使风险合理分担。	
第八百三十六条【承运人留置权】托运人或者收货人不支付运费、保管费或者其他费用的，承运人对相应的运输货物享有留置权，但是当事人另有约定的除外。 　　**指引：**除法律另有规定外，承运人可以自行留置货物，而不必通过法定程序。对于可分的货物，承运人留置的货物应当合理和适当；对于不可分的货物，承运人可以对全部货物进行留置。当事人另有约定不能留置或者托运人或收货人提供适当担保的，承运人不能留置。	**《民法典》** **第447条**　债务人不履行到期债务，债权人可以留置已经合法占有的债务人的动产，并有权就该动产优先受偿。 　　前款规定的债权人为留置权人，占有的动产为留置财产。 **第448条**　债权人留置的动产，应当与债权属于同一法律关系，但是企业之间留置的除外。 **第449条**　法律规定或者当事人约定不得留置的动产，不得留置。 **第450条**　留置财产为可分物的，留置财产的价值应当相当于债务的金额。 **《海商法》** **第87条**　应当向承运人支付的运费、共同海损分摊、滞期费和承运人为货物垫付的必要费用以及应当向承运人支付的其他费用没有付清，又没有提供适当担保的，承运人可以在合理的限度内留置其货物。

《民法典》合同编	关联规定
	《国内水路货运纠纷意见》 **第7条**　国内水路货物运输合同履行完毕，托运人或者收货人没有按照约定支付运费、保管费或者其他运输费用，依照合同法第三百一十五条的规定，承运人对相应的运输货物享有留置权。人民法院在审查承运人的留置权时，应当重点审查承运人留置货物的数量是否是在合理的限度之内，以及承运人留置的货物是否是其合法占有的货物。债务人对留置货物是否具有所有权并不必然影响承运人留置权的行使，除非运输合同当事人对承运人的留置权另有特殊约定。
第八百三十七条【货物的提存】　收货人不明或者收货人无正当理由拒绝受领货物的，承运人依法可以提存货物。 　　**指引**：需注意：（1）若货物不适于提存或提存费用过高，承运人可依法拍卖或变卖货物后提存所得价款。（2）提存后，承运人应及时通知托运人，在收货人明确的情况下，应及时通知收货人。（3）若货物在提存后毁损、灭失，承运人不承担该货物毁损、灭失的风险。（4）若承运人应得的运费、保管费及其他运输费用加上提存费用没有付清的，承运人可依照规定留置该货物，以该货物拍卖或折价后，从中扣除运费和其他各种费用后，再提存剩余的价款或没有被留置的相应货物。	《民法典》 **第570条-第574条有关提存的规定（此处略）** 《公证法》（2017年修正） **第12条**　根据自然人、法人或者其他组织的申请，公证机构可以办理下列事务： 　　（一）法律、行政法规规定由公证机构登记的事务； 　　（二）提存； 　　…… 《铁路法》（2015年修正） **第22条**　自铁路运输企业发出领取货物通知之日起满三十日仍无人领取的货物，或者收货人书面通知铁路运输企业拒绝领取的货物，铁路运输企业应当通知托运人，托运人自接到通知之日起满三十日未作答复的，由铁路运输企业变卖；所得价款在扣除保管等费用后尚有余款的，应当退还托运人，无法退还、自变卖之日起一百八十日内托运人又未领回的，上缴国库。

续表

《民法典》合同编	关联规定
	自铁路运输企业发出领取通知之日起满九十日仍无人领取的包裹或者到站后满九十日仍无人领取的行李，铁路运输企业应当公告，公告满九十日仍无人领取的，可以变卖；所得价款在扣除保管等费用后尚有余款的，托运人、收货人或者旅客可以自变卖之日起一百八十日内领回，逾期不领回的，上缴国库。 　　对危险物品和规定限制运输的物品，应当移交公安机关或者有关部门处理，不得自行变卖。 　　对不宜长期保存的物品，可以按照国务院铁路主管部门的规定缩短处理期限。 **《海商法》** **第 86 条**　在卸货港无人提取货物或者收货人迟延、拒绝提取货物的，船长可以将货物卸在仓库或者其他适当场所，由此产生的费用和风险由收货人承担。 **《铁路运输损害赔偿解释》**(2020 年修正) **第 9 条**　赔偿后又找回原物的处理 　　铁路运输企业赔付后又找回丢失、被盗、冒领、逾期等按灭失处理的货物、包裹、行李的，在通知托运人，收货人或旅客退还赔款领回原物的期限届满后仍无人领取的，适用铁路法第二十二条按无主货物的规定处理。铁路运输企业未通知托运人，收货人或者旅客而自行处理找回的货物、包裹、行李的，由铁路运输企业赔偿实际损失与已付赔款差额。

《民法典》合同编	关联规定
第四节　多式联运合同	
第八百三十八条【多式联运经营人的权利义务】　多式联运经营人负责履行或者组织履行多式联运合同，对全程运输享有承运人的权利，承担承运人的义务。 　　**指引**：多式联运经营人，是指本人或委托他人以本人名义与托运人订立多式联运合同的人。不管多式联运经营人自己是否拥有运输工具并直接参加运输合同的履行，其都要对与之签订合同的托运人或者收货人承担全程运输的义务。	**《民法典》** **第 842 条**　货物的毁损、灭失发生于多式联运的某一运输区段的，多式联运经营人的赔偿责任和责任限额，适用调整该区段运输方式的有关法律规定；货物毁损、灭失发生的运输区段不能确定的，依照本章规定承担赔偿责任。 **《海商法》** **第 2 条**　本法所称海上运输，是指海上货物运输和海上旅客运输，包括海江之间、江海之间的直达运输。 　　本法第四章海上货物运输合同的规定，不适用于中华人民共和国港口之间的海上货物运输。 **第 102 条**　本法所称多式联运合同，是指多式联运经营人以两种以上的不同运输方式，其中一种是海上运输方式，负责将货物从接收地运至目的地交付收货人，并收取全程运费的合同。 　　前款所称多式联运经营人，是指本人或者委托他人以本人名义与托运人订立多式联运合同的人。
第八百三十九条【多式联运经营人的责任承担】　多式联运经营人可以与参加多式联运的各区段承运人就多式联运合同的各区段运输约定相互之间的责任；但是，该约定不影响多式联运经营人对全程运输承担的义务。 　　**指引**：虽然民法典没有规定托运人或收货人有权直接向区段承运人进行索赔，但亦对此没有禁止。若托运	**《海商法》** **第 103 条**　多式联运经营人对多式联运货物的责任期间，自接收货物时起至交付货物时止。

《民法典》合同编	关联规定
人或收货人能够证明货损发生的具体运输区段，其也可提起侵权之诉，向该区段承运人进行索赔，按照侵权责任构成要件进行举证。	
第八百四十条【多式联运单据】 多式联运经营人收到托运人交付的货物时，应当签发多式联运单据。按照托运人的要求，多式联运单据可以是可转让单据，也可以是不可转让单据。 **指引：** 实践中，只有多式联运经营人承担全程责任时，多式联运单据才有可能成为可转让的单据，此时，其具有物权凭证的性质和作用。若多式联运经营人按要求签发了不可转让多式联运单据，则应指明记名的收货人。多式联运承运人只有将货物交给不可转让单据所指明的记名收货人，才为履行交货义务。	
第八百四十一条【托运人的过错赔偿责任】 因托运人托运货物时的过错造成多式联运经营人损失的，即使托运人已经转让多式联运单据，托运人仍然应当承担赔偿责任。 **指引：** 托运人的过错赔偿责任不随多式联运单据的转让而转移。多式联运中，托运人一般应承担以下责任：（1）保证责任，保证其对货物的陈述准确无误。（2）对凡因托运人或其受雇人或者代理人在受雇范围内行事时的过失或大意而给多式联运经营人造成的损失，承担赔偿责任。（3）将危险品交多式联运经营人时，应告知危	

续表

《民法典》合同编	关联规定
险物品的危险特性，必要时应告之应采取的预防措施。	
第八百四十二条【赔偿责任的法律适用】 货物的毁损、灭失发生于多式联运的某一运输区段的，多式联运经营人的赔偿责任和责任限额，适用调整该区段运输方式的有关法律规定；货物毁损、灭失发生的运输区段不能确定的，依照本章规定承担赔偿责任。　　**指引：**本条并未涉及多式联运经营人在赔偿后如何向各区段承运人追偿金额的问题。货损区段能够确定时，多式联运经营人可以向其承运人追偿。对于隐蔽货损，多式联运经营人最好依据《民法典》第 839 条的规定，与参加多式联运的各区段承运人约定相互之间的责任，否则将无法向任何人追偿。　　**案例指引：**《国际货运公司与电器公司多式联运合同区段公路货物运输纠纷上诉案》①　　**案例要旨：**如果货物毁损、灭失发生的运输区段是能够确定的，多式联运经营人的赔偿责任和责任限额适用调整该区段运输方式的法律规定。各个承运人之间达成的联合运输合同，属于联运承运人之间的内部协议，它调整的不是承运人与托运人之间的权利义务关系，因而不属于多式联运合同的一部分。如果各个承运人以同一	《海商法》　　**第 105 条** 货物的灭失或者损坏发生于多式联运的某一运输区段的，多式联运经营人的赔偿责任和责任限额，适用调整该区段运输方式的有关法律规定。　　**第 106 条** 货物的灭失或者损坏发生的运输区段不能确定的，多式联运经营人应当依照本章关于承运人赔偿责任和责任限额的规定负赔偿责任。　　**第 257 条** 就海上货物运输向承运人要求赔偿的请求权，时效期间为一年，自承运人交付或者应当交付货物之日起计算；在时效期间内或者时效期间届满后，被认定为负有责任的人向第三人提起追偿请求的，时效期间为九十日，自追偿请求人解决原赔偿请求之日起或者收到受理对其本人提起诉讼的法院的起诉状副本之日起计算。有关航次租船合同的请求权，时效期间为二年，自知道或者应当知道权利被侵害之日起计算。

---

① 《国际货运公司与电器公司多式联运合同区段公路货物运输纠纷上诉案》，载《人民司法案例》2010 年第 6 期。

续表

《民法典》合同编	关联规定
种运输方式承运，则属于同式联运，或者叫相继运输，该种运输方式，如货物损失发生在某一运输区段，与托运人订立合同的承运人和该区段的承运人承担连带责任（《民法典》第 834 条）。	

第二十章 技术合同

第一节 一般规定

第八百四十三条【技术合同的定义】

技术合同是当事人就技术开发、转让、许可、咨询或者服务订立的确立相互之间权利和义务的合同。

指引：技术合同是双务、有偿合同。相较合同法，本条增加了技术"许可"的表述，以适应社会发展需要。另，本章关于技术合同的规定不仅适用于国内技术合同，也适用于相关的涉外技术合同。

案例指引：《汾州裕源土特产品有限公司与陕西天宝大豆食品技术研究所技术合同纠纷再审案》【《最高人民法院公报》2018 年第 2 期】

案例要旨：（1）能否产出符合合同约定的产品，与该产品能否上市销售、是否适销对路、有否利润空间等并非同一层面的问题。技术合同领域，尤其是涉及技术工业化的合同中，如果当事人之间没有明确约定，不应将产品商业化认定为技术合同的目的。（2）投资方应审慎签订涉及技术工业化的合同，在技术指标的设置和产品合格标准的选择上，应当尽可能贴近

《技术合同纠纷解释》（2020 年修正）

第 7 条 不具有民事主体资格的科研组织订立的技术合同，经法人或者非法人组织授权或者认可的，视为法人或者非法人组织订立的合同，由法人或者非法人组织承担责任；未经法人或者非法人组织授权或者认可的，由该科研组织成员共同承担责任，但法人或者非法人组织因该合同受益的，应当在其受益范围内承担相应责任。

前款所称不具有民事主体资格的科研组织，包括法人或者非法人组织设立的从事技术研究开发、转让等活动的课题组、工作室等。

第 42 条 当事人将技术合同和其他合同内容或者将不同类型的技术合同内容订立在一个合同中的，应当根据当事人争议的权利义务内容，确定案件的性质和案由。

技术合同名称与约定的权利义务关系不一致的，应当按照约定的权利义务内容，确定合同的类型和案由。

技术转让合同或者技术许可合同中约定让与人或者许可人负责包销或

《民法典》合同编	关联规定
市场对产品的要求，尤应避免在市场竞争较为激烈或者相关公众要求较高的领域，仅以市场准入标准作为合同项下的产品合格标准，从而陷入产品合格而商业失败的窘境。	者回购受让人、被许可人实施合同标的技术制造的产品，仅因让与人或者许可人不履行或者不能全部履行包销或者回购义务引起纠纷，不涉及技术问题的，应当按照包销或者回购条款约定的权利义务内容确定案由。 **第 43 条** 技术合同纠纷案件一般由中级以上人民法院管辖。 　　各高级人民法院根据本辖区的实际情况并报经最高人民法院批准，可以指定若干基层人民法院管辖第一审技术合同纠纷案件。 　　其他司法解释对技术合同纠纷案件管辖另有规定的，从其规定。 　　合同中既有技术合同内容，又有其他合同内容，当事人就技术合同内容和其他合同内容均发生争议的，由具有技术合同纠纷案件管辖权的人民法院受理。 **第 45 条** 第三人向受理技术合同纠纷案件的人民法院就合同标的技术提出权属或者侵权请求时，受诉人民法院对此也有管辖权的，可以将权属或者侵权纠纷与合同纠纷合并审理；受诉人民法院对此没有管辖权的，应当告知其向有管辖权的人民法院另行起诉或者将已经受理的权属或者侵权纠纷案件移送有管辖权的人民法院。权属或者侵权纠纷另案受理后，合同纠纷应当中止诉讼。 　　专利实施许可合同诉讼中，被许可人或者第三人向国家知识产权局请求宣告专利权无效的，人民法院可以

《民法典》合同编	关联规定
	不中止诉讼。在案件审理过程中专利权被宣告无效的,按照专利法第四十七条第二款和第三款的规定处理。 **第 46 条** 计算机软件开发等合同争议,著作权法以及其他法律、行政法规另有规定的,依照其规定;没有规定的,适用民法典第三编第一分编的规定,并可以参照民法典第三编第二分编第二十章和本解释的有关规定处理。 **《技术合同纠纷纪要》** **第 32 条** 当事人将技术合同和其他合同内容合订为一个合同,或者将不同类型的技术合同内容合订在一个合同中的,应当根据当事人争议的权利义务内容,确定案件的性质和案由,适用相应的法律、法规。 **第 33 条** 技术合同名称与合同约定的权利义务关系不一致的,应当按照合同约定的权利义务内容,确定合同的类型和案由,适用相应的法律、法规。 **第 34 条** 当事人以技术开发、转让、咨询或者服务为承包内容订立的合同,属于技术合同。 **第 35 条** 转让阶段性技术成果并约定后续开发义务的合同,就该阶段性技术成果的重复试验效果方面发生争议的,按照技术转让合同处理;就后续开发方面发生争议的,按照技术开发合同处理。 **第 36 条** 技术转让合同中约定让与人向受让人提供实施技术的专用设备、原材料或者提供有关的技术咨询、技

《民法典》合同编	关联规定
	术服务的，这类约定属于技术转让合同的组成部分。因这类约定发生纠纷的，按照技术转让合同处理。 **第37条**　当事人以技术入股方式订立联营合同，但技术入股人不参与联营体的经营管理，并且以保底条款形式约定联营体或者联营对方支付其技术价款或者使用费的，属于技术转让合同。 **第38条**　技术转让合同中约定含让与人负责包销（回购）受让人实施合同标的技术制造的产品，仅因让与人不履行或者不能全部履行包销（回购）义务引起纠纷，不涉及技术问题的，按照包销（回购）条款所约定的权利义务内容确定案由，并适用相应的法律规定处理。 **第39条**　技术开发合同当事人一方仅提供资金、设备、材料等物质条件，承担辅助协作事项，另一方进行研究开发工作的合同，属于委托开发合同。 **第40条**　当事人一方以技术转让的名义提供已进入公有领域的技术，并进行技术指导，传授技术知识等，为另一方解决特定技术问题所订立的合同，可以视为技术服务合同履行，但属于合同法第五十二条和第五十四条规定情形的除外。 **第41条**　新药技术成果转让和植物新品种申请权转让、植物新品种权转让和使用许可等合同争议，适用合同法总则的规定，并可以参照合同法第十八章和本纪要关于技术转让合同的规

《民法典》合同编	关联规定
	定，但法律另有规定的，依照其规定。 **第 42 条** 计算机软件开发、许可、转让等合同争议，著作权法以及其他法律另有规定的，依照其规定；没有规定的，适用合同法总则的规定，并可以参照合同法第十八章和本纪要的有关规定。 **第 91 条** 合同中既有技术合同内容，又有其他合同内容，当事人就技术合同内容和其他合同内容均发生争议的，由具有技术合同纠纷案件管辖权的人民法院受理。 **第 92 条** 一方当事人以诉讼争议的技术合同侵害他人技术成果为由主张合同无效或者人民法院在审理技术合同纠纷中发现可能存在该无效事由时，应当依法通知有关利害关系人作为有独立请求权的第三人参加诉讼。 **第 93 条** 他人向受理技术合同纠纷的人民法院就该合同标的技术提出权属或者侵权主张时，受诉人民法院对此亦有管辖权的，可以将该权属或者侵权纠纷与合同纠纷合并审理；受诉人民法院对此没有管辖权的，应当告知其向有管辖权的人民法院另行起诉。权属或者侵权纠纷另案受理后，合同纠纷应当中止诉讼。 **第 94 条** 专利实施许可合同诉讼中，受让人（被许可人）或者第三人向专利复审委员会请求宣告该专利权无效的，人民法院可以不中止诉讼。在审理过程中该专利权被宣告无效的，按照专利法的有关规定处理。

《民法典》合同编	关联规定
	第95条　因技术中介合同中介人违反约定的保密义务发生的纠纷，可以与技术合同纠纷合并审理。 **第96条**　中介人一般不作为委托人与第三人之间的技术合同诉讼的当事人，但下列情况除外： 　　（1）中介人与技术合同一方当事人恶意串通损害另一方利益的，恶意串通的双方应列为共同被告，承担连带责任； 　　（2）中介人隐瞒技术合同一方当事人的真实情况给另一方造成损失的，中介人应列为被告，并依其过错承担相应的责任； 　　（3）因中介人不履行技术中介合同或者中介条款约定的其他义务，导致技术合同不能依约履行的，可以根据具体情况将中介人列为诉讼当事人。 **第97条**　在技术合同纠纷诉讼中，需对合同标的技术进行鉴定的，除法定鉴定部门外，当事人协商推荐共同信任的组织或者专家进行鉴定的，人民法院可予指定；当事人不能协商一致的，人民法院可以从由省级以上科技行政主管部门推荐的鉴定组织或者专家中选择并指定，也可以直接指定相关组织或者专家进行鉴定。 　　指定专家进行鉴定的，应当组成鉴定组。 　　鉴定人应当是三人以上的单数。 **第98条**　鉴定应当以合同约定由当事人提供的技术成果或者技术服务内容为鉴定对象，从原理、设计、工艺和

《民法典》合同编	关联规定
	必要的技术资料等方面，按照约定的检测方式和验收标准，审查其能否达到约定的技术指标和经济效益指标。 **第99条**　当事人对技术成果的检测方式或者验收标准没有约定或者约定不明确，依照合同法第六十一条的规定不能达成补充协议的，可以根据具体案情采用本行业常用的或者合乎实用的检测方式或者验收标准进行检测鉴定、专家评议或者验收鉴定。 　　对合同约定的验收标准明确、技术问题并不复杂的，可以采取当事人现场演示、操作、制作等方式对技术成果进行鉴定。 **第100条**　技术咨询合同当事人对咨询报告和意见的验收或者评价办法没有约定或者约定不明确，依照合同法第六十一条的规定不能达成补充协议的，按照合乎实用的一般要求进行鉴定。 **第101条**　对已经按照国家有关规定通过技术成果鉴定、新产品鉴定等鉴定，又无相反的证据能够足以否定该鉴定结论的技术成果，或者已经实际使用证明是成熟可靠的技术成果，在诉讼中当事人又对该技术成果的评价发生争议的，不再进行鉴定。 **第102条**　不能以授予专利权的有关专利文件代替对合同标的技术的鉴定结论。
第八百四十四条【订立技术合同的原则】　订立技术合同，应当有利于知识产权的保护和科学技术的进步，促进科学技术成果的研发、转化、应用	**《技术合同纠纷解释》（2020年修正）** **第1条**　技术成果，是指利用科学技术知识、信息和经验作出的涉及产品、工艺、材料及其改进等的技术方案，

《民法典》合同编	关联规定
和推广。 　　**指引**：当事人订立技术合同，除需遵循平等、自愿、公平、诚实信用等基本原则外，依据技术合同的特点，还应当符合有利于知识产权保护和科学技术的进步的要求。《民法典》专门通过本条在订立技术合同原则中增加有利于保护知识产权的规定，适应知识产权保护与社会发展需要。	包括专利、专利申请、技术秘密、计算机软件、集成电路布图设计、植物新品种等。 　　技术秘密，是指不为公众所知悉、具有商业价值并经权利人采取相应保密措施的技术信息。 **《技术合同纠纷纪要》** **第1条**　合同法第十八章所称技术成果，是指利用科学技术知识、信息和经验作出的产品、工艺、材料及其改进等技术方案，包括专利、专利申请、技术秘密和其他能够取得知识产权的技术成果（如植物新品种、计算机软件、集成电路布图设计和新药成果等）。 **第2条**　合同法第十八章所称的技术秘密，是指不为公众所知悉、能为权利人带来经济利益、具有实用性并经权利人采取保密措施的技术信息。 　　前款所称不为公众所知悉，是指该技术信息的整体或者精确的排列组合或者要素，并非为通常涉及该信息有关范围的人所普遍知道或者容易获得；能为权利人带来经济利益、具有实用性，是指该技术信息因属于秘密而具有商业价值，能够使拥有者获得经济利益或者获得竞争优势；权利人采取保密措施，是指该技术信息的合法拥有者根据有关情况采取的合理措施，在正常情况下可以使该技术信息得以保密。 　　合同法所称技术秘密与技术秘密成果是同义语。

续表

《民法典》合同编	关联规定
第八百四十五条【技术合同的主要条款】 技术合同的内容一般包括项目的名称，标的的内容、范围和要求，履行的计划、地点和方式，技术信息和资料的保密，技术成果的归属和收益的分配办法，验收标准和方法，名词和术语的解释等条款。 与履行合同有关的技术背景资料、可行性论证和技术评价报告、项目任务书和计划书、技术标准、技术规范、原始设计和工艺文件，以及其他技术文档，按照当事人的约定可以作为合同的组成部分。 技术合同涉及专利的，应当注明发明创造的名称、专利申请人和专利权人、申请日期、申请号、专利号以及专利权的有效期限。 **指引：** 本条第 1 款所规定的内容属指导性条款，不要求必须采用，也不限制当事人在合同中约定其他权利义务。第 2 款中的"技术文档"，是指与履行技术合同相关的自然语言或形式化语言所编写的文字资料和图表、照片，用来描述程序的内容、组成、设计、功能规格、开发情况、测试结果、使用方法，如程序设计说明书、用户手册等。第 3 款是一个义务性规定，对双方当事人均具有约束力。若技术合同标的涉及专利，应按照本款执行。 **案例指引：**《名山电力有限责任公司诉威格尔国际合作发展公司等专利	《民法典》 **第 470 条** （前面多处涉及，此处略） 《技术合同纠纷纪要》 **第 23 条** 当事人对技术合同的价款、报酬和使用费没有约定或者约定不明确，依照合同法第六十一条的规定不能达成补充协议的，人民法院可以按照以下原则处理： （1）对于技术开发合同和技术转让合同，根据有关技术成果的研究开发成本、先进性、实施转化和应用的程度，当事人享有的权益和承担的责任，以及技术成果的经济效益和社会效益等合理认定； （2）对于技术咨询合同和技术服务合同，根据有关咨询服务工作的数量、质量和技术含量，以及预期产生的经济效益和社会效益等合理认定。 技术合同价款、报酬、使用费中包含非技术性款项的，应当分项计算。

《民法典》合同编	关联规定
实施许可合同纠纷案》【《最高人民法院公报》2002 年第 2 期】 　　**案例要旨**：可行性报告可以约定成为技术合同的组成部分。如当事人未为约定，则当可行性报告的内容和技术合同不符时，可行性报告的存在不影响技术合同的效力。专利实施许可合同已经对专利内容进行了如实的陈述和证明，就不能以可行性报告内容不实而认定对方当事人违背诚实信用原则、实施欺诈行为。	
第八百四十六条【技术合同价款、报酬或使用费的支付方式】　技术合同价款、报酬或者使用费的支付方式由当事人约定，可以采取一次总算、一次总付或者一次总算、分期支付，也可以采取提成支付或者提成支付附加预付入门费的方式。 　　约定提成支付的，可以按照产品价格、实施专利和使用技术秘密后新增的产值、利润或者产品销售额的一定比例提成，也可以按照约定的其他方式计算。提成支付的比例可以采取固定比例、逐年递增比例或者逐年递减比例。 　　约定提成支付的，当事人可以约定查阅有关会计账目的办法。 　　**指引**：当事人可约定采取如下方式支付技术合同的价款、报酬和使用费：（1）一次总算、一次总付。（2）一次总算、分期支付。（3）提成支付。提成支付的比例又可以采取固定比例、	《技术合同纠纷解释》（2020 年修正） **第 14 条**　对技术合同的价款、报酬和使用费，当事人没有约定或者约定不明确的，人民法院可以按照以下原则处理： 　　（一）对于技术开发合同和技术转让合同、技术许可合同，根据有关技术成果的研究开发成本、先进性、实施转化和应用的程度，当事人享有的权益和承担的责任，以及技术成果的经济效益等合理确定； 　　（二）对于技术咨询合同和技术服务合同，根据有关咨询服务工作的技术含量、质量和数量，以及已经产生和预期产生的经济效益等合理确定。技术合同价款、报酬、使用费中包含非技术性款项的，应当分项计算。 《技术合同纠纷纪要》 **第 20 条**　侵害他人技术秘密成果使用权、转让权的技术合同无效后，除法律、行政法规另有规定的以外，善意、有偿取得该技术秘密的一方可以继续

《民法典》合同编	关联规定
逐年递增比例或者逐年递减比例。(4)提成支付附加预付入门费。这种方式是指接受技术的一方当事人在合同成立后或在取得技术成果后先向另一方当事人支付部分价款、报酬或者使用费(称为入门费或初付费),其余部分按照合同约定的比例提成,并按照合同约定的时间支付。	使用该技术秘密,但应当向权利人支付合理的使用费并承担保密义务。除与权利人达成协议以外,善意取得的一方(使用人)继续使用该技术秘密不得超过其取得时确定的使用范围。当事人双方恶意串通或者一方明知或者应知另一方侵权仍然与其订立或者履行合同的,属于共同侵权,应当承担连带赔偿责任和保密义务,因该无效合同而取得技术秘密的当事人不得继续使用该技术秘密。 　　前款规定的使用费由使用人与权利人协议确定,不能达成协议的,任何一方可以请求人民法院予以裁决。使用人拒不履行双方达成的使用费协议的,权利人除可以请求人民法院判令使用人支付已使用期间的使用费以外,还可以请求判令使用人停止使用该技术秘密;使用人拒不执行人民法院关于使用费的裁决的,权利人除可以申请强制执行已使用期间的使用费外,还可以请求人民法院判令使用人停止使用该技术秘密。在双方就使用费达成协议或者人民法院作出生效裁决以前,使用人可以不停止使用该技术秘密。 **第 21 条**　人民法院在裁决前条规定的使用费时,可以根据权利人善意对外转让该技术秘密的费用并考虑使用人的使用规模和经济效益等因素来确定;也可以依据使用人取得该技术秘密所支付的费用并考虑该技术秘密的研究

《民法典》合同编	关联规定
	开发成本、成果转化和应用程度和使用人的使用规模和经济效益等因素来确定。 人民法院应当对已使用期间的使用费和以后使用的付费标准一并作出裁决。 合同被确认无效后，使用人不论是否继续使用该技术秘密，均应当向权利人支付其已使用期间的使用费，其已向无效合同的让与人支付的费用应当由让与人负责返还，该费用中已由让与人作为侵权损害的赔偿直接给付权利人的部分，在计算使用人向权利人支付的使用费时相应扣除。
第八百四十七条【职务技术成果的财产权归属】 职务技术成果的使用权、转让权属于法人或者非法人组织的，法人或者非法人组织可以就该项职务技术成果订立技术合同。法人或者非法人组织订立技术合同转让职务技术成果时，职务技术成果的完成人享有以同等条件优先受让的权利。 职务技术成果是执行法人或者非法人组织的工作任务，或者主要是利用法人或者非法人组织的物质技术条件所完成的技术成果。 **指引**：技术成果所产生的权益属于知识产权，其财产权的归属要根据技术成果是职务技术成果还是非职务技术成果来决定。只要具备本条第2款所说的两个条件中的一个条件就可以认定是职务技术成果。	《专利法》（2020年修正） **第6条** 执行本单位的任务或者主要是利用本单位的物质技术条件所完成的发明创造为职务发明创造。职务发明创造申请专利的权利属于该单位，申请被批准后，该单位为专利权人。该单位可以依法处置其职务发明创造申请专利的权利和专利权，促进相关发明创造的实施和运用。 非职务发明创造，申请专利的权利属于发明人或者设计人；申请被批准后，该发明人或者设计人为专利权人。 利用本单位的物质技术条件所完成的发明创造，单位与发明人或者设计人订有合同，对申请专利的权利和专利权的归属作出约定的，从其约定。

《民法典》合同编	关联规定
案例指引：《某大学诉彭某霆、田某辉职务技术成果完成人奖励报酬的股权收益分配案》① **案例要旨**：职务技术成果完成人所在单位关于奖励报酬的内部文件可以成为确定收益分配的政策依据，在文件规定的奖励报酬条件成就时，单位应当遵守自己的文件规定。若单位文件规定将股权作为员工的职务技术成果奖励报酬，而单位却没有按照规定分配股权，那么应认定职务技术成果完成人享有股权的增值收益。这既体现了我国法律激励科学技术创新和保护职务技术成果完成人权益的立法目的，也有利于引导单位建立和完善职务技术成果的奖励报酬制度。	**《技术合同纠纷解释》**（2020 年修正） **第 2 条** 民法典第八百四十七条第二款所称"执行法人或者非法人组织的工作任务"，包括： （一）履行法人或者非法人组织的岗位职责或者承担其交付的其他技术开发任务； （二）离职后一年内继续从事与其原所在法人或者非法人组织的岗位职责或者交付的任务有关的技术开发工作，但法律、行政法规另有规定的除外。 法人或者非法人组织与其职工就职工在职期间或者离职以后所完成的技术成果的权益有约定的，人民法院应当依约定确认。 **第 3 条** 民法典第八百四十七条第二款所称"物质技术条件"，包括资金、设备、器材、原材料、未公开的技术信息和资料等。 **第 4 条** 民法典第八百四十七条第二款所称"主要是利用法人或者非法人组织的物质技术条件"，包括职工在技术成果的研究开发过程中，全部或者大部分利用了法人或者非法人组织的资金、设备、器材或者原材料等物质条件，并且这些物质条件对形成该技术成果具有实质性的影响；还包括该技术成果实质性内容是在法人或者非法人组织尚未公开的技术成果、阶段性技术成果基础上完成的情形。但下列情况除外：

---

① 《某大学诉彭某霆、田某辉职务技术成果完成人奖励报酬的股权收益分配案》，载《人民司法·案例》2015 年第 8 期。

《民法典》合同编	关联规定
	（一）对利用法人或者非法人组织提供的物质技术条件，约定返还资金或者交纳使用费的；
	（二）在技术成果完成后利用法人或者非法人组织的物质技术条件对技术方案进行验证、测试的。
	第5条　个人完成的技术成果，属于执行原所在法人或者非法人组织的工作任务，又主要利用了现所在法人或者非法人组织的物质技术条件的，应当按照该自然人原所在和现所在法人或者非法人组织达成的协议确认权益。不能达成协议的，根据对完成该项技术成果的贡献大小由双方合理分享。
	第6条　民法典第八百四十七条所称"职务技术成果的完成人"、第八百四十八条所称"完成技术成果的个人"，包括对技术成果单独或者共同作出创造性贡献的人，也即技术成果的发明人或者设计人。人民法院在对创造性贡献进行认定时，应当分解所涉及技术成果的实质性技术构成。提出实质性技术构成并由此实现技术方案的人，是作出创造性贡献的人。
	提供资金、设备、材料、试验条件，进行组织管理，协助绘制图纸、整理资料、翻译文献等人员，不属于职务技术成果的完成人、完成技术成果的个人。
	第7条　不具有民事主体资格的科研组织订立的技术合同，经法人或者非法人组织授权或者认可的，视为法人

《民法典》合同编	关联规定
	或者非法人组织订立的合同，由法人或者非法人组织承担责任；未经法人或者非法人组织授权或者认可的，由该科研组织成员共同承担责任，但法人或者非法人组织因该合同受益的，应当在其受益范围内承担相应责任。 前款所称不具有民事主体资格的科研组织，包括法人或者非法人组织设立的从事技术研究开发、转让等活动的课题组、工作室等。 **《技术合同纠纷纪要》** **第3条** 法人或者其他组织与其职工在劳动合同或者其他协议中就职工在职期间或者离职以后所完成的技术成果的权益有约定的，依其约定确认。但该约定依法应当认定为无效或者依法被撤销、解除的除外。 **第4条** 合同法第三百二十六条第二款所称执行法人或者其他组织的工作任务，是指： （1）职工履行本岗位职责或者承担法人或者其他组织交付的其他科学研究和技术开发任务。 （2）离职、退职、退休后一年内继续从事与其原所在法人或者其他组织的岗位职责或者交付的任务有关的科学研究和技术开发，但法律、行政法规另有规定或者当事人另有约定的除外。 前款所称岗位职责，是指根据法人或者其他组织的规定，职工所在岗位的工作任务和责任范围。

《民法典》合同编	关联规定
	第5条　合同法第三百二十六条第二款所称物质技术条件，是指资金、设备、器材、原材料、未公开的技术信息和资料。 　　合同法第三百二十六条第二款所称主要利用法人或者其他组织的物质技术条件，是指职工在完成技术成果的研究开发过程中，全部或者大部分利用了法人或者其他组织的资金、设备、器材或者原材料，或者该技术成果的实质性内容是在该法人或者其他组织尚未公开的技术成果、阶段性技术成果或者关键技术的基础上完成的。但对利用法人或者其他组织提供的物质技术条件，约定返还资金或者交纳使用费的除外。 　　在研究开发过程中利用法人或者其他组织已对外公开或者已为本领域普通技术人员公知的技术信息，或者在技术成果完成后利用法人或者其他组织的物质条件对技术方案进行验证、测试的，不属于主要利用法人或者其他组织的物质技术条件。 **第9条**　法人或者其他组织设立的从事技术研究开发、转让等活动的不具有民事主体资格的科研组织（包括课题组、工作室等）订立的技术合同，经法人或者其他组织授权或者认可的，视为法人或者其他组织订立的合同，由法人或者其他组织承担责任；未经法人或者其他组织授权或者认可的，由该科研组织成员共同承担责任，但法人或者其他组织因该合同受益的，应当在其受益范围内承担相应的责任。

《民法典》合同编	关联规定
第八百四十八条【非职务技术成果的财产权归属】　非职务技术成果的使用权、转让权属于完成技术成果的个人，完成技术成果的个人可以就该项非职务技术成果订立技术合同。 　　**指引**：未执行法人或非法人组织的工作任务，也未利用法人或非法人组织的物质技术条件所完成的技术成果，是非职务技术成果，其使用权、转让权属于完成技术成果的个人。完成技术成果的个人有权就该项非职务技术订立技术合同，有权获得因使用或者转让该项技术成果所取得的收益。法人或非法人组织擅自以生产经营目的使用或者转让属于个人的非职务技术成果，是侵犯个人合法权益的行为。	《专利法》（2020 年修正） **第 6 条**（前条对照部分已有，此处略）。 《技术合同纠纷纪要》 **第 6 条**　完成技术成果的个人既执行了原所在法人或者其他组织的工作任务，又就同一科学研究或者技术开发课题主要利用了现所在法人或者其他组织的物质技术条件所完成的技术成果的权益，由其原所在法人或者其他组织和现所在法人或者其他组织协议确定，不能达成协议的，由双方合理分享。 **第 7 条**　职工于本岗位职责或者其所在法人或者其他组织交付的任务之外从事业余兼职活动或者与他人合作完成的技术成果的权益，按照其与聘用人（兼职单位）或者合作人的约定确认。没有约定或者约定不明确，依照合同法第六十一条的规定不能达成补充协议的，按照合同法第三百二十六条和第三百二十七条的规定确认。 　　依照前款规定处理时不得损害职工所在的法人或者其他组织的技术权益。 **第 8 条**　合同法第三百二十六条和第三百二十七条所称完成技术成果的个人，是指对技术成果单独或者共同作出创造性贡献的人，不包括仅提供资金、设备、材料、试验条件的人员，进行组织管理的人员，协助绘制图纸、整理资料、翻译文献等辅助服务人员。 　　判断创造性贡献时，应当分解技术成果的实质性技术构成，提出实质性技术构成和由此实现技术方案的人

《民法典》合同编	关联规定
	是作出创造性贡献的人。对技术成果做出创造性贡献的人为发明人或者设计人。
第八百四十九条【技术成果的人身权归属】 完成技术成果的个人享有在有关技术成果文件上写明自己是技术成果完成者的权利和取得荣誉证书、奖励的权利。 　　**指引：** 技术成果的人身权，即在有关技术成果文件上署名以及取得国家荣誉证书、奖章和其他奖励的权利。技术成果产生的人身权利专属于完成该项技术成果的个人。完成技术成果的个人，是指对技术成果单独作出或者共同作出创造性贡献的人，并不包括仅提供资金、设备、材料、试验条件或者仅组织管理或者仅协助绘制图纸、整理资料、翻译文献等辅助服务的人。	
第八百五十条【技术合同的无效】 非法垄断技术或者侵害他人技术成果的技术合同无效。 　　**指引：** 本条所谓"非法垄断技术"，是指通过合同条款限制另一方当事人在合同标的技术的基础上进行新的研究开发，阻止其从其他渠道吸收技术或阻碍其根据市场需求，按照合理方式充分实施专利和使用技术秘密。 　　**案例指引：**《大洋公司诉黄河公司专利实施许可合同纠纷案》【《最高人民法院公报》2004年第9期】 　　**案例要旨：** 专利技术实施许可合同生效后，专利技术许可方按合同的	《技术合同纠纷解释》（2020年修正） **第8条** 生产产品或者提供服务依法须经有关部门审批或者取得行政许可，而未经审批或者许可的，不影响当事人订立的相关技术合同的效力。 　　当事人对办理前款所称审批或者许可的义务没有约定或者约定不明确的，人民法院应当判令由实施技术的一方负责办理，但法律、行政法规另有规定的除外。 **第10条** 下列情形，属于民法典第八百五十条所称的"非法垄断技术"： 　　（一）限制当事人一方在合同标的技术基础上进行新的研究开发或者限

《民法典》合同编	关联规定
约定，向专利技术接受方提供包含专利技术的专用生产设备，使其用于生产和销售专利产品的，不构成《合同法》第329条（《民法典》第850条）规定的"非法垄断技术、妨碍技术进步"的情形。	制其使用所改进的技术，或者双方交换改进技术的条件不对等，包括要求一方将其自行改进的技术无偿提供给对方、非互惠性转让给对方、无偿独占或者共享该改进技术的知识产权； （二）限制当事人一方从其他来源获得与技术提供方类似技术或者与其竞争的技术； （三）阻碍当事人一方根据市场需求，按照合理方式充分实施合同标的技术，包括明显不合理地限制技术接受方实施合同标的技术生产产品或者提供服务的数量、品种、价格、销售渠道和出口市场； （四）要求技术接受方接受并非实施技术必不可少的附带条件，包括购买非必需的技术、原材料、产品、设备、服务以及接收非必需的人员等； （五）不合理地限制技术接受方购买原材料、零部件、产品或者设备等的渠道或者来源； （六）禁止技术接受方对合同标的技术知识产权的有效性提出异议或者对提出异议附加条件。 **第11条**　技术合同无效或者被撤销后，技术开发合同研究开发人、技术转让合同让与人、技术许可合同许可人、技术咨询合同和技术服务合同的受托人已经履行或者部分履行了约定的义务，并且造成合同无效或者被撤销的过错在对方的，对其已履行部分应当收取的研究开发经费、技术使用费、提供咨询服务的报酬，人民法院

《民法典》合同编	关联规定
	可以认定为因对方原因导致合同无效或者被撤销给其造成的损失。 　　技术合同无效或者被撤销后，因履行合同所完成新的技术成果或者在他人技术成果基础上完成后续改进技术成果的权利归属和利益分享，当事人不能重新协议确定的，人民法院可以判决由完成技术成果的一方享有。 **第12条**　根据民法典第八百五十条的规定，侵害他人技术秘密的技术合同被确认无效后，除法律、行政法规另有规定的以外，善意取得该技术秘密的一方当事人可以在其取得时的范围内继续使用该技术秘密，但应当向权利人支付合理的使用费并承担保密义务。 　　当事人双方恶意串通或者一方知道或者应当知道另一方侵权仍与其订立或者履行合同的，属于共同侵权，人民法院应当判令侵权人承担连带赔偿责任和保密义务，因此取得技术秘密的当事人不得继续使用该技术秘密。 **第13条**　依照前条第一款规定可以继续使用技术秘密的人与权利人就使用费支付发生纠纷的，当事人任何一方都可以请求人民法院予以处理。继续使用技术秘密但又拒不支付使用费的，人民法院可以根据权利人的请求判令使用人停止使用。 　　人民法院在确定使用费时，可以根据权利人通常对外许可该技术秘密的使用费或者使用人取得该技术秘密所支付的使用费，并考虑该技术秘密

《民法典》合同编	关联规定
	的研究开发成本、成果转化和应用程度以及使用人的使用规模、经济效益等因素合理确定。 　　不论使用人是否继续使用技术秘密，人民法院均应当判令其向权利人支付已使用期间的使用费。使用人已向无效合同的让与人或者许可人支付的使用费应当由让与人或者许可人负责返还。 **第 44 条**　一方当事人以诉讼争议的技术合同侵害他人技术成果为由请求确认合同无效，或者人民法院在审理技术合同纠纷中发现可能存在该无效事由的，人民法院应当依法通知有关利害关系人，其可以作为有独立请求权的第三人参加诉讼或者依法向有管辖权的人民法院另行起诉。 　　利害关系人在接到通知后 15 日内不提起诉讼的，不影响人民法院对案件的审理。 **《技术合同纠纷纪要》** **第 10 条**　技术合同不因下列事由无效： 　　（1）合同标的技术未经技术鉴定； 　　（2）技术合同未经登记或者未向有关部门备案； 　　（3）以已经申请专利尚未授予专利权的技术订立专利实施许可合同。 **第 11 条**　技术合同内容有下列情形的，属于合同法第三百二十九条所称"非法垄断技术，妨碍技术进步"： 　　（1）限制另一方在合同标的技术的基础上进行新的研究开发，或者双方交换改进技术的条件不对等，包括要求一方将其自行改进的技术无偿地

《民法典》合同编	关联规定
	提供给对方、非互惠性的转让给对方、无偿地独占或者共享该改进技术的知识产权;
	(2) 限制另一方从其他来源吸收技术;
	(3) 阻碍另一方根据市场的需求,按照合理的方式充分实施合同标的技术,包括不合理地限制技术接受方实施合同标的技术生产产品或者提供服务的数量、品种、价格、销售渠道和出口市场;
	(4) 要求技术接受方接受并非实施技术必不可少的附带条件,包括购买技术接受方并不需要的技术、服务、原材料、设备或者产品等和接收技术接受方并不需要的人才等;
	(5) 不合理地限制技术接受方自由选择从不同来源购买原材料、零部件或者设备等;
	(6) 禁止技术接受方对合同标的技术的知识产权的有效性提出异议的条件。
	第 12 条 技术合同内容有下列情形的,属于合同法第三百二十九条所称侵害他人技术成果:
	(1) 侵害他人专利权、专利申请权、专利实施权的;
	(2) 侵害他人技术秘密成果使用权、转让权的;
	(3) 侵害他人植物新品种权、植物新品种申请权、植物新品种实施权的;

《民法典》合同编	关联规定
	（4）侵害他人计算机软件著作权、集成电路电路布图设计权、新药成果权等技术成果权的；
	（5）侵害他人发明权、发现权以及其他科技成果权的。
	侵害他人发明权、发现权以及其他科技成果权等技术成果完成人人身权利的合同，合同部分无效，不影响其他部分效力的，其他部分仍然有效。
	第13条 当事人使用或者转让其独立研究开发或者以其他正当方式取得的与他人的技术秘密相同或者近似的技术秘密的，不属于合同法第三百二十九条所称侵害他人技术成果。
	通过合法的参观访问或者对合法取得的产品进行拆卸、测绘、分析等反向工程手段掌握相关技术的，属于前款所称以其他正当方式取得。但法律另有规定或者当事人另有约定的除外。
	第14条 除当事人另有约定或者技术成果的权利人追认的以外，技术秘密转让合同和专利实施许可合同的受让人，将合同标的技术向他人转让而订立的合同无效。
	第15条 技术转让合同中既有专利权转让或者专利实施许可内容，又有技术秘密转让内容，专利权被宣告无效或者技术秘密被他人公开的，不影响合同中另一部分内容的效力。但当事人另有约定的除外。
	第16条 当事人一方采取欺诈手段，就其现有技术成果作为研究开发标的

《民法典》合同编	关联规定
	与他人订立委托开发合同收取研究开发费用，或者就同一研究开发课题先后与两个或者两个以上的委托人分别订立委托开发合同重复收取研究开发费用的，受损害方可以依照合同法第五十四条第二款的规定请求变更或者撤销合同，但属于合同法第五十二条和第三百二十九条规定的情形应当对合同作无效处理的除外。 **第 17 条** 技术合同无效或者被撤销后，研究开发人、让与人、受托人已经履行了约定的义务，且造成合同无效或者被撤销的过错在对方的，其按约定应当收取的研究开发经费、技术使用费和提供咨询服务的报酬，可以视为因对方原因导致合同无效或者被撤销给其造成的损失。 **第 18 条** 技术合同无效或者被撤销后，当事人因合同取得的技术资料、样品、样机等技术载体应当返还权利人，并不得保留复制品；涉及技术秘密的，当事人依法负有保密义务。 **第 19 条** 技术合同无效或者被撤销后，因履行合同所完成的新的技术成果或者在他人技术成果的基础上完成的后续改进部分的技术成果的权利归属和利益分享，当事人不能重新协议确定的，由完成技术成果的一方当事人享有。

《民法典》合同编	关联规定
第二节 技术开发合同	
第八百五十一条【技术开发合同的定义及种类】 技术开发合同是当事人之间就新技术、新产品、新工艺、新品种或者新材料及其系统的研究开发所订立的合同。 　技术开发合同包括委托开发合同和合作开发合同。 　技术开发合同应当采用书面形式。 　当事人之间就具有实用价值的科技成果实施转化订立的合同，参照适用技术开发合同的有关规定。 　**指引：** 技术开发合同通常是双务合同、有偿合同，它是一种要式合同。其合同标的（新技术、新产品、新工艺、新品种或新材料及其系统）有相对新的特点，风险性较大。委托开发合同中，委托人向研究开发人提供开发经费和报酬，研究开发人完成研发工作并向委托人交付研究成果。合作开发合同中，当事人共同投资、共同参与研发活动、共同承担研发风险、共享研发成果。	**《技术合同纠纷解释》**（2020 年修正） **第 17 条** 民法典第八百五十一条第一款所称"新技术、新产品、新工艺、新品种或者新材料及其系统"，包括当事人在订立技术合同时尚未掌握的产品、工艺、材料及其系统等技术方案，但对技术上没有创新的现有产品的改型、工艺变更、材料配方调整以及对技术成果的验证、测试和使用除外。 **第 18 条** 民法典第八百五十一条第四款规定的"当事人之间就具有实用价值的科技成果实施转化订立的"技术转化合同，是指当事人之间就具有实用价值但尚未实现工业化应用的科技成果包括阶段性技术成果，以实现该科技成果工业化应用为目标，约定后续试验、开发和应用等内容的合同。 **《技术合同纠纷纪要》** **第 39 条** 技术开发合同当事人一方仅提供资金、设备、材料等物质条件，承担辅助协作事项，另一方进行研究开发工作的合同，属于委托开发合同。 **第 43 条** 合同法第三百三十条所称新技术、新产品、新工艺、新材料及其系统，是指当事人在订立技术合同时尚未掌握的产品、工艺、材料及其系统等技术方案，但在技术上没有创新的现有产品的改型、工艺变更、材料配方调整以及技术成果的验证、测试和使用除外。

《民法典》合同编	关联规定
	第44条　合同法第三百三十条第四款所称当事人之间就具有产业应用价值的科技成果实施转化订立的合同，是指当事人之间就具有实用价值但尚未能够实现商品化、产业化应用的科技成果（包括阶段性技术成果），以实现该科技成果的商品化、产业化应用为目标，约定有关后续试验、开发和应用等内容的合同。
第八百五十二条【委托人的主要义务】　委托开发合同的委托人应当按照约定支付研究开发经费和报酬，提供技术资料，提出研究开发要求，完成协作事项，接受研究开发成果。 　**指引：** 委托开发合同的委托人的主要义务有：（1）支付研究开发经费和报酬。（2）提供技术资料。（3）提出研究开发要求。"提要求"表面上看属于一种权利，但明确研究开发的要求有助于提高委托开发的效率，故本条作为规定委托人义务的条款。（4）协作事项。（5）接受研究开发成果。接受研究开发成果既是委托人的权利，也是其义务。	**《技术合同纠纷纪要》** **第48条**　委托开发合同委托人在不妨碍研究开发人正常工作的情况下，有权依据合同法第六十条第二款的规定，对研究开发人履行合同和使用研究开发经费的情况进行必要的监督检查，包括查阅帐册和访问现场。 　　研究开发人有权依据合同法第三百三十一条的规定，要求委托人补充必要的背景资料和数据等，但不得超过履行合同所需要的范围。 **第49条**　研究开发成果验收时，委托开发合同的委托人和合作开发合同的当事人有权取得实施技术成果所必需的技术资料、试验报告和数据，要求另一方进行必要的技术指导，保证所提供的技术成果符合合同约定的条件。

《民法典》合同编	关联规定
第八百五十三条【研究开发人的主要义务】 委托开发合同的研究开发人应当按照约定制定和实施研究开发计划，合理使用研究开发经费，按期完成研究开发工作，交付研究开发成果，提供有关的技术资料和必要的技术指导，帮助委托人掌握研究开发成果。 　　**指引**：委托人有权检查研究开发经费的使用情况，但不能妨碍研究开发人的正常工作。同时，研究开发人就同一合同标的不得再与其他人订立技术合同，也不得在向委托人交付研究开发成果前，将研究开发成果转让给第三人。	
第八百五十四条【委托开发合同的当事人违约责任】 委托开发合同的当事人违反约定造成研究开发工作停滞、延误或者失败的，应当承担违约责任。 　　**指引**：委托开发合同的当事人包括委托人和研究开发人。委托人违约包括：迟延支付研究开发经费、提供的技术资料和协作事项有重大缺陷、逾期不接受研究开发成果。研究开发人违约包括：未按计划实施研究开发工作、将研究开发经费用于履行合同以外的目的、因其自身过错导致研究开发成果不符合合同约定条件。	
第八百五十五条【合作开发各方的主要义务】 合作开发合同的当事人应当按照约定进行投资，包括以技术进行投资，分工参与研究开发工作，协作配合研究开发工作。	**《技术合同纠纷解释》**（2020年修正）**第19条** 民法典第八百五十五条所称"分工参与研究开发工作"，包括当事人按照约定的计划和分工，共同或者分别承担设计、工艺、试验、试制等

《民法典》合同编	关联规定
指引：共同投资是合作开发合同的重要特征，也是合作开发合同各方当事人的主要义务。参与研究开发工作是合作开发合同的一个特征。一方提供资金、设备、材料等物质条件，承担辅助协作事项；另一方进行研究开发工作的合同，不属于合作开发合同，应当按委托开发合同处理。	工作。 技术开发合同当事人一方仅提供资金、设备、材料等物质条件或者承担辅助协作事项，另一方进行研究开发工作的，属于委托开发合同。 **《技术合同纠纷纪要》** **第45条** 合同法第三百三十五条所称分工参与研究开发工作，是指按照约定的计划和分工共同或者分别承担设计、工艺、试验、试制等工作。
第八百五十六条【合作开发各方的违约责任】 合作开发合同的当事人违反约定造成研究开发工作停滞、延误或者失败的，应当承担违约责任。 **指引**：本条所称违约，主要是指违反前条（《民法典》第855条）的情形，即不按照约定进行投资，包括不以技术进行投资，不按约定分工参与研究开发工作，不按约定协作配合研究开发工作，以及其他违反合同约定的情形。	
第八百五十七条【技术开发合同的解除】 作为技术开发合同标的的技术已经由他人公开，致使技术开发合同的履行没有意义的，当事人可以解除合同。 **指引**：《民法典》合同编第7章对合同解除作了较为具体的规定，本条又规定了技术开发合同可以解除的另一种情形，即技术已由他人公开，此时再进行委托开发已无意义。因此，若合同标的是已有技术，应改为技术	

《民法典》合同编	关联规定
转让或者技术服务合同。合作开发合同中，合作开发的各方当事人有义务通知另一方自己知道技术开发的标的已公开的情况。	
第八百五十八条【技术开发合同风险负担及通知义务】 技术开发合同履行过程中，因出现无法克服的技术困难，致使研究开发失败或者部分失败的，该风险由当事人约定；没有约定或者约定不明确，依据本法第五百一十条的规定仍不能确定的，风险由当事人合理分担。 当事人一方发现前款规定的可能致使研究开发失败或者部分失败的情形时，应当及时通知另一方并采取适当措施减少损失；没有及时通知并采取适当措施，致使损失扩大的，应当就扩大的损失承担责任。 **指引**：一项技术开发的失败或者部分失败被认定属于风险，应具备下列条件：（1）课题本身在国际和国内现有技术水平下具有足够的难度；（2）研究开发方尽了主观努力；（3）该领域专家认为研究开发失败属于合理的失败。本条第 1 款就风险责任的负担作了明确。	
第八百五十九条【委托开发合同的技术成果归属】 委托开发完成的发明创造，除法律另有规定或者当事人另有约定外，申请专利的权利属于研究开发人。研究开发人取得专利权的，委托人可以依法实施该专利。	**《专利法》（2020 年修正）** **第 6 条**（前文已有，此处略）。 **《技术合同纠纷纪要》** **第 50 条** 根据合同法第三百三十九条第一款和第三百四十条第一款的规定，委托开发或者合作开发完成的技术成

《民法典》合同编	关联规定
研究开发人转让专利申请权的，委托人享有以同等条件优先受让的权利。 　　**指引**：法律没有规定或当事人没有约定时，发明创造的专利申请权属研究开发人；当事人另有约定时，专利申请权归属依约定；法律另有规定的，专利申请权归属依法律。 　　**案例指引**：《王某禄诉某公司等专利权属纠纷案》① 　　**案例要旨**：当事人之间在完成发明创造过程中，通过合同对专利申请权及专利权归属有约定的，依其约定办理；未作出约定或者约定不明的，申请专利的权利属于研究开发人，取得专利权后，研究开发人依法享有专利权，但委托人可以无偿实施该专利（《民法典》第859条删去了"免费"，改为"依法"）。	果所获得的专利权为当事人共有的，实施该专利的方式和利益分配办法，由当事人约定。当事人没有约定或者约定不明，依照合同法第六十一条的规定不能达成补充协议的，当事人均享有自己实施该专利的权利，由此所获得的利益归实施人。 　　当事人不具备独立实施专利的条件，以普通实施许可的方式许可一个法人或者其他组织实施该专利，或者与一个法人、其他组织或者自然人合作实施该专利或者通过技术入股与之联营实施该专利，可以视为当事人自己实施专利。
第八百六十条【合作开发合同的技术成果归属】　合作开发完成的发明创造，申请专利的权利属于合作开发的当事人共有；当事人一方转让其共有的专利申请权的，其他各方享有以同等条件优先受让的权利。但是，当事人另有约定的除外。 　　合作开发的当事人一方声明放弃其共有的专利申请权的，除当事人另有约定外，可以由另一方单独申请或者由其他各方共同申请。申请人取得	《技术合同纠纷纪要》 **第50条**　根据合同法第三百三十九条第一款和第三百四十条第一款的规定，委托开发或者合作开发完成的技术成果所获得的专利权为当事人共有的，实施该专利的方式和利益分配办法，由当事人约定。当事人没有约定或者约定不明，依照合同法第六十一条的规定不能达成补充协议的，当事人均享有自己实施该专利的权利，由此所获得的利益归实施人。

---

　　①　《王某禄诉某公司等专利权属纠纷案》，载《人民法院报》，2008年6月20日第5版。

《民法典》合同编	关联规定
专利权的，放弃专利申请权的一方可以免费实施该专利。 　　合作开发的当事人一方不同意申请专利的，另一方或者其他各方不得申请专利。 　　**指引**：合作开发完成的发明创造专利申请权原则上属合作开发的各方当事人共有，具体还有三项处分原则，即同等条件优先受让、一方放弃另一方可单独或其他方共同申请、一方不同意申请的不得申请。当然，当事人也可以约定专利申请权的归属与享有。	当事人不具备独立实施专利的条件，以普通实施许可的方式许可一个法人或者其他组织实施该专利，或者与一个法人、其他组织或者自然人合作实施该专利或者通过技术入股与之联营实施该专利，可以视为当事人自己实施专利。
第八百六十一条【技术秘密成果的归属与分配】　委托开发或者合作开发完成的技术秘密成果的使用权、转让权以及收益的分配办法，由当事人约定；没有约定或者约定不明确，依据本法第五百一十条的规定仍不能确定的，在没有相同技术方案被授予专利权前，当事人均有使用和转让的权利。但是，委托开发的研究开发人不得在向委托人交付研究开发成果之前，将研究开发成果转让给第三人。 　　**指引**：当事人均有使用和转让的权利，包括不经对方同意而自己使用或以普通许可使用的方式许可他人使用技术秘密，并独占由此所获利益的权利。但若一方将技术秘密转让权让与他人或以独占、排他使用许可的方式许可他人使用技术秘密，未经对方当事人同意或追认的，应认定该让与或许可行为无效。	**《促进科技成果转化法》**（2015 年修正） **第 40 条**　科技成果完成单位与其他单位合作进行科技成果转化的，应当依法由合同约定该科技成果有关权益的归属。合同未作约定的，按照下列原则办理： 　　（一）在合作转化中无新的发明创造的，该科技成果的权益，归该科技成果完成单位； 　　（二）在合作转化中产生新的发明创造的，该新发明创造的权益归合作各方共有； 　　（三）对合作转化中产生的科技成果，各方都有实施该项科技成果的权利，转让该科技成果应经合作各方同意。 **《专利法》**（2008 年修正） **第 8 条**　两个以上单位或者个人合作完成的发明创造、一个单位或者个人接受其他单位或者个人委托所完成的

《民法典》合同编	关联规定
案例指引：《某大学与环境保护技术中心"光合细菌菌肥"技术合作开发合同纠纷上诉案》【（1998）知终字第5号，最高人民法院公布案例】 **案例要旨**：委托开发或者合作开发完成的技术秘密成果的使用权、转让权以及利益的分配办法，由当事人约定。没有约定或者约定不明确，依照相关法律规定仍不能确定的，"当事人均有使用和转让的权利"，但委托开发的研究开发人不得在向委托人交付研究开发成果之前，将研究开发成果转让给第三人。该案中，当事人虽未订立书面形式的技术合作开发合同，但进行了事实上的合作开发，因此双方存在着事实上的合作开发法律关系，当事人有权对对方的违约行为提起诉讼。法院认为，环境保护技术中心与某大学签订的合作协议有效。合作之后双方未按合同的约定成立公司，但仍进行了约两年的技术合作开发，属合作形式的变更，应及时变更合同有关条款，对此，双方均有责任。该案讼争的两项技术生产光合菌菌肥和光合细菌抗癌类药虽未具体写明在合同中，但未超出合同约定的"研究利用生物资源和生物工程技术，开发、生产生物环保设备和生物环保制品"的总任务范畴。该两项技术通过双方合作研究开发，其工艺设备和外观结构以及生产规模、产品质量都明显不同于某大学原实验室的小试，故该两项被转让的技术属双方共同所有；生产	发明创造，除另有协议的以外，申请专利的权利属于完成或者共同完成的单位或者个人；申请被批准后，申请的单位或者个人为专利权人。 **《技术合同纠纷纪要》** **第46条** 合同法第三百四十一条所称技术秘密成果的使用权、转让权，是指当事人依据法律规定或者合同约定所取得的使用、转让技术秘密成果的权利。使用权是指以生产经营为目的自己使用或者许可他人使用技术秘密成果的权利；转让权是指向他人让与技术秘密成果的权利。 **第47条** 合同法第三百四十一条所称当事人均有使用和转让的权利，是指当事人均有不经对方同意而自己使用或者以普通使用许可的方式许可他人使用技术秘密并独占由此获得的利益的权利。当事人一方将技术秘密成果的使用权、转让权全部让与他人，或者以独占、排他使用许可的方式许可他人使用技术秘密的，必须征得对方当事人的同意。 **第51条** 根据合同法第三百四十一条的规定，当事人一方仅享有自己使用技术秘密的权利，但其不具备独立使用该技术秘密的条件，以普通使用许可的方式许可一个法人或者其他组织使用该技术秘密，或者与一个法人、其他组织或者自然人合作使用该技术秘密或者通过技术入股与之联营使用该技术秘密，可以视为当事人自己使用技术秘密。

续表

《民法典》合同编	关联规定
光合菌菌肥所需的已获得实用新型专利的两项设备"培养光合细菌菌液的装置"和"厌氧产酸装置",属于转让技术中的组成部分,亦应属双方共同所有;转让所获的权益应按合同约定由双方分享。故此,某大学反诉所称对方侵权、请求赔偿的理由不予支持。	**《技术合同纠纷解释》**(2020年修正) **第20条** 民法典第八百六十一条所称"当事人均有使用和转让的权利",包括当事人均有不经对方同意而自己使用或者以普通使用许可的方式许可他人使用技术秘密,并独占由此所获利益的权利。当事人一方将技术秘密成果的转让权让与他人,或者以独占或者排他使用许可的方式许可他人使用技术秘密,未经对方当事人同意或者追认的,应当认定该让与或者许可行为无效。 **第21条** 技术开发合同当事人依照民法典的规定或者约定自行实施专利或使用技术秘密,但因其不具备独立实施专利或者使用技术秘密的条件,以一个普通许可方式许可他人实施或者使用的,可以准许。
第三节 技术转让合同和技术许可合同	
第八百六十二条【技术转让合同和技术许可合同的定义】 技术转让合同是合法拥有技术的权利人,将现有特定的专利、专利申请、技术秘密的相关权利让与他人所订立的合同。 　　技术许可合同是合法拥有技术的权利人,将现有特定的专利、技术秘密的相关权利许可他人实施、使用所订立的合同。 　　技术转让合同和技术许可合同中关于提供实施技术的专用设备、原材料或者提供有关的技术咨询、技术服	**《专利法》**(2020年修正) **第10条** 专利申请权和专利权可以转让。 　　中国单位或者个人向外国人、外国企业或者外国其他组织转让专利申请权或者专利权的,应当依照有关法律、行政法规的规定办理手续。 　　转让专利申请权或者专利权的,当事人应当订立书面合同,并向国务院专利行政部门登记,由国务院专利行政部门予以公告。专利申请权或者专利权的转让自登记之日起生效。

《民法典》合同编	关联规定
务的约定，属于合同的组成部分。 　　**指引**：技术转让合同与技术许可合同具有如下特点：（1）标的应是当事人已经掌握的、特定的、现有的技术成果，必须是特定的、完整的技术内容。（2）当事人应对转让或许可的标的拥有权属。（3）技术商品不同于一般商品，可多次转让或许可。	**第12条**　任何单位或者个人实施他人专利的，应当与专利权人订立实施许可合同，向专利权人支付专利使用费。被许可人无权允许合同规定以外的任何单位或者个人实施该专利。 **《技术合同纠纷解释》（2020年修正）** **第22条**　就尚待研究开发的技术成果或者不涉及专利、专利申请或者技术秘密的知识、技术、经验和信息所订立的合同，不属于民法典第八百六十二条规定的技术转让合同或者技术许可合同。 　　技术转让合同中关于让与人向受让人提供实施技术的专用设备、原材料或者提供有关的技术咨询、技术服务的约定，属于技术转让合同的组成部分。因此发生的纠纷，按照技术转让合同处理。 　　当事人以技术入股方式订立联营合同，但技术入股人不参与联营体的经营管理，并且以保底条款形式约定联营体或者联营对方支付其技术价款或者使用费的，视为技术转让合同或者技术许可合同。 **第24条**　订立专利权转让合同或者专利申请权转让合同前，让与人自己已经实施发明创造，在合同生效后，受让人要求让与人停止实施的，人民法院应当予以支持，但当事人另有约定的除外。 　　让与人与受让人订立的专利权、专利申请权转让合同，不影响在合同成立前让与人与他人订立的相关专利

《民法典》合同编	关联规定

	实施许可合同或者技术秘密转让合同的效力。
	第 29 条 当事人之间就申请专利的技术成果所订立的许可使用合同,专利申请公开以前,适用技术秘密许可合同的有关规定;发明专利申请公开以后、授权以前,参照适用专利实施许可合同的有关规定;授权以后,原合同即为专利实施许可合同,适用专利实施许可合同的有关规定。
	  人民法院不以当事人就已经申请专利但尚未授权的技术订立专利实施许可合同为由,认定合同无效。
	第 42 条 当事人将技术合同和其他合同内容或者将不同类型的技术合同内容订立在一个合同中的,应当根据当事人争议的权利义务内容,确定案件的性质和案由。
	  技术合同名称与约定的权利义务关系不一致的,应当按照约定的权利义务内容,确定合同的类型和案由。
	  技术转让合同或者技术许可合同中约定让与人或者许可人负责包销或者回购受让人、被许可人实施合同标的技术制造的产品,仅因让与人或者许可人不履行或者不能全部履行包销或者回购义务引起纠纷,不涉及技术问题的,应当按照包销或者回购条款约定的权利义务内容确定案由。

第八百六十三条【技术转让合同和技术许可合同类型和形式】 技术转让合同包括专利权转让、专利申请权转	《专利法》(2020 修正) 第 10 条、第 12 条(前条对照部分已列,此处略)

《民法典》合同编	关联规定
让、技术秘密转让等合同。 　　技术许可合同包括专利实施许可、技术秘密使用许可等合同。 　　技术转让合同和技术许可合同应当采用书面形式。 　　**指引**：专利权转让合同，是指专利权人作为让与人将其发明创造专利的所有权或持有权移交受让人，受让人支付约定价款的合同；专利申请权转让合同，指让与人将其就特定的发明创造申请专利的权利移交给受让人，受让人支付约定价款的合同；技术秘密转让合同，是指让与人将拥有的技术秘密成果转让给受让人，明确相互之间技术秘密成果使用权、转让权，受让人支付约定使用费的合同。另，技术许可合同包括专利实施许可合同、技术秘密使用许可合同等。专利实施许可合同，是指专利权人或其授权的人作为让与人许可受让人在约定范围内实施专利，受让人支付约定使用费的合同；技术秘密使用许可合同，是指让与人将拥有的技术秘密成果提供给受让人，明确相互之间技术秘密成果使用权、转让权，受让人支付约定使用费的合同。	**《技术合同纠纷解释》**（2020年修正） **第25条**　专利实施许可包括以下方式： 　　（一）独占实施许可，是指许可人在约定许可实施专利的范围内，将该专利仅许可一个被许可人实施，许可人依约定不得实施该专利； 　　（二）排他实施许可，是指许可人在约定许可实施专利的范围内，将该专利仅许可一个被许可人实施，但许可人依约定可以自行实施该专利； 　　（三）普通实施许可，是指许可人在约定许可实施专利的范围内许可他人实施该专利，并且可以自行实施该专利。 　　当事人对专利实施许可方式没有约定或者约定不明确的，认定为普通实施许可。专利实施许可合同约定被许可人可以再许可他人实施专利的，认定该再许可为普通实施许可，但当事人另有约定的除外。 　　技术秘密的许可使用方式，参照本条第一、二款的规定确定。 **第27条**　排他实施许可合同许可人不具备独立实施其专利的条件，以一个普通许可的方式许可他人实施专利的，人民法院可以认定为许可人自己实施专利，但当事人另有约定的除外。 **第45条**　第三人向受理技术合同纠纷案件的人民法院就合同标的技术提出权属或者侵权请求时，受诉人民法院对此也有管辖权的，可以将权属或者侵权纠纷与合同纠纷合并审理；受诉人民法院对此没有管辖权的，应当告知其向有管辖权的人民法院另行起诉

《民法典》合同编	关联规定
	或者将已经受理的权属或者侵权纠纷案件移送有管辖权的人民法院。权属或者侵权纠纷另案受理后，合同纠纷应当中止诉讼。 专利实施许可合同诉讼中，被许可人或者第三人向国家知识产权局请求宣告专利权无效的，人民法院可以不中止诉讼。在案件审理过程中专利权被宣告无效的，按照专利法第四十七条第二款和第三款的规定处理。 **《技术合同纠纷纪要》** **第52条** 合同法第三百四十二条所称技术转让合同，是指技术的合法拥有者包括有权对外转让技术的人将特定和现有的专利、专利申请、技术秘密的相关权利让与他人或者许可他人使用所订立的合同，不包括就尚待研究开发的技术成果或者不涉及专利、专利申请或者技术秘密的知识、技术、经验和信息订立的合同。其中： （1）专利权转让合同，是指专利权人将其专利权让与受让人，受让人支付价款所订立的合同。 （2）专利申请权转让合同，是指让与人将其特定的技术成果申请专利的权利让与受让人，受让人支付价款订立的合同。 （3）技术秘密转让合同，是指技术秘密成果的权利人或者其授权的人作为让与人将技术秘密提供给受让人，明确相互之间技术秘密成果使用权、转让权，受让人支付价款或者使用费所订立的合同。

《民法典》合同编	关联规定
	（4）专利实施许可合同，是指专利权人或者其授权的人作为让与人许可受让人在约定的范围内实施专利，受让人支付使用费所订立的合同。 **第 53 条**　技术转让合同让与人应当保证受让人按约定的方式实施技术达到约定的技术指标。除非明确约定让与人保证受让人达到约定的经济效益指标，让与人不对受让人实施技术后的经济效益承担责任。 　　转让阶段性技术成果，让与人应当保证在一定条件下重复试验可以得到预期的效果。 **第 54 条**　技术转让合同中约定受让人取得的技术须经受让人小试、中试、工业性试验后才能投入批量生产的，受让人未经小试、中试、工业性试验直接投入批量生产所发生的损失，让与人不承担责任。 **第 58 条**　订立专利权转让合同或者专利申请权转让合同前，让与人自己已经实施发明创造的，除当事人另有约定的以外，在合同生效后，受让人有权要求让与人停止实施。 　　专利权或者专利申请权依照专利法的规定让与受让人后，受让人可以依法作为专利权人或者专利申请人对他人行使权利。 **第 59 条**　专利权转让合同、专利申请权转让合同不影响让与人在合同成立前与他人订立的专利实施许可合同或者技术秘密转让合同的效力。有关当事人之间的权利义务依照合同法第五章

《民法典》合同编	关联规定
	的规定确定。 **第 60 条**　专利申请权依照专利法的规定让与受让人前专利申请被驳回的，当事人可以解除专利申请权转让合同；让与受让人后专利申请被驳回的，合同效力不受影响。但当事人另有约定的除外。 　　专利申请因专利申请权转让合同成立时即存在尚未公开的同样发明创造的在先专利申请而被驳回的，当事人可以依据合同法第五十四条第一款第（二）项的规定请求予以变更或者撤销合同。 **第 61 条**　专利实施许可合同让与人应当在合同有效期内维持专利权有效，但当事人另有约定的除外。 　　在合同有效期内，由于让与人的原因导致专利权被终止的，受让人可以依据合同法第九十四条第（四）项的规定解除合同，让与人应当承担违约责任；专利权被宣告无效的，合同终止履行，并依据专利法的有关规定处理。 **第 62 条**　专利实施许可合同对实施专利的期限没有约定或者约定不明确，依照合同法第六十一条的规定不能达成补充协议的，受让人实施专利不受期限限制。 **第 63 条**　专利实施许可可以采取独占实施许可、排他实施许可、普通实施许可等方式。 　　前款所称排他实施许可，是指让与人在已经许可受让人实施专利的范

《民法典》合同编	关联规定

	围内无权就同一专利再许可他人实施；独占实施许可，是指让与人在已经许可受让人实施专利的范围内无权就同一专利再许可他人实施或者自己实施；普通实施许可，是指让与人在已经许可受让人实施专利的范围内仍可以就同一专利再许可他人实施。
	
	  当事人对专利实施许可方式没有约定或者约定不明确，依照合同法第六十一条的规定不能达成补充协议的，视为普通实施许可。
	
	  专利实施许可合同约定受让人可以再许可他人实施该专利的，该再许可为普通实施许可，但当事人另有约定的除外。
	
	第 64 条 除当事人另有约定的以外，根据实施专利的强制许可决定而取得的专利实施权为普通实施许可。
	
	第 65 条 除当事人另有约定的以外，排他实施许可合同让与人不具备独立实施其专利的条件，与一个法人、其他组织或者自然人合作实施该专利，或通过技术入股实施该专利，可视为让与人自己实施专利。但让与人就同一专利与两个或者两个以上法人、其他组织或者自然人分别合作实施或者入股联营的，属于合同法第三百五十一条规定的违反约定擅自许可第三人实施专利的行为。
	
	第 66 条 除当事人另有约定的以外，专利实施许可合同的受让人将受让的专利与他人合作实施或者入股联营的，属于合同法第三百五十二条规定的未

《民法典》合同编	关联规定
	经让与人同意擅自许可第三人实施专利的行为。 **第 67 条** 技术秘密转让合同对使用技术秘密的期限没有约定或者约定不明确，依照合同法第六十一条的规定不能达成补充协议的，受让人可以无限期地使用该技术秘密。 **第 68 条** 合同法第三百四十七条所称技术秘密转让合同让与人的保密义务不影响其申请专利的权利，但当事人约定让与人不得申请专利或者明确约定让与人承担保密义务的除外。 **第 69 条** 技术秘密转让可以采取本纪要第 63 条规定的许可使用方式，并参照适用合同法和本纪要关于专利实施许可使用方式的有关规定。
第八百六十四条【技术转让合同和技术许可合同的限制性条款】 技术转让合同和技术许可合同可以约定实施专利或者使用技术秘密的范围，但是不得限制技术竞争和技术发展。 **指引**：通过合同条款限制技术竞争和技术发展的情形主要包括：（1）限制另一方在合同标的技术的基础上进行新的研究开发；（2）限制另一方从其他渠道吸收技术，或阻碍另一方根据市场需求，按照合同的方式充分实施专利和使用技术秘密。	**《技术合同纠纷解释》**（2020 年修正） **第 28 条** 民法典第八百六十四条所称"实施专利或者使用技术秘密的范围"，包括实施专利或者使用技术秘密的期限、地域、方式以及接触技术秘密的人员等。 　　当事人对实施专利或者使用技术秘密的期限没有约定或者约定不明确的，受让人、被许可人实施专利或者使用技术秘密不受期限限制。 **《技术合同纠纷纪要》** **第 55 条** 合同法第三百四十三条所称实施专利或者使用技术秘密的范围，是指实施专利或者使用技术秘密的期限、地域和方式以及接触技术秘密的人员等。

《民法典》合同编	关联规定
第八百六十五条【专利实施许可合同的有效期限】 专利实施许可合同仅在该专利权的存续期限内有效。专利权有效期限届满或者专利权被宣布无效的，专利权人不得就该专利与他人订立专利实施许可合同。 **指引**：专利实施许可合同的让与人应当在合同有效期内维持专利的有效性。合同有效期内，专利权被终止的，合同同时终止，让与人应支付违约金或者赔偿损失。专利权被宣布无效的，让与人应当赔偿由此给受让人造成的损失。 **案例指引**：《印染公司与钟某根实用新型专利实施许可合同纠纷上诉案》【（2010）浙知终字第 110 号】 **案例要旨**：专利权人在无效宣告程序中主动删除权利要求，未尽到维持专利有效性的义务，应承担违约责任。宣告专利权无效的决定，对已经履行的专利实施许可合同不具有追溯力。涉案专利权被宣告无效的部分，对合同已经履行的部分不具有追溯力，故被许可人无权要求专利权人全部返还使用费。鉴于专利权人在无效宣告程序中主动删除权利要求，未尽到维持专利有效性的义务，对由此导致的专利权保护范围缩小则应承担相应的违约责任。	**《专利法》（2020 年修正）** **第 42 条** 发明专利权的期限为二十年，实用新型专利权的期限为十年，外观设计专利权的期限为十五年，均自申请日起计算。 自发明专利申请日起满四年，且自实质审查请求之日起满三年后授予发明专利权的，国务院专利行政部门应专利权人的请求，就发明专利在授权过程中的不合理延迟给予专利权期限补偿，但由申请人引起的不合理延迟除外。 为补偿新药上市审评审批占用的时间，对在中国获得上市许可的新药相关发明专利，国务院专利行政部门应专利权人的请求给予专利权期限补偿。补偿期限不超过五年，新药批准上市后总有效专利权期限不超过十四年。 **第 43 条** 专利权人应当自被授予专利权的当年开始缴纳年费。 **第 44 条** 有下列情形之一的，专利权在期限届满前终止： （一）没有按照规定缴纳年费的； （二）专利权人以书面声明放弃其专利权的。 专利权在期限届满前终止的，由国务院专利行政部门登记和公告。
第八百六十六条【专利实施许可合同许可人的义务】 专利实施许可合同的许可人应当按照约定许可被许可人	**《技术合同纠纷解释》（2020 年修正）** **第 26 条** 专利实施许可合同许可人负有在合同有效期内维持专利权有效的

《民法典》合同编	关联规定
实施专利，交付实施专利有关的技术资料，提供必要的技术指导。 　　**指引：**专利实施许可合同许可人的主要义务有：（1）保证自己是所提供的专利技术的合法拥有人，且提供的专利技术完整、无误、有效，能够达到合同约定的目的。（2）按照合同的约定，许可被许可人实施专利，交付实施专利有关的技术资料，提供必要的技术指导。（3）保密义务。（4）排他实施许可合同的许可人不得在已经许可被许可人实施专利的范围内，就同一专利与第三人订立专利实施许可合同。独占实施许可合同的许可人不得在已经许可被许可人实施专利的范围内实施该专利。（5）依法缴纳专利年费和应对他人提出宣告专利权无效的请求。	义务，包括依法缴纳专利年费和积极应对他人提出宣告专利权无效的请求，但当事人另有约定的除外。
第八百六十七条【专利实施许可合同被许可人的义务】　专利实施许可合同的被许可人应当按照约定实施专利，不得许可约定以外的第三人实施该专利，并按照约定支付使用费。 　　**指引：**专利实施许可合同被许可人的主要义务有：（1）按照约定的范围、方式、期限等实施专利技术。（2）按照约定支付使用费。（3）未经许可人同意，不得许可合同约定以外第三人实施该项专利技术。（4）承担合同约定的其他义务（如保密义务）及民法典合同编规定的法定义务。	

《民法典》合同编	关联规定
第八百六十八条【技术秘密让与人和许可人的义务】　技术秘密转让合同的让与人和技术秘密使用许可合同的许可人应当按照约定提供技术资料，进行技术指导，保证技术的实用性、可靠性，承担保密义务。 　　前款规定的保密义务，不限制许可人申请专利，但是当事人另有约定的除外。 　　**指引**：技术秘密让与人与许可人的主要义务包括：（1）保证自己是所提供技术的合法拥有者，且提供的技术完整、无误、有效，能够达到合同约定的目标。（2）承担受让人和被许可人按照约定使用技术秘密侵害他人合法权益的责任。（3）使用技术秘密不得超出约定的范围。（4）不得擅自许可第三人使用该项技术秘密。（5）按照合同的约定，提供技术资料，进行技术指导，保证技术的实用性、可靠性。（6）保密义务。 　　**案例指引**：《药业集团公司、制药公司确认合同效力纠纷案》① 　　**案例要旨**：技术转让合同具有特殊性，技术出让方要配合受让方实现技术转让，在受让方未成功完成所转让技术的实施之前，出让方具有根据与受让方的约定或请求进行技术指导的法定附随义务，以保证所转让技术	《技术合同纠纷解释》（2020 年修正） **第 29 条**　当事人之间就申请专利的技术成果所订立的许可使用合同，专利申请公开以前，适用技术秘密许可合同的有关规定；发明专利申请公开以后、授权以前，参照适用专利实施许可合同的有关规定；授权以后，原合同即为专利实施许可合同，适用专利实施许可合同的有关规定。人民法院不以当事人就已经申请专利但尚未授权的技术订立专利实施许可合同为由，认定合同无效。

---

　　①　《最高人民法院办公厅关于印发 2017 年中国法院 10 大知识产权案件和 50 件典型知识产权案例的通知》，载最高人民法院网站，https：//www.court.gov.cn/fabu/xiangqing/91332.html，2023 年 7 月 5 日访问。

《民法典》合同编	关联规定
的实用性和可靠性。如果出让方没有履行义务，但也没有证据证实所需要的技术指导会导致所转让技术根本无法实施的情况下，出让方不构成根本性违约，不得行使单方的合同解除权。	
第八百六十九条【技术秘密受让人和被许可人的义务】 技术秘密转让合同的受让人和技术秘密使用许可合同的被许可人应当按照约定使用技术，支付转让费、使用费，承担保密义务。 **指引：** 技术秘密转让合同受让人、技术秘密使用许可合同被许可人的主要义务包括：（1）按照合同的约定的期限、时间、方式、条件等实施、使用技术秘密。（2）按约定支付使用费。（3）保密义务。（4）使用技术秘密不得超越合同约定的范围。（5）未经让与人或让与人同意，不得擅自许可第三人使用该项技术秘密。 **案例指引：《药物研究公司与药业公司技术秘密转让合同纠纷再审案》【（2012）民申字第933号】** **案例要旨：** 受让人在判决后及时支付了技术秘密转让费，转让人亦表示接受。解除合同不利于实现合同目的，也不利于维护双方当事人业已形成的相对稳定的权利义务关系，故对转让人诉请解除合同的主张不予支持。法院认为，药物研究公司邮寄《解除合同通知》的地址与药业公司的实际地址不符，药物研究公司提交的相关证据，并不足以证明药业公司已收到	**《民法典》** **第871条** 技术转让合同的受让人和技术许可合同的被许可人应当按照约定的范围和期限，对让与人、许可人提供的技术中尚未公开的秘密部分，承担保密义务。 **《技术合同纠纷解释》（2020年修正）** **第13条** 依照前条第一款规定可以继续使用技术秘密的人与权利人就使用费支付发生纠纷的，当事人任何一方都可以请求人民法院予以处理。继续使用技术秘密但又拒不支付使用费的，人民法院可以根据权利人的请求判令使用人停止使用。 　　人民法院在确定使用费时，可以根据权利人通常对外许可该技术秘密的使用费或者使用人取得该技术秘密所支付的使用费，并考虑该技术秘密的研究开发成本、成果转化和应用程度以及使用人的使用规模、经济效益等因素合理确定。 　　不论使用人是否继续使用技术秘密，人民法院均应当判令其向权利人支付已使用期间的使用费。使用人已向无效合同的让与人或者许可人支付的使用费应当由让与人或者许可人负责返还。

《民法典》合同编	关联规定
《解除合同通知》。药物研究公司主张已将变更后的付款账号通知药业公司，但并未提供充分的证据予以证明。药业公司向变更后的账号付款的事实，亦不足以证明双方当事人已就付款账号变更达成一致，对合同履行方式进行了变更。从该案相关事实来看，双方当事人已实际履行涉案合同多年。虽然药业公司未能按照合同约定及时支付技术秘密转让费，确有不当，但鉴于二审判决后，药业公司已向药物研究公司足额支付全部合同余款，药物研究公司亦已接受。解除涉案合同不利于实现合同目的，也不利于维护双方当事人业已形成的相对稳定的权利义务关系。综上，药物研究公司以涉案合同已经实际解除的申请再审理由不能成立。	**第 14 条**　对技术合同的价款、报酬和使用费，当事人没有约定或者约定不明确的，人民法院可以按照以下原则处理： 　（一）对于技术开发合同和技术转让合同、技术许可合同，根据有关技术成果的研究开发成本、先进性、实施转化和应用的程度，当事人享有的权益和承担的责任，以及技术成果的经济效益等合理确定； 　（二）对于技术咨询合同和技术服务合同，根据有关咨询服务工作的技术含量、质量和数量，以及已经产生和预期产生的经济效益等合理确定。 　技术合同价款、报酬、使用费中包含非技术性款项的，应当分项计算。
第八百七十条【技术转让合同让与人和技术许可合同许可人的保证义务】 　技术转让合同的让与人和技术许可合同的许可人应当保证自己是所提供的技术的合法拥有者，并保证所提供的技术完整、无误、有效，能够达到约定的目标。 　**指引**："合法拥有者"要求该技术不能是剽窃、冒充、仿造的，必须是自己合法拥有的或者保证自己有权转让或者有权许可、使用、实施该项技术。"技术完整"，是指产品、工艺、材料及其系统或改进的技术的一整套方案或一整套文件资料。"技术无误"，	

《民法典》合同编	关联规定
指产品、工艺、材料及其系统或改进的技术应当准确，没有误差。"技术有效"，是指产品、工艺、材料及其系统或改进的技术不存在争议，向对方可依据合同进行操作，达到订立合同预期的目的。另，受让人（被许可人）使用转让或许可的技术生产或者销售产品，如果被第三人指控侵权，应由受让人（被许可人）承担责任。	
第八百七十一条【技术转让合同受让人和技术许可合同被许可人保密义务】 技术转让合同的受让人和技术许可合同的被许可人应当按照约定的范围和期限，对让与人、许可人提供的技术中尚未公开的秘密部分，承担保密义务。 **指引**：受让人（被许可人）对受让（被许可）的技术和有关技术资料，应按照合同约定的范围和期限承担保密义务。对超过合同约定范围和期限仍需保密的技术，受让人（被许可人）应当遵循诚实信用原则，履行合同保密的附随义务。	**《技术合同纠纷解释》（2020 年修正）** **第 1 条** 技术成果，是指利用科学技术知识、信息和经验作出的涉及产品、工艺、材料及其改进等的技术方案，包括专利、专利申请、技术秘密、计算机软件、集成电路布图设计、植物新品种等。 技术秘密，是指不为公众所知悉、具有商业价值并经权利人采取相应保密措施的技术信息。
第八百七十二条【技术许可人和让与人的违约责任】 许可人未按照约定许可技术的，应当返还部分或者全部使用费，并应当承担违约责任；实施专利或者使用技术秘密超越约定的范围的，违反约定擅自许可第三人实施该项专利或者使用该项技术秘密的，应当停止违约行为，承担违约责任；违反约定的保密义务的，应当承担违约责任。	

《民法典》合同编	关联规定
让与人承担违约责任，参照适用前款规定。 　　**指引**：本条概括了技术许可合同中许可人的违约责任，包括违反专利权许可合同、违反专利申请权许可合同、违反专利实施许可合同以及违反技术秘密使用许可合同的责任。另需注意的是，让与人的违约责任，第2款使用的是"参照适用"许可人违约责任的规定。	
第八百七十三条【技术被许可人和受让人的违约责任】　　被许可人未按照约定支付使用费的，应当补交使用费并按照约定支付违约金；不补交使用费或者支付违约金的，应当停止实施专利或者使用技术秘密，交还技术资料，承担违约责任；实施专利或者使用技术秘密超越约定的范围的，未经许可人同意擅自许可第三人实施该专利或者使用该技术秘密的，应当停止违约行为，承担违约责任；违反约定的保密义务的，应当承担违约责任。 　　受让人承担违约责任，参照适用前款规定。 　　**指引**：本条概括了技术许可合同被许可人的违约责任，包括违反专利权许可合同、违反专利申请权许可合同、违反专利实施许可合同以及违反技术秘密使用许可合同的责任。同样，受让人违约责任，本条第2款使用的是"参照适用"被许可人违约责任的规定。	

《民法典》合同编	关联规定
案例指引：《深圳市硕星交通电子设备有限公司诉玉环隆中机车零部件有限公司专利实施许可及技术服务合同纠纷申请再审案》【《最高人民法院公报》2010 年第 6 期】 **案例要旨**：在专利实施许可及技术服务合同纠纷中，双方当事人将产品验收合格明确约定为使用费支付的前提条件的，专利权人因技术不成熟等原因没有能够生产出合格产品的，实施方支付使用费的条件未成就，不支付使用费不构成违约。	
第八百七十四条【受让人和被许可人侵权责任】　受让人或者被许可人按照约定实施专利、使用技术秘密侵害他人合法权益的，由让与人或者许可人承担责任，但是当事人另有约定的除外。 **指引**：让与人转让或许可人许可的是某一项技术成果，不是利用公知的技术知识为对方提供咨询服务。因此，转让人、许可人有义务保证受让人、被许可人按照合同约定实施专利、使用技术秘密不会导致侵害他人的合法权益。若受让人、被许可人按照合同约定实施专利、使用技术秘密引起侵害他人合法权益的，该侵权责任由让与人、许可人承担，但是当事人另有约定的除外。	
第八百七十五条【后续技术成果的归属与分享】　当事人可以按照互利的原则，在合同中约定实施专利、使用	《民法典》 **第 510 条**　合同生效后，当事人就质量、价款或者报酬、履行地点等内容

《民法典》合同编	关联规定
技术秘密后续改进的技术成果的分享办法；没有约定或者约定不明确，依据本法第五百一十条的规定仍不能确定的，一方后续改进的技术成果，其他各方无权分享。 　　**指引**：所谓后续改进，是指在技术转让合同、技术许可合同的有效期内，一方或双方对作为合同标的的专利技术或技术秘密成果所作的革新和改良。按照本条规定可知，实施专利、使用技术秘密后续改进的技术成果属于完成该项后续改进的人。分享方法没有约定或约定不明确的，按照《民法典》第 510 条的规定处理，可以协议补充，不能达成补充协议的，按照合同有关条款或者交易习惯确定。仍不能确定的，一方后续改进技术的技术成果，其他各方无权分享。	没有约定或者约定不明确的，可以协议补充；不能达成补充协议的，按照合同相关条款或者交易习惯确定。 **《技术合同纠纷纪要》** **第 56 条**　合同法第三百五十四条所称后续改进，是指在技术转让合同有效期内，当事人一方或各方对合同标的技术所作的革新或者改良。 **第 57 条**　当事人之间就申请专利的技术成果所订立的许可使用合同，专利申请公开以前，适用技术秘密转让合同的有关规定；发明专利申请公开以后、授权以前，参照专利实施许可合同的有关规定；授权以后，原合同即为专利实施许可合同，适用专利实施许可合同的有关规定。
第八百七十六条【其他知识产权转让和许可的参照适用】　集成电路布图设计专有权、植物新品种权、计算机软件著作权等其他知识产权的转让和许可，参照适用本节的有关规定。 　　**指引**：《民法典》技术合同一章对集成电路布图设计、植物新品种、计算机软件的转让与许可未作专门规定，本条特作出"参照适用"规定。需注意的是，该条规定的是参照"本节"（技术转让合同与技术许可合同一节）而非"本章"（技术合同章）。	

《民法典》合同编	关联规定
第八百七十七条【技术出口合同或专利、专利申请合同的法律适用】　法律、行政法规对技术进出口合同或者专利、专利申请合同另有规定的，依照其规定。 　　**指引：**技术进出口合同，是指我国境内的自然人、法人或者非法人组织从境外引进或者向境外输出技术与技术输出国、地区或者技术引进国、地区的当事人订立的合同。技术进出口实质上是技术转让，当事人在订立技术进出口合同时，对涉及技术转让的问题，可以依据民法典合同编中的技术转让合同的有关规定办理，对涉及技术进出口的管理问题，依据其他法律或者行政法规的规定。	**《对外贸易法》**（2016年修正） 　　**第14条**　国家准许货物与技术的自由进出口。但是，法律、行政法规另有规定的除外。 　　**第15条**　国务院对外贸易主管部门基于监测进出口情况的需要，可以对部分自由进出口的货物实行进出口自动许可并公布其目录。 　　实行自动许可的进出口货物，收货人、发货人在办理海关报关手续前提出自动许可申请的，国务院对外贸易主管部门或者其委托的机构应当予以许可；未办理自动许可手续的，海关不予放行。 　　进出口属于自由进出口的技术，应当向国务院对外贸易主管部门或者其委托的机构办理合同备案登记。 　　**第16条**　国家基于下列原因，可以限制或者禁止有关货物、技术的进口或者出口： 　　（一）为维护国家安全、社会公共利益或者公共道德，需要限制或者禁止进口或者出口的； 　　（二）为保护人的健康或者安全，保护动物、植物的生命或者健康，保护环境，需要限制或者禁止进口或者出口的； 　　（三）为实施与黄金或者白银进出口有关的措施，需要限制或者禁止进口或者出口的； 　　（四）国内供应短缺或者为有效保护可能用竭的自然资源，需要限制或者禁止出口的；

《民法典》合同编	关联规定
	（五）输往国家或者地区的市场容量有限，需要限制出口的； （六）出口经营秩序出现严重混乱，需要限制出口的； （七）为建立或者加快建立国内特定产业，需要限制进口的； （八）对任何形式的农业、牧业、渔业产品有必要限制进口的； （九）为保障国家国际金融地位和国际收支平衡，需要限制进口的； （十）依照法律、行政法规的规定，其他需要限制或者禁止进口或者出口的； （十一）根据我国缔结或者参加的国际条约、协定的规定，其他需要限制或者禁止进口或者出口的。 **第17条**　国家对与裂变、聚变物质或者衍生此类物质的物质有关的货物、技术进出口，以及与武器、弹药或者其他军用物资有关的进出口，可以采取任何必要的措施，维护国家安全。 在战时或为维护国际和平与安全，国家在货物、技术进出口方面可以采取任何必要的措施。 **第18条**　国务院对外贸易主管部门会同国务院其他有关部门，依照本法第十六条和第十七条的规定，制定、调整并公布限制或者禁止进出口的货物、技术目录。 国务院对外贸易主管部门或者由其会同国务院其他有关部门，经国务院批准，可以在本法第十六条和第十七条规定的范围内，临时决定限制或

《民法典》合同编	关联规定
	者禁止前款规定目录以外的特定货物、技术的进口或者出口。 **第19条** 国家对限制进口或者出口的货物,实行配额、许可证等方式管理;对限制进口或者出口的技术,实行许可证管理。 实行配额、许可证管理的货物、技术,应当按照国务院规定经国务院对外贸易主管部门或者经其会同国务院其他有关部门许可,方可进口或者出口。 国家对部分进口货物可以实行关税配额管理。
<div align="center">第四节 技术咨询合同和 技术服务合同</div>	
第八百七十八条【技术咨询合同、技术服务合同的定义】 技术咨询合同是当事人一方以技术知识为对方就特定技术项目提供可行性论证、技术预测、专题技术调查、分析评价报告等所订立的合同。 技术服务合同是当事人一方以技术知识为对方解决特定技术问题所订立的合同,不包括承揽合同和建设工程合同。 指引:技术咨询合同要求受托人必须拥有一定的技术知识,履行的结果是由提供咨询的一方提供尚待实践检验的报告或意见,除另有约定外,受托人不承担因委托人实施咨询报告或意见造成的风险。技术服务合同中	《技术合同纠纷解释》(2020年修正) **第30条** 民法典第八百七十八条第一款所称"特定技术项目",包括有关科学技术与经济社会协调发展的软科学研究项目,促进科技进步和管理现代化、提高经济效益和社会效益等运用科学知识和技术手段进行调查、分析、论证、评价、预测的专业性技术项目。 **第33条** 民法典第八百七十八条第二款所称"特定技术问题",包括需要运用专业技术知识、经验和信息解决的有关改进产品结构、改良工艺流程、提高产品质量、降低产品成本、节约资源能耗、保护资源环境、实现安全操作、提高经济效益和社会效益等专业技术问题。

续表

《民法典》合同编	关联规定
技术知识的传递不涉及专利和技术秘密成果的权属，其所谓的特定技术问题是指需要运用科学技术知识解决专业技术工作中有关改进产品结构、改良工艺流程、提高产品质量、降低产品成本、节约资源能耗、保护资源环境、实现安全操作、提高经济效益和社会效益等问题。 案例指引：《信息科技公司诉科技发展公司技术咨询合同纠纷案》【最高法院（2015）民申字第 608 号】 案例要旨：双方当事人约定利用各自领域的资源优势，合作参加项目的投标及中标后的项目推进与落实，一方向另一方提供项目中标前有关信息、技术及资源的咨询服务，并努力促成中标；中标后，一方继续提供项目有关的商务信息、资源等咨询服务等，合同约定内容符合技术咨询合同的内容要求，应认定为技术咨询合同。	第 34 条　当事人一方以技术转让或者技术许可的名义提供已进入公有领域的技术，或者在技术转让合同、技术许可合同履行过程中合同标的技术进入公有领域，但是技术提供方进行技术指导、传授技术知识，为对方解决特定技术问题符合约定条件的，按照技术服务合同处理，约定的技术转让费、使用费可以视为提供技术服务的报酬和费用，但是法律、行政法规另有规定的除外。 　　依照前款规定，技术转让费或者使用费视为提供技术服务的报酬和费用明显不合理的，人民法院可以根据当事人的请求合理确定。 **《技术合同纠纷纪要》** 第 70 条　合同法第三百五十六条第一款所称的特定技术项目，包括有关科学技术与经济、社会协调发展的软科学研究项目和促进科技进步和管理现代化，提高经济效益和社会效益的技术项目以及其他专业性技术项目。 第 71 条　除当事人另有约定的以外，技术咨询合同受托人进行调查研究、分析论证、试验测定等所需费用，由受托人自己负担。 第 72 条　技术咨询合同委托人提供的技术资料和数据或者受托人提出的咨询报告和意见，当事人没有约定保密义务的，在不侵害对方当事人对此享有的合法权益的前提下，双方都有引用、发表和向第三人提供的权利。

《民法典》合同编	关联规定
	第73条 技术咨询合同受托人发现委托人提供的资料、数据等有明显错误和缺陷的，应当及时通知委托人。委托人应当及时答复并在约定的期限内予以补正。 受托人发现前款所述问题不及时通知委托人的，视为其认可委托人提供的技术资料、数据等符合约定的条件。 **第74条** 合同法第三百五十六条第二款所称特定技术问题，是指需要运用科学技术知识解决专业技术工作中的有关改进产品结构、改良工艺流程、提高产品质量、降低产品成本、节约资源能耗、保护资源环境、实现安全操作、提高经济效益和社会效益等问题。 **第75条** 除当事人另有约定的以外，技术服务合同受托人完成服务项目，解决技术问题所需费用，由受托人自己负担。 **第76条** 技术服务合同受托人发现委托人提供的资料、数据、样品、材料、场地等工作条件不符合约定的，应当及时通知委托人。委托人应当及时答复并在约定的期限内予以补正。 受托人发现前款所述问题不及时通知委托人的，视为其认可委托人提供的技术资料、数据等工作条件符合约定的条件。 **第77条** 技术服务合同受托人在履约期间，发现继续工作对材料、样品或者设备等有损坏危险时，应当中止工

《民法典》合同编	关联规定
	作，并及时通知委托人或者提出建议。委托人应当在约定的期限内作出答复。 受托人不中止工作或者不及时通知委托人并且未采取适当措施的，或者委托人未按期答复的，对因此发生的危险后果由责任人承担相应的责任。
第八百七十九条【技术咨询合同委托人的义务】 技术咨询合同的委托人应当按照约定阐明咨询的问题，提供技术背景材料及有关技术资料，接受受托人的工作成果，支付报酬。 **指引**：技术咨询合同的委托人应全面履行合同约定的义务：（1）按照合同的约定，阐明咨询问题，提供技术背景材料及有关技术资料、数据。（2）为受托人进行调查论证提供必要的工作条件。（3）应受托人的要求及时补充有关资料和数据。（4）应受托人的要求，对受托人提供的技术资料和数据予以保密，只有在合同没有约定的情况下，可以引用、发表和向第三人提供。（5）按照合同约定的期限和方式接受受托人的工作成果，及时支付报酬。	《技术合同纠纷解释》（2020 年修正） **第 31 条** 当事人对技术咨询合同委托人提供的技术资料和数据或者受托人提出的咨询报告和意见未约定保密义务，当事人一方引用、发表或者向第三人提供的，不认定为违约行为，但侵害对方当事人对此享有的合法权益的，应当依法承担民事责任。
第八百八十条【技术咨询合同受托人的义务】 技术咨询合同的受托人应当按照约定的期限完成咨询报告或者解答问题，提出的咨询报告应当达到约定的要求。 **指引**：技术咨询合同的受托人应全面履行合同约定的义务：（1）对技术项目进行调查、论证。（2）发现委	《技术合同纠纷解释》（2020 年修正） **第 31 条** 当事人对技术咨询合同委托人提供的技术资料和数据或者受托人提出的咨询报告和意见未约定保密义务，当事人一方引用、发表或者向第三人提供的，不认定为违约行为，但侵害对方当事人对此享有的合法权益的，应当依法承担民事责任。

《民法典》合同编	关联规定
托人提供的技术资料、数据有明显错误和缺陷的，及时通知委托人补充、修改。（3）利用自己的技术知识、人才优势，按照约定完成咨询报告或解答问题，并保证咨询报告和意见符合合同约定的要求。（4）应委托人的要求，对委托人提供的技术资料和数据予以保密，只有在合同没有约定的情况下，可以引用、发表和向第三人提供。	**第 32 条** 技术咨询合同受托人发现委托人提供的资料、数据等有明显错误或者缺陷，未在合理期限内通知委托人的，视为其对委托人提供的技术资料、数据等予以认可。委托人在接到受托人的补正通知后未在合理期限内答复并予补正的，发生的损失由委托人承担。
第八百八十一条【技术咨询合同当事人的违约责任及决策风险责任】 技术咨询合同的委托人未按照约定提供必要的资料，影响工作进度和质量，不接受或者逾期接受工作成果的，支付的报酬不得追回，未支付的报酬应当支付。 　　技术咨询合同的受托人未按期提出咨询报告或者提出的咨询报告不符合约定的，应当承担减收或者免收报酬等违约责任。 　　技术咨询合同的委托人按照受托人符合约定要求的咨询报告和意见作出决策所造成的损失，由委托人承担，但是当事人另有约定的除外。 　　**指引：** 委托人逾期不提供或不补充相关资料，致使受托人无法开展工作的，受托人有权解除合同，委托人承担违约责任。受托人接到资料后不进行调查论证的，委托人有权解除合同，受托人应返还已付的报酬并承担违约责任。合同另有约定的除外。第 3	《民法典》 **第 577 条** 当事人一方不履行合同义务或者履行合同义务不符合约定的，应当承担继续履行、采取补救措施或者赔偿损失等违约责任。 **《技术合同纠纷解释》**（2020 年修正） **第 32 条** 技术咨询合同受托人发现委托人提供的资料、数据等有明显错误或者缺陷，未在合理期限内通知委托人的，视为其对委托人提供的技术资料、数据等予以认可。委托人在接到受托人的补正通知后未在合理期限内答复并予补正的，发生的损失由委托人承担。

《民法典》合同编	关联规定
款中，若受托人提供的咨询报告和意见没有科学依据或有明显缺陷甚至错误，应承担相应的违约责任。	
第八百八十二条【技术服务合同委托人的义务】 技术服务合同的委托人应当按照约定提供工作条件，完成配合事项，接受工作成果并支付报酬。 　　**指引**：技术服务合同中委托人的义务包括：（1）按照合同的约定提供工作条件，完成配合事项。（2）接受工作成果。（3）支付报酬。（4）应受托人的要求，在约定的期限内补充、修改或者更换已提供的，不符合合同约定的技术资料、数据、样品、材料或者工作条件，并及时通知受托人。（5）在履行合同期间，对受托人因发现继续工作对材料、样品或者设备等有损坏危险，而中止工作的通知以及处理建议，在约定期限内作出答复。（6）对成果的保密义务。	《技术合同纠纷解释》（2020年修正） **第35条** 技术服务合同受托人发现委托人提供的资料、数据、样品、材料、场地等工作条件不符合约定，未在合理期限内通知委托人的，视为其对委托人提供的工作条件予以认可。委托人在接到受托人的补正通知后未在合理期限内答复并予补正的，发生的损失由委托人承担。
第八百八十三条【技术服务合同受托人的义务】 技术服务合同的受托人应当按照约定完成服务项目，解决技术问题，保证工作质量，并传授解决技术问题的知识。 　　**指引**：技术服务合同中受托人义务主要包括：（1）按照约定完成服务项目，解决技术问题，保证工作质量。（2）传授解决技术问题的知识。（3）发现委托人提供的技术资料、数据、样品、材料或者工作条件不符合合同约定的，应当及时通知委托人在约定的	《技术合同纠纷解释》（2020年修正） **第34条** 当事人一方以技术转让或者技术许可的名义提供已进入公有领域的技术，或者在技术转让合同、技术许可合同履行过程中合同标的技术进入公有领域，但是技术提供方进行技术指导、传授技术知识，为对方解决特定技术问题符合约定条件的，按照技术服务合同处理，约定的技术转让费、使用费可以视为提供技术服务的报酬和费用，但是法律、行政法规另有规定的除外。

续表

《民法典》合同编	关联规定
期限内补充、修改或者更换。(4)在履行合同期间、发现继续工作对材料、样品或者设备等有损坏危险时，应当中止工作，并及时通知委托人或者提出建议。(5)对委托人提供的技术资料、数据、样品承担保密义务。 **案例指引：**《郑某泮诉建材公司技术服务合同案》① **案例要旨：**合同没有写明合同性质，但当根据双方在合同中约定的内容可以判定受托人是按照约定完成服务项目，为对方解决技术问题，并传授解决技术问题的知识的，属于技术服务合同，而非承揽合同。	依照前款规定，技术转让费或者使用费视为提供技术服务的报酬和费用明显不合理的，人民法院可以根据当事人的请求合理确定。
第八百八十四条【技术服务合同的当事人违约责任】 技术服务合同的委托人不履行合同义务或者履行合同义务不符合约定，影响工作进度和质量，不接受或者逾期接受工作成果的，支付的报酬不得追回，未支付的报酬应当支付。 技术服务合同的受托人未按照约定完成服务工作的，应当承担免收报酬等违约责任。 **指引：**技术服务合同中委托人的违约责任包括：(1)委托人未按照合同约定提供有关技术资料、数据、样品和工作条件，影响工作质量和进度的，应当如数支付报酬。委托人逾期	《民法典》 **第585条** 当事人可以约定一方违约时应当根据违约情况向对方支付一定数额的违约金，也可以约定因违约产生的损失赔偿额的计算方法。 约定的违约金低于造成的损失的，人民法院或者仲裁机构可以根据当事人的请求予以增加；约定的违约金过分高于造成的损失的，人民法院或者仲裁机构可以根据当事人的请求予以适当减少。 当事人就迟延履行约定违约金的，违约方支付违约金后，还应当履行债务。

---

① 国家法官学院、中国人民大学法学院编：《中国审判案例要览（2003年商事审判案例卷）》，中国人民大学出版社2004年版，第198页。

《民法典》合同编	关联规定
不提供约定的物质技术条件的，受托人有权解除合同，委托人应当支付违约金或者赔偿由此给受托人造成的损失。（2）委托人逾期不支付报酬或者违约金的，应当交还工作成果，补交报酬，支付违约金或者赔偿损失。（3）委托人迟延接受工作成果的，应当支付违约金和保管费。委托人逾期不领取工作成果的，受托人有权处分工作成果，从所获得的收益中扣除报酬、违约金和保管费后剩余部分返还委托人，所获得的收益不足抵偿报酬、违约金和保管费的，有权请求委托人赔偿损失等。受托人的违约责任包括：（1）受托人迟延交付工作成果的，应当支付违约金。受托人逾期不交付工作成果的，委托人有权解除合同，受托人应当交还技术资料和样品，返还已付的报酬，支付违约金或者赔偿损失。（2）受托人的工作成果、服务质量有缺陷，委托人同意利用的，受托人应当减收报酬并采取适当补救措施；工作成果、服务质量有严重缺陷，没有解决合同约定的技术问题的，受托人应当免收报酬，支付违约金或者赔偿损失。（3）受托人对委托人交付的样品、技术资料保管不善，造成灭失、缺少、变质、污染或者损坏的，应当支付违约金或者赔偿损失等。	《技术合同纠纷解释》（2020 年修正） 第 35 条　技术服务合同受托人发现委托人提供的资料、数据、样品、材料、场地等工作条件不符合约定，未在合理期限内通知委托人的，视为其对委托人提供的工作条件予以认可。委托人在接到受托人的补正通知后未在合理期限内答复并予补正的，发生的损失由委托人承担。 第 37 条　当事人对技术培训必需的场地、设施和试验条件等工作条件的提供和管理责任没有约定或者约定不明确的，由委托人负责提供和管理。 　　技术培训合同委托人派出的学员不符合约定条件，影响培训质量的，由委托人按照约定支付报酬。 　　受托人配备的教员不符合约定条件，影响培训质量，或者受托人未按照计划和项目进行培训，导致不能实现约定培训目标的，应当减收或者免收报酬。 　　受托人发现学员不符合约定条件或者委托人发现教员不符合约定条件，未在合理期限内通知对方，或者接到通知的一方未在合理期限内按约定改派的，应当由负有履行义务的当事人承担相应的民事责任。
第八百八十五条【技术成果的归属和分享】　技术咨询合同、技术服务合同履行过程中，受托人利用委托人提供的技术资料和工作条件完成的新的	

《民法典》合同编	关联规定
技术成果，属于受托人。委托人利用受托人的工作成果完成的新的技术成果，属于委托人。当事人另有约定的，按照其约定。 　　**指引**：新的技术成果，是指技术咨询合同或技术服务合同的当事人在履行合同义务之外派生完成的或后续发展的技术成果。新技术成果的归属和分享基本原则是：首先，谁完成谁拥有。其次，允许当事人作特别约定。当事人对履行技术咨询合同、技术服务合同所产生的新的技术成果的归属和分享办法的特别约定，优于法律一般原则规定。	
第八百八十六条【受托人履行合同的费用负担】 技术咨询合同和技术服务合同对受托人正常开展工作所需费用的负担没有约定或者约定不明确的，由受托人负担。 　　**指引**：《民法典》合同编在吸收借鉴相关司法解释的基础上确立了本条的规则，即技术咨询合同与技术服务合同对受托人正常开展工作所需费用的负担没有约定或约定不明确的，由受托人负担。	
第八百八十七条【技术中介合同和技术培训合同法律适用】 法律、行政法规对技术中介合同、技术培训合同另有规定的，依照其规定。 　　**指引**：技术中介合同，是指当事人一方以知识、技术、经验和信息为另一方与第三方订立技术合同进行联	**《技术合同纠纷解释》**（2020年修正） **第36条** 民法典第八百八十七条规定的"技术培训合同"，是指当事人一方委托另一方对指定的学员进行特定项目的专业技术训练和技术指导所订立的合同，不包括职业培训、文化学习和按照行业、法人或者非法人组织的

《民法典》合同编	关联规定
系、介绍、组织工业化开发并对履行合同提供服务所订立的合同。技术培训合同，是指当事人一方委托另一方对指定的专业技术人员进行特定项目的技术指导和专业训练所订立的合同，不包括职业培训、文化学习和按照行业、单位的计划进行的职工业余教育。	计划进行的职工业余教育。 **第38条**　民法典第八百八十七条规定的"技术中介合同"，是指当事人一方以知识、技术、经验和信息为另一方与第三人订立技术合同进行联系、介绍以及对履行合同提供专门服务所订立的合同。 **第39条**　中介人从事中介活动的费用，是指中介人在委托人和第三人订立技术合同前，进行联系、介绍活动所支出的通信、交通和必要的调查研究等费用。中介人的报酬，是指中介人为委托人与第三人订立技术合同以及对履行该合同提供服务应当得到的收益。 　　当事人对中介人从事中介活动的费用负担没有约定或者约定不明确的，由中介人承担。当事人约定该费用由委托人承担但未约定具体数额或者计算方法的，由委托人支付中介人从事中介活动支出的必要费用。 　　当事人对中介人的报酬数额没有约定或者约定不明确的，应当根据中介人所进行的劳务合理确定，并由委托人承担。仅在委托人与第三人订立的技术合同中约定中介条款，但未约定给付中介人报酬或者约定不明确的，应当支付的报酬由委托人和第三人平均承担。 **第40条**　中介人未促成委托人与第三人之间的技术合同成立的，其要求支付报酬的请求，人民法院不予支持；其要求委托人支付其从事中介活动必要费用的请求，应当予以支持，但当

《民法典》合同编	关联规定
	事人另有约定的除外。 　中介人隐瞒与订立技术合同有关的重要事实或者提供虚假情况，侵害委托人利益的，应当根据情况免收报酬并承担赔偿责任。 **第41条**　中介人对造成委托人与第三人之间的技术合同的无效或者被撤销没有过错，并且该技术合同的无效或者被撤销不影响有关中介条款或者技术中介合同继续有效，中介人要求按照约定或者本解释的有关规定给付从事中介活动的费用和报酬的，人民法院应当予以支持。中介人收取从事中介活动的费用和报酬不应当被视为委托人与第三人之间的技术合同纠纷中一方当事人的损失。 **《技术合同纠纷纪要》** **第78条**　合同法第三百六十四条所称技术培训合同，是指当事人一方委托另一方对指定的人员（学员）进行特定项目的专业技术训练和技术指导所订立的合同，不包括职业培训、文化学习和按照行业、单位的计划进行的职工业余教育。 **第79条**　技术培训合同委托人的主要义务是按照约定派出符合条件的学员；保证学员遵守培训纪律，接受专业技术训练和技术指导；按照约定支付报酬。 　受托人的主要义务是按照约定配备符合条件的教员；制定和实施培训计划，按期完成培训；实现约定的培训目标。

《民法典》合同编	关联规定
	第 80 条　当事人对技术培训必需的场地、设施和试验条件等的提供和管理责任没有约定或者约定不明确，依照合同法第六十一条的规定不能达成补充协议的，由委托人负责提供和管理。
	第 81 条　技术培训合同委托人派出的学员不符合约定条件，影响培训质量的，委托人应当按照约定支付报酬。
	受托人配备的教员不符合约定条件，影响培训质量的，或者受托人未按照计划和项目进行培训，导致不能实现约定的培训目标的，应当承担减收或者免收报酬等违约责任。
	受托人发现学员不符合约定条件或者委托人发现教员不符合约定条件的，应当及时通知对方改派。对方应当在约定的期限内改派。未及时通知或者未按约定改派的，责任人承担相应的责任。
	第 82 条　合同法第三百六十四条所称技术中介合同，是指当事人一方以知识、技术、经验和信息为另一方与第三人订立技术合同进行联系、介绍、组织商品化、产业化开发并对履行合同提供服务所订立的合同，但就不含有技术中介服务内容订立的各种居间合同除外。
	第 83 条　技术中介合同委托人的主要义务是提出明确的订约要求，提供有关背景材料；按照约定承担中介人从事中介活动的费用；按照约定支付报酬。

《民法典》合同编	关联规定
	中介人的主要义务是如实反映委托人和第三人的技术成果、资信状况和履约能力；保守委托人和第三人的商业秘密；按照约定为委托人和第三人订立、履行合同提供服务。 **第84条** 当事人对中介人从事中介活动的费用的负担没有约定或者约定不明确，依照合同法第六十一条的规定不能达成补充协议的，由中介人自己负担。当事人约定该费用由委托人承担但没有约定该费用的数额或者计算方法的，委托人应当支付中介人从事中介活动支出的必要费用。 前款所称中介人从事中介活动的费用，是指中介人在委托人和第三人订立技术合同前，进行联系、介绍活动所支出的通信、交通和必要的调查研究等费用。 **第85条** 当事人对中介人的报酬数额没有约定或者约定不明确，依照合同法第六十一条的规定不能达成补充协议的，根据中介人的劳务合理确定，并由委托人负担。仅在委托人与第三人订立的技术合同中约定有中介条款，但对给付中介人报酬的义务没有约定或者约定不明确，依照合同法第六十一条的规定不能达成补充协议的，由委托人和第三人平均负担。 前款所称中介人的报酬，是指中介人为委托人与第三人订立技术合同，以及为其履行合同提供服务应当得到的收益。

《民法典》合同编	关联规定
	第 86 条　中介人未促成委托人与第三人之间的技术合同成立的，无权要求支付报酬，但可以要求委托人支付从事中介活动支出的必要费用。 **第 87 条**　中介人故意隐瞒与订立技术合同有关的重要事实或者提供虚假情况，损害委托人利益的，应当承担免收报酬和损害赔偿责任。 **第 88 条**　中介人收取的从事中介活动的费用和报酬不应视为委托人与第三人之间的技术合同纠纷中一方当事人的损失。 **第 89 条**　中介人对造成委托人与第三人之间的技术合同的无效或者被撤销没有过错，且该技术合同无效或者被撤销不影响有关中介条款或者技术中介合同继续有效的，中介人仍有权按照约定收取从事中介活动的费用和报酬。
第二十一章　保管合同	
第八百八十八条【保管合同的定义】 　保管合同是保管人保管寄存人交付的保管物，并返还该物的合同。 　寄存人到保管人处从事购物、就餐、住宿等活动，将物品存放在指定场所的，视为保管，但是当事人另有约定或者另有交易习惯的除外。 　**指引**：保管合同一般情况下自保管物交付时成立，即原则上为要物合同。本条并未将保管物限为动产，不动产也可作为保管物。保管合同为不要式合同，继续性合同，保管合同的解除仅向后（将来）发生效力。	**《旅游纠纷解释》**（2020 年修正） **第 19 条**　旅游经营者或者旅游辅助服务者为旅游者代管的行李物品损毁、灭失，旅游者请求赔偿损失的，人民法院应予支持，但下列情形除外： 　（一）损失是由于旅游者未听从旅游经营者或者旅游辅助服务者的事先声明或者提示，未将现金、有价证券、贵重物品由其随身携带而造成的； 　（二）损失是由于不可抗力造成的； 　（三）损失是由于旅游者的过错造成的； 　（四）损失是由于物品的自然属性造成的。

续表

《民法典》合同编	关联规定
第八百八十九条【保管费】 寄存人应当按照约定向保管人支付保管费。 　　当事人对保管费没有约定或者约定不明确，依据本法第五百一十条的规定仍不能确定的，视为无偿保管。 　　**指引**：保管合同分为有偿和无偿两类。寄存人和保管人没有约定或者约定不明的，可协议补充，不能达成补充协议的，按照合同有关条款或者交易习惯确定，主要考虑：（1）当事人之间是否存在交易习惯或惯例。（2）保管人是否从事保管这个职业（若系从事保管职业，应推定为有偿保管）。通过上述仍无法确定的，视为无偿保管。无偿保管中，寄存人虽无须支付保管费，但在某些情况下仍需支付必要费用，如保管人为了实现保管目的而支出的使保管物能够维持原状而支出的各种费用。 　　**案例指引**：《王某与某停车场管理办公室保管合同纠纷上诉案》① 　　**案例要旨**：停车费用没有明确约定是保管费还是场地租赁费的，应按照车主是否将车辆实际交由停车场控制来区分是保管关系还是场地租赁关系。车辆交付给停车场实际控制的，为保管关系；车辆未交付给停车场实际控制的，为场地租赁关系。	**《民法典》** **第 510 条** 合同生效后，当事人就质量、价款或者报酬、履行地点等内容没有约定或者约定不明确的，可以协议补充；不能达成补充协议的，按照合同相关条款或者交易习惯确定。

---

　　① 《王某与某停车场管理办公室保管合同纠纷上诉案》，载《人民司法·案例》2011年第12期。

《民法典》合同编	关联规定
第八百九十条【保管合同的成立】 保管合同自保管物交付时成立，但是当事人另有约定的除外。 　　**指引**：保管合同属实践合同。当事人达成保管意思并不代表保管合同已成立，而是交付保管物时成立。但当事人另有约定的除外。 　　**案例指引**：《罗某鹏诉某宾馆、第三人洪某通旅店服务合同纠纷案》① 　　**案例要旨**：入住人将车辆停放在宾馆停车场内，但车辆钥匙始终由入住人实际保管，即该车辆并未实际交付给宾馆的，入住人与宾馆之间并未形成保管合同关系，宾馆对车辆不负有保管义务，对车辆被盗不应承担赔偿责任。	
第八百九十一条【保管人给付保管凭证的义务】　寄存人向保管人交付保管物的，保管人应当出具保管凭证，但是另有交易习惯的除外。 　　**指引**：保管凭证对确定保管人与寄存人、保管物的性质和数量、保管的时间和地点等具有重要作用。但出具保管凭证不是保管合同成立的形式要件，当事人另有约定或者依交易习惯无须出具保管凭证的，也可不出具保管凭证。	

---

① 最高人民法院中国应用法学研究所编：《人民法院案例选》，人民法院出版社2007年版，第152页。

续表

《民法典》合同编	关联规定
案例指引：《王某诉某公司提供的放物柜锁被换致其存放的物品丢失赔偿案》① **案例要旨：**寄存人寄存货币、有价证券或者其他贵重物品的，应当向保管人声明，由保管人验收或者封存，未声明的，物品毁损、灭失后保管人可按照一般物品予以赔偿。经营者按照交易习惯提供存物空间和锁具，由消费者自行存放物品，双方形成保管合同关系。	
第八百九十二条【保管人妥善保管义务】 保管人应当妥善保管保管物。 　　当事人可以约定保管场所或者方法。除紧急情况或者为维护寄存人利益外，不得擅自改变保管场所或者方法。 　　**指引：**妥善保管，是指保管人应按照法律规定和当事人约定，并根据保管物的性质，提供适当的保管场所，采取适当的保管方法，使保管物处于完好状态。在出现紧急情况，如保管物因第三人的原因或因自然原因，可能发生毁损、灭失的危险时，保管人除应当及时通知寄存人外，为了维护寄存人的利益，是可以改变原来约定的保管场所或保管方法。 　　**案例指引：**《倪某柱诉某楼浴室财物保管损害赔偿纠纷案》②	

---

① 最高人民法院中国应用法学研究所编：《人民法院案例选》，人民法院出版社2002年版，第79页。

② 国家法官学院、中国人民大学法学院编：《中国审判案例要览（2001年民事审判案例卷》，中国人民大学出版社2002年版，第178页。

《民法典》合同编	关联规定
案例要旨：具有营业资质的公共浴室为浴客提供存衣柜及其钥匙，浴客购买澡票、存放衣物即形成寄存人与保管人的法律关系，浴室负有保管浴客存放于存衣柜衣物的义务，由于浴室提供给浴客的存衣柜，能被其他存衣柜钥匙打开，可以认定其未尽妥善保管保管物的义务，导致保管物灭失，浴室应承担损害赔偿责任。	
第八百九十三条【寄存人告知义务】 寄存人交付的保管物有瑕疵或者根据保管物的性质需要采取特殊保管措施的，寄存人应当将有关情况告知保管人。寄存人未告知，致使保管物受损失的，保管人不承担赔偿责任；保管人因此受损失的，除保管人知道或者应当知道且未采取补救措施外，寄存人应当承担赔偿责任。 **指引**：寄存人告知义务包括保管物有瑕疵以及按照保管物的性质需采取特殊保管措施的。保管人知道或者应当知道并且未采取补救措施的，寄存人不承担损害赔偿责任。所谓知道或应当知道并且不采取补救措施，是指保管人在接受寄存人交付的保管物时或在保管期间，尽管寄存人违反了告知义务而没有告知，但保管人已经发现了保管物存在瑕疵、危险或者变质等情况，没有将发现的情况及时通知寄存人并要求寄存人取回，或者主动采取一些特殊的保管措施，以避免损失的发生或扩大。	《民法典》 **第 186 条** 因当事人一方的违约行为，损害对方人身权益、财产权益的，受损害方有权选择请求其承担违约责任或者侵权责任。 **第 509 条** 当事人应当按照约定全面履行自己的义务。 当事人应当遵循诚信原则，根据合同的性质、目的和交易习惯履行通知、协助、保密等义务。 当事人在履行合同过程中，应当避免浪费资源、污染环境和破坏生态。 **第 577 条** 当事人一方不履行合同义务或者履行合同义务不符合约定的，应当承担继续履行、采取补救措施或者赔偿损失等违约责任。

《民法典》合同编	关联规定
第八百九十四条【保管人亲自保管义务】 保管人不得将保管物转交第三人保管，但是当事人另有约定的除外。 保管人违反前款规定，将保管物转交第三人保管，造成保管物损失的，应当承担赔偿责任。 **指引**：所谓亲自保管，不仅包括保管人自己保管，也包括辅助人的辅助保管。当事人另有约定，保管人转托第三人的，保管人应对第三人的选任和指示的过失承担责任，若无过错，则不承担责任。	**《民法典》** **第923条** 受托人应当亲自处理委托事务。经委托人同意，受托人可以转委托。转委托经同意或者追认的，委托人可以就委托事务直接指示转委托的第三人，受托人仅就第三人的选任及其对第三人的指示承担责任。转委托未经同意或者追认的，受托人应当对转委托的第三人的行为承担责任；但是，在紧急情况下受托人为了维护委托人的利益需要转委托第三人的除外。
第八百九十五条【保管人不得使用或许可他人使用保管物义务】 保管人不得使用或者许可第三人使用保管物，但是当事人另有约定的除外。 **指引**：保管人虽然没有使保管物升值的义务，却负有尽量避免其价值减损的义务。故一般不得使用保管物。此外，本条规定的保管物并不包括货币或其他可替代物，否则保管人可以使用，只需以相同种类、品质、数量的物返还即可。	**《民法典》** **第593条** 当事人一方因第三人的原因造成违约的，应当依法向对方承担违约责任。当事人一方和第三人之间的纠纷，依照法律规定或者按照约定处理。
第八百九十六条【返还保管物及通知义务】 第三人对保管物主张权利的，除依法对保管物采取保全或者执行措施外，保管人应当履行向寄存人返还保管物的义务。 第三人对保管人提起诉讼或者对保管物申请扣押的，保管人应当及时通知寄存人。 **指引**：返还保管物是保管人的基本义务。基于合同的相对性原则，保管人只能向寄存人返还保管物。	

续表

《民法典》合同编	关联规定
第八百九十七条【保管物毁损灭失责任】　保管期内，因保管人保管不善造成保管物毁损、灭失的，保管人应当承担赔偿责任。但是，无偿保管人证明自己没有故意或者重大过失的，不承担赔偿责任。 　　**指引**：保管人责任的大小，因保管合同有偿或无偿而有所区别。有偿时，无论保管人是故意还是过失，都应承担赔偿责任；无偿时，保管人仅对因其故意或重大过失产生的损失负责，轻微过失不负责。但因不可归责于保管人的事由造成损失的，无论是有偿还是无偿，保管人都不负损害赔偿责任。 　　**案例指引**：《王某香诉胡某保管合同纠纷案》① 　　**案例要旨**：无偿保管期间，因保管人保管不善造成保管物毁损、灭失，保管人负有证明自己无重大过失的举证责任，如不能证明自己无重大过失，依法不能免除其赔偿责任。	《民法典》 **第186条**　因当事人一方的违约行为，损害对方人身权益、财产权益的，受损害方有权选择请求其承担违约责任或者侵权责任。 《消保法》（2013年修正） **第18条**　经营者应当保证其提供的商品或者服务符合保障人身、财产安全的要求。对可能危及人身、财产安全的商品和服务，应当向消费者作出真实的说明和明确的警示，并说明和标明正确使用商品或者接受服务的方法以及防止危害发生的方法。 　　宾馆、商场、餐馆、银行、机场、车站、港口、影剧院等经营场所的经营者，应当对消费者尽到安全保障义务。 《旅游纠纷解释》（2020年修正） **第19条**　旅游经营者或者旅游辅助服务者为旅游者代管的行李物品损毁、灭失，旅游者请求赔偿损失的，人民法院应予支持，但下列情形除外： 　　（一）损失是由于旅游者未听从旅游经营者或者旅游辅助服务者的事先声明或者提示，未将现金、有价证券、贵重物品由其随身携带而造成的； 　　（二）损失是由于不可抗力造成的； 　　（三）损失是由于旅游者的过错造成的； 　　（四）损失是由于物品的自然属性造成的。

---

①　最高人民法院中国应用法学研究所编：《人民法院案例选》，人民法院出版社2002年版，第98页。

《民法典》合同编	关联规定
	第21条　旅游经营者因过错致其代办的手续、证件存在瑕疵，或者未尽妥善保管义务而遗失、毁损，旅游者请求旅游经营者补办或者协助补办相关手续、证件并承担相应费用的，人民法院应予支持。 　　因上述行为影响旅游行程，旅游者请求旅游经营者退还尚未发生的费用、赔偿损失的，人民法院应予支持。
第八百九十八条【寄存贵重物品的声明义务】　寄存人寄存货币、有价证券或者其他贵重物品的，应当向保管人声明，由保管人验收或者封存；寄存人未声明的，该物品毁损、灭失后，保管人可以按照一般物品予以赔偿。 　　**指引：**本条所谓的声明，声明内容为保管物的性质及数量。声明通常以明示方式作出，可在保管合同中注明，也可在保管凭证中注明，还可是其他能够使保管人知晓保管物种类、性质的方式。寄存人未尽声明义务的，该物品毁损、灭失后，保管人可以不按该物品的实际价值赔偿，而按照一般物品予以赔偿。	
第八百九十九条【保管物的领取及领取时间】　寄存人可以随时领取保管物。 　　当事人对保管期限没有约定或者约定不明确的，保管人可以随时请求寄存人领取保管物；约定保管期限的，保管人无特别事由，不得请求寄存人提前领取保管物。 　　**指引：**未约定保管期限，寄存人可以随时领取保管物、保管人可随时	

《民法典》合同编	关联规定
请求寄存人领取保管物，进而随时终止合同。期限届满前，寄存人可随时要求返还，因此对保管人造成损失的，应予赔偿。约定保管期限的，寄存人仍可随时领取保管物。但保管人无特别事由，不得请求寄存人提前领取保管物。所谓特别事由，主要是指因不可抗力或保管人患病、丧失行为能力等原因，致难以继续履行保管义务的情形。	
第九百条【保管人归还原物及孳息的义务】 保管期限届满或者寄存人提前领取保管物的，保管人应当将原物及其孳息归还寄存人。 **指引**：按约定或寄存人要求返还保管物，是保管人的基本义务。保管合同中，保管人并不享有保管物的所有权，因此，除返还保管物外，保管人还应一并返还保管物产生的孳息。	
第九百零一条【消费保管合同】 保管人保管货币的，可以返还相同种类、数量的货币；保管其他可替代物的，可以按照约定返还相同种类、品质、数量的物品。 **指引**：消费保管，是指保管物为可替代物时，约定将保管物的所有权移转于保管人，保管期间届满由保管人以同种类、品质、数量的物返还的保管合同。相较一般保管，消费保管具有以下特点：（1）保管物为种类物。（2）从寄存人交付时，消费保管合同的保管人就享有该物的利益，承担该物的风险。（3）保管人仅需以同种类、品质、数量的物返还即可。	

续表

《民法典》合同编	关联规定
第九百零二条【保管费的支付期限】 　有偿的保管合同，寄存人应当按照约定的期限向保管人支付保管费。 　当事人对支付期限没有约定或者约定不明确，依据本法第五百一十条的规定仍不能确定的，应当在领取保管物的同时支付。 　指引：有偿保管中，对保管费支付期限一般有明确的约定。无论是有偿还是无偿保管，对支付期限没有约定或者约定不明的，可依照《民法典》第510条的规定协议补充，不能达成的，按照合同有关条款或者交易习惯确定，仍不能确定的，应在领取保管物的同时支付。实践中大量小件寄存业务采取保管前收费的办法，可视为交易习惯。	**《民法典》** **第510条**　合同生效后，当事人就质量、价款或者报酬、履行地点等内容没有约定或者约定不明确的，可以协议补充；不能达成补充协议的，按照合同相关条款或者交易习惯确定。
第九百零三条【保管人的留置权】 寄存人未按照约定支付保管费或者其他费用的，保管人对保管物享有留置权，但是当事人另有约定的除外。 　指引：本条规定的"其他费用"，是指保管人为保管保管物而实际支出的必要费用，其与保管费不同。保管费是寄存人应支付给保管人的报酬，只存在有偿保管中；而必要费用是指保管过程中所支付的必要的花销，如电费、场地费、运输费等，与是否有偿无关。	**《民法典》** **第447条**　债务人不履行到期债务，债权人可以留置已经合法占有的债务人的动产，并有权就该动产优先受偿。 　前款规定的债权人为留置权人，占有的动产为留置财产。 **第448条**　债权人留置的动产，应当与债权属于同一法律关系，但是企业之间留置的除外。 **第449条**　法律规定或者当事人约定不得留置的动产，不得留置。 **第450条**　留置财产为可分物的，留

《民法典》合同编	关联规定
案例指引：《商贸公司诉快运公司仓储合同案》① **案例要旨：** 仓储合同中保管人在存货人未按时支付仓储费的情况下，可以行使留置权，但也负有相应的通知义务。	置财产的价值应当相当于债务的金额。 **第452条** 留置权人有权收取留置财产的孳息。 前款规定的孳息应当先充抵收取孳息的费用。 **第453条** 留置权人与债务人应当约定留置财产后的债务履行期限；没有约定或者约定不明确的，留置权人应当给债务人六十日以上履行债务的期限，但是鲜活易腐等不易保管的动产除外。债务人逾期未履行的，留置权人可以与债务人协议以留置财产折价，也可以就拍卖、变卖留置财产所得的价款优先受偿。 留置财产折价或者变卖的，应当参照市场价格。
第二十二章　仓储合同	
第九百零四条【仓储合同的定义】 仓储合同是保管人储存存货人交付的仓储物，存货人支付仓储费的合同。 **指引：** 民法典不再将仓储合同作为一般的保管合同来对待，而是作为一种独立的有名合同在合同编中规定，其具有以下特征：（1）仓储合同为诺成、不要式合同；（2）仓储合同为双务、有偿合同；（3）保管人必须是具有仓库营业资质的人；（4）仓储合同的对象仅为动产；（5）仓单是仓储合同的重要特征。	《海上货运代理纠纷解释》（2020年修正） **第2条** 人民法院审理海上货运代理纠纷案件，认定货运代理企业因处理海上货运代理事务与委托人之间形成代理、运输、仓储等不同法律关系的，应分别适用相关的法律规定。

---

① 最高人民法院中国应用法学研究所编：《人民法院案例选》，人民法院出版社2013年版，第157页。

《民法典》合同编	关联规定
第九百零五条【仓储合同的成立时间】 仓储合同自保管人和存货人意思表示一致时成立。 **指引：**仓储合同不同于属实践合同的保管合同，系诺成合同，自双方当事人意思表示一致时合同就可成立。此外，仓储合同为不要式合同。实践中，虽然某些情况下仓单即为合同，但仓单非属合同成立要件。	**《民法典》** **第483条**　承诺生效时合同成立，但是法律另有规定或者当事人另有约定的除外。 **第890条**　保管合同自保管物交付时成立，但是当事人另有约定的除外。
第九百零六条【危险物品和易变质物品的储存】　储存易燃、易爆、有毒、有腐蚀性、有放射性等危险物品或者易变质物品的，存货人应当说明该物品的性质，提供有关资料。 存货人违反前款规定的，保管人可以拒收仓储物，也可以采取相应措施以避免损失的发生，因此产生的费用由存货人负担。 保管人储存易燃、易爆、有毒、有腐蚀性、有放射性等危险物品的，应当具备相应的保管条件。 **指引：**对危险品和易变质物品，存货人有告知义务，未尽告知义务，导致物品变质或给保管人的财产或者其他存货人的货物造成损害的，存货人应当承担损害赔偿责任，保管人不担责。保管人不具备相应的保管条件而对危险物品予以储存，对自身造成损害的，存货人不负赔偿责任。	**《危险化学品安全管理条例》**（2013年修订） （涉绝大多数条文，限于篇幅，此处略）

《民法典》合同编	关联规定
第九百零七条【保管人验收义务以及损害赔偿】 保管人应当按照约定对入库仓储物进行验收。保管人验收时发现入库仓储物与约定不符合的,应当及时通知存货人。保管人验收后,发生仓储物的品种、数量、质量不符合约定的,保管人应当承担赔偿责任。 **指引:**对入库仓储物进行验收既是保管人的一项权利,也是一项义务,存货人不得拒绝。验收方法有全部验收和按比例抽检验收,具体方式由当事人约定。保管人验收时发现问题应及时通知存货人,双方协商达不成一致意见的,保管人有权将不符合约定的货物予以退回。	
第九百零八条【保管人出具仓单、入库单义务】 存货人交付仓储物的,保管人应当出具仓单、入库单等凭证。 **指引:**仓单属一种有价证券,存货人可以凭借仓单提取仓储物,也可把仓单通过背书进行转让。持有仓单意味着有权利主张提取货物,保管人有义务见单放货。但需注意,仓单并不是仓储合同本身,只是作为仓储合同的凭证,不能仅据此认定仓储合同关系成立。 **案例指引:**《物流公司诉储运公司港口货物保管合同纠纷案》① **案例要旨:**未记载存货人信息的仓单,只要能明确特定的仓储物,在	

---

① 《物流公司诉储运公司港口货物保管合同纠纷案》,载《人民司法·案例》2020 年第 17 期。

《民法典》合同编	关联规定
不影响确认仓单性质以及存货人与保管人权利义务的情况下，仍属于有效仓单。	
第九百零九条【仓单内容】　保管人应当在仓单上签名或者盖章。仓单包括下列事项： （一）存货人的姓名或者名称和住所； （二）仓储物的品种、数量、质量、包装及其件数和标记； （三）仓储物的损耗标准； （四）储存场所； （五）储存期限； （六）仓储费； （七）仓储物已经办理保险的，其保险金额、期间以及保险人的名称； （八）填发人、填发地和填发日期。 　**指引**：在仓单上签字或者盖章，是法律对保管人签发仓单时的一项法定要求，否则不产生仓单应有之效力。 　**案例指引**：《实业公司诉运输公司运河装卸储运站仓单案》【（2001）法经初字第 212 号】 　**案例要旨**：存货人交付仓储物的，保管人应当给付仓单。保管人应当在仓单上签字或盖章。仓单应当包括存货人称……仓储物品种、数量、质量等事项。进出转运码单记载了仓单所应具备的主要事项，符合仓单的法律属性，为法律意义上的仓单。	

《民法典》合同编	关联规定
第九百一十条【仓单性质及转让】 仓单是提取仓储物的凭证。存货人或者仓单持有人在仓单上背书并经保管人签名或者盖章的,可以转让提取仓储物的权利。 　　**指引:**仓单具有物权凭证的属性。我国民法典对仓单采取一券主义,仓单既可依法转让,也可依法出质。仓单转让除需存货人或仓单持有人在仓单上背书外,还需仓管人的签字或者盖章。存货人以仓单出质的,应当与质权人签订质押合同,在仓单上背书并经保管人签名或盖章,并将仓单交付质权人,质权才能设立。	**《民法典担保制度解释》** **第 59 条**　存货人或者仓单持有人在仓单上以背书记载"质押"字样,并经保管人签章,仓单已经交付质权人的,人民法院应当认定质权自仓单交付质权人时设立。没有权利凭证的仓单,依法可以办理出质登记的,仓单质权自办理出质登记时设立。 　　出质人既以仓单出质,又以仓储物设立担保,按照公示的先后确定清偿顺序;难以确定先后的,按照债权比例清偿。 　　保管人为同一货物签发多份仓单,出质人在多份仓单上设立多个质权,按照公示的先后确定清偿顺序;难以确定先后的,按照债权比例受偿。 　　存在第二款、第三款规定的情形,债权人举证证明其损失系由出质人与保管人的共同行为所致,请求出质人与保管人承担连带赔偿责任的,人民法院应予支持。
第九百一十一条【检查仓储物或提取样品的权利】　保管人根据存货人或者仓单持有人的要求,应当同意其检查仓储物或者提取样品。 　　**指引:**保管人在仓储过程中虽然实际占有和管理存储物,但该存储物的所有权仍属于存货人或仓单持有人。仓储物检查权是存货人或仓单持有人的权利,配合检查、配合提取是保管人的义务。	

《民法典》合同编	关联规定
第九百一十二条【保管人危险通知义务】 保管人发现入库仓储物有变质或者其他损坏的，应当及时通知存货人或者仓单持有人。 **指引**：危险通知义务是保管人的一项基本义务。保管人因保管不善造成仓储物变质或者其他损坏的，需承担赔偿责任。故，当保管人对入库仓储物发现有变质或者其他损坏的，首先应当及时通知存货人或者仓单持有人。	
第九百一十三条【保管人危险催告义务和紧急处置权】 保管人发现入库仓储物有变质或者其他损坏，危及其他仓储物的安全和正常保管的，应当催告存货人或者仓单持有人作出必要的处置。因情况紧急，保管人可以作出必要的处置；但是，事后应当将该情况及时通知存货人或者仓单持有人。 **指引**：仓储物变质或损坏的程度决定了保管人危险通知义务的强弱。若仓储物仅是变质或损害，尚不危及其他仓储物的安全和正常保管的，保管人只需及时通知。若危及其他仓储物的，保管人除需及时通知外，还应催告存货人或仓单持有人作出必要的处置。此外，为维护双方权益，本条也规定了保管人的紧急处置权。所谓紧急处置权，是指在紧急特殊的状态下，保管人可以在未经存货人或者仓单持有人知情或者同意的情况下，直接对仓储物作出必要的处置，由此产生的费用由存货人承担。	

《民法典》合同编	关联规定
第九百一十四条【仓储物的提取】 当事人对储存期限没有约定或者约定不明确的，存货人或者仓单持有人可以随时提取仓储物，保管人也可以随时请求存货人或者仓单持有人提取仓储物，但是应当给予必要的准备时间。 　　**指引**：存储期间是仓单中的一项具体内容。当仓储物存储期间无法确定时，双方随时可要求提取仓储物，但应给予必要的准备时间。必要的准备时间，是指保管人首先应当预先通知，然后应根据货物的数量、大小、运输方式等实际情况，给予存货人或仓单持有人一个合理期限。	
第九百一十五条【仓储物的提取规则】 　　储存期限届满，存货人或者仓单持有人应当凭仓单、入库单等提取仓储物。存货人或者仓单持有人逾期提取的，应当加收仓储费；提前提取的，不减收仓储费。 　　**指引**：因逾期提取、提前提取，在性质上均属违约行为，将产生仓储费的加收或减收。具体费用的加减，双方协商一致的，按照协商意见。未协商一致的，逾期提取应加收，提前提取不减收。在存储期届满前，保管人不得要求存货人或者仓单持有人提前提取仓储物，否则承担赔偿责任。但是，若因存货人或仓单持有人的原因，导致保管人无法或者不愿意继续仓储的，保管人有权终止合同。	

《民法典》合同编	关联规定
第九百一十六条【逾期提取仓储物】 储存期限届满，存货人或者仓单持有人不提取仓储物的，保管人可以催告其在合理期限内提取；逾期不提取的，保管人可以提存仓储物。 **指引**：存货人或者仓单持有人逾期不提取仓储物的，保管人可催告存货人或者仓单持有人提取货物。经催告后，若重新达成仓储协议的，按照新协议处理。未达成的，逾期提货的，保管人有权加收仓储费用。催告后，若存货人或仓单持有人在合理期限内仍然没有提取货物，保管人可以将货物提存。所谓合理期限，是指保管人要根据货物的数量、大小、运输条件、存货人或仓单持有人的实际情况确定期限。	**《民法典》** **第557条** 有下列情形之一的，债权债务终止： …… （三）债务人依法将标的物提存； …… **第570条** 有下列情形之一，难以履行债务的，债务人可以将标的物提存： （一）债权人无正当理由拒绝受领； （二）债权人下落不明； （三）债权人死亡未确定继承人、遗产管理人，或者丧失民事行为能力未确定监护人； （四）法律规定的其他情形。 标的物不适于提存或者提存费用过高的，债务人依法可以拍卖或者变卖标的物，提存所得的价款。 **第571条** 债务人将标的物或者将标的物依法拍卖、变卖所得价款交付提存部门时，提存成立。 提存成立的，视为债务人在其提存范围内已经交付标的物。 **第572条** 标的物提存后，债务人应当及时通知债权人或者债权人的继承人、遗产管理人、监护人、财产代管人。 **第573条** 标的物提存后，毁损、灭失的风险由债权人承担。提存期间，标的物的孳息归债权人所有。提存费用由债权人负担。 **第574条** 债权人可以随时领取提存物。但是，债权人对债务人负有到期债务的，在债权人未履行债务或者提

《民法典》合同编	关联规定
	供担保之前，提存部门根据债务人的要求应当拒绝其领取提存物。 　债权人领取提存物的权利，自提存之日起五年内不行使而消灭，提存物扣除提存费用后归国家所有。但是，债权人未履行对债务人的到期债务，或者债权人向提存部门书面表示放弃领取提存物权利的，债务人负担提存费用后有权取回提存物。
第九百一十七条【保管不善的责任承担】　储存期内，因保管不善造成仓储物毁损、灭失的，保管人应当承担赔偿责任。因仓储物本身的自然性质、包装不符合约定或者超过有效储存期造成仓储物变质、损坏的，保管人不承担赔偿责任。 　**指引：**妥善保管仓储物是保管人的基本义务，保管人应当按照仓储合同中约定的存储条件和要求进行保管，尽到善良管理人的责任，亲自保管仓储物，也不得将保管物交给第三人使用。	
第九百一十八条【参照适用保管合同的规定】　本章没有规定的，适用保管合同的有关规定。 　**指引：**虽然仓储合同与保管合同有一定区别，但二者本质相同，即都是为他人保管财物。因而，本条明确"仓储合同"一章没有规定的，适用"保管合同"一章的有关规定。	

续表

《民法典》合同编	关联规定
第二十三章　委托合同	
第九百一十九条【委托合同的概念】 　　委托合同是委托人和受托人约定，由受托人处理委托人事务的合同。 　　**指引**：委托合同的标的是劳务，为诺成、非要式合同，其可以是有偿的也可以是无偿的，可以是单务合同也可以是双务合同。此外，原则上只要不违反法律的有关规定，能够产生民事权利义务关系的任何事务（包括事实行为），均可委托办理。 　　**案例指引**：《传播公司诉钮某、陈某华、刘某房委托合同案》① 　　**案例要旨**：双方当事人签订的合同虽为演出合同，但合同的双方当事人没有一方是营业性文艺表演团体或演员等文艺工作者，当事人也非演出经纪机构，不符合演出合同主体的要求，因此，当事人之间签订的演出合同的性质并不是演出合同。该合同的性质应认定为委托合同，能够体现出双方当事人签合同时的真实意思表示。	**《民法典》** **第 161 条**　民事主体可以通过代理人实施民事法律行为。 　　依照法律规定、当事人约定或者民事法律行为的性质，应当由本人亲自实施的民事法律行为，不得代理。 **第 163 条**　代理包括委托代理和法定代理。 　　委托代理人按照被代理人的委托行使代理权。法定代理人依照法律的规定行使代理权。
第九百二十条【委托权限】　委托人可以特别委托受托人处理一项或者数项事务，也可以概括委托受托人处理一切事务。 　　**指引**：以受托人权限范围为标准划分为两类，委托包括特别委托和概括委托。特别委托，是指双方当事人	**《律师法》**（2017 年修正） **第 25 条**　律师承办业务，由律师事务所统一接受委托，与委托人签订书面委托合同，按照国家规定统一收取费用并如实入账。 　　律师事务所和律师应当依法纳税。

---

　　① 最高人民法院中国应用法学研究所编：《人民法院案例选》，人民法院出版社 2004 年版，第 102 页。

《民法典》合同编	关联规定
约定受托人为委托人处理一项或数项事务的委托。概括委托，是指双方当事人约定受托人为委托人处理一切事务的协议。 **案例指引**：《唐某冬诉张某华等房屋租赁合同案》① **案例要旨**：房屋权利人与出租人（受托人）以出租人无权代理为由主张合同无效的，法院应从权利人与受托人双方的身份关系、相处情况、案涉房屋来源、自始的使用管理情况、房屋收益的分配、房屋权属证书的保管、权利人所解释的其为何疏于管理案涉房屋的理由等方面进行审查分析，若存在明显的矛盾之处，一般情况下应认定权利人以其实际行为对受托方进行了概括授权，对租赁合同的效力进行有效确认。	
第九百二十一条【委托费用的预付和垫付】 委托人应当预付处理委托事务的费用。受托人为处理委托事务垫付的必要费用，委托人应当偿还该费用并支付利息。 **指引**：预付费用未用完的剩余部分，受托人应当返还。受托人必要费用，是指处理委托事务时按照需要支出的费用，包括金钱和物的消耗，对其的确定应坚持直接性、有益性、经济性原则。	

① 国家法官学院、中国人民大学法学院编：《中国审判案例要览（2012年民事审判案例卷）》，中国人民大学出版社2014年版，第168页。

《民法典》合同编	关联规定
第九百二十二条【受托人服从指示的义务】 受托人应当按照委托人的指示处理委托事务。需要变更委托人指示的,应当经委托人同意;因情况紧急,难以和委托人取得联系的,受托人应当妥善处理委托事务,但是事后应当将该情况及时报告委托人。 **指引**:同时满足下述条件的,受托人可不按委托人的指示处理委托事务:(1)因情况紧急需立即根据当时的情况采取措施;(2)因客观原因(非受托人主观原因)难以和委托人取得联系;(3)处理委托事务为了委托人的利益所必需。 **案例指引**:《周伟均、周伟达诉王煦琼委托合同纠纷案》【《最高人民法院公报》2018 年第 3 期】 **案例要旨**:在委托合同项下,受托人负有遵照委托人指示,本着诚实信用的原则在授权范围内依法善意处理委托事务之法定义务。受托人无视委托人的真实意愿与切身利益,转而根据出借人指令恶意处分委托人财产,即使该处分行为对交易相对方发生效力,受托人仍应就其严重侵害委托人利益的行为承担相应赔偿责任。	
第九百二十三条【受托人亲自处理委托事务】 受托人应当亲自处理委托事务。经委托人同意,受托人可以转委托。转委托经同意或者追认的,委托人可以就委托事务直接指示转委托的第三人,受托人仅就第三人的选任	**《民法典》** **第 169 条** 代理人需要转委托第三人代理的,应当取得被代理人的同意或者追认。 　　转委托代理经被代理人同意或者追认的,被代理人可以就代理事务直

续表

《民法典》合同编	关联规定
及其对第三人的指示承担责任。转委托未经同意或者追认的，受托人应当对转委托的第三人的行为承担责任；但是，在紧急情况下受托人为了维护委托人的利益需要转委托第三人的除外。 **指引**：双方当事人的相互信任是委托合同赖以订立和存续的基础，所以委托合同强调双方当事人的人身属性。但经过委托人同意或紧急情况下为维护委托人利益需要的，受托人可转委托。 **案例指引**：《国际货运公司诉进出口公司货代理合同纠纷案》① **案例要旨**：转委托受托人与原委托人不存在直接的权利义务关系，未经委托合同原委托人的同意，受托人转委托给第三人的，转委托受托人不能直接向原委托人主张权利而主张报酬。	接指示转委托的第三人，代理人仅就第三人的选任以及对第三人的指示承担责任。 转委托代理未经被代理人同意或者追认的，代理人应当对转委托的第三人的行为承担责任；但是，在紧急情况下代理人为了维护被代理人的利益需要转委托第三人代理的除外。 《海上货运代理纠纷解释》（2020 年修正） **第 5 条**　委托人与货运代理企业约定了转委托权限，当事人就权限范围内的海上货运代理事务主张委托人同意转委托的，人民法院应予支持。没有约定转委托权限，货运代理企业或第三人以委托人知道货运代理企业将海上货运代理事务转委托或部分转委托第三人处理而未表示反对为由，主张委托人同意转委托的，人民法院不予支持，但委托人的行为明确表明其接受转委托的除外。
第九百二十四条【受托人的报告义务】 　受托人应当按照委托人的要求，报告委托事务的处理情况。委托合同终止时，受托人应当报告委托事务的结果。 　**指引**：本条规定了受托人的报告义务。合同终止时报过委托事务的结果，应包括处理事务有关经过和具体的结果。相关结果需要证明的，还应	

---

①　最高人民法院中国应用法学研究所编：《人民法院案例选（分类重排本）》，人民法院出版社 2017 年版，第 4385 页。

《民法典》合同编	关联规定
提交必要的书面材料和证明文件等。 　　**案例指引**：《宁波天然国际贸易有限公司诉天津泛艺国际货运代理服务有限公司宁波分公司货运代理合同违约赔偿纠纷案》① 　　**案例要旨**：货运代理人应当根据按照委托人的要求，及时地联系承运人并安排货物出运。当某项代理事项因某客观因素的主导作用而未能完成，如国家外贸、财政政策的变更，造成船期紧张，而未能按期订舱出运。此时，货运代理人应将该情况明确告知委托人，便于委托人及时调整或作出新的决策。货运代理人未按指示日期出运货物，导致委托人重新安排出口配额的，如果货运代理人未履行通知义务从而导致损害结果进一步发生，则货运代理人具有一定过错，应承担相应赔偿责任。	
第九百二十五条【受托人以自己名义从事受托事务的法律效果】　受托人以自己的名义，在委托人的授权范围内与第三人订立的合同，第三人在订立合同时知道受托人与委托人之间的代理关系的，该合同直接约束委托人和第三人；但是，有确切证据证明该合同只约束受托人和第三人的除外。 　　**指引**：本条规定合同直接约束委托人与第三人需同时满足：（1）受托人未超出委托人的授权范围，与第三人订立	

---

① 最高人民法院中国应用法学研究所编：《人民法院案例选》，人民法院出版社2010年版，第176页。

《民法典》合同编	关联规定
合同；（2）第三人"在订立合同时"（事后知道不可）即"知道"受托人是委托人的代理人。另，"有确切证据证明"该合同只约束受托人与第三人的除外。"有确切证据证明"，主要是指合同中有明确约定或交易习惯证明等。	《民法典》 第 162 条　代理人在代理权限内，以被代理人名义实施的民事法律行为，对被代理人发生效力。
第九百二十六条【委托人的介入权与第三人的选择权】　受托人以自己的名义与第三人订立合同时，第三人不知道受托人与委托人之间的代理关系的，受托人因第三人的原因对委托人不履行义务，受托人应当向委托人披露第三人，委托人因此可以行使受托人对第三人的权利。但是，第三人与受托人订立合同时如果知道该委托人就不会订立合同的除外。 　　受托人因委托人的原因对第三人不履行义务，受托人应当向第三人披露委托人，第三人因此可以选择受托人或者委托人作为相对人主张其权利，但是第三人不得变更选定的相对人。 　　委托人行使受托人对第三人的权利的，第三人可以向委托人主张其对受托人的抗辩。第三人选定委托人作为其相对人的，委托人可以向第三人主张其对受托人的抗辩以及受托人对第三人的抗辩。 　　**指引：**本条规定了委托人介入权和第三人选择权，从另一角度看，也属于受托人披露义务的规定。该条具体包括委托人可依法行使受托人对第三人的权利、第三人可依法选择受托人或委托人	《民法典》 第 162 条　代理人在代理权限内，以被代理人名义实施的民事法律行为，对被代理人发生效力。 **《公司法解释三》**（2020 年修正） **第 2 条**　发起人为设立公司以自己名义对外签订合同，合同相对人请求该发起人承担合同责任的，人民法院应予支持；公司成立后合同相对人请求公司承担合同责任的，人民法院应予支持。

《民法典》合同编	关联规定
作为相对人主张其权利、委托人可依法向第三人主张其对受托人的抗辩以及受托人对第三人的抗辩的权利。委托人行使介入权的，应通知受托人与第三人。第三人得到通知后，除订立合同时如果知道该委托人就不会订立合同的情况外，委托人取代受托人的地位，即合同对委托人与第三人具有了约束力。此外，委托人行使介入权或者第三人行使选择权，被请求的对方可以行使本条规定的抗辩权。 **案例指引**：《上海闽路润贸易有限公司与上海钢翼贸易有限公司买卖合同纠纷案》【《最高人民法院公报》2016年第1期】 **案例要旨**：受托人以自己的名义与第三人订立合同时，第三人不知道受托人与委托人之间的代理关系的，合同约束受托人与第三人。受托人因第三人的原因对委托人不履行义务，受托人向委托人披露第三人后，委托人可以选择是否行使介入权：委托人行使介入权的，则合同直接约束委托人与第三人，委托人可以要求第三人向其承担违约责任；委托人不行使介入权的，根据合同的相对性原则，合同仍约束受托人与第三人，受托人可以向第三人主张违约责任，受托人与委托人之间的纠纷根据委托合同的约定另行解决。	
第九百二十七条【财产转交义务】 受托人处理委托事务取得的财产，应当转交给委托人。	

《民法典》合同编	关联规定
指引：本条"取得的财产"系广义概念，包括取得的金钱、实物及金钱与实物所生的孳息，以及其他方面的财产性权利。此外，本条不仅适用于受托人，也适用于转委托的第三人。	
第九百二十八条【委托人支付报酬的义务】　受托人完成委托事务的，委托人应当按照约定向其支付报酬。 　　因不可归责于受托人的事由，委托合同解除或者委托事务不能完成的，委托人应当向受托人支付相应的报酬。当事人另有约定的，按照其约定。 　　**指引**：本条所谓报酬，包括合同约定的报酬，或者合同没有约定，但依习惯或者依据委托事务的性质需要由委托人给付报酬。第2款中"不可归责于受托人的事由"包括两种：一是委托人的原因；二是客观上原因，如发生不可抗力、委托人死亡、破产等使得受托人依法解除合同或者无法履行合同。 　　**案例指引**：《某律师事务所诉保险公司徐州中心支公司诉讼代理合同纠纷案》【《江苏省高级人民法院公报》参阅案例；(2005)徐民二终字630号】 　　**案例要旨**：《常年法律顾问合同书》约定委托人委托代理人办理个案时，代理人按规定优惠收费，委托人作为案件被告、被申诉人、被申请人的个案，代理人按当地执业律师业务收费标准减半收取律师费的，应视为代理人代理个案的，委托人除应支付法律顾问费外还需支付个案代理费。	《海上货运代理纠纷解释》(2020年修正) 第9条　货运代理企业按照概括委托权限完成海上货运代理事务，请求委托人支付相关合理费用的，人民法院应予支持。

续表

《民法典》合同编	关联规定
第九百二十九条【受托人赔偿责任】 　　有偿的委托合同，因受托人的过错造成委托人损失的，委托人可以请求赔偿损失。无偿的委托合同，因受托人的故意或者重大过失造成委托人损失的，委托人可以请求赔偿损失。 　　受托人超越权限造成委托人损失的，应当赔偿损失。 　　**指引**：无偿委托中，受托人仅在故意和重大过失时承担损害赔偿责任。而有偿委托中，受托人负有较高的注意义务，在处理委托事务时只要有过错并因此造成损失的，即使只是一般过失，也应承担赔偿责任。受托人超越权限给委托人造成损失的，无论有偿还是无偿，都应赔偿损失。 　　**案例指引**：《苏州阳光新地置业有限公司新地中心酒店诉苏州文化国际旅行社有限公司新区塔园路营业部、苏州文化国际旅行社有限公司委托合同纠纷案》【《最高人民法院公报2012年第8期》】 　　**案例要旨**：旅游公司借用星级酒店POS机（刷卡机）进行刷卡，并在星级酒店获得银行刷卡预付款项后与星级酒店进行结算，在款项的收取和结算上与星级酒店形成委托合同关系。由于星级酒店与银行就境外信用卡POS机机（刷卡机）刷卡签有特约商户协议，对境外银行卡的受理条件、操作流程、风险防范和控制有专门的约定，并对酒店刷卡人员进行了专业的培训，因此星级酒店在有关境外信	**《民法典》** **第164条**　代理人不履行或者不完全履行职责，造成被代理人损害的，应当承担民事责任。 　　代理人和相对人恶意串通，损害被代理人合法权益的，代理人和相对人应当承担连带责任。 **《公司法》**（2018年修正） **第149条**　董事、监事、高级管理人员执行公司职务时违反法律、行政法规或者公司章程的规定，给公司造成损失的，应当承担赔偿责任。 **《海上货运代理纠纷解释》**（2020年修正） **第10条**　委托人以货运代理企业处理海上货运代理事务给委托人造成损失为由，主张由货运代理企业承担相应赔偿责任的，人民法院应予支持，但货运代理企业证明其没有过错的除外。 **第11条**　货运代理企业未尽谨慎义务，与未在我国交通主管部门办理提单登记的无船承运业务经营者订立海上货物运输合同，造成委托人损失的，应承担相应的赔偿责任。

续表

《民法典》合同编	关联规定
用卡的刷卡业务上具有一般商事主体不具备的专业知识和风险防控能力。星级酒店在受委托操作 POS 机刷卡时，特别是受理如"无卡无密"这种风险较高的境外信用卡刷卡业务时，应进行认真核查，负有审慎和风险告知的义务。否则即构成重大过失，应对完成委托事务过程中造成的损害承担相应的赔偿责任。	
第九百三十条【委托人的赔偿责任】 受托人处理委托事务时，因不可归责于自己的事由受到损失的，可以向委托人请求赔偿损失。 　**指引：**受托人请求委托人赔偿其损失，需满足以下条件：（1）受托人需有损失的存在，包括财产或人身上的。（2）损失系基于不可归责于受托人的原因，即受托人不存在主观上的故意或过失。（3）受托人损失发生在处理委托事务的过程中。 　**案例指引：**《拍卖公司诉信用合作社联合营业部委托拍卖合同纠纷案》① 　**案例要旨：**因司法行为导致委托拍卖合同履行不能，且双方均无过错，则拍卖方可以要求委托拍卖人赔偿其因拍卖合同履行不能而遭受的损失。	

---

① 《拍卖公司诉信用合作社联合营业部委托拍卖合同纠纷案》，载《人民司法·案例》2009 年第 22 期。

《民法典》合同编	关联规定
第九百三十一条【委托人另行委托他人处理事务】 委托人经受托人同意，可以在受托人之外委托第三人处理委托事务。因此造成受托人损失的，受托人可以向委托人请求赔偿损失。 **指引：** 委托合同具有严格的人身属性，故委托人要把事务再委托他人，需征得受托人同意。委托人将委托事务委托第三人进行处理，可能会给受托人造成一定的损失，故即使经受托人同意，受托人也可请求赔偿。	
第九百三十二条【共同委托】 两个以上的受托人共同处理委托事务的，对委托人承担连带责任。 **指引：** 多个受托人共同处理委托事务的，无论委托人的损失出于哪个受托人过错，也无论各受托人内部是否约定了对委托事务的处理权限和责任承担，除委托人与受托人有特别约定外，所有受托人都应对委托人承担连带责任。 **案例指引：**《钢铁公司诉国际贸易公司、实业有限公司、张某某委托合同纠纷案》【上海市高级人民法院参考性案例 47 号；（2013）沪高民二（商）终字第 32 号】 **案例要旨：** 共同受托是指委托合同中存在多个受托人，各受托人对委托事务享有共同的权利义务和平等的处理权。例如，委托合同对于各受托人的委托事务范围和处理权限作出明确划分的，并不构成合同法第 409 条所指的"共同处理委托事务"，各受托人应根据各自过错对委托人承担相应责任。	《民法典》 **第 166 条** 数人为同一代理事项的代理人的，应当共同行使代理权，但是当事人另有约定的除外。

续表

《民法典》合同编	关联规定
第九百三十三条 【委托合同解除】 委托人或者受托人可以随时解除委托合同。因解除合同造成对方损失的，除不可归责于该当事人的事由外，无偿委托合同的解除方应当赔偿因解除时间不当造成的直接损失，有偿委托合同的解除方应当赔偿对方的直接损失和合同履行后可以获得的利益。 　　**指引：**本条规定了委托合同中双方的任意解除权，即委托人或受托人可单方解除委托合同，无须征得另一方的同意就发生法律效力。因解除合同给对方造成损失的，除了不可归责于该当事人的事由以外，应予赔偿。无偿委托中，赔偿范围仅限于直接损失；有偿委托中，赔偿范围还包括间接损失，即可获得的利益。 　　**案例指引：**《轮胎公司诉轮胎有限公司违约赔偿案》① 　　**案例要旨：**委托合同中双方当事人均享有任意解除权，但是销售总代理协议中约定了独家代理权而独家代理协议又无明确的终止期，此时可以认定为委托合同双方放弃了任意解除权，倘若一方当事人以实际行为违反协议中的约定的，则应当承担相应的违约责任。在一方违约之后，另一方也要采取相应的措施（如调整经营策略等）来尽量减少损失的扩大，违约一方对另一方因未履行减损义务而造成的损失扩大部分不承担赔偿责任。	《民法典》 **第563条**　有下列情形之一的，当事人可以解除合同： 　　（一）因不可抗力致使不能实现合同目的； 　　（二）在履行期限届满前，当事人一方明确表示或者以自己的行为表明不履行主要债务； 　　（三）当事人一方迟延履行主要债务，经催告后在合理期限内仍未履行； 　　（四）当事人一方迟延履行债务或者有其他违约行为致使不能实现合同目的； 　　（五）法律规定的其他情形。 　　以持续履行的债务为内容的不定期合同，当事人可以随时解除合同，但是应当在合理期限之前通知对方。 **第584条**　当事人一方不履行合同义务或者履行合同义务不符合约定，造成对方损失的，损失赔偿额应当相当于因违约所造成的损失，包括合同履行后可以获得的利益；但是，不得超过违约一方订立合同时预见到或者应当预见到的因违约可能造成的损失。

　　① 最高人民法院中国应用法学研究所编：《人民法院案例选》，人民法院出版社2003年版，第106页。

《民法典》合同编	关联规定
第九百三十四条【委托合同的终止】 委托人死亡、终止或者受托人死亡、丧失民事行为能力、终止的，委托合同终止；但是，当事人另有约定或者根据委托事务的性质不宜终止的除外。 **指引**：委托合同成立以双方信任为基础，如果当事人一方死亡、丧失行为能力或者破产，其继承人、法定代理人与合同的另一方当事人能否互相信任还是未知数，故委托合同应终止。当然，本条也规定了两个例外情况。	**《民法典》** **第 173 条** 有下列情形之一的，委托代理终止： （一）代理期限届满或者代理事务完成； （二）被代理人取消委托或者代理人辞去委托； （三）代理人丧失民事行为能力； （四）代理人或者被代理人死亡； （五）作为代理人或者被代理人的法人、非法人组织终止。 **第 174 条** 被代理人死亡后，有下列情形之一的，委托代理人实施的代理行为有效： （一）代理人不知道且不应当知道被代理人死亡； （二）被代理人的继承人予以承认； （三）授权中明确代理权在代理事务完成时终止； （四）被代理人死亡前已经实施，为了被代理人的继承人的利益继续代理。 作为被代理人的法人、非法人组织终止的，参照适用前款规定。
第九百三十五条【受托终止后受托人继续处理委托事务的事由】 因委托人死亡或者被宣告破产、解散，致使委托合同终止将损害委托人利益的，在委托人的继承人、遗产管理人或者清算人承受委托事务之前，受托人应当继续处理委托事务。 **指引**：一般认为，受托人应采取	**《民法典》** **第 174 条** 被代理人死亡后，有下列情形之一的，委托代理人实施的代理行为有效： （一）代理人不知道且不应当知道被代理人死亡； （二）被代理人的继承人予以承认； （三）授权中明确代理事

《民法典》合同编	关联规定
相应的措施保护委托人的利益，直至委托人的继承人、遗产管理人、清算人承受委托事务之时。而受托人继续处理事务，若委托合同为有偿，仍得请求支付报酬。	务完成时终止； （四）被代理人死亡前已经实施，为了被代理人的继承人的利益继续代理。 作为被代理人的法人、非法人组织终止的，参照适用前款规定。
第九百三十六条【受托终止后受托人继承人等的义务】　因受托人死亡、丧失民事行为能力或者被宣告破产、解散，致使委托合同终止的，受托人的继承人、遗产管理人、法定代理人或者清算人应当及时通知委托人。因委托合同终止将损害委托人利益的，在委托人作出善后处理之前，受托人的继承人、遗产管理人、法定代理人或者清算人应当采取必要措施。 　　**指引**：受托人死亡、丧失民事行为能力或者被宣告破产、解散的，其继承人、遗产管理人、法定代理人或清算人有通知委托人的义务，以及采取必要措施，如保管好委托事务有关的单证和资料及委托事务的财产义务。	《民法典》 **第 164 条**　代理人不履行或者不完全履行职责，造成被代理人损害的，应当承担民事责任。 　　代理人和相对人恶意串通，损害被代理人合法权益的，代理人和相对人应当承担连带责任。 **第 558 条**　债权债务终止后，当事人应当遵循诚信等原则，根据交易习惯履行通知、协助、保密、旧物回收等义务。 **第 1148 条**　遗产管理人应当依法履行职责，因故意或者重大过失造成继承人、受遗赠人、债权人损害的，应当承担民事责任。 《公司法》（2018 年修正） **第 189 条**　清算组成员应当忠于职守，依法履行清算义务。 　　清算组成员不得利用职权收受贿赂或者其他非法收入，不得侵占公司财产。 　　清算组成员因故意或者重大过失给公司或者债权人造成损失的，应当承担赔偿责任。

《民法典》合同编	关联规定
第二十四章 物业服务合同	
第九百三十七条【物业服务合同的定义】 物业服务合同是物业服务人在物业服务区域内,为业主提供建筑物及其附属设施的维修养护、环境卫生和相关秩序的管理维护等物业服务,业主支付物业费的合同。 物业服务人包括物业服务企业和其他管理人。 **指引**:物业服务合同属双务、有偿、要式、继续性合同。广义的物业服务合同主要可以分成两类,即前期由建设单位与物业服务人订立的前期物业服务合同,以及后期业主通过业主委员会或者业主大会与物业服务人订立的物业服务合同。狭义的物业服务合同仅指后者,也可称为普通物业服务合同。本条规定的物业服务合同指广义上的物业服务合同,本章的规定一般也适用于包括前期物业服务合同在内的广义上的物业服务合同。	**《民法典》** **第 284 条** 业主可以自行管理建筑物及其附属设施,也可以委托物业服务企业或者其他管理人管理。 对建设单位聘请的物业服务企业或者其他管理人,业主有权依法更换。 **《物业管理条例》**(2018 年修订) **第 2 条** 本条例所称物业管理,是指业主通过选聘物业服务企业,由业主和物业服务企业按照物业服务合同约定,对房屋及配套的设施设备和相关场地进行维修、养护、管理,维护物业管理区域内的环境卫生和相关秩序的活动。 **《物业服务纠纷解释》**(2020 年修正) **第 4 条** 因物业的承租人、借用人或者其他物业使用人实施违反物业服务合同,以及法律、法规或者管理规约的行为引起的物业服务纠纷,人民法院可以参照关于业主的规定处理。
第九百三十八条【物业服务合同的内容与形式】 物业服务合同的内容一般包括服务事项、服务质量、服务费用的标准和收取办法、维修资金的使用、服务用房的管理和使用、服务期限、服务交接等条款。 物业服务人公开作出的有利于业主的服务承诺,为物业服务合同的组成部分。 物业服务合同应当采用书面形式。	**《民法典》** **第 490 条** 当事人采用合同书形式订立合同的,自当事人均签名、盖章或者按指印时合同成立。在签名、盖章或者按指印之前,当事人一方已经履行主要义务,对方接受时,该合同成立。 法律、行政法规规定或者当事人约定合同应当采用书面形式订立,当事人未采用书面形式但是一方已经履行主要义务,对方接受时,该合同成立。

续表

《民法典》合同编	关联规定
指引：服务承诺作为物业服务合同的组成部分，需具备如下条件：（1）须是公开作出的；（2）是物业服务人的真实意思表示；（3）应有利于业主；（4）须清晰明确；（5）不违反法律、行政法规的强制性规定，不违背公序良俗。	《物业服务纠纷解释》（2020年修正） **第1条**　业主违反物业服务合同或者法律、法规、管理规约，实施妨碍物业服务与管理的行为，物业服务人请求业主承担停止侵害、排除妨碍、恢复原状等相应民事责任的，人民法院应予支持。 《物业管理条例》（2018年修订） **第21条**　在业主、业主大会选聘物业服务企业之前，建设单位选聘物业服务企业的，应当签订书面的前期物业服务合同。 **第34条**　业主委员会应当与业主大会选聘的物业服务企业订立书面的物业服务合同。 　　物业服务合同应当对物业管理事项、服务质量、服务费用、双方的权利义务、专项维修资金的管理与使用、物业管理用房、合同期限、违约责任等内容进行约定。
第九百三十九条【物业服务合同的约束力】　　建设单位依法与物业服务人订立的前期物业服务合同，以及业主委员会与业主大会依法选聘的物业服务人订立的物业服务合同，对业主具有法律约束力。 　　**指引**：前期物业服务合同、业主委员会与物业服务人订立的物业服务合同，不仅对建设单位或业主委员会、物业服务人具有法律约束力，对业主也具有法律约束力，业主不能以非合同当事人为由提出抗辩，也不能仅以未享受或无须接受相关物业服务为由拒绝交纳物业费。	《民法典》 **第278条**　下列事项由业主共同决定： 　　（一）制定和修改业主大会议事规则； 　　（二）制定和修改管理规约； 　　（三）选举业主委员会或者更换业主委员会成员； 　　（四）选聘和解聘物业服务企业或者其他管理人； 　　（五）使用建筑物及其附属设施的维修资金； 　　（六）筹集建筑物及其附属设施的维修资金； 　　（七）改建、重建建筑物及其附属设施；

《民法典》合同编	关联规定
	（八）改变共有部分的用途或者利用共有部分从事经营活动； （九）有关共有和共同管理权利的其他重大事项。 　　业主共同决定事项，应当由专有部分面积占比三分之二以上的业主且人数占比三分之二以上的业主参与表决。决定前款第六项至第八项规定的事项，应当经参与表决专有部分面积四分之三以上的业主且参与表决人数四分之三以上的业主同意。决定前款其他事项，应当经参与表决专有部分面积过半数的业主且参与表决人数过半数的业主同意。 **第280条**　业主大会或者业主委员会的决定，对业主具有法律约束力。 　　业主大会或者业主委员会作出的决定侵害业主合法权益的，受侵害的业主可以请求人民法院予以撤销。 **《物业管理条例》（2018年修订）** **第21条**　在业主、业主大会选聘物业服务企业之前，建设单位选聘物业服务企业的，应当签订书面的前期物业服务合同。 **第25条**　建设单位与物业买受人签订的买卖合同应当包含前期物业服务合同约定的内容。 **《物业服务纠纷解释》（2020年修正）** **第4条**　因物业的承租人、借用人或者其他物业使用人实施违反物业服务合同，以及法律、法规或者管理规约的行为引起的物业服务纠纷，人民法院可以参照关于业主的规定处理。

《民法典》合同编	关联规定
第九百四十条【前期物业服务合同的终止情形】 建设单位依法与物业服务人订立的前期物业服务合同约定的服务期限届满前，业主委员会或者业主与新物业服务人订立的物业服务合同生效的，前期物业服务合同终止。 　　**指引：**前期物业服务合同终止的原因包括以下两种：（1）约定的服务期限届满；（2）服务期限虽未届满，但全体业主通过召开业主大会，选聘新的物业服务人并订立新的物业服务合同，该合同生效时前期物业服务合同终止。前期物业服务合同具有过渡性质，期限一般较短。期限届满后，若没有订立新的物业服务业合同，也没有通过约定延长物业服务合同的服务期限，则前期物业服务合同终止，物业服务人应退出物业服务区域，并做好交接手续。	**《民法典》** **第 284 条** 业主可以自行管理建筑物及其附属设施，也可以委托物业服务企业或者其他管理人管理。 　　对建设单位聘请的物业服务企业或者其他管理人，业主有权依法更换。 **《物业管理条例》**（2018 年修订） **第 21 条** 在业主、业主大会选聘物业服务企业之前，建设单位选聘物业服务企业的，应当签订书面的前期物业服务合同。 **第 26 条** 前期物业服务合同可以约定期限；但是，期限未满、业主委员会与物业服务企业签订的物业服务合同生效的，前期物业服务合同终止。
第九百四十一条【物业服务合同的转委托】 物业服务人将物业服务区域内的部分专项服务事项委托给专业性服务组织或者其他第三人的，应当就该部分专项服务事项向业主负责。 　　物业服务人不得将其应当提供的全部物业服务转委托给第三人，或者将全部物业服务支解后分别转委托给第三人。 　　**指引：**本条所说的转委托，仅限于物业服务人与业主或者业主委员会签订物业服务合同后，围绕该合同涉及的物业服务具体事项进行的转委托，	**《物业管理条例》**（2018 年修订） **第 39 条** 物业服务企业可以将物业管理区域内的专项服务业务委托给专业性服务企业，但不得将该区域内的全部物业管理一并委托给他人。

续表

《民法典》合同编	关联规定
并非委托合同中的转委托，不适用委托合同关于转委托的相关规则。故物业依据本条转委托的，不必经业主同意，但仍需就该专项服务事项向业主负责。	
第九百四十二条【物业服务人的义务】 　物业服务人应当按照约定和物业的使用性质，妥善维修、养护、清洁、绿化和经营管理物业服务区域内的业主共有部分，维护物业服务区域内的基本秩序，采取合理措施保护业主的人身、财产安全。 　对物业服务区域内违反有关治安、环保、消防等法律法规的行为，物业服务人应当及时采取合理措施制止、向有关行政主管部门报告并协助处理。 　**指引**：本条规定的物业服务人的主要义务包括：（1）对业主共有部分的管理和维护。（2）维护物业服务区域内的基本秩序。（3）保护业主的人身财产安全。未尽到安全保障义务，致业主人身财产受到侵害的，应承担违约责任。符合侵权责任要件时，系违约责任与侵权责任的竞合，受损业主可选择。（4）对违法行为的制止、报告等义务。	**《物业管理条例》**（2018年修订） **第2条**　本条例所称物业管理，是指业主通过选聘物业服务企业，由业主和物业服务企业按照物业服务合同约定，对房屋及配套的设施设备和相关场地进行维修、养护、管理，维护物业管理区域内的环境卫生和相关秩序的活动。 **第35条**　物业服务企业应当按照物业服务合同的约定，提供相应的服务。 　物业服务企业未能履行物业服务合同的约定，导致业主人身、财产安全受到损害的，应当依法承担相应的法律责任。 **第45条**　对物业管理区域内违反有关治安、环保、物业装饰装修和使用等方面法律、法规规定的行为，物业服务企业应当制止，并及时向有关行政管理部门报告。 　有关行政管理部门在接到物业服务企业的报告后，应当依法对违法行为予以制止或者依法处理。 **第46条**　物业服务企业应当协助做好物业管理区域内的安全防范工作。发生安全事故时，物业服务企业在采取应急措施的同时，应当及时向有关行政管理部门报告，协助做好救助工作。

《民法典》合同编	关联规定
	物业服务企业雇请保安人员的，应当遵守国家有关规定。保安人员在维护物业管理区域内的公共秩序时，应当履行职责，不得侵害公民的合法权益。 **第 47 条** 物业使用人在物业管理活动中的权利义务由业主和物业使用人约定，但不得违反法律、法规和管理规约的有关规定。 物业使用人违反本条例和管理规约的规定，有关业主应当承担连带责任。 **《物业服务纠纷解释》（2020 年修正）** **第 1 条** 业主违反物业服务合同或者法律、法规、管理规约，实施妨碍物业服务与管理的行为，物业服务人请求业主承担停止侵害、排除妨碍、恢复原状等相应民事责任的，人民法院应予支持。
第九百四十三条【物业服务人的信息公开义务】 物业服务人应当定期将服务的事项、负责人、质量要求、收费项目、收费标准、履行情况，以及维修资金使用情况、业主共有部分的经营与收益情况等以合理方式向业主公开并向业主大会、业主委员会报告。 **指引**：本条所谓的公开，是指向业主公开而非其他社会公众。公开及报告的具体内容、范围、方式、时间等，可在物业服务合同中约定。涉及业主共同财产或共同利益的重要情况，也应及时向业主公开，向业主大会或业主委员会报告。	**《民法典》** **第 281 条** 建筑物及其附属设施的维修资金，属于业主共有。经业主共同决定，可以用于电梯、屋顶、外墙、无障碍设施等共有部分的维修、更新和改造。建筑物及其附属设施的维修资金的筹集、使用情况应当定期公布。 紧急情况下需要维修建筑物及其附属设施的，业主大会或者业主委员会可以依法申请使用建筑物及其附属设施的维修资金。 **第 285 条** 物业服务企业或者其他管理人根据业主的委托，依照本法第三编有关物业服务合同的规定管理建筑

《民法典》合同编	关联规定
	区划内的建筑物及其附属设施，接受业主的监督，并及时答复业主对物业服务情况提出的询问。 物业服务企业或者其他管理人应当执行政府依法实施的应急处置措施和其他管理措施，积极配合开展相关工作。 **《建筑物区分所有权解释》**（2020 年修正） **第 13 条** 业主请求公布、查阅下列应当向业主公开的情况和资料的，人民法院应予支持： （一）建筑物及其附属设施的维修资金的筹集、使用情况； （二）管理规约、业主大会议事规则，以及业主大会或者业主委员会的决定及会议记录； （三）物业服务合同、共有部分的使用和收益情况； （四）建筑区划内规划用于停放汽车的车位、车库的处分情况； （五）其他应当向业主公开的情况和资料。 **《物业服务纠纷解释》**（2020 年修正） **第 2 条** 物业服务人违反物业服务合同约定或者法律、法规、部门规章规定，擅自扩大收费范围、提高收费标准或者重复收费，业主以违规收费为由提出抗辩的，人民法院应予支持。 业主请求物业服务人退还其已经收取的违规费用的，人民法院应予支持。 **《物业管理条例》**（2018 年修订） **第 6 条** 房屋的所有权人为业主。

《民法典》合同编	关联规定
	业主在物业管理活动中，享有下列权利： （一）按照物业服务合同的约定，接受物业服务企业提供的服务； （二）提议召开业主大会会议，并就物业管理的有关事项提出建议； （三）提出制定和修改管理规约、业主大会议事规则的建议； （四）参加业主大会会议，行使投票权； （五）选举业主委员会成员，并享有被选举权； （六）监督业主委员会的工作； （七）监督物业服务企业履行物业服务合同； （八）对物业共用部位、共用设施设备和相关场地使用情况享有知情权和监督权； （九）监督物业共用部位、共用设施设备专项维修资金（以下简称专项维修资金）的管理和使用； （十）法律、法规规定的其他权利。 **第 15 条** 业主委员会执行业主大会的决定事项，履行下列职责： （一）召集业主大会会议，报告物业管理的实施情况； （二）代表业主与业主大会选聘的物业服务企业签订物业服务合同； （三）及时了解业主、物业使用人的意见和建议，监督和协助物业服务企业履行物业服务合同； （四）监督管理规约的实施； （五）业主大会赋予的其他职责。

续表

《民法典》合同编	关联规定
第九百四十四条【支付物业费义务】 　　业主应当按照约定向物业服务人支付物业费。物业服务人已经按照约定和有关规定提供服务的，业主不得以未接受或者无需接受相关物业服务为由拒绝支付物业费。 　　业主违反约定逾期不支付物业费的，物业服务人可以催告其在合理期限内支付；合理期限届满仍不支付的，物业服务人可以提起诉讼或者申请仲裁。 　　物业服务人不得采取停止供电、供水、供热、供燃气等方式催交物业费。 　　**指引：**业主应依约支付物业费，不能以无须接受相关物业服务为由拒绝支付物业费。物业服务人不应采用断水、断电等严重影响业主基本生活的方式催交，否则造成业主损失的，应承担赔偿责任。对逾期未支付的业主，物业服务人可通过诉讼或仲裁等合法途径主张权利。 　　**案例指引：**《某物业服务有限公司诉张某物业服务合同纠纷案》① 　　**案例要旨：**分析原房屋占用范围内的土地上实际已不存在房屋时，于房地产登记机构登记的房地产权利人是否仍负有交纳物业费的义务问题，应从三个方面进行考量，一是实际不存在房屋是否影响登记权利人的业主资格；二是物业服务企业与业主之间	**《物业服务纠纷解释》（2020 年修正）** 　　**第 2 条**　物业服务人违反物业服务合同约定或者法律、法规、部门规章规定，擅自扩大收费范围、提高收费标准或者重复收费，业主以违规收费为由提出抗辩的，人民法院应予支持。 　　业主请求物业服务人退还其已经收取的违规费用的，人民法院应予支持。 　　**第 3 条**　物业服务合同的权利义务终止后，业主请求物业服务人退还已经预收，但尚未提供物业服务期间的物业费的，人民法院应予支持。 　　**《物业管理条例》（2018 年修订）** 　　**第 7 条**　业主在物业管理活动中，履行下列义务： 　　…… 　　（五）按时交纳物业服务费用； 　　…… 　　**第 40 条**　物业服务收费应当遵循合理、公开以及费用与服务水平相适应的原则，区别不同物业的性质和特点，由业主和物业服务企业按照国务院价格主管部门会同国务院建设行政主管部门制定的物业服务收费办法，在物业服务合同中约定。 　　**第 41 条**　业主应当根据物业服务合同的约定交纳物业服务费用。业主与物业使用人约定由物业使用人交纳物业服务费用的，从其约定，业主负连带交纳责任。

---

　　① 《某物业服务有限公司诉张某物业服务合同纠纷案》，载《人民法院报》2011 年 12 月 1 日第 7 版。

《民法典》合同编	关联规定
的物业服务合同在相关期间是否存在；三是物业服务企业是否依约完成物业服务内容。	已竣工但尚未出售或者尚未交给物业买受人的物业，物业服务费用由建设单位交纳。 **第42条**　县级以上人民政府价格主管部门会同同级房地产行政主管部门，应当加强对物业服务收费的监督。 **第44条**　物业管理区域内，供水、供电、供气、供热、通信、有线电视等单位应当向最终用户收取有关费用。 　　物业服务企业接受委托代收前款费用的，不得向业主收取手续费等额外费用。 **第64条**　违反物业服务合同约定，业主逾期不交纳物业服务费用的，业主委员会应当督促其限期交纳；逾期仍不交纳的，物业服务企业可以向人民法院起诉。
第九百四十五条【业主的告知、协助义务】　业主装饰装修房屋的，应当事先告知物业服务人，遵守物业服务人提示的合理注意事项，并配合其进行必要的现场检查。 　　业主转让、出租物业专有部分、设立居住权或者依法改变共有部分用途的，应当及时将相关情况告知物业服务人。 　　**指引**：所谓重要事项，包括装饰装修房屋，转让、出租物业专有部分，设立居住权或依法改变共有部分用途等。因出现上述情况时，可能会影响到其他业主的合法权益，影响到物业服务人对全体业主的物业服务及对小区物业的管理。	《民法典》 **第278条**　下列事项由业主共同决定： 　　…… 　　（七）改建、重建建筑物及其附属设施； 　　（八）改变共有部分的用途或者利用共有部分从事经营活动； 　　（九）有关共有和共同管理权利的其他重大事项。 　　业主共同决定事项，应当由专有部分面积占比三分之二以上的业主且人数占比三分之二以上的业主参与表决。决定前款第六项至第八项规定的事项，应当经参与表决专有部分面积四分之三以上的业主且参与表决人数四分之三以上的业主同意。决定前款

续表

《民法典》合同编	关联规定
	其他事项，应当经参与表决专有部分面积过半数的业主且参与表决人数过半数的业主同意。 **《物业管理条例》（2018 修正）** **第 45 条**　对物业管理区域内违反有关治安、环保、物业装饰装修和使用等方面法律、法规规定的行为，物业服务企业应当制止，并及时向有关行政管理部门报告。 　　有关行政管理部门在接到物业服务企业的报告后，应当依法对违法行为予以制止或者依法处理。 **第 49 条**　物业管理区域内按照规划建设的公共建筑和共用设施，不得改变用途。 　　业主依法确需改变公共建筑和共用设施用途的，应当在依法办理有关手续后告知物业服务企业；物业服务企业确需改变公共建筑和共用设施用途的，应当提请业主大会讨论决定同意后，由业主依法办理有关手续。 **第 50 条**　业主、物业服务企业不得擅自占用、挖掘物业管理区域内的道路、场地，损害业主的共同利益。 　　因维修物业或者公共利益，业主确需临时占用、挖掘道路、场地的，应当征得业主委员会和物业服务企业的同意；物业服务企业确需临时占用、挖掘道路、场地的，应当征得业主委员会的同意。 　　业主、物业服务企业应当将临时占用、挖掘的道路、场地，在约定期限内恢复原状。

《民法典》合同编	关联规定
	第 52 条　业主需要装饰装修房屋的，应当事先告知物业服务企业。 　　物业服务企业应当将房屋装饰装修中的禁止行为和注意事项告知业主。
第九百四十六条【业主合同任意解除权】　业主依照法定程序共同决定解聘物业服务人的，可以解除物业服务合同。决定解聘的，应当提前六十日书面通知物业服务人，但是合同对通知期限另有约定的除外。 　　依据前款规定解除合同造成物业服务人损失的，除不可归责于业主的事由外，业主应当赔偿损失。 　　**指引：**本条规定了业主对物业服务合同的任意解除权。此处的业主并非单个业主，而是全体业主，形式方面即由专有部分面积占比 2/3 以上且人数占比 2/3 以上业主参与表决，且需经参与表决的"双过半数"同意。物业服务合同作为继续性合同，合同解除后恢复原状不具有现实意义，故物业服务人可请求相应的损失赔偿，主要是与其已经履行期间的部分合同义务相对应的物业费。	《民法典》 第 278 条　下列事项由业主共同决定： 　　…… 　　（四）选聘和解聘物业服务企业或者其他管理人； 　　…… 　　业主共同决定事项，应当由专有部分面积占比三分之二以上的业主且人数占比三分之二以上的业主参与表决。决定前款第六项至第八项规定的事项，应当经参与表决专有部分面积四分之三以上的业主且参与表决人数四分之三以上的业主同意。决定前款其他事项，应当经参与表决专有部分面积过半数的业主且参与表决人数过半数的业主同意。 第 565 条　当事人一方依法主张解除合同的，应当通知对方。合同自通知到达对方时解除；通知载明债务人在一定期限内不履行债务则合同自动解除，债务人在该期限内未履行债务的，合同自通知载明的期限届满时解除。对方对解除合同有异议的，任何一方当事人均可以请求人民法院或者仲裁机构确认解除行为的效力。 　　当事人一方未通知对方，直接以提起诉讼或者申请仲裁的方式依法主张解除合同，人民法院或者仲裁机构

《民法典》合同编	关联规定
	确认该主张的，合同自起诉状副本或者仲裁申请书副本送达对方时解除。 **第 566 条**　合同解除后，尚未履行的，终止履行；已经履行的，根据履行情况和合同性质，当事人可以请求恢复原状或者采取其他补救措施，并有权请求赔偿损失。 　　合同因违约解除的，解除权人可以请求违约方承担违约责任，但是当事人另有约定的除外。 　　主合同解除后，担保人对债务人应当承担的民事责任仍应当承担担保责任，但是担保合同另有约定的除外。 **第 584 条**　当事人一方不履行合同义务或者履行合同义务不符合约定，造成对方损失的，损失赔偿额应当相当于因违约所造成的损失，包括合同履行后可以获得的利益；但是，不得超过违约一方订立合同时预见到或者应当预见到的因违约可能造成的损失。 **《物业管理条例》（2018 年修订）** **第 11 条**　下列事项由业主共同决定： 　　（一）制定和修改业主大会议事规则； 　　（二）制定和修改管理规约； 　　（三）选举业主委员会或者更换业主委员会成员； 　　（四）选聘和解聘物业服务企业； 　　（五）筹集和使用专项维修资金； 　　（六）改建、重建建筑物及其附属设施； 　　（七）有关共有和共同管理权利的其他重大事项。

《民法典》合同编	关联规定
第九百四十七条 【物业服务人的续聘】 物业服务期限届满前，业主依法共同决定续聘的，应当与原物业服务人在合同期限届满前续订物业服务合同。 物业服务期限届满前，物业服务人不同意续聘的，应当在合同期限届满前九十日书面通知业主或者业主委员会，但是合同对通知期限另有约定的除外。 **指引**：物业服务合同届满前，业主选择续订的，应与物业服务人续订物业服务合同，形式方面也按要求由专有部分面积占比 2/3 以上且人数占比 2/3 以上业主参与表决，经参与表决的"双过半数"同意。物业服务人不同意续聘的，应在合同期满前 90 日书面通知业主或业主委员会。如此规定，是为了此时业主有重新选聘新物业服务人的时间。当然，90 日的期限是任意性规定，双方可以作出特别约定。	**《民法典》** **第 278 条** 下列事项由业主共同决定： …… （四）选聘和解聘物业服务企业或者其他管理人； …… 业主共同决定事项，应当由专有部分面积占比三分之二以上的业主且人数占比三分之二以上的业主参与表决。决定前款第六项至第八项规定的事项，应当经参与表决专有部分面积四分之三以上的业主且参与表决人数四分之三以上的业主同意。决定前款其他事项，应当经参与表决专有部分面积过半数的业主且参与表决人数过半数的业主同意。
第九百四十八条 【不定期物业服务合同的成立与解除】 物业服务期限届满后，业主没有依法作出续聘或者另聘物业服务人的决定，物业服务人继续提供物业服务的，原物业服务合同继续有效，但是服务期限为不定期。 当事人可以随时解除不定期物业服务合同，但是应当提前六十日书面通知对方。 **指引**：物业服务期限届满后未续聘或另聘的，从保护全体业主共同利益服务合同继续有效，但限期为不定	**《民法典》** **第 563 条** 有下列情形之一的，当事人可以解除合同： （一）因不可抗力致使不能实现合同目的； （二）在履行期限届满前，当事人一方明确表示或者以自己的行为表明不履行主要债务； （三）当事人一方迟延履行主要债务，经催告后在合理期限内仍未履行； （四）当事人一方迟延履行债务或者有其他违约行为致使不能实现合同目的；

《民法典》合同编	关联规定
期，双方当事人都可以随时解除物业服务合同，但需提前 60 日书面通知对方。	（五）法律规定的其他情形。 以持续履行的债务为内容的不定期合同，当事人可以随时解除合同，但是应当在合理期限之前通知对方。 **《物业管理条例》（2018 年修订）** **第 38 条** 物业服务合同终止时，物业服务企业应当将物业管理用房和本条例第二十九条第一款规定的资料交还给业主委员会。 物业服务合同终止时，业主大会选聘了新的物业服务企业的，物业服务企业之间应当做好交接工作。
第九百四十九条 【物业服务人的移交义务及法律责任】 物业服务合同终止的，原物业服务人应当在约定期限或者合理期限内退出物业服务区域，将物业服务用房、相关设施、物业服务所必需的相关资料等交还给业主委员会、决定自行管理的业主或者其指定的人，配合新物业服务人做好交接工作，并如实告知物业的使用和管理状况。 原物业服务人违反前款规定的，不得请求业主支付物业服务合同终止后的物业费；造成业主损失的，应当赔偿损失。 **指引：** 物业服务人在物业服务合同终止后，基于本条规定应承担的义务包括：（1）在约定期限或合理期限内退出物业服务区域。（2）妥善移交义务，包括移交物业服务用房和相关设施，以及物业服务所必需的相关资料，配合新物业服务人做好交接工作。	**《民法典》** **第 558 条** 债权债务终止后，当事人应当遵循诚信等原则，根据交易习惯履行通知、协助、保密、旧物回收等义务。 **《物业服务纠纷解释》（2020 年修正）** **第 3 条** 物业服务合同的权利义务终止后，业主请求物业服务人退还已经预收，但尚未提供物业服务期间的物业费的，人民法院应予支持。 **《物业管理条例》（2018 年修订）** **第 29 条** 在办理物业承接验收手续时，建设单位应当向物业服务企业移交下列资料： （一）竣工总平面图，单体建筑、结构、设备竣工图，配套设施、地下管网工程竣工图等竣工验收资料； （二）设施设备的安装、使用和维护保养等技术资料； （三）物业质量保修文件和物业使用说明文件；

《民法典》合同编	关联规定
（3）如实告知物业的使用和管理状况。告知对象，包括全体业主、业主委员会、新的物业服务人。（4）提供服务期间所掌握的有关信息、资料和情况的保密义务。（5）返还占有的属于业主的财产，主要是物业服务人利用业主共有部分从事经营活动获得的收益。（6）退还已预收尚未提供物业服务期间的物业费。 　　**案例指引**：《某大厦业主委员会与物业公司物业服务案》【（2009）民终字第22号】 　　**案例要旨**：物业交接是物业公司在物业服务合同终止后必须承担的义务，该义务实际上即合同法所规定的"附随合同义务"，物业公司为履行该义务给业主造成损害的，应承担赔偿责任。前期物业管理中，业主委员会未备案成立前，物业公司在物业服务合同终止仍应当履行交接义务，此时，其应当将物业管理移交给委托人即开发商。	（四）物业管理所必需的其他资料。 　　物业服务企业应当在前期物业服务合同终止时将上述资料移交给业主委员会。 **第38条**　物业服务合同终止时，物业服务企业应当将物业管理用房和本条例第二十九条第一款规定的资料交还给业主委员会。 　　物业服务合同终止时，业主大会选聘了新的物业服务企业的，物业服务企业之间应当做好交接工作。
第九百五十条【物业服务合同终止后新合同成立前期间的相关事项】　物业服务合同终止后，在业主或者业主大会选聘的新物业服务人或者决定自行管理的业主接管之前，原物业服务人应当继续处理物业服务事项，并可以请求业主支付该期间的物业费。 　　**指引**：本条涉及物业服务人的后合同义务。后合同义务是一个较为宽泛的概念，本条涉及仅是其中部分，即物业服务合同终止后、新服务人接管前，原物业服务人应继续提供物业服务的义务。	《物业服务纠纷解释》（2020年修正） **第3条**　物业服务合同的权利义务终止后，业主请求物业服务人退还已经预收，但尚未提供物业服务期间的物业费的，人民法院应予支持。

续表

《民法典》合同编	关联规定
第二十五章　行纪合同	
第九百五十一条【行纪合同的概念】 　行纪合同是行纪人以自己的名义为委托人从事贸易活动，委托人支付报酬的合同。 　**指引**：行纪合同为诺成、不要式、有偿、双务合同。行纪合同和委托合同都以提供劳务为合同标的，以双方信任为基础，处理一定事务。两者的区别：(1) 行纪合同适用范围更窄，仅限于代销等贸易行为，委托合同适用范围则非常广泛。(2) 行纪合同的受托人只能以自己的名义处理委托事务，而委托合同的受托人处理事务还可以用委托人的名义。(3) 行纪人一般专门从事贸易活动，其开业和经营大多需经有关部门审查、登记，委托合同当事人不必专门从事贸易活动的。(4) 行纪合同是有偿合同，委托合同可以无偿。 　**案例指引**：《商贸责任公司诉某超市等行纪合同案》① 　**案例要旨**：当事人一方根据另一方的委托，以自己的名义为其寄售商品并收取报酬，双方之间的意思表示真实一致，该关系所生权利和义务最终归属委托人承受，受托人为委托人所售商品的所有权归委托人享有，故双方所订立的合同不符合买卖合同的特征，而符合行纪合同的法律特征，应界定为行纪合同。	

① 国家法官学院、中国人民大学法学院编：《中国审判案例要览（2012年商事审判案例卷）》，中国人民大学出版社2014年版，第134页。

《民法典》合同编	关联规定
第九百五十二条【行纪人的费用负担】 行纪人处理委托事务支出的费用，由行纪人负担，但是当事人另有约定的除外。 **指引**：行纪人处理委托事务支出的费用指的是行纪人的经营成本，包括了经营风险、行纪活动支出的诸如交通费、差旅费等费用。行纪人的经营成本一般计算在委托人支付的报酬之中。	
第九百五十三条【行纪人保管义务】 行纪人占有委托物的，应当妥善保管委托物。 **指引**：本条所称"妥善保管"，是指行纪人要像保管自己的物品一样保管好委托物。即以善良管理人应有的注意义务进行保管。本条所称"委托物"，不仅包括一般意义上的物，还应包括委托人交付行纪人的金钱及权利凭证等。	
第九百五十四条【行纪人处置委托物义务】 委托物交付给行纪人时有瑕疵或者容易腐烂、变质的，经委托人同意，行纪人可以处分该物；不能与委托人及时取得联系的，行纪人可以合理处分。 **指引**：本条所称"合理处分"中的"合理"，应以善良管理人的标准来衡量，根据委托物的实际情况决定处分的价格和方式等。本条内容既是行纪人应履行的义务，其实也是其一种权利。	

《民法典》合同编	关联规定
第九百五十五条【行纪人按指定价格买卖的义务】 行纪人低于委托人指定的价格卖出或者高于委托人指定的价格买入的，应当经委托人同意；未经委托人同意，行纪人补偿其差额的，该买卖对委托人发生效力。 行纪人高于委托人指定的价格卖出或者低于委托人指定的价格买入的，可以按照约定增加报酬；没有约定或者约定不明确，依据本法第五百一十条的规定仍不能确定的，该利益属于委托人。 委托人对价格有特别指示的，行纪人不得违背该指示卖出或者买入。 **指引：** 行纪人不按照指定价格进行买卖，若对委托人不利，在卖出、买入前应及时报告委托人，取得其同意，否则需自己补偿差额后才对委托人发生效力。若对委托人有利，行纪人可依约要求增加报酬，没有约定的可达成补充协议，不能达成协议，且依照本法第510条仍不能确定的，多收入或者结余的价款应属于委托人。	**《民法典》** **第510条** 合同生效后，当事人就质量、价款或者报酬、履行地点等内容没有约定或者约定不明确的，可以协议补充；不能达成补充协议的，按照合同相关条款或者交易习惯确定。 **第929条** 有偿的委托合同，因受托人的过错造成委托人损失的，委托人可以请求赔偿损失。无偿的委托合同，因受托人的故意或者重大过失造成委托人损失的，委托人可以请求赔偿损失。 受托人超越权限造成委托人损失的，应当赔偿损失。
第九百五十六条【行纪人的介入权】 行纪人卖出或者买入具有市场定价的商品，除委托人有相反的意思表示外，行纪人自己可以作为买受人或者出卖人。 行纪人有前款规定情形的，仍然可以请求委托人支付报酬。 **指引：** 行纪人自己可作为买受人或出卖人，但商品需是"具有市场定	

《民法典》合同编	关联规定
价的商品"，且委托人没有明确限制性要求。此外，行纪人行使了介入权，并不意味着行纪合同无效或终止，行纪人仍为行纪合同的一方当事人，委托人亦应支付报酬。	
第九百五十七条【委托人受领、取回义务及行纪人提存委托物】 行纪人按照约定买入委托物，委托人应当及时受领。经行纪人催告，委托人无正当理由拒绝受领的，行纪人依法可以提存委托物。 委托物不能卖出或者委托人撤回出卖，经行纪人催告，委托人不取回或者不处分该物的，行纪人依法可以提存委托物。 指引：行纪人提存权行使主要有以下情形：（1）委托人无正当理由拒绝受领买入商品的。（2）委托人不处分、不取回不能出卖的委托物时，经行纪人的催告，在合理期限内，委托人逾期仍不取回或者不处分委托物的。（3）委托人无故拒绝受领或者不取回出卖物时，行纪人依照法定程序将委托物予以拍卖并就拍卖后的价款中扣除委托人应付的报酬、偿付的费用以及损害赔偿金等后还有剩余，应予提存。	**《民法典》** **第570条** 有下列情形之一，难以履行债务的，债务人可以将标的物提存： （一）债权人无正当理由拒绝受领； （二）债权人下落不明； （三）债权人死亡未确定继承人、遗产管理人，或者丧失民事行为能力未确定监护人； （四）法律规定的其他情形。 标的物不适于提存或者提存费用过高的，债务人依法可以拍卖或者变卖标的物，提存所得的价款。
第九百五十八条【行纪人的直接履行义务】 行纪人与第三人订立合同的，行纪人对该合同直接享有权利、承担义务。 第三人不履行义务致使委托人受到损害的，行纪人应当承担赔偿责任，但是行纪人与委托人另有约定的除外。	

《民法典》合同编	关联规定
指引：行纪人直接履行义务体现在两个方面：（1）行纪人与第三人订立合同的，行纪人对该合同直接享有权利、承担义务。第三人不能直接对委托人主张损害赔偿权，而只能向行纪人主张权利。（2）第三人不履行义务致使委托人受到损害的，委托人需追究行纪人的责任，不能直接追究第三人的责任。行纪人不得以自己无过错为由拒绝承担责任。行纪人承担责任后可向第三人行使追偿权。	
第九百五十九条【行纪人的报酬请求权及留置权】 行纪人完成或者部分完成委托事务的，委托人应当向其支付相应的报酬。委托人逾期不支付报酬的，行纪人对委托物享有留置权，但是当事人另有约定的除外。 **指引**：本条所谓"相应的报酬"，是指与"完成或者部分完成委托事务"相对应的报酬，具体数额及支付方式、时间，一般情况下可通过合同约定确定。另，行纪人留置委托物需满足以下条件：（1）行纪人已合法占有委托物。（2）委托人无正当理由拒绝支付报酬。（3）委托合同中没有事先约定不得留置的条款。留置期届满后，行纪人以留置物折价或者从变卖留置物所得价款中优先受偿。	《民法典》 **第 447 条** 债务人不履行到期债务，债权人可以留置已经合法占有的债务人的动产，并有权就该动产优先受偿。 前款规定的债权人为留置权人，占有的动产为留置财产。 **第 448 条** 债权人留置的动产，应当与债权属于同一法律关系，但是企业之间留置的除外。 **第 449 条** 法律规定或者当事人约定不得留置的动产，不得留置。 **第 450 条** 留置财产为可分物的，留置财产的价值应当相当于债务的金额。 **第 453 条** 留置权人与债务人应当约定留置财产后的债务履行期限；没有约定或者约定不明确的，留置权人应当给债务人六十日以上履行债务的期限，但是鲜活易腐等不易保管的动产除外。债务人逾期未履行的，留置权人可以与债务人协议以留置财产折价，也可以就拍卖、变卖留置财产所得的

《民法典》合同编	关联规定
	价款优先受偿。 留置财产折价或者变卖的，应当参照市场价格。 **第 454 条** 债务人可以请求留置权人在债务履行期限届满后行使留置权；留置权人不行使的，债务人可以请求人民法院拍卖、变卖留置财产。 **第 455 条** 留置财产折价或者拍卖、变卖后，其价款超过债权数额的部分归债务人所有，不足部分由债务人清偿。 **第 525 条** 当事人互负债务，没有先后履行顺序的，应当同时履行。一方在对方履行之前有权拒绝其履行请求。一方在对方履行债务不符合约定时，有权拒绝其相应的履行请求。 **第 928 条** 受托人完成委托事务的，委托人应当按照约定向其支付报酬。 因不可归责于受托人的事由，委托合同解除或者委托事务不能完成的，委托人应当向受托人支付相应的报酬。当事人另有约定的，按照其约定。
第九百六十条【参照适用委托合同的规定】 本章没有规定的，参照适用委托合同的有关规定。 **指引：** 行纪合同和委托合同二者均是一方受他方委托为他方办理一定事务的合同，都属于提供服务的合同。在行纪合同关系中，委托人与行纪人之间本质上就是一种委托关系，故行纪合同一章没有规定的，参照适用委托合同的有关规定。	《民法典》 **第 921 条** 委托人应当预付处理委托事务的费用。受托人为处理委托事务垫付的必要费用，委托人应当偿还该费用并支付利息。 **第 922 条** 受托人应当按照委托人的指示处理委托事务。需要变更委托人指示的，应当经委托人同意；因情况紧急，难以和委托人取得联系的，受托人应当妥善处理委托事务，但是事后应当将该情况及时报告委托人。

《民法典》合同编	关联规定
	第 926 条 受托人以自己的名义与第三人订立合同时，第三人不知道受托人与委托人之间的代理关系的，受托人因第三人的原因对委托人不履行义务，受托人应当向委托人披露第三人，委托人因此可以行使受托人对第三人的权利。但是，第三人与受托人订立合同时如果知道该委托人就不会订立合同的除外。 受托人因委托人的原因对第三人不履行义务，受托人应当向第三人披露委托人，第三人因此可以选择受托人或者委托人作为相对人主张其权利，但是第三人不得变更选定的相对人。 委托人行使受托人对第三人的权利的，第三人可以向委托人主张其对受托人的抗辩。第三人选定委托人作为其相对人的，委托人可以向第三人主张其对受托人的抗辩以及受托人对第三人的抗辩。 **第 927 条** 受托人处理委托事务取得的财产，应当转交给委托人。 **第 929 条** 有偿的委托合同，因受托人的过错造成委托人损失的，委托人可以请求赔偿损失。无偿的委托合同，因受托人的故意或者重大过失造成委托人损失的，委托人可以请求赔偿损失。 受托人超越权限造成委托人损失的，应当赔偿损失。 **第 933 条** 委托人或者受托人可以随时解除委托合同。因解除合同造成对方损失的，除不可归责于该当事人的事由外，无偿委托合同的解除方应当

续表

《民法典》合同编	关联规定
	赔偿因解除时间不当造成的直接损失，有偿委托合同的解除方应当赔偿对方的直接损失和合同履行后可以获得的利益。

第二十六章　中介合同

《民法典》合同编	关联规定
第九百六十一条【中介合同的概念】 中介合同是中介人向委托人报告订立合同的机会或者提供订立合同的媒介服务，委托人支付报酬的合同。 **指引：** 民法典合同编中介合同一章中的中介合同本质上就是合同法中的居间合同，为便于群众理解，民法典用"中介"代替了"居间"。中介合同与委托合同、行纪合同都是提供劳务性质的合同，其特殊之处在于：（1）中介人限于报告订约机会或媒介订约，本人并不参与委托人与第三人间的合同。（2）中介人只是为委托人提供与第三人订立合同的机会，行为本身不具有法律意义。（3）中介合同是有偿合同，但只在有结果时才可以请求报酬，并可从双方取得报酬。 **案例指引：**《祝某诉饲料公司居间合同案》① **案例要旨：** 当事人签订代理合同后，在实际履行合同中一方并未直接参与销售活动，因此双方在实际履行合同期间已将约定的代销合同关系变更为居间合同关系，双方建立的是居	**《期货纠纷解释》**（2020年修正） **第10条**　公民、法人受期货公司或者客户的委托，作为居间人为其提供订约的机会或者订立期货经纪合同的中介服务的，期货公司或者客户应当按照约定向居间人支付报酬。居间人应当独立承担基于居间经纪关系所产生的民事责任。

---

① 国家法官学院、中国人民大学法学院编：《中国审判案例要览（2006年商事审判案例卷）》，中国人民大学出版社2007年版，第186页。

续表

《民法典》合同编	关联规定
间合同关系。该案中，祝峰、正华公司签订代理合同后，由祝峰在文山州、曲靖地区联系客户，客户直接和正华公司交易，祝峰在整个买卖过程中只是居间提供订立合同的机会，该代理合同实质上系居间合同。	
第九百六十二条【中介人的如实报告义务】　中介人应当就有关订立合同的事项向委托人如实报告。 　　中介人故意隐瞒与订立合同有关的重要事实或者提供虚假情况，损害委托人利益的，不得请求支付报酬并应当承担赔偿责任。 　　**指引：**诚实信用原则是中介人履行合同义务的重要原则。本条需注意两点：（1）中介人应就有关订立合同的事项向委托人如实报告，这是其法定义务。"订立合同的事项"，是指中介人所知悉的与订立合同有关的所有事项，包括合同涉及的相对人的资信状况、生产能力、相关产品的质量以及履约能力等。（2）中介人的损害赔偿责任。若出现中介人故意隐瞒与订立合同有关的重要事实或者提供虚假情况的，致使委托人利益受损的，中介人要同时承担两个法律后果：一是不得要求支付报酬；二是应当承担损害赔偿责任。 　　**案例指引：**《李彦东诉上海汉宇房地产顾问有限公司居间合同纠纷案》【《最高人民法院公报》2015年第2期】	《房地产经纪管理办法》（2016年修正） **第21条**　房地产经纪机构签订房地产经纪服务合同前，应当向委托人说明房地产经纪服务合同和房屋买卖合同或者房屋租赁合同的相关内容，并书面告知下列事项： 　　（一）是否与委托房屋有利害关系； 　　（二）应当由委托人协助的事宜、提供的资料； 　　（三）委托房屋的市场参考价格； 　　（四）房屋交易的一般程序及可能存在的风险； 　　（五）房屋交易涉及的税费； 　　（六）经纪服务的内容及完成标准； 　　（七）经纪服务收费标准和支付时间； 　　（八）其他需要告知的事项。 　　房地产经纪机构根据交易当事人需要提供房地产经纪服务以外的其他服务的，应当事先经当事人书面同意并告知服务内容及收费标准。书面告知材料应当经委托人签名（盖章）确认。

《民法典》合同编	关联规定
案例要旨：在房屋买卖居间活动中，中介公司对于受托事项及居间服务应承担符合专业主体要求的注意义务，注重审查核实与交易相关的主体身份、房产权属、委托代理、信用资信等证明材料的真实性。中介公司因未尽必要的注意义务而未能发现一方提供的相关材料存在重大瑕疵、缺陷，由此使另一方受欺诈遭受损失的，应根据其过错程度在相应的范围内承担赔偿责任。	
第九百六十三条【中介人的报酬请求权】　中介人促成合同成立的，委托人应当按照约定支付报酬。对中介人的报酬没有约定或者约定不明确，依据本法第五百一十条的规定仍不能确定的，根据中介人的劳务合理确定。因中介人提供订立合同的媒介服务而促成合同成立的，由该合同的当事人平均负担中介人的报酬。 　　中介人促成合同成立的，中介活动的费用，由中介人负担。 　　**指引**：中介人促成合同成立的，委托人依约支付报酬，没有约定或者约定不明确的，依照本法第510条和中介人的劳务合理确定。因中介人提供订立合同的媒介服务而促成合同成立的，由受益的该合同当事人平均负担中介人的报酬，另有约定的从其约定。另，本条第2款明确中介活动的费用在其促成合同成立的情况下由中介人负担，主要原因是此时中介活动的费用已作为成本计算在报酬之内。而	**《民法典》** **第510条**　合同生效后，当事人就质量、价款或者报酬、履行地点等内容没有约定或者约定不明确的，可以协议补充；不能达成补充协议的，按照合同相关条款或者交易习惯确定。 **《期货纠纷解释》**（2020年修正） **第10条**　公民、法人受期货公司或者客户的委托，作为居间人为其提供订约的机会或者订立期货经纪合同的中介服务的，期货公司或者客户应当按照约定向居间人支付报酬。居间人应当独立承担基于居间经纪关系所产生的民事责任。 **《房地产经纪管理办法》**（2016年修正） **第17条**　房地产经纪机构提供代办贷款、代办房屋登记等其他服务的，应当向委托人说明服务内容、收费标准等情况，经委托人同意后，另行签订合同。 **第18条**　房地产经纪服务实行明码标价制度。房地产经纪机构应当遵守价

《民法典》合同编	关联规定
中介活动的费用，主要是指中介人为从事中介行为而支出的一些费用，如住宿费、交通费等。	格法律、法规和规章规定，在经营场所醒目位置标明房地产经纪服务项目、服务内容、收费标准以及相关房地产价格和信息。 　　房地产经纪机构不得收取任何未予标明的费用；不得利用虚假或者使人误解的标价内容和标价方式进行价格欺诈；一项服务可以分解为多个项目和标准的，应当明确标示每一个项目和标准，不得混合标价、捆绑标价。 **第19条**　房地产经纪机构未完成房地产经纪服务合同约定事项，或者服务未达到房地产经纪服务合同约定标准的，不得收取佣金。 　　两家或者两家以上房地产经纪机构合作开展同一宗房地产经纪业务的，只能按照一宗业务收取佣金，不得向委托人增加收费。
第九百六十四条【中介人必要费用请求权】　中介人未促成合同成立的，不得请求支付报酬；但是，可以按照约定请求委托人支付从事中介活动支出的必要费用。 　　**指引**：中介人未促成合同成立的，不得要求支付报酬，但可要求委托人支付从事中介活动支出的必要费用。中介合同中的报酬和本条所称的必要费用不同，前者属于中介合同中涉及的一笔款项，是中介人服务成果的对价；后者不属于中介合同中涉及的款项，"费用"并不是中介人服务成果的对价，其属于在促使合同订立的活动	

《民法典》合同编	关联规定
过程中而支出的一些必要费用，如交通费等。当然，若合同已经促成，虽然也产生必要费用，但是由于其作为成本已经计算在报酬中了，按照前条的规定，此时的中介活动费用由中介人负担。	
第九百六十五条【委托人"跳单"应支付中介报酬】　委托人在接受中介人的服务后，利用中介人提供的交易机会或者媒介服务，绕开中介人直接订立合同的，应当向中介人支付报酬。 　　**指引**：本条明确了委托人跳单不影响报酬支付的规定。所谓"跳单"，是指委托人接受中介人的服务后，利用中介人提供的订约信息或媒介服务，绕开中介人直接与第三人或者通过其他中介与第三人签订合同的行为，以避免向中介人支付报酬。"跳单"行为违背诚信和公平原则，故规定仍需向中介人支付报酬。需注意的是，委托人委托多个中介人从事中介活动，多个中介人为其提供交易信息或媒介服务，委托人最后选择其中一个中介人与第三人订立合同，此种情况并不构成"跳单"。 　　**案例指引**：《上海中原物业顾问有限公司诉陶德华居间合同纠纷案》【最高人民法院指导案例1号】 　　**案例要旨**：房屋买卖居间合同中关于禁止买方利用中介公司提供的房源信息却绕开该中介公司与卖方签订	

《民法典》合同编	关联规定
房屋买卖合同的约定合法有效。但是，当卖方将同一房屋通过多个中介公司挂牌出售时，买方通过其他公众可以获知的正当途径获得相同房源信息的，买方有权选择报价低、服务好的中介公司促成房屋买卖合同成立，其行为并没有利用先前与之签约中介公司的房源信息，故不构成违约。	
第九百六十六条【参照适用委托合同的规定】　本章没有规定的，参照适用委托合同的有关规定。 　　指引：中介合同和委托合同都是当事人接受委托人委托从事一定事务的合同，都属于提供服务的合同，只不过中介合同委托的事项特殊固定。故中介合同一章没有规定的，参照适用委托合同的有关规定。需注意的是，参照委托合同适用但并非完全适用，如中介合同中委托人的任意解除权更接近于承揽合同中定作人的随时解除权，中介人是否应享有任意解除权存在不同意见。	《民法典》 **第920条**　委托人可以特别委托受托人处理一项或者数项事务，也可以概括委托受托人处理一切事务。 **第922条**　受托人应当按照委托人的指示处理委托事务。需要变更委托人指示的，应当经委托人同意；因情况紧急，难以和委托人取得联系的，受托人应当妥善处理委托事务，但是事后应当将该情况及时报告委托人。 **第933条**　委托人或者受托人可以随时解除委托合同。因解除合同造成对方损失的，除不可归责于该当事人的事由外，无偿委托合同的解除方应当赔偿因解除时间不当造成的直接损失，有偿委托合同的解除方应当赔偿对方的直接损失和合同履行后可以获得的利益。 **第934条**　委托人死亡、终止或者受托人死亡、丧失民事行为能力、终止的，委托合同终止；但是，当事人另有约定或者根据委托事务的性质不宜终止的除外。

《民法典》合同编	关联规定
第二十七章　合伙合同	
第九百六十七条【合伙合同的定义】 　　合伙合同是两个以上合伙人为了共同的事业目的，订立的共享利益、共担风险的协议。 　　**指引：** 合伙合同为不要式合同、继续性合同，具有如下特点：（1）合伙人要求有两个主体以上。（2）为共同目的（营利性或非营利性）或共同利益（物质、经济，或其他方面）。（3）共享利益、共担风险。（4）具有较强的人合性及一定的组织性。 　　**案例指引：**《宋某荣诉丁某良案》① 　　**案例要旨：** 合伙人共同出资，共同经营，共享利益，也应共担风险，各合伙人都是权利义务主体，对外共同承担无限连带责任。合伙人依照合伙约定，对执行合伙业务活动中产生的民事责任，全体合伙人都有承担的义务。合伙协议中对合伙风险责任的分配条款，符合合伙中责任的承担原则的，应认定为合法有效。	**《民法典》** **第102条**　非法人组织是不具有法人资格，但是能够依法以自己的名义从事民事活动的组织。 　　非法人组织包括个人独资企业、合伙企业、不具有法人资格的专业服务机构等。 **《合伙企业法》**（2006年修订） **第4条**　合伙协议依法由全体合伙人协商一致、以书面形式订立。 **第5条**　订立合伙协议、设立合伙企业，应当遵循自愿、平等、公平、诚实信用原则。
第九百六十八条【合伙人的出资义务】 　　合伙人应当按照约定的出资方式、数额和缴付期限，履行出资义务。 　　**指引：** 合伙人出资的方式、数额、缴付期限交由合伙人在合伙合同中协商一致确定，其他法律法规有特别规	**《合伙企业法》**（2006年修订） **第16条**　合伙人可以用货币、实物、知识产权、土地使用权或者其他财产权利出资，也可以用劳务出资。 　　合伙人以实物、知识产权、土地使用权或者其他财产权利出资，需要

① 国家法官学院、中国人民大学法学院编：《中国审判案例要览（2002年民事审判案例卷）》，中国人民大学出版社2003年版，第169页。

续表

《民法典》合同编	关联规定
定，从其规定。出资义务上需注意两点：（1）合伙人对出资负有担保义务，即确保对出资财产或财产权利等具有合法的处分权，出资存有瑕疵的，应承担补救责任。（2）劳务出资的法律性质。作为合伙出资的劳务只能由提供劳务的合伙人个人所有。作为行为的劳务自然不能成为物权的客体，不能成为合伙财产，也不能为合伙人共有。	评估作价的，可以由全体合伙人协商确定，也可以由全体合伙人委托法定评估机构评估。 　　合伙人以劳务出资的，其评估办法由全体合伙人协商确定，并在合伙协议中载明。 **第17条**　合伙人应当按照合伙协议约定的出资方式、数额和缴付期限，履行出资义务。 　　以非货币财产出资的，依照法律、行政法规的规定，需要办理财产权转移手续的，应当依法办理。 **第65条**　有限合伙人应当按照合伙协议的约定按期足额缴纳出资；未按期足额缴纳的，应当承担补缴义务，并对其他合伙人承担违约责任。
第九百六十九条【合伙财产的定义】 　　合伙人的出资、因合伙事务依法取得的收益和其他财产，属于合伙财产。 　　合伙合同终止前，合伙人不得请求分割合伙财产。 　　**指引**：狭义的合伙财产是指合伙存续期因经营合伙事务取得的一切积极财产；广义的合伙财产是指合伙存续期因经营合伙事务取得的一切财产，包括合伙负债。本条规定采纳狭义说的观点，仅指积极财产。合伙财产来源包括：（1）合伙人的出资。（2）因合伙事务依法取得的收益。（3）依法取得的其他财产。例如，因他人侵权而获得损害赔偿或者合法接受赠与的财产等。另，合伙合同存续期间，若允许分割合伙财产，将背离合伙目的，导致合	**《民法典》** **第977条**　合伙人死亡、丧失民事行为能力或者终止的，合伙合同终止；但是，合伙合同另有约定或者根据合伙事务的性质不宜终止的除外。 **《合伙企业法》**（2006年修订） **第20条**　合伙人的出资、以合伙企业名义取得的收益和依法取得的其他财产，均为合伙企业的财产。 **第21条**　合伙人在合伙企业清算前，不得请求分割合伙企业的财产；但是，本法另有规定的除外。 　　合伙人在合伙企业清算前私自转移或者处分合伙企业财产的，合伙企业不得以此对抗善意第三人。

《民法典》合同编	关联规定
同目的无法实现。同时也损害了合伙本身的稳定和发展，影响债权人利益实现。故合伙合同终止前，合伙人不得请求分割合伙财产。 　　**案例指引**：《褚某立等诉合伙事务执行人陈某应依其出具的欠条给付合伙企业解散后尚未清算分割的合伙财产自己应得的财产案》① 　　**案例要旨**：*合伙企业财产为全体合伙人共有。在合伙关系存续期间，任何合伙人不得先于其他合伙人请求分割合伙财产，即使是与自己出资额或应得财产相当的那部分财产也不得提前分割。相应的，任何合伙人，即使是合伙事务执行人，在未经全体合伙人同意或授权的情况下，也无权处分合伙财产。*	
第九百七十条【合伙事务的决定和执行】　合伙人就合伙事务作出决定的，除合伙合同另有约定外，应当经全体合伙人一致同意。 　　合伙事务由全体合伙人共同执行。按照合伙合同的约定或者全体合伙人的决定，可以委托一个或者数个合伙人执行合伙事务；其他合伙人不再执行合伙事务，但是有权监督执行情况。 　　合伙人分别执行合伙事务的，执行事务合伙人可以对其他合伙人执行的事务提出异议；提出异议后，其他合伙人应当暂停该项事务的执行。	《合伙企业法》（2006年修订） **第26条**　合伙人对执行合伙事务享有同等的权利。 　　按照合伙协议的约定或者经全体合伙人决定，可以委托一个或者数个合伙人对外代表合伙企业，执行合伙事务。 　　作为合伙人的法人、其他组织执行合伙事务的，由其委派的代表执行。 **第27条**　依照本法第二十六条第二款规定委托一个或者数个合伙人执行合伙事务的，其他合伙人不再执行合伙事务。

---

　　①　最高人民法院中国应用法学研究所编：《人民法院案例选》，人民法院出版社2002年版，第89页。

《民法典》合同编	关联规定
指引：合伙事务，是指在合伙存续期间内，所有与合伙事业相关的、涉及合伙利益的事务，包括入伙、退伙、合同解除、处分合伙财产、延长合伙期限、合伙的经营与管理活动等。本条对合伙事务执行进行了全面、细致的规定，新增了合伙人异议权制度。具体而言，一是合伙事务决定，以一致同意为原则，合同另有约定为例外；二是合伙事务原则上应当由全体合伙人共同执行；三是确立委托合伙人执行合伙事务制度；四是增加合伙人异议权制度。"共同决定"是否严格限定为"一致同意"，原则上由合伙人自行约定，合伙事务决定规则以不违反法律、不得损害少数合伙人利益为前提。	不执行合伙事务的合伙人有权监督执行事务合伙人执行合伙事务的情况。 **第28条** 由一个或者数个合伙人执行合伙事务的，执行事务合伙人应当定期向其他合伙人报告事务执行情况以及合伙企业的经营和财务状况，其执行合伙事务所产生的收益归合伙企业，所产生的费用和亏损由合伙企业承担。 合伙人为了解合伙企业的经营状况和财务状况，有权查阅合伙企业会计账簿等财务资料。 **第29条** 合伙人分别执行合伙事务的，执行事务合伙人可以对其他合伙人执行的事务提出异议。提出异议时，应当暂停该项事务的执行。如果发生争议，依照本法第三十条规定作出决定。 受委托执行合伙事务的合伙人不按照合伙协议或者全体合伙人的决定执行事务的，其他合伙人可以决定撤销该委托。 **第30条** 合伙人对合伙企业有关事项作出决议，按照合伙协议约定的表决办法办理。合伙协议未约定或者约定不明确的，实行合伙人一人一票并经全体合伙人过半数通过的表决办法。 本法对合伙企业的表决办法另有规定的，从其规定。 **第31条** 除合伙协议另有约定外，合伙企业的下列事项应当经全体合伙人一致同意： （一）改变合伙企业的名称；

《民法典》合同编	关联规定
	（二）改变合伙企业的经营范围、主要经营场所的地点； （三）处分合伙企业的不动产； （四）转让或者处分合伙企业的知识产权和其他财产权利； （五）以合伙企业名义为他人提供担保； （六）聘任合伙人以外的人担任合伙企业的经营管理人员。
第九百七十一条【执行合伙事务报酬】 合伙人不得因执行合伙事务而请求支付报酬，但是合伙合同另有约定的除外。 **指引**：合伙人执行合伙事务的义务不是源于委托关系或者雇佣关系，而是源于合伙人身份资格，故不存在支付报酬或对价的问题，但支出的合理费用可在利润中支付。但合伙人可以在合伙合同中约定从合伙利润中支付合伙人执行合伙事务的报酬。	
第九百七十二条【合伙的利润分配和亏损分担】 合伙的利润分配和亏损分担，按照合伙合同的约定办理；合伙合同没有约定或者约定不明确的，由合伙人协商决定；协商不成的，由合伙人按照实缴出资比例分配、分担；无法确定出资比例的，由合伙人平均分配、分担。 **指引**：本条规定了合伙利润的分配和亏损分担，依据约定、协商、实缴比例、平均分担的顺序确定。合伙人在合伙合同中约定将全部利润或全	《合伙企业法》（2006 年修订） **第 33 条** 合伙企业的利润分配、亏损分担，按照合伙协议的约定办理；合伙协议未约定或者约定不明确的，由合伙人协商决定；协商不成的，由合伙人按照实缴出资比例分配、分担；无法确定出资比例的，由合伙人平均分配、分担。 合伙协议不得约定将全部利润分配给部分合伙人或者由部分合伙人承担全部亏损。

《民法典》合同编	关联规定
部亏损归于某一个合伙人或者数个合伙人、排除合伙人参与利润分配的权利、免除合伙人承担亏损义务的，因不符合合伙合同基本要求而无效。另，关于亏损分担的约定属于合伙内部关系，不得以此对抗第三人。	
第九百七十三条【合伙人对合伙债务的连带责任及追偿权】 合伙人对合伙债务承担连带责任。清偿合伙债务超过自己应当承担份额的合伙人，有权向其他合伙人追偿。 **指引**：合伙债务承担采取连带主义，即各合伙人对外承担的是无限连带责任，对内按份额承担责任。此外，合伙人的连带责任为补充主义而非并存主义，即有合伙财产的，应先以合伙财产清偿，不足的再以合伙人的个人财产清偿。在不损害债权人利益的情况下，也允许合伙人约定先由合伙人个人财产清偿。 **案例指引**：《南通双盈贸易有限公司诉镇江市丹徒区联达机械厂、魏恒聂等六人买卖合同纠纷案》【《最高人民法院公报》2011 年第 7 期】 **案例要旨**：（1）在当事人约定合伙经营企业仍使用合资前个人独资企业营业执照，且实际以合伙方式经营企业的情况下，应据实认定企业的性质。各合伙人共同决定企业的生产经营活动，也应共同对企业生产经营过程中对外所负的债务负责。合伙人故意不将企业的个人独资企业性质据实变更为合伙企业的行为，不应成为各	**《合伙企业法》**（2006 年修订） **第 2 条** 本法所称合伙企业，是指自然人、法人和其他组织依照本法在中国境内设立的普通合伙企业和有限合伙企业。 　普通合伙企业由普通合伙人组成，合伙人对合伙企业债务承担无限连带责任。本法对普通合伙人承担责任的形式有特别规定的，从其规定。 　有限合伙企业由普通合伙人和有限合伙人组成，普通合伙人对合伙企业债务承担无限连带责任，有限合伙人以其认缴的出资额为限对合伙企业债务承担责任。 **第 38 条** 合伙企业对其债务，应先以其全部财产进行清偿。 **第 39 条** 合伙企业不能清偿到期债务的，合伙人承担无限连带责任。 **第 40 条** 合伙人由于承担无限连带责任，清偿数额超过本法第三十三条第一款规定的其亏损分担比例的，有权向其他合伙人追偿。 **第 44 条** 入伙的新合伙人与原合伙人享有同等权利，承担同等责任。入伙协议另有约定的，从其约定。 　新合伙人对入伙前合伙企业的债务承担无限连带责任。

《民法典》合同编	关联规定
合伙人不承担法律责任的理由。（2）合伙企业债务的承担分为两个层次：第一顺序的债务承担人是合伙企业，第二顺序的债务承担人是全体合伙人。《合伙企业法》第39条所谓的"连带责任"，是指合伙人在第二顺序的责任承担中相互之间所负的连带责任，而非合伙人与合伙企业之间的连带责任。	**第53条** 退伙人对基于其退伙前的原因发生的合伙企业债务，承担无限连带责任。
第九百七十四条【合伙人转让财产份额的要求】 除合伙合同另有约定外，合伙人向合伙人以外的人转让其全部或者部分财产份额的，须经其他合伙人一致同意。 **指引**：合伙人处分其合伙份额的行为，实质上涉及合伙合同主体变更，基于合伙人合性的特征，故作此条规定。但合伙人可以协商一致确定具体转让规则。此外，合伙合同终止后，合伙人享有的剩余合伙财产分配权或其他衍生财产转让给合伙人以外的人的，无须一致同意。合伙人就其享有的合伙财产份额权利向合伙人之外的人设立质权的，除合伙合同有约定外，应经其他合伙人一致同意。 **案例指引**：《邢福荣与北京鼎典泰富投资管理有限公司、丁世国等合伙企业财产份额转让纠纷案》【《最高人民法院公报》2021年第5期】 **案例要旨**：合伙协议就合伙企业财产份额转让的特别约定，不违反法律、行政法规的强制性规定，亦不违	《合伙企业法》（2006年修订） **第22条** 除合伙协议另有约定外，合伙人向合伙人以外的人转让其在合伙企业中的全部或者部分财产份额时，须经其他合伙人一致同意。 合伙人之间转让在合伙企业中的全部或者部分财产份额时，应当通知其他合伙人。 **第23条** 合伙人向合伙人以外的人转让其在合伙企业中的财产份额的，在同等条件下，其他合伙人有优先购买权；但是，合伙协议另有约定的除外。

续表

《民法典》合同编	关联规定
背公序良俗，应认定其合法有效，合伙人应严格遵守该约定。合伙协议已经明确约定合伙人之间转让合伙财产份额需经全体合伙人一致同意的，在其他合伙人未同意合伙财产份额转让之前，当事人就合伙财产份额转让签订的转让协议成立但未生效。如其他合伙人明确不同意该合伙财产份额转让，则转让协议确定不生效，不能在当事人之间产生履行力。当事人请求履行转让协议的，人民法院不予支持。	
第九百七十五条【合伙人债权人代位行使权利的限制】 合伙人的债权人不得代位行使合伙人依照本章规定和合伙合同享有的权利，但是合伙人享有的利益分配请求权除外。 **指引**：利益分配请求权并不影响合伙的人合性与组织性，不也减少合伙财产，对合伙经营并无害处。故合伙人的债务人只能通过与合伙人签订合同或通过诉讼的方式，获得合伙人在合伙中利益分配的请求权或分割其在合伙财产中的份额以实现债权，而对合伙人除利益分配请求权外的其他具有人身属性的权利，如重大失误表决权、合伙事务执行权、监督权等均不得代位行使。另，合伙人的债权人不得以其对某个合伙人的债权抵消其对合伙的债务。	《**合伙企业法**》（2006 年修订） **第 41 条** 合伙人发生与合伙企业无关的债务，相关债权人不得以其债权抵销其对合伙企业的债务；也不得代位行使合伙人在合伙企业中的权利。 **第 42 条** 合伙人的自有财产不足清偿其与合伙企业无关的债务的，该合伙人可以以其从合伙企业中分取的收益用于清偿；债权人也可以依法请求人民法院强制执行该合伙人在合伙企业中的财产份额用于清偿。 人民法院强制执行合伙人的财产份额时，应当通知全体合伙人，其他合伙人有优先购买权；其他合伙人未购买，又不同意将该财产份额转让给他人的，依照本法第五十一条的规定为该合伙人办理退伙结算，或者办理削减该合伙人相应财产份额的结算。

《民法典》合同编	关联规定
第九百七十六条【合伙期限的推定】 合伙人对合伙期限没有约定或者约定不明确，依据本法第五百一十条的规定仍不能确定的，视为不定期合伙。 合伙期限届满，合伙人继续执行合伙事务，其他合伙人没有提出异议的，原合伙合同继续有效，但是合伙期限为不定期。 合伙人可以随时解除不定期合伙合同，但是应当在合理期限之前通知其他合伙人。 **指引**：适用本条规定确定合伙期限时，应当充分考虑合伙的目的。同时，不定期合伙的合同属于不定期合同，依照《民法典》第563条的规定，合伙人享有解除权，在合理期限之前通知合伙人后，即发生合同解除的法律效果。另，第2款所谓的合伙事务，是指围绕合伙事业目的或者合伙经营进行交易、生产经营等活动。若合伙人仅是为执行合伙期限内发生的尚未了结的事务，并不属其中。	《合伙企业法》（2006年修订） **第46条** 合伙协议未约定合伙期限的，合伙人在不给合伙企业事务执行造成不利影响的情况下，可以退伙，但应当提前三十日通知其他合伙人。
第九百七十七条【合伙合同终止】 合伙人死亡、丧失民事行为能力或者终止的，合伙合同终止；但是，合伙合同另有约定或者根据合伙事务的性质不宜终止的除外。 **指引**：合伙具有极强的人合性，合伙人（自然人）死亡，合伙成立的基础已不存在。这里的死亡包括生理死亡和被宣告死亡。另，由于合伙合同属于持续性合同，合同终止虽然使	《合伙企业法》（2006年修订） **第48条** 合伙人有下列情形之一的，当然退伙： （一）作为合伙人的自然人死亡或者被依法宣告死亡； （二）个人丧失偿债能力； （三）作为合伙人的法人或者其他组织依法被吊销营业执照、责令关闭、撤销，或者被宣告破产； （四）法律规定或者合伙协议约定

《民法典》合同编	关联规定
合同关系消灭，但一般并不具有溯及既往的效力，而只向将来发生效力。	合伙人必须具有相关资格而丧失该资格； （五）合伙人在合伙企业中的全部财产份额被人民法院强制执行。 　　合伙人被依法认定为无民事行为能力人或者限制民事行为能力人的，经其他合伙人一致同意，可以依法转为有限合伙人，普通合伙企业依法转为有限合伙企业。其他合伙人未能一致同意的，该无民事行为能力或者限制民事行为能力的合伙人退伙。 　　退伙事由实际发生之日为退伙生效日。 **第 80 条**　作为有限合伙人的自然人死亡、被依法宣告死亡或者作为有限合伙人的法人及其他组织终止时，其继承人或者权利承受人可以依法取得该有限合伙人在有限合伙企业中的资格。
第九百七十八条【合伙合同终止后剩余财产的分配规则】　合伙合同终止后，合伙财产在支付因终止而产生的费用以及清偿合伙债务后有剩余的，依据本法第九百七十二条的规定进行分配。 　　**指引：**剩余的盈利或利润，合伙合同有约定的，按照约定分配；没有约定或约定不明确的，由合伙人协商决定；协商不成的，由合伙人按照实缴出资比例分配、分担；无法确定出资比例的，由合伙人平均分配、分担。另，本条所谓"因终止产生的费用"包括合伙人一致决定终止与第三人合同而承担的赔偿金、清缴合伙所欠税款等。	**《合伙企业法》**（2006 年修订） **第 89 条**　合伙企业财产在支付清算费用和职工工资、社会保险费用、法定补偿金以及缴纳所欠税款、清偿债务后的剩余财产，依照本法第三十三条第一款的规定进行分配。 **第 33 条**　合伙企业的利润分配、亏损分担，按照合伙协议的约定办理；合伙协议未约定或者约定不明确的，由合伙人协商决定；协商不成的，由合伙人按照实缴出资比例分配、分担；无法确定出资比例的，由合伙人平均分配、分担。 　　合伙协议不得约定将全部利润分配给部分合伙人或者由部分合伙人承担全部亏损。

《民法典》合同编	关联规定
第三分编　准合同	
第二十八章　无因管理	

《民法典》合同编	关联规定
第九百七十九条【无因管理的定义及法律效果】　管理人没有法定的或者约定的义务，为避免他人利益受损失而管理他人事务的，可以请求受益人偿还因管理事务而支出的必要费用；管理人因管理事务受到损失的，可以请求受益人给予适当补偿。 　　管理事务不符合受益人真实意思的，管理人不享有前款规定的权利；但是，受益人的真实意思违反法律或者违背公序良俗的除外。 　　**指引：**无因管理的构成要件：(1) 没有法定或约定的义务；(2) 管理人主观上有为"避免他人利益受损"而管理"他人事务"的意思；(3) 客观上实施了管理他人事务的行为。管理行为应是积极的作为，纯粹的不作为不属其中。无因管理仅要求实施行为，不要求管理效果。另，就行为效果而言，管理人因无因管理获得向受益人主张必要费用偿还请求权和损失补偿请求权。此处的必要费用是指管理行为所不可缺少的费用。是否构成必要费用，应根据管理中必要费用支出时的客观情况确定，不能依事后的情况来判断。此处的损失是管理人除去支出的必要费用以外的损失，一般认为包括财产权益和人身权益，但不包括可得利益损失。	**《民法典》** **第 121 条**　没有法定的或者约定的义务，为避免他人利益受损失而进行管理的人，有权请求受益人偿还由此支出的必要费用。 **《诉讼时效规定》**（2020 年修正） **第 7 条**　管理人因无因管理行为产生的给付必要管理费用、赔偿损失请求权的诉讼时效期间，从无因管理行为结束并且管理人知道或者应当知道本人之日起计算。 　　本人因不当无因管理行为产生的赔偿损失请求权的诉讼时效期间，从其知道或者应当知道管理人及损害事实之日起计算。

《民法典》合同编	关联规定
第九百八十条【不适当的无因管理】 管理人管理事务不属于前条规定的情形，但是受益人享有管理利益的，受益人应当在其获得的利益范围内向管理人承担前条第一款规定的义务。 　　**指引**：不适当的无因管理，即不属于前条规定的无因管理但受益人享有管理利益的情形。由于无因管理制度的功能是在禁止干预他人事务和鼓励互助之间的一种利益衡量，同时也是出于弘扬见义勇为、扶危济困等良好道德风尚的价值考量。故此种情形虽然不属于无因管理，但对受益人产生了利益，其应在获利范围内向管理人承担《民法典》第 979 条第 1 款规定的责任，即偿还必要费用、适当补偿损失。	
第九百八十一条【管理人的善良管理义务】 管理人管理他人事务，应当采取有利于受益人的方法。中断管理对受益人不利的，无正当理由不得中断。 　　**指引**：适当管理义务包括管理事务承担（开始）和管理事务实施（过程和方法）的适当。《民法典》第 979 条是关于管理事务承担（开始）时管理人的适当管理义务，本条则是关于管理事务实施（过程和方法）中管理人的适当管理义务。所谓"有利于受益人的方法"的判断，应以客观上能否避免受益人利益受损为标准。	

《民法典》合同编	关联规定
第九百八十二条【管理人的通知义务】　管理人管理他人事务，能够通知受益人的，应当及时通知受益人。管理的事务不需要紧急处理的，应当等待受益人的指示。 　**指引**：为避免他人以无因管理为借口干涉他人事务，管理人开始管理时，在可能和必要的情形下，应履行通知受益人的法定义务。例如，管理人因过错未及时通知而造成损失的，应向受益人承担违反通知义务的损害赔偿责任。此外，管理人发出通知后应中止管理行为，等待受益人指示，但紧急事务除外，如需及时处理保质期较短的物品等。	
第九百八十三条【管理人的报告及移交财产义务】　管理结束后，管理人应当向受益人报告管理事务的情况。管理人管理事务取得的财产，应当及时转交给受益人。 　**指引**：管理人具有完成管理后向受益人报告和交付财产的结算义务。报告义务、转交财产义务与通知义务均属从给付义务，管理人违反此义务构成瑕疵给付。管理人报告义务因受益人的要求而不同，但一般应当包括事务的进展情况、现存的情况、管理的结果、获得利益及支出费用的情况等。因管理事务所收取的金钱、物品、孳息等，应及时交付受益人。管理人以自己的名义取得的权利，也应及时移转给受益人。	

《民法典》合同编	关联规定
第九百八十四条【受益人追认的法律效果】 管理人管理事务经受益人事后追认的，从管理事务开始时起，适用委托合同的有关规定，但是管理人另有意思表示的除外。 **指引**：无因管理和委托合同都是债的发生原因，二者关系密切：（1）无因管理和委托合同相互衔接，很多情况下，委托关系终结之时即无因管理开始之时。（2）无因管理在特定情形下也可能转化为委托合同关系。例如，管理人在开始管理后及时通知了受益人，受益人同意管理人继续管理或者事后进行追认的，此时可能转化为委托合同关系。需注意的是，经追认而适用委托合同规定的，是自管理开始时而非追认时适用。当然，由于委托人注意义务更大，管理人也有可能并不愿意经追认后按照委托合同处理，此时，应尊重管理人的意愿。	**《民法典》** 合同编"委托合同"章（第919条-第936条，此处略）
第二十九章 不当得利	
第九百八十五条【不当得利的构成及除外情况】 得利人没有法律根据取得不当利益的，受损失的人可以请求得利人返还取得的利益，但是有下列情形之一的除外： （一）为履行道德义务进行的给付； （二）债务到期之前的清偿； （三）明知无给付义务而进行的债务清偿。 **指引**：不当得利的构成要件：（1）一	**《民法典》** **第122条** 因他人没有法律根据，取得不当利益，受损失的人有权请求其返还不当利益。 **《诉讼时效规定》**（2020年修正） **第6条** 返还不当得利请求权的诉讼时效期间，从当事人一方知道或者应当知道不当得利事实及对方当事人之日起计算。

《民法典》合同编	关联规定
方取得利益（仅指财产性利益不包括精神性利益，财产利益包括积极和消极增加）；（2）另一方受到损失（同样仅指财产性损失，包括直接损失与间接损失即应增加而未增加），但行为人主动或故意放弃的除外。（3）获益与受损之间存在因果关系。（4）一方获益无法律根据（对此需区分给付性与非给付性而定）。	
第九百八十六条【善意得利人的返还责任】 得利人不知道且不应当知道取得的利益没有法律根据，取得的利益已经不存在的，不承担返还该利益的义务。 　**指引**：不当得利的功能不在于填平损失，而在于返还所取得的没有法律根据的利益。故对善意得利人设减轻责任规定，得利人返还的范围以现存利益为限。现存利益丧失的，免除善意得利人的返还义务。现存利益的确定时点为受损人请求返还时现存的利益为准。	
第九百八十七条【恶意得利人的返还责任】 得利人知道或者应当知道取得的利益没有法律根据的，受损失的人可以请求得利人返还其取得的利益并依法赔偿损失。 　**指引**：恶意受益根据得利人知道取得利益没有法律根据的时间，分为自始恶意与嗣后恶意。自始恶意的，无论利益是否存在，返还范围为取得的全部利益以及该利益产生的孳息。	

《民法典》合同编	关联规定
此外，还需承担损害赔偿责任。嗣后恶意的，则知情以前为善意，返还范围同善意得利人；知情后为恶意，返还范围同自始恶意受领人。	
第九百八十八条【第三人的返还义务】 　得利人已经将取得的利益无偿转让给第三人的，受损失的人可以请求第三人在相应范围内承担返还义务。 　**指引：**不当得利中的受领人因善意，将其取得的利益无偿转让给第三人，因受领人所取得的利益已经不存在，根据《民法典》第 986 条的规定，受领人对受损人不承担返还该利益的义务。此时，第三人成为因得利人的无偿转让行为而间接取得利益的人。此种情形构成三人关系不当得利，第三人应当将其取得的利益返还给受损人。关于本条所谓的"无偿转让给第三人"行为限于无偿转让，如赠与或遗赠。在有偿转让下，无论对价是否合理，均不能要求第三人承担返还义务。但在半卖半送的廉价买卖中，仍可要求第三人在赠与部分限额内返还。	

图书在版编目（CIP）数据

民法典合同编及通则解释查学用指引／孙政，卫欣园编著．—北京：中国法制出版社，2024.1
（法律人核心素养丛书）
ISBN 978-7-5216-3239-2

Ⅰ.①民… Ⅱ.①孙…②卫… Ⅲ.①合同法-法律解释-中国 Ⅳ.①D923.65

中国国家版本馆 CIP 数据核字（2023）第 020277 号

策划编辑：陈兴　　　　　　责任编辑：白天园　　　　　　封面设计：杨泽江

民法典合同编及通则解释查学用指引
MINFADIAN HETONGBIAN JI TONGZE JIESHI CHAXUEYONG ZHIYIN

编著/孙政，卫欣园
经销/新华书店
印刷/三河市紫恒印装有限公司
开本/880 毫米×1230 毫米　32 开　　　　印张/ 22.75　字数/ 571 千
版次/2024 年 1 月第 1 版　　　　　　　　2024 年 1 月第 1 次印刷

中国法制出版社出版
书号 ISBN 978-7-5216-3239-2　　　　　　　　　　定价：69.00 元

北京市西城区西便门西里甲 16 号西便门办公区
邮政编码：100053　　　　　　　　　　传真：010-63141600
网址：http://www.zgfzs.com　　　　　　　编辑部电话：010-63141792
市场营销部电话：010-63141612　　　　　印务部电话：010-63141606

（如有印装质量问题，请与本社印务部联系。）